本书的出版得到国家重点文物保护专项补助经费资助

　　本书的出版得到国家社科基金项目"江苏镇江孙家村吴国铸铜遗址发掘资料整理与研究"（17BKG016）、国家社科基金重大项目"先秦时期中原与边疆地区冶金手工业考古资料整理与研究"（17ZDA219）的资助

镇江孙家村遗址发掘报告

镇江博物馆
南京博物院 编著
浙大城市学院

何汉生　周明磊　主编

文物出版社

图书在版编目（CIP）数据

镇江孙家村遗址发掘报告 / 镇江博物馆，南京博物
院，浙大城市学院编著. -- 北京：文物出版社，2022.11
ISBN 978-7-5010-7832-5

Ⅰ.①镇… Ⅱ.①镇… ②南… ③浙… Ⅲ.①文化遗
址—发掘报告—镇江 Ⅳ.①K878.05

中国版本图书馆CIP数据核字（2022）第189726号

镇江孙家村遗址发掘报告

编　　著：镇 江 博 物 馆
　　　　　南 京 博 物 院
　　　　　浙 大 城 市 学 院
主　　编：何汉生　　周明磊

封面设计：秦　彧
责任编辑：秦　彧
责任印制：苏　林

出版发行：文物出版社
社　　址：北京市东城区东直门内北小街2号楼
邮　　编：100007
网　　址：www.wenwu.com
经　　销：新华书店
印　　刷：北京荣宝艺品印刷有限公司
开　　本：889mm×1194mm　　1/16
印　　张：34.5
版　　次：2022年11月第1版
印　　次：2022年11月第1次印刷
书　　号：ISBN 978-7-5010-7832-5
定　　价：460.00元

Excavation Report of Sunjiacun Site in Zhenjiang

Zhenjiang Museum
Nanjing Museum
Zhejiang University City College

Chief Editor: He Hansheng, Zhou Minglei

Cultural Relics Press

编委会

内容简介

　　孙家村遗址位于江苏省镇江市新区丁岗镇，面积约12000平方米。2015年11月至2019年10月，南京博物院、镇江博物馆对遗址进行了考古发掘，发掘面积共计4650平方米。

　　遗址主要文化遗存为西周中期至春秋晚期，分为四期七个阶段。遗址外侧有环壕，台地边缘有土垣，土垣内发现有土台、房址、灰坑、灰沟、水井、窑等遗迹。出土遗物以陶瓷器为主，器类有鼎、鬲、甗、罐、瓿、盆、钵、豆、碗、盂等。遗址曾铸造青铜兵器及工具，发掘出土一些与铸铜有关的器物，有范、坩埚、鼓风嘴、石锤、砺石等。出土铜器200余件，器形有斧、锛、镰、戈、刀、镞，部分尚未磨制开锋。孙家村遗址的发掘为长江下游沿岸地区的周代青铜器找到了一处生产地，是近年来江苏、宁镇地区考古的一次重要发现，为周代冶金考古研究提供了新的资料。

　　孙家村遗址所处的长江南岸沿江区域太平河流域分布有较多周代台形遗址和重要墓葬，是对吴文化考古研究有重要意义的一个区域。孙家村遗址保存较好，布局完整，建筑形制特殊，发掘报告全面介绍了发掘收获，对研究宁镇地区台形遗址有重要价值。

Abstract

Around 12000 square meters, Sunjiacun site is located in Dinggang, new district of Zhenjiang, Jiangsu province. From November 2015 to October 2019, Nanjing Museum and Zhenjiang Museum carried out several archaeological excavations at this site, covering a total area of 4650 square meters.

The main cultural relics of Sunjiacun site are dated from the middle Western Zhou Dynasty to the late Spring and Autumn period, falling into four phases and seven stages. The site is surrounded by a ring of moat and earth wall, inside which earthen platform, house foundations, ash pits, ditches, wells and kilns were discovered. The unearthed relics are mainly ceramics, including *ding*-tripod, *li*-tripod, *yan*-tripod, *pou*-jar, *pen*-basin, *bo*-bowl, *dou*-stemmed cup, bowl, *yu*-bowl and so forth. Bronze weapons and tools were cast here, proved by artifacts related to bronze casting such as *fan*-model, crucible, fire-blower, stone hammer, grindstone, etc. More than two hundred bronze wares were unearthed, including axe, *ben*-adze, sickle, *ge*-dagger, knife and arrowheads. Some of them are not sharp. It is deemed that some of the Zhou Dynasty bronze weapon were originally manufactured here, thus the discovery of Sunjiacun site is undoubtedly of great significance to the recent archaeology of Zhou Dynasty and has provided a large number of new materials for the study of Zhou Dynasty and metallurgical archaeology.

Many mound-shaped sites and important tombs of the Zhou Dynasty are distributed in the Taiping River Basin along the South Bank of the Yangtze River, where Sunjiacun site is located. This area is of great importance to the archaeological study of Wu culture. Sunjiacun site is well preserved with integrity of layout and uniqueness of architectural style. This report gives a comprehensive introduction to the main gains of the excavation, which is of great value to the study of mound-shaped sites in Ning-zhen region.

目 录

第一章　概述 ·· 1

　第一节　地理环境及历史沿革 ·································· 1

　　一　地理环境 ··· 1

　　二　历史沿革 ··· 2

　第二节　区域周边周代遗存 ···································· 3

　　一　台形遗址 ··· 3

　　二　周代墓葬 ··· 7

　第三节　遗址概况 ·· 9

　第四节　考古工作概况 ······································· 10

　　一　工作缘起 ·· 10

　　二　考古勘探 ·· 11

　　三　考古发掘 ·· 11

　　四　科学检测和研究 ·· 13

　　五　专家指导 ·· 15

　　六　公众考古实践 ·· 15

　第五节　报告整理工作 ······································· 15

　　一　报告整理经过 ·· 15

　　二　报告编写的几点说明 ···································· 16

第二章　地层堆积 ·· 18

　第一节　环壕区域 ··· 18

　第二节　台地区域 ··· 18

　　一　台地西区 ·· 19

　　二　台地东区 ·· 21

第三章　新石器时代遗存 ·· 26

　第一节　遗迹 ··· 26

第二节　遗物 …………………………………………………………………… 27

　　一　陶器 …………………………………………………………………… 27

　　二　石器 …………………………………………………………………… 32

第四章　周代遗迹 ……………………………………………………… 35

第一节　第一阶段遗迹 ………………………………………………… 35

　　一　房址 …………………………………………………………………… 35

　　二　灶坑 …………………………………………………………………… 39

　　三　灰沟 …………………………………………………………………… 39

　　四　灰坑 …………………………………………………………………… 42

　　五　水井 …………………………………………………………………… 44

第二节　第二阶段遗迹 ………………………………………………… 45

　　一　环壕 …………………………………………………………………… 46

　　二　土垣 …………………………………………………………………… 46

　　三　房址 …………………………………………………………………… 48

　　四　灶坑 …………………………………………………………………… 51

　　五　灰沟 …………………………………………………………………… 52

　　六　灰坑 …………………………………………………………………… 52

第三节　第三阶段遗迹 ………………………………………………… 54

　　一　土台 …………………………………………………………………… 54

　　二　灰沟 …………………………………………………………………… 58

　　三　灰坑 …………………………………………………………………… 59

第四节　第四阶段遗迹 ………………………………………………… 62

　　一　土台 …………………………………………………………………… 63

　　二　墓葬 …………………………………………………………………… 66

　　三　灰沟 …………………………………………………………………… 67

　　四　灰坑 …………………………………………………………………… 68

第五节　第五～七阶段遗迹 …………………………………………… 68

　　一　土台 …………………………………………………………………… 68

　　二　灶坑 …………………………………………………………………… 109

　　三　窑 ……………………………………………………………………… 111

　　四　道路 …………………………………………………………………… 115

　　五　灰沟 …………………………………………………………………… 116

　　六　灰坑 …………………………………………………………………… 117

第五章　周代遗物 …………………………………………………… 146

一　夹砂陶器 …………………………………………………………… 146

二　泥质陶器 …………………………………………………………… 166

三　硬陶器 ……………………………………………………………… 220

四　原始瓷器 …………………………………………………………… 230

五　石器 ………………………………………………………………… 256

六　铜器 ………………………………………………………………… 281

七　与铸铜有关的遗物 ………………………………………………… 297

第六章　结语 …………………………………………………………… 303

第一节　分期与年代 ………………………………………………… 303

一　新石器时代遗存 …………………………………………………… 303

二　周代遗存 …………………………………………………………… 303

第二节　几点发掘认识 ……………………………………………… 316

一　孙家村遗址性质分析 ……………………………………………… 317

二　遗址布局及建筑形制的演变 ……………………………………… 318

三　周代遗物分析 ……………………………………………………… 320

附　表 …………………………………………………………………… 324

附表一　台地西区出土遗物统计表（T0804～T0806）………………… 324

附表二　台地东区出土遗物统计表（T1008～T1210）………………… 325

附表三　夹砂陶器型式分期表 ………………………………………… 326

附表四　硬陶器型式分期表 …………………………………………… 326

附表五　泥质陶器型式分期表 ………………………………………… 327

附表六　原始瓷器型式分期表 ………………………………………… 328

附表七　夹砂陶鬲足、鼎足、甗腰统计表（T1008～T1210）………… 329

附表八　T0804～T0806器物纹饰统计表 ……………………………… 330

附表九　T1008～T1210器物纹饰统计表 ……………………………… 331

附　录 …………………………………………………………………… 332

附录一　孙家村遗址出土青铜器及铸铜遗物的分析研究 …………… 332

附录二　镇江孙家村遗址周代农业生产的初步考察 ………………… 355

后　记 …………………………………………………………………… 367

插图目录

图一　孙家村遗址周边地形及周代遗存分布图…………………………………… 4

图二　孙家村遗址地理位置图………………………………………………………… 10

图三　孙家村遗址台地平面及探孔分布图………………………………………… 12

图四　探孔地层剖面图………………………………………………………………… 13

图五　孙家村遗址探方分布平面图………………………………………………… 14

图六　环壕区域地层剖面图（T0801～T0802南壁）……………………………… 18

图七　台地西区地层剖面图（T0805南壁）………………………………………… 19

图八　台地东区地层剖面图（T1109南壁）………………………………………… 22

图九　H9平、剖面图…………………………………………………………………… 26

图一〇　H78平、剖面图……………………………………………………………… 27

图一一　H80平、剖面图……………………………………………………………… 27

图一二　新石器时代陶器……………………………………………………………… 28

图一三　新石器时代陶器……………………………………………………………… 30

图一四　新石器时代陶器……………………………………………………………… 31

图一五　新石器时代陶器……………………………………………………………… 31

图一六　新石器时代石器……………………………………………………………… 33

图一七　新石器时代石器……………………………………………………………… 34

图一八　第一阶段遗迹平面分布图………………………………………………… 36

图一九　F1B平、剖面图……………………………………………………………… 37

图二〇　T1209、T1210内第一阶段柱洞分布图………………………………… 37

图二一　F3平、剖面图………………………………………………………………… 38

图二二　Z7平、剖面图………………………………………………………………… 39

图二三　Z10平、剖面图……………………………………………………………… 39

图二四　G12平、剖面图……………………………………………………………… 40

图二五　G14平、剖面图……………………………………………………………… 41

图二六　G15平、剖面图……………………………………………………………… 41

图二七　H82、H95、H91平、剖面图……………………………………………… 42

图二八　H85平、剖面图……………………………………………………………… 43

图二九　J1平、剖面图………………………………………………………………… 44

图三〇　环壕及土垣平面分布示意图 ………………………………………………………… 45

图三一　环壕G3剖面图 …………………………………………………………………………… 46

图三二　西垣地层剖面图（T0803、T0804南壁局部）…………………………………………… 47

图三三　西垣堆土剖面图 ………………………………………………………………………… 47

图三四　东垣地层剖面图（T1209、T1210北壁局部）…………………………………………… 48

图三五　第二阶段遗迹平面分布图（台地西区）………………………………………………… 48

图三六　第二阶段遗迹平面分布图（台地东区）………………………………………………… 49

图三七　F1A平、剖面图 ………………………………………………………………………… 50

图三八　F2柱洞及灶址分布图 …………………………………………………………………… 50

图三九　F4B平、剖面图 ………………………………………………………………………… 51

图四〇　Z5、Z8、Z9平、剖面图 ……………………………………………………………… 52

图四一　H77、H84平、剖面图 ………………………………………………………………… 53

图四二　H88、H89平、剖面图 ………………………………………………………………… 54

图四三　第三阶段遗迹平面分布图（台地西区）………………………………………………… 55

图四四　第三阶段遗迹平面分布图（台地东区）………………………………………………… 55

图四五　台31B平、剖面图 ……………………………………………………………………… 56

图四六　台44F平、剖面图 ……………………………………………………………………… 56

图四七　台44F堆积剖面图 ……………………………………………………………………… 57

图四八　台51D平、剖面图 ……………………………………………………………………… 58

图四九　台52C平、剖面图 ……………………………………………………………………… 58

图五〇　G9平、剖面图 ………………………………………………………………………… 59

图五一　H74平、剖面图 ………………………………………………………………………… 60

图五二　H75、H76平、剖面图 ………………………………………………………………… 60

图五三　H83平、剖面图 ………………………………………………………………………… 61

图五四　H87平、剖面图 ………………………………………………………………………… 61

图五五　第四阶段遗迹平面分布图（台地西区）………………………………………………… 62

图五六　第四阶段遗迹平面分布图（台地东区）………………………………………………… 63

图五七　台30、台31A平、剖面图 ……………………………………………………………… 64

图五八　台32平、剖面图 ………………………………………………………………………… 65

图五九　台51C、台52B平、剖面图 …………………………………………………………… 65

图六〇　M4平、剖面图 ………………………………………………………………………… 66

图六一　M5平、剖面图 ………………………………………………………………………… 66

图六二　G4平、剖面图 ………………………………………………………………………… 67

图六三　H35平、剖面图 ………………………………………………………………………… 68

图六四　第五、六阶段遗迹平面分布示意图 …………………………………………………… 71

图六五　第七阶段遗迹平面分布示意图 ………………………………………………………… 72

图六六　台1与台3剖面图 ·· 72

图六七　台1A、台1B平、剖面图 ·· 73

图六八　台1C平、剖面图 ·· 73

图六九　台2平、剖面图 ·· 74

图七〇　台2A、台2B平、剖面图 ·· 74

图七一　台3A、台3B平、剖面图 ·· 75

图七二　台4B平、剖面图 ·· 77

图七三　台5A平、剖面图 ·· 77

图七四　台6平、剖面图 ·· 78

图七五　台7平、剖面图 ·· 79

图七六　台8平、剖面图 ·· 79

图七七　台9A平、剖面图 ·· 80

图七八　台9B平、剖面图 ·· 80

图七九　台10B平、剖面图 ··· 81

图八〇　台11B平、剖面图 ··· 81

图八一　台12剖面图（M3东壁）··· 82

图八二　台12A平、剖面图 ·· 83

图八三　台14B平、剖面图 ·· 83

图八四　台15A、台15B平、剖面图 ··· 84

图八五　台16平、剖面图 ·· 84

图八六　台17、台18平、剖面图 ·· 85

图八七　台19、台20平、剖面图 ·· 86

图八八　台21A、台21B平、剖面图 ··· 87

图八九　台22平、剖面图 ·· 88

图九〇　台23平、剖面图 ·· 88

图九一　台24平、剖面图 ·· 89

图九二　台26平、剖面图 ·· 89

图九三　台29A平、剖面图 ·· 90

图九四　台33平、剖面图 ·· 90

图九五　台13B平、剖面图 ·· 91

图九六　台25平、剖面图 ·· 91

图九七　台27平、剖面图 ·· 92

图九八　台28A平、剖面图 ·· 92

图九九　台34B平、剖面图 ·· 92

图一〇〇　台35A平、剖面图 ·· 93

图一〇一　台35B平、剖面图 ·· 94

图一〇二　台36平、剖面图 …………………………………………………………… 95

图一〇三　台37B平、剖面图 ……………………………………………………………… 95

图一〇四　台38、台39A平、剖面图 …………………………………………………… 96

图一〇五　台40、台41A平、剖面图 …………………………………………………… 97

图一〇六　台42平、剖面图 ……………………………………………………………… 98

图一〇七　台43平、剖面图 ……………………………………………………………… 98

图一〇八　台43B、台43C平、剖面图 ………………………………………………… 99

图一〇九　台44A、台44C平、剖面图 ………………………………………………… 100

图一一〇　台45C、台45D平、剖面图 ………………………………………………… 101

图一一一　台46B、台46D平、剖面图 ………………………………………………… 102

图一一二　台47堆积剖面图 …………………………………………………………… 103

图一一三　台47D平、剖面图 …………………………………………………………… 104

图一一四　台48A、台48C平、剖面图 ………………………………………………… 104

图一一五　台49平、剖面图 ……………………………………………………………… 106

图一一六　台50平、剖面图 ……………………………………………………………… 106

图一一七　台51堆积剖面图 …………………………………………………………… 106

图一一八　台51B平、剖面图 …………………………………………………………… 107

图一一九　台52A平、剖面图 …………………………………………………………… 107

图一二〇　台53平、剖面图 ……………………………………………………………… 108

图一二一　台54平、剖面图 ……………………………………………………………… 108

图一二二　台55平、剖面图 ……………………………………………………………… 109

图一二三　台56平、剖面图 ……………………………………………………………… 109

图一二四　Z1、Z2平、剖面图 ………………………………………………………… 110

图一二五　Z3、Z4平、剖面图 ………………………………………………………… 111

图一二六　Z6平、剖面图 ………………………………………………………………… 111

图一二七　Y1平、剖面图 ………………………………………………………………… 112

图一二八　Y2平、剖面图 ………………………………………………………………… 112

图一二九　Y3平、剖面图 ………………………………………………………………… 113

图一三〇　Y4平、剖面图 ………………………………………………………………… 113

图一三一　Y5平、剖面图 ………………………………………………………………… 114

图一三二　Y6平、剖面图 ………………………………………………………………… 114

图一三三　L1平、剖面图 ………………………………………………………………… 115

图一三四　L2平、剖面图 ………………………………………………………………… 116

图一三五　G7平、剖面图 ………………………………………………………………… 117

图一三六　H12平、剖面图 ……………………………………………………………… 118

图一三七　H13平、剖面图 ……………………………………………………………… 118

图一三八　H15平、剖面图 …………………………………………………………… 119

图一三九　H16平、剖面图 …………………………………………………………… 119

图一四〇　H17平、剖面图 …………………………………………………………… 120

图一四一　H18平、剖面图 …………………………………………………………… 121

图一四二　H19平、剖面图 …………………………………………………………… 121

图一四三　H20平、剖面图 …………………………………………………………… 123

图一四四　H21平、剖面图 …………………………………………………………… 123

图一四五　H22、H23平、剖面图 …………………………………………………… 124

图一四六　H24平、剖面图 …………………………………………………………… 124

图一四七　H27平、剖面图 …………………………………………………………… 125

图一四八　H28平、剖面图 …………………………………………………………… 125

图一四九　H29平、剖面图 …………………………………………………………… 126

图一五〇　H32平、剖面图 …………………………………………………………… 127

图一五一　H33平、剖面图 …………………………………………………………… 128

图一五二　H36平、剖面图 …………………………………………………………… 128

图一五三　H37平、剖面图 …………………………………………………………… 129

图一五四　H38平、剖面图 …………………………………………………………… 129

图一五五　H26平、剖面图 …………………………………………………………… 130

图一五六　H30平、剖面图 …………………………………………………………… 130

图一五七　H31平、剖面图 …………………………………………………………… 130

图一五八　H39平、剖面图 …………………………………………………………… 131

图一五九　H40平、剖面图 …………………………………………………………… 131

图一六〇　H41平、剖面图 …………………………………………………………… 132

图一六一　H43平、剖面图 …………………………………………………………… 133

图一六二　H44平、剖面图 …………………………………………………………… 133

图一六三　H45平、剖面图 …………………………………………………………… 134

图一六四　H46平、剖面图 …………………………………………………………… 135

图一六五　H47、H48平、剖面图 …………………………………………………… 135

图一六六　H49平、剖面图 …………………………………………………………… 136

图一六七　H50平、剖面图 …………………………………………………………… 136

图一六八　H51、H52平、剖面图 …………………………………………………… 137

图一六九　H53平、剖面图 …………………………………………………………… 138

图一七〇　H54平、剖面图 …………………………………………………………… 139

图一七一　H55平、剖面图 …………………………………………………………… 139

图一七二　H57平、剖面图 …………………………………………………………… 139

图一七三　H59平、剖面图 …………………………………………………………… 139

图一七四　H60平、剖面图 …………………………………………………………… 140

图一七五　H61平、剖面图 …………………………………………………………… 140

图一七六　H62平、剖面图 …………………………………………………………… 141

图一七七　H63平、剖面图 …………………………………………………………… 141

图一七八　H64平、剖面图 …………………………………………………………… 142

图一七九　H65、H66平、剖面图 ……………………………………………………… 142

图一八〇　H68平、剖面图 …………………………………………………………… 143

图一八一　H69平、剖面图 …………………………………………………………… 144

图一八二　H70平、剖面图 …………………………………………………………… 144

图一八三　H72平、剖面图 …………………………………………………………… 144

图一八四　周代夹砂陶鼎 ……………………………………………………………… 147

图一八五　周代夹砂陶鼎 ……………………………………………………………… 148

图一八六　周代夹砂陶鼎 ……………………………………………………………… 150

图一八七　周代夹砂陶鼎 ……………………………………………………………… 151

图一八八　周代夹砂陶鼎足 …………………………………………………………… 152

图一八九　周代夹砂陶鬲 ……………………………………………………………… 154

图一九〇　周代夹砂陶鬲 ……………………………………………………………… 155

图一九一　周代夹砂陶鬲 ……………………………………………………………… 157

图一九二　周代夹砂陶鬲 ……………………………………………………………… 158

图一九三　周代夹砂陶鬲足 …………………………………………………………… 159

图一九四　周代夹砂陶鬲足 …………………………………………………………… 160

图一九五　周代夹砂陶甗 ……………………………………………………………… 161

图一九六　周代夹砂陶甗 ……………………………………………………………… 162

图一九七　周代夹砂陶甗 ……………………………………………………………… 162

图一九八　周代夹砂陶釜 ……………………………………………………………… 163

图一九九　周代夹砂陶器 ……………………………………………………………… 164

图二〇〇　周代夹砂陶罐 ……………………………………………………………… 165

图二〇一　周代夹砂陶器 ……………………………………………………………… 165

图二〇二　周代夹砂陶支脚 …………………………………………………………… 166

图二〇三　周代泥质陶鼎 ……………………………………………………………… 166

图二〇四　周代泥质陶器 ……………………………………………………………… 167

图二〇五　周代泥质陶簋 ……………………………………………………………… 168

图二〇六　周代泥质素面陶罐 ………………………………………………………… 169

图二〇七　周代泥质素面陶罐 ………………………………………………………… 170

图二〇八　周代泥质素面陶罐 ………………………………………………………… 171

图二〇九　周代泥质素面陶罐 ………………………………………………………… 171

图二一〇　周代泥质素面陶罐 ………………………………………………………… 172

图二一一　周代泥质素面陶罐 ………………………………………………………… 173

图二一二　周代泥质素面陶罐 ………………………………………………………… 174

图二一三　周代泥质素面陶罐 ………………………………………………………… 175

图二一四　周代泥质素面陶罐 ………………………………………………………… 176

图二一五　周代泥质几何纹陶罐 ……………………………………………………… 177

图二一六　周代泥质几何纹陶罐 ……………………………………………………… 178

图二一七　周代泥质几何纹陶罐 ……………………………………………………… 179

图二一八　周代泥质几何纹陶罐 ……………………………………………………… 179

图二一九　周代泥质几何纹陶罐 ……………………………………………………… 181

图二二〇　周代泥质几何纹陶罐 ……………………………………………………… 182

图二二一　周代泥质几何纹陶罐 ……………………………………………………… 183

图二二二　周代泥质陶盆 ……………………………………………………………… 183

图二二三　周代泥质陶盆 ……………………………………………………………… 184

图二二四　周代泥质陶盆 ……………………………………………………………… 185

图二二五　周代泥质陶盆 ……………………………………………………………… 186

图二二六　周代泥质陶盆 ……………………………………………………………… 187

图二二七　周代泥质陶盆 ……………………………………………………………… 187

图二二八　周代泥质陶钵 ……………………………………………………………… 188

图二二九　周代泥质陶钵 ……………………………………………………………… 189

图二三〇　周代泥质陶钵 ……………………………………………………………… 190

图二三一　周代泥质陶钵 ……………………………………………………………… 191

图二三二　周代泥质陶钵 ……………………………………………………………… 191

图二三三　周代泥质陶豆 ……………………………………………………………… 192

图二三四　周代泥质陶豆 ……………………………………………………………… 193

图二三五　周代泥质陶豆 ……………………………………………………………… 194

图二三六　周代泥质陶豆残件 ………………………………………………………… 194

图二三七　周代泥质陶豆 ……………………………………………………………… 195

图二三八　周代泥质陶豆 ……………………………………………………………… 195

图二三九　周代泥质陶豆 ……………………………………………………………… 196

图二四〇　周代泥质陶豆 ……………………………………………………………… 197

图二四一　周代泥质陶豆 ……………………………………………………………… 198

图二四二　周代泥质陶豆 ……………………………………………………………… 199

图二四三　周代泥质陶豆 ……………………………………………………………… 199

图二四四　周代泥质陶豆 ……………………………………………………………… 200

图二四五　周代泥质陶豆 ……………………………………………………………… 202

图二四六　周代泥质陶豆……………………………………………………………………… 203

图二四七　周代泥质陶碗……………………………………………………………………… 203

图二四八　周代泥质陶杯……………………………………………………………………… 204

图二四九　周代泥质陶杯……………………………………………………………………… 205

图二五〇　周代泥质陶盂……………………………………………………………………… 206

图二五一　周代泥质陶盂……………………………………………………………………… 207

图二五二　周代泥质陶盂……………………………………………………………………… 208

图二五三　周代泥质陶盘……………………………………………………………………… 209

图二五四　周代泥质陶盘……………………………………………………………………… 210

图二五五　周代泥质陶器盖…………………………………………………………………… 210

图二五六　周代泥质陶饼……………………………………………………………………… 211

图二五七　周代泥质圆陶片…………………………………………………………………… 212

图二五八　周代泥质陶球……………………………………………………………………… 213

图二五九　周代泥质陶纺轮…………………………………………………………………… 214

图二六〇　周代泥质陶纺轮…………………………………………………………………… 214

图二六一　周代泥质陶纺轮…………………………………………………………………… 215

图二六二　周代泥质陶纺轮…………………………………………………………………… 216

图二六三　周代泥质陶纺轮…………………………………………………………………… 217

图二六四　周代泥质陶纺轮…………………………………………………………………… 218

图二六五　周代泥质陶网坠…………………………………………………………………… 219

图二六六　周代硬陶瓿………………………………………………………………………… 221

图二六七　周代硬陶瓿………………………………………………………………………… 222

图二六八　周代硬陶瓿………………………………………………………………………… 223

图二六九　周代硬陶瓿………………………………………………………………………… 223

图二七〇　周代硬陶坛（罐）………………………………………………………………… 224

图二七一　周代硬陶坛（罐）………………………………………………………………… 225

图二七二　周代硬陶豆台52B①∶1 …………………………………………………………… 226

图二七三　周代硬陶碗………………………………………………………………………… 226

图二七四　周代硬陶盂………………………………………………………………………… 227

图二七五　周代硬陶盂………………………………………………………………………… 227

图二七六　周代硬陶盂………………………………………………………………………… 228

图二七七　周代硬陶盂………………………………………………………………………… 229

图二七八　周代硬陶拍………………………………………………………………………… 230

图二七九　周代原始瓷器……………………………………………………………………… 231

图二八〇　周代原始瓷罐……………………………………………………………………… 231

图二八一　周代原始瓷盆……………………………………………………………………… 232

图二八二　周代原始瓷钵 ………………………………………………………………………… 233

图二八三　周代原始瓷钵 ………………………………………………………………………… 234

图二八四　周代原始瓷豆 ………………………………………………………………………… 235

图二八五　周代原始瓷豆 ………………………………………………………………………… 236

图二八六　周代原始瓷豆 ………………………………………………………………………… 237

图二八七　周代原始瓷碗 ………………………………………………………………………… 238

图二八八　周代原始瓷碗 ………………………………………………………………………… 240

图二八九　周代原始瓷碗 ………………………………………………………………………… 241

图二九〇　周代原始瓷碗 ………………………………………………………………………… 242

图二九一　周代原始瓷碗 ………………………………………………………………………… 243

图二九二　周代原始瓷碗 ………………………………………………………………………… 244

图二九三　周代原始瓷碗 ………………………………………………………………………… 245

图二九四　周代原始瓷盏 ………………………………………………………………………… 246

图二九五　周代原始瓷盏 ………………………………………………………………………… 247

图二九六　周代原始瓷盏 ………………………………………………………………………… 248

图二九七　周代原始瓷盂 ………………………………………………………………………… 249

图二九八　周代原始瓷盂 ………………………………………………………………………… 250

图二九九　周代原始瓷盂 ………………………………………………………………………… 251

图三〇〇　周代原始瓷盂 ………………………………………………………………………… 252

图三〇一　周代原始瓷盂 ………………………………………………………………………… 253

图三〇二　周代原始瓷碟 ………………………………………………………………………… 254

图三〇三　周代原始瓷器盖 ……………………………………………………………………… 256

图三〇四　周代石器 ……………………………………………………………………………… 257

图三〇五　周代石锛 ……………………………………………………………………………… 258

图三〇六　周代石锛 ……………………………………………………………………………… 259

图三〇七　周代石锛 ……………………………………………………………………………… 261

图三〇八　周代石锛 ……………………………………………………………………………… 262

图三〇九　周代石锛 ……………………………………………………………………………… 263

图三一〇　周代石锛 ……………………………………………………………………………… 264

图三一一　周代石锛 ……………………………………………………………………………… 265

图三一二　周代石锛 ……………………………………………………………………………… 266

图三一三　周代石锛残器 ………………………………………………………………………… 267

图三一四　周代石刀（镰） ……………………………………………………………………… 268

图三一五　周代石刀（镰） ……………………………………………………………………… 270

图三一六　周代石刀（镰） ……………………………………………………………………… 271

图三一七　周代石铲 ……………………………………………………………………………… 272

图三一八　　周代石铲 ·· 273

图三一九　　周代石器 ·· 274

图三二〇　　周代穿孔石器 ·· 275

图三二一　　周代石器 ·· 275

图三二二　　周代石研磨器 ·· 276

图三二三　　周代石锤 ·· 277

图三二四　　周代粗砺石 ··· 279

图三二五　　周代细砺石 ··· 279

图三二六　　周代石镞 ·· 280

图三二七　　周代石器 ·· 281

图三二八　　周代铜器 ·· 281

图三二九　　周代铜锛 ·· 282

图三三〇　　周代铜器 ·· 283

图三三一　　周代铜刀 ·· 284

图三三二　　周代铜刀 ·· 285

图三三三　　周代铜刀 ·· 285

图三三四　　周代铜镞 ·· 287

图三三五　　周代铜镞 ·· 288

图三三六　　周代铜镞 ·· 289

图三三七　　周代铜镞 ·· 290

图三三八　　周代铜镞 ·· 291

图三三九　　周代铜器 ·· 292

图三四〇　　周代残铜器 ··· 294

图三四一　　周代陶范 ·· 298

图三四二　　周代陶范 ·· 299

图三四三　　周代陶范 ·· 300

图三四四　　周代石范 ·· 301

图三四五　　周代陶鼓风嘴 ··· 302

图三四六　　孙家村遗址出土典型器物分期图 ··· 304

彩版目录

彩版一　孙家村遗址

彩版二　孙家村遗址

彩版三　孙家村遗址发掘现场

彩版四　孙家村遗址发掘现场

彩版五　孙家村遗址发掘现场

彩版六　孙家村遗址发掘现场

彩版七　专家、学者到发掘现场视察

彩版八　专家、领导到发掘现场视察

彩版九　专家、学者到发掘现场视察

彩版一〇　公共考古与宣传报道

彩版一一　发掘地层剖面

彩版一二　台地东区地层剖面

彩版一三　新石器时代灰坑

彩版一四　新石器时代陶器

彩版一五　新石器时代陶器

彩版一六　新石器时代石器

彩版一七　新石器时代石器

彩版一八　周代房址

彩版一九　周代房址

彩版二〇　周代第一阶段灶坑与灰沟

彩版二一　周代第一阶段灰沟与灰坑

彩版二二　周代第一阶段水井J1

彩版二三　周代第二阶段环壕

彩版二四　周代第二阶段环壕土垣

彩版二五　周代第二阶段环壕土垣

彩版二六　周代第二阶段房址

彩版二七　周代第二阶段房址

彩版二八　周代第二阶段灶坑及灰坑

彩版二九　周代第三阶段土台

彩版三〇　周代第三阶段土台与灰沟

彩版三一　周代第三阶段灰坑

彩版三二　周代第四阶段灰坑土台

彩版三三　周代第四阶段土台与墓葬

彩版三四　周代第四阶段灰沟

彩版三五　周代第五～七阶段台地西区遗迹

彩版三六　周代第五～七阶段台地东区遗迹

彩版三七　周代第五～七阶段土台

彩版三八　周代第五～七阶段土台

彩版三九　周代第五～七阶段土台

彩版四〇　周代第五～七阶段土台

彩版四一　周代第五～七阶段土台

彩版四二　周代第五～七阶段土台

彩版四三　周代第五～七阶段土台

彩版四四　周代第五～七阶段土台

彩版四五　周代第五～七阶段土台

彩版四六　周代第五～七阶段土台

彩版四七　周代第五～七阶段土台

彩版四八　周代第五～七阶段土台

彩版四九　周代第五～七阶段土台

彩版五〇　周代第五～七阶段土台

彩版五一　周代第五～七阶段土台

彩版五二　周代第五～七阶段土台

彩版五三　周代第五～七阶段土台

彩版五四　周代第五～七阶段土台

彩版五五　周代第五～七阶段土台

彩版五六　周代第五～七阶段土台

彩版五七　周代第五～七阶段土台

彩版五八　周代第五～七阶段灶坑与窑炉

彩版五九　周代第五～七阶段窑炉

彩版六〇　周代第五～七阶段窑炉

彩版六一　周代第五～七阶段窑炉

彩版六二　周代第五～七阶段窑炉

彩版六三　周代第五～七阶段道路

彩版六四　周代第五～七阶段灰沟

彩版六五　周代第五～七阶段灰坑

彩版六六　　周代第五～七阶段灰坑

彩版六七　　周代第五～七阶段灰坑

彩版六八　　周代第五～七阶段灰坑

彩版六九　　周代第五～七阶段灰坑

彩版七〇　　周代第五～七阶段灰坑

彩版七一　　周代第五～七阶段灰坑

彩版七二　　周代第五～七阶段灰坑

彩版七三　　周代第五～七阶段灰坑

彩版七四　　周代第五～七阶段灰坑

彩版七五　　周代第五～七阶段灰坑

彩版七六　　周代夹砂陶鼎

彩版七七　　周代夹砂陶鼎

彩版七八　　周代夹砂陶鼎

彩版七九　　周代夹砂陶鬲

彩版八〇　　周代夹砂陶鬲

彩版八一　　周代夹砂陶鬲

彩版八二　　周代夹砂陶鬲

彩版八三　　周代夹砂陶甗、陶釜、陶箅、陶饼

彩版八四　　周代夹砂陶罐、陶钵、陶支脚

彩版八五　　周代泥质陶簋、陶瓿

彩版八六　　周代素面泥质陶罐

彩版八七　　周代素面泥质陶罐

彩版八八　　周代素面泥质陶罐

彩版八九　　周代素面泥质陶罐

彩版九〇　　周代素面及绳纹泥质陶罐

彩版九一　　周代素面及绳纹泥质陶罐

彩版九二　　周代几何纹泥质陶罐

彩版九三　　周代几何纹泥质陶罐

彩版九四　　周代几何纹泥质陶罐

彩版九五　　周代泥质陶盆

彩版九六　　周代泥质陶盆

彩版九七　　周代泥质陶盆

彩版九八　　周代泥质陶钵

彩版九九　　周代泥质陶钵

彩版一〇〇　　周代几何纹泥质陶罐

彩版一〇一　　周代泥质陶豆

彩版一〇二　　周代泥质陶豆

彩版一〇三　　周代泥质陶豆

彩版一〇四　　周代泥质陶豆、陶碗

彩版一〇五　　周代泥质陶杯

彩版一〇六　　周代泥质陶盂

彩版一〇七　　周代泥质陶盘、陶器盖

彩版一〇八　　周代泥质陶饼、圆陶片、陶网坠

彩版一〇九　　周代泥质陶纺轮

彩版一一〇　　周代泥质陶纺轮

彩版一一一　　周代硬陶瓿

彩版一一二　　周代硬陶瓿

彩版一一三　　周代硬陶坛（罐）、硬陶豆

彩版一一四　　周代硬陶碗、硬陶盂

彩版一一五　　周代硬陶盂

彩版一一六　　周代硬陶盂、硬陶拍

彩版一一七　　周代原始瓷簋、原始瓷罐、原始瓷盆

彩版一一八　　周代原始瓷钵

彩版一一九　　周代原始瓷豆

彩版一二〇　　周代原始瓷豆

彩版一二一　　周代原始瓷碗

彩版一二二　　周代原始瓷碗

彩版一二三　　周代原始瓷盏

彩版一二四　　周代原始瓷盏

彩版一二五　　周代原始瓷盂

彩版一二六　　周代原始瓷盂

彩版一二七　　周代原始瓷碟

彩版一二八　　周代原始瓷器盖

彩版一二九　　周代石斧、石钺

彩版一三〇　　周代石锛

彩版一三一　　周代石锛

彩版一三二　　周代石锛

彩版一三三　　周代石刀（镰）

彩版一三四　　周代石刀（镰）

彩版一三五　　周代石铲

彩版一三六　　周代石器

彩版一三七　　周代椭圆形石器、石研磨器

彩版一三八　　周代石锤

彩版一三九　　周代石器

彩版一四〇　　周代铜斧、铜锸

彩版一四一　　周代铜锛、铜镰、铜戈、铜剑

彩版一四二　　周代铜刀

彩版一四三　　周代铜刀

彩版一四四　　周代铜镞

彩版一四五　　周代铜镞

彩版一四六　　周代铜管形器、铜钩、铜簪、残铜器

彩版一四七　　周代陶范

彩版一四八　　周代陶范

彩版一四九　　周代陶范、陶鼓风嘴

彩版一五〇　　周代石范、坩埚残片

彩版一五一　　孙家村遗址出土青铜器显微金相照片

彩版一五二　　孙家村遗址出土技术陶瓷样品背散射电子像

第一章　概述

第一节　地理环境及历史沿革

一　地理环境

镇江市位于江苏省西南部，长江下游南岸，地理位置为北纬 31°37′～32°19′、东经 118°58′～119°58′。东南接常州市，西邻南京市，北与扬州市、泰州市隔江相望。全市土地总面积 3847 平方千米，下辖京口区、润州区、丹徒区 3 个区及丹阳市、扬州市、句容市 3 个县级市。2018 年常住人口 319.64 万人。

镇江曾用朱方、谷阳、丹徒、京口、润州等名称。北宋政和三年（1113 年）建镇江府，始称镇江，历经宋、元、明、清。

镇江市属北亚热带季风气候。2018 年，全市年平均气温 17.1℃；年平均降水量 1222.3 毫米；年累计日照时数为 1912.7 小时。

镇江市地貌走势为西高东低、南高北低，大部分地区属宁镇—茅山低山丘陵，沿江洲滩属长江新三角洲平原区，丹阳东南部则属太湖平原区。宁镇山脉境内大体为东西走向，有山头 114 个，其中市区 62 个、句容市 45 个、丹阳市 7 个，主要山峰高度：大华山 437、九华山（句容）433.4、高骊山 425.5 米、宝华山 396.4 米、十里长山 349 米、五州山 306 米。茅山山脉境内略呈南北走向，是秦淮河水系和太湖水系的分水岭，主要山峰高度：丫髻山 410.6 米、大茅峰 372.5 米、马山 362.8 米、瓦屋山 357、方山 307.6 米、凉帽山 307 米。江中洲地自西向东有世业洲、征润洲、新民洲、江心洲、顺江洲（今高桥镇）和太平洲（今扬中市全境）。

镇江市区地貌南高北低，北部沿江分布着江滩以及冲积平原，海拔高度 5～10 米。市区南部为低山残丘，自西向东分布着五州山、十里长山、东山、九华山、黄山、观音山、鸡笼山、磨笄山等，东郊零星分布着汝山、横山、京岘山、零山等残丘，除五州山、十里长山高度超过 300 米，其余山丘高度均在 100～200 米。城区内分布着金山、焦山、北固山、云台山、象山等高度低于 100 米的孤丘，总体上形成一水横陈、连岗三面的独特地貌。

镇江市是水资源较为丰富的城市，长江和大运河在这里交汇，秦淮河、太湖湖西、沿江三个水系在这里集聚。长江流经境内长 103.7 千米；京杭大运河境内全长 42.74 千米，在京口区谏壁镇与长江交汇。全市有流域面积 50 平方千米及以上河流 32 条。常年水面面积 1 平方千米及以上湖泊 2 个，0.5～1 平方千米湖泊 2 个，均为淡水湖泊。有水库 141 座，塘坝 3.97 万处；地下水取水井 13.49 万眼，取水量 1321.25 万立方米。

二　历史沿革

镇江雄峙江南,群山拱卫,一水横陈,襟吴带楚,向来为军事重镇,是我国著名的历史文化名城。

春秋时名朱方,属吴。周元王三年(公元前473年),越灭吴,属越。楚灭越后,名谷阳。

秦始皇三十七年(公元前210年),建丹徒县,属会稽郡。县治在今丹徒镇。

西汉高祖六年(公元前201年),丹徒县属荆国,十二年(公元前195年),属吴国,景帝三年(公元前154年),属江都国,武帝元狩二年(公元前121年),江都国除,属会稽郡。东汉顺帝永建四年(129年),丹徒县属吴郡。

三国吴嘉禾三年(234年),改丹徒县为武进县,属毗陵典农校尉。

西晋太康三年(282年),复武进县为丹徒县,属毗陵郡。永嘉五年(311年),改毗陵郡为晋陵郡,丹徒县属晋陵郡。

东晋大兴初丹徒县治迁京口,后州刺史郗鉴又迁县治于原处(今丹徒镇)。永和(345～356年)年间,因永嘉之乱,北方士民大批南渡,在丹徒县境内寄治郯、朐、利城三县。

南朝宋元嘉八年(431年),丹徒县属南东海郡;此时寄治丹徒县的三县均有实土:郯县在丹徒县的岘西,朐县又在郯县之西,利城县位置不详。南朝齐自建元元年(479年)始,沿宋制,丹徒县仍属南东海郡。其时朐县已废。南朝梁天监元年(502年),改南东海郡为南兰陵郡,丹徒县属南兰陵郡。南朝陈永定二年(558年),南兰陵郡复为南东海郡,丹徒县属南东海郡。

隋开皇九年(589年),丹徒县与延陵县合并为延陵县,属蒋州。延陵县移治京口,此后县治固定于京口。开皇十五年置润州,延陵县属润州。大业三年(607年),延陵县属江都郡。

唐武德三年(620年),延陵县又分为丹徒、延陵二县,属润州。天宝元年(742年),改润州为丹阳郡,丹徒县属丹阳郡。乾元元年(758年),丹阳郡复称润州,丹徒县属润州。

宋政和三年(1113年),升润州为镇江府,此为镇江行政建置得名之始。丹徒县属镇江府。

元至元十三年(1276年),升镇江府为镇江路,丹徒县属镇江路。路辖录事司,管辖镇江城区。至正十六年(1356年),朱元璋占领镇江,改镇江路为江淮府,丹徒县属江淮府;同年十二月复改江淮府为镇江府,丹徒县属镇江府。

明洪武元年(1368年)至清咸丰三年(1853年),丹徒县属镇江府。咸丰三年二月二十二日(1853年3月31日),太平军攻占镇江城,太平天国改府为郡,丹徒县属镇江郡。咸丰七年十一月十二日(1857年12月27日),清军攻入镇江城,复属镇江府,直至宣统三年九月十八日(1911年11月8日),镇江光复,丹徒县隶属关系未变,仍属镇江府。

中华民国成立(1912年1月)后废府,丹徒县属江苏省。1914年5月,江苏省设金陵道,丹徒县属金陵道。1927年撤道。1928年7月25日,改丹徒县为镇江县。

1949年4月23日镇江解放,镇江县分设为镇江市和丹徒县,原城区及近郊为镇江市,四乡农村为丹徒县。镇江市属苏南行政区镇江专区。1958年7月,丹徒县与镇江市合并,名镇江市。同年9月,镇江专区改为常州专区,镇江市属常州专区。1959年9月,常州专区复名镇江专区,镇江市复属镇江专区。1962年3月,镇江市、丹徒县复分设。1971年2月,镇江专区改名为镇江地区,镇江市属镇江地区。1983年3月1日,撤销镇江地区,将原镇江地区的丹徒、丹阳、扬中、句容四县划归镇江市。镇江市改由江苏省管辖。

第二节　区域周边周代遗存

镇江市区东南 10 ～ 30 千米的长江南岸有两条山脉，从雩山（125.9 米）向东沿长江南岸由粮山（76.3 米）、青龙山（75.6 米）、北山（81.6 米）、乔木山（73.5 米）、横山至五峰山（208.7 米）、圌山（258 米）；向北沿江有一些孤立的小山丘如王家山、庄连山（37.8 米）、西烟墩山（65.8 米）、烟墩山（54 米）。

雩山向东南由松林山（134.2 米）、马迹山（138.3 米）、正干山（124.6 米）、水晶山（165.9 米）至小黄山（95 米），属于宁镇山脉的东端。

两条山脉间包夹的三角形区域是典型的丘陵地貌，整体呈西高东低的地势，至捆山河向东属于冲积平原，山下的流水汇入太平河通向长江。

这一区域分布着较多的周代遗址和墓葬。遗址呈墩形，称为台形遗址，墓葬多为土墩墓。经发掘的台形遗址的主体堆积及墓葬年代较一致，均为西周早中期至春秋晚期。

一　台形遗址

台形遗址沿长江南岸、沿太平河分布，结合 1957 年南京博物院对宁镇山脉及秦淮河地区新石器时代遗址普查资料[1]、1987 年镇江博物馆与华东师范大学运用遥感技术对镇江地区分布的台形遗址和土墩墓进行的普查资料[2] 及 2018 年以来对该片区台形遗址和土墩墓的调查收获共发现台形遗址 32 个，其中已发掘的有断山墩遗址、东神墩遗址、蜘蛛墩遗址，遗迹、遗物十分丰富（图一）。

（一）谏壁大港沿江区

这一区由丹徒县的丹徒镇以东起，经谏壁、孩溪、大港镇，东至大路镇的西面圌山为止，为一沿长江南岸的条形地带，长约 15、宽 1 ～ 2 千米。南有雩山、拉基山和大山。在这地区内，1957 年南京博物院尹焕章、张正祥先生调查共发现遗址 16 个，其中谏壁的雪沟团山和月湖乌龟山两遗址，在古代位于长江的转折处，现已离江颇远，其他 14 个遗址，现都还在滨江[3]。

1.土山口

在谏壁镇西北约 600、东北距癞鼋墩村 50、北距长江约 300 米。面积约 7000 平方米，高 3 米。

2.癞鼋村乌龟山

在烟袋山以西，东窑以东，北沿长江，南约 100 米即癞鼋墩村。东西长约 400、南北只剩下 50 米。

3.烟袋山

在谏壁镇癞鼋墩村的北面。沿长江南岸，东自运河与长江交会处起，西至东窑，约长 800 米的地方，有三个突起的小土山，正中的一个最高，叫烟袋山，西边一个叫乌龟山，东边一个无名。

4.月湖乌龟山

在谏壁中学西南 500 米，西 60 米为月湖村。遗址面积约 6000 平方米，高 7 米，形如乌龟，顶平。

---

[1]　尹焕章、张正祥：《宁镇山脉及秦淮河地区新石器时代遗址普查报告》，《考古学报》1959 年第 1 期。

[2]　陆九皋、肖梦龙、刘树人、谈三平：《镇江商周台形遗址与土墓分布规律遥感研究》，《东南文化》1993 年第 1 期。

[3]　由于近年来沿江地区开发建设，多数遗址已不存，仅癞鼋村乌龟山、烟袋山、月湖乌龟山、草堂山、姚方冈仍在。

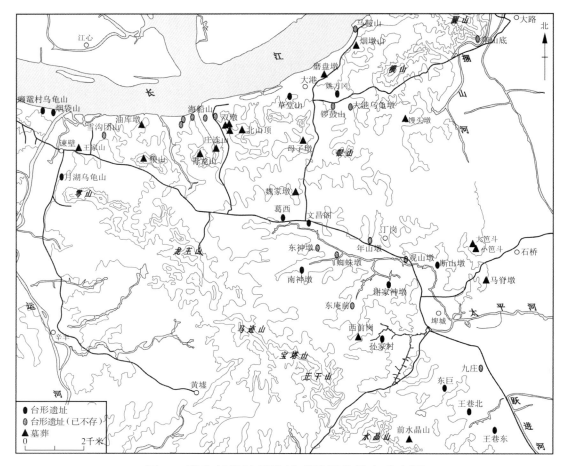

图一　孙家村遗址周边地形及周代遗存分布图

5. 雪沟团山

在谏壁中学东 1 千米, 雪沟村的东南, 在遗址的土岗的环抱中。面积约 100 米 × 60 米, 高 8 米。

6. 对面山

在孩溪村东南, 北距长江约 250 米, 东、西、北三面为水田, 西南伸出一条形地, 逐渐低下, 约 200 米后再与大山岭相接。面积 190 米 × 60 米, 高 10 米, 状如丁字形, 顶平。今属镇江新区化工园区, 已被破坏。

7. 滨竹乌龟山

东距海船山约 60 米, 中为水塘, 西隔 20 米洼地即对面山, 北为长江南岸的沙土淤地, 南外围为土岗。面积 100 米 × 40 米, 高约 8 米, 条形顶平。今属镇江新区化工园区, 已被破坏。

8. 海船山

墩北隔 200 米沙土淤地即长江, 东南约 80 米即新溪村 (原名海船山村)。一周为水田, 东南外即大土岭。面积约 180 米 × 60 米, 高约 13 米, 形近船状, 西北高东南低, 顶平。今属镇江新区化工园区, 已被破坏。

9. 豆腐脑山

在钱村正南 250 米, 村后紧靠长江。东、西、北三面均为水田, 唯西南有一洼宽 10 米的条形地, 长约 200 米, 即接一土山。面积约 180 米 × 150 米, 高约 3 米, 顶平。今属镇江新区化工园区,已被破坏。

10.滨竹磨盘山

又名燧墩，在殷村正南 200、北距长江约 250 米。北、西、南三面均为水田，东端有下宽 15 米的条形洼地，长约 180 米，即接一土山。面积约 100 米 × 40 米，高 10 米，顶平，西部最高处有圆墩，突出如磨形故名。今属镇江新区化工园区，已被破坏。

11.草堂山

在大港镇西来门南约 30 米，北距长江约 300 米。墩东、西、北三面与平地，南端有洼下宽约 20 米的条形地，长约 200 米，与另一土岗相连。面积 100 米 × 80 米，高约 10 米，顶平。

12.姚方冈

即大港中学所在，自办公室以北到操场为遗址范围。东、西、南三面均为水田及平地，北面一部分与土岗连接。遗址南北长约 110、东西宽约 80、高 7 米。

13.锣鼓山

在大港中学正南约 300 米。东、西、北三面为水田及池塘，西南有微洼下宽 20 米的条形地，连接一个大土岭。遗址面积约 30 米 × 90 米，高约 7 米，顶平。今属港南花园小区，已被破坏。

14.大港乌龟墩

在大港中学东南约 500 米，北、东、南三面为水田及河流，南端有洼下的条形地接连土岗。墩形如乌龟形，面积 110 米 × 58 米，顶平，四周成阶梯状。已被破坏。

15.马鞍山

在烟墩山北 400 米。烟墩山为西周宜侯夨簋等铜器的出土地点。北面紧靠江边，东、西两面为水田，南端原接土岗，现为窑场切断。脊顶东西宽约 10、底宽 30、南北长约 160、高约 13 米。今属金东纸业有限公司，已被破坏。

16.南山底

在大路镇西的小大港东约 250 米，北面紧靠圌山，新开的捆山河就在遗址南面脚下经过。遗址北端呈坡状，向下洼后，又逐渐向上，接圌山山脚。东、西、南三面为平地或河流。遗址呈条状，面积 55 米 × 14 米，高约 50 米，顶平。

（二）太平河流域区

太平河流域 1957 年南京博物院尹焕章、张正祥先生调查共发现遗址 10 个，分别为癞鼋墩（根据 1987 年遥感普查）、文昌阁、南神墩、东神墩、蜘蛛墩、年山墩、观山墩、谢家神墩、绳家山、断山墩，及 2018 年以来调查发现东庵前、孙家村、九庄、东巨、王巷东、王巷北 6 个遗址。

1.癞鼋墩

在西葛村西南，北山路东侧，平昌路北侧。遗址东西长约 130、南北宽约 50、高约 5.5 米，遗址呈马鞍形，由东西两个高地组成，中部略低。1956 年，南京博物院发掘探方 2 个、探沟 8 条，面积 155 平方米[1]。2018 年镇江博物馆对该遗址进行了考古勘探，该遗址保存较好，地层堆积厚 2 ～ 6 米，已勘探的遗址东侧、南侧发现有壕沟。

---

[1]　南京博物院：《江苏丹徒葛村新石器时代遗址探掘记》，《考古通讯》1955年第4期。

2. 文昌阁

在葛村东南约 300 米。遗址呈正方形，面积约 8000 平方米，突出地面约 7 米。墩顶平坦，墩上有文昌阁，故名。遗址破坏较严重，仅残存平昌路以南少部分。1956 年，南京博物院发掘探坑 8 个[1]。2019 年镇江博物馆对该遗址残留部分进行了考古勘探、试掘，遗址主体仅存约 500 平方米，主要地层堆积的年代为周代，遗址外侧有壕沟。

3. 南神墩

在大留村东南约 500 米，北临河，南近山岗，东、西、北三面为水田。遗址东西长约 92、南北宽约 96、突出地面 2～4 米。2019 年镇江博物馆对该遗址进行了考古勘探，遗址地层堆积厚 0.6～2.3 米，外侧有壕沟。今为江苏省文物保护单位。

4. 东神墩

在大留村东约 400、西北距小留村约 250、东北距太平河约 200 米。遗址东西、南北都长约 80 米，突出在水田中，高约 6 米，顶平。遗址破坏严重，剩余部分于 2010 年由镇江博物馆发掘，地层堆积年代为西周中期至春秋中期，遗迹、遗物丰富[2]。

5. 蜘蛛墩

在东神墩东南约 300 米，西面接南庄房村，东面 150 米处有太平河上的夜兴桥。遗址东西长约 50、南北宽约 40、突出地面约 3 米，顶呈弧形，四周成漫坡形。遗址破坏严重，剩余部分于 2010 年镇江博物馆进行了发掘，发现周代灰沟 1 条。

6. 年山墩

在丁岗村西约 250 米，东坡下的小河，南流 600 米入太平河。墩四周是水田。墩为长方形，顶平，东西长约 100、南北宽约 60、高约 5 米。遗址今已不存，为丁岗供电站位置。

7. 观山墩

在丁岗村东南约 1 千米，墩南有太平河，北面约 50 米与小山岗相连，其余三面均是水田。墩东西长约 120、南北宽约 190、突出地面约 6 米。镇常公路从当中穿过，今已不存。

8. 谢家神墩

在观山桥西南约 1000 米，西南距谢家村约 100、北距东晒里约 500 米，西北 200 米有小河与太平河通。遗址孤立在水田中，东西长约 77、南北宽约 72、高约 6 米，顶平坦。该遗址保存较好，2019 年镇江博物馆对该遗址进行了考古勘探，遗址地层堆积厚 3.5～4.5 米，台地边缘有土垣，外侧有壕沟。

9. 绳家山

在谢家神墩东约 200 米，墩北有小河与太平河通，南面 1000 米到山，四周均是水田。遗址东西长约 110、南北宽约 100 米，四周较平，只高出地面 1 米，中部突出，高 4 米，成一个馒头形的土墩。今已不存。

10. 断山墩

在平昌新城南侧，东距华山约 1.5 千米，西坡及北坡下有小河围绕，与西南 150 米的太平河相连，原来东、南两面坡下亦有小河围绕，现已湮没，四周均是水田。遗址东西长约 110、南北约 225、突出地面 7 ～ 9 米，呈马鞍形，中部略窄，四面边坡均陡，墩顶平坦。1981 年由南京博物院、南京大学、厦门大学合作发掘了 750 平方米，遗存分为四期，年代为西周前期至春战之交[1]。2018 年南京博物馆在遗址南侧发掘发现有壕沟；2019 年镇江博物馆进行了考古勘探，遗址地层堆积厚 3 ～ 4.5 米，东、南、西侧有壕沟。1957 年调查中发现的最大、最典型而且较完整的一个台形遗址，今为江苏省文物保护单位。

11. 东庵前

在东庵前村东侧，栳山河西侧。遗址台地原高约 5 米，平面呈弧角三角形，东西长约 70、南北宽约 76 米。台地今已被破坏，钻探显示周边尚仍有壕沟。

12. 孙家村

在孙家村东侧，详见后。

13. 九庄

在丹阳市丹北镇埤城东南，今已不存，但周边发现有少量周代陶瓷遗物。

14. 东巨

在丹阳市丹北镇东巨村北侧约 100 米，南至越岭路，西至林常路。地处丘陵地带，所在区域西南侧高东北侧低，西北侧原有小河通向太平河。遗址底径约 110、突出地面约 4 米。平面近圆形，顶部较平整，种植树木，边缘呈缓坡状，为旱地，遗址周边为水田。2019 年镇江博物馆对该遗址进行了考古勘探，遗址地层堆积厚 0.7 ～ 2.3 米，台地边缘有土垣，四周有壕沟。

15. 王巷北

在丹阳市后巷镇王巷村北约 500 米。遗址东西长约 170、南北宽约 120、高出地面约 3 米，平面大致呈长方形，顶部缓坡状，边缘界限不清楚。

16. 王巷东

在丹阳市后巷镇王巷村东约 300 米。遗址东西长约 150、南北宽约 120、高出周边地面约 2.5 米，顶部缓坡状，边缘界限不清楚。

二　周代墓葬

（一）沿江山地区

沿江的烟墩山、乔木山、北山、青龙山、粮山、王家山山顶部发现有周代墓葬，出土铜礼器、乐器、车马器。

1. 烟墩山西周墓

烟墩山又名四墩山，位于大港东北约 3 千米，西北距长江约 400 米，顶部海拔 54 米。1954 年丹徒县龙泉乡下聂村农民在山上发现铜器 12 件，考古人员判断为一座墓葬，出土的宜侯夨簋记载了周王分封"宜侯"的历史，是目前考古出土研究吴越历史最重要的器物。1985 年发掘二号墓，营建在山坡上，砌有石床，石床东西向，长 3.6、宽 2.4 米，封土掩埋，出土随葬器物 36 件，有夹砂陶、泥质陶、印纹硬陶、原始瓷，其中鬲 8 件，大小递次，有些类似中原墓葬中的"列鼎"，

---

[1]　邹厚本、宋建、吴绵吉：《丹徒断山墩遗址发掘纪要》，《东南文化》2015 年第 3 期。

是目前江南土墩墓中出土鬲最多者。烟墩山墓地今为全国重点文物保护单位[1]。

2. 母子墩西周墓

在乔木山山脊上，海拔 81.6 米。砌有石床，东西向，长 6.1、宽 3.2 米，上有高大封土。随葬青铜容器、兵器、车马器及少量硬陶器、原始瓷器，青铜容器有雷纹鼎、伯簋、鸳鸯形尊等[2]。

3. 磨盘墩春秋墓

在大港镇，北距长江约 500 米。为长方形土坑竖穴墓，东西向，长 4.6、宽 1.1、深 1.25～1.06 米。出土青铜尊、匜、车马器及硬陶器、原始瓷器[3]。

4. 北山春秋墓

北山又名背山顶或背顶山，顶部海拔 81.6 米，东距大港约 3、西距谏壁约 5 千米。发现春秋晚期墓葬 1 座，编号 84DBM，位于北山顶部，为刀形竖穴墓，朝西向，墓坑长 11.6、宽 2.35～4.5、深 1.15～1.45 米；上有高大封土，两侧平台上各有 1 附葬人。墓坑早年被盗，墓道出土数量众多的铜鼎、乐器、车马器、兵器，多件器物上有铭文[4]。

5. 青龙山春秋墓

青龙山位于谏壁镇新竹村北，顶部海拔 75.9 米，东距大港约 4、西距谏壁约 4.5 千米。大墓 M1 位于山顶部，规模宏大，为"甲"字形竖穴墓，朝西向，墓口长 12、宽 7、深 5.5 米；坑四周堆筑圜丘，墓道留有缺口，上有高大封土。墓道两侧各有 1 殉人。墓葬早年被盗，残存青铜容器、兵器、军乐器车马器和青铜工具。大墓东侧有 1 个附葬墓[5]。

6. 粮山春秋墓

粮山顶部海拔 78.3 米，墓葬位于粮山顶部，斗式深竖穴石坑墓，坑口长 11.2～12、宽 6.4～7、深 9 米；设置二层台、人殉和马牲墓，上有高大封土。出土陶瓷器、铜工具、玉饰品[6]。

7. 王家山春秋墓

王家山位于谏壁镇东侧。为长方形深土坑竖穴墓，坑破坏严重，东西向，坑口残长 6、宽 3、深约 6 米。出土较多铜容器、乐器、兵器、车器、工具[7]。

（二）丘陵区

沿江山地以下的丘陵地带发现有多个周代土墩墓，上有较为高大的封土，已发掘的有祝赵双墩、大笆斗、小笆斗、馒儿墩、马脊墩等，祝赵双墩盗扰严重，其余均为一墩一墓类型，出土的随葬器物大多为陶瓷器，马脊墩出土铜车马器。

1. 祝赵双墩土墩墓

位于大港以西 3.2 千米的北山向北麓延伸下的南北向土岗。一号墩底径 36、高 5 米，1984 年

[1] 江苏省文管会：《江苏丹徒县烟墩山出土的古代青铜器》，《文物参考资料》1955 年第 4 期。《江苏丹徒大港土墩墓发掘报告》，《文物》1987 年第 5 期。

[2] 镇江博物馆、丹徒县文管会：《江苏丹徒大港母子墩西周铜器墓发掘简报》，《文物》1984 年第 4 期。

[3] 南京博物院、丹徒县文管会：《江苏丹徒磨盘墩周墓发掘简报》，《考古》1985 年第 11 期。

[4] 丹徒考古队：《丹徒青龙山春秋大墓及附葬墓发掘报告》，《东方文明之韵》，岭南美术出版社，2000 年。

[5] 丹徒考古队：《丹徒青龙山春秋大墓及附葬墓发掘报告》，《东方文明之韵》，岭南美术出版社，2000 年。

[6] 刘建国：《江苏丹徒粮山石穴墓》，《考古与文物》1987 年第 4 期。

[7] 镇江博物馆：《江苏镇江谏壁王家山东周墓》，《文物》1987 年第 12 期。

发掘，墩底发现有石床，盗扰严重，未发现随葬器物。二号墩底径 36.2 ～ 41、高 5.9 米，2007年发掘，墓南北向，长 7.6、宽 5 ～ 6.1、深 1.6 ～ 1.8 米，坑壁有竹木棍痕迹，盗扰严重，未发现随葬器物 [1]。

双墩南侧约 150 米处发现有一处春秋时期墓地，位于北山向北麓延伸的山脊上的另一处高地，称庄连山。2014 年发掘 3 座墓葬，2020 年发掘 4 座墓葬，均为长方形土坑竖穴墓，大多东西向，长 2.5 ～ 3.8、宽 1 ～ 1.4、深 0.5 ～ 1.4 米。随葬成组的陶瓷器。墓葬规模、随葬器物与周边山顶上的大墓及大型土墩墓有明显区别，可能是双墩的陪葬墓 [2]。

2. 马脊墩土墩墓

位于姚桥镇华山村南。2009 年发掘西周墓 1 座，墓坑长方形，东西向，长 8.6、宽 6.4、残深 0.4米，上有高大封土。随葬铜车器及较多原始瓷器、硬陶器 [3]。

3. 油库墩土墩墓

位于粮山北侧的丘陵地带，北距长江仅 400 米。馒头状土墩，底径约 60、高约 8 米。今为江苏省文物保护单位。

4. 魏家墩土墩墓

位于北山南侧的丘陵地带，馒头状土墩，底径约 60、高约 7.5 米。今为江苏省文物保护单位。

5. 馒儿墩、大笆斗、小笆斗土墩墓

1990 年发掘。馒儿墩位于横山东麓东西走向余脉的山脊上，为两周之交墓葬，长方形竖穴熟土坑墓，坑口长 7.7、宽 4.8 ～ 5.4、深 1.5 米。大笆斗、小笆斗位于横山南侧丘陵地；大笆斗为西周后期墓，墓葬平面呈"T"字形，朝东向，坑通长 8、宽 5.2 ～ 5.9、深 0.45 米，坑壁有竹子痕迹；小笆斗为西周前期墓，墓坑平面呈凸字形，朝西向，长 9.2、宽 6.8 ～ 7.2、深 1.5 米。随葬器物均为陶瓷器，未见青铜器 [4]。

6. 西前岗土墩墓

位于丁岗镇西前岗村东南，顶面较平，底径 28 ～ 39、高约 3.5 米。

第三节　遗址概况

孙家村遗址位于镇江新区丁岗镇，西北距镇江市区约 25、北距长江约 10 千米，中心地理坐标为北纬 32° 06′ 42″，东经 119° 41′ 05″（图二；彩版一，1、2）。

遗址位于雩山向圌山和雩山向小黄山两条山脉之间三角形区域的西南部，为水晶山、正干山东北侧山地向长江冲积平原过渡的丘陵地带，处于一条西南—东北走向的低矮黄土岗地的近底部。

遗址以西侧的丁岗镇孙家村命名，东侧为仙庄村，西北约 200 米为西前岗村，这些村庄已全部搬迁改造为农田，地面下保留有较多的现代建筑垃圾。

[1] 江苏省丹徒考古队：《江苏丹徒大港土墩墓发掘报告》，《文物》1987 年第 5 期。南京博物院、镇江博物馆：《镇江大港双墩 2 号墩发掘报告》，《印记与重塑》，江苏大学出版社，2010 年。
[2] 镇江博物馆：《江苏镇江大港庄连山春秋墓地发掘简报》，《东南文化》2015 年第 3 期。
[3] 镇江博物馆：《江苏镇江大港华山马脊墩土墩墓发掘简报》，《东南文化》2015 年第 3 期。
[4] 南京博物院、镇江博物馆、丹徒县文教局：《江苏丹徒横山、华山土墩墓发掘报告》，《文物》2000 年第 9 期。

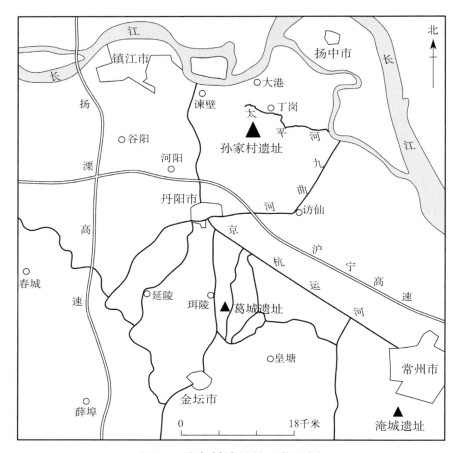

图二　孙家村遗址地理位置图

遗址周边地势低平，地面海拔高 7～7.5 米。北侧有条现代人工河，开挖于 20 世纪 70 年代；向北约 150 米有一条无名小河发源于西侧的正干山下，处于地势最低处，应为自然河流，蜿蜒曲折向东汇入太平河。

遗址由台地和环壕组成。台地平面近椭圆形，顶部近平，海拔约 11.9 米，高于周边地面约 4.5 米；顶部直径东西长约 68、南北长约 95 米，面积约 5000 平方米；底部直径东西长约 100、南北长约 120 米，面积约 8000 平方米。环壕环绕在台地外侧，已湮灭于地下（彩版二，1）。

第四节　考古工作概况

一　工作缘起

泰州至镇江高速公路镇江新区至丹阳段公路（镇丹高速）工程起点为镇江新区姚桥镇王庄村，终点为丹阳开发区云阳镇岗头村，全程 22 千米，涉及镇江市辖的镇江新区姚桥、丁岗和丹阳市埤城、胡桥、云阳等地。

为了在建设过程中地下文物能够得到有效保护，镇江市文物局受省江苏省文物局委托，指派镇江博物馆对该项目沿线进行考古调查和勘探工作。2010 年 12 月 25 日至 2011 年 1 月 6 日，考古人员对公路用地范围进行了全面调查，发现文物点 6 个，为华山村墓地、孙家村遗址、胡桥双墩 1 号土墩墓、胡桥双墩 2 号土墩墓、马家土墩墓、彭隍庵遗址。

2015 年 11 月起，镇江博物馆对孙家村遗址进行了考古发掘。发掘工作由南京博物院、镇江博物馆联合进行，南京博物院为考古发掘资质单位，提供技术支持、业务指导、质量监督，镇江博物馆负责具体的考古工作。

二　考古勘探

考古勘探工作自 2015 年 11 月起，用时近 1 个月。按正东西、南北向各钻 2 排探孔，孔距均 5 米，地层剖面 A、B、F、H（图三、四；彩版二，2）。

通过勘探大致了解遗址的地形地貌、平面布局及地层堆积状况：

一、遗址处于由水晶山、正干山向东北延伸的一条黄土岗地脊线近底部，总体呈西高东低的缓坡势。遗址所在区域生土面地势较平坦，高于南北两侧地面 1.5 ～ 2 米。岗地南北两侧有古冲沟，冲沟内为淤砂、淤泥，淤积近平，顶部有一层灰黑色胶泥，分布范围较广。

二、台地为人工堆垫形成，地层堆积厚约 4 米，堆积层次较多，部分层次的包含物十分丰富。台地边缘偏下部为倒塌堆积，斜坡状，为遗址废弃后形成。台地外侧现为农田，地势低平，地面海拔 7 ～ 7.5 米，地下为淤土层，厚约 2 米，其下为灰黑色胶泥或生黄土。

三、台地边缘发现有垄状遗迹，用纯净的黄土堆筑，截面呈梯形，底宽约 10 米，最厚处约 4.5 米。推测为城垣一类遗迹，命名为土垣。

四、台地四周发现有沟状遗迹，环绕着台地分布，应为环壕。壕内积满淤泥，口部距地表约 2.5、宽 10 ～ 20、深约 2 米。为了解环壕平面形状，由台地向外再钻探孔剖面 4 条，地层剖面编号 C、D、E、G。同时沿环壕进行补充钻探。在遗址东侧、西南侧各发现一个缺口，西南角缺口宽约 30、东侧缺口宽约 20 米。

三　考古发掘

考古发掘工作自 2015 年 12 月开始，至 2019 年 10 月结束。2015、2016 年度的发掘工作为配合基建而进行的抢救性考古发掘，2017 ～ 2019 年度的发掘工作为国家文物局批准的主动性考古发掘。

考古发掘前用 RTK 对遗址进行全面测量定位。以西南角为基点按正方向建立虚拟的探方的坐标网格，将台地及环壕全部纳入坐标系，坐标网格 10 米 ×10 米。探方编号 TYYXX，YY 为南北向坐标，XX 为东西向坐标。发掘中在探方东、北两侧保留隔梁，隔梁宽 1.2 米，每个探方实际发掘面积 8.8 米 ×8.8 米（图五）。

2015 年 12 月至 2016 年 3 月，在遗址的西侧发掘 10 米 ×10 米探方 4 个，编号 T0801、T0802、T0901、T0902，5 米 ×5 米探方 3 个，编号 T0803A、T0803B、T0804A，发掘面积 475 平方米。重点了解环壕、土垣的结构、堆积状况、年代。环壕揭示长度约 19 米，土垣解剖长度约 4 米（彩版三，1）。

2016 年 4 月起，在台地西南角发掘 10 米 ×10 米探方 22 个，编号 T0704 ～ T0708、T0804 ～ T0808、T0904 ～ T0908、T1004 ～ T1007、T1105 ～ T1107，新增发掘面积 2175 平方米（彩

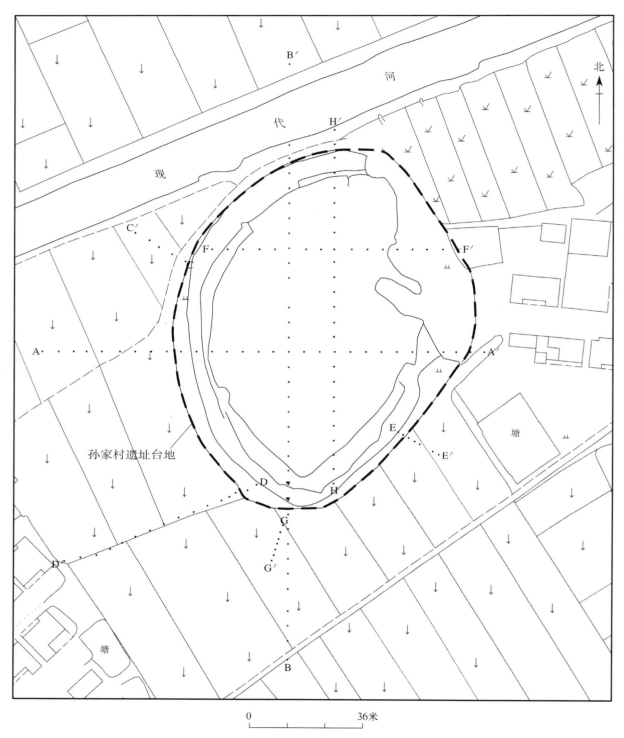

图三　孙家村遗址台地平面及探孔分布图

版三，2）。揭示土垣约 50 米，发现周代时期土台 32 个、墓葬 2 座、窑 4 座、灰沟 1 条、灰坑 27 个。考古发掘中出土较多铜器，出土陶范、坩埚、鼓风嘴、铜渣等铸铜遗物，发现一些窑炉，证明该遗址存在铸铜活动。

2017 年，在台地东南侧发掘 10 米 × 10 米探方 8 个，编号 T0608 ～ T0610、T0709、T0710、

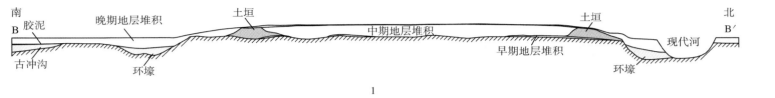

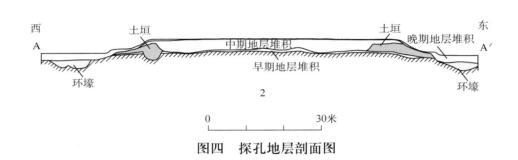

图四　探孔地层剖面图

T0809 ~ T0811，发掘面积 800 平方米。揭示土垣约 30 米，发现周代房址 1 座、土台 11 个、窑 1 座、灰沟 2 条、灰坑 16 个（彩版四，1、2）。

2018 ~ 2019 年，在台地东北侧发掘 10 米 × 10 米探方 12 个，编号 T0909 ~ T0911、T1008 ~ T1010、T1108 ~ T1110、T1208 ~ T1210，发掘面积 1200 平方米。发现台地东侧的道路遗迹，解剖土垣 10 米，发现房址 3 座、土台 12 个、窑 1 座、灰沟 4 条、灰坑 21 个（彩版五，1）。

孙家村遗址发掘项目负责人为镇江博物馆何汉生，参加发掘的有镇江博物馆许鹏飞、刘敏、李西东、居法荣、王克飞，以及来自陕西、河南、湖南等地技工祁自立、邱俊忠、魏保京、曹建宏等。何新海、朱杏春、张荣祥、王凤花以及数十位本地工人不畏艰辛，数度寒暑，为考古发掘工作付出了辛勤的劳动（彩版五，2；彩版六，1、2）。

南京大学博士研究生张艳秋、硕士研究生刘欢、南京师范大学硕士研究生谢梦奇、倪玲玉及景德镇陶瓷大学硕士研究生朱锋晴、张芳菲也参与了考古发掘工作。

四　科学检测和研究

孙家村遗址发掘过程中积极开展多学科合作，积极利用现代科学技术手段进行检测和研究。

一、与北京大学考古文博学院合作开展冶金考古工作，对遗址出土的冶金遗物进行取样，以分析冶金遗物的材质和矿物来源，在此基础上探讨遗址冶金生产活动的性质及周代铸铜手工业技术特征。

二、与中国科学技术大学科技史与科技考古系合作，采集遗址出土的印纹硬陶和原始瓷样本，进行相关科技分析。

三、与中科院南京地理与湖泊研究所合作开展镇江大港周边古地理环境探索研究。

四、对发掘中各地层、灰坑的土样做浮选，采集植物标本，委托从事植物考古的江苏省考古研究所吴文婉作分析研究。

五、选择东西两组典型地层、遗迹中浮选出的 13 个植物标本、炭样，委托美国 BETA 实验

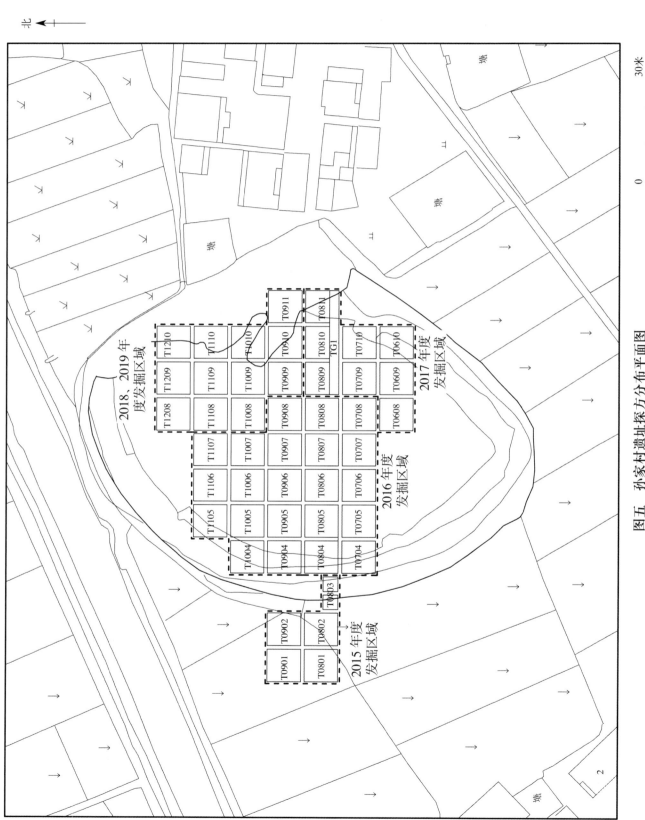

图五　孙家村遗址探方分布平面图

室进行检测，取得了 12 个测年数据。

六、委托南京师范大学地理科学学院曹喜林博士对考古发掘出土的石器进行了岩性鉴定。

五　专家指导

孙家村遗址的发掘对地域文化研究、古代冶金研究有重要作用，考古工作得到多方专家关注。

一、中国社会科学院考古研究所陈星灿、徐良高研究员、常怀颖、唐锦琼副研究员、中国科学院自然科学史研究所苏荣誉研究员、北京大学赵辉、刘绪、陈建立教授都曾亲临发掘现场，指导发掘工作（彩版七，1、2）。

二、南京博物院邹厚本、李民昌、王奇志、盛之翰研究员、田建花副研究员、江苏省考古研究所林留根、周润垦研究员、苏州市考古研究所张照根研究员、无锡市文化遗产保护与考古研究所刘宝山研究员、南京大学张学锋教授、赵东升副教授等数十位省内考古专家十分关注孙家村遗址的考古工作，亲临发掘现场指导发掘工作。其中林留根研究员多次来工地，为遗址性质的确定、发掘方案的制定、发掘方法的改进提供了很多宝贵意见（彩版八，1）。

三、镇江本地的老专家镇江博物馆刘建国、肖梦龙研究员也对发掘工作十分关心，对发掘中的出现的问题给出了较多意见。

四、镇江博物馆王书敏研究员担任镇丹高速考古项目的总负责人，发掘期间经常到现场指导发掘工作，为发掘工作的顺利完成做了许多工作。

六　公众考古实践

孙家村遗址的发掘工作得到社会的广泛关注，多位省、市文物行政管理部门的领导曾经亲临发掘现场，关心指导发掘工作（彩版八，2；彩版九）。发掘项目入围了 2016 年中国考古十大新发现评选终评。

考古工作中积极开展公众考古实践，热情接待关心考古发掘工作的群众，向社会宣传考古工作和文物保护工作。接待江苏省内在校学生十余批达数百人次，给学生们提供了近距离接触考古发掘工作的机会。配合了南京博物院举办 2018 年度考古夏令营（彩版一〇，1）、镇江博物馆 2016、2017 年度考古开放日活动。2018 年 3 月 28 日，江苏卫视对工地发掘工作进行了直播，取得了较好的社会效应（彩版一〇，2）。

第五节　报告整理工作

一　报告整理经过

孙家村遗址发掘工作中注重资料的采集和整理，做到边发掘边初步整理，2017 年 6 月，由镇江博物馆申报的国家社科基金项目"江苏镇江孙家村吴国铸铜遗址发掘资料整理与研究"获准立项，批准号为 17BKG016，为 2017 年度一般项目。

2018 年整理发表了 2015 ～ 2016 年发掘简报[1]。发掘报告全面整理工作自 2019 年 8 月起，进

---

[1] 南京博物院、镇江博物馆：《江苏省镇江市孙家村遗址2015～2016年发掘简报》，《考古》2018年第6期。

行了发掘资料的检查核对及整理、发掘资料电子化，完成器物的修复、绘图、拓片、摄影、型式分析和出土遗物统计分析，至 2020 年 10 月发掘报告初稿完成编写。

发掘报告整理工作由何汉生、王克飞负责。南京大学硕士研究生刘欢珍、孙丽萍参与了资料整理工作。

器物修复、遗物整理统计：魏保京、张荣祥、何新海、朱杏春等。

遗迹线图：祁自立、魏保京、邱俊忠、曹建宏。

器物绘图：杨亚宁、曾令兵、虞师玄。

器物拓片：王凤花、张荣祥。

器物摄影：王克飞、刘欢珍、孙丽萍。

二　报告编写的几点说明

1.遗迹命名

孙家村遗址发现的遗迹现象有环壕、土垣、房址、土台、灶坑、窑、墓葬、灰沟、灰坑等。

环壕　位于遗址外侧，发掘遗址西侧一段，呈沟状，编号 G3。

土垣　位于台地边缘，呈环形土垄状，以汉字"土垣"作为编号。由于东、西两侧加筑的层次略有不同，相互关系不明确，相关堆积层次按东垣 × 层、西垣 × 层编号。

土台　是建筑的基础部分，主要为圆形或椭圆形小土台，是宁镇地区考古发掘中首次发现，以汉字"台"作为编号。发掘显示有些土台使用时间可达数百年，一般使用一段时间后会用较纯净的黄土向上加筑，加筑时大多数土台位置保持不变。为了既能防止割裂不同时间加筑的同一土台遗迹，又能区分出土台的各个不同阶段，使用台 × A、台 × B、台 × C……表示同一土台的不同时期，每个编号代表一次加筑过程。

其他遗迹：房址编号 F，灶坑编号 Z，窑编号 Y，墓葬编号 M，灰沟编号 G，灰坑编号 H。

2.周代遗迹介绍顺序说明

周代遗迹介绍是本报告的重点。孙家村遗址在西周中期至春秋晚期的数百年间均有人在此居住生活，考古发现的遗迹尤其建筑遗迹数量众多，横向和纵向的关系十分复杂。

遗址堆筑过程主要分为七个阶段。单纯的按阶段介绍虽然有利于表现阶段的整体平面布局，明晰各遗迹的相互关系，但割裂了不同阶段同一遗迹的相互关系，不利于反映遗迹的加筑过程，且过于繁琐。而按单一遗迹逐个介绍则相反。

关于遗迹的介绍顺序及报告编写体例，编者征求了省内多位具有考古报告编写经验的考古专家意见。根据各阶段遗迹布局、遗迹特点的变化采取了灵活处理。第一至第四阶段发掘面积较小，遗迹数量少，各阶段遗址布局变化明显，遗迹结构形式变化较大，因此按阶段逐步介绍。第五至七阶段发掘面积较大，遗迹数量多，但遗址整体布局变化较小，遗迹结构形式也已相对固定，因此这三个阶段进行合并介绍。

3.周代遗物介绍顺序说明

孙家村遗址周代遗存相当于《江苏南部土墩墓》[1] 第一期至第四期、《论土墩墓分期》第二期

---

[1]　邹厚本：《江苏南部土墩墓》，《文物资料丛刊·6》，文物出版社，1982年。

至第六期[1]，年代相当于中原地区西周中期至春秋晚期，未发现《江苏南部土墩墓》第五期、《论土墩墓分期》第一期及第七期、赵家窑团山遗址第一期至第三期遗存[2]。

发掘出土的周代遗物数量较多，器形丰富。各类器物的发展变化规律不同，由早至晚器形呈渐近式变化，较晚阶段会出现新的类型，器形出现新的变化，但早期的形式仍然存在，很难将各阶段器物截然区分开，因此本报告中将出土的周代遗物作统一的型式分析研究。

4. 其他时期遗存介绍说明

孙家村遗址的主要堆积为周代遗存，但有少量新石器时代及周代以后文化遗存。

遗址的第⑳层为新石器时代遗存，地层较薄，且分布范围小，出土遗物少、残碎，出土遗物特征分析及碳-14测年数据显示为崧泽、良渚时期。由于本地区发现新石器时代遗址较少，对于研究本地区新石器时代文化性质有一定作用，因此将这部分内容单列一章进行介绍。

遗址周代以后已废弃，仅发现少量墓葬及很少量遗物，未发现其他建筑遗存，这部分内容不作介绍。

---

[1]　刘建国：《论土墩墓分期》，《东南文化》1989年第4、5期（合期本）。

[2]　团山考古队：《江苏丹徒赵家窑团山遗址》，《东南文化》1989年第1期。

第二章 地层堆积

第一节 环壕区域

环壕区发掘 10 米 × 10 米探方 4 个，编号 T0801、T0802、T0901、T0902，位于孙家村遗址台地西侧，地层堆积厚 1.3 ～ 3.8 米，共分为 5 层。

以 T0801 ～ T0802 南壁为例介绍（图六；彩版一一，1）。

第①层：灰色土，厚 0.15 ～ 0.3 米。土质疏松。出土少量现代陶瓷遗物、塑料制品，包含较多植物根须。该层为现代耕土层。

第②层：黄褐色土，厚 1 ～ 1.6 米。土质疏松，较纯净。出土少量唐至明清时期遗物。该层为唐至明清时期逐渐形成的淤土层。

第③层：青灰色土，厚 0 ～ 0.55 米。土质软黏，较纯净，靠近台地一侧含有较多木灰、红烧土。出土少量汉代及六朝时期遗物。为汉代至六朝时期淤土层。

第④层：灰褐色土，厚 0.1 ～ 0.9 米。土质软黏，含较多腐殖物。出土少量春秋中晚期陶瓷遗物，遗物较为残碎。该层为遗址废弃后形成的淤土层。环壕（G3）叠压于该层下。

第⑤层：灰黑色土，厚约 0.1 米，发掘及钻探显示此层广泛分布于环壕以外地势低平的区域。胶泥质，含较多腐殖物。该层为自然沉积形成。

第⑤层下为黄色生土。

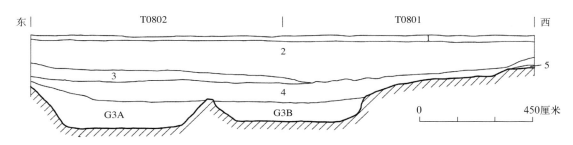

图六 环壕区域地层剖面图（T0801～T0802南壁）

第二节 台地区域

台地区域发掘 10 米 × 10 米探方 42 个、5 米 × 5 米探方 2 个。发掘工作自 2016 起，至 2019 年结束。2016 年度发掘的探方位于台地西半部，2017 年之后发掘的探方位于台地东半部。

孙家村遗址局部发掘后将予以保留，大部分探方未发掘至生土。台地西半部仅 T0804、T0805
发掘至生土，T0806 发掘至第⑨层面，其余探方大多仅发掘至第⑥层面后即未再向下发掘。台地
东半部探方大多发掘至第⑧ B 层面，东北角 T1008 ～ T1210 发掘至生土，中部沿 T0809 ～ T0811
南壁发掘宽约 2.5 米东西向的探沟 1 条，编号 TG1，发掘至生土。

遗址的台地部分是一个整体，发掘显示台地东、西部的地层堆积相近，但细节层次略有
差异。由于台地中部发掘较浅，第⑤层以下台地东、西两侧地层堆积的对应关系没有直接证
据，因此将发掘区域以南北向中轴线分为东西两个发掘区分别介绍，TXX03 ～ TXX07 为西区，
TXX08 ～ TXX11 为东区。

一　台地西区

台地西区仅 T0804、T0805 发掘至生土（彩版一一，2），T0806 发掘至第⑨层面，其余探方
大多仅发掘至第⑥层面后即未再向下发掘。发掘显示地层堆积厚 3.6 ～ 4.6 米，共分为 20 层，以
T0805 南壁为例介绍（图七）。

第①层：灰色土，厚约 0.15 米，表面较平整。土质疏松，包含较多植物根须。出土少量周代
陶瓷片，以及现代陶瓷片、塑料制品等。该层为现代耕土层。M1 ～ M3、H14 叠压于该层下。

第②层：浅灰色土，厚 0 ～ 0.1 米，分布于地势较低的区域。土质疏松，含少量红烧
土。出土较多周代遗物及少量汉至明清时期遗物。该层为遗址废弃后坍塌、淤积形成的堆积。
H11 ～ H13、H16、H19 ～ H22、H24、H38 叠压于该层下。

第③层：灰黑色土，厚 0 ～ 0.5 米。土质略疏松，含较多红烧土、木灰。该层为台 1A 时期
使用堆积，叠压在各土台最晚期土台之上，主要分布于土台边缘的斜坡上。台 1A ～台 3A、台
7A ～台 12A、台 14A、台 15A、台 17、台 18、台 20、台 21A、台 22 ～台 24、台 27A、台 28A

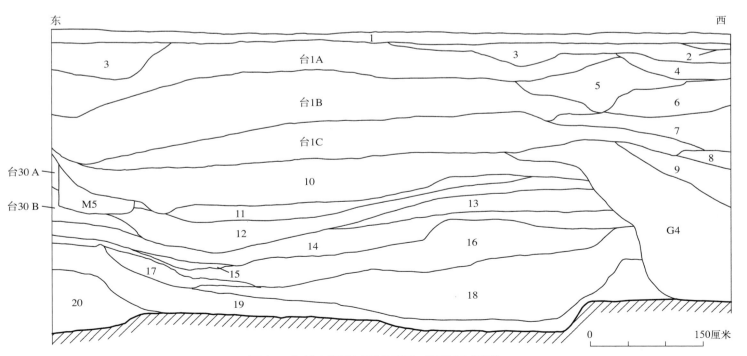

图七　台地西区地层剖面图（T0805南壁）

及 H15、H18、H23、H30、H32 叠压于该层下。

第④层：黄灰色土，厚 0 ～ 0.25 米。土质略坚硬，含少量木灰及大量红烧土。该层为台 1A 时期的垫土层。H17、H27 叠压于该层下。

第③、④层出土遗物十分丰富，以陶瓷片为主，另有较多铜器及少量石器。夹砂陶器形有陶鼎、鬲、甗、釜、支座，以素面为主，表面饰绳纹的占一定比例；泥质红陶数量较多，均为圜底罐，表面拍印席纹、方格纹；泥质灰陶器形有罐、盆、钵等，少量表面饰席纹、绳纹、方格纹；硬陶器以坛、瓿类为主，表面拍印各种几何纹饰，以席纹、菱形填线纹、方格纹为主，纹饰浅、细，另有少量硬陶碗、盂；原始瓷器数量较多，器形有罐、盆、钵、碗、盏、盂、碟、器盖等，以碗为主。

第⑤层：灰黑色土，厚 0 ～ 0.65 米。土质疏松，含较多木灰及少量红烧土。该层为台 1B 时期的使用堆积，有多个倾斜状木灰面。台 1B ～台 3B、台 4A、台 5A、台 7、台 8B ～台 12B、台 14B、台 15B、台 16、台 19、台 21B、台 26、台 27B、台 28B、台 29A、台 33 及 H28 叠压于该层下。

第⑥层：灰黄泛绿色土，厚 0 ～ 0.4 米。土质略坚硬，较杂乱，局部含少量木灰。该层为台 1B 时期的垫土层。H29、H33、H36、H37 叠压于该层下。

第⑤、⑥层出土遗物数量较少。其中夹砂陶最多，泥质红陶、硬陶、原始瓷较少。夹砂陶器形有鬲、鼎、甗、支脚，鼎很少，以素面为主，少量表面饰绳纹；泥质红陶均为圜底罐，表面主要拍印席纹和方格纹，雷纹量较少；泥质灰陶器形有罐、盆、钵、豆等，素面占绝大多数；硬陶以坛、瓿类为主，碗、盂等少见，罐类器物表面拍印折线纹、回纹、席纹、方格纹、菱形填线纹；原始瓷器形有盆、钵、豆、碗、盏、盂、器盖。第⑥层还出土十余件陶范。

第⑦层：黄灰泛绿色土，厚 0 ～ 0.4 米。土质稍硬，较纯净，局部含较多木灰。该层为台 1C 时期使用堆积，有多个斜向层次。台 1C ～台 3C、台 4B、台 5B、台 29B 叠压于该层下。

第⑧层：黄褐色花土，厚 0 ～ 0.25 米。土质坚硬，较纯净。该层叠压于土垣内侧，为台 1C 时期的垫土。H35 叠压于该层下。

第⑦、⑧层出土遗物数量较少。其中夹砂陶最多，泥质红陶、硬陶、原始瓷较少。夹砂陶器形有鬲、甗、鼎，鼎很少，以素面为主，很少量表面饰绳纹；泥质红陶均为圜底罐，表面主要拍印席纹和方格纹，雷纹数量较少；泥质灰陶器形有罐、盆、钵、豆等；硬陶以坛、瓿类为主，碗、盂等少见，坛、瓿类器物表面拍印折线纹、回纹、席纹、方格纹；原始瓷器形有盆、豆、碗、盏、盂、碟等。

第⑨层：灰褐色花土，厚 0 ～ 0.35 米。土质疏松，含较多木灰及少量红烧土。有多个斜向层次。G4 叠压于该层下。

第⑩层：黄灰泛褐色土，夹较多褐色铁锰结核颗粒，厚约 0.6 米。土质疏松，略软，表面有木灰面，内含少量红烧土、木灰。该层叠压台 30 ～台 32 最晚期台面，台 30、台 31A、台 32、M4、M5 叠压于该层下。

第⑪层：黄褐色土，厚约 0.2 米。土质坚硬，较为纯净，仅见少量木灰。土台部分较厚，地势较低的区域有一层黄土面。该层为台 30A、台 31A 时期的垫土。

第⑨～⑪层为西周晚期地层。出土遗物中以夹砂陶为主，器形有鬲、鼎、甗，均素面；泥质红陶器形为罐，表面拍印方格纹、雷纹及少量席纹；泥质灰陶较少，器形有盆、钵、豆、盂等；

硬陶器均为坛、瓿类，表面拍印折线纹、回纹及少量套菱形纹，见少量豆、碗、盂；原始瓷器仅见豆，不见碗、盂类平底器。

第⑫层：灰色土夹灰黑色土，厚 0.15 ～ 0.4 米。土质松散，含少量红烧土颗粒。中间夹多层木灰面，为一薄层土、一薄层木灰叠加形成。该层为台 30B、台 31B 时期的使用堆积，台 31B 叠压于该层下。

第⑬层：黄略泛褐色土，夹铁锰结核颗粒，厚 0 ～ 0.3 米。土质致密坚硬，十分纯净。该层为台 30B、台 31B 时期的垫土。

第⑭层：黄灰色花土，厚 0 ～ 0.35 米。土质略致密，较纯净。该层为台 30B、台 31B 时期的基础垫土层。

第⑫ ～ ⑭层出土遗物以夹砂陶、泥质灰陶为主，夹砂陶器形有鬲、甗，均素面；泥质红陶均为圜底罐，表面拍印方格纹、雷纹及少量席纹；泥质灰陶器形有罐、盆、钵、豆等，罐饰间断绳纹；硬陶较残碎，均为罐、瓿类，表面拍印折线纹、回纹，纹饰粗而深；原始瓷仅见豆。

第⑮层：灰褐色土，厚 0 ～ 0.1 米。土质松散，含大量木灰及少量红烧土。是 F4A 时期的使用堆积，堆积呈倾斜状，有多层木灰面。F4A 叠压于该层下。

第⑯层：黄泛褐色土，厚 0 ～ 0.7 米。土质致密坚硬，纯净。该层为 F4A 时期的垫土层。

第⑰层：灰色土，厚 0 ～ 0.2 米。土质较疏松，易散，夹较多木灰。该层叠压在 F4B 的斜面上，为 F4B 时期的使用堆积。

第⑱层：黄灰泛褐色土，夹较多铁锰结核颗粒，厚 0 ～ 0.9 米。土质致密坚硬，纯净。该层叠压土垣，为 F4B 时期的垫土层。

第⑮ ～ ⑱层出土遗物以夹砂陶、泥质灰陶为主，夹砂陶器形有鬲、甗，均素面；泥质红陶均为圜底罐，表面拍印雷纹、方格纹；泥质灰陶器形有罐、盆、豆等，罐饰间断绳纹；硬陶较残碎，均为坛、瓿类，表面拍印折线纹、回纹，纹饰粗而深；原始瓷仅见喇叭状圈足豆。

第⑲层：较高处为浅黄色土，较低处为灰白色土，厚 0 ～ 0.55 米。土质均匀，略疏松，含少量木灰及红烧土。H9 叠压于该层下。

第⑳层：灰褐色土，厚 0 ～ 0.8 米，仅在局部发现，分布不均匀，顶面高低不平。土质致密、较黏，含少量红烧土。

第⑳层为新石器时代地层，第⑲层为间歇层。出土遗物以泥质灰陶为主，另有少量夹砂陶、夹炭陶。陶片较残碎，器形多不可辨。泥质灰陶器形有豆、罐，豆圈足有镂孔，罐有鸡冠錾，多见较宽的凸弦纹；夹砂陶均为红褐色胎，有宽扁的三角形侧装鼎足，足上刻竖槽；夹炭陶灰黑色胎，火候低，胎质十分疏松。

第⑳层下为黄色生土。

二　台地东区

发掘显示台地东区地层堆积厚 3.4 ～ 4.1 米。共分为 20 层（彩版一二）。以 T1109 南壁为例介绍（图八；彩版一二，1）。

第①层：灰色土，厚 0.1 ～ 0.2 米。土质疏松。出土少量周代陶瓷片，以及现代陶瓷片、塑

东　　　西

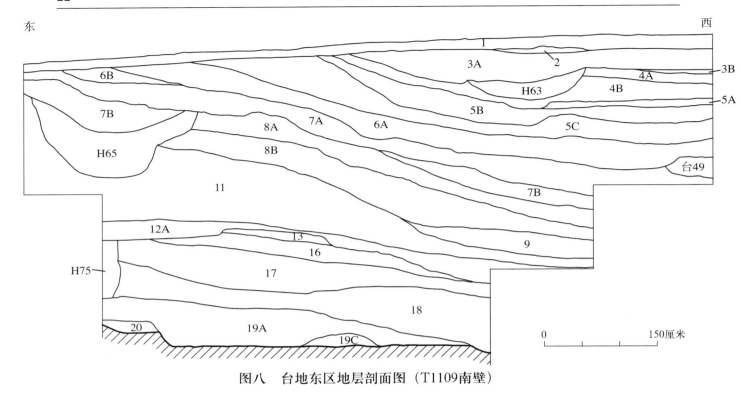

图八　台地东区地层剖面图（T1109南壁）

料制品等，包含较多植物根须。该层为现代耕土层。

第②层：浅灰色土，厚 0 ~ 0.1 米，分布于地势较低的区域。土质疏松，含少量红烧土。出土较多周代遗物及少量汉至明清时期遗物。该层为遗址废弃后坍塌、淤积形成的堆积。H26、H31、H34、H39、H40、H43、H62 叠压于该层下。

第③层：分为 A、B 两个小层。

第③ A 层：黄色花土，厚 0 ~ 0.45 米。土质稍致密，稍纯净，局部夹有较多的红烧土。该层分布于台地东北部，顶部较平整，为平整地面形成的垫土层。

第③ B 层：灰黑色土，厚 0 ~ 0.1 米。土质疏松，含较多木灰、红烧土。该层叠压在土垣内侧土台最晚期台面之上，为台 43A 时期的使用堆积。台 6、台 13A、台 34A、台 35A、台 37A、台 43A、台 45A、台 46A 及 H44、H59、H64 叠压于该层下。

第④层：分为 A、B 两个小层。

第④ A 层：黄褐色土，厚 0.1 ~ 0.15 米。土质致密，夹大量红烧土。该层叠压在最晚期土台斜坡面上，为台 43A 时期坡面上的垫土层。

第④ B 层：黄灰色土，厚 0 ~ 0.3 米。土质略疏松，含少量红烧土、木灰。为台 43A 时期的垫土层。H41、H54、H55、H57、H60、H63、H68 叠压于该层下。

第③、④层出土遗物以夹砂陶、泥质红陶为主，硬陶、泥质灰陶次之，原始瓷占一定数量。夹砂陶器形有鬲、鼎、釜、甗、甑、钵等；以素面为主，部分表面饰绳纹，占比约20%。泥质红陶仅见凹圜底罐，表面多拍印席纹、方格纹，绳纹占一定比例，云雷纹极少。泥质灰陶主要器形有罐、盆、钵、豆、网坠等，素面为主，部分表面印席纹、方格纹、绳纹。硬陶器形为坛、瓿类及少量碗、盂类；纹饰多为席纹、方格纹、菱形填线纹、折线纹、回纹，水波纹数量较少。原始瓷器形有罐、盆、钵、碗、盏、盂，以碗为主。第③、④层出土少量铜器。

第⑤层：分为 A、B、C 三个小层。

第⑤A 层：灰黑色土，厚约 0.1 米。土质疏松、易散，含较多木灰及少量红烧土，有多个斜向层次。该层为台 43B、台 44A 时期的使用堆积。台 6B、台 13B、台 25、台 34B、台 35B、台 36、台 37B、台 38、台 39A、台 40、台 41A、台 43B、台 44A、台 45B、台 46B、台 47A、台 48A、台 50、台 55、台 56 叠压于该层下。

第⑤B 层：灰黄色土，厚 0 ～ 0.3 米。土质致密坚硬，含少量红烧土、木灰，斜坡面上有较多大块红烧土。该层叠压在台 43C 斜坡面及土垣平台内（西）侧斜坡面上，为台 43B、台 44A 时期土台坡面上的垫土层。H45 叠压于该层下。

第⑤C 层：黄灰色花土，厚 0.15 ～ 0.5 米。土质致密坚硬，含少量红烧土、木灰。该层为台 43B、台 44A 时期的垫土层。H53 叠压于该层下。

第⑥层：分为 A、B 两个小层。

第⑥A 层：灰黄色花土，厚约 0.3 米。上部土色偏黄，下部土色偏灰，土质略疏松，有多个倾斜状木灰层面。该层为台 43C、台 44B 时期的使用堆积。台 13C、台 34C、台 35C、台 39B、台 41B、台 42、台 43C、台 44B、台 45C、台 46C、台 47B、台 48B、台 49、台 53、台 54 叠压于该层下。

第⑥B 层：黄灰色花土，厚 0 ～ 0.2 米。土质略疏松，含较多大块红烧土。该层为台 43C、台 44B 时期的垫土层。H61、H70、H72 叠压于该层下。

第⑤、⑥层出土遗物以夹砂陶、泥质红陶为主，泥质灰陶次之，硬陶次之，原始瓷占一定数量。夹砂陶器形主要有鬲、鼎，另见少量釜、甗、罐、支脚；以素面为主，部分表面拍印绳纹，占比约 8.5%。泥质红陶主要为凹圜底罐；表面多拍印方格纹、席纹，另有很少量绳纹、云雷纹。泥质灰陶主要器形有罐、盆、钵、豆、网坠等；部分钵肩部饰水波纹，另见很少量表面拍印席纹、绳纹、方格纹残片。硬陶器形以坛、瓶类为主，碗、盂类很少；纹饰为方格纹、席纹、菱形填线纹，折线纹、回纹较少。原始瓷器形有盆、钵、豆、碗、盏、盂等，豆数量很少。

第⑦层：分为 A、B 两个小层。

第⑦A 层：灰黄色花土，土色泛绿，厚 0.1 ～ 0.5 米。土质略疏松、易散，较杂乱，含少量红烧土、木灰。局部有表面有一、两层木灰面，为台 43D、台 44C 时期的使用堆积。台 6C、台 43D、台 44C、台 45D、台 46D、台 47C、台 48C、台 51A、H69 叠压于该层下。

第⑦B 层：黄色土，厚 0 ～ 0.25 米。土质致密坚硬，较纯净，夹少量红烧土。为台 43D、台 44C 时期的垫土层。H46 ～ H52、H65、H66 叠压于该层下。

第⑧层：分为 A、B 两个小层。

第⑧A 层：灰黑色土，厚 0.15 ～ 0.3 米。有多个倾斜状层面。土质疏松、易散，含较多木灰。为台 44D 时期的使用堆积。台 44D、台 47D、台 51B、台 52A 叠压于该层下。

第⑧B 层：灰色土，厚 0.15 ～ 0.5 米。土质略疏松，含少量木灰。该层为台 44D 时期的垫土层，

第⑦、⑧层出土遗物以夹砂陶、泥质红陶为主，泥质灰陶、硬陶次之，原始瓷数量很少。夹砂陶器形主要有鬲、鼎，另见少量甗、陶支脚；以素面为主，第⑦层部分陶片表面拍印绳纹，占

比约 2%。泥质红陶主要为凹圜底罐；表面多拍印席纹、方格纹，另有少量雷纹。泥质灰陶主要器形有罐、盆、钵、豆、网坠等，另见少量表面饰席纹、绳纹的罐类残片。硬陶器形以坛、瓿类为主，见少量碗、盂；纹饰为方格纹、席纹、菱形填线纹、折线纹、回纹较少。原始瓷器形以碗为主，另有少量钵、盂，豆数量较少。

第⑨层：灰泛绿色土，厚 0 ～ 0.25 米。土质略疏松，含较多木灰。

第⑩层：灰黄色土，厚 0 ～ 0.15 米。土质略疏松，土质较纯净。

第⑨、⑩层为台 44E 时期的使用堆积，有多个倾斜状层面。台 44E、台 51C、台 52B 叠压于该层下。

第⑪层：黄褐色花土，厚 0.15 ～ 1.3 米。土质坚硬致密，纯净。该层面积较大、较厚，为台 44E 时期的垫土层。H74 叠压于该层下。

第⑨～⑪层出土遗物以夹砂陶为主，泥质红陶次之，泥质灰陶次之，硬陶、原始瓷数量很少。夹砂陶器形有鬲、鼎，鬲足远多于鼎足；另有少量甗；均素面。泥质红陶器形为凹圜底罐；表面多拍印方格纹、席纹，另有少量云雷纹。泥质灰陶为罐、盆、钵、豆等；绝大多数为素面，另见少量表面拍印席纹、方格纹罐类残片。硬陶仅见坛、瓿类残片，见很少量豆、碗盂，纹饰为折线纹、回纹及少量云雷纹。原始瓷仅见豆。

第⑫层：分为 A、B 两个小层。

第⑫A 层：灰黄泛绿色土，厚 0.05 ～ 0.3 米。土质疏松、易散，有较多薄层面，层面多夹砂粒或木灰。H73、H79、H93、H94 叠压。

第⑫B 层：灰黑色土夹黄土，厚 0 ～ 0.45 米。粉土质，土质略疏松，有多层倾斜状木灰面，间有两层黄土。H75、H76、H83、H87、H90 叠压于该层下。

第⑫层为土垣内侧地势较低区域逐渐形成的使用堆积，台 44F、台 51D、台 52C 叠压于该层下。

第⑬层：黄灰色垫土，厚约 0.1 米。土质致密坚硬，纯净。为台 44F 时期垫土层。

第⑫层出土遗物较多，第⑬层出土遗物很少。以夹砂陶为主，泥质红陶、泥质灰陶、硬陶次之，原始瓷数量很少。夹砂陶器形有鬲、鼎、甗，鬲远多于鼎，见极少量平底釜类残片；均素面。泥质红陶器形为凹圜底罐；表面拍印方格纹、席纹、云雷纹。泥质灰陶为罐、盆、钵、豆等；绝大多数为素面，另见少量表面拍印席纹的罐类残片。硬陶仅见坛、瓿类残片，纹饰为折线纹、回纹及少量云雷纹、套菱形纹。原始瓷仅见豆。

第⑮层：黄灰色花土，厚 0 ～ 0.2 米。土质略松散，含少量木灰、红烧土。

第⑯层：黄褐色土，厚 0 ～ 0.25 米。土质致密坚硬，纯净。为垫土层，H77、H84、H88、H89 叠压于该层下。

第⑰层：灰褐色花土，厚 0.15 ～ 0.45 米。土质略软，较纯净，西南角局部有数层木灰面。为使用过程中逐渐形成的堆积。F1A、F2、Z8、Z9、G11 及土垣叠压于该层下。

第⑱层：黄色土，厚 0.25 ～ 0.7 米。土质致密坚硬，纯净。为土垣内侧第一次大规模的垫土层。H82、H85 叠压于该层下。

第⑮～⑱层出土遗物很少，以夹砂陶为主，泥质灰陶、泥质红陶、硬陶次之，原始瓷极少。夹砂陶器形主要为鬲，见很少量鼎、釜类残片；均素面。泥质红陶器形为凹圜底罐；纹饰以方格纹、云雷纹为主，见少量席纹。泥质灰陶为罐、盆、钵、豆；素面。硬陶仅见坛、瓿类残片，纹饰为折线纹、回纹。原始瓷仅见豆。

第⑲层：分布于发掘区域东侧，为使用过程中逐渐形成的堆积。分为 A、B、C 三个小层。

第⑲A 层：灰黑色土，夹少量黄土块，厚 0 ～ 0.6 米。土质疏松、易散，有多个层次，层面夹有大量木灰。F1B、灶坑 Z7、Z10、G12、G14、G15、H87、H91 及 J1 叠压于该层下。

第⑲B 层：灰黄色土，厚 0 ～ 0.6 米。土质略疏松，夹较多木灰。有多个层次，层面呈倾斜状。F3 及 H95 叠压于该层下。

第⑲C 层：灰色土，厚 0 ～ 0.15 米。土质略疏松、易散，夹有少量木灰、红烧土。

第⑲层出土遗物很少，以夹砂陶为主，泥质灰陶、泥质红陶次之，硬陶较少，原始瓷未见。夹砂陶主要为鬲，见很少量鼎；均素面。泥质红陶器形为凹圜底罐；纹饰为方格纹、席纹。泥质灰陶为罐、盆，见很少量簋；素面。硬陶仅见坛、瓿类残片，纹饰为折线纹、回纹，纹饰粗深。

第⑳层：黄褐色花土，夹有较多灰白土，厚 0.05 ～ 0.15 米。土质略疏松，纯净，出土少量陶器残片。H78、H80 叠压于该层下。

第⑳层出土遗物较少，以泥质灰陶为主，另有少量夹砂陶、夹炭陶，陶片较残碎，器形多不可辨。泥质灰陶可辨器形为豆、罐，豆圈足有镂孔，罐有鸡冠錾，多见较宽的凸弦纹；夹砂陶均为红褐色胎，见宽扁的三角形侧装鼎足，足上刻竖槽；夹炭陶灰黑色胎，火候低，胎质十分疏松。

第三章 新石器时代遗存

孙家村遗址第 ⑳ 层为新石器时代地层，分布于遗址东、西侧局部，地层较薄，发现的遗迹、遗物较少。

第一节 遗迹

仅发现灰坑 3 座，H9、H78、H80。

1.H9

位于 T0803B 南部，向南延伸至探方外，未发掘完整。开口于第 ⑲ 层下，打破生土（图九；彩版一三，1）。

发掘部分平面大致呈半圆形，弧壁，底较平。揭示部分坑口东西径约 3.25、南北径约 1.4、深约 0.85 米。

坑内堆积分为 2 层。

H9 ①层：黄褐花色土，夹较多铁锰结核颗粒，厚约 0.45 米。土质略松软，较纯净。

H9 ②层：黄褐色土，夹较多铁锰结核颗粒，厚约 0.4 米。土质较硬，出土少量陶片。

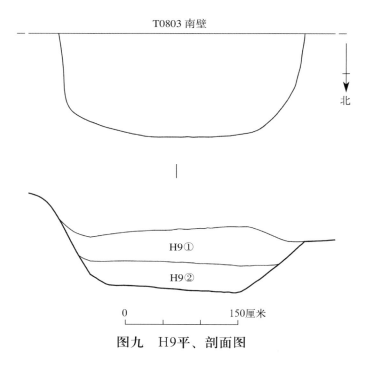

图九 H9平、剖面图

2.H78

位于 T1008 内，西邻 H80。开口于第 ⑳ 层下，打破生土（图一〇）。

平面呈圆角长方形，大致呈西南至东北走向，壁较直，底不平，中部下凹。坑口东西长约 0.9、南北宽 0.55、深 0.05 ～ 0.15 米。

坑内堆积为黄褐色花土，土质硬，纯净。

3.H80

位于 T1008 西北部，东邻 H78。开口于第 ⑳ 层下，打破生土（图一一；彩版一三，2）。

平面呈不规则长条形，斜壁，东壁陡直，平底。坑口东西长约 1.2、南北宽 0.5 ～ 0.7、深约 0.3 米。

坑内堆积为黄褐色花土，土质硬，纯净。

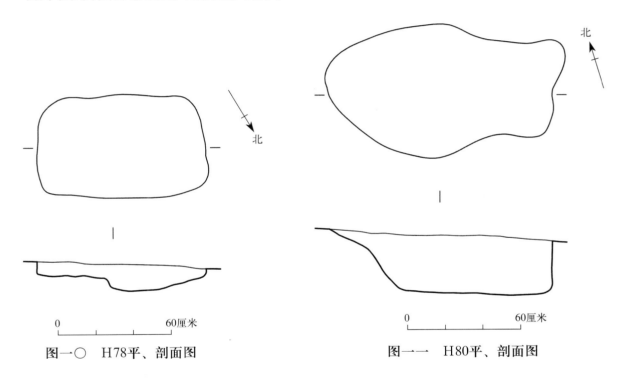

图一〇　H78平、剖面图　　　　　　　　　　图一一　H80平、剖面图

第二节　遗　物

新石器时代地层、遗迹等出土遗物较少，主要为陶器和石器。主要出土于第 ⑳ 层内，另在台地西区第 ⑲ 层中亦有少量出土。

一　陶　器

30 件。陶器残碎严重，可复原器很少，择其中典型器物进行介绍。

1.陶甗

1 件。

T0805⑳：1，夹砂陶，腹部呈灰黑色，足部呈红褐色。口、底部残，弧腹，内壁中部有箅隔。鱼鳍形足，横截面扁平。足两面刻划竖线。残高 21.1 厘米（图一二，1；彩版一四，1）。

2.陶器足

11件。为鼎足或甗足。

"T"字形足　1件。

T0805⑳：9,夹砂红陶。横截面呈"T"字形。足两面刻划"V"字形短线。残高9.3、宽9厘米(图一二，2)。

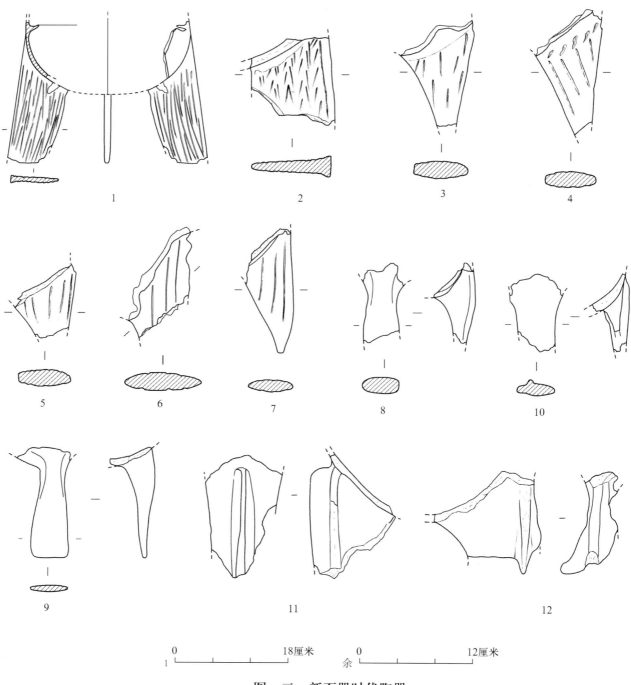

图一二　新石器时代陶器

1.陶甗残件T0805⑳：1　2."T"字形足T0805⑳：9　3~7.侧三角形足T0805⑳：2、T0805⑳：3、T0805⑳：4、T0803⑲：3、TG1⑳：9
8~10.凿形足T0805⑳：5、TG1⑳：12、TG1⑳：13　11、12."十"字形足TG1⑳：8、T0803⑳：3

侧三角形足　5件。

T0805⑳：2，夹炭陶，灰黑色胎，表面呈红褐色；夹细砂粒，胎质疏松。侧装三角形，宽扁。足外侧有捺窝，两侧刻划竖线。残高11.3、宽7.8厘米（图一二，3；彩版一四，2）。

T0805⑳：3，夹炭陶，灰黑色胎，表面呈红褐色；夹细砂粒，胎质疏松。侧装三角形，宽扁。足外侧有捺窝，两侧刻划竖线。残高13.6、宽7厘米（图一二，4；彩版一四，3）。

T0805⑳：4，夹炭陶，灰黑色胎，表面呈红褐色；夹细砂粒，胎质疏松。侧装三角形，宽扁。足外侧有捺窝，两侧刻划竖线。残高8、宽7.3厘米（图一二，5；彩版一四，4）。

T0803⑲：3，夹炭陶，灰黑色胎，表面呈红褐色；夹细砂粒，胎质疏松。侧装三角形，宽扁。足外侧有捺窝，足两侧各刻划三道竖线。残高7.4、宽7厘米（图一二，6）。

TG1⑳：9，夹砂陶，红褐色胎。侧装三角形，宽扁。足两侧各刻划三道竖线。残高13.5、宽5厘米（图一二，7；彩版一四，5）。

凿形足　3件。

T0805⑳：5，夹炭陶，灰黑色胎，表面呈红褐色，胎质疏松。横截面稍扁。残高8.8、宽4厘米（图一二，8；彩版一四，6）。

TG1⑳：12，泥质灰陶，青灰色胎。根部横截面呈椭圆形，尖部扁平。残高11.8、宽5.8厘米（图一二，9；彩版一四，7、8）。

TG1⑳：13，夹炭陶，灰黑色胎，表面呈红褐色，胎质疏松。横截面扁平，外表面堆贴一道竖向凸棱。残高8.4、宽5.6厘米（图一二，10）。

"十"字形足　2件。

TG1⑳：8，夹砂红陶。横截面呈"十"字形。残高13.3、宽8厘米（图一二，11）。

T0803⑳：3，夹砂红陶。横截面呈"十"字形。残高11、宽6厘米（图一二，12；彩版一四，9）。

3. 陶豆

1件。

TG1⑳：2，泥质陶，青灰色胎。敞口，方唇，浅弧腹，圜底近平，圈足宽大，底部略外撇。外底饰一周凸棱，圈足饰长方形与圆形镂孔。口径16.3、底径11、高8.7厘米（图一三，1；彩版一五，1）。

4. 陶豆足

1件。

T0805⑳：11，泥质陶，红褐色胎，表面呈青灰色。圈足较高、外撇。底径12.6、残高6.8厘米（图一三，2）。

5. 陶器盖

2件。

H9①：1，夹砂陶，灰褐色胎，胎质疏松。喇叭形捉手，顶面弧形，敞口，圆唇。捉手径8、口径32.2、高11.6厘米（图一三，3；彩版一五，2）。

T0805⑳：7，夹炭陶，灰黑色胎。顶面呈弧形，中部残，敞口，厚圆唇。近口部有圆形穿孔。口径22、残高6.4厘米（图一三，4；彩版一五，3）。

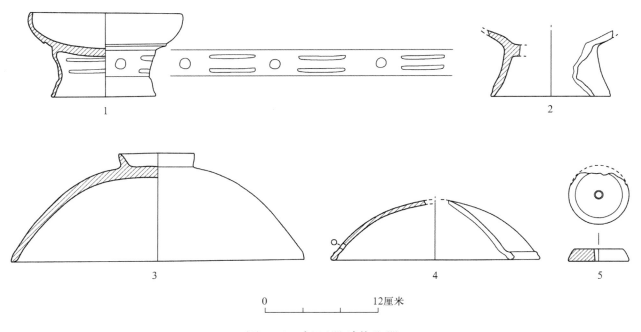

图一三　新石器时代陶器

1.陶豆TG1⑳：2　2.陶豆足T0805⑳：11　3、4.陶器盖H9①：1、T0805⑳：7　5.陶纺轮TG1⑳：6

6.陶纺轮

1件。

TG1⑳：6，泥质灰陶，灰黑色胎，内含少量炭屑，胎质疏松。边角略残缺。圆饼形，截面呈梯形，中有一圆形穿孔。直径4.1～4.8、厚1.1、穿孔径0.5厘米（图一三，5；彩版一五，4）。

7.口沿

6件。

T0805⑳：13，夹炭陶，灰黑色胎，表面呈灰黄色，胎质疏松。撇口，方唇，折沿，沿下有一道折棱，颈微束。口径26、残高5厘米（图一四，1）。

TG1⑳：11，泥质陶，青灰色胎。侈口，圆唇，折沿，束颈。口径19、残高3.2厘米（图一四，2）。

T0805⑳：14，泥质陶，青灰色胎。侈口，方唇，卷沿，沿内外有数道宽弦纹。口径18、残高4.4厘米（图一四，3）。

T0805⑳：15，泥质陶，灰黑色胎，表面呈灰黄色。侈口，方唇，折沿，沿下有一道折棱。口径28、残高5.6厘米（图一四，4）。

T0805⑳：12，泥质陶，灰黑色胎，表面呈灰黄色。侈口，方唇，折沿，束颈，弧腹。口径41.5、残高5.8厘米（图一四，5）。

T0805⑳：10，泥质陶，青灰色胎。直口，尖唇，折沿下垂，腹部有鸡冠形耳鋬。口径29、残高8厘米（图一四，6）。

8.陶器耳

4件。

鸡冠形耳　2件。

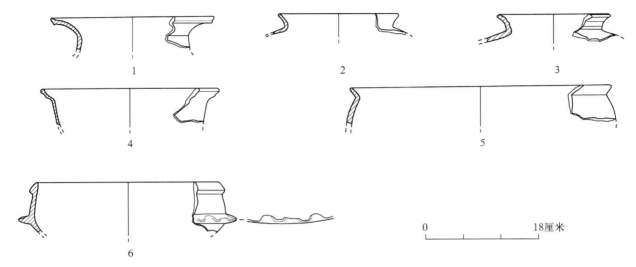

图一四　新石器时代陶器

1～6. 口沿 T0805⑳：13、TG1⑳：11、T0805⑳：14、T0805⑳：15、T0805⑳：12、T0805⑳：10

TG1⑳：7，泥质陶，青灰色胎。残长 14.9、高 3.3 厘米（图一五，1）。

T0803⑲：4，泥质陶，灰黑色胎，表面呈黄褐色。残长 9.9、高 3.7 厘米（图一五，2；彩版一五，5）。

扁平耳　2 件。

T1009⑳：4，夹砂陶，红褐色胎。残长 8.7、高 4.8 厘米（图一五，3）。

T1009⑳：5，夹炭陶，青灰色胎，胎质疏松。残长 7、高 1.9 厘米（图一五，4）。

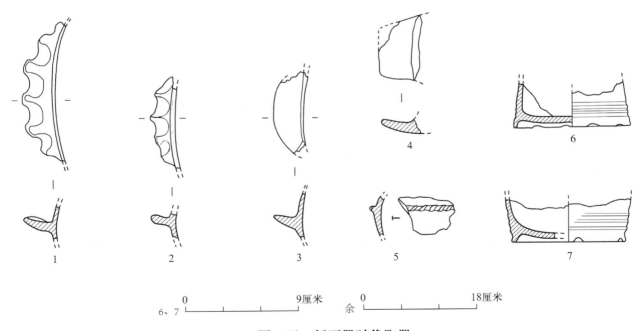

图一五　新石器时代陶器

1、2. 鸡冠形耳 TG1⑳：7、T0803⑲：4　3、4. 扁平耳 T1009⑳：4、T1009⑳：5　5. 陶扁棱 T0803⑳：5　6、7. 陶器底 TG1⑳：10、T1009⑳：3

9.陶扉棱

1件。

T0803⑳：5，夹砂陶，红褐色胎。锯齿状。残长6、高3.8厘米（图一五，5）。

10.陶器底

2件。泥质陶，青灰色胎。仅存底，应为杯类。斜直腹，平底，花瓣形圈足。外壁饰宽弦纹。

TG1⑳：10，底径9.3、残高3.6厘米（图一五，6；彩版一五，6）。

T1009⑳：3，底径8、残高3.4厘米（图一五，7）。

二　石器

14件。

1.石斧

1件。

TG1⑳：5，青灰色，砂岩，风化严重，棱角圆滑。正视呈梯形，上宽、下窄，双面刃，刃部弧形。长9.1、宽2.3～3.3、厚2.5厘米（图一六，1；彩版一六，1）。

2.石凿

1件。

TG1⑳：4，青灰色，泥岩，风化较严重。长条形，有段，正面弧形，截面呈长方形，单面斜刃，刃部扁平，尖部稍钝。通体磨光。长9、宽2.2、厚1.7～2.35厘米（图一六，2；彩版一六，2）。

3.石锛

10件。

T1210⑳：1，刃部多处崩缺。灰白色，粉砂岩，细腻。正视呈长方形，扁平，单面刃。通体磨光，棱角尖利。残长10、宽5.6、厚2.3厘米（图一七，1；彩版一六，3）。

T1210⑳：2，刃角崩缺。灰白色，泥岩，杂质较多，风化较严重。正视呈长方形，单面平刃。通体磨光。长10.5、宽4.7、厚3.2厘米（图一七，2；彩版一六，4）。

T1009⑳：1，灰泛绿色，安山岩。正视呈长方形，截面呈长方形，刃端残。表面简单磨制，正、背两面磨光。残长10.4、宽4.3、厚4厘米（图一七，3；彩版一六，5）。

T1209⑳：2，灰泛绿色，砂岩。正视呈长方形，截面近正方形，刃部残。表面简单磨制，较平整。残长8.9、宽3.7、厚3.5厘米（图一七，4；彩版一六，6）。

T1009⑳：2，刃端残。灰白色，粉砂岩，但剥蚀严重。长方形，横截面呈正方形。通体磨光。残长10.7、宽3、厚3.1厘米（图一七，5；彩版一六，7）。

TG1⑳：3，刃部残。白色，大理岩。正视呈梯形，上窄、下宽，正面稍弧。通体磨光。残长8.9、宽4～4.6、厚2.9厘米（图一七，6；彩版一六，8）。

T0803⑳：2，青灰色，硅质砂岩，风化十分严重。上部残，边缘残损严重，扁平，单面刃。残长6.1、残宽4.1、厚1.5厘米（图一七，7；彩版一六，9）。

T0803⑳：1，灰白色，泥岩，风化严重。正视呈梯形，正面较平，单面刃。通体磨光。长5.2、宽1.2～1.7、厚1.1厘米（图一七，8；彩版一七，1）。

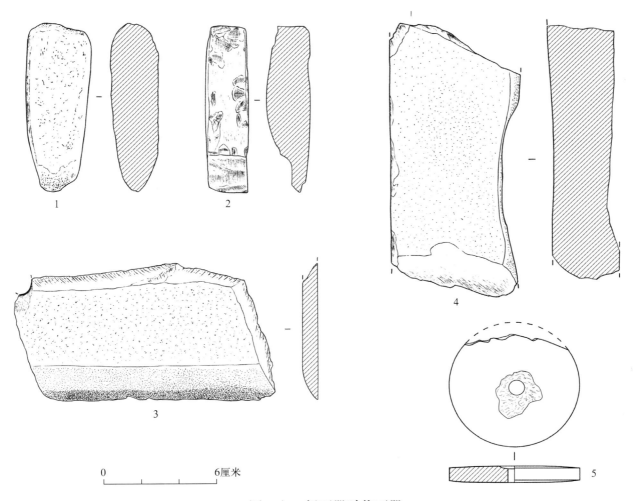

0　　　　　　　　6厘米

图一六　新石器时代石器

1.石斧TG1⑳：5　2.石凿TG1⑳：4　3.石刀T0803⑲：1　4.砺石T1108⑳：1　5.石纺轮TG1⑳：1

T1209⑳：1，灰白色，粉砂岩。正视呈长方形，扁平，顶部斜，单面平刃。通体磨光。长5.7、宽4.4、厚1.4厘米（图一七，9；彩版一七，2、3）。

T1009⑳：1，青灰色，泥岩，细腻，边角略崩缺。正视呈梯形，纵截面呈三角形，横截面呈梯形，柄端不齐，单面刃，刃角略弧，刃部磨光。长3.7、宽1.8～3.1、厚0.9厘米（图一七，10；彩版一七，4）。

4.石刀

1件。

T0803⑲：1，仅存一小段。灰泛绿色，细砂岩。平面大致呈平行四边形，扁平，单面刃，刃平直，十分尖利。通体磨光。残长13.7、宽7.6、厚0.8厘米（图一六，3；彩版一七，5）。

5.砺石

1件。

T1108⑳：1，仅存一段。灰白色，粗砂岩，细腻。呈不规则形。顶面、侧面磨制下凹，其余各面残断不平。残长14.6、宽5.7～6.6、厚3.8厘米（图一六，4；彩版一七，6）。

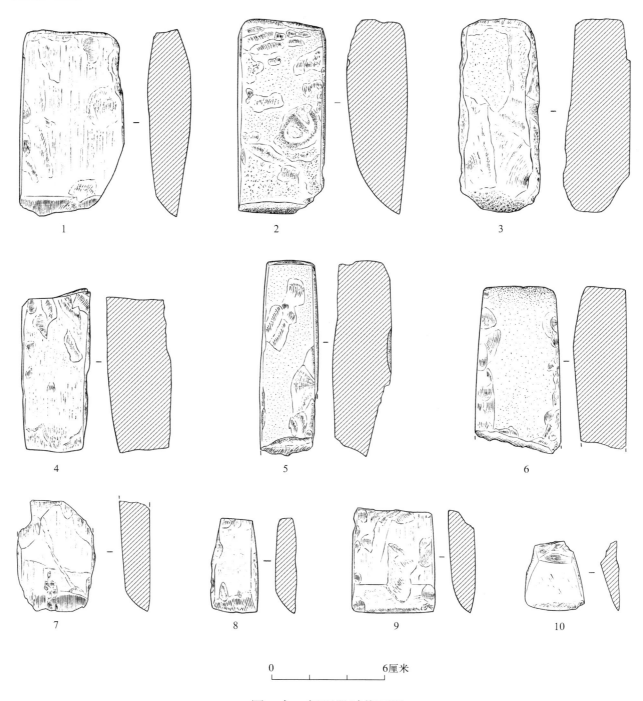

图一七　新石器时代石器

1～10.石锛T1210⑳：1、T1210⑳：2、T1009⑳：1、T1209⑳：2、T1009⑳：2、TG1⑳：3、T0803⑳：2、T0803⑳：1、T1209⑳：1、T1009⑳：1

6.石纺轮

1件。

TG1⑳：1，残缺一角。深青灰色，石灰岩。圆饼形，扁平，中有一对钻圆形穿孔。通体磨光。直径7、厚0.8、穿孔径0.85厘米（图一六，5；彩版一七，7）。

第四章　周代遗迹

　　孙家村遗址的堆筑过程大致分为 7 个阶段，台地东区的 T1008、T1009、T1108、T1109、T1208、T1209、T1210、TG1、台地西区的 T0804、T0805 及 T0806 局部发掘至生土，发现第一～七阶段遗存，其余各探方仅发掘至第五～七阶段遗存。

　　遗址发掘中共发现 210 个周代遗迹单元，有环壕、土垣、房址、土台、窑、灶坑、道路、灰沟、灰坑等，交织成十分复杂的立体网络。

　　第一～四阶段发掘面积较小，发现的遗迹数量较少，但整体布局、遗迹结构形式变化较大，以下将分节分别进行介绍，突出表现各阶段遗址布局、遗迹结构形式变化的规律特点。

　　而第五～七阶段发掘面积较大，遗存整体布局已基本固定，遗迹结构形式变化较小。此阶段遗迹数量较多，经多次堆筑，长时间使用；这些遗迹分阶段介绍过于繁琐，而且会割裂不同阶段的同一遗迹的关系，因此放在同一节内介绍，既可以反映出遗址的平面布局，也可以清楚地展示各遗迹在各阶段的堆筑过程和结构特点。

第一节　第一阶段遗迹

　　遗址的新石器时代地层第 ⑳ 层之上、第 ⑱ 层下的遗存为第一阶段遗存，主要分布于遗址东北部。发现遗迹有房址、灶坑、灰沟、灰坑、水井（表一；图一八）。

表一　第一阶段遗迹列表

遗迹类型	第⑱层下	第⑲A层下	第⑲B层下
房址		F1B	F3
灶坑		Z7、Z10	
灰沟		G12、G14、G15	
灰坑	H82、H85	H91	H95
水井		J1	

一　房址

　　2 座。编号 F1B、F3，分别位于发掘区东侧的地势较高的区域。地面上的部分已不存，仅存基础。

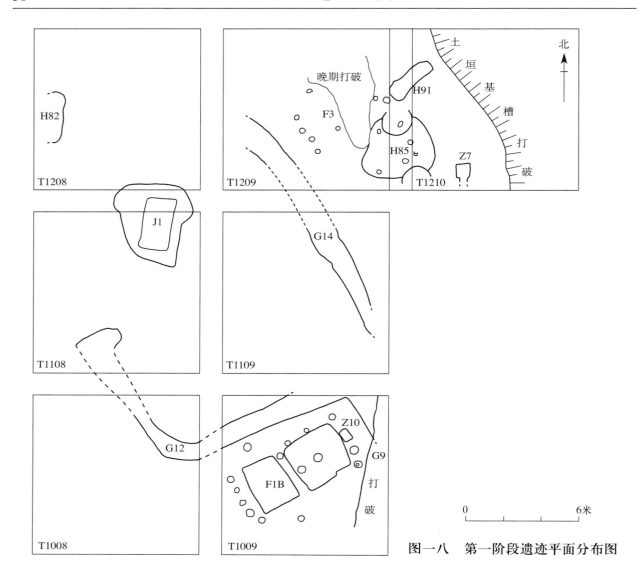

图一八　第一阶段遗迹平面分布图

1.F1B

位于 T1009 内，顶面被 F1A 垫土叠压，边缘被第⑲A 层叠压。东、北侧有沟 G12，东侧有灶坑 Z10，东南角被 G9 打破（图一九；彩版一八，1）。

F1B 平面形状不详，似分为东西两部分，中部各有一个长方形凹坑，打破第⑳层，深约 0.1 米，底部较平坦。西侧凹坑南北长 2.75、东西宽约 2.1 米；东侧凹坑东西长约 3、南北宽约 2.85 米。坑内填土灰褐色，土质疏松，含较多木灰。

共发现 15 个柱洞，编号 ZD11 ～ ZD15。东侧凹坑内有 2 个柱洞，其余围绕着长方形凹坑分布。柱洞平面呈圆形或椭圆形，直壁，圜底。直径 0.25 ～ 0.45、深 0.2 ～ 0.3 米。ZD13 有柱芯，直径约 0.15 米。ZD13 柱芯及其余柱洞填土为灰色花土，十分疏松，含较多木灰。ZD13 柱芯外填土黄色，土质致密，纯净。

2.F3

T1209、T1210 内发现 33 个柱洞（图二〇；彩版一八，2），属于多座房址，分布于遗址东北

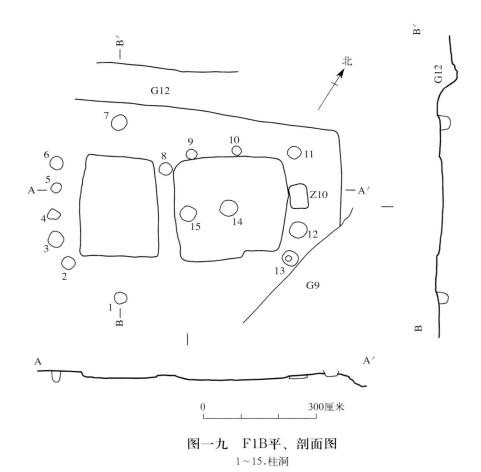

图一九　F1B平、剖面图
1～15.柱洞

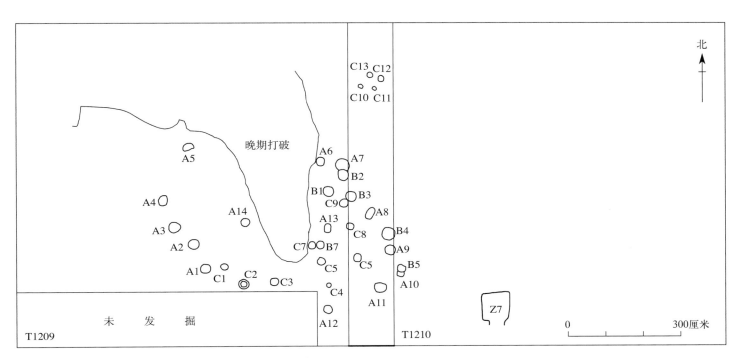

图二〇　T1209、T1210内第一阶段柱洞分布图

角地势较高的坡地上，坡地高于周边地面约 1 米。柱洞分布散乱，且被 H84、H85、H89 及晚期
扰坑打破，关系较复杂。综合柱洞形状、深度、填土等因素分析将柱洞分为 A、B、C 3 组，A、
C 组被 ⑲B 层叠压，B 组被 ⑲A 层叠压。

其中 A 组 14 个，编号 ZD1 ～ ZD14，为一座房址，编号 F3。ZD1 ～ ZD12 为外围柱洞，围
成的区域平面近椭圆形，东西直径约 6.05、南北直径约 4.3 米；ZD13、ZD14 位于房址中部（图
二一；彩版一九，1）。

柱洞平面呈椭圆形，直径 0.2 ～ 0.35、深 0.4 ～ 0.5 米。ZD8 ～ ZD13 被 H85、H89 打破，较浅，
深 0.15 ～ 0.3 米。填土灰黑色，疏松，夹大量木灰。

B 组、C 组柱洞平面呈圆形或椭圆形（彩版一九，2、3），分布规律不明显，房址形状难以复原。

B 组柱洞 6 个，编号 ZD1 ～ ZD6。B 组 ZD5 打破 A 组 ZD10，显示 B 组柱洞晚于 A 组。直
径 0.2 ～ 0.35、深约 0.3 米。ZD3 ～ ZD6 被 H85、H89 打破，较浅，深 0.1 ～ 0.15 米。柱芯填土
黄褐色，坚硬，纯净，边缘填土浅灰色。

C 组柱洞 13 个，编号 ZD1 ～ ZD13。直径 0.1 ～ 0.2、深 0.05 ～ 0.2 米。填土浅灰色，疏松，
含少量木灰。

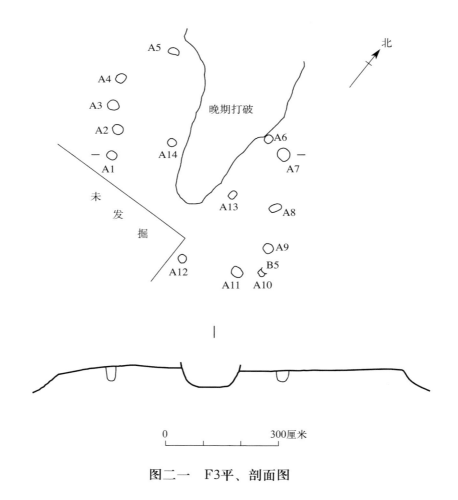

图二一　F3平、剖面图

二　灶坑

2 个。编号 Z7、Z10。

1. Z7

位于 T1210 南侧，F3 东南侧，并向南延伸至探方外，未发掘完整。被第 ⑲A 层叠压，打破第 ⑲B 层（图二二；彩版二〇，1）。

发掘部分平面呈凸字形，斜直壁，平底。南北长约 0.9、宽 0.4～0.75、深约 0.12 米。底部烧结成黑色，填土为灰黑色花土，含大量木灰。

2. Z10

位于 T1009 内，F1B 东侧。被第 ⑲A 层叠压，打破第 ⑳ 层（图二三）。

平面呈圆角长方形，坑壁陡直，底平坦。南北长约 0.65、东西宽约 0.45、深约 0.09 米。壁、底有弱烧结现象，坑内有数层薄木灰，填土灰色，夹较多木灰。

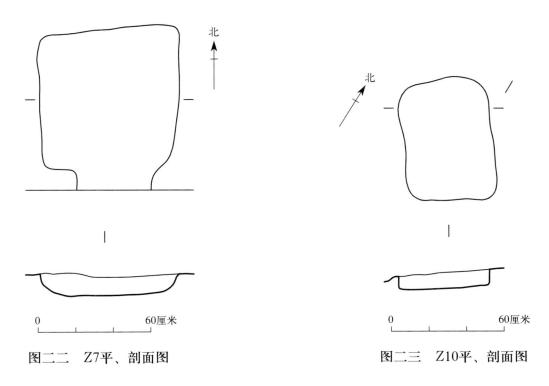

图二二　Z7平、剖面图　　　　　　　　　　图二三　Z10平、剖面图

三　灰沟

3 条。编号 G12、G14、G15。

1. G12

位于 T1008、T1009、T1108 内。开口于第 ⑲A 层下，打破第 ⑳ 层及生土（图二四；彩版二〇，2）。

平面呈曲尺形，西南侧地势较高，东北侧地势较低，灰沟位于坡地边缘位置。由 T1108 南部向东南折，至 T1008 向东北折，至 T1009 东部向东南折后被 G9 打破。

全长约 20.6、宽 0.6～1.2、深 0.3～0.55 米。斜壁，弧底，北端 T1108 内底部最高，向南渐

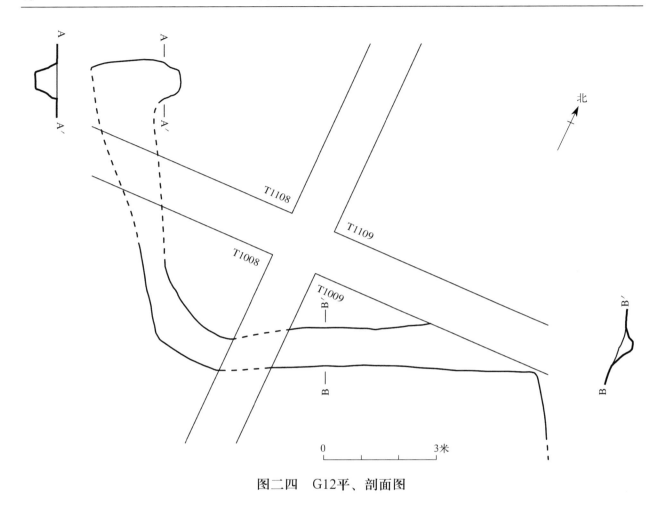

图二四　G12平、剖面图

低，东端至 T1009 内最低。

G12 内填土分 2 层：

G12 ①层：灰色土，由沟边向沟底倾斜，厚 0.3 ～ 0.4 米。有多个倾斜层次，为使用过程中逐渐形成，土质松软。

G12 ②层：浅褐色土，厚约 0.15 米。纯净，淤积形成。

出土陶瓷残片少，仅 40 片。以夹砂陶为主，占 65%，器形为鬲，均素面。泥质红陶占 15%，器形基本为凹圜底罐，纹饰为方格纹。泥质灰陶占 12.5%，器形有盆、钵、豆；均素面。硬陶占 7.5%，器形为坛、瓿类；纹饰为云雷纹、折线纹，粗深。

2.G14

位于 T1109、T1209，灰沟处于东高西低的坡地边缘偏下部，东南延伸至 T1109 东侧探方二层台下，西北延伸至 T1209 西侧二层台内，未发掘完整。开口于第 ⑲A 层下，打破第 ⑲C 层及生土（图二五；彩版二〇，3）。

平面呈长条形状，大致呈西北至东南走向，方向约 150°。揭示部分南北长约 11.9、口宽 0.7 ～ 1.45 米；底部凹凸不平，揭示部分的中部底部最高，向两端渐低。西北部地势较低，弧壁，沟较浅，至 T1208 已无沟状，深 0 ～ 0.3 米；东南端最深，呈长条形坑状，壁陡直，深 0.2 ～ 0.5 米。

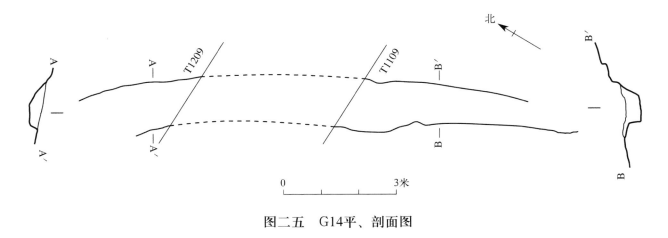

图二五　G14平、剖面图

坑内填土为灰褐色土，土质较软，细腻，纯净，是使用过程中逐渐形成的堆积。偏东侧有倒塌的黄色花土，间有多个淤积层次，多个淤积层面夹有较多木灰。

3.G15

位于T0809南部解剖探沟TG1内，仅发掘其中一段，长约2米，向南、北延伸至解剖探沟外，整体形状不详。开口于第⑲A层下，打破第⑲B层（图二六；彩版二一，1）。

平面呈长条形，大致南北向。口宽4.5～4.9、深0.7～1.1米。斜壁，弧底，底部北高南低。

沟内填土分3层：

G15①层：青褐色花土，东西两侧向中部倾斜，厚0.08～0.2米。土质软，含少量草灰。

G15②层：黄褐色土，由西向东倾斜，厚0.03～0.16米。土质略软，纯净，淤积形成。

G15③层：青褐色土，由东西向中部倾斜，厚0.2～0.35米。土质软，纯净，间有数层灰白色土，淤积形成。

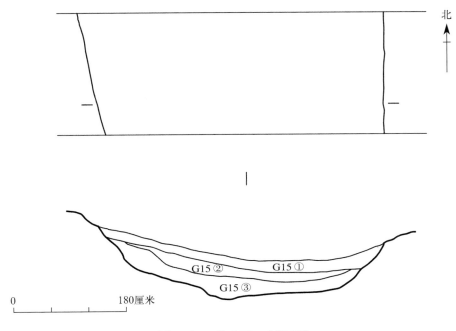

图二六　G15平、剖面图

出土陶瓷残片少，仅 30 片，且多残碎。以夹砂陶、泥质灰陶为主，均素面；夹砂陶占 53.3%，器形为鬲、甗；泥质灰陶占 40%，泥质红陶占 6.7%。

四　灰坑

4 个。编号 H82、H85、H91、H95。

1.H82

位于 T1208 西部，仅发掘一角，向西延伸至探方西侧二层台内，未发掘完整。开口于第 ⑱ 层下，打破第 ⑳ 层（图二七，1；彩版二一，2）。

发掘部分平面呈不规则长条形，坑口南高北低，斜壁。坑口南北长约 2.8、东西宽约 0.6、深约 0.7 米。

坑内填土灰褐色，土质紧、黏，出土少量陶瓷残片。

出土陶瓷残片 83 片。以夹砂陶为主，占 69.9%，器形为鬲、鼎、甗；均素面。泥质红陶占

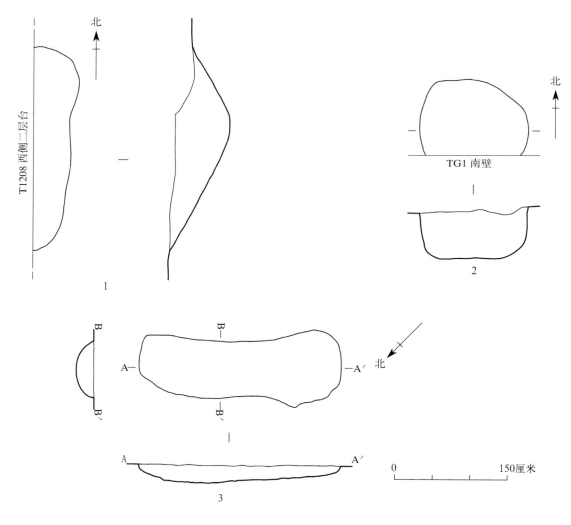

图二七　H82、H95、H91平、剖面图
1.H82　2.H95　3.H91

14.5%，器形基本为凹圜底罐，纹饰为方格纹。泥质灰陶占12%，器形有盆、钵、豆；均素面。硬陶占3.6%，器形为坛、瓿类；纹饰为折线纹、回纹、云雷纹，粗深。

2.H85

位于T1209东部，T1210西部。被东垣垫土叠压，南北侧分别被H84、H89打破，西侧被打破（图二八）。

平面呈不规则的圆形，壁陡直，平底。口部东西直径约3.9、南北约3.3、深0.25～0.85米。

坑内填土黄褐色，为一次性填土。土质坚硬，纯净。

3.H91

位于T1210西北角。开口于第⑲A层下，打破第⑲B层（图二七，3；彩版二一，3）。

平面呈长条形，西南至东北走向，形状不规则，弧壁，圜底，底部凹凸不平。坑口长约2.7、宽0.7～0.9、深约0.25米。

坑内填土灰色，土质松软，纯净。

仅出土少量夹砂陶、泥质灰陶器残片。

4.H95

位于TG1中部，向南延伸至解剖沟外，未发掘完整。开口于第⑲B层下，打破第⑳层及生土（图二七，2；彩版二一，4）。

发掘部分平面呈半圆形，斜直壁，底部略平。坑口东西直径约1.45、南北直径约1.05、深约0.65米。

坑内填土灰褐色，土质硬，含少木灰及红烧土。

出土少量泥质灰陶片。

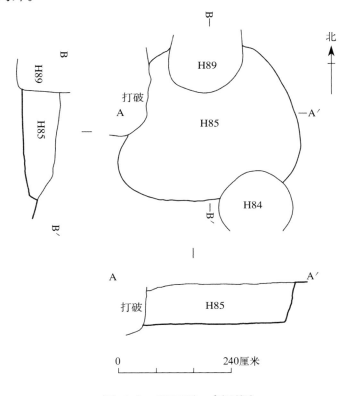

图二八　H85平、剖面图

五　水井

1 口。编号 J1。

J1

位于 T1108 东北角，开口于第 ⑲A 层下，打破第 ⑳ 层及生土（图二九；彩版二二，1 ～ 3）。

水井口部距地面约 3.15、深约 4.7 米。井口平面呈形状不规则，井壁倾斜，可能为倒塌所致，口部南北长约 4.2、东西宽约 3.8 米。向下平面呈长方形，井壁较直，壁光滑易剥离，平底。底部南北长约 2.2、东西宽约 0.8 米。

水井内堆积分 2 层：

J1 ①层：黄褐色花土，厚约 4.2 米。略疏松，土质较纯，为水井废弃后回填形成的堆积。出土陶瓷残片 165 片。以夹砂陶为主，占 52.1%，器形为鬲、鼎、甗；均素面。泥质红陶占 25.5%，器形基本为凹圜底罐，纹饰为方格纹、云雷纹、席纹。泥质灰陶占 13.9%，器形有盆、钵、豆；以素面为主，有少量方格纹。硬陶占 8.5%，器形为罐、瓿类；纹饰为折线纹、回纹，粗深。

J1 ②层：青灰色土，厚约 0.5 米。软，细腻，夹有少量木块、竹片，腐朽严重，为水井使用过程中淤积层。出土泥质灰陶罐 1 件、硬陶瓿 3 件、石锛 1 件。罐与 2 件瓿基本完整，应为掉落在井底的汲水用具；其中硬陶瓿 J1 ②：1 外有竹编痕迹，当为竹筐。

出土陶瓷残片数量较少，仅 63 片，残碎，器形不详，剥蚀严重。以夹砂陶为主，占 69.7%，器形为鬲；均素面。泥质红陶仅 1 片，表面饰方格纹。泥质灰陶占 21.2%；以素面为主，其中 1 片饰方格纹。硬陶占 7.6%，器形为瓿；纹饰为折线纹，粗深。

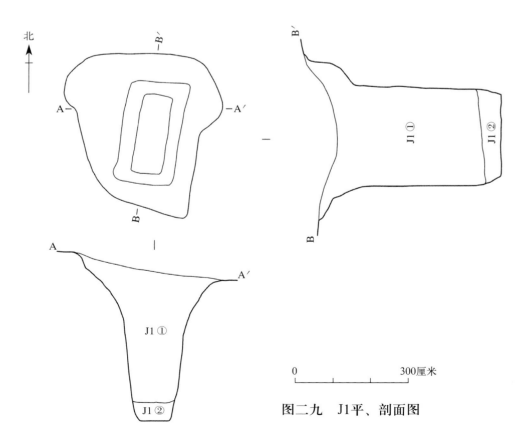

图二九　J1平、剖面图

第二节 第二阶段遗迹

遗址的第一阶段遗存之上、第⑭层之下的遗存为第二阶段遗存。发现的遗迹现象有环壕、土垣、房址、灶坑、灰沟、灰坑（表二）。

表二 第二阶段遗迹列表

遗迹类型	环壕区域	台地西区		台地东区	
		第⑮层下	第⑰层下	第⑯层下	第⑰层下
环壕	环壕				
土垣			西垣		东垣
房址		F4A	F4B		F1A、F2
灶坑		Z5			Z8、Z9
灰沟					G11
灰坑				H77、H84、H88、H89	

此阶段开始在遗址外侧开挖环壕，在遗址边缘堆筑土垣，框定了遗址的范围，形成的总体布局延续至遗址废弃（图三〇）。

土垣内侧经过两次大规模的垫土，分别为第⑱、⑯层，较高位置发现有建筑遗存，较低位置有长时间使用过程中形成的堆积。

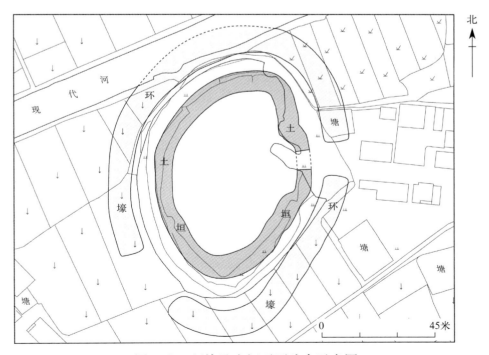

图三〇 环壕及土垣平面分布示意图

一　环壕

编号 G3。

位于台地外侧，地面已无痕迹，勘探显示环壕环绕着台地边缘，北侧局部被现代人工河打破，西南角、东侧各有一个缺口，西南角缺口宽约 30、东侧缺口宽约 20 米，东侧缺口向西正对台地东侧的低洼处，可能是遗址的门道。

在 T0801、T0802、T0901、T0902 等 4 个探方中对遗址西侧的环壕进行了发掘，揭示环壕长度 19 米。

环壕被环壕区域第④层叠压，打破第⑤层及生土。环壕区域的地层堆积与台地区域的地层堆积无叠压关系，且出土遗物较少，因此始筑年代不详，但从遗址的总体布局变化规律推测，应与土垣同期第二阶段开挖。环壕延用至第七阶段，遗址废弃时仍为浅沟状，以后逐渐被淤埋于地下。

口距地表深约 1.8、宽约 14、深约 2 米。平面呈长条形，斜壁，平底。底部中间有一条生土坎将其分为内外两部分，内侧编号 G3A，外侧编号 G3B（图三一；彩版二三，1）。

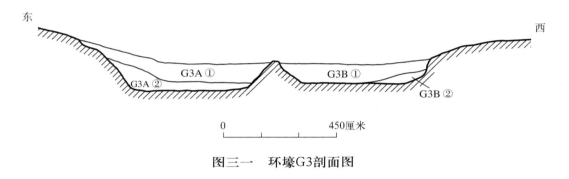

图三一　环壕 G3 剖面图

环壕内堆积均为淤土层：

G3A ①层：与 G3B ①层特征一致，青灰色土，厚 0.4～0.8 米。黏土，细腻，土质纯净，近台地边缘部分有少量红烧土及木灰。

G3A ②层：灰黑色土，厚 0.2～0.9 米。略呈东高西低坡势。夹砂黏土，含较多腐殖质，近台地边缘夹有较多木灰及少量红烧土。

G3B ②层：灰黑色土，厚 0～0.4 米。分布于环壕西侧，顶面呈西高东低斜坡势。粉砂，夹较多灰黑色胶泥，软、黏，含较多腐殖质。

二　土垣

位于环壕内侧台地边缘位置，勘探显示土垣呈环形围绕着台地顶部边缘，仅在台地东侧低洼处有一个缺口。东北角土垣外侧破坏十分严重，其余区域整体保存较好。

土垣始筑于第二阶段，被第⑰层叠压，打破第⑲层（彩版二四、二五）。

台地西侧 T0704、T0705、T0804、T0904、T1004、T1005、T1105 等 7 个探方中揭示出西垣约 50 米，并在 T0803、T0804 内解剖长约 5 米。

T0804、T0805 解剖显示西垣顶面高于内外两侧地面约 2.3 米，内侧在使用过程中逐渐加高，至第七阶段内侧地面与土垣顶部大致持平。以 T0803～T0805 南壁局部为例：西垣外（西）侧坡面被第①层即表土层叠压，距地表约 0.3 米，坡面下部有较厚倒塌堆积；西垣内（东）侧坡面上的堆积均呈斜坡状，其中第⑧、⑥、④层均为加筑的垫土层；第⑨、⑦、⑤、③层为使用过程中逐渐形成的堆积（图三二；彩版二三，2）。

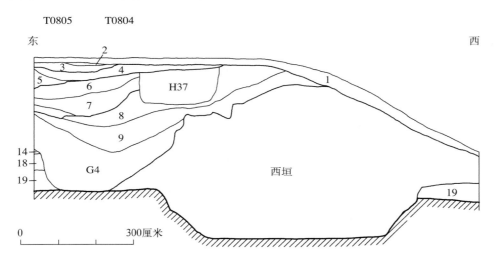

图三二　西垣地层剖面图（T0803、T0804南壁局部）

西垣上部截面呈梯形，顶宽 2～3、底宽约 10 米。底部开挖基槽，斜壁，平底，宽 6～7.8、深约 2 米。

西垣为人工堆筑而成，无夯筑迹象。堆土十分纯净，T0803、T0804 内土垣解剖沟的南壁剖面显示堆土总高 4.1～4.4 米，共分为 7 层：

西垣①～③层：以纯净的黄色土为主，坚硬，堆筑于土垣顶部，呈中部高东西两侧低的斜坡状。

西垣④、⑤层：为黄色土与灰白色土组成的花土，略疏松，呈西高东低的斜坡状，显示由外向内堆筑。

西垣⑥层：为灰白色土夹灰黑色胶泥，堆筑于基槽底部，并向西延伸至基槽外，灰黑色胶泥与环壕区域第⑤层土质一致。

西垣⑦层：黄色土，略坚硬，纯净，堆筑于基槽西侧，较为平整（图三三）。

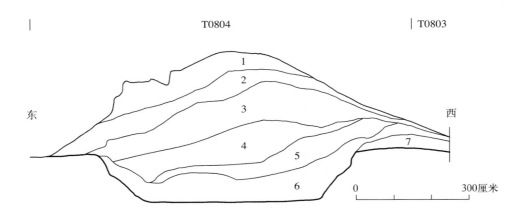

图三三　西垣堆土剖面图

1.黄色土　2.黄色土夹少量灰黑色胶泥　3.黄色土　4.黄色土夹灰白色土　5.黄色土夹少量灰白色土　6.灰白色土夹灰黑色胶泥　7.黄色土

台地东侧的 T0609、T0610、T0710、T0811、T0911、T1010、T1110、T1209、T1210 内揭示东垣约 65 米，在 TG1 内解剖长约 2.5 米，并在 T1209、T1210 内解剖长 8.8 米。TG1 内土垣形状及地层叠压关系与 T0804、T0805 基本一致。

T1209、T1210 解剖显示东垣外侧破坏严重，以北壁剖面为例介绍（图三四）。

顶部高于内侧地面约 1.8、底部残存宽约 6.3、基槽残宽约 2.6 米。内侧堆积呈斜坡状，其中第 ⑪ 层、第 ⑧ B、第 ⑦ B 层为较为纯净的黄土，是加筑的垫土层，使土垣逐渐变宽。第 ⑫ 层、第 ⑩ 层、第 ⑧ A 层为使用过程中逐渐形成的堆积。

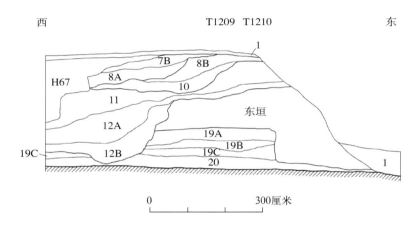

图三四　东垣地层剖面图（T1209、T1210北壁局部）

三　房址

3 座，编号 F1A、F2、F4。F4 位于台地西区，F1A、F2 位于台地东区（图三五、三六）。

1.F1A

位于 T1009 内，顶部被第 ⑬ 层叠压，边缘被第 ⑰ 层叠压，位置与 F1B 基本重合（图三七；彩版二六，1）。

F1A 四周有围沟，编号 G11；东侧被 G9 打破，南侧被 H69 打破。边缘有 9 个柱洞，编号 ZD1～ZD9；中心有 1 个柱洞，编号 ZD10。柱洞开口于 F1A ①顶面，围成的区域平面近圆形，

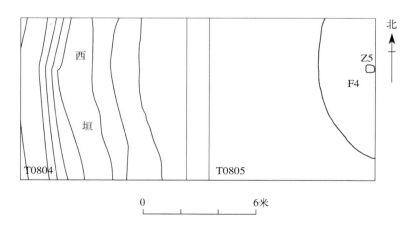

图三五　第二阶段遗迹平面分布图（台地西区）

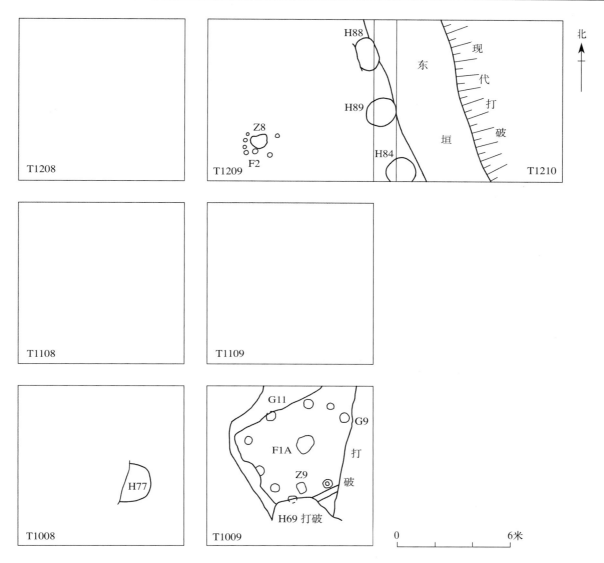

图三六　第二阶段遗迹平面分布图（台地东区）

东西直径约 4.8、南北直径约 4.3 米。

ZD1 ～ ZD9 平面呈圆形或椭圆形（彩版二六，2、3），直径 0.35 ～ 0.5、深 0.3 ～ 0.45 米；ZD1、ZD2、ZD6 填土为黄色花土，略疏松，内有柱芯，柱芯圆形，直径 0.15 ～ 0.18 米，填土为灰黄色花土。其余柱洞填土为黄色花土，疏松。中心柱洞 ZD10 平面呈不规则形，直径 0.8 ～ 1、深约 0.37 米，底部垫有 2 块石块（彩版二六，4）。

F1A 顶较平整，北侧略有破坏。堆积分 2 层：

F1A ①层：黄色花土，厚 0 ～ 0.12 米。垫土层，坚硬，含少量木灰、红烧土。

F1A ②层：黄灰色花土，厚 0.25 ～ 0.5 米。垫土层，坚硬，纯净，含少量木灰。表面有木灰面，薄片状，平整。南侧有一个灶坑，编号 Z9。

2.F2

位于 T1209 西南角，东、北部破坏严重，仅发现西南角的 7 个柱洞及 1 个灶坑，形状已无法复原。

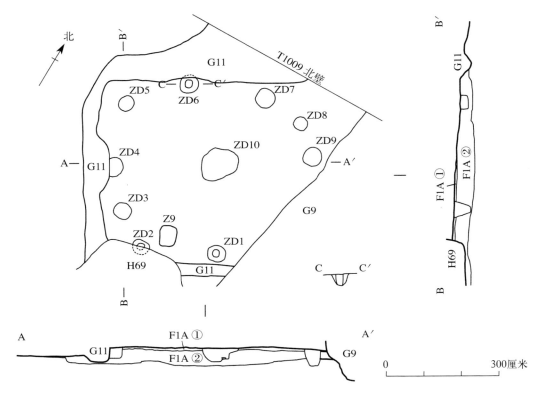

图三七　F1A平、剖面图

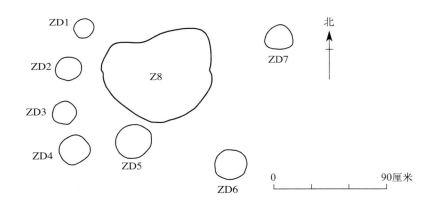

图三八　F2柱洞及灶址分布图

被第 ⑰ 层叠压，柱洞和灶坑打破第 ⑱ 层（图三八；彩版二七，1）。

　　柱洞编号 ZD1～ZD7，平面近圆形，直壁，圜底。直径 0.15～0.3、深 0.15～0.2 米。填土黄褐色，略疏松，含少量红烧土。

　　灶坑编号 Z8，位于 F2 西南角。

　　3.F4

　　位于 T0805 东侧，位置与台 31 基本重合，向东延伸至探方外，未发掘完整[1]。所处位置地势较高，

---

[1]　简报中为台 31C、台 31D。

略呈东高西低的坡状（彩版二七，2）。

发掘部分平面大致呈椭圆形，以较为纯净的土堆筑形成，分 A、B 2 个层次。

F4A 被第 ⑮ 层叠压。顶面较平整，边缘呈斜坡状。垫土黄褐色，厚 0.15 ～ 0.35 米；纯净，坚硬。台面北侧有 1 个灶坑，编号 Z5。

F4B 被第 ⑰ 层叠压，筑于 ⑲ 层之上。西侧台面斜度较大，高差约 0.8 米；南北向较平，高差仅约 0.1 米。用黄褐色土堆筑而成，厚 0 ～ 0.15 米，十分硬结。顶面有一周浅凹槽，平面呈半圆形，南北内径约 5、东西约 1.5 米；凹槽宽 0.25 ～ 0.45、深 0.05 ～ 0.15 米。凹槽外侧发现 5 个柱洞，圆形，斜直壁，圜底近平，直径 0.35 ～ 0.45、深约 0.25 米。ZD1 ～ ZD3 内填土灰色，疏松；ZD4、ZD5 填土为黄色花土，夹较多红烧土（图三九；彩版二七，3）。

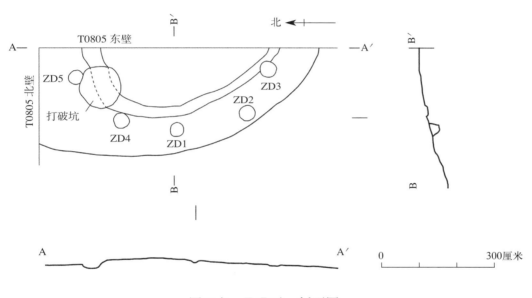

图三九　F4B 平、剖面图

四　灶坑

3 个。编号 Z5、Z8、Z9。分别位于 F4A、F2、F1A 内。

1. Z5

位于 T0805 东侧、F4A 顶面北部。被台 31B ② 层叠压（图四〇，1；彩版二八，1）。

平面近梯形，圜底。南北长约 0.4、东西宽约 0.38、深约 0.03 米。中部有一饼状土台，直径约 0.2 米。坑底及土台被烧结呈红褐色，硬结，上有一层很薄的木灰。填土黄灰色，疏松，含大量木灰。

2. Z8

位于 T1209 内 F2 东北角，被第 ⑰ 层叠压（图四〇，2；彩版二八，2）。

平面呈不规则形，底部较平坦。东西直径约 0.85、南北直径约 0.7、深约 0.05 米。底部烧结呈红褐色，表面有少许木灰。填土灰黄色，疏松，含较多木灰。

3. Z9

位于 T1009 内 F1A 南部。被 F1A ① 层叠压（图四〇，3）。

平面呈圆角长方形。南北长约 0.6、东西宽约 0.45、深约 0.07 米。坑壁陡直，底平坦，壁、

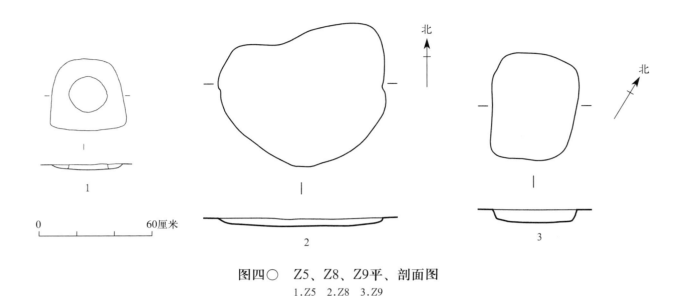

图四○　Z5、Z8、Z9平、剖面图
1.Z5　2.Z8　3.Z9

底有弱烧结现象。坑底有薄层木灰，燃料应为细小的木本类植物。坑内填土灰色，夹较多木灰。

五　灰沟

G11

位于 T1009 内，环绕着 F2A 南、西、北部，为 F2A 外侧的围沟，东侧被 G9 打破。开口于第 ⑰ 层下，打破第 ⑱ 层（见图三七）。

G11 平面呈曲尺形，围成平面呈梯形的空间，东西长 3.2 ～ 7、南北宽约 5 米。南侧的沟较窄，宽约 0.35 米；西侧宽 0.5 ～ 0.8 米；东北侧沟外地势较低，沟外壁边界不明显，宽 0.75 ～ 1.65 米。斜壁，弧底，深约 0.4 米。

填土分 2 层：

G11 ①层：红褐色土，厚 0 ～ 0.4 米。土质硬，纯净，无包含物。为沟废弃后的填土。

G11 ②层：灰褐色土，厚 0 ～ 0.05 米。土质细腻，有淤积层理，夹有少量木灰。为灰沟使用过程中形成的堆积。

出土陶器残片 125 片。夹砂陶占 48%，器形以鬲为主，有少量甗；均素面。泥质红陶占 27.2%，器形为罐；纹饰为云雷纹、方格纹，有少量席纹。泥质灰陶占 22.4%，器形为罐、豆；以素面为主，其中少量饰绳纹、方格纹。硬陶占 2.4%，器形为瓿；纹饰为回纹，粗深。

六　灰坑

4 个。编号 H77、H84、H88、H89。

1.H77

位于 T1008 内，西侧被 H74 打破。开口于第 ⑯ 层下，打破第 ⑲A 层（图四一，1）。

平面近半圆形，斜壁，底近平。坑口南北直径约 2.05、东西直径约 1.45、深约 0.65 米。坑内填土为黄褐色花土，属一次性填土层。土质硬，纯净。

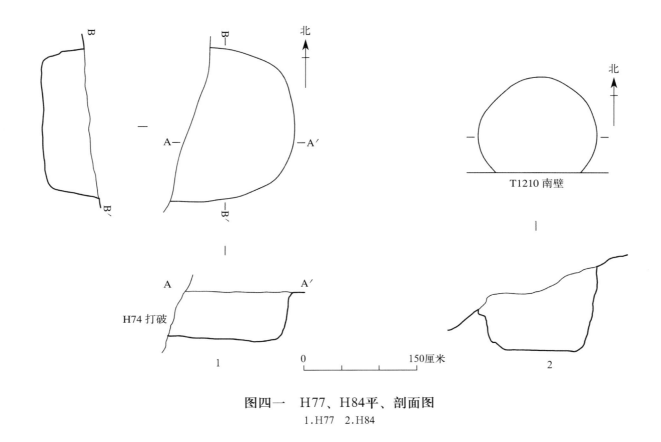

图四一　H77、H84平、剖面图
1.H77　2.H84

未见陶瓷残片出土。

2.H84

位于 T1210 西南角，东垣内侧斜坡面上，向南延伸至探方外，未发掘完整。开口于第 ⑯ 层下，打破第 ⑰ 层（图四一，2）。

发掘部分平面呈圆形，斜壁陡直，平底。口部东西直径约 1.55、南北约 1.3、深 0.6 ～ 1.1 米。

坑内填土为浅灰色花土，为一次性填土层。土质疏松，含少量木灰。

3.H88

位于 T1209 东北角，向北延伸至探方北侧二层台下。开口于第 ⑯ 层下，打破第 ⑰ 层，西侧被晚期打破（图四二，1）。

平面近椭圆形，坑壁陡直，平底。口部直径南北约 1.8、东西约 1.15、深约 1.1 米。

坑内填土为浅灰色花土，为一次性填土层。土质疏松，含少量木灰。

4.H89

位于 T1209 东部。开口于第 ⑯ 层下，打破第 ⑰ 层（图四二，2；彩版二八，3）。

平面近圆形，坑壁陡直，平底。坑口直径 1.45 ～ 1.7、深约 0.85 米。

坑内填土为浅灰色花土，为一次性填土层。土质疏松，含少量木灰。

出土陶瓷残片 52 片，十分残碎，器形不详。夹砂陶占 63.5%，均素面。泥质红陶占 21.2%，纹饰为云雷纹、方格纹。泥质灰陶占 5.8%，均素面。硬陶占 9.6%，纹饰为折线纹、回纹。

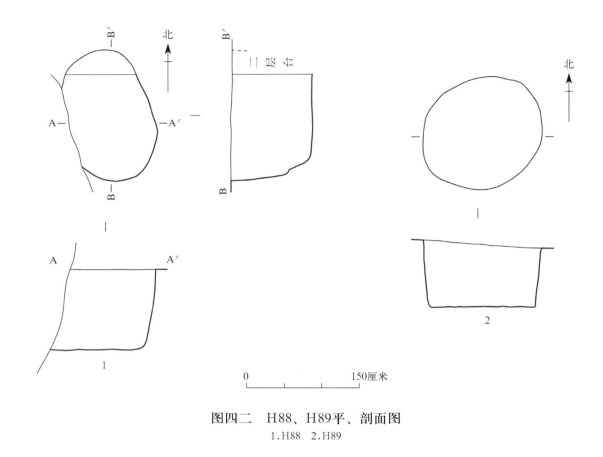

图四二　H88、H89平、剖面图
1.H88　2.H89

第三节　第三阶段遗迹

　　遗址的土垣之内第二阶段遗存之上、第⑪层之下的遗存为第三阶段遗存，均位于土垣之内，经过两次大规模的整体堆垫，分别为第⑬、⑭层。

　　发现的遗迹现象有土台、灰沟、灰坑（表三；图四三、四四）。

表三　第三阶段遗迹列表

遗迹类型	台地西区	台地东区	
	第⑫层下	第⑪层下	第⑫A、⑫B层下
土台	台31B		台44F、台51D、台52C
灰沟			G9
灰坑		H74	H73、H75、H76、H79、H83、H87、H93、H94

一　土台

　　本阶段开始出现圆形或椭圆形土台，共发现4个，编号台31B、台44F、台51D、台52C。

　　台31B位于台地西部。台44F、台51D、台52C位于台地东北部，之间有通道相连。平面均呈不规则的圆形，处于东侧土垣内侧，东侧地势较高，西侧地势较低。台51D、台52C与土垣之

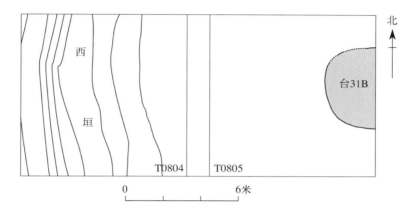

图四三　第三阶段遗迹平面分布图（台地西区）

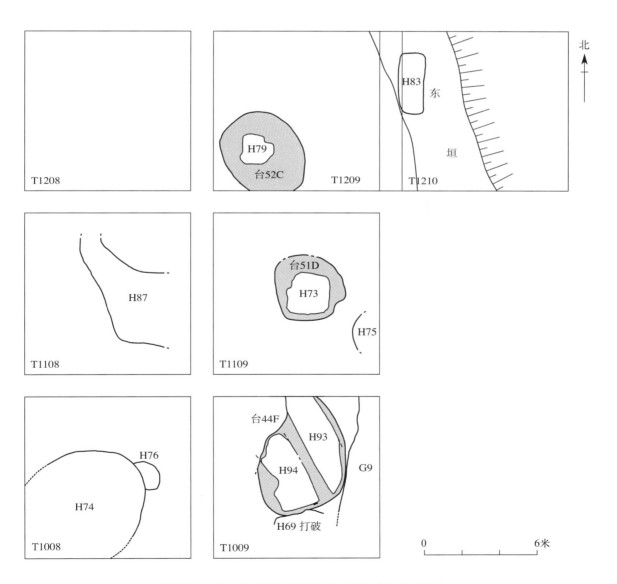

图四四　第三阶段遗迹平面分布图（台地东区）

间有通道相连。

此阶段开始出现的圆形或椭圆形土台，直至第七阶段都是孙家村遗址的主要建筑形式，是房屋建筑的基础部分。土台传承性较强，多个土台从出现开始，从早到晚其位置大多保持不变；土台用土堆垫形成，使用一段时间后向上堆土加高形成新的台面，再使用一段时间后再堆土加高。

此类土台一般采用四分法发掘，由上向下逐层进行发掘，保留"十"字形隔梁，充分了解土台的堆筑过程。

1. 台31B

位于 T0805 东侧，位置与 F4 基本重合，向东延伸至探方外，未发掘完整。顶部被台 31A 叠压，边缘被第 ⑫ 层叠压，叠压于 F4A 及第 ⑮ 层之上，北侧被 H29 打破，西北角被 M4 打破（图四五）。

揭示部分平面呈半圆形，顶面呈漫坡状，南部稍低，边缘斜坡状。南北直径[1] 约 4.4、东西直径约 2.6、高约 0.55 米。表面有灰色使用面，夹较多木灰。堆土分 2 层：

台 31B ①层：黄色花土，厚 0.1 ~ 0.3 米。坚硬，纯净；边坡部分土色灰，含少量木灰。

台 31B ②层：黄褐色花土，厚 0.1 ~ 0.3 米。坚硬，纯净。

2. 台44F

位于 T1009 偏北部，东垣内侧，与东垣之间有灰沟 G9，位置与 F1 基本重合。顶面被台 44E 叠压，边缘斜坡部分被第 ⑫A 层叠压，叠压于 F1A 上（图四六；彩版二九，1）。

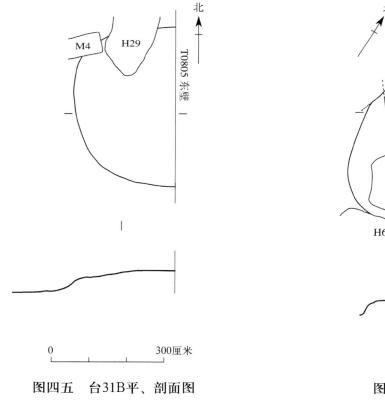

图四五　台31B平、剖面图

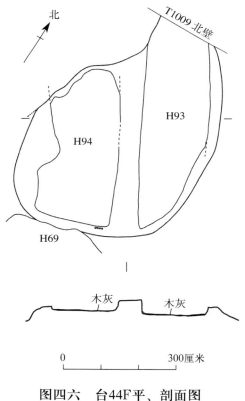

图四六　台44F平、剖面图

---

[1]　此类土台的直径值为顶部直径。由于土台的边缘呈圆弧状，因此数值一般只能为大约数。

平面形状不规则，边缘呈斜坡状；土台破坏较为严重，南侧被 H69 打破，西北部被晚期破坏，向北延伸至探方外，未发掘完整。土台部分较高，四周较低，向东北、南地势较高，为土台向外的通道。土台东西直径约 5.1、南北直径约 6 米。

堆土黄褐色，厚 0 ～ 0.3 米。坚硬，纯净。

台面有 2 个坑，编号 H93、H94，东西向并列，间距约 0.55 米。平面呈长条形，东南至西北走向，坑壁陡直。

H93 北端延伸至探方外，南端被打破，残长 5.7、宽约 1.8、深 0 ～ 0.6 米；底部近平，南端渐增高。

H94 底部近平，北端被打破，残长 4.2、宽 1.55 ～ 2.05、深 0 ～ 0.3 米；南端坑外有一排小柱坑，直径 3 ～ 5 厘米。

坑内填土黄褐色，内夹大量红烧土及红烧壁面。底部有弱烧结现象，上有一层木灰，厚约 2 厘米，内夹有未燃尽的树木枝杈。

此土台经长时间使用，并经多次加筑，分为台 44F、台 44E、台 44D、台 44C、台 44B、台 44A 等 6 个堆筑阶段（图四七）。

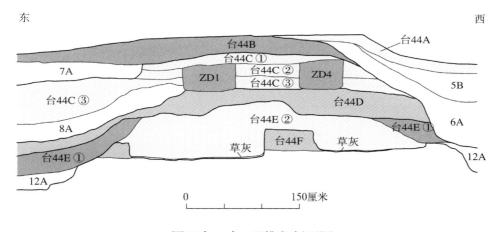

图四七　台 44F 堆积剖面图

3. 台 51D

位于 T1109 内，与东垣之间有浅槽，向东有通道通向东垣。顶面被台 51C 叠压，边缘部分被第 ⑫A 层叠压（图四八；彩版二九，2）。

平面呈不规则的圆形台面，顶部直径约 3.6 米，略呈东高西低缓斜坡状，边缘呈斜坡状。东侧地势较高，台面与周边地面落差较小；西侧地势较低，台面与周边地面落差较大；台面高于周边地面 0.15 ～ 0.45 米。被台 51C 的 4 个柱坑 ZD5 ～ ZD8 打破。

堆土为黄色花土，与第 ⑬ 层相通，厚 0.25 ～ 0.4 米，稍坚硬，纯净。

台面中部有一凹坑，编号 H73。平面呈不规则的方形，弧壁，圜底。南北长约 2.25、东西宽约 2.2、深约 0.2 米。坑内填土为黄灰色花土，疏松，含较多木灰；填土分较多层次，各层次均呈倾斜状，表面均有弱烧结现象，表面有木灰。

堆土中出土陶器残片 39 片，以夹砂陶为主，占 51.3％，器形为鬲、釜；均素面。泥质红陶

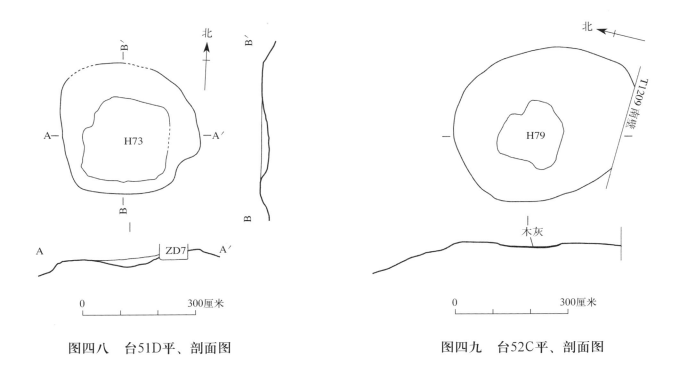

图四八　台51D平、剖面图　　　　　　　图四九　台52C平、剖面图

占 23.1%，器形基本为凹圜底罐，纹饰为云雷纹、方格纹、席纹。泥质灰陶占 17.9%，器形有盆、豆，均素面。硬陶占 7.7%，器形为坛、瓿类，纹饰为折线纹、回纹。

4. 台52C

位于 T1209 西南部，与东侧土垣之间有浅槽，向东有通道通向东侧土垣。向南延伸至探方外，未发掘完整。顶面被台 52B 叠压，边缘部分被第 ⑫A 层叠压（图四九；彩版三〇，1、2）。

平面近椭圆形，顶面较平坦，边缘呈斜坡状；东北侧地势较高，台面与周边地面落差较小；西侧、东南侧地势较低，台面与周边地面落差较大。台面东西直径约 4.1、南北直径约 5、台面高于周边地面 0.25 ～ 0.9 米。

堆土黄褐色，厚 0.25 ～ 0.5 米。坚硬，纯净。

台面中部有一凹坑，编号 H79。平面形状不规则，弧壁，浅圜底。东西直径约 1.65、南北直径约 1.6、深约 0.15 米。坑底有弱烧结现象，上有木灰，厚 1 ～ 2 厘米。

二　灰沟

1 条。编号 G9。

位于 T1009 东部，台 44F 与东垣之间，发掘部分仅揭示出 G9 西半部一段，向北、东、南延伸至探方外。开口于第 ⑫B 层下，打破第 ⑬ 层及 F1A（图五〇；彩版三〇，3）。

发掘部分仅见沟西半部，平面呈狭长条形，北部窄，南部宽，西壁呈斜坡状，西高东低，底部北高南低。揭示长度 6.2、宽 1.1 ～ 2.15、深 0.2 ～ 0.85 米。

沟内堆积分为 2 层：

G9 ①层：黄褐色花土，夹较多红烧土；为沟废弃后的填土。

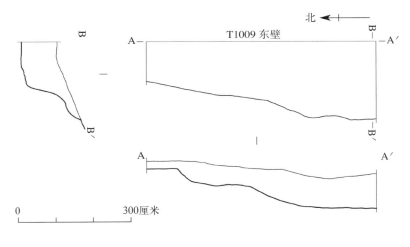

图五○　G9平、剖面图

G9②层：青褐色土，含红烧土及草木灰，土质略软，出土较多陶器残片。为逐渐倾倒形成的堆积，层次呈斜坡状。

出土陶瓷残片90片，以夹砂陶为主，占53.3％，器形为鬲、鼎；均素面。泥质红陶占25.6％，器形基本为凹圜底罐，纹饰为方格纹、席纹、云雷纹。泥质灰陶占12.2％，器形有罐、盆、豆，以素面为主，少许饰方格纹。硬陶占7.8％，器形为坛、瓿类，纹饰为折线纹、回纹。原始瓷仅1片，器形为豆。

三　灰坑

9个。编号H73～H76、H79、H83、H87、H93、H94。H73、H79分别位于台51D、台52C顶部，H93、H94位于台44F顶部，见本节土台部分。

1. H74

位于T1008西南角，向南、向西伸入探方内保留的二层台，未发掘完整。开口于第⑪层下，打破第⑫A层（图五一；彩版三一，1）。

发掘部分平面近圆形，壁陡直，底较平坦。坑口东西直径约4.6、南北直径约4.5、深1.3～1.75米。

坑内堆积分3层：

H74①层：深灰褐色土，厚0～0.1米。分布于坑的北部，由北向南倾斜，为灰坑使用过程逐渐形成的堆积。土质略软，含较多木灰、红烧土粒。

H74②层：黄褐色土，厚0.3～0.9米。部分层面淤积现象，为灰坑使用过程中逐渐形成的堆积。土质略软，纯净。

H74③层：黄褐色土，厚0～1.1米。堆积于坑的南部，顶部呈由南向北斜坡状，为坑南侧的倒塌堆积。土质硬，夹大量红烧土。

出土陶瓷残片421片。夹砂陶占42.5％，器形主要为鬲，另有少量鼎、甗；均素面。泥质红陶占44.4％，器形为凹圜底罐，纹饰为云雷纹、方格纹。泥质灰陶占7.6％；器形有罐、盆、钵、豆；以素面为主，少量饰方格纹。硬陶占5.2％，为坛、瓿类残片；纹饰为折线纹、回纹。原始瓷仅1片，器形为豆。

2.H75

位于 T1109 东南角，仅见一角，向东、向南延伸至探方二层台下。开口于第 ⑫B 层下，打破第 ⑬ 层（图五二，1）。

发掘部分平面呈弧形，坑北壁斜坡状，西壁陡直，平底。坑口南北直径 1.8、东西直径 0.4、深约 0.75 米。

坑内填土为灰褐色花土，土质疏松，夹有少量红烧土、木灰。

出土陶瓷残片 29 片。夹砂陶占 62.1%，器形有鬲；均素面。泥质红陶占 13.8%，器形为凹圜底罐，纹饰为云雷纹、方格纹。泥质灰陶占 20.7；器形有盆、钵、豆；少量饰方格纹。硬陶占 3.4%，为坛、瓿类残片；纹饰为回纹。

3.H76

位于 T1008 内，西侧被 H74 打破。开口于第 ⑫B 层下，打破第 ⑬ 层（图五二，2 彩版三一，2）。

平面近半椭圆形，斜壁，底稍平。坑口东西直径约 1、南北直径约 1.45、深约 0.3 米。

坑内填土灰褐色，属一次性填土。土质软，含红烧土颗粒及小块。

未见陶器残片。

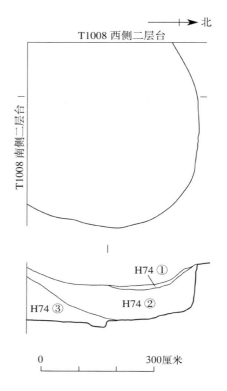

图五一　H74平、剖面图

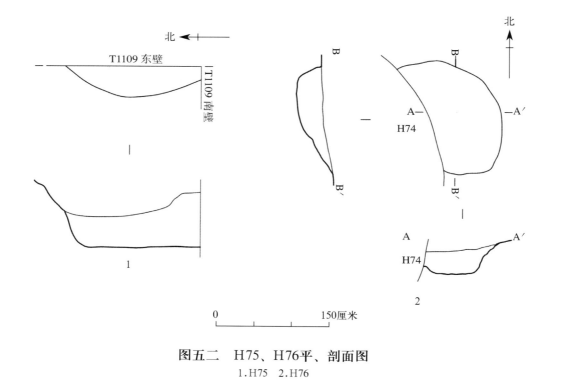

图五二　H75、H76平、剖面图

1.H75　2.H76

4.H83

位于 T1210 西部。开口于第 ⑫B 层下，打破东垣（图五三）。

平面呈长条形，大致南北向，斜壁，东壁陡直，底部南高北低。坑口南北长约 3.35、东西宽 1.3、深 0.3 ～ 0.45 米。

坑内填土为灰褐色花土，土质略软，内含有少量红烧土颗粒。

出土陶瓷残片 61 片。夹砂陶占 36.1%，器形有鬲；均素面。泥质红陶占 47.5%，器形为凹圜底罐，纹饰为云雷纹、席纹、方格纹。泥质灰陶占 16.4%，器形为罐、盆，部分表面饰绳纹。

5.H87

位于 T1108 内，向北、向东延伸至探方外，但 T1208、T1109 内未发现，未发掘完整。开口于第 ⑫B 层下，打破第 ⑬ 层（图五四）。

发掘部分平面形状不甚规则，北部窄，东南部宽，斜坡状壁，圜底稍平。揭示长度约 6.3、北宽 1.1、东南宽 4、深 0.45 ～ 1.05 米。

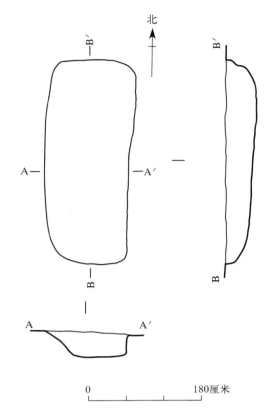

图五三 H83平、剖面图

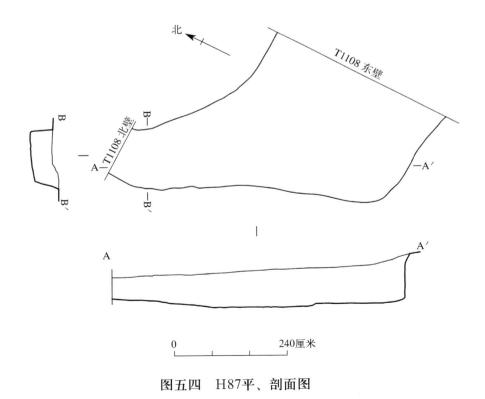

图五四 H87平、剖面图

填土分为 2 层：

H87 ①层：灰褐色土，土质略疏松。包含少量陶器残片。

H87 ②层：黄色花土，土质稍致密，略硬。

出土陶瓷残片 87 片，以夹砂陶为主，占 47.1％，器形为鬲；均素面。泥质红陶占 26.4％，器形基本为凹圜底罐，纹饰为方格纹、席纹、云雷纹。泥质灰陶占 18.4％，器形有盆、豆，均素面。硬陶占 4.6％，器形为罐、瓿类，纹饰为折线纹、回纹。原始瓷占 3.4％，器形为豆。

第四节　第四阶段遗迹

位于遗址的第三阶段遗存之上，东区第⑧B层、西区第⑧层之下的遗存为第四阶段遗存，发现的遗迹现象有土台、墓葬、灰沟、灰坑（表四）。

表四　第四阶段遗迹列表

遗迹类型	台地西区			台地东区
	第⑧层下	第⑨层下	第⑩层下	第⑩层下
土台			台30、台31A、台32	台44E、台51C、台52B
墓葬			M4、M5	
灰沟		G4		
灰坑	H35			

此阶段的遗迹均位于土垣之内，经过一次大规模的整体堆土，为第 ⑪ 层。本阶段主要建筑基础仍为圆形或椭圆形土台，台地东区开始出现四个一组圆形大柱坑的土台，台地西区的两个土台边缘有儿童墓（图五五、五六）。

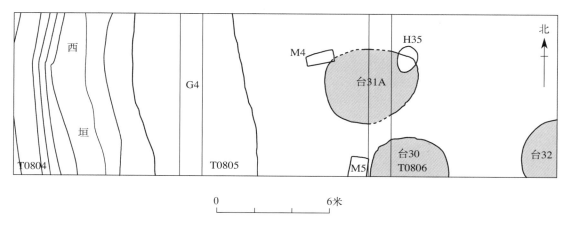

图五五　第四阶段遗迹平面分布图（台地西区）

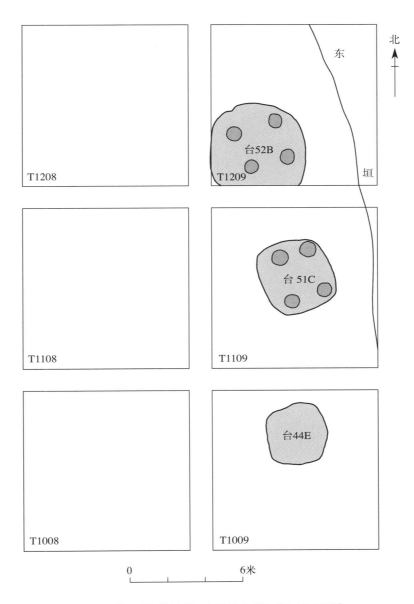

图五六　第四阶段遗迹平面分布图（台地东区）

一　土台

6个。编号台30、台31A、台32、台44E、台51C、台52B。台30、台31A、台32位于台地西区，台44E、台51C、台52B位于台地东区。

1. 台30

位于T0906的东南角，叠压于台29之下，位置基本重合，向南延伸至探方外，未发掘完整。东邻台32，北邻台31A。顶部被台29叠压，边缘部分被第⑩层叠压（图五七，1）。

发掘部分平面呈半圆形，台面较平整，边缘呈斜坡状。西侧坡面有墓葬M5。东西直径约4.2、南北直径约2.15、台面高于周边地面0.9～1.1米。

堆土黄褐色，厚0～0.95米。坚硬，纯净。

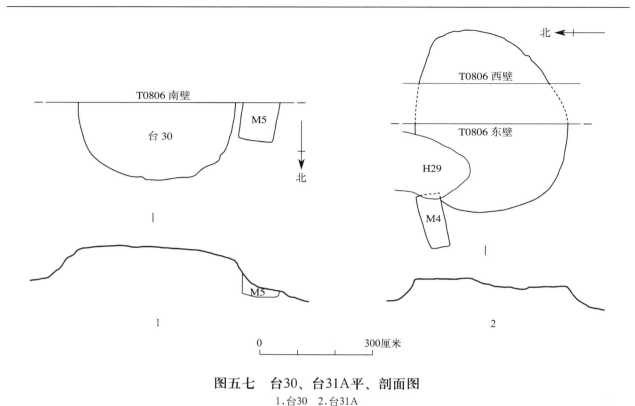

图五七　台30、台31A平、剖面图
1.台30　2.台31A

2.台31A

位于 T0805 东部、T0806 西部。发掘中 T0806 内仅揭示出台 31 顶面,在 T0805 内发掘至底部。顶部被台 2C 叠压,边缘部分被第⑩层叠压,北侧被 H29 打破(图五七,2)。

土台平面大致呈椭圆形,顶面北侧高,南侧略低,边缘斜坡状。西北角有墓葬 M4。顶面东西直径约 5、南北直径约 4.1、台面高于周边地面约 0.65 米。

堆土厚约 0.5 米,分 2 层:

台 31A ①层:黄灰色土。垫土层,夹大量红烧土,硬结。

台 31A ②层:顶面有少量木灰。中部堆土黄色,坚硬,纯净。边缘堆土为黄灰色花土,略坚硬,含少量木灰。

3.台32

位于 T0806 东南角,台 5 之下,向东、向南延伸至探方外,未发掘完整。被第⑩层叠压(图五八)。

发掘部分平面呈半圆形,顶面中部高,四周略低,边缘呈陡坡状。东西直径约 1.85、南北直径约 3.15、台面高于周边地面约 1.45 米。

堆土黄褐色,与台 30 相通。坚硬,纯净。

台 32 打破第 ⑫ 层,发掘部分打破坑平面呈半圆形。东西直径 2.1、南北直径约 1、深约 1.15 米。

4.台44E

位于 T1009 偏北部,顶部被台 44D 叠压,边缘部分被第⑩层叠压(见图四七;彩版三二,1)。

平面呈不规则的圆形,破坏十分严重,顶部不甚平整,边缘呈斜坡状。直径约 3.2、台面高于周边地面 0.2～0.6 米。

堆土分 2 层：

台 44E ①层：黄褐色土，垫土层，与第 ⑪ 层相通，厚 0～0.3 米。分布土台的边坡。坚硬，纯净。

台 44E ②层：黄色土，厚 0.2～0.75 米。主要堆筑于 H93、H94 之上。土质硬结，含大量红烧土，其中有较多经过烧结的壁面。

5. 台 51C

位于 T1109 内，与东垣之间有浅槽，向东有通道通向东垣。顶面被台 51B 叠压，边缘部分被第⑩层叠压（图五九，1；彩版三二，2、3）。

平面近圆形，顶部呈东高西低缓斜坡状，边缘呈斜坡状；东侧地势较高，台面与周边地面落差较小；西侧地势较低，台面与周边地面落差较大。东西长约 3.75、南北长约 4.05、台面高于周边地面 0.1～0.7 米。

堆土黄褐色，与第 ⑪ 层相通，厚 0.1～0.7 米。坚硬，纯净。

顶面发现 4 个柱坑，编号 ZD5～ZD8。呈正方形分布，

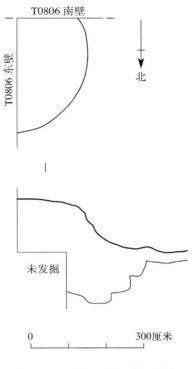

图五八　台 32 平、剖面图

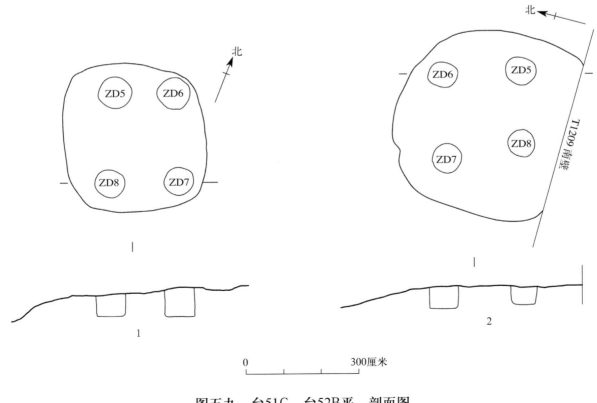

图五九　台 51C、台 52B 平、剖面图

1. 台 51C　2. 台 52B

中心距 1.6 ～ 2.4 米；柱坑圆形，直壁，平底。直径 0.75 ～ 0.85、深 0.6 ～ 0.8 米。填土黄褐色，坚硬，含较多红烧土。

6. 台52B

位于 T1209 西南部，东垣内侧，与东侧土垣之间有浅槽，向南延伸至探方外，未发掘完整。顶部被台 52A 叠压，边缘部分被第⑩层叠压（图五九，2；彩版三三，1、2）。

平面近圆形，顶面较平坦，边缘呈斜坡状，东北侧地势较低，东南侧地势较高。东西直径约 5、南北直径约 4.5、台面高于周边地面 0.3 ～ 0.7 米。

堆土分 2 层：

台 52B ①层：灰黄色花土，厚 0 ～ 0.2 米。垫土层，稍坚硬，含少量木灰。

台 52B ②层：黄褐色土，厚 0.15 ～ 0.4 米。垫土层，表面有数层木灰面，是使用过程中逐渐形成的堆积。十分坚硬，纯净，含少量红烧土。

顶面发现 4 个柱坑，编号 ZD5 ～ ZD8。呈正方形分布，中心距 2 ～ 2.25 米。圆形，直壁，平底。直径 0.7 ～ 0.8、深 0.4 ～ 0.6 米。填土黄褐色，土质硬，含大量红烧土颗粒。

二　墓葬

1. M4

位于 T0805 内，处于台 31A 西北斜坡面上，开口于台 31A ①层下，打破台 31A ②层，东南角略被 H29 打破（图六〇；彩版三三，3）。

墓坑平面呈梯形，方向约 257°。坑口东南高西北低，坑口长约 1.5、宽 0.54 ～ 0.62 米。直壁，深 0.25 ～ 0.4 米，底部较平整，东高西低。

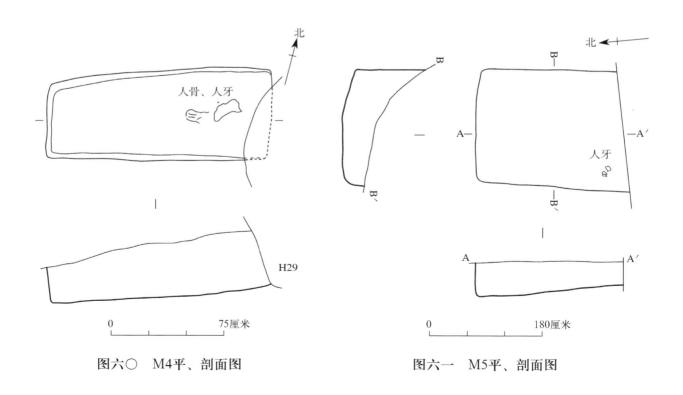

图六〇　M4平、剖面图　　　　　　　　图六一　M5平、剖面图

墓坑内填土灰黄色，疏松、易散。

墓底部有少量木灰，无随葬器物。东端发现少量人骨及人牙痕迹，腐朽严重。从墓葬的大小及人牙的位置推测应为儿童墓。

2. M5

位于 T0805 南侧，向南延伸至探方外，处于台 30A 西侧斜坡面上。开口于第⑩层下，打破台 30（图六一）。

墓坑平面近长方形，方向约 6°。坑口东高西低，在探方内长约 1.2、宽约 0.9 米。直壁，深 0.15～0.55 米，底部较平坦，南高北低。

墓坑内填土为黄色花土，略疏松。

墓底部有一层木灰，无随葬器物。人骨腐朽严重，仅在近西壁处发现少量人牙数枚，从墓葬的大小及人牙的位置推测应为儿童墓。

三　灰沟

1 条。编号 G4。

G4

位于台地西侧土垣内侧，在 T0804、T0805 内发掘长度 8.8 米，向南、北延伸至探方外。开口于第⑨层下，东侧打破第⑩层，西侧打破西垣（图六二；彩版三四，1、2）。

平面呈长条形，大致南北向，与西垣平行，口宽 5.2～6 米。弧壁，底部北高南低，深 0.4～2 米。

沟内堆积分 2 层：

G4 ①层：灰黑色土，厚约 0.35 米。东西两侧高中部低，边缘部分有多个倾斜层次，层面有大量木灰，使用过程中逐渐堆积形成。土质疏松，易散，含较多木灰。出土陶瓷残片 1760 片。夹砂陶占 53.6%，器形主要为鬲，有很少量鼎、甗；均素面。泥质红陶占 31.9%，器形为凹圜底罐，纹饰为云雷纹、方格纹，另有少量席纹。泥质灰陶占 11.9%；器形有盆、钵、豆，均素面。硬陶 2.5%，器形为坛、瓶类；纹饰为折线纹、回纹、套菱形纹，有少量小单元菱形填线纹。原始瓷仅 1 片，器形为豆。

G4 ②层：黄灰色花土，厚 0～1.2 米。倾斜状堆积，使用过程中逐渐堆积形成。粉土，疏松，易散，含较多红烧土。出土陶瓷残片 1627 片。夹砂陶占 66.3%，器形主要为鬲，有很少量鼎、甗；均素面。泥质红陶

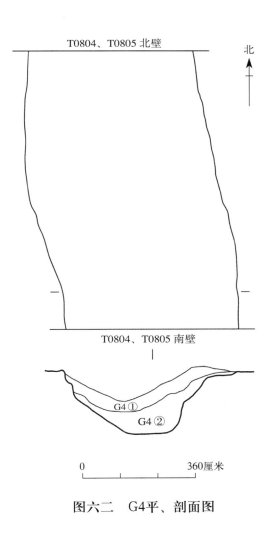

图六二　G4 平、剖面图

占 26.4%，器形为凹圜底罐，纹饰为云雷纹、方格纹，另有少量席纹。泥质灰陶占 6.2%；器形有盆、钵、豆，均素面；少量表面饰席纹。硬陶占 1%，器形为坛、瓿类；纹饰为折线纹、回纹、套菱形纹，有少量方格纹与小单元菱形填线纹组合。原始瓷仅 2 片，器形为豆。另出土较多动物骨骼（彩版三四，3、4）。

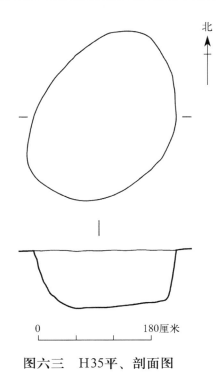

图六三　H35平、剖面图

四　灰坑

H35

位于 T0806 西北角。开口于第⑧层下，打破台 31A（图六三）。

平面呈椭圆形，斜壁，底略平。直径 1.1 ~ 1.45、深约 0.45 米。

坑内填土灰褐色，土质软，含少量木灰。

未出土陶瓷器。

第五节　第五～七阶段遗迹

遗址的第四阶段遗存之上，东区第⑥ B 层、西区第⑥层之下的遗存为第五阶段遗存；东区第④ B 层、西区第④层之下的遗存为第六阶段遗存；第②层之下的遗存为第七阶段遗存（表五、六）。

第五～七阶段发现的遗迹现象有土台、道路、窑、灶坑、灰沟、灰坑等（图六四、六五；彩版三五、三六、三七，1）。

第五至第七阶段土垣内侧继续堆土使土垣加宽，尤其东垣宽度增加较多，至第七阶段将紧邻东垣的台 36、台 38、台 39、台 41、台 42、台 44、台 47、台 48、台 51、台 52、台 55 等土台覆压在土垣之下，形成顶部宽约十余米的平台。

主要垫土层次有东区第⑧ B、7B、6B、5C、5B、4B、4A 及西区第⑧、6、4 层，垫土多为围绕着土台局部堆筑，使土台逐渐增高。本次对遗址中心位置发现长方形大土台（台 6），周边仍为圆形或椭圆形土台。

一　土台

（一）台地西区

1. 台1

位于 T0805 南部，向南延伸至探方外，其西侧为土垣，北、东、南侧为台 3、台 2、台 29、台 20，土台之间有浅沟槽。台 1 堆土总厚度约 1.85 米，大致分 A、B、C 三个不同时期堆筑形成的层次，位置基本重合，平面形状基本一致；堆土层次与台 2、台 3 相通或相互叠压（图六六）。

台 1A 被第③层叠压。顶面平整，平面近圆形，边缘呈斜坡状，直径约 5 米，四周高低不平，东、西侧地势较高，北侧地势较低，台面高于周边 0.3 ~ 0.65 米（图六七，1；彩版三七，2、3）。

表五　第五～七阶段土台遗迹列表

	第七阶段	第六阶段	第五阶段		第七阶段	第六阶段		第五阶段	
	第③层下	第⑤层下	第⑦层下		第③B层下	第⑤A层下	第⑥A层下	第⑦A层下	第⑧A层下
	台1A	台1B	台1C		台6A	台6B		台6C	未发掘
	台2A	台2B	台2C		台13A	台13B	台13C		
	台3A	台3B	台3C		台25				
		台4A	台4B		台27A	台27B			
		台5A	台5B		台34A	台34B	台34C	未发掘	
	台7	台7	未发掘		台35A	台35B	台35C	未发掘	
	台8A	台8B	未发掘		台36				
	台9A	台9B	未发掘		台37A	台37B	未发掘		
	台10A	台10B	未发掘		台38				
	台11A	台11B	未发掘		台39A	台39B			
台地西区	台12A	台12B	未发掘	台地东区	台40				
	台14A	台14B	未发掘		台41A	台41B			
	台15A	台15B	未发掘		台42				
		台16	未发掘		台43A	台43B	台43C	台43D	
	台17	未发掘			台44A	台44B	台44C	台44D	
	台18	未发掘			台45A	台45B	台45C	台45D	未发掘
		台19	未发掘		台46A	台46B	台46C	台46D	
	台20	未发掘			台47A	台47B	台47C	台47D	
	台21A	台21B	未发掘		台48A	台48B	台48C		
	台22	未发掘			台49				
	台23	未发掘			台50				
	台24	未发掘						台51A	台51B
		台26							台52A
	台28A	台28B			台53				
		台29A	台29B		台54				
		台33	未发掘		台55				
					台56				

表六　第五～七阶段其他遗迹列表

台地西区

		第七段		第六段		第五段
		第②层下	第③层下	第④层下	第⑤层下	第⑥层下
台地西区	道路		L1			
	灰坑	H12、H13、H16、H19~H22、H24、H38	H15、H18、H23、H32	H17、H27、H36	H28、H29、H37	H33

台地东区

	遗迹类型	第②层下	第③A层下	第③B层下	第④B层下	第⑤A层下	第⑤B层下	第⑤C层下	第⑥A层下	第⑥B层下	第⑦A层下	第⑦B层下	第⑧A层下
台地东区	灶坑	Z1	Z2			Z3			Z6				Z4
	窑			Y1、Y2		Y3、Y4					Y6	Y5	
	道路					L3、L4					L2		
	灰沟					G7							
	灰坑	H26、H31、H39、H40、H43、H62		H30、H44、H59、H64	H41、H54、H55、H57、H60、H63、H68		H45	H53		H61、H70、H72	H69	H46~H52、H65、H66	

堆土分 2 层：

台 1A ①层：灰色土，厚 0.1～0.2 米。硬结，夹大量红烧土。主要分布土台斜坡面上，东侧缺失，台面仅局部有少许。

台 1A ②层：灰黄色土，厚 0.2～0.45 米。土质较黏、坚硬，含少量红烧土、木灰。为台 1A 垫土层。

台 1A 在台面上有 8 个柱坑，编号 ZD1～ZD8。圆形，直壁，平底，内填纯净黄土。柱坑分为 2 组，每组 4 个，呈正方形分布，中心距约 1.8 米。ZD1～ZD4 打破台 1A ①层，直径 0.6～1、深 0.45～0.55 米。ZD5～ZD8 位置略偏西，ZD5 被 ZD1 打破，ZD8 被台 1A ①层叠压，直径 0.65～0.9、

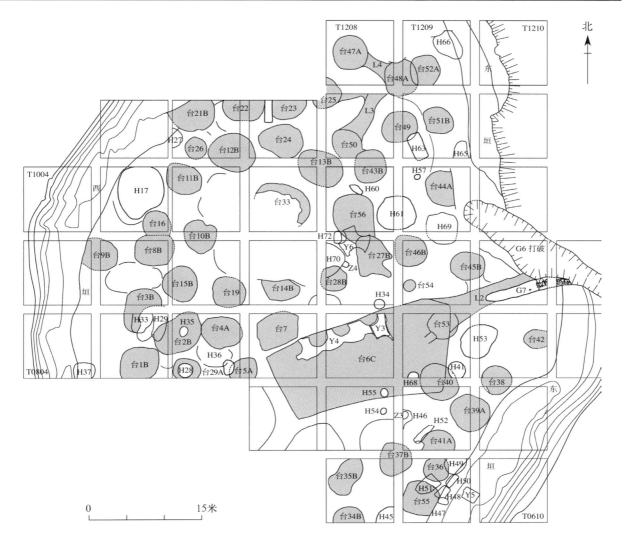

图六四　第五、六阶段遗迹平面分布示意图

深 0.6 ～ 0.7 米。

台 1B 被第⑤层叠压。顶面呈漫坡状，东侧边缘有 2 块石块（图六七，2；彩版三八，1）。

用土经数次堆筑而成，厚约 0.8 米，分 6 层。每层厚 0.1 ～ 0.3 米，堆土表面有一层或多层木灰面，是使用过程中逐渐形成的堆积。

台 1B ①层：土台中部为黄灰色土，坚硬，纯净。边坡为灰黑色土，疏松，含较多木灰、红烧土。

台 1B ②层：灰黑色土，分布于台 1B 边坡偏下部。细腻、软，较纯净，含少量木灰、红烧土。

台 1B ③层：黄略泛青绿色土。坚硬，纯净。

台 1B ④层：灰色土，略软。含少量红烧土、木灰。

台 1B ⑤层：黄略泛绿色土。坚硬，纯净，仅见少量红烧土。

台 1B ⑥层：土台中部为黄灰色土。略坚硬，纯净。边坡为灰土，土质略疏松。

台 1B 在台面上有 4 个柱坑，打破台 1B ①层，位置与 ZD5 ～ ZD8 基本重合，呈正方形分布，中心距约 1.8 米。圆形，直壁，平底，内填纯净黄土。直径 0.7 ～ 0.9、深 0.65 ～ 0.8 米。

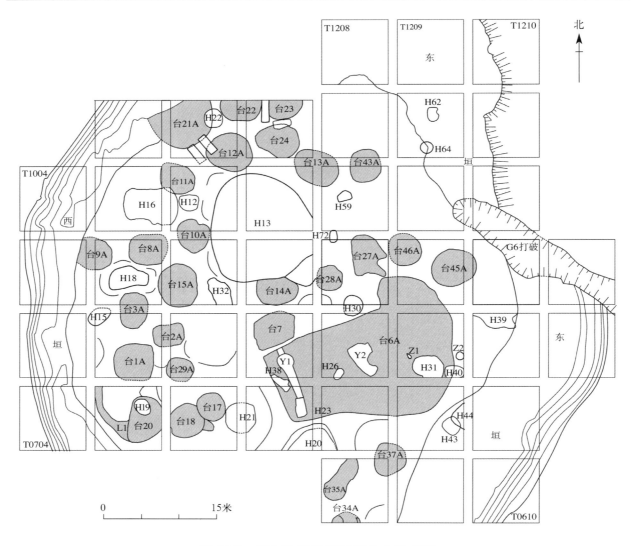

图六五　第七阶段遗迹平面分布示意图

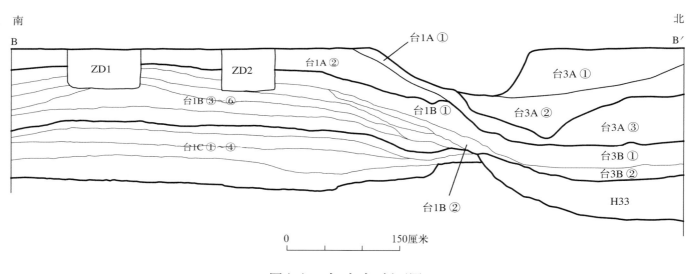

图六六　台1与台3剖面图

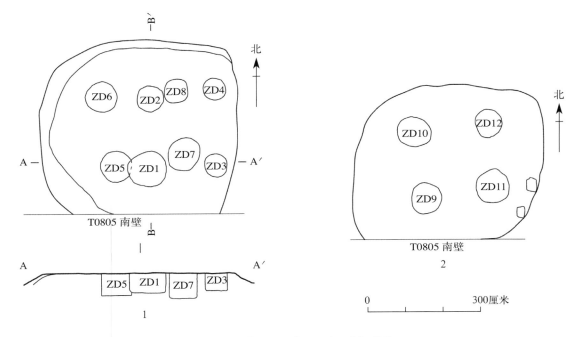

图六七　台1A、台1B平、剖面图
1.台1A　2.台1B

台1C被第⑦层叠压。顶面较平，边缘呈斜坡状。用土经数次堆筑而成，厚0.25～0.85米，分4层，每层厚0.1～0.4米。台1C③、④层为台1C的基础垫土层，堆垫成了土台形状，奠定了台1范围；台1C①、②、③层表面有多层木灰面，是使用过程中逐渐形成的堆积（图六八；彩版三八，2、3）。

台1C①层：灰略泛褐色土。略软，含较多木灰。

台1C②层：黄泛褐色土。较紧密，纯净，含少量木灰。台1C垫土层，向边缘处略泛绿色。

台1C③层：灰黄泛褐色花土。略疏松，土质较杂乱，含少量木灰。

台1C④层：灰黄泛褐色花土，夹较多褐色铁锰结核颗粒。疏松，含较多木灰及少量红烧土，中间夹一层绿色粉砂。

台1C①层下有柱坑4个，编号ZD13～ZD16，位于土台中部，呈正方形分布，中心距1.6～1.9米。柱坑圆形，直壁，平底。直径0.7～0.8、深约0.75米。填土分层填实，灰白泛褐色，粉土，硬结，含少量红烧土、木灰。

2.台2

位于T0805东部，T0806西部，T0805东隔梁下的部分未发掘。位于台1东北侧，台3西南侧。堆土总高度约1.45米，分A、B、C三个不同时期堆筑形成的层次，位置基本重合，叠压于台31上（图六九）。

台2A被第③层叠压。平面呈不规则的椭圆形，

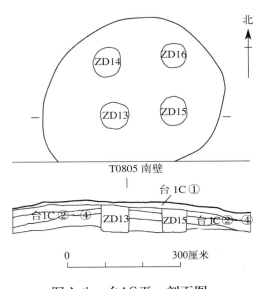

图六八　台1C平、剖面图

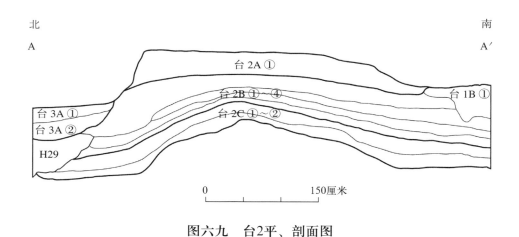

图六九　台2平、剖面图

顶面近平，边缘呈斜坡状。东西直径约4.15、南北直径约2.55、台面高于周边0.6～0.7米。堆土为黄褐色花土，厚0.3～0.6米。土质硬，较纯净，含少量红烧土（图七〇，1）。

台2B被第⑤层叠压。平面呈不规则的椭圆形，顶面近平，边缘呈斜坡状。东西直径约6.5、南北直径约4.5、台面高于周边约0.3米（图七〇，2）。

台2B堆土厚0.2～0.5米，分4层：

台2B①层：被台1B①层叠压。土台中部为黄灰色花土。较硬，夹较多红烧土。边坡为灰黑色土，略疏松，含较多木灰及少量红烧土。

台2B②层：与台1B②层相通。土台中部为浅灰黄色土。较硬，纯净。边坡为灰黑色土，疏松，含大量木灰。

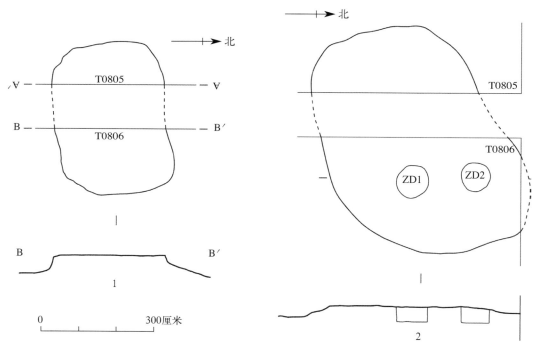

图七〇　台2A、台2B平、剖面图

1.台2A　2.台2B

台 2B ③层：浅黄泛绿色土，与台 1B ③层相通。硬，纯净，含少量红烧土。

台 2B ④层：灰色花土，与台 1B ④层相通。较硬，含少量木灰，顶面有木灰面。

台面东部有 2 个柱坑，编号 ZD1、ZD2。中心距约 1.7 米。圆形，直壁，平底。内填红褐色土，土质坚硬，纯净。直径 0.75 ~ 0.85、深约 0.42 米。

台 2C 被第⑦层叠压。破坏较严重，顶面呈漫坡状，边缘不清晰。

堆土厚 0.2 ~ 0.45 米，分 2 层：

台 2C ①层：与台 1C ②相通。灰黄泛褐色。较硬，较纯净。

台 2C ②层：与台 1C ③相通。土台中部为黄褐色土。坚硬，较纯净；边缘部分泛灰色，略疏松，含少量木灰。

3. 台3

位于 T0805 北部，T0905 南部，T0805 北隔梁下的部分未发掘。位于台 1 北侧，台 2 西北侧，台 15 西南侧。堆土总高度约 1.5 米，分为 A、B、C 三个不同时期堆筑形成的层次，位置基本重合。

台 3A 被第③层叠压。平面呈椭圆形，顶面近平，边缘呈斜坡状。与台 1、台 15、台 12 之间有浅凹槽，北侧为灰坑 H18，地势较低。台 3A 东西直径约 3.7、南北直径约 4.9、台面高于周边约 0.45 ~ 0.7 米（图七一，1；彩版三九，1、2）。

堆土厚 0.25 ~ 1.45 米，土台中部较薄，东南部台 1B 被破坏处较厚，分 3 层：

台 3A ①层：黄灰色花土，分布于土台东南部的堆土。土质较硬，含少量红烧土。

台 3A ②层：黄灰色花土，分布于土台东南角较低的区域，有若干薄层淤土。是使用过程中逐渐形成的堆积。土质略疏松，含少量红烧土、木灰。

台 3A ③层：黄褐色土，与台 1A ①层相通，分布于土台东南侧及北侧坡面上。坚硬，夹杂大量红烧土。

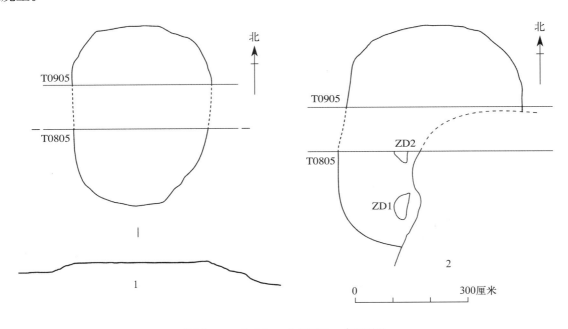

图七一　台3A、台3B平、剖面图

1. 台3A　　2. 台3B

台 3B 被第⑤层叠压。平面近椭圆形，东南角被破坏，顶部稍平，边缘不清晰，呈漫坡状。东西直径约 4.65、南北直径约 6 米；南侧、东北角侧地面较高，分别通向台 1B、台 15B，台面高于外侧地面约 0.4 米；西北侧地势较低，台面高于外侧地面 0.9 ～ 1.3 米（图七一，2）。

堆土厚 0.55 ～ 0.95 米，分 2 层：

台 3B ①层：浅灰黄色土。坚硬，夹杂少量灰烬及红烧土颗粒，包含物少。

台 3B ②层：浅黄褐色土。坚硬，夹杂少量灰烬及红烧土颗粒，包含物少。

台面有 2 个柱坑，编号 ZD1、ZD2，位于土台西侧，打破台 3B ①层。东半部被打破，平面呈半圆形，直壁，平底。内填黄色花土，土质坚硬，纯净。直径约 0.75、深约 0.25 米。

台 3C 被第⑦层叠压。南半部位于 T0805 内，顶部呈漫坡状，被 H33 打破，破坏严重，形状不详；北半部位于 T0905 内，未发掘。堆土为黄褐色花土，厚 0.4 ～ 0.65 米，略坚硬，纯净。

4. 台 4

位于 T0806 内，东侧边缘延伸至探方外，未发掘完整。东邻台 7，南邻台 5、台 29，西邻台 3，北邻台 19。

堆土厚 1.1 米，分 A、B 两个层次。

台 4A 被第⑤层叠压。晚期破坏严重，顶部呈漫坡状，形状不详。

堆土厚 0.3 ～ 0.5 米，分 3 层：

台 4A ①层：灰黄色花土。土质硬，含少量木灰。

台 4A ②层：黄灰色花土。土质略硬，纯净。

台 4A ③层：黄褐色花土。土质硬，纯净。

台 4B 被第⑦层叠压。平面呈椭圆形，顶面较平整，边缘呈斜坡状。发掘部分东西直径约 5.05、南北直径约 4.3、台面高于周边地面约 0.4 米（图七二）。

堆土厚 0.3 ～ 0.65 米，分 2 层：

台 4B ①层：黄褐色花土，与台 1C ①层相通，分布于土台边缘。土质硬略，含少量红烧土。

台 4B ②层：灰褐色花土，为台 4 基础垫土层。土质略疏松，含少量红烧土。

台面有 4 个柱坑，编号 ZD1 ～ ZD4，打破台 4B ②层。呈正方形分布，中心距约 1.9 米。圆形，直壁，平底，内填黄土或黄褐色花土，含较多红烧土。直径 0.85 ～ 0.95、深约 0.25 米。台面南侧发现 1 块石块。

5. 台 5

位于 T0806 东南角，T0807 西南角，向南延伸至探方外，未发掘完整。东邻台 6，西邻台 29。

发掘部分平面呈半圆形，顶面近平，边缘呈斜坡状。东西直径约 3.6、南北直径约 2.6、台面高于周边地面约 0.7 米。堆土厚约 0.85 米，分 A、B 两个层次。

台 5A 被第⑤层叠压（图七三）。

堆土厚 0.1 ～ 0.4 米，分 2 层：

台 5A ①层：黄色花土，主要分布于土台边缘。略疏松，含较多红烧土。

台 5A ②层：灰黄色花土。土质硬，含少量红烧土。

台 5B 被第⑦层叠压。

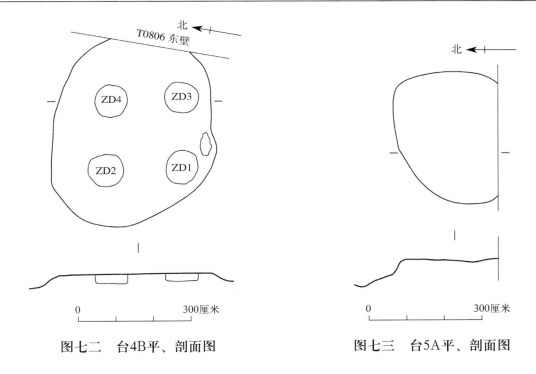

图七二　台4B平、剖面图　　　　图七三　台5A平、剖面图

堆土厚 0.4～0.5 米，分 2 层：

台 5B ①层：灰黄色花土，与台 4B ①层相通，斜坡状堆积。土质硬，含较多红烧土。

台 5B ②层：灰褐色花土，与台 4B ②层相通，斜坡状堆积，表面有红烧土面。土质稍硬，含少量红烧土。

6. 台 6

位于 T0707、T0708、T0709、T0807、T0808、T0809、T0908、T0909 内。周边有灰坑 H20、H21、H30，与台 5、台 7 之间仅有浅槽，向东北、向南、向西南有通道通向外侧。台 6 大部分予以保留，仅在东侧局部进行少量解剖至台 6C 台面（图七四；彩版四〇，1、2）。

台 6A 顶面大多被第②层叠压，台面较低处及边缘部分被东区第③ B 层及西区第③层叠压。西半部平面大致呈长方形，东半部平面呈不规则形，台面较平坦，中部略高，南北两侧略低，边缘呈斜坡状，与东垣之间有沟槽。东西长约 24.8、南北宽 10.2～19 米。北侧地面较低，与台面高差约 0.8 米；西、南侧地面较高，与台面高差约 0.35 米。堆土黄色，垫土层，堆垫于土台东半部台面及边缘，使土台东半部呈不规则形，厚 0～0.25 米，坚硬，含大量红烧土。

台面发现 2 座窑，编号 Y1、Y2。

台 6B 被台地东区第⑤ A 层及西区第⑤层叠压。西半部平面大致呈长方形，东半部平面呈不规则形，西半部台面较平坦，东半部呈西高东低的漫坡状，边缘呈斜坡状。台面东侧坡面上堆筑台 40、台 53。

台 6C 被台地东区第⑦ A 层及西区第⑦层叠压（彩版四一，1～3）。平面近梯形，大致呈东西向，东北角有 L2 通向遗址外，西半部台面较平坦，东半部呈西高东低的漫坡状，边缘呈斜坡状。东西长约 22.5、南北宽 9.6～12.9、台面高于周边地面 0.4～0.95 米。东半部局部有烧结面，上有大量红烧土。堆土黄褐色。垫土层，坚硬，纯净，含少量红烧土。

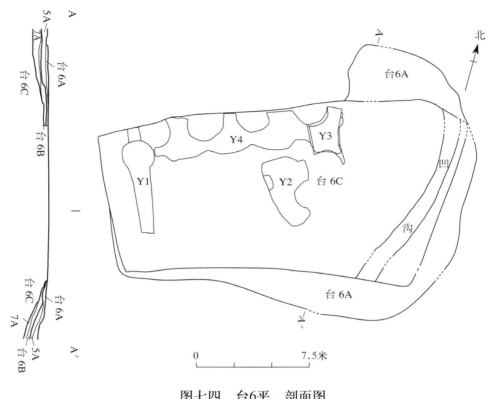

图七四　台6平、剖面图

台面东侧有一条凹沟，南北向，宽0.7～1.05、深约0.15米。沟内填土中夹大量红烧土。

7.台7

位于T0807北部，向北延伸至探方外，未发掘完整。南邻台6，之间有浅沟。被第③层叠压，揭示出台面后未向下发掘（图七五）。

平面呈不规则形，台面平整，边缘呈斜坡状。土台表面的堆土为黄灰色花土，东侧斜坡面堆积红烧土护坡。东西直径约5.6、南北直径约4.4、台面高于周边地面约0.3米。

8.台8

位于T0905东北角，向东、向北延伸至探方外，东北角被H14打破，未发掘完整。东邻台10，南邻台15，西邻台9，北邻台16。堆土厚约0.95米，分为A、B两个层次。

台8A被第③层叠压。发掘部分平面近圆形，顶面较平坦，与西垣近平，边缘呈斜坡状。东西直径约4.3、南北直径约3.4米。台8与台9、台15之间有浅沟槽，台面高于沟底0.4～0.7米；南侧与台3之间有凹坑较深，台面高于坑底约1.35米（图七六）。

堆土为黄褐色花土，整体覆盖于台8B上，中部较薄，边缘较厚，厚0.25～0.6米。土质略硬，含较多红烧土。

台8B被第⑤层叠压。发掘部分平面近圆形，顶面平坦，边缘呈斜坡状。东西直径4.15、南北直径约3.3米。

堆土厚0.3～0.65米，分2层：

台8B①层：黄褐色土，斜坡状堆积，覆盖于土台表面及斜坡面上。坚硬，含较多红烧土。

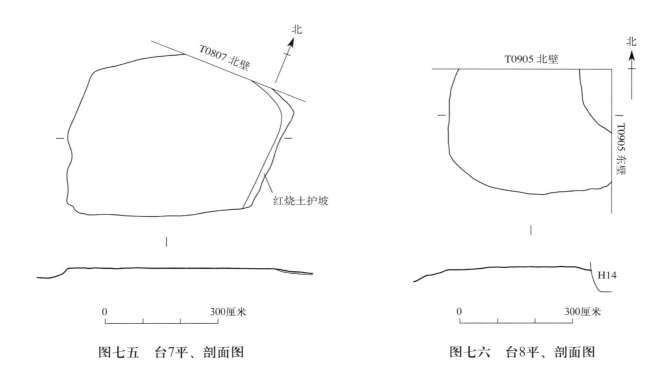

图七五　台7平、剖面图　　　　　　　　图七六　台8平、剖面图

台8B②层：灰黑色土，有多个层次，堆积层次倾斜状。土质较杂乱，疏松，含大量木灰。

台8B下已无土台形状。

9. 台9

位于T0905西北角，西垣内侧，东邻台8，向西延伸至探方外，未发掘完整。发掘厚度0.5～0.9米，分A、B两个层次，位置基本重合，逐步向上堆高。

台9A被第③层叠压。发掘部分平面呈半圆形，顶面较平坦，边缘呈斜坡状。东西直径约2.2、南北直径约4.05米。向南、向东与台3、台8之间有浅沟槽；台面高于沟底0.6～0.7米，东南侧为凹坑，台面高于坑底约1.35米（图七七；彩版四二，1、2）。

堆土分2层：

台9A①层：黄褐色花土，与台8A①相通，整体覆盖于土台边缘，厚0～0.2米。土质略硬，含较多红烧土。

台9A②层：灰黑色土，是土台使用过程中逐渐堆叠形成，厚0.15～0.25米。土质略疏松，含大量木灰。

台9B被第⑤层叠压。平面近圆形，顶面较平坦，边缘呈斜坡状。台面直径约2.5米，略低于台8。堆土厚0.3～0.75米，分4层，每层厚约0.2米。

台9B①层：灰黄色花土。坚硬，含少量木灰。

台9B②层：黄色土，与台8①层相通。坚硬，纯净。

台9B③层：灰黑色土，与台8②层相通。疏松，含大量木灰及少量红烧土。

台9B④层：黄灰泛褐色土，坚硬，含较多红烧土。底部用大块红烧土堆成环状，红烧土块块径0.1～0.2米（图七八）。

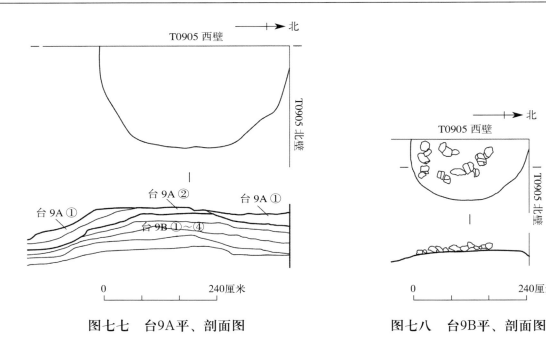

图七七　台9A平、剖面图　　　　　　　图七八　台9B平、剖面图

台 9B 向下未发掘。

10. 台10

位于 T0906 北部，T1006 南部，探方隔梁下的部分未作发掘。位于 H13 西侧，西邻台 8、台 16，南邻台 15，北邻台 11。仅发掘至台 10B 表面，未向下发掘。

平面近圆形，顶面较平坦，边缘呈斜坡状。与台 15、台 11 之间有沟槽，台面高于沟底 0.4 ~ 0.75 米；东侧为灰坑 H13，台面高于坑底约 1.75 米。

台 10A 被第③层叠压，边缘破坏严重，东部被 H13 打破。堆土台 10A 与台 8A 层相通，为黄褐色花土，整体覆盖于台 10B 上，中部较薄，边缘较厚，厚 0.2 ~ 0.35 米。土质略疏松，含少量红烧土。

台 10B 台面直径 4 ~ 4.6 米。南半部与台 15B 之间发掘解剖沟，了解台 10B 与台 15B 之间堆土的关系（图七九）。

台 10B ①层：黄褐色花土，呈北高南低斜坡状，厚 0.05 ~ 0.15 米。坚硬，含较多红烧土。

台 10B ②层：灰黑色土，呈北高南低斜坡状，厚 0.05 ~ 0.25 米。坚硬，含大量红烧土。

台 10B ③层：黄褐色花土，呈北高南低斜坡状，厚 0 ~ 0.15 米。坚硬，纯净。

台 10B ④层：灰黄色花土，叠压于台 10B、台 15B 边坡上。略疏松，含较多木灰。

台 10B ⑤层：黄褐色花土，顶部呈北高南低斜坡状。坚硬，纯净。

台面有 4 个柱础，编号 ZD1 ~ ZD4。圆形，直壁，平底。直径约 1.1、深约 0.3 米。柱坑内填密实的黄土。

11. 台11

位于 T1005 东北角，T1006 西北角，向北延伸至探方外，未发掘完整。位于西垣内侧，H13 西北角，南侧被 H16 打破。仅发掘至台 11B 表面，未向下发掘。

台 11A 被第③层叠压。发掘部分平面近半圆形，台面较平坦，边缘呈斜坡状。

堆土分 2 层：

台 11A ①层：黄褐色花土，厚 0 ～ 0.55 米。垫土层，土质略疏松，含较多红烧土。

台 11A ②层：灰黑色土，厚 0.05 ～ 0.25 米。为使用过程中逐渐形成的堆积。土质疏松，夹较多木灰。

台 11B 被第⑤层叠压。发掘部分平面近半圆形，台面较平坦，边缘呈斜坡状。台面东西直径约 4.6、南北直径约 3.7、高于周边地面约 0.55 米。台 11B 堆土黄褐色，坚硬，纯净；顶面及边坡部分含较多红烧土（图八〇）。

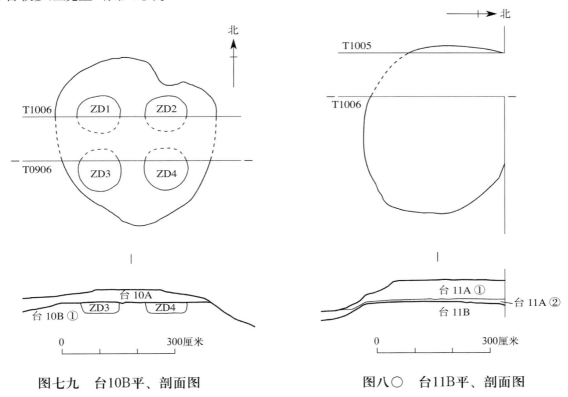

图七九 台 10B 平、剖面图　　　　　图八〇 台 11B 平、剖面图

12. 台 12

位于 T1006、T1007、T1106、T1107 之间，南侧为灰坑 H13，东、北、西侧有台 24、台 22、台 21、台 26 等。土台西北用红烧土铺垫形成通道与台 21 相连，台 12 与台 21 的部分堆土层次相通。揭示至台 12B 表面后未整体向下发掘，其西北角被清代墓葬 M3 打破，墓葬清理后对其坑壁进行了刮铲，根据坑壁暴露的堆积情况，台 12 的堆土分 A、B 两个层次（图八一；彩版四三，1）。

台 12A 被第③层叠压。平面呈椭圆形，台面较平整，边缘呈斜坡状，直径 5.1 ～ 6.1、台面高于周边地面 0.3 ～ 0.45 米；东侧为灰坑 H13，台面高于坑底约 2.25 米（图八二；彩版四三，2）。

台 12A 的堆土分 2 层：

台 12A ①层：灰黄色土，厚约 0.1 米。呈斜坡状叠压于土台边坡上，为土台的护坡，与台 21B ①层相通。含大量红烧土，坚硬。

台 12A ②层：黄灰色花土，厚约 0.3 米。垫土层，坚硬，纯净，局部夹有较多红烧土。

台面有 4 个圆形柱坑，编号台 12AZD1 ～ ZD4。呈正方形分布，中心距约 1.85、直径 1 ～ 1.1

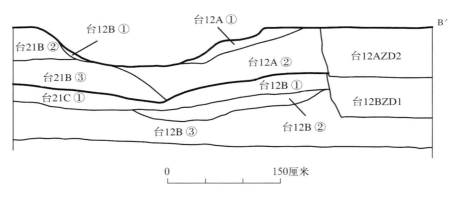

图八一 台12剖面图（M3东壁）

米。柱坑台12AZD2直壁，平底，深约0.35米，填土黄色，坚硬，密实，含少量红烧土。

台12B被第⑤层叠压。顶面较平，边缘呈斜坡状（彩版四四，1、2）。

堆土分3层：

台12B①层：黄色土，厚0.05～0.1米。略硬，夹大量红烧土。

台12B②层：灰色土，厚0～0.1米。分布于土台边缘。略疏松，含较多木灰。

台12B③层：黄灰色花土，厚0.15～0.4米。垫土层，坚硬，局部夹较多红烧土。

台12AZD2下发现有1个柱坑，打破台12B①层，直壁，平底，深约0.3米。填土黄色，分层夯实，坚硬，局部夹少量红烧土。

13.台14

位于T0907南部，南邻台7，东邻台28。平面形状不规则，北侧被H13打破，形状已不完整；顶面较平坦，边缘呈斜坡状，向东有通道通向台28。仅发掘至台14B台面。

台14A被第③层叠压。东西直径约5.5、南北直径约3.6、台面高于周边地面0.4～0.7、高于北侧的H13坑底约1.2米。

堆积分3层：

台14A①层：灰褐色土，厚0～0.6米。主要分布于土台斜坡上，北侧不存，为土台使用过程中堆积。略松软，含较多木灰及红烧土颗粒。

台14A②层：黄褐色花土，厚0～0.4米。垫土层，顶部较薄，主要分布于土台斜坡上，北侧不存。略硬，较纯净。

台14B被第⑤层叠压。东西直径约4.65、南北直径约2.8、台面高于周边地面0.3～0.5米。堆土为黄褐色花土，略硬，较纯净；边缘有一层红烧土堆积，表面有烧结现象，十分硬结（图八三；彩版四五，1、2）。

台面有4个圆形柱坑，编号ZD1～ZD4，ZD3、ZD4北半部被打破。呈正方形分布，中心距1.65～2米。近圆形，直壁，平底。直径0.7～0.95米。仅对ZD2进行解剖，填土黄色，深约0.28米；坚硬，密实，含少量红烧土。

14.台15

位于T0905东南角，T0906西南角，隔梁部分未向下发掘，向南延伸至探方外。位于H13西侧，

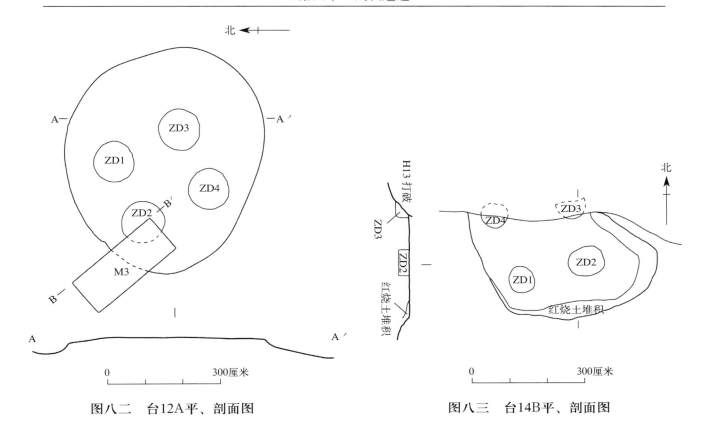

图八二　台12A平、剖面图　　　　　　　图八三　台14B平、剖面图

　　西南邻台3，西北邻台8，东北邻台10，之间有通道相连。土台仅发掘至台15B顶面，在北侧发掘一条解剖沟，了解与台10堆土之间关系。

　　台15A顶部被第②层下叠压，边缘被第③层叠压，东侧被H13①层叠压。发掘部分平面近圆形，顶部较平坦，边缘呈斜坡状。东西直径约6.1、南北直径约5.5、台面高于周边地面约0.45米；东西两侧有H13、H18，台面高于坑底约1.5米（图八四，1）。

　　堆土厚0.45～0.55米，分2层：

　　台15A①层：黄褐色花土，厚0～0.2米。为土台表面的垫层，顶部较薄，边缘部分较厚。土质较硬，含大量红烧土。

　　台15A②层：灰褐色花土，厚0.3～0.5米。叠压于土台顶面。较硬，含少量草木灰。

　　台面有柱坑4个，编号ZD1～ZD4，偏于土台东侧。圆形，直壁，平底。直径0.65～1、深0.4～0.5米。ZD1～ZD3填土黄色，坚硬，含少量红烧土；ZD4填土灰黑色，略硬，含大量木灰及少量红烧土。

　　台15B直径约5米，顶面较平坦，边缘呈斜坡状（图八四，2；彩版四六，1、2）。

　　台15B①层：黄褐色花土，厚0.05～0.15米。垫土层，与台10B①层相通，叠压于台10B、台15B顶面及边坡之上。略坚硬，含较多木灰及红烧土。

　　台15B②层：灰色花土，厚0～0.25米。与台10B④层相通，顶面有木灰。略疏松，含较多木灰。

　　台15B③层：黄褐色花土。垫土层，顶部呈北高南低斜坡状，与台10B⑤层相通。坚硬，纯净。

　　台面有柱坑2个，编号ZD5、ZD6。圆形，直壁下收，平底。直径约1、深约0.45米。填土黄色，

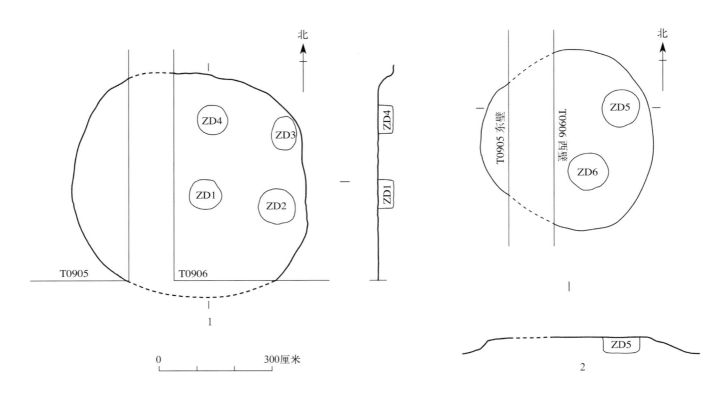

图八四　台15A、台15B平、剖面图
1.台15A　2.台15B

坚硬，含较多红烧土。

15. 台16

位于 T1005 东南角，向东、向南延伸至探方外，未发掘完整。位于 H17 东南，南邻台 8，东邻台 10，北邻台 11。

被第⑤层叠压。发掘部分近圆形，顶部较平坦，边缘斜坡状。东西直径约 3.25、南北直径约 2.85 米。台面高于周边地面 0.6 ～ 0.8、西北侧高于 H17 底部约 1.2 米（图八五；彩版四七，1）。

揭示出台面后未向下发掘。土台顶面垫土黄褐色，坚硬，含少量红烧土；边坡部分的垫土为灰黄色花土，略疏松，含少量红烧土。

台面有 3 块石块，呈品字形分布。石块 2、3 较厚，下半部埋于圆形坑内；石块 1 扁平，置于台面上。

16. 台17、台18

位于 T0706 内，台 17 位于台 18 东北侧，叠压

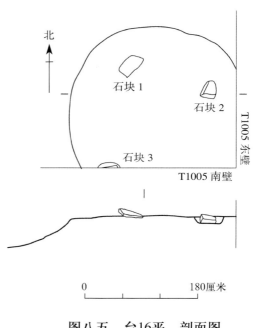

图八五　台16平、剖面图

于台 18 之上。台 18 向西延伸至探方外，未发掘完整。土台顶部被 2 层叠压，边缘部分被第③层叠压，仅揭示出台面，未向下发掘（图八六；彩版四七，2）。

台 18 分 A、B 两层。

台 18A 平面形状不规则，顶面平坦，边缘呈斜坡状。发掘部分东西直径约 6、南北直径约 4.55、台面高于周边地面约 0.3 ～ 0.5 米。堆土叠压于台 18B 外，平面呈环形分布。为黄灰色花土，略坚硬，含少量红烧土。北侧发现 1 个柱坑，圆形，填土灰黄色，坚硬，含较多红烧土。

台 18B 平面呈圆形，顶部平坦，边缘未发掘。东西直径约 4.55、南北直径 4.7 米。堆土黄褐色，坚硬，含较多红烧土。

台 18B 东南部有一块凸出的垫土，平面呈梯形，长约 1.3、宽 0.7 ～ 1.45 米，表面有较多红烧土。

台 17 被台 18A 叠压，叠压台 18B。平面呈圆形，顶面平坦，边缘呈斜坡状。直径 3.2 ～ 3.9、台面高于周边地面约 0.3 米。堆土为黄灰色花土，略坚硬，含较多红烧土。台面偏东北部有一处红烧土堆积，下有烧结面。

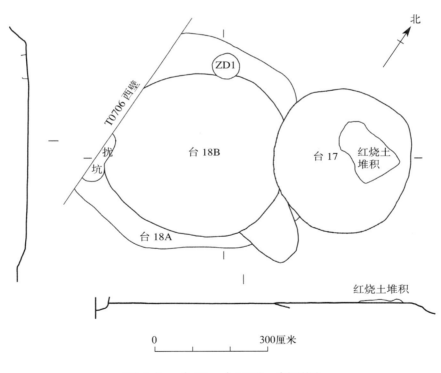

图八六　台17、台18平、剖面图

17. 台 19

位于 T0906 东南部，向南延伸至探方外，未发掘完整。南侧台面被 H32 打破，东北角被 H13 打破（图八七，1）。

被第⑤层叠压，仅发掘至台面，未向下发掘。发掘部分平面近圆形，顶面较平坦，边缘呈斜坡状。东西直径约 4.2、南北直径约 3.8、台面高于周边地面约 0.4 米。黄灰色花土，较坚硬，土质较纯净。

18. 台20

位于 T0705 东部，向东延伸至探方外，未发掘完整。北侧台面被 H19 打破，东邻台 18，西侧用黄土堆筑道路 L1 通向西垣。土台顶面被第②层叠压，边缘被第③层叠压，土台仅发掘至台面，未向下发掘。

发掘部分平面呈不规则的椭圆形，台面平坦，边缘呈斜坡状。南北直径约 6、东西直径约 4.4、台面高于周边地面 0.45 ~ 0.8 米（图八七，2；彩版四八，1）。

堆土为黄泛褐色花土，坚硬，含较多红烧土。西侧台面边缘用大量红烧土堆筑于土台边缘。

台面发现 4 个柱坑，编号 ZD1 ~ ZD4。平面呈梯形分布，中心距 1.65 ~ 2.1 米。柱坑圆形，直径 0.9 ~ 1 米；ZD2、ZD4 被 H19 打破，平面呈半圆形。内填黄色花土，紧密，纯净，未进行解剖。

19. 台21

位于 T1106 探方的西北部，向西、向北发掘至探方外，未发掘完整。位于西垣内侧，东南邻台 12，东邻台 22，东南边坡被 M3 打破。分 A、B 两个层次。

台 21A 被第③层叠压。发掘部分平面呈半圆形，东西直径约 5.5、南北直径约 6.5 米，台面与西垣顶面近平，高于周边地面 0.25 ~ 0.6 米。

堆土分 2 层：

台 21A ①层：黄灰色花土，厚 0.1 ~ 0.3 米。垫土层，顶部较薄，边坡部分较厚。坚硬，含少量红烧土，南侧顶面有较多红烧土。

台 21A ②层：灰黑色土，厚 0 ~ 0.4 米。主要分布于土台边坡，为土台使用过程中堆积。疏松，含大量木灰及少量红烧土。

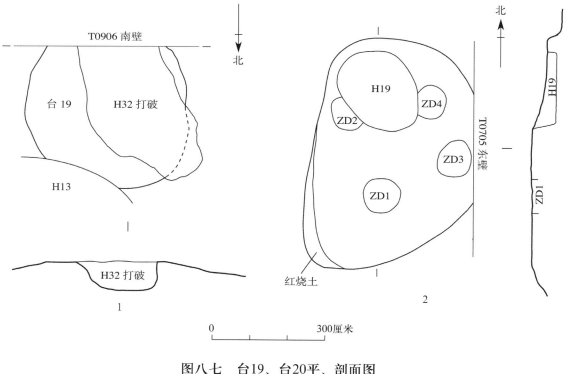

图八七　台19、台20平、剖面图

1. 台19　2. 台20

台面有 3 个柱坑，呈品字形分布，中心距 3 ～ 3.6 米。圆形，直壁，平底。直径 1.2 ～ 1.3、深 0.1 ～ 0.25 米。坑上部填黄褐色花土，坚硬，含较多红烧土，下部夹大量碎石块（图八八，1；彩版四八，2）。

台 21B 被第⑤层叠压，东南用红烧土铺垫通道通向台 12。发掘部分东西直径约 4.85、南北直径约 4.25、台面高于周边地面 0.4 ～ 0.9 米。台面东南有 1 石块。

发掘部分堆土分 3 层：

台 21B ①层：黄灰色花土，厚 0 ～ 0.3 米。垫土层，分布于边坡。坚硬，纯净。

台 21B ②层：灰黑色土，厚 0 ～ 0.3 米。为土台使用过程中形成的堆积。疏松，含大量木灰。

台 21B ③层：黄褐色花土。垫土层，坚硬，含较多红烧土（图八八，2）。

20. 台 22

位于 T1106 东北角，T1107 西北角，向北延伸至探方外，探方外及隔梁部分未发掘。东邻台 23、南邻台 12、西邻台 21，土台之间有浅沟。被第③层叠压，仅发掘至台面，未向下发掘。台面被第①层下的扰坑打破，东侧被清代墓葬 M1 打破（图八九）。

发掘部分平面呈半圆形，顶部不平整，边缘呈斜坡状。东西直径约 5.5、南北直径约 2.8、台面高于周边地面约 0.5 米。

堆土为黄灰色花土。垫土层，稍坚硬，含较多红烧土。

21. 台 23

位于 T1107 北部，向北延伸至探方外，未发掘完整。南邻台 24，西邻台 22，西侧被清代墓葬 M1 打破。被第③层叠压，仅发掘至台面，未向下发掘（图九○）。

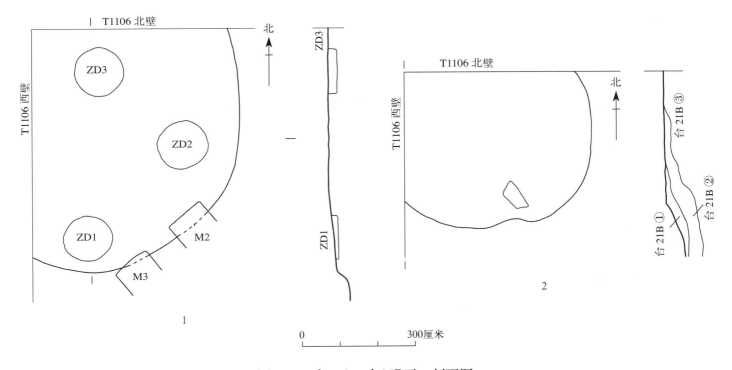

图八八　台21A、台21B平、剖面图

1. 台21A　2. 台21B

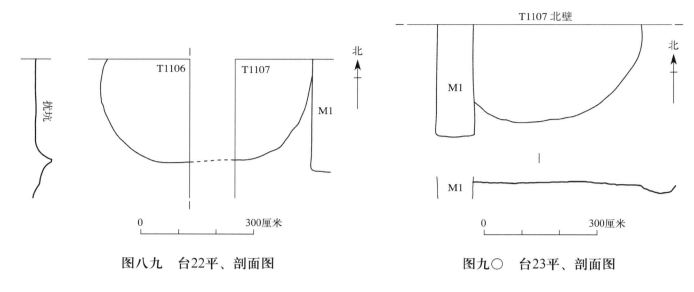

图八九　台22平、剖面图　　　　　　　图九○　台23平、剖面图

发掘部分平面呈半圆形，顶面平坦，边缘呈斜坡状。东西直径约4.45、南北直径约2.65、台面高于周边地面约0.3米。

堆土为黄灰色花土。垫土层，略坚硬，含少量红烧土。

22. 台24

位于T1107南部，向南延伸至探方外。位于H13北侧，东、北、西邻台13、台25、台23、台22、台12，与土台之间有浅沟槽。被第③层叠压，仅发掘至台面，未向下发掘（图九一）。

平面形状不规则，顶面较平坦，边缘呈斜坡状。东西直径约5.9、南北直径约4.6、台面高于周边地面约0.3米。

堆土为黄灰色花土。垫土层，略坚硬，含少量红烧土。

23. 台26

位于T1106西南角，向南延伸至探方外，未发掘完整。东邻台12，南邻台11，北邻台21。被第⑤层叠压，叠压于台12B②层之上。东南角被清代墓葬M2、M3打破（图九二；彩版四九，1、2）。

发掘部分平面呈圆形，顶面较平坦，边缘呈斜坡状。东西直径约4.2、南北直径约3.2、台面高于周边地面0.1～0.4米。

堆土分2层：

台26①层：浅灰色土，厚0～0.3米。斜坡状堆积，叠压于下层土台外侧边坡之上。稍软，含较多木灰。

台26②层：灰黄色花土，厚0.1～0.4米。垫土层，底部较平，叠压于台12B②层之上，顶部形成圆形土台形状。稍硬，含少量红烧土。

土台中部有圆形坑，打破台26②层。直壁，平底。直径约1.9、深约0.4米。内填黄色花土，十分坚硬，含少量红烧土。坑底平置1块石，长0.9、宽0.4、厚约0.1米。

24. 台29

位于T0806东南角及T0805东隔梁，向南延伸至探方外，未发掘完整。位置与台30基本重合。

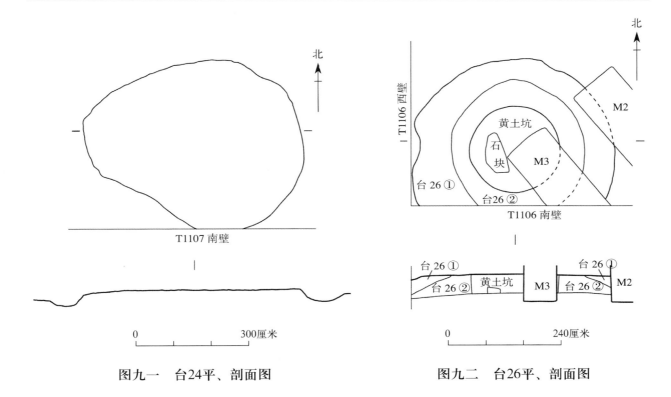

图九一　台24平、剖面图　　　　　　图九二　台26平、剖面图

堆土厚 0.8 ～ 1.05 米，分 A、B 两层，位置、形状基本一致。

台 29A 边缘被第⑤层叠压，至第④层时仍保存有土台形状。平面近圆形，顶部中部有一圆形圜底凹坑（H28），边缘呈斜坡状。东西直径约 3.6、南北直径约 2.7、台面高于周边地面 0.5 ～ 0.8 米（图九三）。

堆土分 3 层：

台 29A ①层：厚 0 ～ 0.35 米，即 H28 ②层，与台 1B ①层均被台 1A ②层叠压红烧土垫层，中部为圆形圜底状坑，较厚。从坑内溢出铺满台面，边坡部分较薄仅见少量红烧土。致密，坚硬。

台 29A ②层：灰褐色土，厚 0 ～ 0.3 米。与台 1B ②层相通，分布于台 29A 边坡。细腻、软，含少量木灰、红烧土。

台 29A ③层：黄略泛青绿色土，厚 0 ～ 0.2 米。垫土层，被台 1B ③层叠压。坚硬，较纯净。

台 29B 位置基本与台 29A 重合，形状基本一致。堆土被台 1B ⑥层叠压，呈黄泛灰色，厚 0 ～ 0.35 米。坚硬，纯净；西侧边坡土色偏灰，土质略疏松。

25. 台33

位于 T1007 内，西南侧被 H13 打破，东北邻台 13。

被第⑤层叠压，仅存东北部少许，从残存部分形状推测台 33 平面呈椭圆形，边缘呈斜坡状。东南至西北直径约 7.4、残宽约 1.5、台面高于周边地面约 0.4 米（图九四）。

为了解土台结构，在其东北角发掘 1 条长 4、宽 0.4 米的解剖沟，仅解剖台 33 ①、②层。

台 33 ①层：黄泛青绿色土，厚 0.15 ～ 0.55 米。垫土层，稍坚硬，较纯净。

台 33 ②层：黄土夹大量红烧土，厚 0.1 ～ 0.2 米。垫土层，分布于土台边坡。坚硬，含少量木灰。

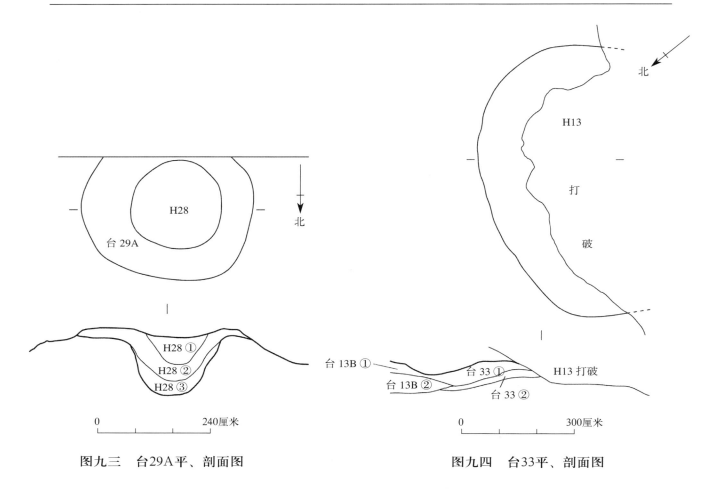

图九三　台29A平、剖面图　　　　　　图九四　台33平、剖面图

（二）台地东区

1. 台13

位于 T1007、T1008、T1107、T1108 之间，灰坑 H13 东北侧。台 13 西南角破坏严重，T1007、T1107 内仅发掘至台 13B 层面，探方之间隔梁及 T1108 西南角坡台未发掘。T1008 发掘显示堆土厚 1.2 米，大多与台 43 同时堆筑，分为 3 个层次：

台 13A 被第③B 层叠压。土台破坏十分严重。堆土黄色，厚约 0.25 米。垫土层，坚硬，含少量红烧土。

台 13B 被第⑤A 层叠压。平面呈椭圆形，顶面较平坦，边缘呈斜坡状；与台 24 之间有浅槽，向东有通道与台 43B 相连。东西直径约 6.2、南北直径约 4.3、台面高于周边地面 0.3 ～ 0.6 米。堆土为黄灰色花土，垫土层，厚约 0.3 米。稍坚硬，含少量木灰、红烧土（图九五）。

顶面发现 2 个柱坑，编号 ZD1、ZD2。ZD1 圆形，直壁，平底，直径约 0.9、深约 0.6 米；ZD2 延伸至 T1008 北壁，未发掘完整。填土浅黄褐色，紧密，纯净。

台 13C 被第⑥A 层叠压。堆土为黄褐色花土，厚 0.15 ～ 0.55 米。垫土层，略疏松，含少量木灰。

2. 台25

位于 T1107、T1108、T1208 之间，堆筑于台 47A 西南侧斜坡面上，未发掘完整（图九六）。

被第⑤A 层叠压。发掘部分平面近圆形，顶部较平坦，边缘呈斜坡状。东西直径约 3.9、南

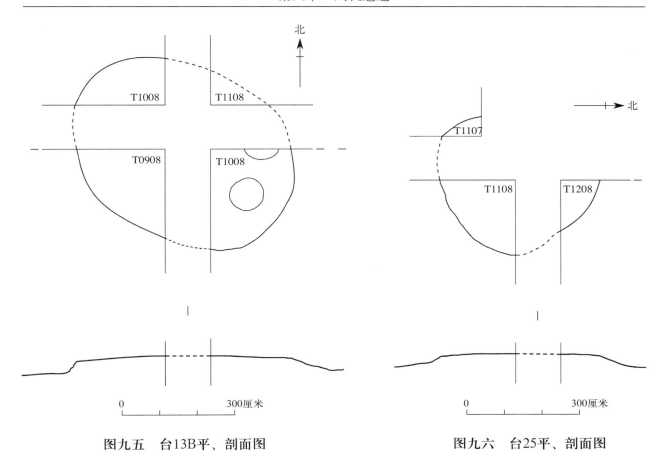

图九五　台13B平、剖面图　　　　　图九六　台25平、剖面图

北直径约 4.1、台面高于周边地面约 0.3 米。

堆土为黄色花土，垫土层，厚 0 ～ 0.45 米。坚硬，含较多红烧土。

3. 台27

位于 T0908 北部，堆筑于台 6 北侧二层平台近边缘，北侧地势较低。顶面较平坦（图九七）。

发掘部分堆土厚 0.2 ～ 0.65 米，分 2 个层次。

台 27A 被第③B 层叠压。破坏十分严重，平面呈不规则形，残存部分东西直径约 1.55、南北直径约 4.05 米。堆土为黄灰色花土，厚 0.4 ～ 0.45 米。垫土层，坚硬，含大量红烧土。

台 27B 被第⑤A 层叠压。破坏较为严重，残存部分平面形状不规则。东西直径约 4.9、南北直径约 5.1、台面高于周边地面 0.2 ～ 0.7 米。堆土黄灰色，厚 0.15 ～ 0.25 米。垫土层，略硬，纯净。

台 27C 顶部呈漫坡状，顶面上有 1 座窑 Y6，内填大量红烧土。垫土为黄色花土，纯净，向下未发掘。

4. 台28

位于 T0908 西部，向西延伸至探方外，未发掘完整。

台 28A 被第③B 层叠压。发掘部分平面近圆形，顶部稍呈漫坡状，边缘呈坡状。东西直径约 2.7、南北直径约 3.45、台面高于周边地面 0.3 ～ 0.5 米（图九八）。

堆土分 2 层：

台 28A ①层：黄色花土，厚 0.1 ～ 0.3 米。土台表面垫土层，稍坚硬，含少量红烧土。

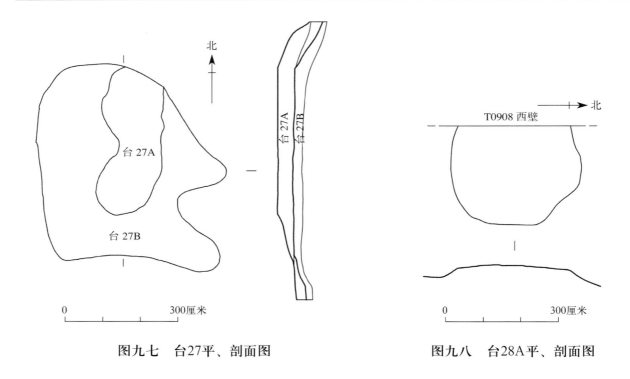

图九七　台27平、剖面图　　　　　　　　图九八　台28A平、剖面图

台28A ②层：厚0.15～0.45米。顶部土呈黄灰色，稍坚硬；边缘部呈灰色，松软，较纯净，含少量木灰。

台28B 被第⑤A层叠压。破坏十分严重。堆土黄色，坚硬，含较多红烧土。

5. 台34

位于T0608南部，向南延伸至探方外，未发掘完整。北邻台35，东邻H45。土台仅发掘至台34C顶面。

台34A 被第③B层叠压。破坏严重，平面形状不详。堆土为黄色花土，厚0～0.35米。垫土层，坚硬，纯净。

台34B 被第⑤A层及H45叠压，与台35B之间有浅沟。发掘部分平面呈半圆形，顶面不甚平整，边缘呈斜坡状。东西直径约4.1、南北直径约2.2、台面高于周边地面0.4～0.8米（图九九）。

堆土厚0.2～0.65米，分3层：

台34B ①层：黄褐色花土，厚0.1～0.35米。垫土层，坚硬，纯净。

台34B ②层：灰黄色花土，厚0.1～0.3米。垫土层，略坚硬，含少量木灰。

台34B ③层：灰色土，厚0～0.25米。垫土层，疏松，含大量木灰。

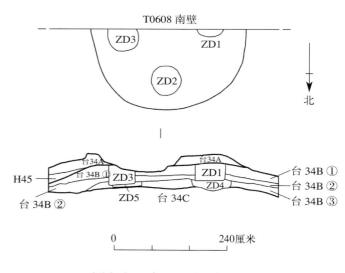

图九九　台34B平、剖面图

台34B①层表面发现3个柱坑，编号ZD1～ZD3，其中ZD1、ZD3向南延伸至探方外。柱坑圆形，直壁，平底。直径约0.8、深约0.5米。内填黄土，坚硬纯净。

台34B③层表面发现2个柱坑，编号ZD4、ZD5，位置与ZD1、ZD3重合，被ZD1、ZD3打破。圆形，壁稍弧，平底。直径0.8～1.05、深约0.3米。内填黄土，稍坚硬，纯净。

台34C被第⑥A层叠压，位置与台34B基本重合，堆土为灰黄色花土，垫土层，土质稍软，含少量木灰、红烧土。

6. 台35

位于T0608西北部，向北延伸至探方外，未发掘完整。南邻台34，西北邻H20。土台仅发掘至台35C顶面。

台35A被第③B层叠压。破坏较严重，平面形状不规则，由南北两个近似椭圆形的部分组成，连接部分稍窄；顶面凹凸不平，边缘呈斜坡状，西北角地势较低。南北直径约6.3、东西直径2.3～2.95、台面高于周边地面0.45～0.8米。土台西侧有3块石块（图一〇〇；彩版五〇，1）。

堆土厚0.1～0.3米，分3层：

台35A①层：黄褐色花土，厚0.1～0.2米。垫土层，整体覆盖于土台之上。土质硬，含较多红烧土颗粒。

台35A②层：灰色土，厚0～0.1米。分布于两个椭圆形高地之间的较低区域，中间有数层木灰面，是使用过程中逐渐形成的堆积。土质略软，含少量木灰及红烧土。

台35A③层：黄灰色土，厚0～0.15米。垫土层，土质稍硬，含少量红烧土颗粒。

台35B被第⑤A层叠压。平面形状不规则，南北直径约5.6、东西直径2.7～3.4、台面高于周边地面0.3～0.8米（图一〇一；彩版五〇，2）。

堆土厚0.2～0.6米，分2层：

台35B①层：黄褐色土，厚0～0.35米。垫土层，分布于土台北部。坚硬，局部含大块红烧土。

台35B②层：灰黄色花土，厚0.2～0.4米。垫土层，稍硬，含少量木灰、红烧土。

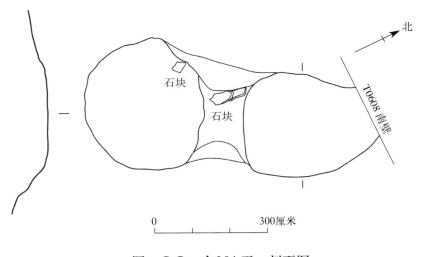

图一〇〇　台35A平、剖面图

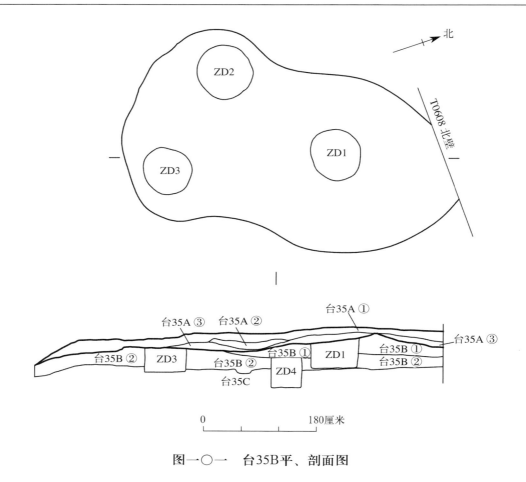

图一○一　台35B平、剖面图

台35B①层表面发现3个柱坑,编号ZD1～ZD3,呈品字形分布,中心距1.95～2.8米。圆形,直壁,平底。直径0.8～0.9、深0.4～0.5米。内填黄褐色土,十分坚硬,含少量红烧土。

台35B②层表面发现4个柱坑,编号ZD4～ZD7,呈正方形分布,中心距1.85～2.1米。圆形,直壁,平底。直径0.95～1.05、深约0.5米。填土黄褐色,坚硬,纯净。

台35C被第⑥A层叠压,位置与台35B基本重合,堆土为灰黄色花土,垫土层,土质稍软,含少量木灰、红烧土(彩版五一,1)。表面有4个柱坑,编号ZD8～ZD11,呈正方形分布,中心距约2米。圆形,未作解剖。内填黄色土,纯净。

7. 台36

位于T0609北部,向北延伸至探方外,未发掘完整。位于东垣内侧,西南邻台55,西邻台37。

被第⑤A层叠压,叠压于第⑥B层之上。发掘部分平面近圆形,顶面呈漫坡状,边缘不甚清晰。东西直径约3.2、南北直径约3.1米。与东垣、台55、台37之间有沟槽,与台55之间的沟槽甚浅,顶面高于沟底0.1～0.3米(图一○二)。

堆土厚0.2～0.6米,分为3层,与南侧台55的堆土交互叠压。

台36①层:灰黄色土,厚0.1～0.3米。垫土层,覆盖于土台表面,叠压于台55①层之上。稍坚硬,含少量红烧土、木灰。

台36②层:黄褐色土,厚0～0.3米。垫土层,被台55①层叠压。坚硬,纯净。

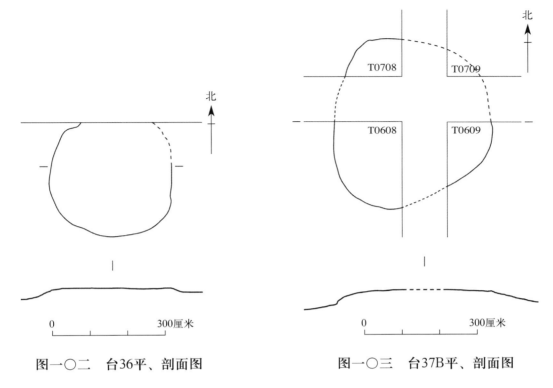

图一〇二 台36平、剖面图　　　图一〇三 台37B平、剖面图

台36③层：灰黄色花土，厚0.1～0.2米。垫土层，稍坚硬，含少量木灰。

8. 台37

位于T0608、T0609、T0708、T0709之间，探方之间的隔梁部分未发掘。仅发掘至台37B层面，未向下发掘。

台37A被第③B层叠压。顶部呈漫坡状，边缘不清晰。

堆土厚0.1～0.4米，分为2层：

台37A①层：灰黄色土，厚0.05～0.15米。垫土层，坚硬，含少量红烧土。

台37A②层：灰黑色土，厚0～0.3米。土台使用过程中堆积，顶部较薄，边缘部分较厚。松软，含较多木灰。

台37B被第⑤A层叠压。平面近圆形，顶部较平坦，边缘呈斜坡状。直径4.15～4.5、顶面高于周边地面0.3～0.55米。堆土黄褐色，坚硬，局部含有较多红烧土（图一〇三）。

9. 台38

位于T0710西北角，T0810西南角，隔梁下的部分未发掘。位于东垣内侧斜坡面上，东南侧地势较高，可通向土垣，西北侧地势较低。

台38被第⑤A层叠压，叠压于第⑦A层之上。平面近圆形，边缘呈斜坡状，西部边缘被打破。直径约4、台面高于周边地面0.3～1.2米（图一〇四，1；彩版五一，2）。

堆积厚0.2～0.5米，分3层：

台38①层：黄褐色土，厚约0.15米。垫土层，坚硬，纯净。

台38②层：灰褐色土，厚约0.15米。垫土层，土台中部土呈灰褐色，表面有多层木灰面，含少量木灰；边缘部分为黄褐色土，稍硬。

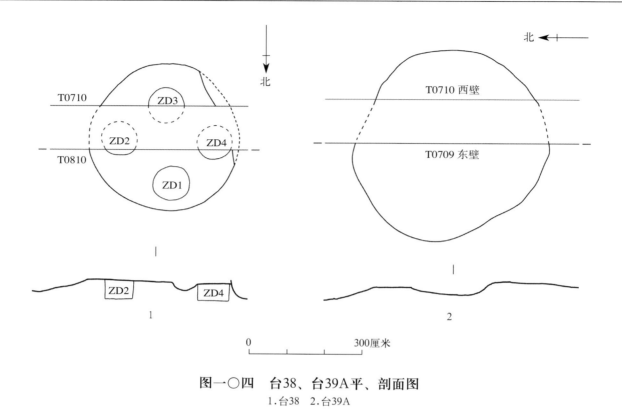

图一〇四　台38、台39A平、剖面图

1.台38　2.台39A

台38③层：浅灰褐色土，厚约0.15米。垫土层，略硬，纯净。

台面有柱坑4个，编号ZD1～ZD4。圆形，ZD2、ZD3、ZD4大部分叠压于隔梁之下，直壁，平底。直径约0.95、深约0.5米。内填黄褐色花土，坚硬，纯净。

10.台39

位于T0709东部，T0710西部，隔梁下的部分未发掘。位于东垣内侧斜坡面上，东、南侧地势较高，西、北侧地势较低。堆土发掘向下发掘至台39B层面，发掘堆土厚0.5～0.7米。

台39A被第⑤A层叠压。平面近圆形，顶面较平坦，中部被H41打破，边缘呈斜坡状。直径约5.2、台面高于周边地面0.1～0.5米（图一〇四，2）。

堆土分3层：

台39A①层：灰褐色花土，厚0～0.35米。垫土层，铺垫于土台边坡。略疏松，纯净。

台39A②层：黄褐色土，厚0.15～0.5米。垫土层，坚硬，纯净。

台39A③层：黄褐色花土，厚约0.1米。垫土层，铺垫于土台南部。坚硬，纯净。

台39B被6A层叠压。堆土黄灰色，厚～0.3米。垫土层，坚硬，纯净。

11.台40

位于T0709北部，T0809南部，隔梁部分未发掘，北侧被H31、H41打破。于台6东南角坡面上，西、北侧地势较高，与台面落差较小；东、南侧地势较低，落差较大。被第⑤A层叠压，叠压于台6B之上（图一〇五，1）。

平面呈椭圆形，顶部平坦，北半部被H31打破，边缘呈缓坡状。东西直径约4.8、南北直径约5.1、台面高于周边地面0.1～0.5米。

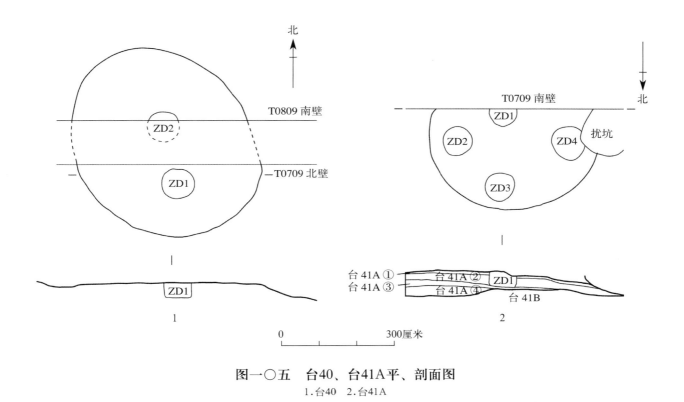

图一〇五　台40、台41A平、剖面图
1.台40　2.台41A

堆土为黄色花土，厚0.3～0.55米。垫土层，坚硬，局部含大块红烧土，东侧坡面有大量红烧土。

台面发现2个柱坑，编号ZD1、ZD2。ZD2南半部叠压于隔梁之下。柱坑圆形，直壁，平底。直径约0.85、深约0.4米。填土黄色，坚硬，纯净。

12. 台41

位于T0709南部，向南延伸至探方外，未发掘完整。东北邻台39，南邻台36，西邻台37B。东侧地势较高，与台39相通，边缘不明显，西北侧与台37B、台6之间有沟槽。堆土发掘向下发掘至台41B层面。

台41A被第⑤A层叠压。发掘部分平面呈半圆形，顶面凹凸不平，东侧略高；西侧被一现代扰坑打破。东西直径约4.5、南北直径约2.75、台面高于周边地面0.1～0.7米（图一〇五，2）。

堆土分4层：

台41A①层：灰色花土，厚约0.07米。垫土层，略疏松，含少量木灰。

台41A②层：黄褐色花土，厚0.15～0.25米。垫土层，与台39①层相通。坚硬，纯净。

台41A③层：黄褐色花土，厚0～0.15米。垫土层，与台39②层相通，两土台之间有少量使用过程中形成的堆积。坚硬，纯净。

台41A④层：黄褐色花土，厚0～0.25米。垫土层，与台39③层相通，分布于土台东半部。坚硬，纯净。

台41B被⑥A层叠压。顶面呈漫坡状，平面形状不详。垫土黄灰色，坚硬，纯净。

13. 台42

位于T0810东侧，东垣内侧斜坡之上，向东延伸至东侧坡道之下，未发掘完整（图一〇六）。

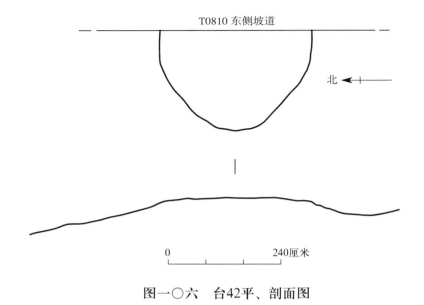

图一〇六 台42平、剖面图

被第⑥A层叠压，叠压于东垣垫土层之上。发掘部分平面呈半圆形，顶面稍平坦，边缘呈斜坡状，东侧地势较高，西侧地势较低。东西直径约2.6、南北直径约1.75、台面高于周边地面0.3～0.6米。堆土黄褐色，坚硬，纯净。

14. 台43

位于T1008北部，T1108南部，隔梁下的部分未发掘。西邻台13。堆土厚约1.35米，分A、B、C、D4层（图一〇七；彩版五二，1）。

台43A被第③B层叠压。破坏十分严重，形状已不详。堆土黄褐色，厚0～0.4米。垫土层，坚硬，含大量红烧土。

台43B被第⑤A层叠压，西北侧被台50叠压。平面近圆形，顶部破坏严重，边缘呈斜坡状。东西直径约4.1、南北直径约4.5米。堆土黄色，厚0.1～0.6米。垫土层，坚硬，含少量红烧土（图一〇八，1）。

台面发现2个柱坑，编号ZD1、ZD2。中心距约1.8米。圆形，直壁，平底。直径约0.85、深约0.45米。填土黄褐色，坚硬，纯净。

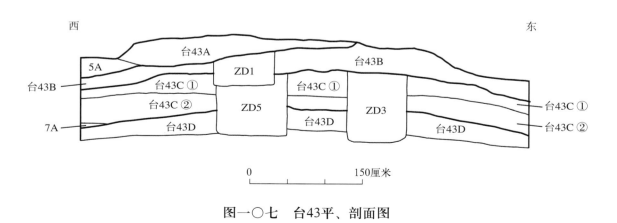

图一〇七 台43平、剖面图

台43C 被第⑥A 层叠压。平面呈椭圆形，顶面较平坦，边缘呈斜坡状，北侧地势较低。东西直径约4.05、南北直径约4.9、台面高于周边地面0.2～1.05 米（图一〇八，2；彩版五二，2～4）。

堆土分2 层：

台43C ①层：黄色土，厚0.1～0.35 米。垫土层，坚硬，纯净。北侧土台边坡铺垫大量红烧土作护坡，上有较多炭化的植物种子，底部沟槽铺有竹编痕迹。

台43C ②层：黄灰色花土，厚0.15～0.35 米。垫土层，稍坚硬，含少量木灰。

台面发现3 个柱坑，编号ZD3～ZD5。圆形，直壁，平底。直径0.95～1.05、深0.85～0.95 米。填土黄褐色，十分坚硬，纯净。

台43D 被第⑦A 层叠压。堆土为黄灰色花土，厚0.15～0.35 米。垫土层，稍坚硬，含少量木灰。

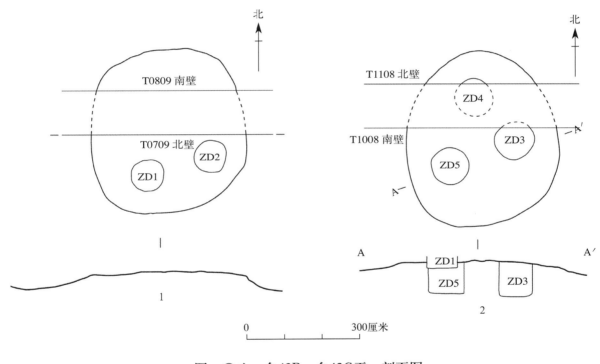

图一〇八　台43B、台43C平、剖面图
1.台43B　2.台43C

15.台44

位于T1009 偏北部，东垣内侧斜坡面上。堆土厚约1.7 米，共分为6 层；台44F、台44E 分别属于第三、四阶段遗存（见本章第三、四节），台44C、台44D 属于第五阶段遗存，台44A、台44B 属于第六阶段遗存，至第七阶段此土台被东垣垫土覆压入东垣的平台之内。

台44A 被第⑤A 层叠压。平面呈半圆形，顶部较平坦，边缘呈斜坡状；向东与土垣顶面持平。东西直径约3.5、南北直径约4.8、台面高于周边地面0.2～0.4 米（图一〇九，1；彩版五三，1）。

堆土黄色，厚0～0.2 米，垫土层，分布于土台西侧边坡上。坚硬，含大量红烧土。

台44B 被第⑥A 层叠压。形状与台44A 基本一致，位置稍偏东侧，东南侧有道路通向台45。堆土为灰黄色花土，厚0～0.35 米。垫土层，较坚硬，含木灰、红烧土（彩版五三，2）。

　　台 44C 被第⑦ A 层叠压。平面近圆形，顶部稍平坦，边缘破坏严重，呈斜坡状；东侧地势较高，与土垣之间落差较小；西侧地势较低，东南侧有道路通向台 45，南侧有灰坑 H69。直径 3 ～ 3.2、台面高于周边地面 0.5 ～ 1.3 米（图一〇九，2；彩版五四，1、2）。

　　堆土分 3 层：

　　台 44C ①层：黄褐色土，厚 0 ～ 0.15 米。垫土层，略硬，纯净。

　　台 44C ②层：黄灰色土，厚 0.15 ～ 0.25 米。垫土层，分布于土台顶部。略硬，纯净。

　　台 44C ③层：厚 0.15 ～ 0.6 米。顶部为黄灰色土，略硬，土质较纯净；东侧边坡较厚，灰黄色土，疏松，含较多木灰。

　　台 44C ②层顶面发现 4 个柱坑，编号 ZD1 ～ ZD4。呈正方形分布，中心距约 1.6 米。圆形，直壁，平底。直径 0.7 ～ 0.85、深约 0.4 米。填土为黄色花土，纯净，坚硬。

　　台 44D 被第⑧ A 层叠压。堆土黄褐色，厚 0.05 ～ 0.35 米。垫土层，土质略硬，含少量红烧土（彩版五五，1）。

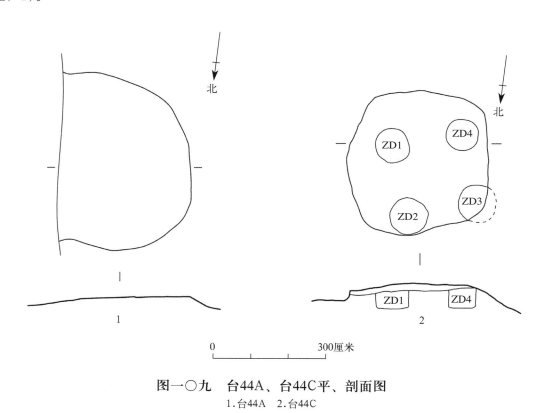

图一〇九　台 44A、台 44C 平、剖面图
1. 台 44A　2. 台 44C

16. 台45

　　位于 T0909 东部，边缘延伸至 T0910 内，隔梁部分未发掘。西邻台 46。发掘至第⑧ B 层面，堆土解剖厚度约 1.2 米，共分为 A、B、C、D 4 个层次：

　　台 45A 被第③ B 层叠压。破坏较严重，形状不详。堆土黄色，厚 0 ～ 0.3 米，垫土层，中部较薄，边缘较厚。坚硬，含少量红烧土。

　　台 45B 被第⑤ A 层叠压。发掘部分平面近椭圆形，顶部较平坦，边缘呈斜坡状。东西直径约

4.3、南北直径约 5.05、台面高于周边地面约 0.3 米。

台 45B ①层：黄褐色土，厚 0 ～ 0.1 米。垫土层，分布于土台边缘斜坡上。稍坚硬，含较多红烧土。

台 45B ②层：灰色土，厚 0 ～ 0.6 米。分布于土台边缘斜坡上，有多个斜坡状层次，为土台使用过程中堆积。疏松，含较多木灰，有数个木灰面。

台 45B ③层：黄灰色土，厚 0 ～ 0.35 米。垫土层，分布于土台顶部。稍坚硬，含少量木灰。

台 45C 被第⑥ A 层叠压。南、北有通道通向 L4、台 44B。发掘部分平面近椭圆形，顶部较平坦，边缘呈斜坡状。东西直径约 2.6、南北直径约 3.85、台面高于周边地面约 0.2 ～ 0.4 米（图一一〇，1）。

堆土分 2 层：

台 45C ①层：灰褐色土，厚 0 ～ 0.6 米。垫土层，分布于土台东、北、西侧边缘斜坡面上，为土台的护坡。稍硬结，含大量红烧土。

台 45C ②层：灰黄色花土，厚 0.1 ～ 0.3 米。垫土层，分布于土台顶部。坚硬，含少量红烧土块。

台面发现 2 个柱坑，编号 ZD1、ZD2，中心距约 1.6 米。圆形，直壁，平底。填土黄色，坚硬，纯净。直径 0.9 ～ 1、深约 0.45 米。

台 45D 被第⑦ A 层叠压，南、北有通道通向 L4、台 44C。发掘部分平面近圆形，顶部呈漫坡状，边缘呈斜坡状。东西直径约 3.35、南北直径约 4.9、台面高于周边地面 0.15 ～ 0.8 米。堆土为黄灰色花土，垫土层，坚硬，纯净（图一一〇，2）。

台面发现 4 个柱坑，编号 ZD3 ～ ZD6，中心距约 2.25 米。圆形，直壁，平底。直径 0.8 ～ 0.9、深约 0.35 米。填土黄色，坚硬，纯净。

17. 台46

位于 T0909 西北角，向西、向北延伸至探方外，未发掘完整。东邻台45。堆土厚约 1.2 米，分为 A、

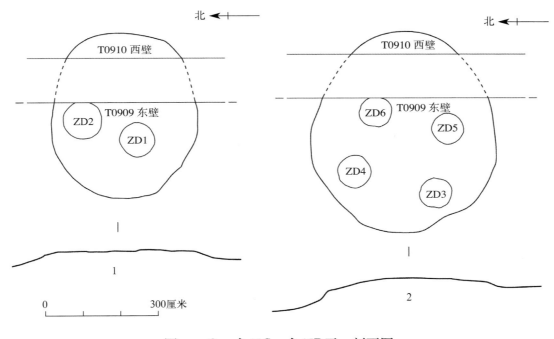

图一一〇　台45C、台45D平、剖面图
1.台45C　2.台45D

B、C、D 共 4 个层次：

各层形状、位置基本一致，发掘部分平面呈扇形，顶面较平坦，边缘呈斜坡状，南侧地势较高，东侧地势较低。

台 46A 被第③B 层叠压。台面破坏严重，东西直径约 4.3、南北直径约 3.1、台面高于周边地面 0.2～0.3 米。堆土黄色，厚 0.2～0.4 米。垫土层，坚硬，含少量红烧土。

台 46B 被第⑤A 层叠压。东西直径约 3.2、南北直径约 3.5、台面高于周边地面 0.15～0.4 米。表面有木灰面，东侧有一处烧结面（图一一一，1）。

堆土为黄灰色花土，厚 0.15～0.45 米。垫土层，稍硬，纯净。

台面发现 2 个柱坑，编号 ZD1、ZD2，中心距约 1.45 米。圆形，直壁，平底。直径 0.75～0.95、深约 0.45 米。填土黄色，坚硬，纯净。

台 46C 被第⑥A 层叠压，形状与台 46B 基本一致。表面有薄层灰土。堆土黄褐色，厚 0.15～0.3 米。垫土层，坚硬，较纯净。

台 46D 被第⑦A 层叠压。东西直径约 3.4、南北直径约 3.8、台面高于周边地面 0.45～0.55 米。表面有薄层灰土，淤积形成（图一一一，2）。

堆土为黄褐色花土，厚 0.15～0.3 米。垫土层，稍硬，含少量红烧土。

台面发现 4 个柱坑，编号 ZD3～ZD6。呈正方形分布，中心距 1.4～1.7 米。圆形，直壁，平底。直径约 0.8、深约 0.35 米。填土为黄灰色花土，稍坚硬，含较多红烧土、木灰。

18. 台47

位于 T1208 内，东南邻台 48。堆土厚 1.4～1.6 米，分为 A、B、C、D4 个层次（图一一二；彩版五五，2）。

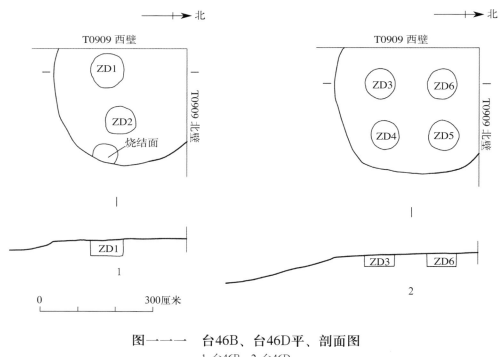

图一一一　台46B、台46D平、剖面图
1.台46B　2.台46D

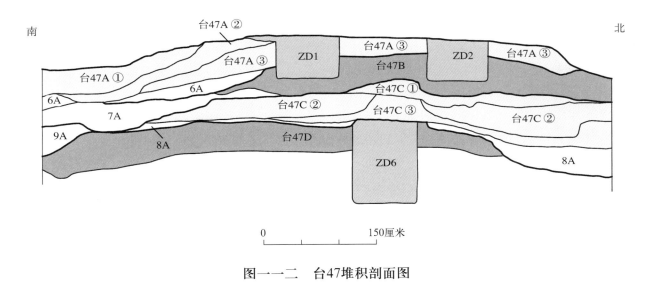

图一一二　台47堆积剖面图

台47A被第⑤A层叠压。平面近圆形，顶面较平坦，边缘呈斜坡状，向东南垫土形成通道通向台48,向北垫土铺垫成通道,垫土夹较多红烧土。直径4.4～4.7、台面高于周边地面0.15～0.4米。

堆土分3层：

台47A①层：黄褐色花土，厚0～0.45米。垫土层，分布于土台的西、南边坡上，上部较薄，向下逐渐增厚。硬结，含较多红烧土。

台47A②层：灰黑色土，厚0～0.25米。分布于土台边坡上，呈斜坡状，为土台使用过程中形成的堆积，与台48②层相通。疏松、易散。

台47A③层：黄褐色土，厚0.2～0.5米。垫土层，较硬，较纯净，局部含有较多红烧土块。

台面有柱坑4个，编号ZD1～ZD4。呈正方形分布，中心距1.5～2米。圆形，直壁，平底。直径0.8～0.9、深约0.6米。填土黄褐色，坚硬，含较多红烧土。

台47B被第⑥A层叠压。平面呈椭圆形，顶面呈漫坡状，边缘呈斜坡，东西两侧地势较低。直径3.2～3.5、顶面高于周边地面0.3～0.9米。堆土黄褐色,厚0～0.5米。坚硬，含较多红烧土。

台47C被第⑦A层叠压。破坏较严重，形状不详。北部有一长方形坑打破，坑内夹大量红烧土（彩版五六，1）。

堆土厚0.3～0.6米，分3层：

台47C①层：黄褐色花土，厚0～0.25米。垫土层，主要分布于土台西南部。略硬，局部夹有较多红烧土。

台47C②层：灰黄色土，厚0.25～0.45米。垫土层，垫土分2层，表面各有一层木灰面，是土台使用过程中形成的堆积。

台47C③层：黄褐色花土，厚0～0.35米。垫土层，土质稍硬，含少量木灰。

台47D被第⑧A层叠压。平面呈椭圆形，顶部平坦，边缘呈斜坡状。东西直径约4.9、南北直径约5.7、台面高于周边地面0.3～0.55米（图一一三；彩版五六，2）。

堆土为黄褐色花土，厚约0.4米。垫土层，坚硬，纯净，含少量红烧土、木灰。

台面有柱坑4个，编号ZD5～ZD8。大致呈正方形分布，中心距1.7～2.8米。圆形，直壁，

平底。直径 0.8 ～ 1、深 0.9 ～ 1.1 米。填土黄
褐色，坚硬，纯净。

　　19.台48

　　位于 T1108、T1109、T1208、T1209 之间，
西北邻台 47。堆土厚约 1.1 米，分为 A、B、C3 层，
堆土大多与台 47A、台 47B、台 47C 同时堆筑，
台 48A、台 48B 破坏较严重。

　　台 48A 被第⑤A 层叠压，北侧被 H67 打破。
平面呈椭圆形，顶部稍平，边缘呈坡状，西北
有道路 L4 通向台 47。东西直径约 4.2、南北直
径约 4.5、台面高于周边地面 0.3 ～ 0.7 米（图
一一四，1）。

　　堆土分 3 层：

　　台 48A ①层：黄褐色土，厚 0 ～ 0.15 米。
斜坡状堆积，分布在土台的南、西、北侧边坡。
硬结，含大量红烧土。

　　台 48A ②层：灰色土，厚 0 ～ 0.1 米。斜
坡状堆积，分布在土台的南、西、北侧边坡。土质软，含较多木灰。

　　台 48A ③层：黄褐色花土，厚 0 ～ 0.25 米。垫土层，分布于土台顶部。土质坚硬，纯净。

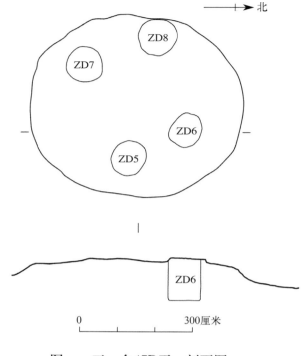

图一一三　台47D平、剖面图

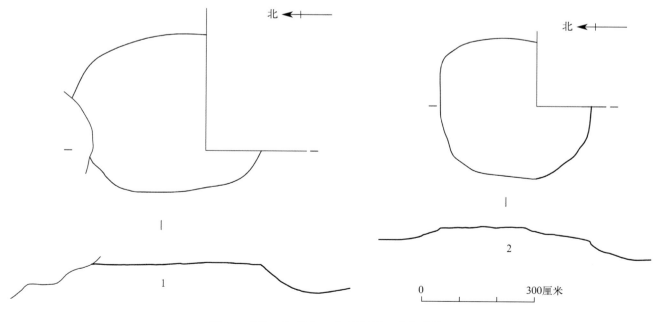

图一一四　台48A、台48C平、剖面图

1.台48A　2.台48C

台 48B 被第⑥ A 层叠压。

堆土分 3 层 :

台 48B ①层 : 灰色土,厚 0 ~ 0.25 米。为土台使用过程中形成的堆积。略硬,含较多木灰。

台 48B ②层 : 黄褐色花土,厚 0 ~ 0.2 米。垫土层,分布在土台斜坡上。略硬,含少量木灰、红烧土。

台 48B ③层 : 黄褐色花土,厚 0 ~ 0.15 米。垫土层,表层有木灰。坚硬,纯净。

台 48C 被第⑦ A 层叠压。平面近圆形,顶部凹凸不平,边缘呈斜坡状。直径 3.7 ~ 4、台面高于周边地面 0.3 ~ 0.8 米(图一一四,2)。

堆土为灰褐色花土,厚 0.3 ~ 0.7 米。垫土层,略软,含少量红烧土、木灰。

20. 台 49

位于 T1108 东部,T1109 西部,隔梁下的部分未发掘。位于东垣内侧近底部,东邻台 51。被第⑥ A 层叠压,叠压第⑦ A 层。

平面呈椭圆形,顶面稍弧,边缘呈缓坡状,东侧地势较高,西侧地势较低。南北直径约 4.1、东西直径约 4.7、台面高于周边地面 0.15 ~ 0.5 米(图一一五)。

堆土厚 0 ~ 0.8 米,分 2 层 :

台 49 ①层 : 黄灰泛褐色土,厚 0 ~ 0.5 米。中部厚,周边薄。稍坚硬,含少量红烧土、木灰。

台 49 ②层 : 黄褐色土,厚 0 ~ 0.5 米。底部呈凹坑状,顶面凸起,中部厚,周边薄。稍硬,纯净。

21. 台 50

位于 T1108 西南角,台 43B 西北侧地势较低处,向南延伸至 T1108 坡道内,未发掘完整。被第⑤ A 层叠压,叠压于台 43B 上,向北有道路 L3 通向台 48B。

平面呈不规则的圆形,顶部平坦,东南侧与台 4B 台面持平,东、西侧边缘呈斜坡状。东西直径约 3.8、南北直径约 3.9、台面高于周边地面 0 ~ 0.4 米(图一一六)。

堆土分 2 层 :

台 50 ①层 : 黄褐色花土,厚 0.1 ~ 0.55 米。垫土层,坚硬,含有少量红烧土。

台 50 ②层 : 灰黄色土,厚 0 ~ 0.3 米。垫土层,略硬,纯净。

22. 台 51

位于 T1109 内,东垣内侧坡面上。堆土厚 1.4 ~ 2 米,分为 A、B、C、D4 个层次,其中台 51D、台 51C 分别属于第三、四阶段遗存(见本章第三、四节),台 51A、台 51B 属于第五阶段遗存,至第六阶段此土台被东垣垫土覆压入东垣的平台之内(图一一七)。

台 51A 被 7A 层叠压。土台顶面破坏严重,原形状不详。

堆土分为 2 层 :

台 51A ①层 : 黄褐色土,厚 0 ~ 0.45 米。下部打破台 51A ②层,呈 4 个圆坑状,呈正方形分布,中心距 1.5 ~ 2.1 米;直径 0.7 ~ 0.85、深 0.1 ~ 0.15 米,填土填满圆坑并溢出铺满台面。坚硬,纯净,含少量红烧土。

台 51A ②层 : 灰泛绿色花土,厚 0 ~ 0.15 米。垫土层,仅分布于土台顶部。略疏松,含较多木灰及少量红烧土。

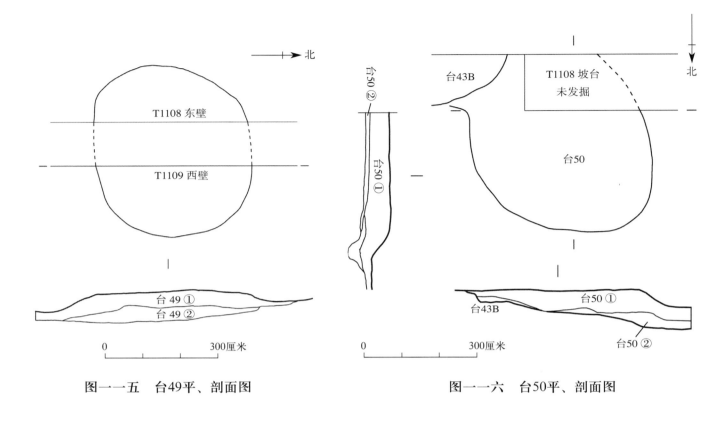

图一一五　台49平、剖面图　　　　　　　　　图一一六　台50平、剖面图

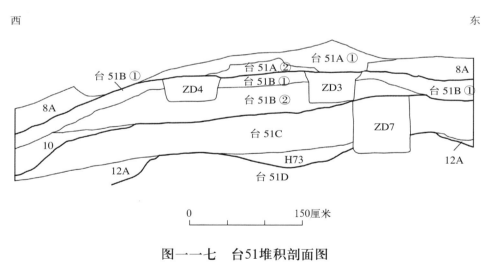

图一一七　台51堆积剖面图

　　台51B被第⑧A层叠压。平面近椭圆形，顶面稍弧，边缘呈斜坡状；东北侧地势较高，台面与周边地面落差较小；西南侧地势较低，台面与周边地面落差较大。直径约3.55、台面高于周边地面0.15～0.8米（图一一八）。

　　堆土中部较纯净，边缘部分土色偏灰，厚0.2～0.65米，分2层：

　　台51B①层：黄泛绿色土，厚0.15～0.3米。垫土层，分布于土台顶面并向外延伸。较坚硬，边缘部分含少量木灰。

台51B ②层：黄褐色花土，厚 0 ～ 0.45 米。垫土层，分布于土台顶部。坚硬，边缘部分含少量木灰。

台面发现有 4 个柱坑，编号 ZD1 ～ ZD4；与台 51A ①层的 4 个圆坑位置基本一致。呈正方形分布，中心距 1.5 ～ 2 米。柱坑圆形，直壁，平底。直径 0.7 ～ 0.9、深 0.35 ～ 0.45 米。填土黄褐色，坚硬，纯净，分两层夯实。

23. 台52

位于 T1209 西南部，东垣内侧，向南延伸至探方外，未发掘完整。台 52 叠压在 F3 之上，最晚期被台 48 叠压，台 48 位置较台 52 位置略偏西南。

平面近椭圆形，顶面较平坦，边缘呈斜坡状，东北侧地势较低，东南侧地势较高。

堆土厚约 1 米，分为 A、B、C3 层，其中台 52C、台 52B 属于第三、四阶段遗存（见本章第三、四节），台 52A 属于第五阶段遗存。

台 52A 被第⑧ A 层叠压。东西直径约 3.9、南北直径约 4.1、台面高于周边地面 0.3 ～ 0.6 米（图一一九）。

堆土分 2 层：

台 52A ①层：黄色花土，厚 0 ～ 0.1 米。分布于北侧斜坡面上，由南向北倾斜。稍硬，含较多红烧土。

台 52A ②层：黄灰色土，厚 0 ～ 0.25 米。垫土层，坚硬，土质纯，含少量木灰。

顶面发现 4 个柱坑，编号 ZD1 ～ ZD4。呈正方形分布，中心距 1.8 ～ 2 米。平面近圆形，直壁或斜壁，底略平。直径 0.7 ～ 1、深 0.15 ～ 0.25 米。填土黄褐色，土质硬，含少量红烧土颗粒。

24. 台53

位于 T0809 的北部，位于台 6 东侧斜坡面上，北邻台 54，向北延伸至探方外，未发掘完整。

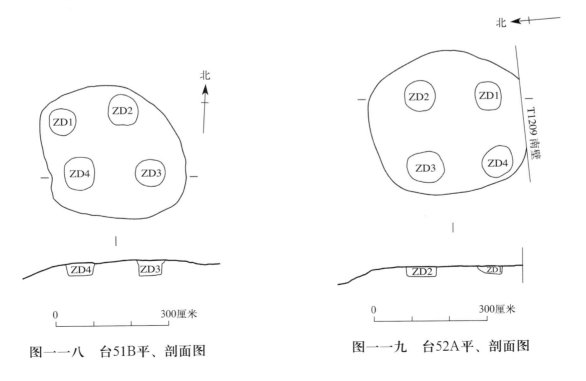

图一一八　台51B平、剖面图　　　　图一一九　台52A平、剖面图

被第⑥A层叠压。发掘部分平面近圆形，顶部呈漫坡状，土台西侧地势稍高，东侧地势较低。东西直径约4、南北直径约3.5、顶部高于周边地面0.15～0.5米。顶面向西南用红烧土铺垫通道（图一二〇）。

堆积分3层：

台53①层：黄褐色土，厚0～0.3米。垫土层，分布于土台顶部的圆形凹坑内，坑直径约2.05～2.25米。十分坚硬，纯净。

台53②层：浅灰色土，厚0～0.25米。垫土层，较纯净，含有少量木灰，土质细腻、坚硬。

台53③层：黄土，厚0～0.25米。垫土层，叠压台6C东侧的凹沟。坚硬，含较多红烧土颗粒。

25.台54

位于T0909的西南部，台6东北斜坡面上。

被第⑥A层叠压。平面呈圆形，顶面平坦，边缘呈斜坡状。直径约1.65、台面高于周边地面0.15～0.45米（图一二一）。

堆土黄褐色，厚0.25～0.7米。坚硬，纯净。

26.台55

位于T0609西部，位于东垣内侧坡面下部，东北邻台36，西北邻台37。

台55被第⑤A层叠压，叠压于第⑦A之上。顶面呈漫坡状，东侧与土垣、东北侧与台36之间相连，界线不明显，垫土台55①层平面呈不规则的椭圆形。东西直径约4.4、南北直径约5.05米（图一二二；彩版五七，1、2）。

堆土东侧薄、西侧厚，厚0～0.65米，分3层：

台55①层：黄褐色土，厚0～0.2米。垫土层，坚硬，纯净。

台55②层：黄灰色花土，厚0～0.25米。垫土层，略疏松，含少量木灰。

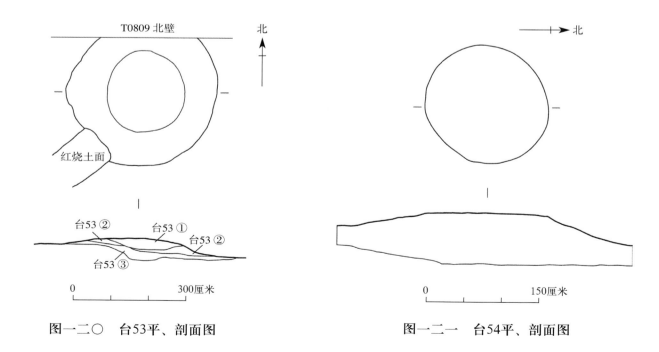

图一二〇　台53平、剖面图　　　　　　图一二一　台54平、剖面图

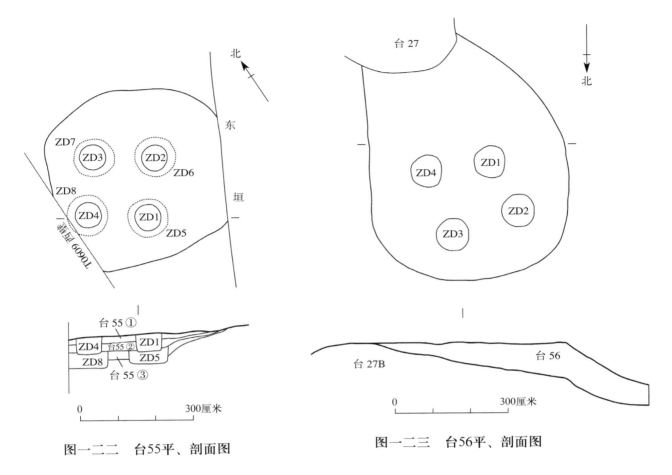

图一二二　台55平、剖面图　　　　　图一二三　台56平、剖面图

台 55 ③层：灰黄色花土，厚 0 ～ 0.3 米。垫土层，略坚硬，含少量木灰。

共发现柱坑 8 个，编号 ZD1 ～ ZD8。其中 ZD1 ～ ZD4 打破台 55 ①层，呈正方形分布，中心距约 1.6 米。圆形，直壁，平底。直径 0.65 ～ 0.75、深约 0.5 米。内填黄色土，十分坚硬，纯净。

ZD5 ～ ZD8 与 ZD1 ～ ZD4 位置基本重合，打破台 55 ③层，被 ZD1 ～ ZD4 打破。圆形，直壁，平底。直径 1 ～ 1.1、深 0.35 ～ 0.45 米。内填黄灰色花土，坚硬，纯净；偏下部含大量木灰。

27. 台56

位于 T1008 南部，台 27B 西北侧坡面上。被第⑤ A 层叠压。

平面近椭圆形，顶面较平坦，边缘呈斜坡状，东南侧台面与台 27B 近平，西北侧地势较低，向北有通道与台 43B 相通。东西直径约 5.2、南北直径约 6、台面高于周边地面 0 ～ 1.1 米（图一二三）。

台面发现有 4 个柱坑，编号 ZD1 ～ ZD4。呈正方形分布，中心距 1.55 ～ 1.85 米。圆形，直壁，平底。直径 0.8 ～ 0.9、深 0.3 ～ 0.35 米。填土黄色，坚硬，纯净。

二　灶坑

5 个。编号 Z1 ～ Z4、Z6，均位于台地东区。其中 Z4 为第五阶段遗存，Z3、Z6 为第六阶段遗存，Z1、Z2 为第七阶段遗存。

1.Z1

位于 T0809 西南角，台 6A 东部顶面上。被第②层叠压，打破台 6A。

平面呈水滴形，弧壁，圜底。长约 0.85、宽约 0.38、深约 0.15 米（图一二四，1；彩版五八，1）。

坑底呈弱烧结状，底部有少量木灰。填土为灰黄色花土，含较多草木灰及少量红烧土。

2.Z2

位于 T0809 东南角，台 6 东侧，向东延伸至探方外，未发掘完整。被第③A 层叠压，打破台 6A。

平面呈圆形，圜底。直径约 1.05、深约 0.18 米。坑中部堆饼状黄土台，直径约 0.3、高约 0.08 米（图一二四，2）。

坑底烧结呈黑色，底部有少量未燃尽的木炭；填土灰黑色，松散，含少量木灰。

3.Z3

位于 T0709 西部台 6B 南侧斜坡面上，向西延伸至探方外，未发掘完整。被第⑤A 层叠压，打破第⑤B 层。

发掘部分平面呈半圆形，坑口北高南低，弧壁，底部较平坦。南北直径约 0.8、东西直径约 0.55、深约 0.15 米（图一二五，1；彩版五八，2）。

坑内堆积分 2 层：

Z3 ①层：灰黑色，厚约 0.1 米。填土，疏松，含较多木灰及少量红烧土。

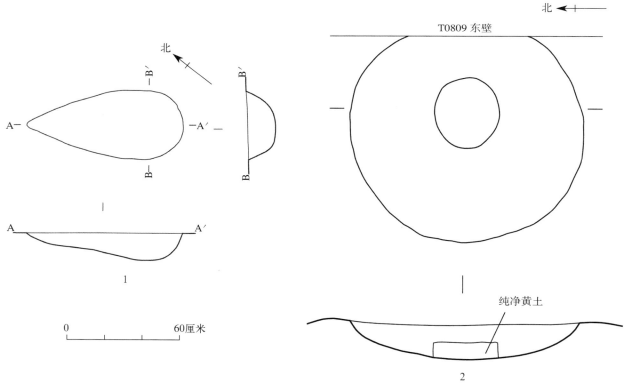

图一二四　Z1、Z2平、剖面图

1.Z1　2.Z2

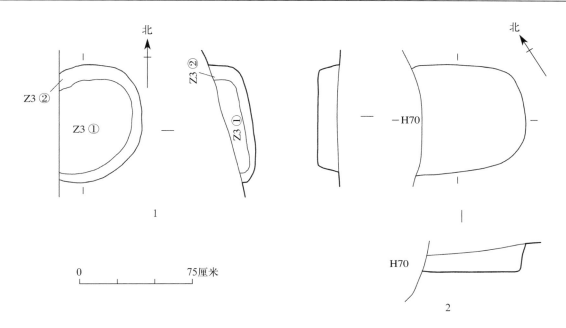

图一二五　Z3、Z4平、剖面图

1.Z3　2.Z4

Z3 ②层：黄色，厚约 0.08 米。垫土层，坚硬，纯净。此层表面有灰黑色烧结面，硬结。

4.Z4

位于 T0908 内，被第⑧ A 层叠压，东北侧被 H70 打破。

残存部分平面呈不规则的半圆形，斜壁，平底。东西直径 0.7、南北直径 0.75、深约 0.15 米（图一二五，2）。

坑边呈红褐色弱烧结状，底部烧结成灰黑色，残有少量木灰。填土为灰色花土，较软，含较多木灰及少量红烧土。

5.Z6

位于 T1208 内台 47B 台面东部，被台 47A ③层叠压。

平面近圆形，斜壁，平底。直径约 0.8、深约 0.1 米（图一二六）。

底部被烧结呈红褐色，上有一层木灰。坑内填土灰色，略软，纯净。

三　窑

6 座。编号 Y1 ～ Y6。Y1 ～ Y4 位于遗址中心土台台 6 之上，Y5 位于东垣顶部，Y6 位于台 6 北侧的台 27C 上。

1.Y1

位于台 6 西部，被第③层叠压，打破台 6 ①层。

平面整体呈长条形，方向约 158°，窑壁破坏严

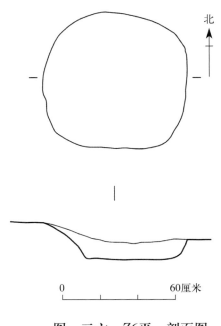

图一二六　Z6平、剖面图

重，残高 0～0.05 米，底部烧结面保存完整，窑壁、窑底烧结程度较高，呈红褐色，硬结（图一二七；彩版五八，3）。

根据平面形状分为 3 段。北段平面大致呈长方形，底中部略凹；长约 1、宽约 0.8 米。中段为火膛，平面近圆形，圜底；直径约 2.1、深约 0.1 米。南段为窑床，平面呈长梯形，底面平整，略呈南高北低缓坡状，长约 4.5、宽 0.8～1.4 米。窑底部有木灰，填土中夹大量红烧土。

窑南端有一操作坑，平面呈梯形，长 1.2、宽 0.65～0.8、残深约 0.2 米。坑内填土灰黑色，疏松，含大量木灰。

2.Y2

位于台 6 东部，被第③层叠压，打破台 6①层（图一二八；彩版五九，1～3）。

平面形状不规则，方向约 57°。南北长约 3、东西宽约 2.8 米。窑壁陡直，坍塌严重，残高 0～0.4米，窑膛底部烧结程度较高，呈东高西低斜坡状，西壁下有半圆形小平台，直径约 1.05 米。东侧为窑门，宽约 1.4 米；南侧为烟道，壁倒塌严重，宽约 1.2 米。

窑内有大量倒塌的窑壁，一面光滑平整，烧结程度较高。填土黄色，坚硬，夹大量红烧土。窑底部有较多木灰及少量未燃尽的木炭。

3.Y3

位于台 6 东北角，被台 6①层叠压，叠压在 Y4 最东侧的窑膛上，打破台 6②层（图一二九；彩版六〇，1～4）。

平面大致呈长方形，方向约 334°。南北长约 3.1、东西宽 1.7～1.9 米。直壁，烧结程度高，呈红褐色，坍塌严重，残高 0～0.45 米。东、西壁用红烧土制成的土坯筑成，筑于 Y4 最东侧窑膛的烧结面上，厚 0.1～0.14 米。窑膛底部平整，略呈北高南低的斜坡，底部烧结面向西延伸与 Y4 底部相通。窑门位于东北角，宽约 0.95 米。烟道位于东南角和西南角，底部外高内低，宽约 0.5 米。

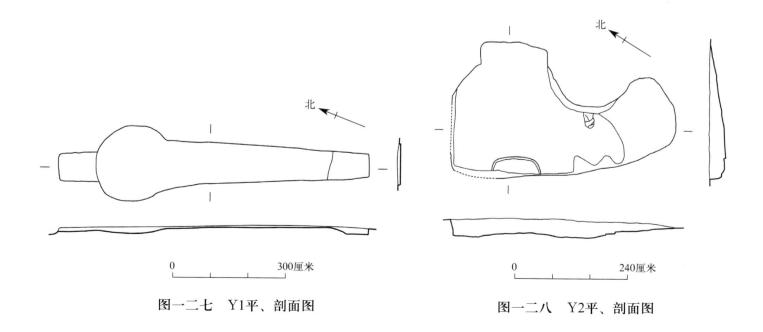

图一二七　Y1平、剖面图　　　　　　　　图一二八　Y2平、剖面图

窑内填有大量红烧土及倒塌的窑壁，窑底有较多木灰，近窑门处发现多根未燃尽的木炭。

窑门前有操作坑H34，圆形，内有较多木灰。直径约1.35、深约0.2米。

4.Y4

位于台6北侧边缘，被台6①层叠压，打破台6②层（图一三〇；彩版六一，1、2）。

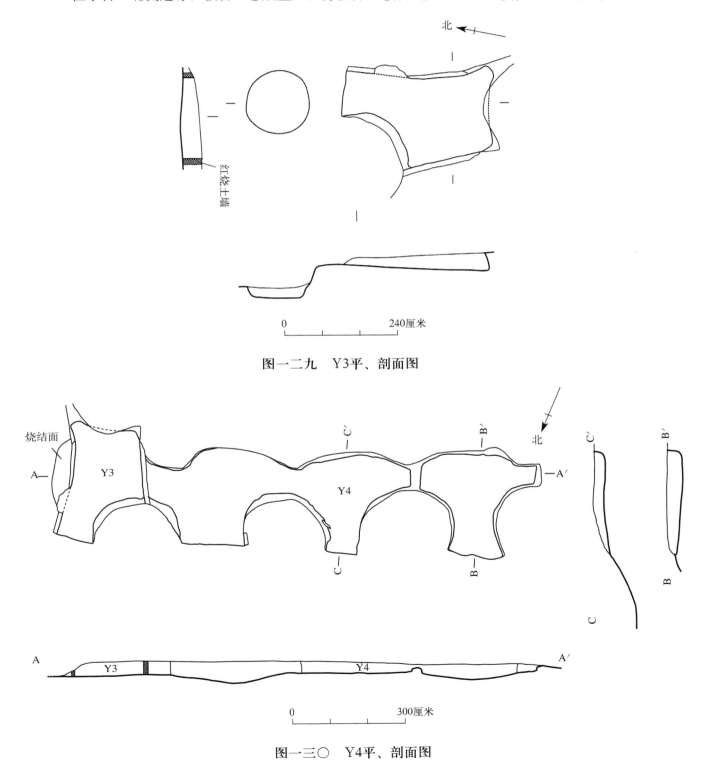

图一二九　Y3平、剖面图

图一三〇　Y4平、剖面图

全长约 12.9 米,方向约 340°。由 4 个窑膛组成,由西向东依次排列,最东一个窑膛被 Y3 叠压,但底部烧结面仍保存较好并延伸至 Y3 外。

各窑膛进深 2.7 ～ 2.9 米,窑壁烧结程度较低,残高 0.1 ～ 0.5 米,窑底烧结程度较高。窑膛南壁外弧,陡直,北壁向内弧收,两个窑门之间分隔呈半圆形区域。各窑膛相通,通道宽 0.75 ～ 1.05 米;西侧第 1、2 窑膛之间的通道内有一土棱。第 1、3 窑膛底中部略凹,向北渐高,窑门宽约 1.5 米;第 2 个窑膛底较平整,略高于两侧窑膛的窑底,向北渐低,窑门宽约 0.8 米。

窑内有大量向内倒塌的窑壁,夹有大量红烧土,底部有较多木炭灰,第 3 个窑门内侧有未燃尽的木炭。

5. Y5

位于 T0609 东南角,东垣顶部。被第⑦B 层叠压,打破东侧土垣(图一三一;彩版六一,3、4)。

平面呈长方形,方向约 120°。直壁,壁有弱烧结现象;底平坦,西高东低。东西长约 2.1、南北宽约 1.6、深 0.04 ～ 0.2 米。

底部有未燃尽的木炭,燃料为木本类枝杈。填土灰褐土,含大量烧土块、木灰。

窑外侧发现 4 个柱洞,编号 ZD1 ～ ZD4。平面呈圆形或椭圆形,直壁,平底。直径 0.15 ～ 0.4、深 0.08 ～ 0.12 米。填土灰黑色,疏松,含大量木灰及少量红烧土。

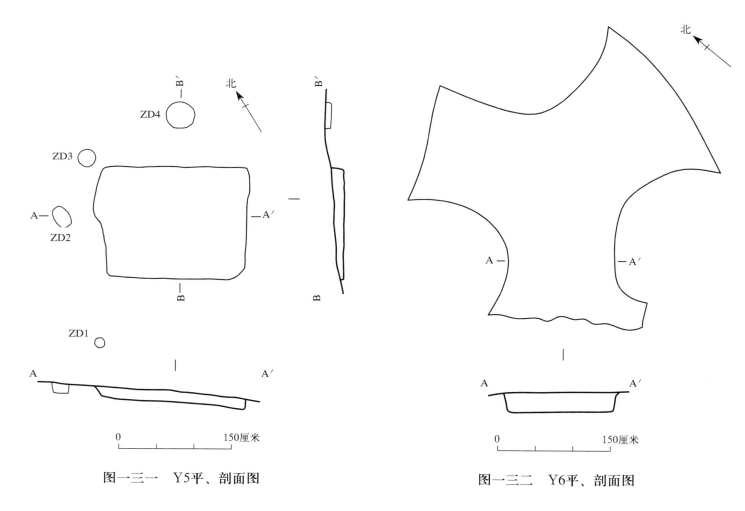

图一三一　Y5 平、剖面图　　　　　　　　图一三二　Y6 平、剖面图

6.Y6

位于 T0908 北部，T1008 南部，台 27C 顶部，顶部被台 27B 叠压，边缘被第⑦A 层叠压。

Y6 破坏十分严重，形状已不详，底部烧结面东西长约 4、南北宽约 3.9 米，从烧结面边缘形状大致复原其形状（图一三二；彩版六二，1、2）。

平面呈"亚"字形，壁陡直，底平坦，烧结程度较高，高 0～0.25 米。东南、西南、北部各有一个窑门，宽约 1.5 米，底向外呈缓坡状。

窑内填土中夹大量红烧土，底部有较多木炭灰，边缘部分有未燃尽的木炭。

四　道路

4 条。编号 L1～L4。其中 L2 呈较规则的长条形，是进出遗址的主要通道。遗址内各土台之间一般用有通道相连，形状不规则；通道用土简单铺垫，垫土一般较纯净，夹较多红烧土；其中台 20 与西垣、台 48A 与台 50、台 47A 与台 48A 之间的通道顶面较平整，形状较规则，按道路遗迹编号。

1.L1

位于台地西区由台 20 西侧向北。T0705 内保存较好，T0805 内破坏十分严重，形状已不详。顶部被第②层叠压，边缘第③层叠压，仅揭示出路顶面，未向下发掘（图一三三；彩版六三，1）。

平面呈弧形，顶面稍平坦，边缘呈斜坡状。残长约 6.55、宽 0.8～2.5、路面高于周边地面 0.2～0.5 米。

堆土黄色，坚硬，纯净。东西边坡上堆积大量红烧土形成护坡。

2.L2

位于台地东区的 T0809、T0909、T0910 内，由台 6C 东南角向东通向遗址外，向东正对环壕东部缺口，与土垣的交汇处应为门道所在，门道已破坏不存。被第⑦A 层叠压（图一三四；彩版六三，2）。

平面呈长条形，方向约 68°。东端被现代沟 G6 打破，残长约 12 米。路面西宽东窄，南侧被 G7 打破，宽 1.25～3.2 米。路面西高东低，顶面较平整，截面中部略高，南北两侧略低，路面高于两侧地面 0.15～0.3 米。

L2 仅发掘至路面，在 G7 北侧发掘 0.3 米宽解剖沟以了解路土堆积状况，解剖部分堆积分 3 层：

L2 ①层：黄灰色花土，厚 0～0.1 米。路面垫土层，坚硬，含较多红烧土及少量木灰。

L2 ②层：黄灰色花土，厚 0～0.15 米。路面垫土层，分布于路面两侧较低处，表面有薄层片状淤土。坚硬，

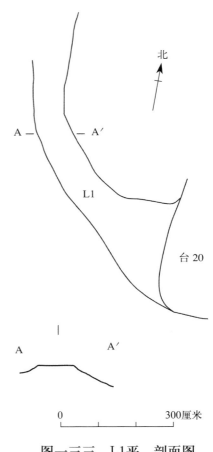

图一三三　L1 平、剖面图

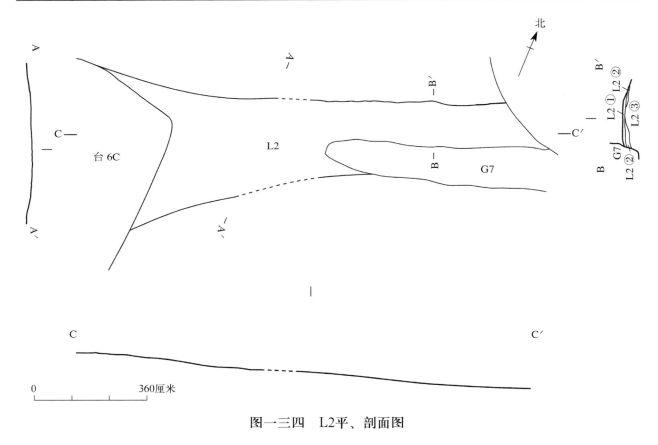

图一三四　L2平、剖面图

含大量红烧土。

L2 ③层：灰黄色土。垫土层，坚硬，纯净。

3.L3

位于台地东区的 T1108 内，向北延伸至探方外。连接台 50 与台 48A，北侧有支路通向台 25。被第⑤ A 层叠压。

平面呈不规则的长条形，西南至东北走向，破坏较严重，顶面凹凸不平，东西两侧呈斜坡状，东西两侧边缘呈斜坡状。探方内长约 6.3、宽 1.5 ～ 2.5 米。用黄灰色花土堆筑而成，略硬，纯净。

4.L4

位于台地东区的 T1208 内，连接台 47A 与台 48A。被第⑤ A 层叠压（彩版六三，3）。

平面呈不规则的长条形，东南至西北走向，两端高中部略低，顶面凹凸不平，南北两侧呈斜坡状。长约 2.7、宽 1.5 ～ 2.9 米。用黄灰色花土堆筑而成，略硬，纯净。

五　灰沟

1 条。编号 G7。

G7

位于遗址东侧中部，西端至 T0910 东南部，向东延伸至 T0911 后被打破。开口于第⑤ A 层下，打破第⑤ B 层（图一三五；彩版六四，1 ～ 3）。

平面呈长条形，方向约 68°。东端被现代沟 G6 打破，残长 10.7 米，分东、西两部分。西半

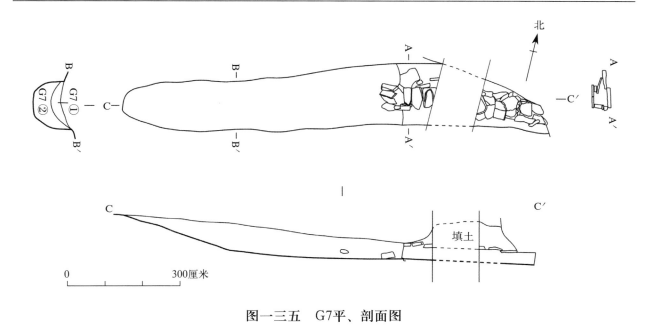

图一三五　G7平、剖面图

部为明沟，长约 6.5、口宽 1.15 ～ 1.3、深 0 ～ 1.2 米。壁斜内收，圜底，底宽 0.3 ～ 0.6 米。沟口、沟底西高东低，呈坡状向东倾斜。

沟内堆积分 2 层：

G7 ①层：黄褐色花土，厚 0 ～ 0.4 米。中部较厚，边缘较薄，底部斜坡状。土质略硬，含有少量陶器残片。此层是水沟淤塞后的填土。

G7 ②层：灰褐色土，厚 0 ～ 0.7 米。土质较杂乱，略疏松，间有多个含有木灰的层面，近底部含较多红烧土、木灰，底部有数块石块。此层为沟内倒塌、淤积形成的堆积。

东半部为暗沟，穿过土垣向东延伸，打破第⑤B层及东垣开挖成沟状，长约 4.2 米。底部用石块垒筑水沟，砌筑不工整，石块形状不规则，规格大小不一；水沟底部用平石铺砌，侧壁用石块砌成，上用石块封盖；沟截面呈梯形，宽 0.3 ～ 0.45、高约 0.4 米。石砌水沟上填土，填土灰黄色，疏松。

出土陶瓷残片 791 片。夹砂陶占 32.5%，器形有鬲、鼎；以素面为主，绳纹占 26.5%。泥质红陶占 23.6%，器形为凹圜底罐，纹饰主要为席纹、方格纹。泥质灰陶占 18.6%；器形有罐、盆、钵；纹饰为绳纹及少量席纹。硬陶占 22%，器形为坛、瓿类为主，另有少量碗盂；纹饰为席纹、方格纹、菱形填线纹，另有少量折线纹、回纹、水波纹。原始瓷占 3.3%，器形为碗、盏、盂。

六　灰坑

（一）台地西区

1.H12

位于 T1006 略偏西部，H13 西侧，开口于第②层下，打破第③层。

坑口平面近圆形，弧壁，圜底。东西径约 2.5、南北径约 2.2、深约 0.7 米（图一三六）。

坑内堆积分 3 层：

H12①层：灰色土。土质稍硬，较纯净。顶面平，为灰坑弃后的填土。

H12②层：灰褐色土，夹杂较多的红烧土颗粒。灰坑使用过程中逐渐形成的堆积，有多个木灰层面。

H12③层：灰黑色土，含较多木灰。土质松软。灰坑使用过程中逐渐形成的堆积，有多个木灰层面。

出土陶瓷残片298片。夹砂陶占43.6%，器形有鬲、鼎、釜；以素面为主，绳纹占25.4%。泥质红陶占14.4%，器形为凹圜底罐，纹饰以席纹、方格纹为主，另有少量绳纹。泥质灰陶占10%；器形有罐、盆、钵、豆；纹饰仅有绳纹，占43.3%。硬陶占26.5%，器形为坛、瓿类，另有少量碗、盂；纹饰为席纹、方格纹、菱形填线纹。原始瓷占5.4%，器形为碗、盏、盂。

2. H13

位于T0906、T0907、T1006、T1007内，向东延伸至T0907、T1007外，开口于第②层下。位于台10～台15、台19之间，是各土台之间的洼地，坑内的淤土叠压于各土台的斜坡面上，其顶部呈凹坑状，至第②层时始淤平，显示遗址废弃时此坑仍存在，为遗址废弃后淤平。

平面近圆形，弧壁，直径约15、深约2.2米（图一三七；彩版六五，1）。

坑内堆积呈四周高中间低的斜坡势，分2层：

H13①层：灰略黑色土，厚0.2～0.8米。黏土，细腻，纯净，含少量红烧土，偏底部夹较多木灰，略疏松。淤积形成。出土陶瓷残片5363片。夹砂陶占26.6%，器形有鬲、鼎、甗、釜；以素面为主，

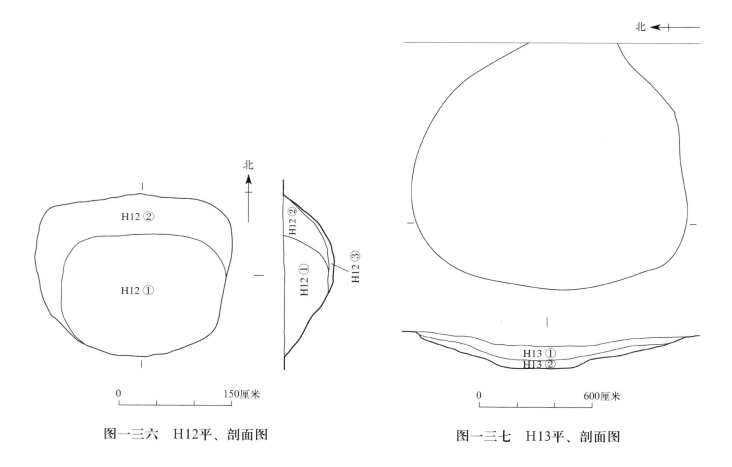

图一三六　H12平、剖面图

图一三七　H13平、剖面图

绳纹占10.9%。泥质红陶占39.2%，器形为凹圜底罐，纹饰以席纹、方格纹为主，另有少量绳纹。泥质灰陶占10.7%；器形有罐、盆、钵、豆；纹饰有绳纹、席纹、方格纹。硬陶占22.8%，器形为坛、瓿类，另有少量碗、盂；纹饰为席纹、方格纹、菱形填线纹，折线纹、回纹较少，另有很少量水波纹、窗格纹、叶脉纹。原始瓷占0.7%，器形为罐、碗、碟、盏、盂、器盖。

H13②层：灰泛褐色土，厚0～0.5米。叠压于台10、台11、台12斜坡面上，边缘可见斜向倾倒层次，底部有淤积层次。土质疏松，含红烧土、木灰。出土陶瓷残片2541片。夹砂陶占22.5%，器形有鬲、鼎、甗、釜、支脚；以素面为主，绳纹占12.1%。泥质红陶占39.4%，器形为凹圜底罐，纹饰以席纹、方格纹为主，另有少量绳纹。泥质灰陶占23.7%；器形有罐、盆、钵、豆；以素面为主，纹饰有绳纹、席纹、方格纹。硬陶占12.3%，器形为坛、瓿类，另有少量碗、盂；纹饰为席纹、方格纹、菱形填线纹、折线纹、回纹，另有很少量叶脉纹。原始瓷占2.1%，器形为罐、碗、盏、盂、器盖。

3.H15

位于T0805西北角，向北延伸至探方外，未发掘完整。开口于第③层下，打破第④层。

揭示部分平面略呈半圆形，弧壁较陡，底稍平。坑口东西直径2.65、南北直径1.65、深约0.75米（图一三八；彩版六五，2）。

坑内堆积深灰色，松散，含较多木灰、少量红烧土及兽骨，出土遗物较少。

4.H16

位于T1005东部、T1006西部。开口于第②层下，打破第③层。

平面呈不规则的圆角长方形，南侧坑边不规整，弧壁，底稍平。坑口东西直径7.55、南北直径4～5、深约0.55米（图一三九）。

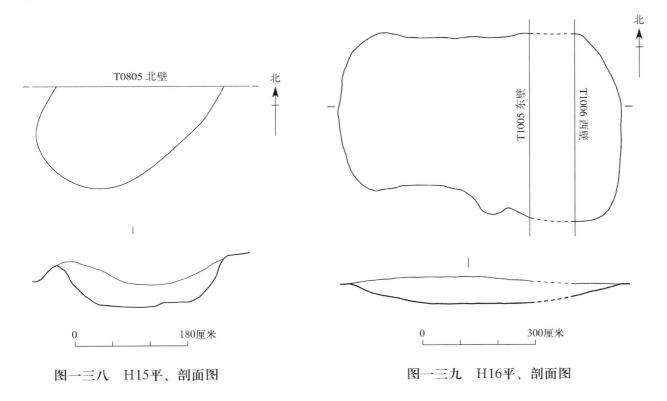

图一三八　H15平、剖面图　　　　　　　　　图一三九　H16平、剖面图

坑内堆积为黄褐色花土，夹大量红烧土颗粒，含杂质较多，出土较多陶器残片。

出土陶瓷残片 315 片。夹砂陶占 52.7%，器形有鬲、鼎、甗、釜；以素面为主，绳纹占 4.8%。泥质红陶占 36.2%，器形为凹圜底罐，纹饰以席纹、方格纹为主，另有很少量云雷纹。泥质灰陶占 2.2%；器形有盆、钵；以素面为主，另有少量绳纹、席纹。硬陶占 8.3%，器形为罐、瓿类；纹饰为席纹、方格纹、小单元菱形填线纹。原始瓷占 0.6%，器形为碗。

5.H17

位于 T1005 偏北部，西垣内侧。开口于第④层下，打破第⑤层。

平面呈不规则的椭圆形，弧壁，底稍平。坑口南北直径约 7.5、东西直径约 6、深约 0.75 米（图一四〇；彩版六六，1）。

坑内堆积分 3 层：

H17①层：黄土夹大量红烧土，厚约 0.5 米。土质硬，为灰坑废弃后的填土。出土较多陶瓷残片。

H17②层：厚 0.2～0.4 米，有多个垫土层和使用堆积层次。垫土层为黄褐色花土，稍硬，夹红烧土颗粒。使用堆积层为灰黑色土，疏松，含大量木灰。

H17③层：灰黑色土，厚 0.15～0.4 米，斜坡状堆积。疏松，含较多木灰。

出土陶瓷残片 1283 片，以夹砂陶、泥质红陶为主。夹砂陶占 42.6%，器形有鬲、鼎、甗；素面为主，绳纹占 9%。泥质红陶占 45.5%，器形基本为凹圜底罐，纹饰以席纹、方格纹为主，另有少量绳纹。泥质灰陶占 4.3%，器形有盆、钵、豆，以素面为主，另有少量席纹与方格纹。硬陶占 4.7%，器形为坛、瓿类；纹饰为方格纹、席纹、菱形填线纹，另有少量折线纹、回纹。原始瓷占 2.9%，器形有碗、盂、盏。

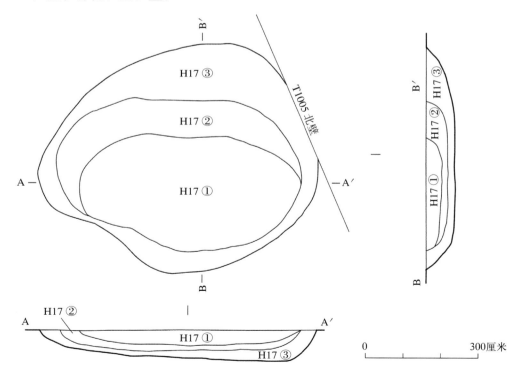

图一四〇　H17平、剖面图

6.H18

位于 T0905 内，台 3、台 8、台 9、台 15 之间的洼地。开口于第③层下，打破第④层。

平面呈不规则的长椭圆形，弧壁，西侧壁较陡，其余各壁坡度较缓，圜底。坑口东西直径约 5.1、南北直径 1.6 ~ 2.8、深约 0.85 米（图一四一）。

坑内堆积分 2 层：

H18 ①层：黄色花土，厚 0 ~ 0.7 米，位于坑中部，顶面稍突起。为坑废弃后的填土，使台 3、台 8、台 9、台 15 之间可以连通。土质稍坚硬，纯净，含少量红烧土。

H18 ②层：灰褐色花土，厚 0.1 ~ 0.6 米，斜坡状堆积，四周向中部倾斜，分多个层次。为灰坑使用过程中逐渐倾倒形成的堆积。土质略软，含有少量红烧土块及木灰，有少量陶瓷残片。

出土陶瓷残片 126 片。夹砂陶占 46%，器形有鬲、鼎；以素面为主，绳纹占 8.6%。泥质红陶占 34.9%，器形为凹圜底罐，纹饰以席纹、方格纹为主。泥质灰陶占 7.1%；器形有盆、钵、豆；均素面。硬陶占 10.3%，器形为坛、瓿类；纹饰为席纹、方格纹、小单元菱形填线纹。原始瓷占 1.6%，器形为碗。

7.H19

位于 T0705 内，台 20 北侧。开口于第②层下，打破台 20。

平面呈椭圆形，斜壁，坑壁较陡，壁面光滑，底部较平。坑口南北直径长 2.4、东西直径 1.85、深 0.35 ~ 0.6 米（图一四二；彩版六六，2、3）。

坑内堆积分 3 层：

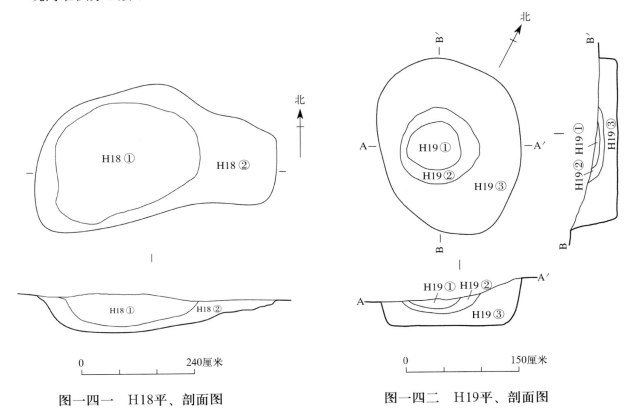

图一四一　H18平、剖面图　　　　图一四二　H19平、剖面图

H19 ①层：深灰色土，厚 0 ～ 0.15 米。堆积平面呈圆形，疏松，含大量木灰及少量红烧土。

H19 ②层：浅灰黄色土，厚约 0.15 米。斜坡状堆积，四周向中部倾斜。土质较软，含少量木灰及红烧土。

H19 ③层：浅灰色土，厚 0.35 ～ 0.6 米。土质较软，含少量木灰及红烧土。

出土陶瓷残片 133 片。夹砂陶占 57.1%，器形有鬲、鼎；以素面为主，绳纹占 19.7%。泥质红陶占 17.3%，器形基本为凹圜底罐，纹饰以席纹、方格纹为主。泥质灰陶占 11.4%；器形有盆、钵、豆；以素面为主，另有少量绳纹、席纹。硬陶占 12%，器形为罐、瓿类；纹饰以方格纹为主，另有少量席纹、小单元菱形填线纹。原始瓷占 2.2%，器形为碗。

8.H20

位于 T0707、T0708 南部，台 6 南侧，东侧、西侧为台 6 向南、向西南的通道。开口于第②层下，坑内堆积叠压第③ B 层。

平面近半圆形，向南延伸至探方外，壁呈斜坡状，圜底。坑口东西直径约 5.8、南北直径约 3.05、深约 1.1 米（图一四三）。

坑内堆积分 2 层：

H20 ①层：灰褐色花土，厚 0 ～ 1.1 米。土质略硬黏，含有少量红烧土。

H20 ②层：灰褐色土，厚 0 ～ 0.6 米。呈斜坡状，坑边向中部倾斜，为灰坑使用过程中逐渐倾倒、淤积形成的堆积。土质细腻，略软、黏，含少量红烧土及木灰。

出土陶瓷残片 1553 片。夹砂陶占 34.1%，器形有鬲、鼎、甗；以素面为主，绳纹占 7%。泥质红陶占 44.8%，器形基本为凹圜底罐，纹饰以席纹、方格纹为主。泥质灰陶占 8.2%；器形有罐、盆、钵、豆、纺轮；纹饰有席纹、方格纹、绳纹。硬陶占 10.2%，器形为坛、瓶、盂；纹饰席纹、方格纹、菱形填线纹，另有少量折线纹、回纹。原始瓷占 2.7%，器形为碗、盂、盏。

9.H21

位于 T0706 东部，T0707 西部。开口于第②层下，叠压第③层。

平面呈圆形，弧壁，圜底。直径约 4、深约 0.8 米（图一四四；彩版六七，1、2）。

坑内堆积分 3 层：

H21 ①层：灰褐色土，厚 0 ～ 0.2 米。为灰坑废弃后的填土，内含少量烧土颗粒，出有少量陶片。

H21 ②层：灰褐泛黄色土，厚 0.15 ～ 0.35 米。呈斜坡状，坑边向中部倾斜。土质略硬，内含红烧土及陶片。

H21 ③层：灰褐色花土，厚 0 ～ 0.3 米。呈斜坡状，坑边向中部倾斜。土质稍软，含有红烧土、木灰等。

出土陶瓷残片 664 片。夹砂陶占 45.2%，器形有鬲、鼎、甗；以素面为主，绳纹占 8%。泥质红陶占 32.1%，器形基本为凹圜底罐，纹饰以席纹、方格纹为主，另有少量绳纹。泥质灰陶占 6%；器形有罐、盆、钵、豆；以素面为主，有少量席纹、方格纹、绳纹。硬陶占 14.6%，器形为坛、瓶类；纹饰以折线纹、回纹、小单元菱形填线纹、席纹、方格纹。原始瓷占 2.1%，器形为碗。

10.H22

位于 T1106 内。开口于第②层下，打破第③层。

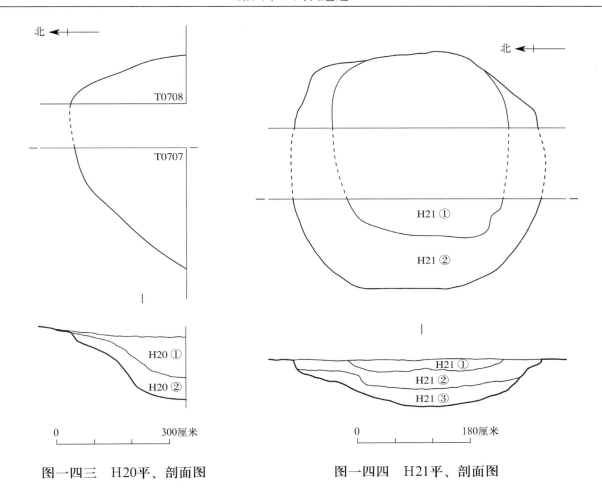

图一四三　H20平、剖面图　　　　图一四四　H21平、剖面图

平面呈圆形，弧壁，圜底。坑口直径 2.4 ～ 2.6、深 0.5 米（图一四五，1；彩版六七，3）。

坑内堆积分 2 层：

H22 ①层：黄灰色花土，厚 0 ～ 0.3 米。顶面较平，为灰坑废弃后的填土。土质较硬，含有大量红烧土。

H22 ②层：灰黑色土，厚 0.2 ～ 0.5 米。呈斜坡状，坑边向中部倾斜，为灰坑使用过程中逐渐倾倒形成的堆积。土质松散，含杂质较多。

出土陶瓷残片 156 片。夹砂陶占 66.7%，器形有鬲、鼎；以素面为主，绳纹占 11.5%。泥质红陶占 12.2%，器形基本为凹圜底罐，纹饰为席纹、方格纹、绳纹。泥质灰陶占 7.7%；器形有罐、盆、钵、豆；以素面为主，部分盆、钵口沿划水波纹。硬陶占 10.9%，器形为坛、瓶类；纹饰为席纹、方格纹、大单元菱形填线纹。原始瓷占 2.6%，器形为碗、盏。

11. H23

位于 T0707 东北部，台 6 西南角。开口于第③层下，打破台 6A。

平面呈长条形，大致南北向，北侧略窄，壁陡直，底北高南低。南北长约 2.6、东西宽 1.15 ～ 1.45、深 0.4 ～ 0.5 米（图一四五，2；彩版六八，1）。

坑内堆积灰褐色，填土，土质略硬，内含烧土块及小颗粒，出土少量陶瓷残片。

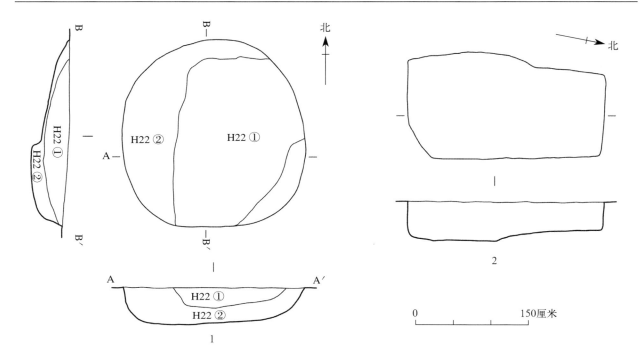

图一四五　H22、H23平、剖面图
1.H22　2.H23

12.H24

位于 T1107 内。开口于第②层下，打破台 24。

平面近呈长方形，圆角，大致东西向。直壁，平底，东西长约 2.4、南北宽 0.9 ~ 1.2、深约 0.25 米（图一四六；彩版六八，2）。

坑内堆积深灰色，填土，土质略软，内含有少量红烧土及木灰。

坑近底放置小陶器 5 件，其中泥质灰陶罐 4 件、泥质陶豆 1 件。

出土陶瓷残片 111 片。夹砂陶占 34.2%，器形有鬲、鼎；以素面为主，绳纹占 10.5%。泥质红陶占 42.3%，器形为凹圜底罐，纹饰为席纹、方格纹为主。泥质灰陶占 7.2%；器形有罐、盆、钵、豆；以素面为主，少量饰席纹。硬陶占 14.4%，器形为坛、瓿类；纹饰以席纹、方格纹为主。原始瓷占 1.8%，器形为碗、盂。

13.H27

位于 T1106 西部，东南邻台 26，北邻台 21B，向西延伸至探方外，未发掘完整。开口于第④层下，打破第⑤层。

发掘部分平面呈半圆形，弧壁，底部稍平。南北直径约 2.9、东西直径约 1.5、深约 0.45 米（图一四七）。

坑内堆积分 2 层：

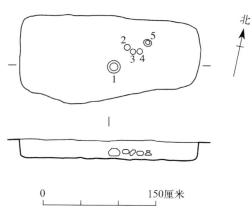

图一四六　H24平、剖面图

H27 ①层：黄色花土，厚 0 ~ 0.15 米。分布于坑中部，为灰坑废弃后的填土。土质稍硬，纯净。

H27 ②层：灰色花土，厚 0.2 ~ 0.4 米。呈斜坡状，由坑边向中部倾斜，为灰坑使用过程中逐渐倾倒形成的堆积。略疏松，含较多木灰及少量红烧土。

14.H28

位于 T0806 西南角，台 29 顶部中心位置，开口于第⑤层下，打破台 29。

平面呈圆形，弧壁，圜底，口径约 1.9、深约 1.25 米（图一四八；彩版六八，3、4）。坑底正置泥质红陶罐 1 件（H28 ③：2）。

坑内堆积分 3 层：

H28 ①层：灰黄色土，深约 0.6 米。分布于 H28 ②层形成的圆形圜底坑内，坑直径约 1.3 米，为 H28 废弃后的填土。疏松，含少量红烧土、木灰。

H28 ②层：红烧土垫层，厚约 0.35 米。中部为圆形圜底状坑，直径 1.3、深约 0.6 米。此层溢出灰坑外，铺在台 29 台面及边坡。致密，坚硬，顶面有烧结现象。

H28 ③层：灰黑色土，厚 0 ~ 0.3 米。疏松，易散，含较多红烧土、木灰。

出土陶瓷残片 330 片。夹砂陶占 46.4%，器形有鬲、鼎、甗；均素面。泥质红陶占 28.5%，器形为凹圜底罐，纹饰为席纹、方格纹。泥质灰陶占 12.1% 仅 3 片；器形为罐、盆、钵、豆；均素面。硬陶占 11.8%，器形为罐、瓿；纹饰为席纹、方格纹、小单元菱形填线纹，另有部分折线纹、回纹。

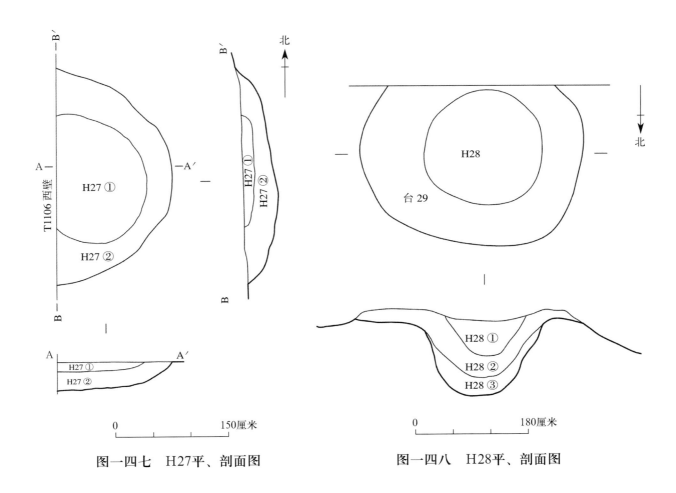

图一四七　H27 平、剖面图　　　　　　　图一四八　H28 平、剖面图

原始瓷占 1.2％，器形为豆、碗。

15.H29

位于 T0805 东北角，向北、向东延伸至探方外，未发掘完整。开口于台 2B ①层下，打破台 2B ②层、台 3B ②层。

发掘部分平面呈不规则的长条形，东、西两侧壁陡直，南侧壁斜坡状，底部较平。南北长约 3.7、东西宽 1.6 ～ 1.9、深约 1.05 米（图一四九；彩版六九，1、2）。

坑内堆积分 4 层：

H29 ①层：灰褐色花土，厚 0 ～ 0.45 米，呈南高北低、东西两侧高中部低的斜坡势，为灰坑废弃后的填土。土质稍软，含少量木灰、红烧土。

H29 ②层：灰色花土，厚 0 ～ 0.35 米。有多个层次，层次呈南高北低、东西两侧高中部低的斜坡势。土质松散，含少量木灰，有数个木灰面。

H29 ③层：灰黄色花土，厚 0.15 ～ 0.5 米。呈南高北低的缓坡状。略松散，土质略纯净。

H29 ④层：灰黑色土，厚 0 ～ 0.35 米。呈南高北低的斜坡状，土质松散，含较多木灰。

出土陶瓷残片 83 片。夹砂陶占 72.3％，器形有鬲、鼎、甗、釜；均素面。泥质红陶占 21.7％，器形为凹圜底罐，纹饰为席纹、方格纹。泥质灰陶仅 3 片；器形为豆；均素面。硬陶仅 2 片，器形为坛、瓿类；纹饰为席纹、回纹。

16.H32

位于 T0906 内，向南延伸至探方外，未发掘完整。开口于第③层下，打破台 19。

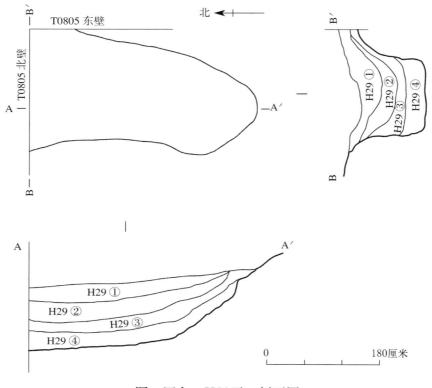

图一四九　H29平、剖面图

平面呈不规则长条形，分早晚两期。晚期略弯曲状，弧壁，圜底，底部南高北低。坑口南北长3.3、东西宽1.7～2、深约0.4米。填土H32①层为灰黄色花土，略松散，含较多红烧土。早期弧壁，底凹凸不平，北侧底部椭圆形区域坑较深。填土H32②层为灰色花土，厚0.1～0.6米。土质稍硬，含少量木灰、红烧土（图一五〇；彩版六九，3）。

出土陶瓷残片174片。夹砂陶占36.8%，器形有鬲、鼎；以素面为主，绳纹占4.7%。泥质红陶占43.7%，器形为凹圜底罐，纹饰为席纹、方格纹。泥质灰陶占5.7%；器形有罐、盆、钵；以素面为主，纹饰有少量席纹。硬陶占10.3%，器形为罐、瓿类；纹饰为席纹、方格纹、菱形填线纹，另有少量回纹、云雷纹。原始瓷占3.4%，器形为盆、碗。

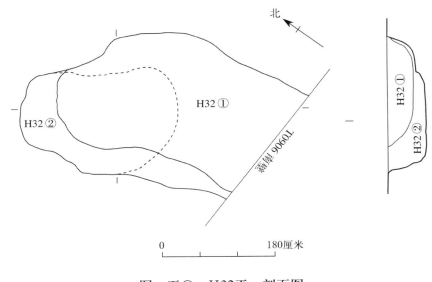

图一五〇　H32平、剖面图

17.H33

位于T0805北部，向北延伸至探方外，未发掘完整。开口于台3B②层下，被H29打破，打破台1C①层。

平面形状不规则，弧壁，底稍平。坑口南北直径约2.6、东西直径约2.6、深约0.55米（图一五一）。

坑内堆积分2层：

H33①层：灰色土，厚0～0.55米，斜坡状堆积，为灰坑使用过程中堆积。土质较软，细腻，含少量红烧土。

H33②层：灰黄色花土，厚0～0.25米。分布于灰坑底部，为坑壁的倒塌堆积。松散，较纯净。

出土陶瓷残片76片。夹砂陶占65.8%，器形有鬲、鼎、瓿；均素面。泥质红陶占26.3%，器形为凹圜底罐，纹饰为席纹、方格纹。泥质灰陶占3.9%；器形有盆、钵；少量表面饰席纹。硬陶仅2片，器形为瓿；纹饰为折线纹、回纹。原始瓷仅1片，器形为碗。

18.H36

位于T0806东南角，台5斜坡面上。开口于第④层下，打破第⑤层。

平面呈椭圆形，壁倾斜内收，底部南高北低。南北直径约2、东西直径约1.3、深约0.25米（图

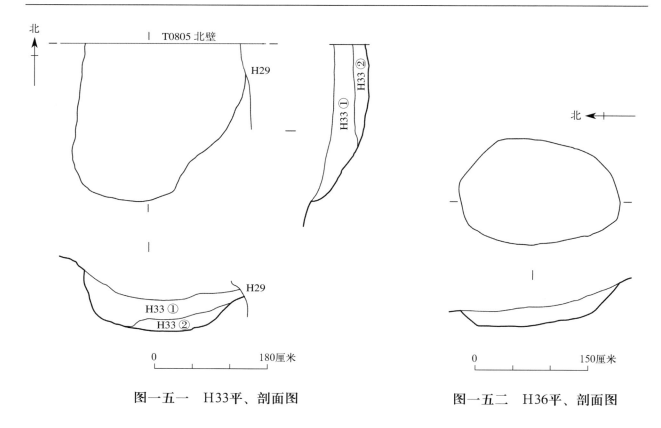

图一五一　H33平、剖面图　　　　　图一五二　H36平、剖面图

一五二)。

坑内堆积灰褐色，填土，土质略硬，含红烧土颗粒，出土少量陶瓷残片。

19. H37

位于 T0804 东南角，西垣内侧，向南延伸至探方外，未发掘完整。开口于第④层下，打破第⑥层。

发掘部分平面呈圆形，壁陡直，底部北高南低。坑口东西直径约 2.8、南北直径约 2.15、深约 0.95 米（图一五三）。

坑内堆积为灰黑色花土，为一次性填土。杂乱，土质疏松，含较多木灰及少量红烧土，出土少量陶瓷残片。

20. H38

位于 T0707 北部、T0807 南部，台 6 西部。开口于第②层下，打破台 6A。

平面呈不规则的长条形，东南至西北走向。坑壁为不规律的斜坡状，坡面有黑色烧结面，局部有烧结现象，坑底中部有红烧土，残留较多木炭。坑口长约 3、宽 0.7 ～ 1.45、坑底长约 2.7、宽 0.5 ～ 0.9、深 0.05 ～ 0.3 米（图一五四）。

坑内堆积为较杂乱的灰色花土，填土，夹较多红烧土块及少量木炭灰。

出土陶瓷残片 568 片。夹砂陶占 23.9%，器形有鬲、鼎、甗；以素面为主，绳纹占 13.2%。泥质红陶占 30.3%，器形基本为凹圜底罐，纹饰为席纹、方格纹。泥质灰陶占 10%；器形有罐、盆、钵、豆；以素面为主，饰绳纹及少量席纹。硬陶占 31%，器形为坛、瓿类；纹饰为席纹、方格纹、菱形填线纹，另有少量折线纹、回纹。原始瓷占 4.8%，器形为碗、盂。

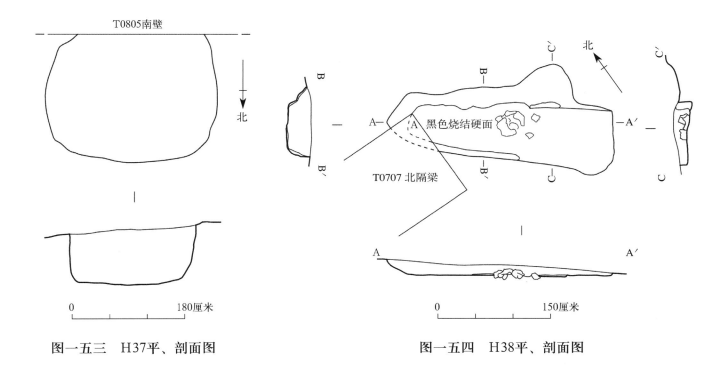

图一五三　H37平、剖面图　　　　　图一五四　H38平、剖面图

（二）台地东区

1.H26

位于 T0808 西南部，台 6 南部。开口于第②层下，打破台 6A。

平面呈椭圆形，斜壁，底较平。南北直径约 1.65、东西直径约 1、深约 0.3 米（图一五五）。

坑内堆积灰褐色，填土，略软，含红烧土及少量草木灰，陶器残片较少。

2.H30

位于 T0808 北部，T0908 南部，处于台 6 北侧斜坡面上 Y4 北侧。开口于第③ B 层下，打破第④层。

平面近圆形，弧壁，圜底。坑口直径约 3.3、深 1.05 米（图一五六；彩版七〇，1）。

坑内堆积分 2 层：

H30 ①层：灰白色，厚 0 ～ 0.5 米。呈斜坡状，有多个层次，每层土质、土色略有区别，3 个层面有较多木灰，坑边向中部倾斜，为灰坑使用过程中逐渐倾倒形成的堆积。土质细腻，松散，含少量木灰、红烧土颗粒。

H30 ②层：灰黄色花土，厚 0 ～ 0.6 米。坑边向中部倾斜，为灰坑使用过程中形成的堆积，此时期灰坑偏南侧，直径 2.5 ～ 2.75 米。土质坚硬，含较多红烧土。

出土陶瓷残片 148 片。夹砂陶占 35.1%，器形有鬲、鼎、甗；均素面。泥质红陶占 45.3%，器形为凹圜底罐，纹饰以席纹、方格纹为主。泥质灰陶占 10.1%；器形有罐、盆、钵、豆、器盖；以素面为主，纹饰有席纹、水波纹。硬陶占 8.1%，器形为坛、瓶类；纹饰以折线纹、回纹、方格纹、菱形填线纹。原始瓷占 1.4%，器形为豆、碗。

3.H31

位于 T0809 南部，向南延伸至探方外，未发掘完整。开口于第②层下，打破第③ B 层。

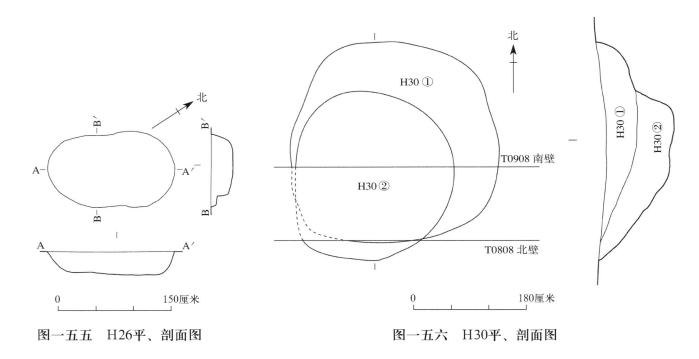

图一五五　H26平、剖面图　　　　　　　　　　图一五六　H30平、剖面图

　　发掘部分平面呈不规则的椭圆形，东壁、北壁陡直，西壁、南壁坡度稍缓，底近平。东西直径约 4.2、南北直径约 3、深约 0.6 米（图一五七；彩版七〇，2）。

　　坑内堆积分 3 层：

　　H31 ①层：灰黑色土，厚 0 ～ 0.2 米。堆积于坑中心偏北部。土质较杂，夹杂有少量烧土颗粒，含较多陶器残片。

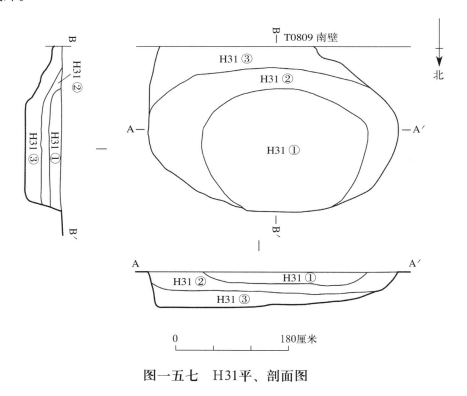

图一五七　H31平、剖面图

H31 ②层：黄褐色花土，厚 0.15 ～ 0.3 米。夹杂少量陶片，稍硬。

H31 ③层：灰黄色花土，厚 0 ～ 0.3 米。夹有较多的红烧土，其中包含有较多的大块窑壁。

4.H39

位于 T0810 西北角，向北延伸至探方外。开口于第②层下，南部打破第③ B 层。

平面形状不规则，坑壁向内倾斜。坑口东西直径约 5.9、南北直径约 2.05、深约 0.9 米（图一五八）。

坑内堆积黄色，土质硬，夹大量红烧土，为一次性回填的垫土。出土少量陶器残片，出土少量红烧土粘有铜渣。

出土陶瓷残片 407 片。夹砂陶占 38.6%，器形有鬲、鼎；以素面为主，绳纹占 9.6%。泥质红陶占 32.9%，器形基本为凹圜底罐，纹饰为席纹、方格纹，另有很少量绳纹。泥质灰陶占 11.5%；器形有罐、盆、钵、豆；以素面为主，少量饰绳纹。硬陶占 16.5%，器形为坛、瓶类；纹饰为席纹、方格纹、菱形填线纹，另有少量回纹。原始瓷占 0.5%，器形为碗、盂。

5.H40

位于 T0809 东南角，西邻 H34，北邻灶坑 3。开口于第②层下，打破第③ A 层。

平面近椭圆形，壁陡直，底稍平。坑口东西直径 2.5、南北直径 1.6、坑深 0.5 ～ 0.7 米（图一五九）。

坑内填红烧土，夹少量黄土，较硬，为一次性填土。

出土陶瓷残片 178 片。夹砂陶占 49.4%，器形有鬲；以素面为主，绳纹占 9.1%。泥质红陶占 24.2%，器形基本为凹圜底罐，纹饰为席纹、方格纹。泥质灰陶占 14.6%；器形有罐、盆、钵、豆；以素面为主，另有少量席纹、方格纹。硬陶占 11.2%，器形为坛、瓶类；纹饰以席纹、方格纹为主，

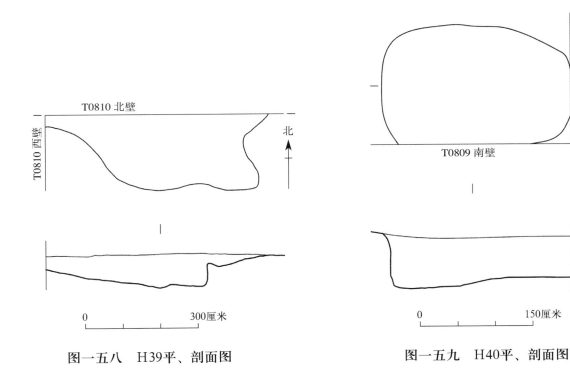

图一五八　H39平、剖面图　　　　图一五九　H40平、剖面图

另有少量折线纹。原始瓷占 0.6%，原始瓷器形为碗。

6.H41

位于 T0809 东南角。开口于第④层下，打破第⑤层。该坑口部压于 H40 之下，边缘被 H40 打破。

平面呈圆形，口大底小，斜壁，陡直，底近平。直径约 2.3、深约 2.15 米（图一六○；彩版七一，1、2）。

坑内堆积分 3 层：

H41 ①层：黄色花土，厚 0 ～ 0.7 米。顶面稍平，为坑废弃后的一次性填土。土质略松软，夹杂较多杂乱的红烧土及少量木灰。

H41 ②层：灰黑色花土，厚 0.1 ～ 0.4 米。斜坡状堆积，由坑边向中部倾斜。疏松、易散，土质杂乱，夹较多大块的红烧土及少量木炭灰。圜底。

H41 ③层：浅黄色土，厚 1.3 ～ 1.9 米。较纯净，疏松。顶面有弱烧结现象，厚约 1 厘米，灰黑色，硬结，有一层灰黑色木灰，上有少量木炭。

出土陶瓷残片 163 片。夹砂陶占 25.5%，器形有鬲、鼎；均素面。泥质红陶占 54.5%，器形为凹圜底罐，纹饰为席纹、方格纹。泥质灰陶占 12.7%；器形为盆、钵、豆；以素面为主，另有少量方格纹。硬陶占 6.1%，器形为罐、瓿类；纹饰为席纹、方格纹、折线纹、回纹。原始瓷占 1.2%，器形不详。

7.H43

位于 T0709 东南侧，位于东垣晚期平台之上，开口于第②层下，打破第③A 层。

平面呈不规则的圆形，斜壁，西壁较陡，底部西高东低，有 6 个柱洞，大小基本相同，直径

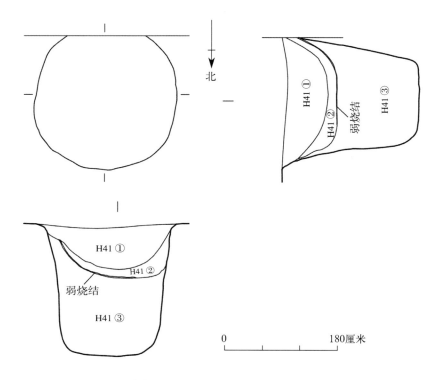

图一六○ H41平、剖面图

0.25 ～ 0.3、深 0.05 ～ 0.15 米（图一六一；彩版七二，1、2）。

坑内堆积黄褐色，为一次性填土。硬结，纯净。

出土陶瓷残片 294 片，泥质红陶最多，占 45.9%，器形基本为凹圜底罐，纹饰以席纹、方格纹为主，另有少量云雷纹、绳纹。夹砂陶占 32.3%，器形有鬲、鼎；素面为主，绳纹占 5.2%。泥质灰陶占 14.3%，器形有罐、盆、钵、豆，均素面。硬陶占 7.5%，器形为坛、瓿类；纹饰为小单元菱形填线纹，另有少量折线纹、回纹。

8. H44

位于 T0709 东部，位于东垣晚期平台之上，向东延伸至探方外，未发掘完整。开口于第③B 层下，打破第④A 层。

发掘部分平面呈三角形，弧壁，圜底。坑口南北直径 3.6、东西直径 1.85、深约 0.5 米（图一六二）。

坑内堆积为灰褐色花土，为一次性填土。土质较松软，细腻，含少量木灰，出土少量陶器残片。坑底部平滑，有薄层木灰。

出土陶瓷残片 150 片。夹砂陶占 44%，器形有鬲、鼎；均素面。泥质红陶占 41.3%，器形基本为凹圜底罐，纹饰以席纹、方格纹为主。泥质灰陶占 12%；器形有罐、盆、钵、豆；均素面。硬陶占 2.7%，器形为坛、瓿类；纹饰均为回纹。

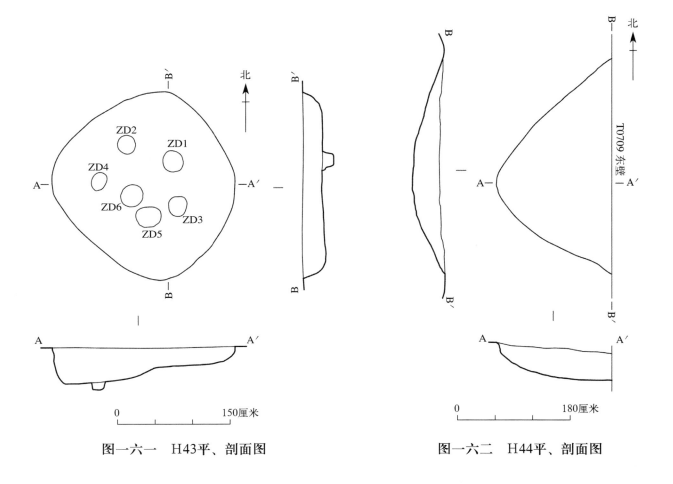

图一六一　H43 平、剖面图　　　　　　图一六二　H44 平、剖面图

9.H45

位于 T0608 东南角，向东、向南延伸至探方外，未发掘完整。位于台 34、台 55 之间。开口于第⑤ B 层下，向西打破台 34B ①层。

发掘部分平面呈扇形，弧壁，底略平。坑口直径约 2.35、深约 0.85 米（图一六三）。

坑内堆积分 2 层：

H45 ①层：浅黄褐色土，厚 0～0.25 米。斜坡状堆积，由坑边向中部倾斜，为灰坑使用过程中逐渐形成的堆积。土质软，内含有红烧土颗粒。

H45 ②层：灰褐色土，厚 0～0.25 米。斜坡状堆积，由坑边向中部倾斜，为灰坑使用过程中逐渐形成的堆积。土质松软，内含有草木灰。

10.H46

位于 T0709 西部，向西延伸至探方外，未发掘完整。开口于第⑦ B 层下，打破第⑧ B 层。

发掘部分平面形状不规则，弧壁，底稍平。坑口南北直径约 2.7、东西直径约 1.4、深约 0.6 米（图一六四）。

坑内堆积灰褐色，为逐渐淤积形成。较软，略疏松，纯净。

出土陶瓷残片 60 片。夹砂陶占 25%，器形有鬲、鼎；以素面为主，绳纹占 6.7%。泥质红陶占 13.3%，器形基本为凹圜底罐，纹饰为席纹、方格纹。泥质灰陶占 58.3%；器形有罐、盆、钵、豆；

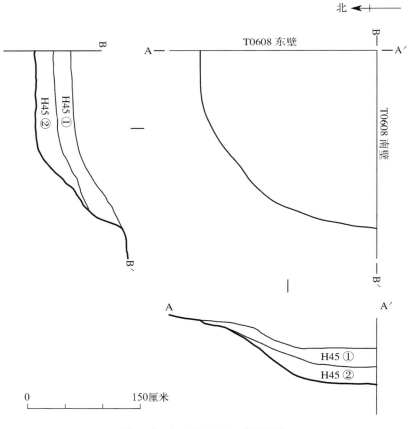

图一六三　H45平、剖面图

以素面为主，有少量席纹。硬陶仅 1 片，器形为瓿；纹饰为折线纹。原始瓷仅 1 片，器形为盂。

H47～H51 位于东垣内侧，T0609 内，开口于第⑦B 层下，打破第⑧B 层。H47、H48、H50、H51 坑壁较陡，坑内黄土被挖去，填土为一次性回填的灰土，属取土为目的形成的坑，其功能、用途应一致。H47、H48、H50 位于东垣内侧的斜坡面上，H51 位于东垣与台 37 之间低洼地带。H49 坑内堆积明显不同，应为使用过程中逐渐堆积形成。

11. H47

打破 H48。平面呈不规则的椭圆形，壁陡直，底部凹凸不平，西侧稍高。坑口东西直径约 1.35、南北直径约 0.9、深 0.45～0.75 米（图一六五，1；彩版七三，1、2）。

坑内填土为灰褐色花土，为一次性填土。略疏松，含少量木灰，出土少量残陶片。

12. H48

平面近梯形，大致南北向，北窄南宽，东南角被 H47 打破。壁陡直，底凹凸不平。南北长约 1.8、东西宽 1～1.3、深 0.1～0.35 米（图一六五，2；彩版七四，1、2）。

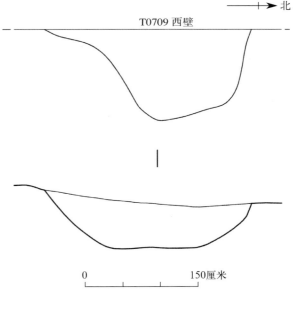

图一六四　H46 平、剖面图

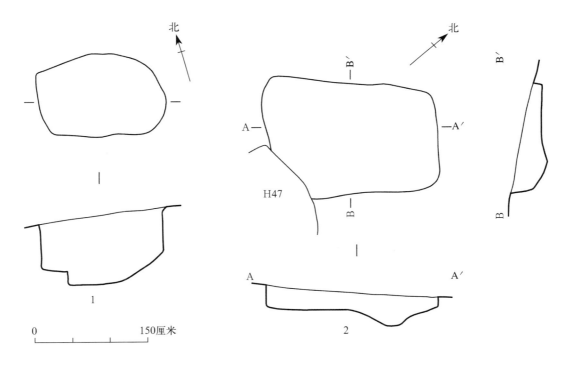

图一六五　H47、H48 平、剖面图
1. H47　2. H48

坑内填土灰黑色，为一次性填土。疏松，易散，含大量木灰，出土少量陶器残片。

13.H49

位于东垣内侧，T0609 东北角，向北延伸至探方外，未发掘完整。

发掘部分平面呈半圆形，弧壁，圜底。坑口东西直径约 2.7、南北直径约 2.1、深约 0.6 米（图一六六）。

坑内堆积分 2 层：

H49①层：灰黄色花土，厚 0.1 ～ 0.35 米。为灰坑废弃后的填土。略疏松，较纯净，夹少量木灰。

H49②层：灰黑色土，厚 0 ～ 0.3 米。斜坡状堆积，由坑边向中部倾斜，为灰坑使用过程中逐渐形成的堆积。疏松，较软，含大量草木灰，出土少量陶瓷残片。

14.H50

平面呈长椭圆形，西南至东北方向，斜直壁，底部东高西低，较平整。坑口南北直径约 2、东西直径约 0.95、深 0.15 ～ 0.25 米（图一六七）。

坑内填土为灰黄色花土，略疏松，内含少量木灰及红烧土，出土少量陶瓷残片。

15.H51

平面形状不规则的梯形，北侧宽，南侧略窄，斜直壁，底部平整。长约 3、宽 0.75 ～ 2、深 0.15 ～ 0.25 米（图一六八，1）。

坑内堆积灰黑色，疏松，较软，内含大量草木灰。

出土陶瓷残片 194 片。以夹砂陶为主，占 66%，器形有鬲、鼎；均素面。泥质红陶占 22.5%，器形基本为凹圜底罐，纹饰以方格纹、雷纹为主，另有少量席纹。泥质灰陶占 7%；器形有罐、盆、钵、豆；以素面为主，另有少量席纹。硬陶占 3.5%，器形为坛、瓶类；纹饰为方格纹、折线纹、回纹。原始瓷占 1%，器形有碗、盏。

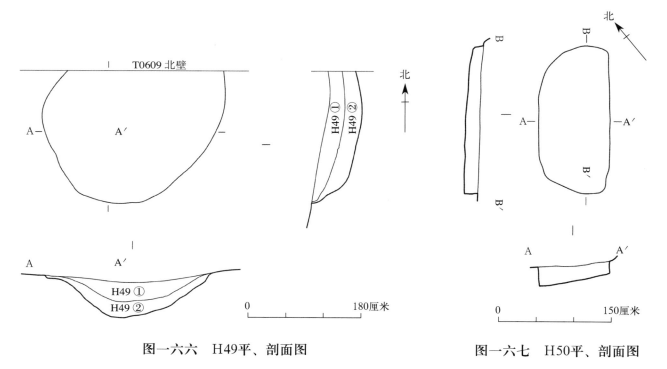

图一六六　H49平、剖面图　　　　　　　图一六七　H50平、剖面图

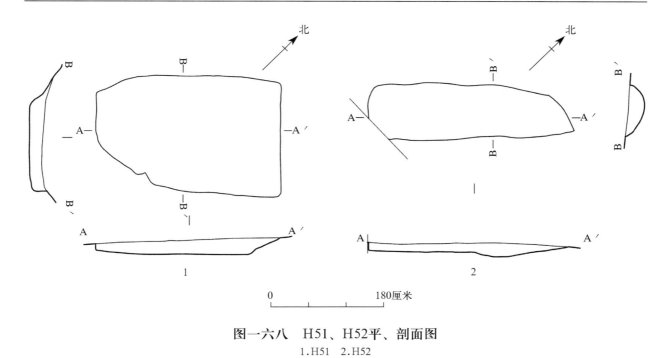

图一六八　H51、H52平、剖面图
1.H51　2.H52

16.H52

位于 T0709 西南部。开口于第⑦ B 层下，打破第⑧ B 层。

平面呈不规则形的长条形，西南至东北走向，横截面底呈弧形，南壁陡直，北壁斜坡状。长约 3.2、宽 0.65 ～ 0.95、深 0.1 ～ 0.25 米（图一六八，2）。

坑内堆积灰黑色，疏松，内含少量草木灰。

17.H53

位于 T0809 东部，T0810 西部，台 6 东侧，台 38 北侧，探方隔梁部分未发掘。开口于第⑤ C 层下，打破第⑥ B 层。

平面大致呈不规则的椭圆形，斜壁较陡，底近平。坑口直径 4.6 ～ 5.2、深约 0.95 米（图一六九）。

坑内堆积分 2 层：

H53 ①层：灰色土，厚 0 ～ 0.25 米，缓坡状堆积，由坑边向中部倾斜，为灰坑使用过程中逐渐形成的堆积。土质略软，部分层次表面有较多木灰。

H53 ②层：灰褐色花土，厚 0.4 ～ 0.7 米。边缘厚，中部薄。土质稍软，纯净，含少量红烧土。

出土陶瓷残片 151 片。夹砂陶占 35.1％，器形有鬲、鼎、甗、釜；均素面。泥质红陶占 53％，器形为凹圜底罐，纹饰为席纹、方格纹，另有少量云雷纹。泥质灰陶占 4.6％；器形为盆、钵、豆；均素面。硬陶占 7.3％，器形为坛、瓿类；纹饰为席纹、方格纹、折线纹、回纹。

18.H54

位于 T0708 东部，北邻 H55，与 H55 为同一时期的遗迹单位。东邻灶坑 3。开口于第④ B 层下，打破第⑤ B 层。

平面呈椭圆形，坑口北高南低，弧壁，圜底，壁面光滑。坑口直径 0.6 ～ 0.85、深约 0.2 米（图

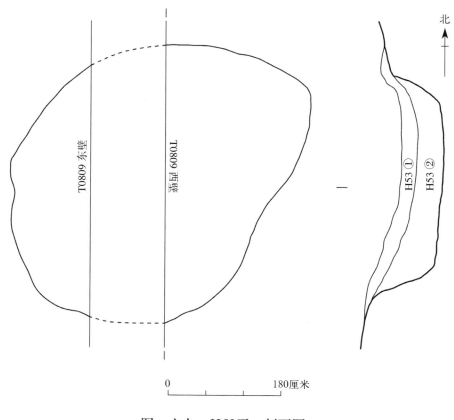

北

T0809 东壁

T0809 东壁

H53①

H53②

0　　　　　　　　　180厘米

图一六九　H53平、剖面图

一七○）。

　　坑内堆积为深灰色花土，为一次性填土。较松软，局部含有较多木灰，无陶瓷器出土。

　　19. H55

　　位于 T0708 东北角，南邻 H54。开口于第④B 层下，打破台 6B 层。

　　平面呈椭圆形，坑口为北高南低斜坡状，弧壁，圜底。坑口直径 1～1.3、深约 0.5 米（图一七一）。

　　坑内堆积黄褐色，为一次性回填堆积所形成。坚硬，夹有较多红烧土，无出土陶瓷残片。

　　20. H57

　　位于 T1009 西北部，台 44 的西侧坡面上。开口于第④B 层下，打破第⑤B 层。

　　坑口平面近椭圆形，壁近直，底部稍平。坑口直径 0.7～0.8、深约 0.45 米。坑底偏东部有一小圆坑，直径约 0.2、深约 0.1 米（图一七二）。

　　坑内堆积黄色，为一次性填土。土质略坚硬，较纯净。

　　21. H59

　　位于 T1008 内。开口于第③B 层下，打破第④A 层。

　　平面形状不规则，斜壁，底稍平。坑口东西长约 1.9、南北宽约 1.3、深约 0.45 米（图一七三）。

　　坑内填土灰褐色，为一次性填土。土质稍软，内含有少量红烧土颗粒及木灰，出土少量陶瓷残片。

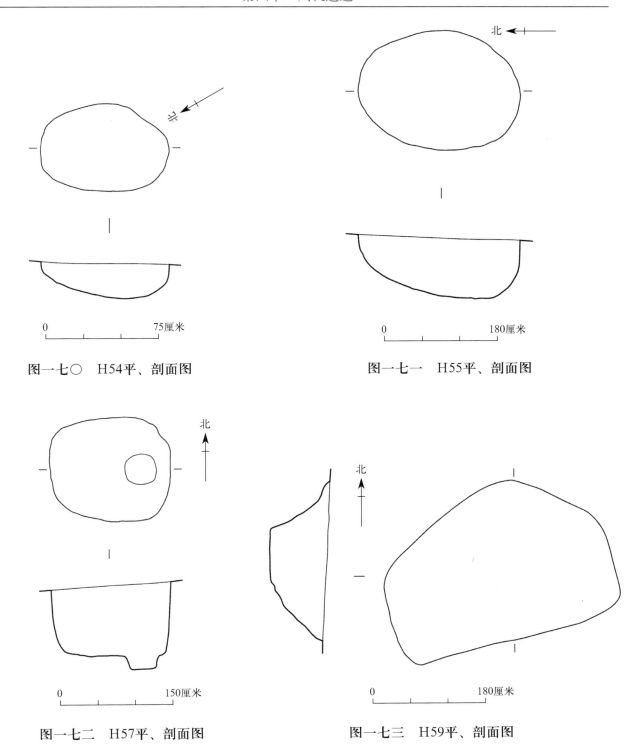

图一七〇　H54平、剖面图

图一七一　H55平、剖面图

图一七二　H57平、剖面图

图一七三　H59平、剖面图

22.H60

位于 T1008 内，台 56 北侧。开口于第④ B 层下，打破第⑤ B 层。

平面呈不规则的长条形，东北至西南走向，斜壁，底部西高东低。坑口长约 1.9、宽约 0.9、深 0.1 ～ 0.2 米（图一七四）。

坑内堆积灰黑色，土质疏松，含大量木灰，出土少量陶瓷残片。

23．H61

位于 T1008 东南角，T1009 西南角，台 27、台 43、台 44 之间，隔梁部分未发掘。开口于第⑥B层下。

坑口平面近圆形，弧壁，底部稍平坦。坑口直径 4.5 ～ 5、深约 1.4 米（图一七五）。

坑内堆积分 3 层：

H61 ①层：黄色花土，厚 0 ～ 0.35 米。为灰坑废弃后的垫土，坚硬，纯净，局部含少量红烧土。

H61 ②层：浅灰色土，厚 0 ～ 0.4 米。叠压于第⑦B层之上，斜坡状堆积，由坑边向中部倾斜，为灰坑使用过程中逐渐形成的堆土和淤土。土质疏松、易散，细腻，纯净，部分层次表面有较多木灰

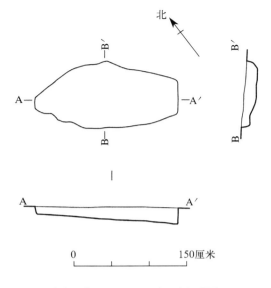

图一七四　H60平、剖面图

及少量红烧土。出土陶瓷残片 268 片。夹砂陶占 30.6%，器形有鬲、鼎、甗；均素面。泥质红陶占 49.3%，器形基本为凹圜底罐，纹饰以席纹、方格纹为主，另有少量云雷纹。泥质灰陶占 6.7%；

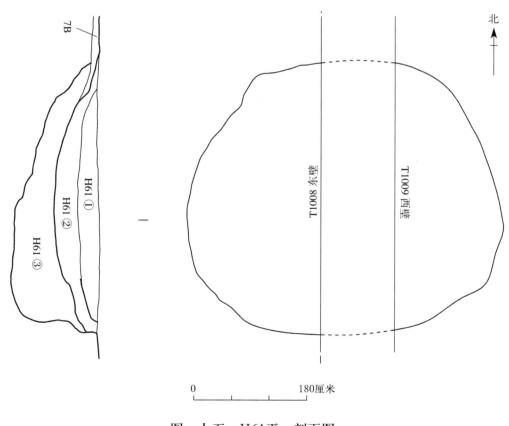

图一七五　H61平、剖面图

器形有罐、盆、钵、豆；以素面为主，另有少量席纹。硬陶占 11.9%，器形为罐、瓿类；纹饰为方格纹、小单元菱形填线纹，另有少量折线纹、回纹。原始瓷占 1.5%，器形为碗。

H61 ③层：灰泛褐色土，厚 0 ～ 0.95 米。被第⑦ B 层叠压，斜坡状堆积，由坑边向中部倾斜，为灰坑使用过程中逐渐形成的堆土和淤土。疏松，部分层次表面有较多木灰及少量红烧土。出土少量陶瓷残片。

24.H62

位于 T1109 内，东垣晚期平台之上。开口于第②层下，打破第④层。

平面呈不规则的椭圆形，直壁，底部东高西低斜状。坑口东西直径约 1.45、南北直径约 1.9、深 0.1 ～ 0.25 米（图一七六）。

坑内填土黄褐色，为一次性填土。土质较硬，纯净。

坑东侧填土被一圆形坑打破，直径 0.65 ～ 0.7、深约 0.18 米。填土黄色，坚硬密实，纯净。

25.H63

位于 T1109 西南角，台 43 西侧，台 44 北侧。开口于第④ B 层下，打破第⑤ B 层。

平面呈圆角长方形，东南至西北走向，弧壁，底部较平整。坑口南北长约 3.7、东西宽约 1.8、深约 0.7 米（图一七七）。

坑内堆积分 2 层：

H63 ①层：灰黄色花土，厚 0 ～ 0.55 米。为坑废弃后的填土，稍坚硬，含少量红烧土。

H63 ②层：深灰色土，厚约 0.1 米。斜坡状堆积，由坑边向中部倾斜，为灰坑使用过程中逐渐形成的堆积。土质较松散，含较多木灰、红烧土。

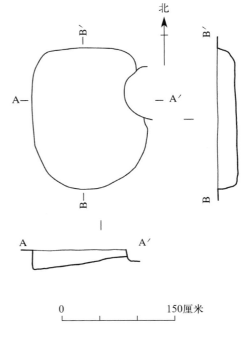

图一七六　H62平、剖面图

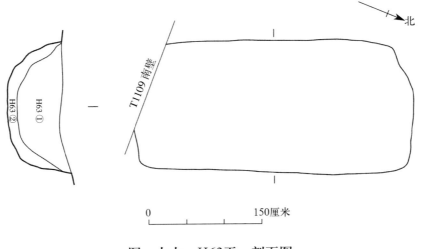

图一七七　H63平、剖面图

26.H64

位于 T1109 内，土垣内侧斜坡面上。开口于第③B 层下，打破第④层。

平面呈圆形，坑口东高西低，弧壁，圜底。坑口直径约 1.6、深约 0.35 米（图一七八）。

坑内填土黄色，硬结，夹有大量块状红烧土，大小不等，杂乱堆积于坑内。

27.H65

位于 T1109 东南角，向南延伸至探方外，未发掘完整。开口于第⑦B 层下，打破第⑧B 层。

平面形状不规则，斜壁，底部呈北高南低二层台阶状。发掘部分坑口南北长约 2.35、东西宽 2.1、深约 0.55 米（图一七九，1；彩版七五，1、2）。

坑内堆积灰黑色，由坑边向中部倾斜，多个层面含有较多木灰，为灰坑使用过程中逐渐形成的堆积。土质软，内含有木灰及红烧土。

出土陶瓷残片 93 片。夹砂陶占 53.8%，器形有鬲、鼎；均素面。泥质红陶占 33.3%，器形为凹圜底罐，纹饰为席纹、方格纹。泥质灰陶占

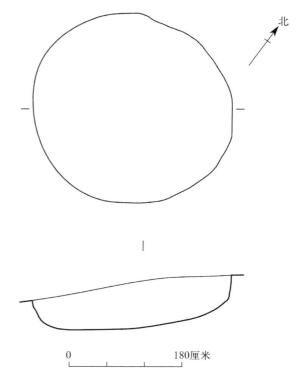

图一七八　H64平、剖面图

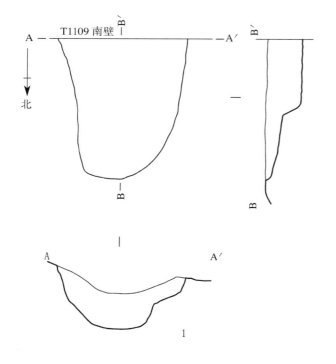

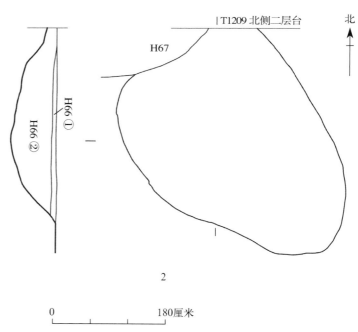

图一七九　H65、H66平、剖面图

1.H65　2.H66

5.4%；器形有盆、钵、豆；均素面。硬陶占 7.5%，器形为坛、瓶类，另有少量碗盂；纹饰为方格纹、折线纹、回纹。

28.H66

位于东垣内侧，T1209 内，南邻台 52。开口于第⑦B 层下，西北部被 H67 打破。

平面形状不规则，弧壁，圜底。坑口直径 3.1 ～ 4.2、深 0.75 米（图一七九，2）。

坑内堆积分 2 层：

H66 ①层：黄褐色花土，厚 0 ～ 0.1 米。顶面较平整，土质略硬，纯净。

H66 ②层：红烧土堆积，厚 0 ～ 0.7 米。为一次性填土，硬结，红烧土为大小不等的块状，见较多外红内黑的大块红烧土。

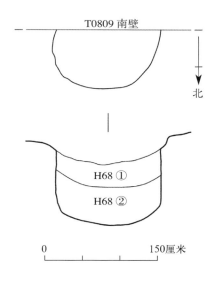

图一八〇　H68平、剖面图

出土陶瓷残片 407 片。夹砂陶占 21.1%，器形有鬲、鼎；均素面。泥质红陶占 37.1%，器形为凹圜底罐，纹饰为席纹、方格纹。泥质灰陶占 6.9%，器形有罐、盆、钵、豆，均素面。硬陶占 33.9%，器形为坛、瓶类；纹饰为席纹、方格纹、菱形填线纹、折线纹、回纹。原始瓷占 1%，器形为碗。

29.H68

位于 T0809 西南角，台 6 东南角，向南延伸至探方外，未发掘完整。开口于第④B 层下，打破台 6B 层。

发掘部分平面近半圆形，壁陡直，底近平。坑口东西直径约 1.4、南北直径约 0.8、深约 1 米（图一八〇）。

坑内堆积分 2 层：

H68 ①层：浅黄色土，厚约 0.3 米。淤积形成，略松散，细腻，纯净，含很少量红烧土。

H68 ②层：黄褐色花土，厚约 0.5 米。倒塌堆积，土质略紧，含少量红烧土。

30.H69

位于 T0909 北部，T1009 南部，北邻台 44，南邻台 45，探方隔梁及 T1009 坡道部分未发掘。开口于第⑦A 层下，打破第⑦B 层。

发掘部分平面近圆形，斜壁陡直，底平坦。坑口东西直径约 4.1、南北直径约 4.3、深约 1 米（图一八一）。

坑底为灰褐色淤土。土质略软，细腻，纯净。

出土陶瓷残片 77 片。夹砂陶占 46.8%，器形有鬲、鼎；均素面。泥质红陶最多，占 37.7%，器形为凹圜底罐，纹饰为席纹、方格纹。泥质灰陶占 10.4%，器形有罐、盆、钵、豆，均素面。硬陶占 5.2%，器形为罐、瓶类；纹饰为折线纹、回纹。

31.H70

位于 T0908 西北角，向西延伸至探方外，未发掘完整。开口于第⑥B 层下，打破第⑦B 层。

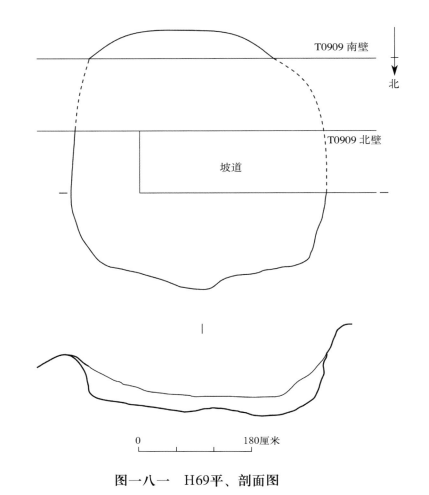

图一八一　H69平、剖面图

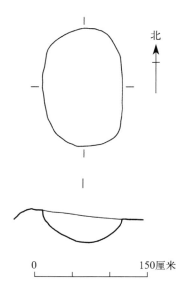

图一八二　H70平、剖面图

图一八三　H72平、剖面图

发掘部分平面呈半圆形，弧壁，底稍平。坑口东西直径约 2.45、南北直径约 4.7、深约 0.9 米（图一八二）。

坑内堆积浅灰色，略疏松，含杂质较少，出土少量陶器残片。

32.H72

位于 T0908 西北角，台 27 下红烧土堆积西侧。开口于第⑥B 层下，打破第⑦B 层。

平面呈椭圆形，弧壁，圜底。坑口东西直径约 1.05、南北直径 1.6、深约 0.35 米（图一八三）。

坑内堆积为浅灰色花土，略疏松，细腻，纯净，含少量木灰。

第五章　周代遗物

一　夹砂陶器

共 98 件。器形有夹砂陶鼎、鬲、甗、釜、甑、箅、饼、罐、钵、支脚等。另择夹砂陶鼎足、鬲足及甗、釜残件 41 件介绍。

1.夹砂陶鼎

37 件。

A 型　17 件。鼓腹。

Aa 型　10 件。圆锥形足。制作较粗糙，器形不太规整，表面不平整。

Aa I 式　6 件。卷沿。

T1108 ⑨：5，灰褐色胎，表面呈灰黑色，足呈红褐色。侈口，圆唇，卷沿，束颈，鼓腹，圜底，圆锥形足，足尖残。制作较粗糙，表面有捺窝。口径 14.8 ～ 15.2、残高 11.8 厘米（图一八四，1；彩版七六，1）。

T1108 ⑧ A：16，灰褐色胎，表面呈灰黑色，足呈红褐色。侈口，尖唇，卷沿，束颈，鼓腹，圜底，足残，根部呈圆锥形。制作较粗糙，表面有捺窝。口径 15.4、残高 11.1 厘米（图一八四，2）。

T1109 ⑦ B：2，灰褐色胎，表面局部呈灰黑色，足呈红褐色。侈口，圆唇，卷沿，束颈，鼓腹，圜底，圆锥形足。制作较粗糙，表面凹凸不平。口径 10.7 ～ 11.3、高 11.8 ～ 12.3 厘米（图一八四，3；彩版七六，2）。

H17 ③：15，红褐色胎。侈口，尖唇，卷沿，束颈，鼓腹，底残，圆锥形足外撇。口径 20、高 21.5 厘米（图一八四，4；彩版七六，3）。

T0905 ⑦：15，灰褐色胎，表面呈灰黑色，足呈灰褐色。侈口，圆唇，卷沿，束颈，鼓腹，圜底，圆锥形足稍内聚。口径 18.4、高 20.6 厘米（图一八四，5）。

T0910 ⑦ A：14，红褐色胎，表面局部呈灰黑色。侈口，尖唇，卷沿，束颈，深鼓腹，底残，圆柱状足。口径 17.2、高 23.6 厘米（图一八四，6；彩版七六，4）。

Aa II 式　3 件。折沿。

T0810 ⑤ B：3，灰褐色胎，表面呈灰色。侈口，圆唇，折沿，束颈，鼓腹，圜底，圆锥形足。口径 10.7、高 12.4 厘米（图一八四，7；彩版七六，5）。

T0810 ⑤ B：6，红褐色胎，夹粗砂粒。侈口，圆唇，折沿，束颈，鼓腹，圜底，底心残，圆锥形足，足尖部残。口径 19、高 14.4 厘米（图一八四，8）。

T1005 ⑤：4，红褐色胎。侈口，圆唇，折沿，束颈，深鼓腹，圜底近平，底心残，圆锥形足。口径 18.8、高 24.3 厘米（图一八四，9；彩版七六，6）。

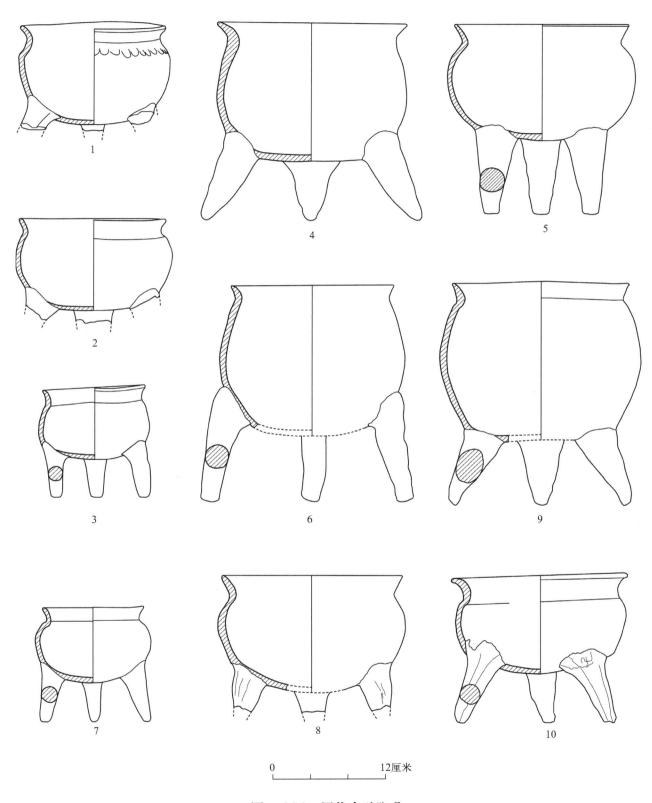

0　　　　　　　　12厘米

图一八四　周代夹砂陶鼎

1～6.AaⅠ式T1108⑨：5、T1108⑧A：16、T1109⑦B：2、H17③：15、T0905⑦：15、T0910⑦A：14　7～9.AaⅡ式
T0810⑤B：3、T0810⑤B：6、T1005⑤：4　10.AaⅢ式T0806③：3

Aa Ⅲ式　1件。卷沿近平。

T0806③：3，灰褐色胎，表面呈灰黑色，底、足部呈红褐色。侈口，尖唇，卷沿近平，束颈，鼓腹，圜底，圆锥形足。制作较粗糙，表面凹凸不平。口径 17.7 ～ 18.6、高 15.6 ～ 16.4 厘米（图一八四，10；彩版七七，1）。

Ab 型　7件。鬲鼎，圆锥形足，足根部下凹。口沿呈三个弧形组成。器形规整，轮修痕迹明显，表面平整。

Ab Ⅰ式　4件。折沿。胎质致密，表面有烟炱痕迹。

T1108⑩：17，红褐色胎，表面局部呈灰黑色。侈口，方唇，折沿，束颈，鼓腹，底部残，圆柱状足，足底平，足根部下凹。口径 20、高 17.9 厘米（图一八五，1；彩版七七，2）。

G4②：34，红褐色胎，表面局部呈灰黑色。侈口，尖唇，窄卷沿，束颈，鼓腹，底部残，圆柱状足，足尖残，足根部下凹。口径 15、残高 13 厘米（图一八五，2）。

G4②：26，红褐色胎，表面局部呈灰黑色。侈口，尖唇，窄折沿，束颈，鼓腹，底部残，圆柱状足，足底平，足根部下凹。口径 12.2、高 11.9 厘米（图一八五，3；彩版七七，3）。

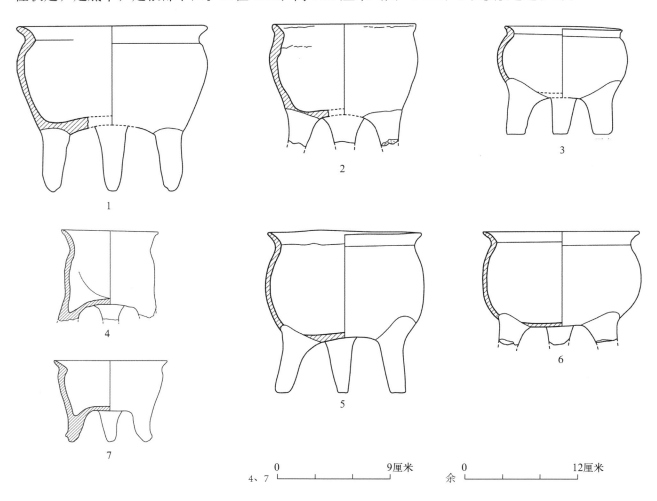

图一八五　周代夹砂陶鼎

1～4.AbⅠ式T1108⑩：17、G4②：34、G4②：26、T1108⑧B：12　5、6.AbⅡ式台44E②：5、台44E②：7　7.AbⅢ式T0705③：13

T1108 ⑧ B：12，红褐色胎，表面局部呈灰黑色。侈口，尖唇，折沿，束颈，鼓腹，圆柱状足，足尖残，足根部下凹。口径 7.6、高 7.3 厘米（图一八五，4）。

Ab Ⅱ 式 2 件。折沿，夹角较大。胎质疏松。

台 44E ②：5，红褐色胎，表面局部呈灰黑色。侈口，尖唇，折沿，束颈，鼓腹，圜底近平，圆锥形足，足根部下凹。口径 15.7 ～ 16.3、高 17.6 厘米（图一八五，5；彩版七七，4）。

台 44E ②：7，红褐色胎，底、足部呈灰黑色。侈口，尖唇，折沿，束颈，鼓腹，圜底近平，圆锥形足，足根部略下凹，足尖部残。口径 15.7 ～ 16.4、高 12.4 厘米（图一八五，6；彩版七七，5）。

Ab Ⅲ 式 1 件。窄折沿。制作较粗。

T0705 ③：13，红褐色胎。侈口，尖唇，窄折沿，束颈，鼓腹稍浅，圆锥形足，足根部下凹。口径 9、高 6.6 厘米（图一八五，7；彩版七七，6）。

B 型 14 件。弧腹。

T0910 ⑦ A：28，红褐色胎。侈口，圆唇，折沿，沿面下凹，浅弧腹，圜底近平，腹底间折，足残，残留有疤痕。口径 20、残高 6.6 厘米（图一八六，1）。

台 6C：7，灰褐色胎。侈口，尖唇，折沿，弧腹，圜底近平，柱状足。口径 12.5、高 10.4 厘米（图一八六，2；彩版七八，1）。

H17 ③：16，红褐色胎，表面局部呈灰黑色。敞口，尖唇，平折沿，弧腹，圜底近平，底部残，扁柱形足，足尖外撇。口径 23.6、残高 19.8 厘米（图一八六，3；彩版七八，2）。

T0709 ⑤ A：5，灰褐色胎。敞口，尖唇，平折沿，弧腹近直，圜底近平，底心残，矮扁足，截面呈长方形。口径 12.5、高 5.8 厘米（图一八六，4）。

台 15B ②：1，灰褐色胎，内表面呈红褐色。侈口，尖唇，窄折沿，浅直腹，平底，扁平足，底心、足尖残。口径 12、残高 4.5 厘米（图一八六，5）。

T1109 ⑤ B：6，灰褐色胎。侈口，尖唇，窄折沿，弧腹，圜底，扁柱足。口径 14.5、高 12.7 厘米（图一八六，6；彩版七八，3）。

T0909 ③ B：1，红褐色胎。侈口，方唇，折沿，腹微弧，平底，圆锥形足。口径 12.8、高 13.5 厘米（图一八六，7；彩版七八，4）。

T1006 ③：9，红褐色胎，一侧表面呈灰黑色。敞口，尖唇，卷沿，深弧腹，圜底近平，底心残，圆锥形足，足尖残。口径 16.2、残高 14.5 厘米（图一八六，8）。

T0905 ③：15，灰褐色胎，胎质疏松。侈口，尖唇，斜折沿，腹稍弧，平底，足残，底部保留疤痕。口径 16、残高 6.4 厘米（图一八六，9）。

T0810 ③：10，红褐色胎，夹白色粗砂粒，一侧呈灰黑色。口微侈，圆唇，卷沿略残，微束颈，弧腹，平底，足残，但底部残留三个疤痕。器形不规整。口径 11、残高 5.4 厘米（图一八六，10）。

T1005 ④：7，灰褐色胎，表面呈斑驳的灰黑色。侈口，尖唇，窄折沿，弧腹，圜底，底心、足尖残。制作较粗糙，表面凹凸不平。口径 13、残高 5.4 厘米（图一八六，11）。

T0908 ②：5，灰褐色胎，表面呈灰黑色。敞口，尖唇，弧腹，平底，足残，底部保留疤痕。制作较粗糙，表面凹凸不平。口径 11.5、残高 5.6 厘米（图一八六，12）。

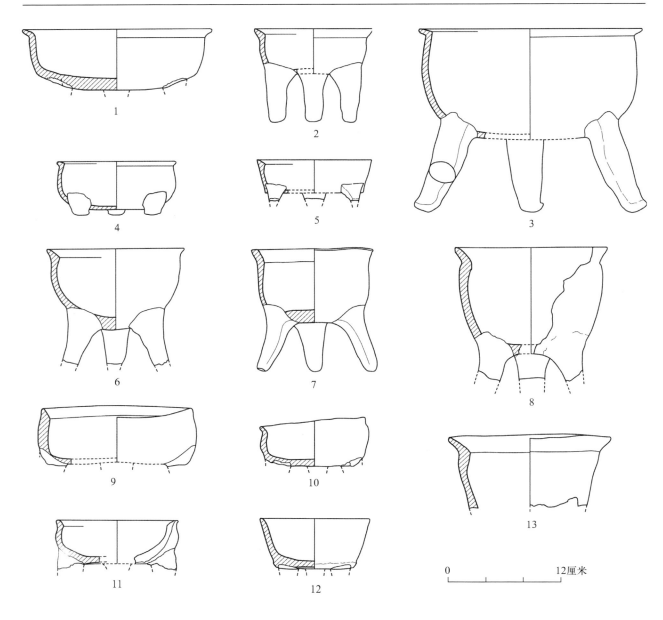

图一八六　周代夹砂陶鼎

1～13.B型T0910⑦A：28、台6C：7、H17③：16、T0709⑤A：5、台15B②：1、T1109⑤B：6、T0909③B：1、T1006③：9、
T0905③：15、T0810③：10、T1005④：7、T0908②：5、T0802④A：6

　　T0802④A：6，灰黑色胎，表面多呈红褐色。侈口，方唇，宽折沿，斜弧腹，底、足残。口径17.2、残高8.3厘米（图一八六，13）。

　　C型　6件。绳纹鼎。沿面宽，器形规整。

　　CI式　2件。鼓腹。

　　H18：1，红褐色胎，表面局部呈灰黑色。侈口，圆唇，宽卷沿，微束颈，鼓腹，圜底，底心残，圆锥形足。表面饰竖绳纹，多抹平。口径28.8、残高25.6厘米（图一八七，1；彩版七八，5）。

　　T1108⑤B：9，红褐色胎，表面呈灰黑色。侈口，尖唇，折沿近平，鼓腹，底、足残。表面饰竖绳纹。口径28.6、残高17.8厘米（图一八七，2）。

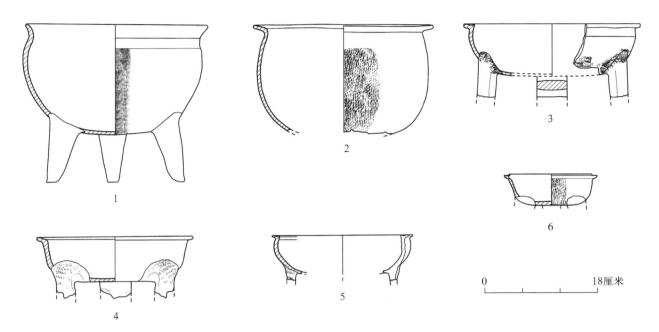

图一八七　周代夹砂陶鼎

1、2.С I 式H18：1、T1108⑤B：9　3～6.С II 式T1005③：6、T1006③：10、T1006③：11、H19③：1

С II 式　4件。浅弧腹。

T1005③：6，红褐色胎，外壁局部呈灰黑色。敞口，圆唇，平折沿，沿面下凹，浅弧腹，圜底，底中部残，扁平足，截面呈长方形，足尖残。腹底、足根部饰绳纹。口径28、残高11.7厘米（图一八七，3）。

T1006③：10，灰黄色胎，表面局部呈灰黑色。敞口，圆唇，平折沿，沿面下凹，浅弧腹，圜底近平，底心残，扁平足，足尖残。足根部饰绳纹。口径24.8、残高9.9厘米（图一八七，4；彩版七八，6）。

T1006③：11，灰黑色胎，表面呈灰黄色，局部有烟炱痕。敞口，尖唇，平折沿，浅弧腹，圜底近平，底心残，扁平足，足尖残。盆底、足根部饰绳纹。口径22.4、残高7.4厘米（图一八七，5）。

H19③：1，红褐色胎。敞口，尖唇，平折沿，沿面下凹略残，浅弧腹，圜底，足残，残留有疤痕。腹部饰绳纹。口径14.2、残高5.2厘米（图一八七，6）。

2.夹砂陶鼎足

遗址各阶段出土的鼎足较多，以下选择10件各阶段典型鼎足进行介绍。

A型　尖锥状足。

A I 式　足尖稍钝平。灰褐色胎，表面呈灰黑色，器内有灰黑色残留物。截面圆形，足尖钝平，凹凸不平。

T0805⑰：9，残高9.1厘米（图一八八，1）。

T1108⑨：33，残高9.8厘米（图一八八，2）。

T1209⑦A：7，残高11.8厘米（图一八八，3）。

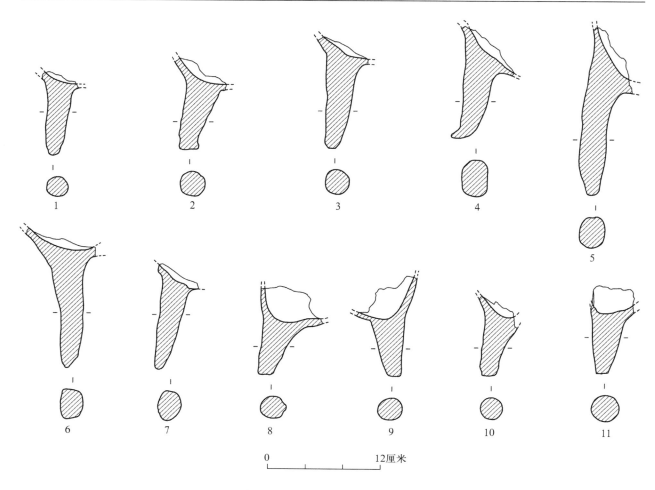

0   12厘米

图一八八　周代夹砂陶鼎足

1~3.AⅠ式T0805⑰：9、T1108⑨：33、T1209⑦A：7　4~7.AⅡ式T0805③：28、T0805③：29、T1108④B：9、T1108③A：3
8~11.B型T1108⑬：7、G4②：36、T1108⑦B：13、T1108⑧B：21

　　AⅡ式　足尖尖细，器形各异。夹砂陶，红褐色胎。截面扁平。

　　T0805③：28，器内有灰黑色残留物。足尖外撇。残高12.2厘米（图一八八，4）。

　　T0805③：29，足稍内聚。残高18.2厘米（图一八八，5）。

　　T1108④B：9，残高15.2厘米（图一八八，6）。

　　T1108③A：3，残高11.4厘米（图一八八，7）。

　　B型　足根内凹，鬲式鼎。足尖钝平，根内凹。灰褐色胎，表面呈灰黑色。

　　T1108⑬：7，残高9.4厘米（图一八八，8）。

　　G4②：36，残高10.8厘米（图一八八，9）。

　　T1108⑦B：13，残高8.6厘米（图一八八，10）。

　　T1108⑧B：21，残高9.6厘米（图一八八，11）。

　　3．夹砂陶鬲

　　41件。分为四型。A型、BⅠ式、BⅡ式鬲口沿圆度较差，大多以三个足的位置为中心，呈三个相连的弧形。以T1108⑩：8、H74②：3、G4②：9、台15B①：3最为明显。而BbⅢ式、

C 型口沿则基本呈圆形。

A 型　28 件。分裆，尖锥状足。

A I 式　1 件。束颈，宽折沿。

T0805⑮：5，灰黑色胎，局部呈斑驳的灰褐色。侈口，圆唇，宽折沿，束颈，弧腹，分裆，空足，实足尖钝平。口径 22.4 ～ 23.7、高 23.7 ～ 24.6 厘米（图一八九，1；彩版七九，1）。

A II 式　4 件。宽折沿，尖锥状足。

T1109⑬：3，夹砂陶，红褐色胎，表面局部呈灰黑色。侈口，圆唇，微卷沿，腹微弧，分裆，空足，实足尖尖细。口径约 17.5、高 18.4 厘米（图一八九，2）。

T0806⑫：8，灰褐色胎，表面局部呈斑驳的灰黑色。侈口，圆唇，折沿稍卷，束颈，弧腹，分裆，空足。口径 20.8、高 25.2 厘米（图一八九，3）。

T1009⑫A：1，灰褐色胎，表面局部呈斑驳的灰黑色。侈口，圆唇，宽折沿，颈微束，腹较直，分裆，空足。口径 30.3、高 32.6 厘米（图一八九，4；彩版七九，2）。

T0806⑫：6，红褐色胎，外表面呈斑驳的灰黑色。侈口，圆唇，折沿稍卷，束颈，腹微弧，分裆，空足，足肥硕，实足尖尖细。表面平整，有明显的刮修痕迹。口径约 23.4、高 25.4 厘米（图一八九，5；彩版七九，3）。

A III 式　5 件。沿微卷，足根部鼓突。

H74②：3，红褐色胎，外表面呈斑驳的灰黑色。侈口，圆唇，微卷沿，束颈，腹微弧，分裆，空足，足肥硕，实足尖尖细。口沿平面呈三个相连的弧形，分别对应三足，沿不甚规整。表面平整，有明显的刮修痕迹。口径约 19.4、高 23 ～ 23.9 厘米（图一八九，6；彩版七九，4、5）。

T1108⑩：4，红褐色胎，外表面呈斑驳的灰黑色。侈口，厚圆唇，卷沿，束颈，腹微弧，分裆，空足，足肥硕，实足尖尖细。表面光滑，有明显的刮修痕迹。口径约 21.4、高 23.6 厘米（图一八九，7；彩版七九，6）。

T1108⑩：3，红褐色胎，外表面呈斑驳的灰黑色。侈口，厚圆唇，折沿，束颈，腹微弧，分裆，空足，足肥硕，实足尖尖细。表面光滑，有明显的刮修痕迹。口径约 18.8、高 22.2 厘米（图一八九，8）。

T1008⑦B：1，红褐色胎，外表面呈斑驳的灰黑色。侈口，圆唇，微卷沿，束颈，腹微弧，分裆，空足，足肥硕，实足尖尖细。口沿平面呈三个相连的弧形，分别对应三足，沿不甚规整。表面平整，有明显的刮修痕迹。口径 20 ～ 21.4、高 21.4 厘米（图一八九，9）。

T1108⑦B：2，红褐色胎，表面呈灰黑色。侈口，圆唇，折沿微卷，束颈，腹微弧，分裆，空足，足尖部残。口径约 17.8、残高 13.8 厘米（图一八九，10）。

A IV 式　9 件。足根部鼓突，至尖部急收，裆部更高。

T1108⑩：7，红褐色胎，外表面呈斑驳的灰黑色。侈口，圆唇，卷沿，沿面不平整，束颈，腹微弧，分裆，空足外撇，足根部鼓突，至尖部急收，实足尖尖细。表面光滑，有明显的刮修痕迹。口径约 17.8、高 22.5 厘米（图一九〇，1；彩版八〇，1）。

G4②：3，黄褐色胎，外表面呈灰黄色。侈口，圆唇，卷沿，沿面不平整，束颈，腹微弧，分裆，空足外撇，足根部鼓突，至尖部急收，实足尖尖细。口沿平面呈三个相连的弧形，分别对应三足。

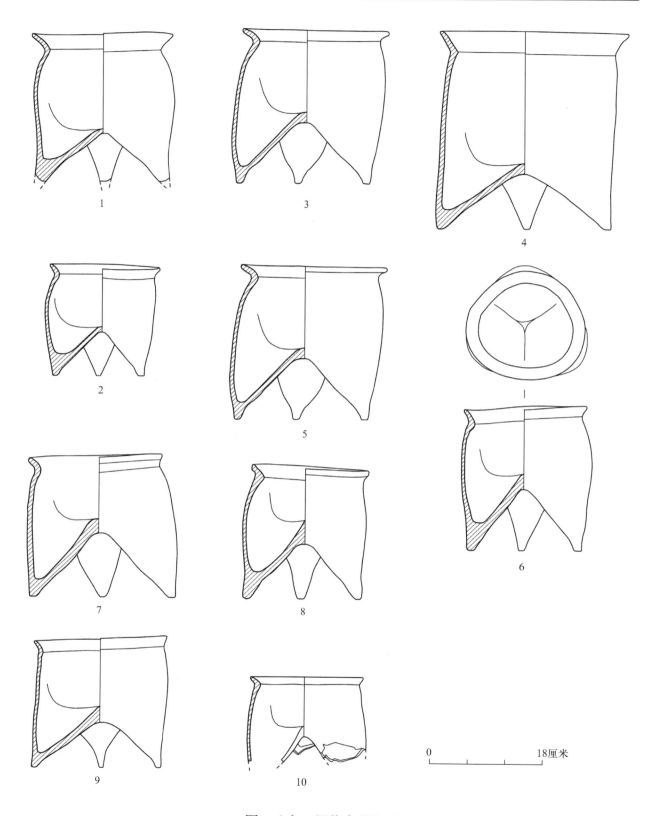

图一八九　周代夹砂陶鬲

1.AⅠ式T0805⑮：5　2～5.AⅡ式T1109⑬：3、T0806⑫：8、T1009⑫A：1、T0806⑫：6　6～10.AⅢ式H74②：3、
T1108⑩：4、T1108⑩：3、T1008⑦B：1、T1108⑦B：2

表面光滑，有明显的刮修痕迹。口径约 19、高 21.4 厘米（图一九〇，2）。

G4②：9，灰褐色胎。侈口，尖唇，卷沿，束颈，腹微弧，分裆，空足，足根部鼓突，至尖部急收，实足尖。口沿平面呈三个相连的弧形，分别对应三足。表面光滑，有明显的刮修痕迹。口径 13.4～14.1、高 15.8 厘米（图一九〇，3；彩版八〇，2）。

G4②：1，灰褐色胎，表面呈斑驳的灰黑色。侈口，圆唇，折沿微卷，束颈，腹微弧，分裆，空足，足根部鼓突，至尖部急收，实足尖尖细。表面光滑，有明显的刮修痕迹。口径约 14.8、高 16.3 厘米（图一九〇，4；彩版八〇，3）。

T0609⑧A：5，灰褐色胎，表面呈斑驳的灰黑色。侈口，尖唇，卷沿，束颈，腹微弧，分裆，空足，足根部鼓突，实足尖尖细。表面光滑，有明显的刮修痕迹。口径约 15.6、高 15.2 厘米（图

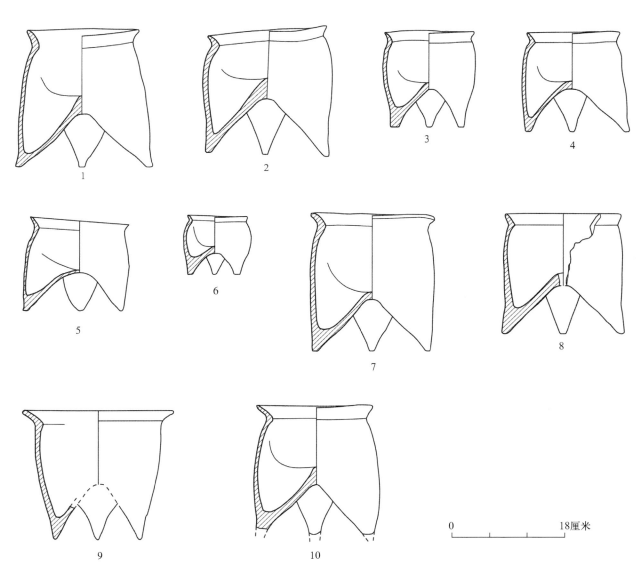

图一九〇　周代夹砂陶鬲

1～7.AⅣ式T1108⑩：7、G4②：3、G4②：9、G4②：1、T0609⑧A：5、台15B①：3、台30：1　8～10.AⅤ式H17③：10、T0709⑤A：7、H13①：49

一九〇，5）。

台 15B ①：3，红褐色胎，一侧面外表呈青灰色。侈口，尖唇，窄卷沿，束颈，腹微弧，分档，空足，足根部鼓突，实足尖尖细。口沿平面呈三个相连的弧形，分别对应三足。口径约 9.6、高 9.9 厘米（图一九〇，6；彩版八〇，4）。

台 30：1，灰褐色胎。侈口，圆唇，折沿微卷，腹微弧，分档稍矮，空足，T1108 尖锥状足尖。口沿平面大致呈三个相连的弧形，分别对应三足。口径约 19.6、高 22 ～ 22.6 厘米（图一九〇，7；彩版八〇，5、6）。

A Ⅴ式　3 件。档较矮，尖锥状足尖。足鼓突不明显。

H17 ③：10，红褐色胎。侈口，圆唇，折沿，腹微弧，分档，空足，尖锥状足尖。口径 18.4、高 19.8 厘米（图一九〇，8）。

T0709 ⑤ A：7，灰褐色胎，表面呈灰黑色。侈口，圆唇，折沿，腹微弧，档残，空足。口径 24、高 20.7 厘米（图一九〇，9）。

H13 ①：49，灰褐色胎，局部呈灰黑色。侈口，圆唇，折沿，束颈，腹微弧，分档，空足，足根鼓突，实足尖钝平。口沿平面大致呈三个相连的弧形，分别对应三足。口径 18.6、高 21.2 厘米（图一九〇，10；彩版八一，1）。

A Ⅵ式　6 件。实足尖细长。

台 15A ②：7，红褐色胎，一侧表面呈灰黑色。侈口，圆唇，折沿，束颈，腹微弧，分档，空足外撇，实足尖细长。口径约 17、残高 20.4 厘米（图一九一，1；彩版八一，2）。

T1007 ③：5，红褐色胎，表面局部灼烧呈黑色。口部残，腹微弧，分档，空足外撇，实足尖细长。残高 22.7 厘米（图一九一，2；彩版八一，3）。

T0905 ③：13，红褐色胎，胎较薄。腹微弧，分档，空足外撇，实足尖细长。残高 21 厘米（图一九一，3）。

T0905 ③：1，灰褐色胎，表面局部呈灰黑色。侈口，圆唇，卷沿，腹部较直，档部残，空足，实足尖较高，锥状。口径约 30、高 29 厘米（图一九一，4）。

T0802 ③：3，红褐色胎，一侧表面呈灰黑色。束颈，腹微弧，档部残，空足外撇。残高 21.1 厘米（图一九一，5）。

B 型　6 件。分档，较矮，足尖钝平。

B Ⅰ式　3 件。足根部鼓突。

T1108 ⑩：8，灰褐色胎，局部呈灰黑色。侈口，圆唇，折沿微卷，束颈，腹微弧，分档较矮，空足，足根部鼓突，足尖部残。口沿平面大致呈三个相连的弧形，分别对应三足。表面光滑，有明显的刮修痕迹。口径约 15.3、残高 15.7 厘米（图一九一，6；彩版八一，4）。

台 44E ②：2，红褐色胎，局部呈灰黑色。侈口，圆唇，折沿微卷，束颈，腹微弧，档部残，空足，足根部鼓突，足尖部残。口径约 13.8、残高 15.2 ～ 16.2 厘米（图一九一，7）。

B Ⅱ式　2 件。足根部稍鼓。

T1007 ③：1，灰黑色胎，胎质疏松，一侧表面灰黑色。侈口，尖唇，折沿，束颈，腹微弧，分档较矮，空足。口径 17.2、高 14 ～ 15.6 厘米（图一九一，8；彩版八一，5）。

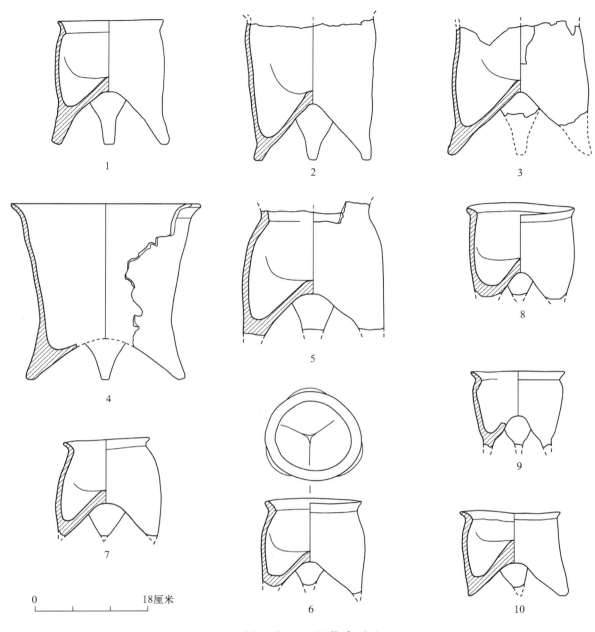

图一九一　周代夹砂陶鬲

1～5.AⅥ式台15A②：7、T1007③：5、T0905③：13、T0905③：1、T0802③：3　6、7.BⅠ式T1108⑩：8、台44E②：2　8、9.BⅡ式T1007③：1、T0708⑥A：15　10.BⅢ式T1105②：1

　　T0708 ⑥ A：15，残件。灰黑色胎，胎质疏松。侈口，尖唇，折沿，束颈，腹微弧，裆残，空足，实足尖较高，残。口径 15、残高 12.4 厘米（图一九一，9）。

　　B Ⅲ式　1件。足尖锥状。

　　T1105 ②：1，红褐色胎，一侧表面呈灰黑色。侈口，尖唇，折沿近平，束颈，腹微弧，分裆较矮，尖锥状空足，实足尖稍钝。器形向一侧扭曲变形，厚重。口径 15.8 ～ 16.8、高 12.5 ～ 14 厘米（图一九一，10；彩版八一，6）。

　　C 型　6件。弧裆。

T1108④A：2，灰黑色胎。侈口，圆唇，折沿，束颈，腹微弧，矮弧裆，空足，足尖钝平。胎厚重。口径17.2～19、高15.5～16.4厘米（图一九二，1；彩版八二，1）。

T1005④：1，灰黑色胎，局部呈灰褐色。侈口，圆唇，折沿，束颈，腹微弧，矮弧裆，空足，足尖钝平。胎厚重，风化严重。口径19、高15.8厘米（图一九二，2；彩版八二，2）。

H13①：38，口沿略残。红褐色胎，裆外部表面局部呈灰黑色。侈口，方唇，宽折沿，束颈，弧腹，矮弧裆，空足，足尖钝平。表面饰绳纹。胎薄，夹粗砂粒。口径21～21.8、高16.3厘米（图一九二，3；彩版八二，3）。

T0908③A：13，红褐色胎，裆外部表面局部呈灰黑色。侈口，方唇，宽折沿，束颈，弧腹，矮弧裆，空足，实足尖较高。表面饰绳纹。胎薄，夹粗砂粒。口径21.9～23、高20.8厘米（图一九二，4；彩版八二，4）。

T1208④B：9，灰黄色胎。侈口，尖唇，卷沿，直腹，弧裆，空足。表面饰间断绳纹。口径17、高19.5厘米（图一九二，5；彩版八二，5）。

H19①：2，灰褐色胎。侈口，圆唇，卷沿，微束颈，腹微弧，矮弧裆，空足，足尖残。胎厚重。口径12.4、残高11.9厘米（图一九二，6）。

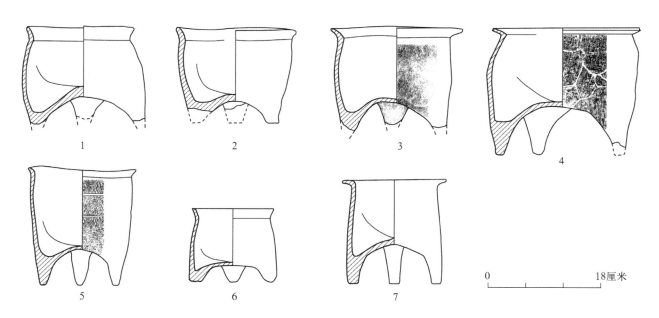

图一九二　周代夹砂陶鬲

1～6.C型T1108④A：2、T1005④：1、H13①：38、T0908③A：13、T1208④B：9、H19①：2　7.D型T0609⑧A：3

D型　1件。直腹。

T0609⑧A：3，红褐色胎，局部呈灰黑色。直口，尖唇，平折沿，腹部近直，裆部残，空足，足尖钝平。口径16.4、高16.9厘米（图一九二，7；彩版八二，6）。

4.夹砂鬲足

遗址各阶段出土的鬲足较多，以下选择16件各阶段典型鬲足进行介绍。

A型　尖锥状袋足。

A Ⅰ式　实足尖稍矮。夹砂陶，红褐色胎，表面灼烧呈灰黑色，足内有灰黑色残留物。

T1009⑲B：1，残高 8.4 厘米（图一九三，1）。

T0805⑱：5，残高 7.7 厘米（图一九三，2）。

T0805⑰：8，残高 7.7 厘米（图一九三，3）。

A Ⅱ式　足向上稍鼓突。夹砂陶，红褐色胎，表面灼烧呈灰黑色，足内有灰黑色残留物。尖部稍钝。

G4②：37，残高 9.9 厘米（图一九三，4）。

G4②：38，残高 9.9 厘米（图一九三，5）。

T1108⑨：32，残高 13.4 厘米（图一九三，6）。

T1108⑧B：22，残高 10.8 厘米（图一九三，7）。

A Ⅲ式　实足尖高。

夹砂陶，红褐色胎，表面灼烧呈灰黑色。

T1108④B：8，残高 11.4 厘米（图一九三，8）。

H13①：66，残高 11.8 厘米（图一九三，9）。

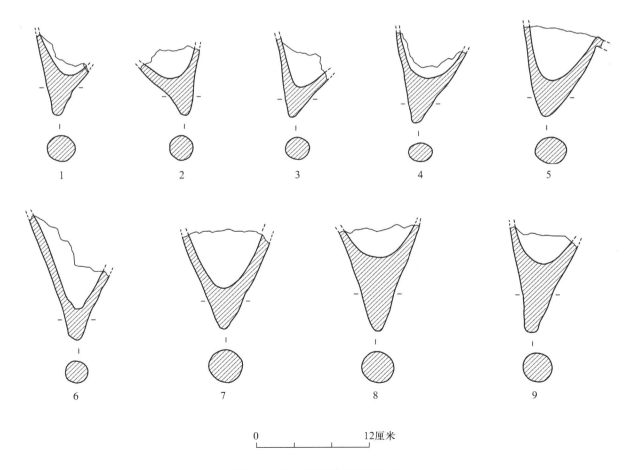

0 ————————— 12厘米

图一九三　周代夹砂陶鬲足

1～3.A Ⅰ式T1009⑲B：1、T0805⑱：5、T0805⑰：8　4～7.A Ⅱ式G4②：37、G4②：38、T1108⑨：32、T1108⑧B：22　8、9.A Ⅲ式 T1108④B：8、H13①：66

B 型　实足尖尖细。

B Ⅰ式　足根部鼓突。

夹砂陶，灰褐色胎，表面呈灰黑色胎，内底有灰黑色残留物。足尖细长。

G4①：19，残高 14.4 厘米（图一九四，1）。

G4①：20，残高 10.8 厘米（图一九四，2）。

B Ⅱ式　足根部鼓突不明显。

T0804③：3，灰褐色胎，表面呈灰黑色胎，内底有灰黑色残留物。足尖细长。残高 7.4 厘米（图一九四，3）。

C 型　表面饰绳纹。

T1108⑤C：3，红褐色胎。袋足，锥状，实足尖较高，足尖平。表面饰绳纹。残高 6.2 厘米（图一九四，4）。

T1108⑤C：4，红褐色胎，表面呈灰黑。袋足，实足尖较高，足尖平。上半部表面饰绳纹，下半部抹平。残高 8.4 厘米（图一九四，5）。

T1108④B：7，灰褐色胎，表面呈灰黑色。弧裆，袋足，尖锥状。表面饰绳纹。残高 10.4 厘米（图一九四，6）。

T0805③：27，红褐色胎，表面呈灰黑色。袋足，锥状，实足尖较高，足尖平。表面饰绳纹。残高 8.4 厘米（图一九四，7）。

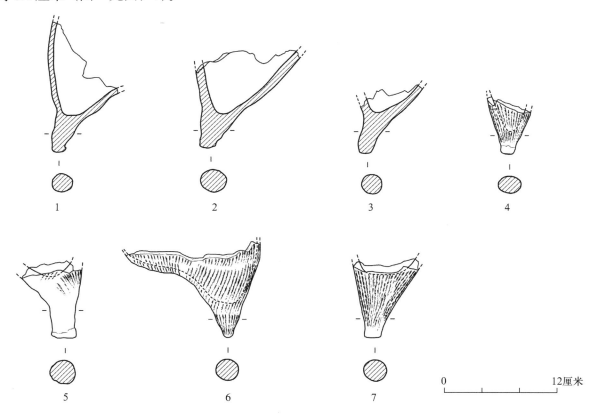

0　　　　　　　　　12厘米

图一九四　周代夹砂陶鬲足

1、2.B Ⅰ式G4①：19、G4①：20　　3.B Ⅱ式T0804③：3　　4～7.C型T1108⑤C：3、T1108⑤C：4、T1108④B：7、T0805③：27

5.夹砂陶鬳

为甗、鬲合体,无复原器,以残件12件为例介绍。

（1）甗部

G4②：29,仅存甗部,拼对修复。红褐色胎。侈口,圆唇,宽折沿微卷,束颈,弧腹急收,束腰,腰以下残。口径34.8、残高31.8厘米（图一九五,1;彩版八三,1）。

H19③：1,仅存甗部。红褐色胎。侈口,方唇,宽折沿微卷,微束颈,弧腹,腹下部残。口径32、残高16.7厘米（图一九五,2）。

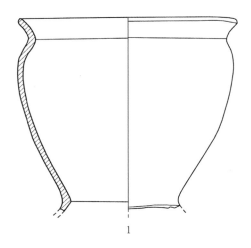
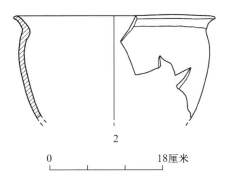

图一九五 周代夹砂陶甗

1、2.甗部G4②：29、H19③：1

（2）甗腰

甗腰数量较少,处于甗部与鬲部的交接部。夹砂陶,红褐色胎,表面多呈斑驳的灰黑色。多光素,部分表面有捺窝痕。以其中7件为例介绍。

束腰,腰部的拼接、抹平痕迹,腰部有捺窝痕。

T0805⑱：6,残高9.3厘米（图一九六,1）。

T1109⑯：2,腰部有捺窝痕。残高7.1厘米（图一九六,2）。

T1108⑫A：3,残高11.4厘米（图一九六,3）。

束腰,腰部的拼接、抹平痕迹,腰部无捺窝痕。

T1108⑫B：12,残高9.7厘米（图一九六,4）。

T1209⑧A：11,残高8.2厘米（图一九六,5）。

T1109⑥A：22,残高6.6厘米（图一九六,6）。

T1109③A：2,残高8.7厘米（图一九六,7）。

（3）鬲部

分为两式。

Ⅰ式 尖锥状实足尖。

G4②：24,黄褐色胎。束腰,分裆较高,空足,足根部稍鼓,尖锥状实足尖。残高23.6厘米（图一九七,1）。

G4②：35,灰褐色胎,表面呈灰黑色。束腰,分裆较高,空足,足根部稍鼓,尖锥状实足尖。

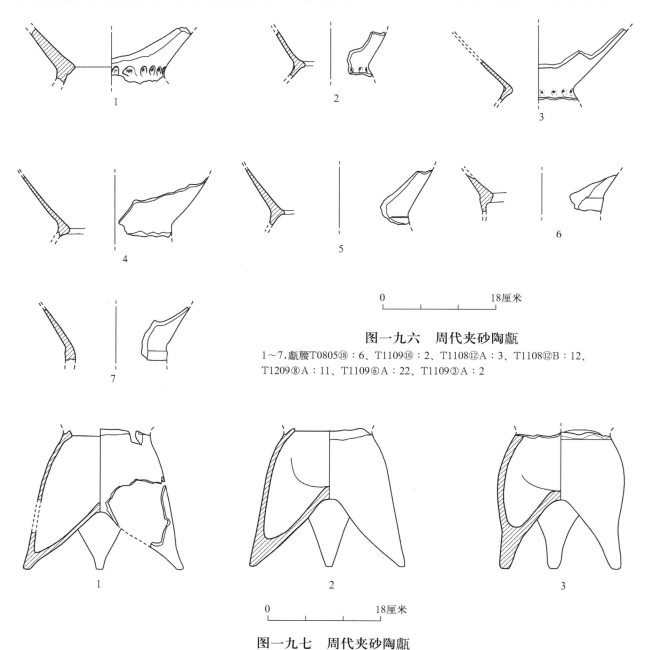

图一九六　周代夹砂陶鬲

1～7.鬲腰T0805⑱：6、T1109⑯：2、T1108⑫A：3、T1108⑫B：12、
T1209⑧A：11、T1109⑥A：22、T1109③A：2

图一九七　周代夹砂陶鬲

1、2.Ⅰ式鬲部G4②：24、G4②：35　3.Ⅱ式鬲部T1008③B：1

残高 23.1 厘米（图一九七，2）。

　　Ⅱ式　实足尖较高。

　　T1008 ③ B：1，红褐色胎，一侧表面呈灰黑色。束腰，弧裆较高，空足，足根部稍鼓，实足尖较高。腰径 14.5、残高 23.2 厘米（图一九七，3）。

　　6.夹砂陶釜

　　3 件。

　　T0905 ⑥：4，灰褐色胎，外壁呈灰褐色。侈口，圆唇，束颈，鼓腹，平底，底心残。口径

18.7、高 12.5 厘米（图一九八，1；彩版八三，2）。

T1110 ③ A：3，红褐色胎。侈口，圆唇，卷沿，颈微束，深弧腹，平底。外底有灼烧痕迹，内底呈灰黑色。口径 21.7、底径 12.8、高 15.7 厘米（图一九八，2；彩版八三，3）。

台 15A ②：8，红褐色胎，外壁呈灰褐色，夹粗砂粒，胎质较粗。敞口，尖唇，平折沿，深弧腹，底残。口径 22、底径 10、高 12.8 厘米（图一九八，3）。

7. 釜底残件

3 件。

T0805⑰：7，夹细砂粒，灰黄色胎，腹部表面灼烧成灰黑色。弧腹，平底，腹、底交接部折棱稍圆。底径 13、残高 4.7 厘米（图一九八，4）。

T1108 ⑨：30，夹细砂粒，灰褐色胎，表面局部灼烧成灰黑色。弧腹，平底，腹、底交接部折棱尖利。底径 12、残高 4.5 厘米（图一九八，5）。

T0804 ②：7，夹细砂粒，灰黄色胎，底部及腹下半部表面灼烧成灰黑色。弧腹，底内凹，底部有旋修形成的轮旋痕。底径 14.4、残高 6.2 厘米（图一九八，6）。

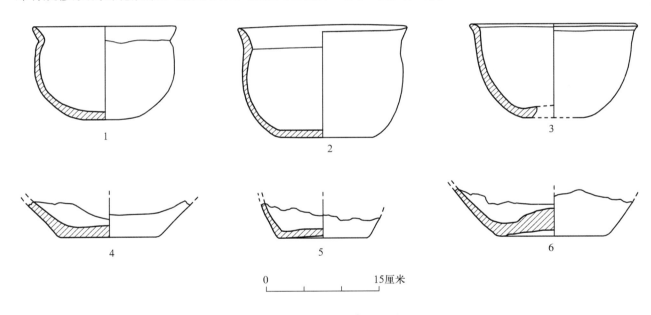

图一九八　周代夹砂陶釜

1~6.T0905⑥：4、T1110③A：3、台15A②：8、T0805⑰：7、T1108⑨：30、T0804②：7

8. 夹砂陶甑

1 件。

T1006 ②：2，红褐色胎，局部呈灰黑色。仅存腹、底部少许。弧腹，平底。底部戳有不规则的穿孔。底径 15、残高 3.2 厘米（图一九九，1）。

9. 夹砂陶箅

2 件。

T0909⑯：2，红褐色胎，夹白色细砂粒。圆饼状，扁平，中部厚，边缘较薄。中部有多个圆形穿孔，分布无规律。直径约 14、厚 1.5 ~ 2.1、穿孔径 0.2 厘米（图一九九，2；彩版八三，4）。

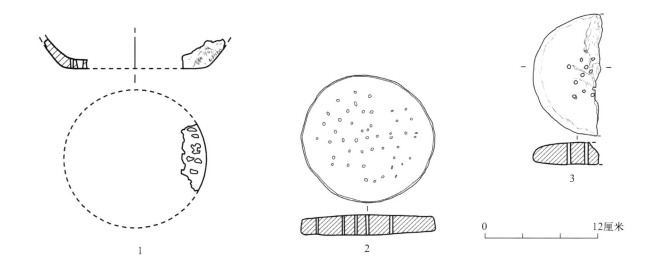

图一九九　周代夹砂陶器
1.夹砂陶甑T1006②：2　2、3.夹砂陶算T0909⑯：2、T1109⑦A：1

　　T1109 ⑦ A：1，1/2。灰褐色胎，夹白色细砂粒，一面呈灰黑色。圆饼状，扁平，中部厚，边缘较薄。中部有多个圆形穿孔，分布无规律。直径13.2、厚1.9 ～ 2.6、穿孔径0.35厘米（图一九九，3；彩版八三，5）。

　　10.夹砂陶罐

　　4件。

　　T1208 ⑥ B：5，红褐色胎，表面呈斑驳的灰黑色。侈口，尖唇，折沿，溜肩，鼓腹，底残。肩部设环形耳，表面饰绳纹。口径16、残高13.6厘米（图二〇〇，1）。

　　台3A ①：5，灰褐色胎，表面呈斑驳的灰黑色、灰褐色。侈口，方唇，折沿，斜肩，鼓腹较宽，平底稍内凹，底心残。表面饰绳纹。口径17、底径15.8、高22.6厘米（图二〇〇，2；彩版八四，1）。

　　台2A：7，红褐色胎，表面呈灰黑色。侈口，方唇，折沿，弧肩，鼓腹较宽，平底稍内凹，底心残。肩部饰一对竖耳。口径12.6 ～ 13.7、底径12.6、高19.4厘米（图二〇〇，3；彩版八四，2）。

　　台2A：4，灰褐色胎，表面局部呈灰黑色。直口，圆唇，弧肩，扁鼓腹，底部残。口径12.8、底径10.4、高10.4厘米（图二〇〇，4；彩版八四，3）。

　　11.夹砂陶钵

　　1件。

　　T1106 ③：3，灰褐灰黑色胎。敞口，圆唇，弧腹，平底。口径11.8、底径8.8、高4.6厘米（图二〇一，1；彩版八四，4）。

　　12.夹砂陶饼

　　1件。

　　T0805⑯：2，红褐色胎，夹细砂粒，局部表面呈灰黑色。圆饼状，扁平，中部厚，边缘较薄。直径11.1、厚1.1厘米（图二〇一，2；彩版八三，6）。

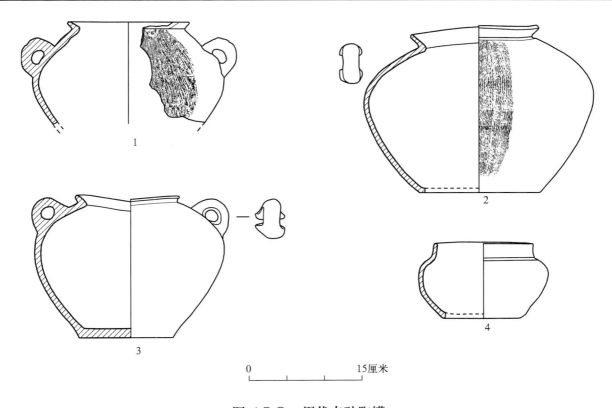

图二〇〇　周代夹砂陶罐

1~4.T1208⑥B：5、台3A①：5、台2A：7、台2A：4

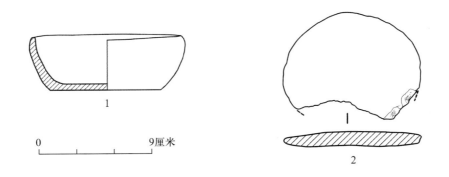

图二〇一　周代夹砂陶器

1.夹砂陶钵T1106③：3　2.夹砂陶饼T0805⑯：2

13.夹砂陶支脚

6件。

A型　5件。外曲面有扁平捉手。

H13①：2，边角略有残缺。红褐色胎，夹少量砂粒。正视近三角形，实心，尖部弧，内曲面平整，外曲面有扁平捉手，底部平。长11.2、宽8、高6厘米（图二〇二，1；彩版八四，5）。

T0906③：4，红褐色胎，夹较多粗砂粒。底部残。残高10.6厘米（图二〇二，2；彩版八四，6）。

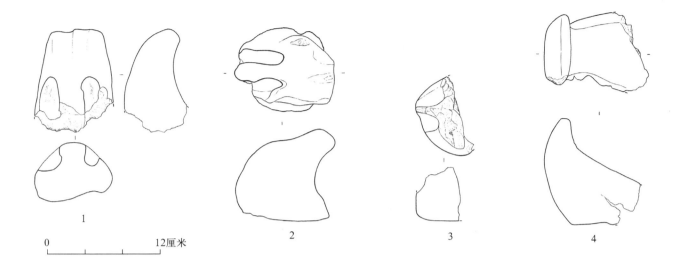

0　　　　　　　　　12厘米

图二〇二　周代夹砂陶支脚

1～3.A型H13①：2、T0906③：4、T0608②：3　4.B型T0805③：21

T1009⑤C：2，红褐色胎，夹少量砂粒。外曲面有扁平捉手，底部平，底心内凹，尖部残。残高 7.3 厘米。

T0608②：3，仅存底部一角。红褐色胎，夹较多粗砂粒。残高 5.9 厘米（图二〇二，3）。

T0704⑤：5，红褐色胎，夹少量砂粒。捉手残。实心，尖部弧，内曲面平整，外曲面弧形，底部平。高 10.1 厘米。

B 型　1 件。内、外曲面光平。

T0805③：21，灰褐色胎，夹细砂粒。截面近三角形，实心，尖部扁平，底部略残。内、外曲面均光平。高 11.7 厘米（图二〇二，4；彩版八四，7）。

二　泥质陶器

复原或部分复原共 687 件，器形有泥质陶罐、瓿、盆、钵、盘、豆、碗、杯、盂、簋、器盖、饼、纺轮、网坠等。

1.泥质陶鼎

2 件。

T1108⑤B：8，红褐色胎，表面局部呈灰黑色。口微敛，尖唇，鼓腹，圜底。足残，底部有 3 处足掉落后的痕迹。口径 6.4、残高 5.5 厘米（图二〇三，1）。

H20②：11，红褐色胎，表面呈灰黑色。敛口，尖唇，扁鼓腹，平底，足残。底部有 3 处足

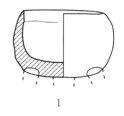
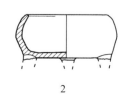

0　　　　　　9厘米

图二〇三　周代泥质陶鼎

1、2.T1108⑤B：8、H20②：11

掉落后的痕迹。口径 6.3、残高 3.8 厘米（图二〇三，2）。

2.泥质陶鬲

2 件。

台 6C∶6，青灰色胎，胎质致密。侈口，尖唇，窄卷沿，微束颈，鼓腹，圆锥形足，器内足根部略下凹。口径 7、高 7.5 厘米（图二〇四，1）。

T1108⑧A∶4，灰黑色胎，表面呈灰黑色。侈口，窄卷沿，斜颈，鼓腹，弧裆，足甚矮，圆锥状。颈部饰弦纹，堆贴圆涡状泥条。口径 9.6、高 7.4 厘米（图二〇四，2）。

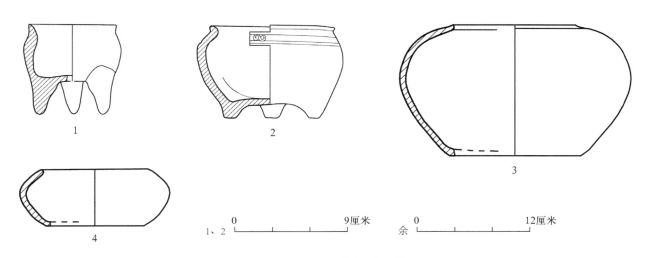

图二〇四　周代泥质陶器
1、2.泥质陶鬲台6C∶6、T1108⑧A∶4　3、4.泥质陶瓿G4②∶27、G4②∶32

3.泥质陶簋

6 件。

A 型　1 件。敛口。

T1108⑲A∶1，灰褐色胎，表面呈灰黑色。敛口，方唇，鼓腹，圈足。上腹部饰宽弦纹。口径 11.4、底径 10.1、高 6.8 厘米（图二〇五，1；彩版八五，1）。

B 型　3 件。侈口。

T0909⑯∶4，青灰色胎。侈口，尖唇，卷沿，束颈，鼓腹，圈足。口径 23.4、底径 13.2、高 9.6 ～ 10.2 厘米（图二〇五，2；彩版八五，2）。

G6∶4，青灰色胎。侈口，尖唇，卷沿，束颈，鼓腹，圈足。沿面有轮旋痕，肩部饰弦纹。口径 23.3、底径 13.1、高 10.3 厘米（图二〇五，3；彩版八五，3）。

T1210⑩∶1，青灰色胎。侈口，方唇，折腹，上腹内束，下腹斜收，平底，圈足。上腹部设横耳，以泥条捏制而成。上腹饰弦纹。口径 21.2、底径 13.5、高 8.9 厘米（图二〇五，4）。

C 型　1 件。直口。

T1008⑫A∶1，青灰色胎。直口，方唇，折腹，上腹较直，下腹斜收，平底，圈足略外撇。上腹部设横耳，各以粗泥条捏制而成。上腹饰弦纹。口径 17.2、底径 11.5、高 7.8 ～ 8.4 厘米（图二〇五，5；彩版八五，4）。

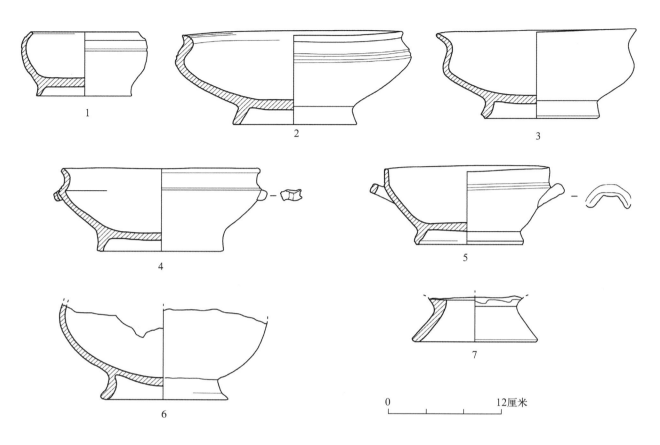

图二〇五　周代泥质陶簋

1.A型T1108⑲A：1　2～4.B型T0909⑯：4、G6：4、T1210⑩：1　5.C型T1008⑫A：1　6、7.陶簋残器T0805⑰：5、T1109⑱：1

4.泥质陶簋残器

2件。

T0805⑰：5，青灰色胎。鼓腹，圈足外撇。底径13.3、残高10.2厘米（图二〇五，6）。

T1109⑱：1，灰褐色胎，表面呈灰黑色。圈足，喇叭状。底面磨平。底径13.2、残高5厘米（图二〇五，7）。

5.泥质陶瓿

2件。

G4②：27，灰褐色胎，表面呈青灰色。敛口，圆唇，扁鼓腹，底心残。口径13、底径14、高14.4厘米（图二〇四，3；彩版八五，5）。

G4②：32，敛口，圆唇，弧肩，扁鼓腹，平底，底心残。口径11.4、底径10.3、高6.3厘米（图二〇四，4；彩版八五，6）。

6.泥质素面及绳纹陶罐

82件。

A型　4件。鼓腹。口部不规整，造型变化较大，口偏大。

A I 式　3件。双竖耳。

T1008⑫B：1，青灰色胎，表面灰黑色。直口，方唇，短直颈，弧肩，鼓腹，平底略内凹。肩部设一对扁平耳。口径 10.4、底径 8.6、高 11.8 厘米（图二〇六，1；彩版八六，1）。

T1108⑫B：2，灰褐色胎，表面呈灰黑色。侈口，尖唇，卷沿，短直颈，弧肩，扁鼓腹，平底略内凹。肩部设一对竖耳。口径 11.1、底径 11.1、高 10.3 厘米（图二〇六，2；彩版八六，2）。

A Ⅱ 式　1件。双贯耳。

T0608 ④：4，青灰色胎。敛口，方唇，斜颈，溜肩，鼓腹，平底。肩部设一对贯耳。口径 12.1、底径 12.3、高 15.5 厘米（图二〇六，3；彩版八六，3）。

A Ⅲ 式　1件。无耳。

T0805 ③：25，青灰色胎。侈口，圆唇，卷沿，束颈，溜肩，鼓腹，平底。口径 10.8、底径 11.8、高 14.2 厘米（图二〇六，4；彩版八六，4）。

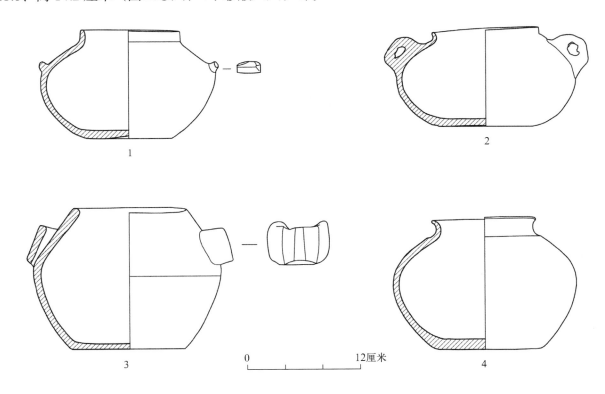

图二〇六　周代泥质素面陶罐

1、2. A Ⅰ 式 T1008⑫B：1、T1108⑫B：2　3. A Ⅱ 式 T0608④：4　4. A Ⅲ 式 T0805③：25

B 型　54件。扁鼓腹。造型更趋规整，口部均为侈口，短卷沿。

Ba 型　28件。肩腹部有两个盲耳。

Ba Ⅰ 式　10件。短束颈，口稍大，口、颈部制作不规整。2件为泥质红陶，其余为泥质灰陶，泥质灰胎呈灰褐色，表面灰黑色。

T1108 ⑩：6，灰褐色胎，胎质致密，表面灰黑色。侈口，圆唇，卷沿，短束颈，弧肩，扁鼓腹，平底略内凹。肩部堆贴一对扁平盲耳。口径 7.5、底径 6.2、高 6.9 厘米（图二〇七，1；彩版八六，5）。

T1108 ⑨：3，灰褐色胎，胎质致密，表面灰黑色。侈口，尖唇，卷沿，短束颈，弧肩，扁鼓腹，

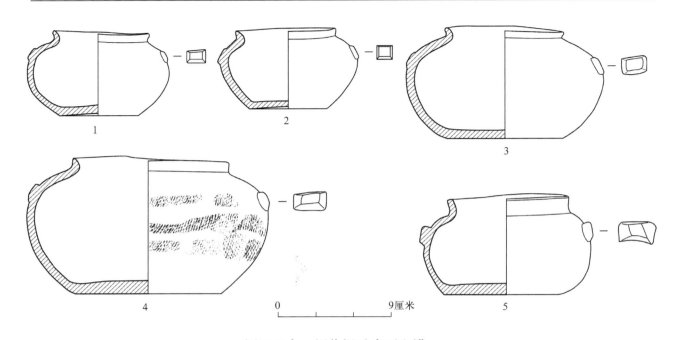

图二〇七　周代泥质素面陶罐

1～5.Ba I 式T1108⑩：6、T1108⑨：3、G4①：11、G4②：13、T1108⑧A：10

平底略内凹。肩部堆贴一对扁平盲耳。口径7.7、底径6.1、高6.4厘米（图二〇七，2；彩版八六，6）。

G4①：11，灰褐色胎，表面灰黑色。侈口，圆唇，卷沿，短束颈，弧肩，扁鼓腹，平底。肩部堆贴一对扁平盲耳。口径9.1、底径9.3、高9厘米（图二〇七，3）。

G4②：13，黄褐色胎。侈口，圆唇，卷沿，颈微束，弧肩，扁鼓腹，平底。肩部堆贴一对扁平盲耳。表面饰绳纹。口径12.5、底径11.4、高11.1厘米（图二〇七，4；彩版八七，1）。

T1108⑧A：10，灰褐色胎，胎质致密，表面灰黑色。侈口，方唇，卷沿，颈微束，弧肩，扁鼓腹，平底。肩部堆贴一对扁平盲耳。口径9～9.7、底径9、高7.8～8.2厘米（图二〇七，5；彩版八七，2）。

Ba Ⅱ式　9件。颈部很短。

T1009⑦B：2，灰褐色胎，胎质致密，表面灰黑色。侈口，尖唇，卷沿，弧肩，扁鼓腹，平底。肩部堆贴一对扁平盲耳。口径7.6、底径7.5、高7.1厘米（图二〇八，1；彩版八七，3）。

T0905⑦：10，灰褐色胎，胎质致密，表面灰黑色。侈口，尖唇，折沿，弧肩，扁鼓腹，平底。肩部堆贴一对扁平盲耳。口径9.2、底径5、高5.6厘米（图二〇八，2；彩版八七，4）。

T1009⑤C：3，灰褐色胎，胎质致密，表面灰黑色。侈口，圆唇，卷沿，弧肩，扁鼓腹，平底。肩部堆贴一对扁平盲耳。口径8.8、底径8.6、高7.3厘米（图二〇八，3；彩版八七，5）。

T1109⑤C：5，青灰色胎，表面呈灰黑色。敛口，圆唇，窄卷沿，弧肩，扁鼓腹，平底。口沿稍磨平，肩部堆贴扁平盲耳。口径9、底径8.4、高7.5厘米（图二〇八，4；彩版八七，6）。

T0810④B：1，灰褐色胎，胎质致密，表面灰黑色。敛口，尖唇，折沿，弧肩，扁鼓腹，平底，底心残。肩部堆贴一对扁平盲耳，用泥条捏制堆贴。口径7.1、底径7、高6.7厘米（图二〇八，5）。

Ba Ⅲ式　9件。口部较小，制作规整。青灰色胎。

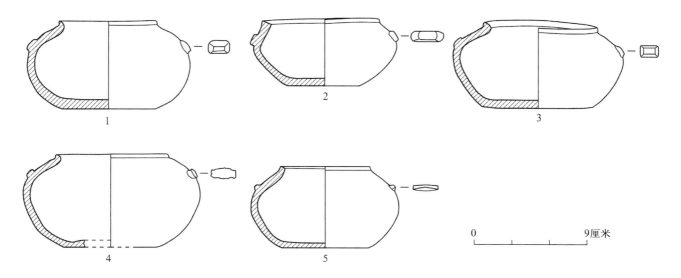

图二〇八 周代泥质素面陶罐

1~5.BaⅡ式T1009⑦B：2、T0905⑦：10、T1009⑤C：3、T1109⑤C：5、T0810④B：1

台47B：1，青灰色胎。侈口，尖唇，卷沿，短直颈，弧肩，扁鼓腹，平底。肩部堆贴一对扁平盲耳。口径7.1、底径6.4、高7.2厘米（图二〇九，1；彩版八八，1）。

台43C②：2，灰褐色胎，表面青灰色。侈口，圆唇，卷沿，短直颈，弧肩，扁鼓腹，平底稍内凹。肩部堆贴一对扁平盲耳。口径8.2、底径7.8、高7.1厘米（图二〇九，2；彩版八八，2）。

T1009⑤C：14，青灰色胎。侈口，圆唇，弧肩，扁鼓腹，底残。肩部堆贴一对扁平盲耳。口径7.6、底径6.7、高5.9厘米（图二〇九，3）。

T0906③：6，灰褐色胎，表面青灰色。侈口，尖唇，卷沿，短直颈，溜肩，扁鼓腹，平底稍内凹。肩部堆贴一对扁平盲耳。口径7.6、底径8.7、高7.4厘米（图二〇九，4）。

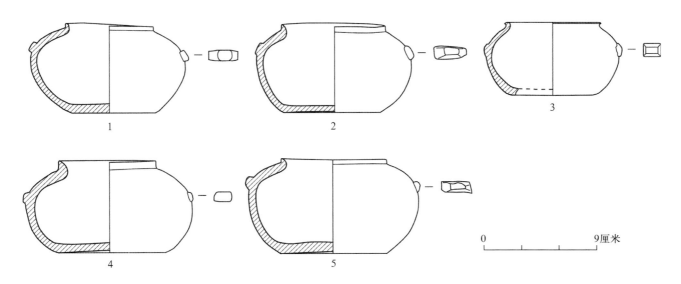

图二〇九 周代泥质素面陶罐

1~5.BaⅢ式台47B：1、台43C②：2、T1009⑤C：14、T0906③：6、T0708③B：5

T0708③B：5，灰褐色胎，表面青灰色。侈口，圆唇，卷沿，弧肩，扁鼓腹，平底稍内凹。肩部堆贴一对扁平盲耳。口径8.4、底径8.2、高7.8厘米（图二〇九，5；彩版八八，3）。

Bb型　26件。肩腹部无盲耳。

BbⅠ式　1件。短束颈，口稍大，肩部饰弦纹。胎呈灰褐色，表面灰黑色。

T1109⑰：2，灰褐色胎，表面呈灰黑色。侈口，卷沿，尖唇，扁鼓腹，底残。沿面及肩饰弦纹，纹饰较宽。口径12.3、残高7.2厘米（图二一〇，1）。

BbⅡ式　3件。短束颈，口稍大，口、颈部制作不规整。胎呈灰褐色，表面灰黑色。

T1108⑧A：12，灰褐色胎，胎质致密，表面灰黑色。侈口，尖唇，卷沿，颈微束，溜肩，扁鼓腹，平底略内凹。口径10.7、底径10、高6.6厘米（图二一〇，2；彩版八八，4）。

T0806⑪：3，灰褐色胎，表面呈青灰色。侈口，圆唇，卷沿，颈微束，弧肩，扁鼓腹，底残。口径14、底径9、高10.2厘米（图二一〇，3）。

台44E②：6，红褐色胎，表面局部呈灰色。侈口，尖唇，卷沿，直颈，折肩，扁鼓腹，平底略内凹。口径11.2、底径11.4、高10.6厘米（图二一〇，4；彩版八八，5）。

BbⅢ式　22件。口部较小，制作规整。胎青灰色。

台2B①：1，青灰色胎。侈口，尖唇，溜肩，扁鼓腹，平底。口径6.6、底径8.9、高7.2厘米（图二一一，1；彩版八八，6）。

T1009⑥A：2，灰褐色胎。侈口，尖唇，弧肩，扁鼓腹，平底。口径8.1、底径9.1、高7.2厘米（图二一一，2）。

T0910⑥A：6，青灰色胎。敛口，圆唇，溜肩，扁鼓腹，平底。口径5.8、底径6.9、高5.5

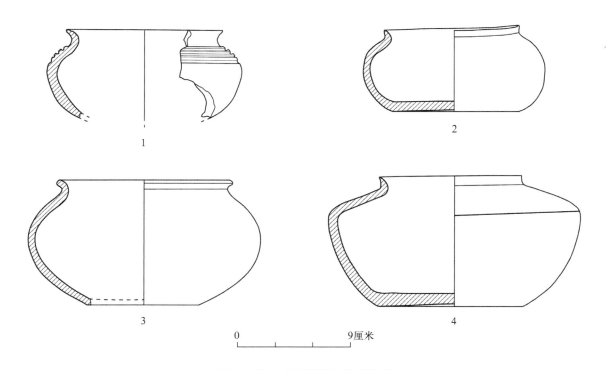

0　　　　　　　9厘米

图二一〇　周代泥质素面陶罐

1.BbⅠ式T1109⑰：2　2～4.BbⅡ式T1108⑧A：12、T0806⑪：3、台44E②：6

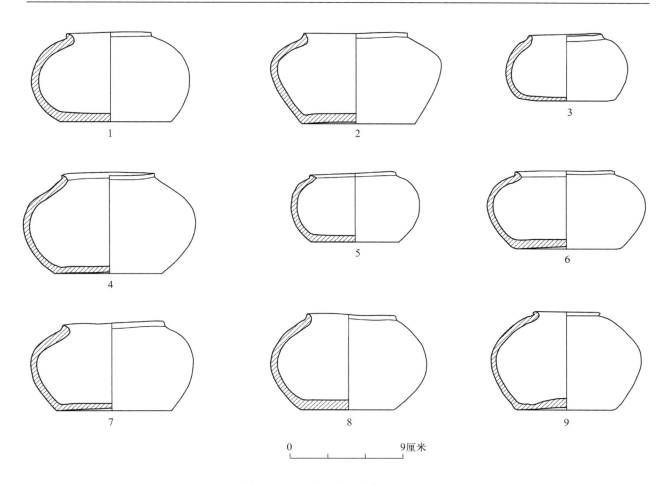

图二一一　周代泥质素面陶罐

1～9.BbⅢ式台2B①：1、T1009⑥A：2、T0910⑥A：6、T0910⑥A：5、T1008③B：8、T0905④：4、H13①：30、H13①：37、T0908②：4

厘米（图二一一，3；彩版八九，1）。

T0910⑥A：5，灰褐色胎，表面呈灰黑色。侈口，尖唇，溜肩，扁鼓腹，平底略内凹。口径7.3、底径8.8、高8.1厘米（图二一一，4；彩版八九，2）。

T1008③B：8，青灰色胎。侈口，尖唇，弧肩，扁鼓腹，平底。口径6.7、底径7、高5.7厘米（图二一一，5；彩版八九，3）。

T0905④：4，青灰色胎。侈口，尖唇，弧肩，扁鼓腹，平底略内凹。口径7.7、底径8.2、高6.5厘米（图二一一，6；彩版八九，4）。

H13①：30，青灰色胎。侈口，圆唇，弧肩，扁鼓腹，平底略内凹。口径7.9、底径8.7、高7.1厘米（图二一一，7；彩版八九，5）。

H13①：37，青灰色胎。侈口，尖唇，溜肩，扁鼓腹，平底。口径6.9、底径7.2、高7.9厘米（图二一一，8；彩版八九，6）。

T0908②：4，青灰色胎。侈口，圆唇，溜肩，扁鼓腹，平底略内凹。口径5.4、底径7.7、高8厘米（图二一一，9）。

C 型　12 件。口宽大。

C I 式　1 件。窄卷沿。

T1109⑪：1，灰褐色胎，表面青灰色。侈口，圆唇，窄卷沿，束颈，鼓腹，平底。外腹饰绳纹。口径 23.2、底径 15.6、高 12.7 厘米（图二一二，1；彩版九〇，1）。

C II 式　11 件。卷沿。

台 4B①：2，灰褐色胎，表面青灰色。侈口，圆唇，卷沿，束颈，鼓腹，底部残。口沿有弦纹。口径 17.6、底径 12.2、高 10.3 厘米（图二一二，2；彩版九〇，2）。

T0810⑤B：4，灰褐色胎。侈口，圆唇，卷沿，束颈，鼓腹，平底。口径 13、底径 11.8、高 9.9 厘米（图二一二，3）。

台 9B④：2，灰褐色胎，表面青灰色。侈口，尖唇，卷沿，束颈，鼓腹，平底。口径 20.7、底径 12.9、高 11.6 厘米（图二一二，4；彩版九〇，3）。

H28③：6，青灰色胎。侈口，圆唇，卷沿，束颈，鼓腹，平底。底稍外凸。口沿有两周弦纹。口径 22.7、底径 14.5、高 12.7 厘米（图二一二，5；彩版九〇，4）。

T0805③：9，灰褐色胎，侈口，圆唇，卷沿，束颈，鼓腹，平底。制作较粗，器形不甚规整。

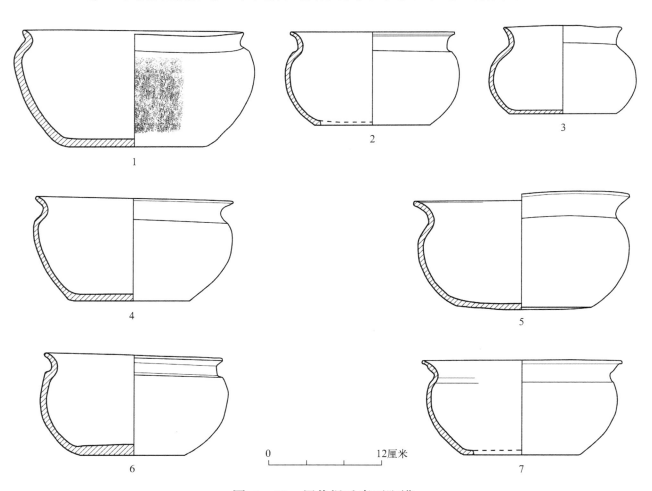

0　　　　　　　　12厘米

图二一二　周代泥质素面陶罐

1. C I 式 T1109⑪：1　2～7. C II 式台 4B①：2、T0810⑤B：4、台 9B④：2、H28③：6、T0805③：9、H66：1

口径 18.8、底径 11.5、高 11.3 厘米（图二一二，6；彩版九〇，5）。

H66：1，青灰色胎。侈口，圆唇，卷沿，束颈，鼓腹，平底，底心残。口径 21.2、底径 12.2、高 10.2 厘米（图二一二，7）。

D 型　1 件。折腹。

J1②：3，灰黄色胎，胎质略疏松，较薄。侈口，圆唇，卷沿，束颈，溜肩，折腹，平底稍内凹。口径 11.7、底径 7.9、高 13.2 厘米（图二一三，1；彩版九〇，6）。

E 型　4 件。其他形状。

T0806⑧：2，灰色胎，外表面呈黄褐色。束颈，垂腹，底心残。底径 13.7、残高 10.4 厘米（图二一三，2）。

T1009⑥A：7，灰褐色胎，表面呈青灰色。敛口，尖唇，折肩，筒形腹，平底。口径 14、底径 15.6、高 12.2 厘米（图二一三，3；彩版九一，1）。

H17③：9，黄褐色胎。泥条盘筑，口、底分制拼接，器形不规整，表面凹凸不平。侈口，尖唇，卷沿，束颈，直腹，平底。口径 17.8、底径 11.6、高 14.1 厘米（图二一三，4；彩版九一，2）。

T0911①：1，红褐色胎，表面呈灰黑色。口微侈，溜肩，扁鼓腹，圈足。口径 7.5、底径 5、高 8.2 厘米（图二一三，5）。

F 型　7 件。表面饰间断绳纹。

F Ⅰ 式　1 件。鼓腹。

T0805⑯：7，青灰色胎。侈口，方唇，卷沿，溜肩，腹下部残。表面饰间断绳纹，纹饰略疏松。口径 31.6、残高 14 厘米（图二一四，1）。

F Ⅱ 式　6 件。弧腹。

T0910⑦A：17，灰褐色胎，表面呈灰色。侈口，方唇，折沿，束颈，弧腹，下腹斜收，平

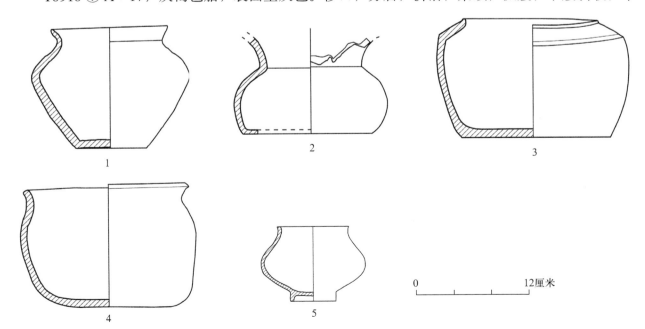

图二一三　周代泥质素面陶罐

1.D型J1②：3　2~5.E型T0806⑧：2、T1009⑥A：7、H17③：9、T0911①：1

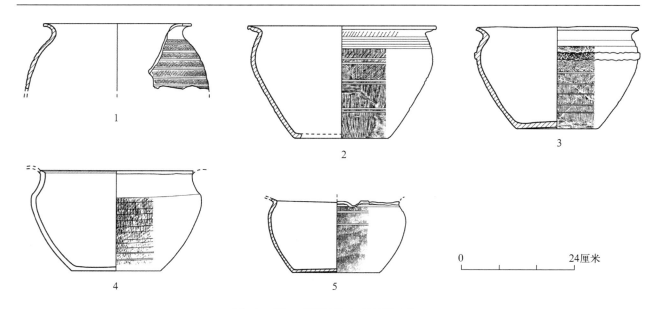

0　　　　　　　　　24厘米

图二一四　周代泥质素面陶罐

1.FⅠ式T0805⑯：7　2~5.FⅡ式T0910⑦A：17、T0910⑦A：27、T1006③：6、H13①：57、H11：2

底，底心残。颈上部划一周短弧线纹，下部饰弦纹，腹部饰间断绳纹，竖向为主，有斜向绳纹交叠。口径40.1、底径20、高24.4厘米（图二一四，2；彩版九一，3）。

T0910⑦A：27，灰褐色胎，表面呈灰色。侈口，方唇，折沿，束颈，弧腹，下腹斜收，平底。腹部饰间断绳纹，竖向为主，有斜向绳纹交叠，上腹部堆贴一周凸棱。口径34.5、底径17、高22厘米（图二一四，3；彩版九一，4）。

T1006③：6，灰褐色胎，表面呈青灰色。侈口，尖唇，折沿，沿面有一道凸棱，束颈，弧腹，下腹斜收，底部残。表面饰间断绳纹，竖向。口径24.6、高14.7厘米。

H13①：57，青灰色胎。直口，唇残，平折沿，沿面有三道弦纹，斜颈，弧腹，平底。腹部饰间断绳纹。残口径32、底径18.9、高21.6厘米（图二一四，4；彩版九一，5）。

H11：2，紫褐色胎，表面呈灰黑色。口沿残，束颈，弧腹，平底稍内凹。外壁饰间断绳纹。底径18.8、残高16厘米（图二一四，5；彩版九一，6）。

7. 泥质几何纹陶罐

45件。

A型　20件。侈口。

AⅠ式　1件。溜肩。

T0805⑯：4，灰黑色胎，表面呈黄褐色。侈口，圆唇，卷沿，束颈，溜肩，鼓腹，底部残。肩、腹底部饰方格纹。口径17.5、残高17.3厘米（图二一五，1；彩版九二，1）。

AⅡ式　3件。圆鼓腹，肩部较丰，腹向下内收较剧烈。

T0806⑫：2，表面呈黄褐色。侈口，尖唇，卷沿近平，束颈，弧肩，鼓腹，凹圜底。上腹部饰一周套菱形纹与菱形填线纹组合，肩、下腹及底部饰方格纹。口径18.8、底径12、高24.2厘米（图二一五，2；彩版九二，2）。

T1208⑫A：2，表面呈黄褐色。侈口，方唇，折沿，束颈，弧肩，鼓腹，凹圜底。肩、腹底

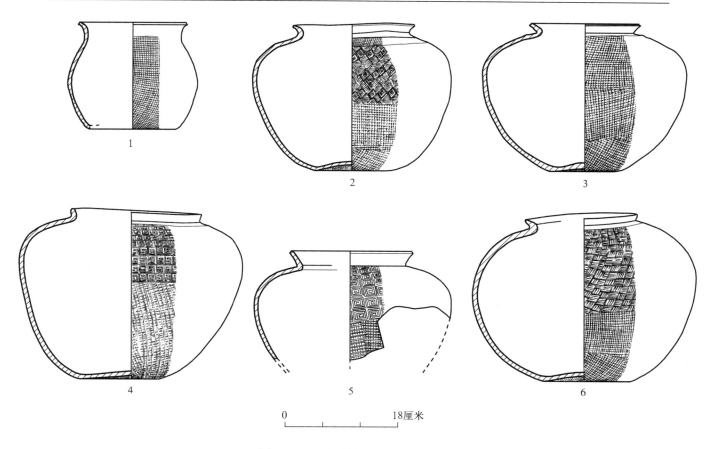

图二一五　周代泥质几何纹陶罐

1. A I 式 T0805⑯：4　2、3. A II 式 T0806⑫：2、T1208⑫A：2　4～6. A III 式 G4①：15、G4②：8、T1108⑨：19

部饰方格纹。口径 17.6、底径 11.5、高 24 厘米（图二一五，3；彩版九二，3）。

A III 式　3 件。圆鼓腹，肩部较丰。

G4①：15，表面呈灰褐色。侈口，圆唇，沿微卷，束颈，弧肩，肩部丰，鼓腹，下部急收，凹圜底。上腹部饰雷纹，下腹及底部饰方格纹。口径 20.8、底径 12.4、高 28 厘米（图二一五，4；彩版九二，4）。

G4②：8，灰黑色胎，表面呈黄褐色。侈口，方唇，折沿，束颈，弧肩，肩部丰，鼓腹，下部急收，底部残。肩及上腹部饰雷纹，下腹部饰方格纹。口径 19.5、残高 17.8 厘米（图二一五，5）。

T1108⑨：19，表面呈黄褐色。侈口，尖唇，卷沿，束颈，弧肩，肩部丰，鼓腹，凹圜底。上腹部饰席纹，下腹及底部饰方格纹。口径 17.8、底径 13.6、高 27.8 厘米（图二一五，6；彩版九二，5）。

A IV 式　5 件。鼓腹，弧肩。卷沿稍窄，纹饰稍宽大。

T1108⑧A：1，表面呈红褐色。侈口，尖唇，卷沿，束颈，弧肩，鼓腹，凹圜底。上腹部饰席纹，下腹及底部饰方格纹。口径 16.3、底径 12.4、高 23.3 厘米（图二一六，1；彩版九二，6）。

T0910⑦A：13，灰褐色胎，表面呈黄褐色。侈口，尖唇，窄卷沿，束颈，弧肩，鼓腹稍扁，凹圜底，底心残。上腹部饰席纹，下腹部饰方格纹。口径 15.2、底径 12、高 21.4 厘米（图二一六，2；彩版九三，1）。

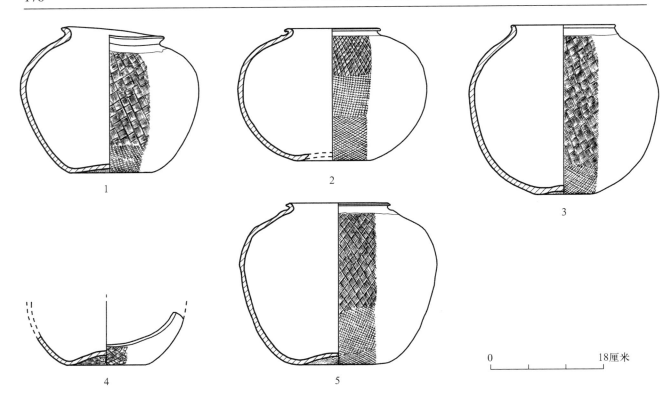

图二一六　周代泥质几何纹陶罐

1～5.AⅣ式T1108⑧A：1、T0910⑦A：13、H66②：2、T1008⑦：1、台9B④：9

H66②：2，灰黄色胎，外表面呈斑驳的灰黑色。侈口，方唇，微卷沿，束颈，溜肩，鼓腹，凹圜底。肩、腹部饰席纹，底部饰方格纹。口径16.5、残高27.4厘米（图二一六，3）。

T1008⑦：1，仅存底部。表面呈红褐色。凹圜底。表面饰席纹，纹饰较浅。底径12.5、残高8.7厘米（图二一六，4）。

台9B④：9，灰褐色胎，表面呈红褐色。侈口，尖唇，卷沿，束颈，弧肩，鼓腹，凹圜底。肩、腹部饰席纹，底部饰方格纹。口径16.5、底径15、高26.3厘米（图二一六，5；彩版九三，2）。

AⅤ式　5件。鼓腹，腹下部稍下垂。纹饰十分细密。

H13②：36，灰黑色胎，表面呈红褐色。侈口，方唇，窄卷沿，束颈，弧肩，鼓腹，凹圜底，底心残。肩、腹部饰细密的席纹，底部饰方格纹。口径15.7、底径13.2、高26厘米（图二一七，1）。

T0909④A：2，灰黑色胎，表面呈红褐色。侈口，尖唇，窄卷沿，束颈，弧肩，鼓腹，凹圜底。肩及上腹部饰席纹，下腹及底部饰方格纹。口径14、底径11.5、高23.8厘米（图二一七，2；彩版九三，3）。

H30②：2，表面呈红褐色。侈口，尖唇，卷沿，束颈，弧肩，鼓腹，凹圜底。肩、腹部饰席纹，底部饰方格纹，纹饰浅细。口径16.8、底径16、高27.9厘米（图二一七，3；彩版九三，4）。

H28③：2，表面呈红褐色。侈口，尖唇，卷沿，束颈，弧肩，鼓腹，凹圜底。肩、腹部饰席纹，底部饰方格纹。口径15.5、底径12.8、高24.8～25.4厘米（图二一七，4；彩版九三，5）。

T0803②B：8，灰黑色胎，表面呈黄褐色。侈口，尖唇，卷沿，束颈，弧肩，鼓腹，下腹及底部残。肩及上腹部饰席纹。口径15.7、残高15.1厘米（图二一七，5）。

B 型 3 件。口稍大，肩部较宽，下部下收较剧烈。

G4 ②：33，表面呈灰黄色。侈口，方唇，卷沿，束颈，弧肩，肩部丰，鼓腹，下部急收，凹圜底。肩部饰雷纹，腹、底部饰方格纹。口径 27.5、底径 15、高 22.2 ～ 22.9 厘米（图二一八，1；彩版九三，6）。

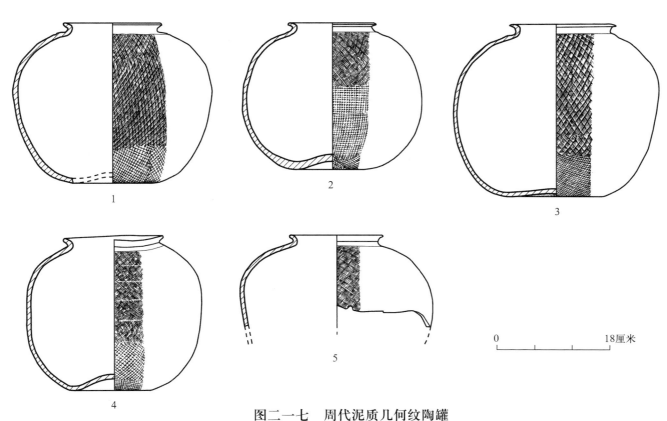

图二一七 周代泥质几何纹陶罐

1～5.AⅤ式H13②：36、T0909④A：2、H30②：2、H28③：2、T0803②B：8

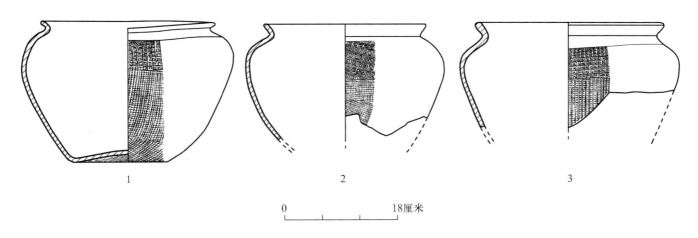

图二一八 周代泥质几何纹陶罐

1～3.B型G4②：33、T0806⑫：7、T1105⑧：4

T0806⑫：7，黄褐色胎。侈口，尖唇，卷沿，束颈，鼓腹，底残。肩及上腹部饰雷纹，下腹部饰方格纹。口径 25.5、残高 18.6 厘米（图二一八，2）。

T1105⑧：4，灰黑色胎，表面呈黄褐色。侈口，方唇，卷沿，束颈，鼓腹，底残。肩及上腹部饰雷纹，下腹部饰方格纹。口径 30、残高 17.3 厘米（图二一八，3）。

C 型　19 件。广口。

C Ⅰ式　1 件。扁鼓腹。

T0805⑰：4，表面呈黄褐色。侈口，尖唇，窄卷沿，束颈，扁鼓腹，凹圜底。肩及上腹部饰云雷纹，下腹及底部饰方格纹。口径 25.2、底径 15、高 16.2 厘米（图二一九，1；彩版九四，1）。

C Ⅱ式　2 件。扁鼓腹，下腹斜收较剧烈。

G4①：14，表面呈黄褐色。侈口，方唇，折沿微卷，束颈，扁鼓腹，凹圜底，底心残。腹、底部饰方格纹。口径 22.5、底径 11、高 13.1 厘米（图二一九，2；彩版九四，2）。

G4②：11，表面呈灰色，表面呈黄褐色。侈口，方唇，折沿微卷，束颈，扁鼓腹，凹圜底。表面饰方格纹。口径 21.3、底径 10、高 11.6 ～ 13.5 厘米（图二一九，3；彩版九四，3）。

C Ⅲ式　6 件。鼓腹较高。纹饰单元变小。

T1108⑨：22，黄褐色胎。侈口，方唇，卷沿，束颈，鼓腹，底残。表面饰方格纹。口径 29.7、残高 21.2 厘米（图二一九，4）。

T1009⑦B：7，表面呈黄褐色。侈口，尖唇，卷沿，束颈，鼓腹，凹圜底，底心残。肩及上腹部饰席纹，下腹及底部饰方格纹。口径 28.6、高 21.8 厘米（图二一九，5；彩版九四，4）。

H61②：1，表面呈黄褐色。侈口，方唇，折沿，束颈，鼓腹，凹圜底。肩、腹部饰席纹，下腹及底部饰方格纹。口径 31.2、底径 14、高 19.2 ～ 20.4 厘米（图二一九，6；彩版九四，5）。

T1209⑧A：9，表面呈黄褐色。口沿残，鼓腹，凹圜底。上腹部饰席纹，下腹及底部饰方格纹。口径 28、底径 16.6、残高 25.5 厘米（图二一九，7；彩版九四，6）。

T0905⑥：1，灰黑色胎，表面呈黄褐色。侈口，方唇，卷沿，束颈，鼓腹，底残。腹部饰席纹，底部饰方格纹。口径 28、残高 20.2 厘米（图二一九，8）。

T0810⑤B：17，仅存上半部。灰黑色胎，表面呈黄褐色。侈口，圆唇，卷沿，束颈，鼓腹，底残。肩、腹部饰席纹。口径 27.8、残高 14.5 厘米（图二一九，9）。

C Ⅳ式　10 件。鼓腹稍矮。纹饰更浅细。

H16：1，灰黑色胎，表面呈黄褐色。侈口，圆唇，卷沿，束颈，鼓腹，底残。肩及上腹部饰席纹，下腹部饰方格纹。口径 42、残高 24.6 厘米（图二二〇，1）。

T0709④A：3，表面呈黄褐色。侈口，方唇，卷沿，束颈，鼓腹，凹圜底。腹部饰勾连"S"形纹，底部饰方格纹。口径 32.8、底径 12、高 19.6 厘米（图二二〇，2；彩版九五，1）。

T0608④A：11，表面呈黄褐色。侈口，方唇，卷沿，束颈，鼓腹，凹圜底。腹部饰勾连"S"形纹，底部饰方格纹。口径 30、底径 13.6、高 18.2 厘米（图二二〇，3；彩版九五，2）。

T1009⑤B：3，黄褐色胎。侈口，方唇，卷沿，束颈，鼓腹，凹圜底。上腹部饰细密的席纹，下腹及底部饰方格纹。口径 30.8、残高 18.9 厘米（图二二〇，4；彩版九五，3）。

H13②：3，表面呈黄褐色。侈口，圆唇，卷沿，束颈，鼓腹，凹圜底。腹部饰细席纹，底

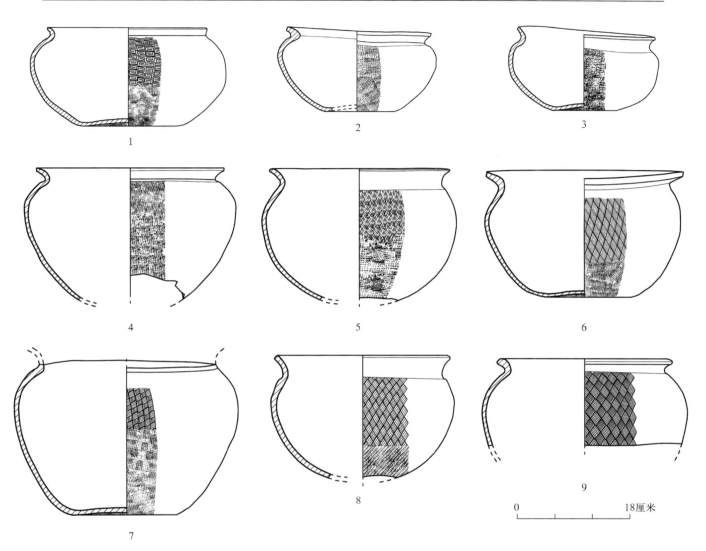

图二一九　周代泥质几何纹陶罐

1. C Ⅰ式T0805⑰：4　2、3. C Ⅱ式G4①：14、G4②：11　4～9. C Ⅲ式T1108⑨：22、T1009⑦B：7、H61②：1、T1209⑧A：9、
T0905⑥：1、T0810⑤B：17

部饰方格纹。口径 29.5、底径 11.5、高 21.9 厘米（图二二〇，5；彩版九五，4）。

T0905 ④：1，表面呈黄褐色。侈口，尖唇，卷沿，束颈，鼓腹，凹圜底。腹部饰细席纹，底部饰方格纹。口径 29、底径 11.4、高 18.5 厘米（图二二〇，6）。

T0803 ②B：7，灰黑色胎，表面呈黄褐色。侈口，方唇，卷沿，束颈，鼓腹，底残。腹部饰细席纹。口径 28、残高 14.3 厘米（图二二〇，7）。

T0805 ③：26，灰黑色胎，表面呈黄褐色。侈口，方唇，卷沿，束颈，鼓腹，底残。腹部饰细席纹，底部饰方格纹。口径 28、残高 19.4 厘米（图二二〇，8）。

T0805 ②：5，黄褐色胎。侈口，圆唇，卷沿，束颈，鼓腹，底残。腹部饰席纹，底部饰方格纹。口径 42、残高 23.2 厘米（图二二〇，9）。

T0810 ③B：14，黄褐色胎。侈口，方唇，卷沿，束颈，鼓腹，底残。腹部饰方格纹。口径

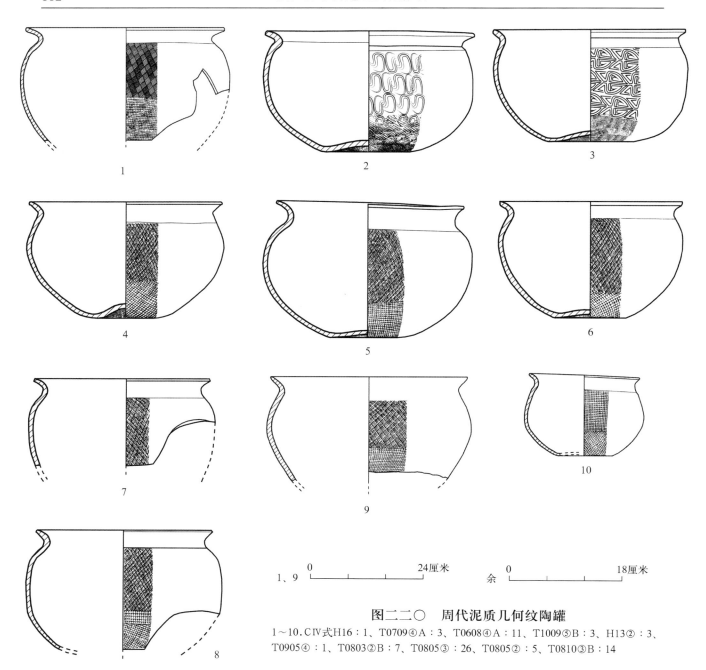

1、9 0 ⊢———⊢———⊢———⊢ 24厘米   余 0 ⊢———⊢———⊢———⊢ 18厘米

图二二〇　周代泥质几何纹陶罐

1～10.CⅣ式 H16：1、T0709④A：3、T0608④A：11、T1009⑤B：3、H13②：3、
T0905④：1、T0803②B：7、T0805③：26、T0805②：5、T0810③B：14

17.3、残高 13.1 厘米（图二二〇，10）。

　　D 型　3 件。盆形罐。

　　D Ⅰ式　2 件。弧腹较直。

　　T0910⑦A：16，红褐色胎。侈口，方唇，平折沿，弧腹，底残。上腹部饰席纹，下腹部饰方格纹。
口径 19.4、残高 11.4 厘米（图二二一，1）。

　　T0910⑦A：19，红褐色胎。侈口，尖唇，卷沿，弧腹，底残。上腹部饰席纹，下腹部饰方格纹。
口径 18.3、残高 9.6 厘米（图二二一，2；彩版九五，5）。

　　D Ⅱ式　1 件。弧腹。

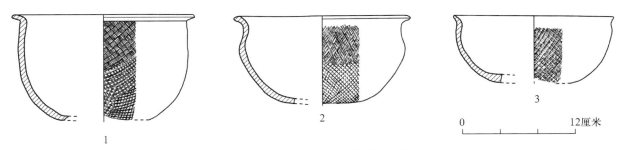

图二二一　周代泥质几何纹陶罐

1、2.DⅠ式T0910⑦A：16、T0910⑦A：19　3.DⅡ式T0709③B：9

T0709③B：9，灰黑色胎，表面呈红褐色。侈口，尖唇，卷沿，弧腹，底残。腹部饰席纹，磨蚀严重。口径17、高7.5厘米（图二二一，3；彩版九五，6）。

8.泥质陶盆

38件。

A型　14件。侈口，肩部内收，弧腹微鼓。

AⅠ式　1件。直腹弧收。

T1010⑲A：1，灰褐色胎，表面灰黑色。侈口，圆唇，折沿，弧肩，直腹弧收，底部残。上腹部饰宽弦纹。口径24.4、残高7厘米（图二二二，1；彩版九六，1）。

AⅡ式　8件。弧腹较矮，肩部窄。

T0806⑪：2，灰色胎。侈口，唇部残，窄卷沿，束颈，弧肩，弧腹，矮圈足。肩部饰宽弦纹，

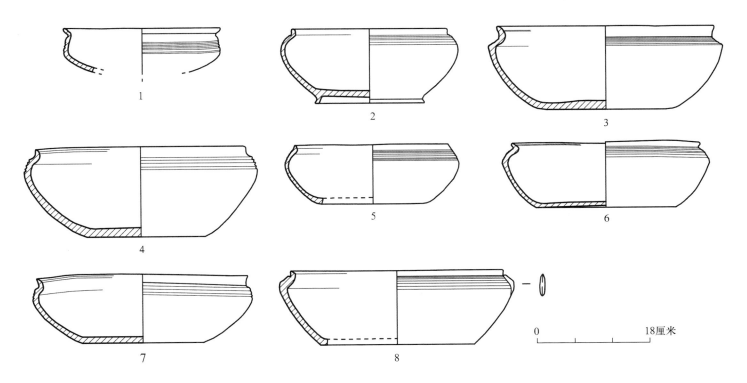

图二二二　周代泥质陶盆

1.AⅠ式T1010⑲A：1　2~8.AⅡ式T0806⑪：2、G9①：2、T0806⑫：3、T1108⑨：27、H74②：4、G4②：10、G4②：7

堆贴竖向泥条。口径 24.4、底径 17、高 12 厘米（图二二二，2）。

　　G9①：2，灰褐色胎，表面呈青灰色。侈口，尖唇，卷沿，折肩，弧腹，平底。肩部饰宽弦纹。口径 34、底径 21.4、高 13.3 厘米（图二二二，3）。

　　T0806⑫：3，灰褐色胎，表面青灰色。侈口，圆唇，窄卷沿，束颈，弧肩，弧腹，平底。口沿、肩部饰宽弦纹。口径 32.6、底径 19.6、高 14.6 厘米（图二二二，4；彩版九六，2）。

　　T1108⑨：27，灰褐色胎，表面灰黑色。侈口，尖唇，弧肩，弧腹，底残。肩部饰宽弦纹。口径 24.4、底径 17.7、高 9.6 厘米（图二二二，5）。

　　H74②：4，灰褐色胎，表面青灰色。侈口，尖唇，卷沿，束颈，弧肩，弧腹，略内凹。口沿、肩部饰宽弦纹。口径 29.6、底径 21.8、高 10.7 厘米（图二二二，6；彩版九六，3）。

　　G4②：10，灰褐色胎，表面青灰色。侈口，尖唇，卷沿，束颈，弧肩，弧腹，平底。口沿、肩部饰宽弦纹。口径 33.6、底径 19.4、高 11.2 厘米（图二二二，7；彩版九六，4）。

　　G4②：7，青灰色胎。侈口，尖唇，窄卷沿，束颈，弧肩，弧腹，底部残。口沿、肩部饰弦纹。口径 33.6、底径 24、高 11.9 厘米（图二二二，8）。

　　AⅢ式　4件。弧腹略深。

　　T0908⑥A：1，浅灰色胎。侈口，圆唇，窄卷沿，束颈，弧肩，弧腹，平底。口沿、肩部饰弦纹，堆贴一对横向泥条耳。口径 18.6、底径 13、高 8.5 厘米（图二二三，1；彩版九六，5）。

　　T0905⑥：5，青灰色胎。侈口，尖唇，弧肩，弧腹，底残。肩部设横耳。口沿、肩部饰弦纹。口径 21.6、底径 15、高 9.1 厘米（图二二三，2）。

　　T0910⑥A：7，青灰色胎。短侈口，尖唇，弧肩，弧腹，底残。肩部划方格纹，堆贴圆涡纹。口径 22、底径 15、高 12.5 厘米（图二二三，3）。

　　AⅣ式　1件。弧腹深，折肩。

　　T0905③：5，红褐色胎。侈口，尖唇，窄卷沿，束颈，折肩，弧腹，平底。口径 19.2、底径 15.4、高 10.8 厘米（图二二三，4；彩版九六，6）。

　　B 型　20件。弧腹。

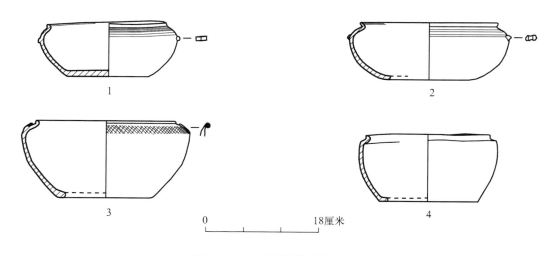

图二二三　周代泥质陶盆

1～3.AⅢ式 T0908⑥A：1、T0905⑥：5、T0910⑥A：7　4.AⅣ式 T0905③：5

B I 式　6 件。方唇或尖唇，颈部较长。

T1108⑫B：3，灰褐色胎，表面呈青灰色。侈口，尖唇，卷沿，束颈，弧腹，平底略内凹。沿面有一道凹槽。口径 21.6、底径 12.1、高 7.2 厘米（图二二四，1；彩版九七，1）。

T1108⑩：11，灰褐色胎，表面呈青灰色。侈口，方唇，束颈，弧腹，底残。沿面有凹槽。口径 25.4、底径 16、高 11.6 厘米（图二二四，2）。

T1108⑨：24，灰褐色胎，表面青灰色。口微侈，方唇，颈微束，弧腹，平底略内凹，底心残。沿面有弦纹。口径 26.8、底径 17.3、高 11.6 厘米（图二二四，3）。

T1108⑨：18，灰褐色胎，表面青灰色。口微侈，方唇，束颈，弧腹，平底略内凹。沿面有弦纹。口径 25.9～28.6、底径 17、高 9.5 厘米（图二二四，4；彩版九七，2）。

G4①：8，灰褐色胎，表面呈青灰色。口微侈，方唇，束颈，弧腹，平底。沿面有凹槽。口径 25.2、底径 15.2、高 7.9 厘米（图二二四，5；彩版九七，3）。

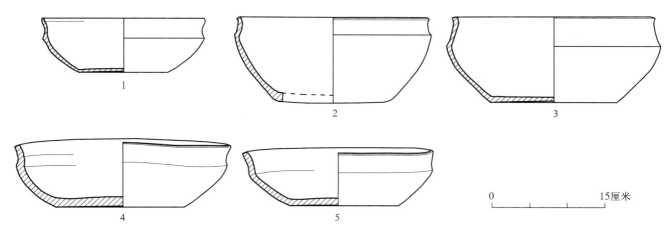

图二二四　周代泥质陶盆

1～5.B I 式 T1108⑫B：3、T1108⑩：11、T1108⑨：24、T1108⑨：18、G4①：8

B II 式　6 件。方唇，颈部较短。

T0905⑦：17，青灰色胎。直口微侈，方唇，斜直颈，弧腹，底残。沿面有两道弦纹。口径 30.4、底径 20.5、高 11.1 厘米（图二二五，1；彩版九七，4）。

T0905⑦：16，青灰色胎。直口微侈，方唇，直颈微束，弧腹，底残。口径 24.6、底径 12、残高 8.4 厘米（图二二五，2）。

T0905⑦：7，灰褐色胎，表面呈青灰色。口微侈，方唇，束颈，弧腹，底部残。口径 24、底径 13、高 8.2 厘米（图二二五，3）。

T0804⑤：1，灰色胎，表面呈灰黑色。直口微侈，方唇，束颈，弧腹，平底，底心残。沿面有凹槽。口径 30.6、底径 19.4、高 11 厘米（图二二五，4）。

H44：1，青灰色胎。口微侈，方唇，束颈，弧腹，底部残。沿面稍磨平。口径 27、底径 15.4、高 8.7 厘米（图二二五，5；彩版九七，5）。

T0910③A：7，灰色胎。口微侈，方唇，束颈，弧腹，底部残。腹部饰席纹。口径 24.6、底

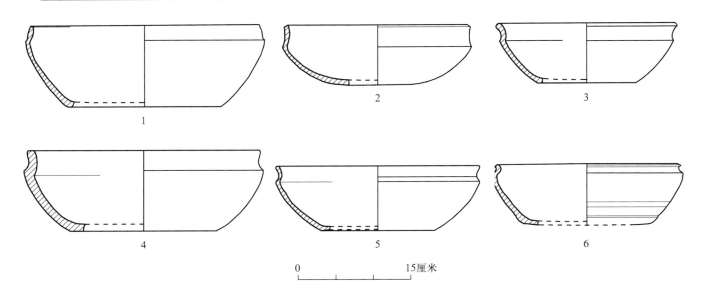

图二二五　周代泥质陶盆

1～6.BⅡ式T0905⑦：17、T0905⑦：16、T0905⑦：7、T0804⑤：1、H44：1、T0910③A：7

径 17、高 8.2 厘米（图二二五，6；彩版九七，6）。

BⅢ式　8件。折沿。

T1109⑥B：4，灰褐色胎，表面呈灰黑色。口微敛，方唇，平折沿，颈微束，弧腹，底残。口径 20.8、高 8.8 厘米（图二二六，1）。

H34③：6，青灰色胎。直口微敛，尖唇，平折沿，弧腹，平底稍内凹。口径 22.8、底径 11.8、高 5.6 厘米（图二二六，2；彩版九八，1）。

H16：1，灰黑色胎。侈口，圆唇，折沿，沿面下凹，束颈，弧腹，平底内凹。器内有细密的螺旋纹。口径 17、底径 7、高 5.3 厘米（图二二六，3；彩版九八，2）。

H13①：3，青灰色胎。口微侈，尖唇，平折沿，颈部较直，弧腹，平底。沿面有凹槽。口径 26.5、底径 14.7、高 11.3 厘米（图二二六，4；彩版九八，3）。

H13①：1，青灰色胎。侈口，方唇，折沿，束颈，弧腹，平底内凹。口径 21.3、底径 12.2、高 7.8 厘米（图二二六，5；彩版九八，4）。

H13①：14，灰色胎。侈口，尖唇，卷沿，束颈，弧腹，平底。口径 22.6、底径 11.8、高 5.7 厘米（图二二六，6）。

C型　4件。其他形状。

H17③：14，灰黑色胎，表面呈红褐色。侈口，尖唇，折沿，斜直腹，圜底。表面拍印席纹。口径 16、底径 9.4、高 8.6 厘米（图二二七，1）。

T0906④：4，灰黑色胎，表面呈灰泛褐色，胎质略疏松。敞口，尖唇，平折沿，斜直腹，平底。口径 24.6、底径 17.2、高 6.2 厘米（图二二七，2；彩版九八，5）。

H13①：65，青灰色胎。敞口，尖唇，平折沿，直腹，平底，底心残。表面拍印席纹。复原口径 16、高 5.9 厘米（图二二七，3）。

T1108⑤B：3，泥质红陶，红褐色胎。手制，胎体较厚，器形不规整，表面凹凸不平。侈口，

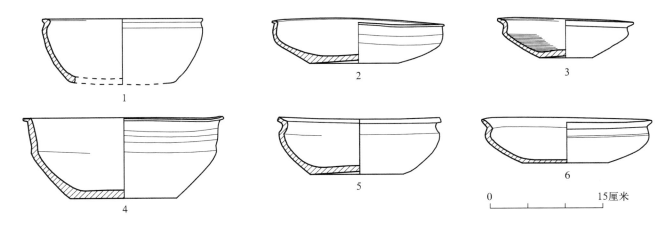

图二二六　周代泥质陶盆

1~6.BⅢ式T1109⑥B：4、H34③：6、H16：1、H13①：3、H13①：1、H13①：14

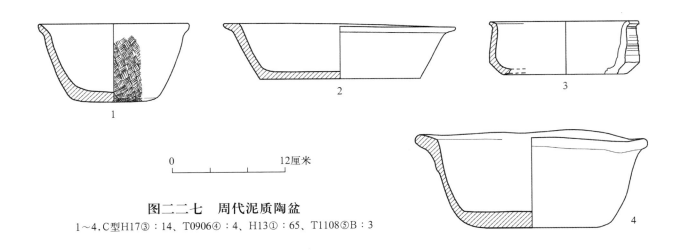

图二二七　周代泥质陶盆

1~4.C型H17③：14、T0906④：4、H13①：65、T1108⑤B：3

厚圆唇，卷沿，直腹稍内收，平底。底部有灼烧痕迹，腹部多呈灰黑色。口径23.4～24.6、底径14.5、高9.4～10.4厘米（图二二七，4；彩版九八，6）。

9.泥质陶钵

60件。

A型　38件。鼓腹。

AⅠ式　敛口较甚，口沿外侧饰数道弦纹。10件。表面大多呈灰黑色。

T1008⑫A：2，灰褐色胎，表面呈青灰色，脱落严重。敛口，圆唇，弧肩，鼓腹，平底。口沿外侧饰两道弦纹。口径9.4、底径7.5、高5.9厘米（图二二八，1）。

G4②：19，青灰色胎，表面呈灰色，脱落严重。敛口，圆唇，弧肩，鼓腹，平底。口沿外侧饰弦纹。口径12.6、底径9.5、高6.9厘米（图二二八，2；彩版九九，1）。

T1208⑨：1，青灰色胎，表面灰黑色，胎质致密。敛口，圆唇，弧肩，鼓腹，平底。口沿外侧饰弦纹。口径12.4、底径10、高5.5厘米（图二二八，3；彩版九九，2）。

T1108⑨：6，灰褐色胎，表面灰黑色，胎质致密。敛口，圆唇，弧肩，鼓腹，平底。口沿外侧饰弦纹。口径 11、底径 7.8、高 5.6 厘米（图二二八，4）。

T1108 ⑨ B：12，灰褐色胎，表面呈灰黑色。敛口，圆唇，弧肩，鼓腹，平底。口沿外侧饰弦纹。口径 12.1、底径 8.4、高 6.4 厘米（图二二八，5）。

H74 ②：1，青灰色胎。敛口，圆唇，弧肩，鼓腹，平底。口沿外侧饰弦纹。口径 15、底径 10.3、高 8.3 厘米（图二二八，6；彩版九九，3）。

A Ⅱ 式　7 件。口微侈。

T1208 ⑦ A：6，青灰色胎，表面呈灰黑色，胎质致密。口微侈，圆唇，弧肩，扁鼓腹，平底。口径 13.2、底径 10.4、高 8 厘米（图二二八，7；彩版九九，4）。

台 9B ④：6，灰褐色胎，表面局部呈青灰色。敛口微侈，圆唇，弧肩，扁鼓腹，平底。口沿稍磨平。口径 15.6、底径 10.8、高 9 厘米（图二二八，8）。

A Ⅲ 式　21 件。敛口。胎呈红褐色或青灰色。

T0709 ⑧ A：3，红褐色胎，表面呈青灰色。敛口，圆唇，弧肩，鼓腹，平底，底心残。口径 13.6、底径 8.8、高 6.9 厘米（图二二九，1）。

H46：1，灰褐色胎，表面灰黑色。敛口，尖唇，弧肩，鼓腹，平底。口沿外侧饰一道弦纹。口径 12.8、底径 8.5、高 7 厘米（图二二九，2；彩版九九，5）。

T1109 ⑥ A：13，青灰色胎。敛口，圆唇，弧肩，鼓腹，平底。口沿外侧饰一道弦纹。口径 10.3、底径 10.8、高 6 厘米（图二二九，3；彩版九九，6）。

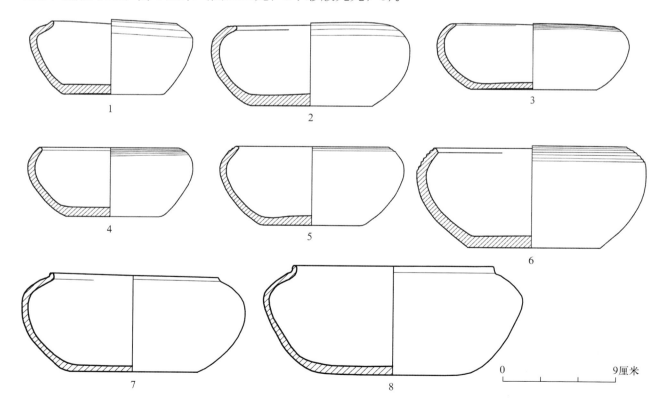

0 —————————— 9厘米

图二二八　周代泥质陶钵

1～6.A Ⅰ 式 T1008⑫A：2、G4②：19、T1208⑨：1、T1108⑨：6、T1108⑨B：12、H74②：1　7、8.A Ⅱ 式 T1208⑦A：6、台9B④：6

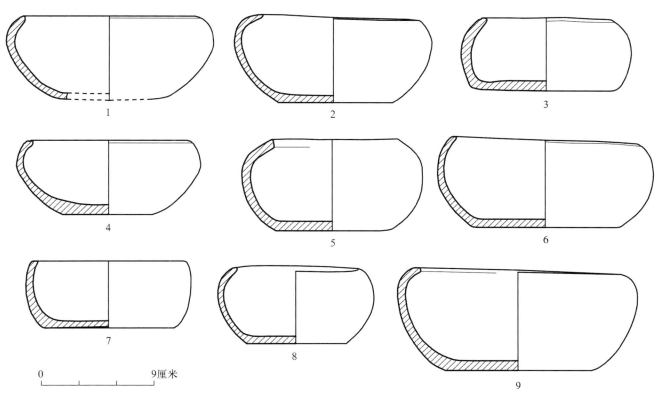

图二二九　周代泥质陶钵

1~9.AⅢ式T0709⑧A：3、H46：1、T1109⑥A：13、T0709⑤B：4、台47B：2、台50②：2、T0608④B：5、H13①：32、T0803②C：3

　　T0709⑤B：4，灰褐色胎，表面呈灰黑色。敛口，圆唇，弧肩，鼓腹，平底。口沿饰两道弦纹。口径12.2、底径7.4、高6厘米（图二二九，4）。

　　台47B：2，青灰色胎，表面呈灰黑色。敛口，圆唇，鼓腹，平底。口径9.6、底径9.2、高7.6厘米（图二二九，5）。

　　台50②：2，灰褐色胎，表面呈灰黑色。敛口，口沿、唇残，扁鼓腹，底内凹。底径10.2、高6.2厘米（图二二九，6）。

　　T0608④B：5，青灰色胎。敛口，尖唇，扁鼓腹，平底。口径12.5、底径10.5、高5.4厘米（图二二九，7）。

　　T0803②C：3，灰褐色胎，表面灰黑色。敛口，尖唇，弧肩，鼓腹，平底。口径16.4、底径11、高8.4厘米（图二二九，9；彩版一○○，1）。

　　H13①：32，青灰色胎。敛口，圆唇，鼓腹，平底。口径9.8、底径7.8、高6.4厘米（图二二九，8；彩版一○○，2）。

　　B型　9件。弧腹微鼓。

　　BⅠ式　1件。器形较规整。

　　T1108⑰：2，青灰色胎。敛口，圆唇，沿微卷，颈部一道折棱，弧腹微鼓，平底。口径13.8、底径8.2、高6.9厘米（图二三○，1）。

　　BⅡ式　8件。器形不甚规整。

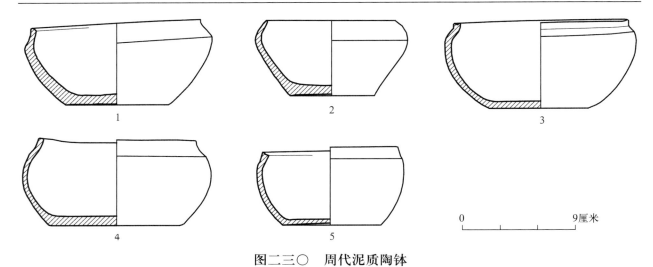

图二三○　周代泥质陶钵
1. B I 式 T1108⑰：2　2～5. B II 式 T0609⑤A：8、T0705③：5、H19①：1、H24：4

T0609⑤A：8，红褐色胎。敛口，尖唇，颈部稍折，弧腹，平底略内凹，底心残。口径10.3、底径7、高6厘米（图二三○，2）。

T0705③：5，灰色胎，表面灰黑色。口微敛，尖唇，折沿，颈部一道折棱，弧腹微鼓，平底。口径13.8、底径8、高7.3厘米（图二三○，3）。

H19①：1，青灰色胎。口微敛，圆唇，颈部一道折棱，弧腹微鼓，平底。口径12.3、底径10.8、高7.1厘米（图二三○，4）。

H24：4，红褐色胎，表面呈灰黑色。口微敛，尖唇，折沿，颈部一道折棱，弧腹微鼓，平底。口径10.6、底径8、高6.4厘米（图二三○，5）。

C 型　13件。弧腹。

C I 式　3件。弧腹略深，口沿外侧饰弦纹。

T1108⑩：10，灰色胎，表面呈灰黑色。口微敛，方唇，弧腹微鼓，平底。口部对称堆贴一对扁平耳。沿面有两道凹槽，口外部饰数道弦纹。口径27、底径16.3、高8.9厘米（图二三一，1；彩版一○○，3）。

T0905⑦：18，灰褐色胎，表面呈灰黑色。敛口，方唇，弧腹，底残。口沿及肩部饰弦纹。口径23.2、底径13.6、高7.5厘米（图二三一，2）。

T1009⑦B：8，灰褐色胎。敛口，圆唇，弧腹，平底。颈部饰弦纹，肩部堆贴一对泥条捏制而成的"门"形盲目。口径19.9、底径12.2、高6.9厘米（图二三一，3；彩版一○○，4）。

C II 式　10件。斜弧腹，较浅。

H33①：1，灰黑色胎，表面青灰色。敛口，尖唇，斜弧腹，平底略内凹。口径16.3、底径9.5、高5.7厘米（图二三二，1；彩版一○○，5）。

H34③：4，青灰色胎，胎较薄。敛口，尖唇，斜弧腹，腹较浅，平底。器形不甚规整。口径21.4、底径11.8、高5.5厘米（图二三二，2；彩版一○○，6）。

T0905③：16，青灰色胎。底部残。敛口，尖唇，斜弧腹。口径18.8、底径13.2、高5厘米（图二三二，3）。

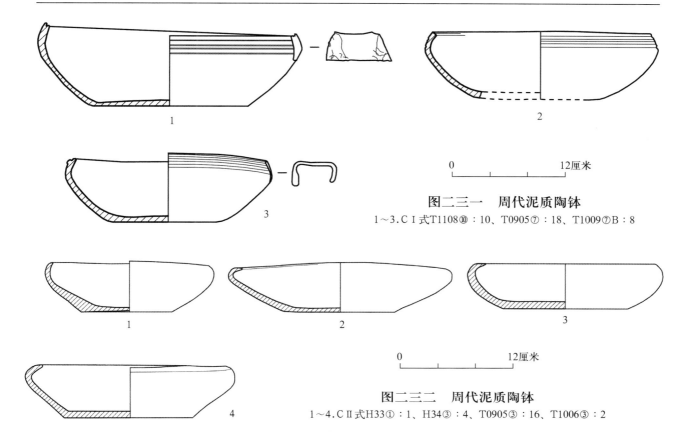

图二三一 周代泥质陶钵

1～3.C I 式T1108⑩：10、T0905⑦：18、T1009⑦B：8

图二三二 周代泥质陶钵

1～4.C II 式H33①：1、H34③：4、T0905③：16、T1006③：2

T1006③：2，灰褐色胎，表面青灰色。敛口，圆唇，斜弧腹，平底。口径19.8、底径13.8、高5.7厘米（图二三二，4）。

10.泥质陶豆

224件。

A型 39件。敛口或直口，方唇，折腹。

A I 式 1件。敛口，喇叭状高圈足。

T0806⑰：1，灰褐色胎，表面呈青灰色。敛口，方唇，折腹，喇叭状高圈足。上腹饰宽弦纹。口径15.2、底径9.2、高10厘米（图二三三，1；彩版一〇一，1）。

A II 式 2件。直口微敛，喇叭状矮圈足。

T1109⑰：1，灰褐色胎。敛口，方唇，折腹，上腹近直，下腹弧收，喇叭状圈足。口、底稍磨平。口径18.9、底径10.7、高8.1厘米（图二三三，2；彩版一〇一，2）。

T0909⑯：3，灰褐色胎，表面呈灰黑色。口微敛，方唇，折腹，上腹稍内束，下腹弧收，圈足外撇。沿面饰弦纹，沿面、足底稍磨平。口径14、底径8.6、高6.4厘米（图二三三，3；彩版一〇一，3）。

A III 式 2件。直口，喇叭状矮圈足。

T0808⑬：1，褐色胎。口微敛，方唇，折腹，上腹近直，下腹弧收，喇叭状圈足。口径21.9、底径12、高9.8厘米（图二三三，4；彩版一〇一，4）。

台44E②：1，灰褐色胎。直口，方唇，折腹，上腹近直，下腹弧收，圈足外撇。口径18.8、

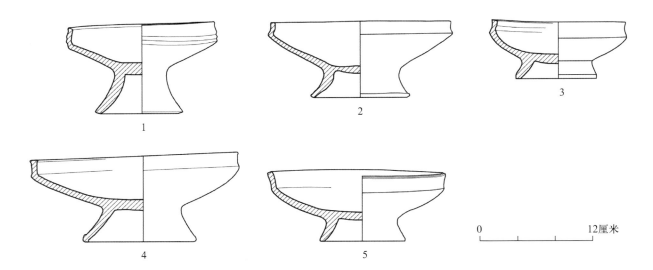

图二三三　周代泥质陶豆

1.A I 式T0806⑰：1　2、3.A Ⅱ式T1109⑰：1、T0909⑯：3　4、5.AⅢ式T0808⑬：1、台44E②：1

底径 8.9、高 7.2 厘米（图二三三，5；彩版一〇一，5）。

　　A Ⅳ式　30 件。直口，矮圈足，器形较规整。

　　T1108⑬：2，灰色胎。直口，方唇，折腹，上腹稍内束，下腹弧收，圈足略外撇。沿面饰弦纹，沿面、足底稍磨平，外底划两道交叉直线。口径 16.6、底径 10.4、高 6.9 厘米（图二三四，1）。

　　T1209⑫B：3，青灰色胎，表面呈灰黑色。直口，方唇，折腹，上腹近直，下腹弧收，圈足略外撇。口径 16.4、底径 9、高 5.8～6.3 厘米（图二三四，2；彩版一〇一，6）。

　　T1209⑫B：6，青灰色胎，表面呈灰黑色。直口微侈，方唇，折腹，上腹稍内束，下腹斜收，圈足宽大，略外撇。沿面饰两道弦纹，足底稍磨平。口径 19.2、底径 11.2、高 7.1 厘米（图二三四，3；彩版一〇一，7）。

　　T1209⑫B：1，青灰色胎，表面呈灰黑色。直口，方唇，折腹，上腹近直，下腹弧收，圈足外撇。口沿饰两道弦纹。口径 14.9、底径 9、高 6.5 厘米（图二三四，4）。

　　T1209⑫A：7，灰褐色胎，表面呈灰黑色。直口微侈，方唇，折腹，上腹较直，下腹弧收，圈足（直）。沿面饰两道弦纹，足底稍磨平。口径 17.5、底径 8.8～9.5、高 6.3 厘米（图二三四，5）。

　　T0808⑫A：1，红褐色胎。直口，方唇，上腹稍内束，下腹弧收，圈足外撇。沿面、足底稍磨平。口径 20.7、底径 10.2、高 9.2 厘米（图二三四，6；彩版一〇一，8）。

　　G4②：15，灰色胎。直口，方唇，折腹，上腹稍内束，下腹弧收，圈足外撇。沿面饰两道弦纹。口径 17.6、底径 10、高 7.6 厘米（图二三四，7；彩版一〇一，9）。

　　G4①：5，青灰色胎。直口，方唇，折腹，上腹稍内束，下腹弧收，圈足外撇。口沿饰两道弦纹。口径 17.8、底径 10.2、高 6.8 厘米（图二三四，8；彩版一〇一，10）。

　　H74③：3，灰色胎。直口，方唇，折腹，上腹稍内束，下腹弧收，圈足外撇。口径 18.5、底径 10.2、高 7.1 厘米（图二三四，9）。

　　A Ⅴ式　4 件。直口，矮圈足，器形不甚规整。泥质红陶较多。

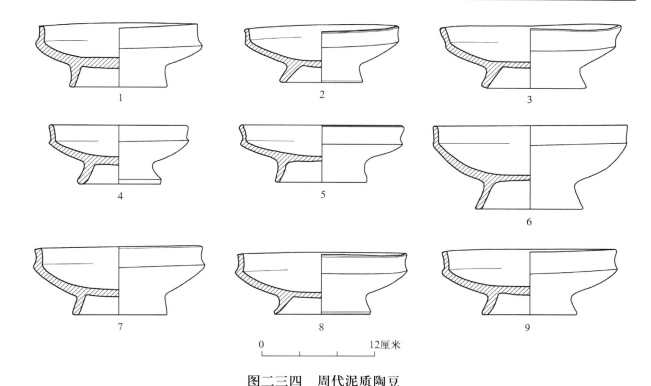

图二三四　周代泥质陶豆

1～9.AⅣ式T1108⑬：2、T1209⑫B：3、T1209⑫B：6、T1209⑫B：1、T1209⑫A：7、T0808⑫A：1、G4②：15、G4①：5、H74③：3

H19：1，青灰色胎。直口，方唇，折腹，上腹稍内束，下腹弧收，圈足外撇。沿面饰两道弦纹。口径15.6、底径9.7、高7.5厘米（图二三五，1）。

T0810④B：3，青灰色胎。直口微敛，方唇，折腹，上腹稍内束，下腹弧收，圈足外撇。沿面稍磨平。口径16.4、底径8.8、高7.9厘米（图二三五，2；彩版一○一，11）。

T0807②：1，褐色胎。口、足略残。直口，方唇，折腹，上腹稍内束，下腹弧收，圈足外撇。沿面稍磨平。口径17.3、底径8.7、高6.5～7.1厘米（图二三五，3；彩版一○一，12）。

陶豆残件，由于第⑮层下出土陶豆较少，选择豆盘3件及豆足2件介绍。

泥质陶豆足

T0805⑰：6，灰褐色胎，表面呈青灰色。口部残，喇叭状高圈足。底径10.2、残高7厘米（图二三六，1）。

T0805⑮：6，青灰色胎。口部残，喇叭状圈足。底径13、残高7.4厘米（图二三六，2）。

泥质陶豆盘

T0805⑱：4，灰褐色胎，表面呈灰黑色。直口，方唇，折腹，足残。口径27、残高4.1厘米（图二三六，4）。

T0805⑯：5，青灰色胎。直口，方唇，折腹，足残。口径21.6、残高4.6厘米（图二三六，3）。

T0805⑯：6，灰色胎。直口，方唇，折腹，足残。口径22、残高5.4厘米（图二三六，5）。

B型　132件。敞（侈）口，折腹。

Ba型　50件。器形较大。

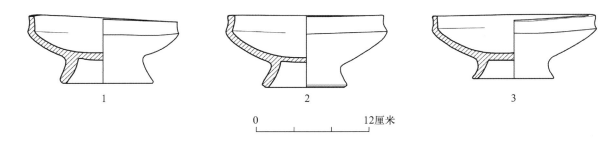

图二三五　周代泥质陶豆

1～3. AⅤ式 H19：1、T0810④B：3、T0807②：1

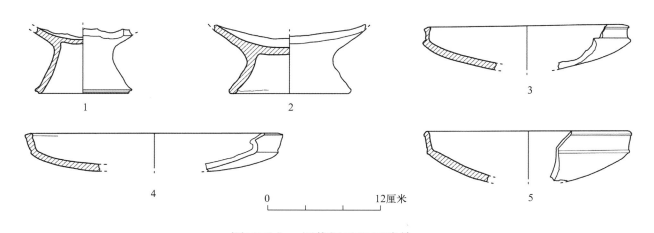

图二三六　周代泥质陶豆残件

1、2. 豆足 T0805⑰：6、T0805⑮：6　3～5. 豆盘 T0805⑱：4、T0805⑯：5、T0805⑯：6

Ba Ⅰ式　13件。口微侈，圈足较宽，略外撇。器形工整，表面多呈灰黑色。沿面有几道弦纹。

G4①：13，青灰色胎。口微侈，尖唇，折腹，上腹内束，下腹弧收，圈足略外撇。是腹饰弦纹。口径17.8、底径10.2、高6.8厘米（图二三七，1；彩版一〇二，1）。

T1108⑨：15，灰褐色胎，表面呈灰黑色。敞口，圆唇，折腹，上腹稍内束，下腹弧收，圈足外撇。口沿稍磨平。口径16.8、底径8.7、高7.4厘米（图二三七，2）。

T1108⑨：20，灰褐色胎，表面呈灰黑色。口微侈，尖唇，折腹，上腹稍内束，下腹弧收，圈足外撇。足底稍磨平。口径16.4、底径8～8.4、高7.5厘米（图二三七，3）。

T1208⑧A：1，青灰色胎。口微侈，尖唇，折腹，上腹内束，下腹弧收，圈足略外撇。沿面饰两道弦纹。口径16.9、底径8.8、高6.9厘米（图二三七，4；彩版一〇二，2）。

T1108⑧B：17，灰褐色胎，表面呈灰黑色。口微侈，方唇，折腹，上腹内束，下腹弧收，圈足略外撇。沿面、足底稍磨平。口径16.8、底径9.6、高7厘米（图二三七，5）。

T0905⑦：8，青灰色胎，表面呈灰黑色。口微侈，圆唇，折腹，上腹稍内束，下腹弧收，圈足近直。沿面饰两道弦纹，稍磨平。口径17.8、底径8.4～9.2、高7.4厘米（图二三七，6；彩版一〇二，3）。

T0906⑥：4，灰褐色胎，表面呈青灰色。口微侈，圆唇，折腹，上腹内束，下腹弧收，圈足略外撇。沿面饰一道弦纹。口径16.5、底径8.6、高7.7厘米（图二三七，7）。

台 15B ①：5，青灰色胎，表面呈灰黑色。直口微侈，方唇，折腹，上腹稍内束，下腹弧收，圈足略外撇。沿面饰两道弦纹，沿面、足底稍磨平。口径 18.7、底径 9.6、高 7.7 ～ 8.5 厘米（图二三七，8）。

Ba Ⅱ式　21 件。形制介于 Ⅰ 式、Ⅲ 式之间。

T0905 ⑦：3，灰褐色胎，表面呈青灰色。口微侈，方唇，折腹，上腹内束，下腹弧收，圈足外撇。沿面饰弦纹。口径 17、底径 10、高 7 厘米（图二三八，1）。

T0905 ⑦：4，青灰色胎。口微侈，方唇，折腹，上腹内束，下腹弧收，圈足外撇。口沿一道弦纹。口径 17.5、底径 9.5、高 7.9 厘米（图二三八，2）。

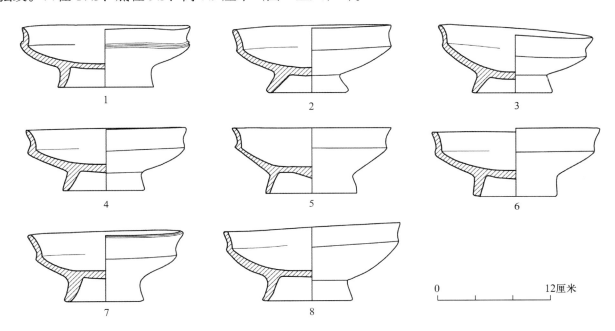

图二三七　周代泥质陶豆

1～8.BaⅠ式G4①：13、T1108⑨：15、T1108⑨：20、T1208⑧A：1、T1108⑧B：17、T0905⑦：8、T0906⑥：4、台15B①：5

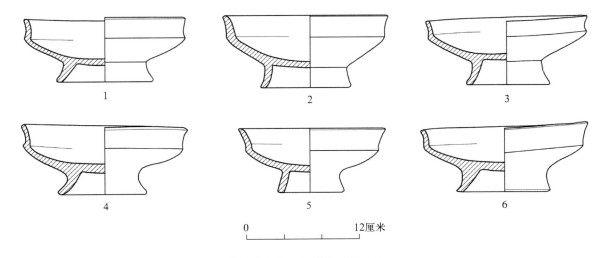

图二三八　周代泥质陶豆

1～6.BaⅡ式T0905⑦：3、T0905⑦：4、台6C：2、台39A②：2、T0905⑥：3、T1007⑤：5

台 6C：2，青灰色胎。敞口外侈，方唇，折腹，上腹内束，下腹斜收，圈足外撇。口沿略磨平。口径 17、底径 8.8、高 7.4 厘米（图二三八，3）。

台 39A ②：2，青灰色胎。口微侈，方唇，折腹，上腹内束，下腹弧收，圈足外撇。口径 17.6、底径 9.4、高 7.7 厘米（图二三八，4；彩版一○二，4）。

T0905 ⑥：3，灰褐色胎，表面呈灰黑色。口微侈，方唇，折腹，上腹稍内束，下腹弧收，圈足外撇。口径 15.6、底径 7、高 7 厘米（图二三八，5）。

T1007 ⑤：5，灰褐色胎，表面呈青灰色。敞口外侈，方唇，折腹，上腹稍内束，下腹斜收，圈足略外撇。口沿饰弦纹，沿面略磨平。口径 17.5、底径 9.4、高 6.5 厘米（图二三八，6；彩版一○二，5）。

Ba Ⅲ式　16 件。侈口。器形不甚工整，胎色青灰。

T0805 ⑥：2，青灰色胎。侈口，尖唇，折腹，上腹内束，下腹弧收，圈足外撇。沿面饰两道弦纹。口径 16.2、底径 8.4、高 5.7 厘米（图二三九，1）。

台 39A ①：1，灰色胎。侈口，方唇，折腹，上腹内束，下腹弧收，圈足外撇。口径 16.6、底径 9.1、高 6.9 厘米（图二三九，2；彩版一○二，6）。

T1008 ⑥ A：2，青灰色胎。侈口，尖唇，折腹，上腹稍内束，下腹斜收，圈足外撇。口径 16、底径 7.7、高 6.3 厘米（图二三九，3）。

T1007 ⑤：6，青灰色胎。侈口，圆唇，折腹，上腹稍内束，下腹斜收，圈足外撇。沿面饰两道弦纹。口径 17.4、底径 9.7、高 6.2 厘米（图二三九，4）。

T0608 ④ A：1，灰褐色胎，表面呈青灰色。侈口，圆唇，折腹，上腹稍内束，下腹斜收，圈足稍外撇。口径 14、底径 7.8、高 6 厘米（图二三九，5）。

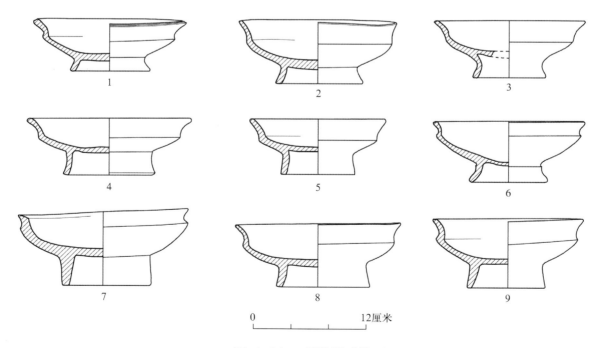

图二三九　周代泥质陶豆

1～9.BaⅢ式T0805⑥：2、台39A①：1、T1008⑥A：2、T1007⑤：6、T0608④A：1、T1007⑤：8、H13②：18、T0803②B：4、G6：4

T1007⑤：8，青灰色胎。侈口，尖唇，折腹，上腹稍内束，下腹斜收，圈足外撇。口径16、底径8.4、高6.6厘米（图二三九，6）。

H13②：18，青灰色胎。侈口，尖唇，折沿，束颈，弧腹，圈足近直。口径17.9、底径9.4、高7.7～8.3厘米（图二三九，7；彩版一〇二，7）。

T0803②B：4，灰褐色胎，表面呈灰黑色。侈口，尖唇，折腹，上腹内束，下腹斜收，圈足稍外撇。口径17.5、底径9.9、高6.9厘米（图二三九，8）。

G6：4，灰褐色胎，表面局部呈灰黑色。侈口，尖唇，折腹，上腹内束，下腹弧收，圈足稍外撇。沿面饰一道弦纹。口径16、底径6.1、高7.3厘米（图二三九，9；彩版一〇二，8）。

Bb型　31件。器形中等，过渡类型。

BbⅠ式　15件。口微侈。器形工整，表面多呈灰黑色。

T1108⑨：13，青灰色胎。口微侈，圆唇，折腹，上腹内束，下腹弧收，喇叭状圈足。口沿磨平。口径15.8、底径7.6、高6.2～6.6厘米（图二四〇，1；彩版一〇二，9）。

T1108⑨：12，灰褐色胎，表面呈灰黑色。口微侈，圆唇，折腹，上腹稍内束，下腹弧收，喇叭状圈足。口沿磨平。口径14.9、底径8.4、高6.4厘米（图二四〇，2）。

G4②：17，灰褐色胎，表面呈青灰色。口微侈，圆唇，折腹，上腹稍内束，下腹弧收，圈足外撇。口径13.8、底径8.1、高6.5厘米（图二四〇，3；彩版一〇二，10）。

G4②：5，灰褐色胎，表面呈灰黑色。口微侈，圆唇，折腹，上腹稍内束，下腹弧收，圈足外撇。口、腹见轮旋痕。口径13.9、底径8.1、高6.3厘米（图二四〇，4）。

T1108⑧B：3，灰褐色胎，表面呈青灰色。口微侈，方唇，折腹，上腹近直，下腹斜收，圈足稍外撇。口沿磨平，外底部有刻划纹。口径13.9、底径8、高6～7.1厘米（图二四〇，5）。

台47C③：1，灰褐色胎，表面呈灰黑色。口微侈，圆唇，折腹，上腹近直，下腹斜收，圈足稍外撇。口径15.5、底径7.6、高6.9厘米（图二四〇，6）。

BbⅡ式　16件。侈口。器形不甚工整，胎色青灰。

T1009⑦A：4，灰褐色胎，表面呈青灰色。侈口，圆唇，折腹，上腹稍内束，下腹斜收，圈

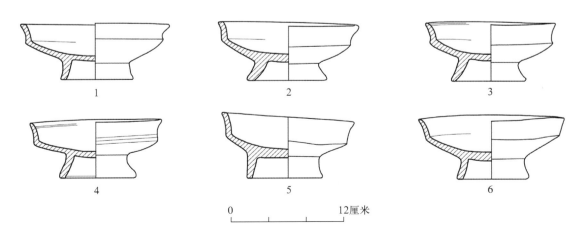

图二四〇　周代泥质陶豆

1～6.BbⅠ式T1108⑨：13、T1108⑨：12、G4②：17、G4②：5、T1108⑧B：3、台47C③：1

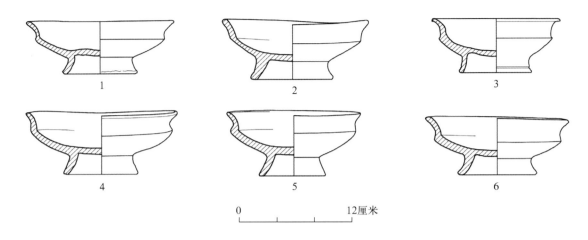

图二四一　周代泥质陶豆

1～6.BbⅡ式T1009⑦A：4、T0704⑤：1、T1007⑤：7、T0709⑤A：2、G6：3、台9B④：3

足外撇。口径 15.6、底径 7.6～8、高 5.8 厘米（图二四一，1）。

T0704 ⑤：1，灰褐色胎，表面呈灰黑色。侈口，圆唇，折腹，上腹稍内束，下腹斜收，圈足稍外撇。口径 15.4、底径 8.6、高 6.6 厘米（图二四一，2；彩版一○二，11）。

T1007 ⑤：7，灰褐色胎，表面呈青灰色。侈口，圆唇，折腹，上腹稍内束，下腹斜收，圈足外撇。口径 13.5、底径 7.4～7.7、高 5.9 厘米（图二四一，3）。

T0709 ⑤A：2，灰褐色胎，表面呈灰黑色。侈口，圆唇，卷沿，折腹，上腹内束，下腹斜收，圈足稍外撇。口径 16、底径 8、高 7 厘米（图二四一，4）。

G6：3，灰褐色胎，表面呈灰黑色。侈口，尖唇，卷沿，折腹，上腹内束，下腹弧收，圈足外撇。沿面饰两道弦纹。口径 14.1、底径 7、高 6.9 厘米（图二四一，5）。

台 9B ④：3，灰褐色胎，表面呈灰黑色。侈口，圆唇，折腹，上腹稍内束，下腹斜收，圈足外撇。口径 15、底径 8.3、高 6.3 厘米（图二四一，6；彩版一○二，12）。

Bc 型　51 件。器形较小。造型变化较大，器形不甚规整，以豆盘沿面及盘壁有无弦纹分为两式。

Bc Ⅰ式　19 件。沿面及盘壁有弦纹。

T1108⑰：3，灰褐色胎，表面呈灰黑色。侈口，尖唇，卷沿，折腹，上腹稍内束，下腹斜收，内底平坦，圈足外撇。口沿、足底稍磨平，沿面饰弦纹。口径 11.9、底径 7.4、高 5.5 厘米（图二四二，1）。

T1209⑫B：7，灰褐色胎，表面呈灰黑色。侈口，尖唇，卷沿，折腹，上腹内束，下腹斜收，圈足外撇。沿面饰弦纹。口径 12.4、底径 7.6、高 6 厘米（图二四二，2）。

T1108⑫B：4，青灰色胎。侈口，尖唇，卷沿，折腹，上腹内束，下腹弧收，圈足外撇。沿面及盘外壁饰弦纹。口径 12.5、底径 6.9、高 5.9 厘米（图二四二，3；彩版一○三，1）。

T1109⑪：3，侈口，圆唇，卷沿，折腹，上腹内束，下腹弧收，圈足略外撇。沿面有轮旋痕。灰褐色胎，表面呈青灰色。口径 13.4、底径 7、高 5.9 厘米（图二四二，4）。

T1009⑫A：3，灰褐色胎。侈口，圆唇，卷沿，折腹，上腹内束，下腹斜收，圈足外撇。沿面有两道弦纹。口径 11.7、底径 6.8、高 5.6 厘米（图二四二，5；彩版一○三，2）。

G4①：10，青灰色胎。侈口，圆唇，卷沿，折腹，上腹内束，下腹弧收，圈足略外撇。沿面有轮旋痕。口径13、底径6.4、高5.8厘米（图二四二，6）。

G4②：25，灰褐色胎。侈口，尖唇，窄折沿，折腹，上腹稍内束，下腹弧收，圈足略外撇。沿面及上腹部饰弦纹。口径9.4、底径5.8、高4.2厘米（图二四二，7；彩版一〇三，3）。

Bc Ⅱ式　32件。沿面及盘壁未见弦纹。

T1108⑧B：23，灰色胎，表面呈灰黑色。侈口，圆唇，卷沿，腹内束，圈足略外撇。口径13.6、底径6、高6.4厘米（图二四三，1；彩版一〇三，4）。

T0709⑧A：1，侈口，圆唇，卷沿，折腹，上腹内束，下腹弧收，圈足略外撇。沿面饰弦纹。灰褐色胎，表面呈青灰色。口径13.2、底径6.4、高5.7厘米（图二四三，2；彩版一〇三，5）。

T1108⑧A：6，敞口，圆唇，折腹，圈足稍外撇。青灰色胎。口径12.4、底径6.6、高5.4厘米（图二四三，3；彩版一〇三，6）。

T1109⑥A：9，灰褐色胎，表面青灰色。敞口，尖唇，折腹，上腹稍内束，下腹斜收，圈足稍外撇。器形不甚规整。口径10.4、底径6.5、高4.9厘米（图二四三，4）。

T0608④A：6，灰褐色胎，表面呈灰黑色。敞口，方唇，折腹，上腹稍内束，下腹斜收，圈

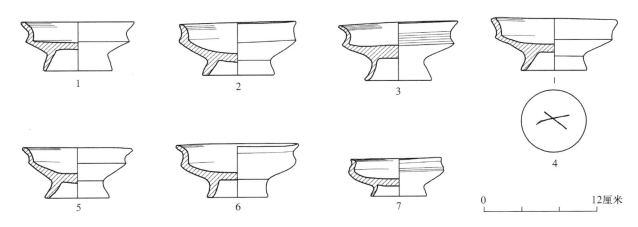

图二四二　周代泥质陶豆

1～7.BcⅠ式T1108⑰：3、T1209⑫B：7、T1108⑫B：4、T1109⑪：3、T1009⑫A：3、G4①：10、G4②：25

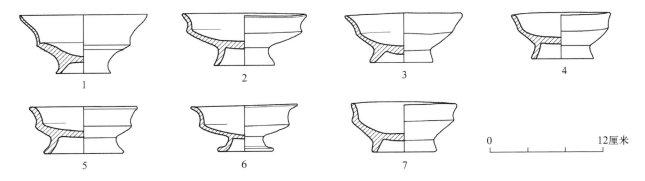

图二四三　周代泥质陶豆

1～7.BcⅡ式T1108⑧B：23、T0709⑧A：1、T1108⑧A：6、T1109⑥A：9、T0608④A：6、T0805③：19、T0804②：1

足外撇。口径 11.4、底径 8.4、高 5.1 厘米（图二四三，5）。

　　T0805③：19，青灰色胎。侈口，尖唇，卷沿，折腹，上腹稍内束，下腹斜收，喇叭状圈足。口径 11.3、底径 6、高 5.2 厘米（图二四三，6）。

　　T0804②：1，灰褐色胎，表面呈灰黑色。敞口，圆唇，折腹，上腹稍内束，下腹斜收，矮圈足稍外撇。口径 11.2、底径 6.8、高 5.5 厘米（图二四三，7）。

　　C 型　51 件。弧腹。

　　Ca 型　21 件。器形较大，盘稍浅。

　　Ca Ⅰ 式　2 件。圈足稍矮。

　　T1209⑫B：2，灰褐色胎，表面呈灰黑色。敞口，沿面平，弧腹，圈足略外撇。沿面稍磨平。口径 14.7、底径 7.4、高 6.1 厘米（图二四四，1；彩版一〇三，7）。

　　T1209⑫B：11，灰褐色胎，表面呈灰黑色。敞口，方唇，弧腹略折，圈足外撇。口沿及盘壁饰弦纹。口径 12.2、底径 7.3、高 4.9 厘米（图二四四，2）。

　　Ca Ⅱ 式　11 件。圈足稍矮。表面呈灰黑色，胎质致密。

　　T1108⑨：11，灰褐色胎，表面呈青灰色。敞口，沿面平，浅弧腹，圈足略外撇。沿面磨平。口径 18.4、底径 9.3、高 5 ～ 5.6 厘米（图二四四，3）。

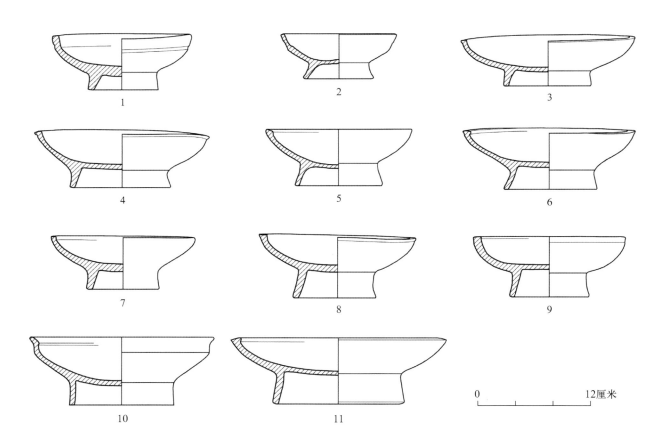

图二四四　周代泥质陶豆

1、2.Ca Ⅰ 式 T1209⑫B：2、T1209⑫B：11　3～7.Ca Ⅱ 式 T1108⑨：11、T1108⑧A：7、T1109⑧A：8、T0910⑦B：4、T1009⑦B：3
8～11.Ca Ⅲ 式 台 28B：1、H13①：7、T0803③：4、T0905②：1

T1108 ⑧ A：7，灰褐色胎，表面呈灰黑色。敞口，沿面平，浅弧腹，圈足略外撇。沿面饰弦纹。口径 18.5、底径 10.7、高 6.4 厘米（图二四四，4；彩版一〇三，8）。

T1109 ⑧ A：8，灰褐色胎，表面呈灰黑色。敞口，沿面平，弧腹，圈足略外撇。沿面磨平。口径 15.4、底径 9.1、高 6.1 厘米（图二四四，5）。

T0910 ⑦ B：4，灰褐色胎，表面呈灰黑色。敞口，沿面平，浅弧腹，圈足略外撇。沿面、足底磨平。口径 18.2、底径 9.9、高 6.3 ～ 6.7 厘米（图二四四，6；彩版一〇三，9）。

T1009 ⑦ B：3，灰褐色胎，表面呈灰黑色。敞口，浅弧腹，圈足略外撇。沿面有两道弦纹。口径 15.3、底径 7.8、高 5.5 ～ 5.8 厘米（图二四四，7 彩版一〇三，10）。

Ca Ⅲ式　8 件。圈足稍高。制作不甚规整。

台 28B：1，灰褐色胎，表面灰黑色。敞口，沿面平，稍内折，浅弧腹，圈足略外撇。沿面、足底稍磨平。口径 16.6、底径 9、高 7 厘米（图二四四，8；彩版一〇三，11）。

H13 ①：7，青灰色胎。敞口，沿面平，弧腹，圈足略外撇。沿面饰弦纹。口径 16.2、底径 8.4、高 6.6 厘米（图二四四，9）。

T0803 ③：4，灰色胎，表面呈灰黑色。敞口，斜折沿，浅弧腹，圈足。口径 19.5、底径 11、高 7.4 厘米（图二四四，10；彩版一〇三，12）。

T0905 ②：1，灰褐色胎，表面呈灰黑色。敞口，沿面平，弧腹，圈足略外撇。口径 22.8、底径 14、高 7.2 厘米（图二四四，11）。

Cb 型　30 件。器形较小，器形不甚规整。

Cb Ⅰ式　14 件。圈足略外撇。

T1108 ⑧ A：15，灰褐色胎，表面呈灰黑色。敞口，尖唇，平折沿，弧腹，圈足略外撇。口径 13.1、底径 7.8、高 5.7 ～ 6.5 厘米（图二四五，1）。

T0704 ⑦：1，灰褐色胎，表面呈灰黑色。口微敛，圆唇，弧腹，圈足略外撇。沿面稍磨平。口径 11.2、底径 7.7、高 5.1 ～ 5.8 厘米（图二四五，2；彩版一〇四，1）。

T1108 ⑦ B：8，敞口，方唇，弧腹，圈足略外撇。口、底稍磨平。青灰色胎。口径 11.2、底径 7.7、高 5.1 厘米（图二四五，3；彩版一〇四，2）。

H29 ③：1，灰褐色胎，表面呈灰黑色，脱落殆尽。敞口，沿面平，弧腹，圈足略外撇。沿面磨光。口径 11.7、底径 7.1、高 4.9 厘米（图二四五，4；彩版一〇四，3）。

T1007 ⑤：1，灰褐色胎，表面呈灰黑色，脱落殆尽。敞口，圆唇，卷沿，弧腹，中部有一道折棱，圈足略外撇。沿面、足底稍磨平。口径 11.7、底径 7、高 5.7 ～ 6.6 厘米（图二四五，5；彩版一〇四，4）。

T0708 ⑥ A：4，灰褐色胎，表面呈灰黑色。敞口，尖唇，弧腹，沿下有一道折棱，圈足略外撇。口径 12.2、底径 7.9、高 6 厘米（图二四五，6；彩版一〇四，5）。

T0810 ⑤ B：8，红褐色胎。直口，尖唇，弧腹，圈足略外撇。口径 11.2、底径 7.5、高 6.1 ～ 7.1 厘米（图二四五，7；彩版一〇四，6）。

T0810 ⑤ B：16，灰褐色胎，表面呈灰黑色。敞口，沿面平，弧腹，圈足略外撇。沿面饰弦纹，足底稍磨平。口径 11、底径 7.1、高 5.6 厘米（图二四五，8）。

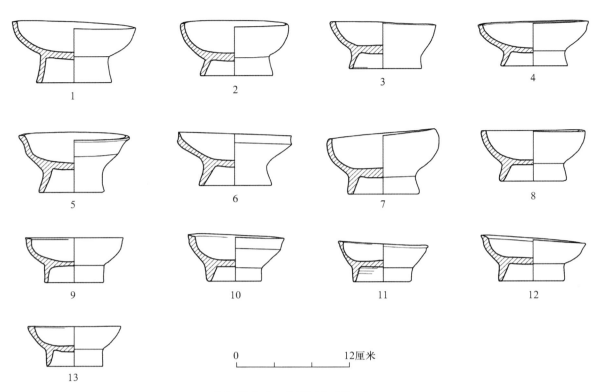

图二四五　周代泥质陶豆

1~8.CbⅠ式T1108⑧A：15、T0704⑦：1、T1108⑦B：8、H29③：1、T1007⑤：1、T0708⑥A：4、T0810⑤B：8、T0810⑤B：16

9~13.CbⅡ式T1109⑥A：14、T1005⑤：1、台15A②：2、T0805③：10、H34③：1

CbⅡ式　16件。圈足较直。

T1109⑥A：14，灰褐色胎，表面呈灰黑色。敞口，尖唇，斜弧腹，平底，圈足近直。口径10.3、底径6.3、高4.8厘米（图二四五，9）。

T1005⑤：1，青灰色胎。敞口，尖唇，平折沿，弧腹，圈足近直。口径10.1、底径5.7、高4.9厘米（图二四五，10；彩版一○四，7）。

台15A②：2，灰褐色胎，表面呈灰黑色。敞口，沿面平，弧腹，圈足近直。口径9.5、底径6.1、高4.1厘米（图二四五，11）。

T0805③：10，灰褐色胎，表面呈灰黑色。敞口，尖唇，斜折沿，弧腹，圈足近直。口径11.1、底径6.9、高4.1~5厘米（图二四五，12；彩版一○四，8）。

H34③：1，灰褐色胎，表面呈灰黑色。敞口，尖唇，沿面平，弧腹，圈足近直。口径9.9、底径5.9、高4.4厘米（图二四五，13；彩版一○四，9）。

D型　2件。撇口，高柄。

T0908②：2，青灰色胎。撇口，圆唇，浅弧腹，细高柄，喇叭状圈足。口沿局部磨光。口径21.2、底径14.8、高16.7厘米（图二四六，1）。

T0610③B：1，青灰色胎。撇口，圆唇，浅弧腹，细高柄，足残。口径19.8、残高9.5厘米（图二四六，2；彩版一○四，10）。

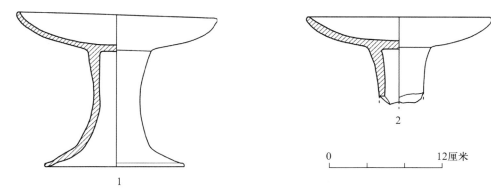

图二四六 周代泥质陶豆

1、2.D型T0908② : 2、T0610③B : 1

11.泥质陶碗

4件。

T1008④A : 3，青灰色胎。直口，方唇，上腹近直，下腹弧收，平底内凹。口沿磨平，器底有线切割痕。口径14、底径8.6、高4.5厘米（图二四七，1；彩版一〇四，11）。

T0802④A : 1，灰褐色胎，表面呈灰黑色，胎质疏松，表面剥蚀严重。敞口，方唇，浅弧腹，平底。口径15、底径7.4、高4.6厘米（图二四七，2）。

台12A① : 3，灰褐色胎，表面青灰色。敞口，尖唇，斜折沿，弧腹，平底。口径15、底径9、高4.2厘米（图二四七，3；彩版一〇四，12）。

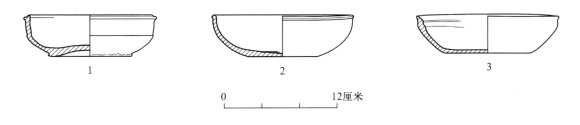

图二四七 周代泥质陶碗

1～3.T1008④A : 3、T0802④A : 1、台12A① : 3

12.泥质陶杯

19件。

A型 11件。圆形。手制。

AⅠ式 3件。制作粗糙，形状不规则。

T1108⑬ : 4，灰黄色胎，剥蚀严重。大致呈椭圆形，形状极不规则，上部捺有浅凹窝，圜底。直径3.8～4.1、高2.4厘米（图二四八，1；彩版一〇五，1）。

采 : 4，黄褐色胎。完整，不规则形，截面近梯形，上部有浅凹窝，凹窝圜底，外底近平。口径2.4、底径3.6、高2.5厘米（图二四八，2）。

T1208⑫A : 1，近球形，上部有浅凹窝，圜底近平。灰黄色胎。直径3.4、高2.3厘米（图二四八，3；彩版一〇五，2）。

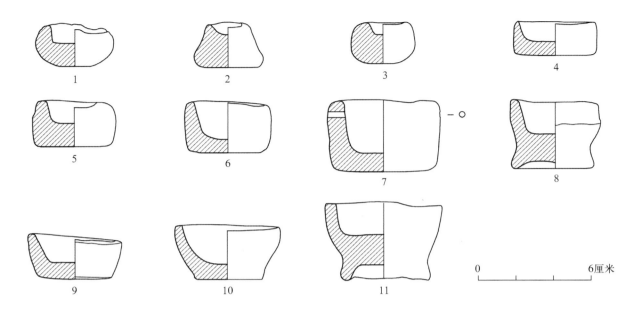

图二四八　周代泥质陶杯

1～3.AⅠ式T1108⑬：4、采：4、T1208⑫A：1　4～7.AⅡ式T1108⑬：1、T0806⑫：4、G4①：4、G4②：6　8～11.AⅢ式
H13①：6、T1009④A：2、H20②：2、T1208②：2

AⅡ式　4件。直腹。内为圜底，外为平底。

T1108⑬：1，灰褐色胎，外底呈灰黑色。敞口，尖唇，直腹，平底。口径4.1、底径4.4、高1.8厘米（图二四八，4；彩版一〇五，3）。

T0806⑫：4，青灰色胎。直口，方唇，直腹，平底。口沿下有一对圆形小穿孔，内底制作较粗率。口径4、底径4.1、高2.3厘米（图二四八，5；彩版一〇五，4）。

G4①：4，红褐色胎。直口，方唇，直腹，平底。内底制作较粗率，留有指抹痕。口径4.2、底径4、高2.8厘米（图二四八，6；彩版一〇五，5）。

G4②：6，红褐色胎。直口，圆唇，直腹，平底。口沿下有圆形小穿孔，内底制作较粗率，留有指抹痕。口径5.9、底径5.5、高4厘米（图二四八，7）。

AⅢ式　4件。斜腹。

H13①：6，红褐色胎。直口微侈，尖唇，上腹较直，下腹稍内收，圈足。足边有较多捺窝。口径4.5、底径4.2、高3.8厘米（图二四八，8；彩版一〇五，6）。

T1009④A：2，灰黑色胎。敞口，方唇，斜直腹，平底。口径5、底径3.9、高2～2.5厘米（图二四八，9）。

H20②：2，青灰色胎。敞口，圆唇，斜弧腹，平底内凹。底边有捺窝。口径5.6、底径3.6、高3厘米（图二四八，10；彩版一〇五，7）。

T1208②：2，红褐色胎。敞口，尖唇，斜直腹，圈足，平底。足边有拼接的捺窝。口径6.2、底径3.8、高4～4.4厘米（图二四八，11）。

B型　7件。方形。

T1209⑫A：6，灰褐色胎。方形，中挖近圆形孔，直壁，平底。口部边长4.3、底部边长3、内口直径约 3、高 3.6 厘米（图二四九，1）。

T1208⑨：3，灰褐色胎，胎质致密。方形，中挖近圆形圜底孔，直壁，平底。边长 4 ～ 4.6、孔直径约 2.6、高 4.3 厘米（图二四九，2）。

T1108⑩：18，灰黄色胎，表面局部呈灰色。底部呈方形，口部圆形中挖近圆形孔，直壁，平底。口部直径 4.6、底边长 4.2 ～ 4.9、高 2.6 厘米（图二四九，3；彩版一〇五，8）。

T1108⑧B：4，灰褐色胎，表面局部呈灰黑色。方形，中挖近圆形孔，平底。边长 5.7 ～ 6.2、高 4.7 ～ 5 厘米（图二四九，4；彩版一〇五，9）。

T0910⑦B：8，黄褐色胎，表面局部呈灰黑色。方形，中挖近圆形孔，平底。口沿下有一对小穿孔。边长 3.7、高 2.4 厘米（图二四九，5；彩版一〇五，10）。

T1108⑧A：11，灰黄色胎，表面局部呈灰色，剥蚀严重。方形，中挖近圆形孔，斜直壁，平底。口沿下有一对穿孔。口边长 4.5 ～ 4.7、底边长 3.6、高 3 ～ 3.3 厘米（图二四九，6；彩版一〇五，11）。

T1009⑤B：5，灰白色胎，胎质致密。方形，中挖近圆形圜底孔，直壁，平底。边长约 3.6、孔直径约 2.6、高 3 厘米（图二四九，7）。

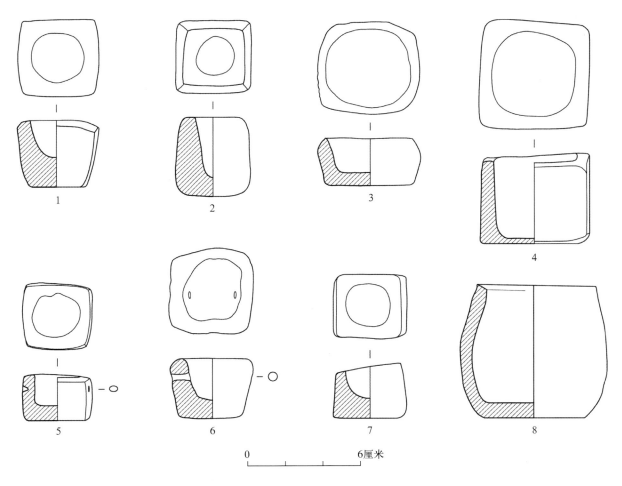

0　　　　　　　　6厘米

图二四九　周代泥质陶杯

1 ～ 7.B 型 T1209⑫A：6、T1208⑨：3、T1108⑩：18、T1108⑧B：4、T0910⑦B：8、T1108⑧A：11、T1009⑤B：5　8.C 型 H13①：10

C型　1件。深鼓腹。

H13①：10，灰褐色胎，表面呈灰黑色。口微侈，尖唇，深鼓腹，平底。口径6、底径5.3、高7.1厘米（图二四九，8；彩版一〇五，12）。

13.泥质陶盂

20件。

A型　7件。圈足、三扁平足。

A I 式　1件。侈口，圈足。

台44E②：4，红褐色胎，表面局部呈灰黑色。侈口，尖唇，卷沿，束颈，弧腹，圈足外撇。沿面饰弦纹。口径12.2、底径6.8、高6.4厘米（图二五〇，1；彩版一〇六，1）。

A II 式　1件。三扁平足。

T1108⑧B：8，灰褐色胎，表面呈灰黑色。敛口，圆唇，扁鼓腹，平底，腹部设一把手，残。底部设三足，扁平，足尖残。口沿外饰弦纹。口径8.6、残高4.7厘米（图二五〇，2；彩版一〇六，2）。

A III 式　5件。敛口，圈足。

T0709⑧A：2，青灰色胎。敛口，圆唇，弧腹，圈足略外撇。口沿外有一道弦纹。口径10.2、底径6.1、高5.3厘米（图二五〇，3；彩版一〇六，3）。

T1007⑤：2，青灰色胎。敛口，圆唇，弧腹，圈足略外撇。口沿外饰弦纹。口径9.8、底径6.7、高6厘米（图二五〇，4；彩版一〇六，4）。

T0810⑤B：18，黄褐色胎。敛口，圆唇，弧腹，圈足。口径10.4、底径6.5、高5.5厘米（图二五〇，5）。

台3A②：1，灰褐色胎，表面呈青灰色。敛口，圆唇，弧腹，圈足略外撇。口沿外有一道弦纹。口径10.2、底径6.6、高5.6厘米（图二五〇，6）。

T0908③A：1，灰褐色胎，表面呈灰黑色。敛口，圆唇，弧腹，圈足。口沿外饰弦纹。口径

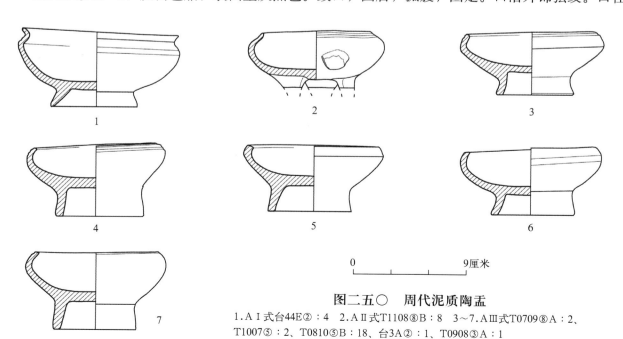

图二五〇　周代泥质陶盂

1.A I 式台44E②：4　2.A II 式T1108⑧B：8　3～7.A III 式T0709⑧A：2、
T1007⑤：2、T0810⑤B：18、台3A②：1、T0908③A：1

9.8、底径6.4、高6.3厘米（图二五〇，7；彩版一〇六，5）。

B型 7件。敛口，平底。

T1009⑫A：4，青灰色胎。敛口，尖唇，扁鼓腹，平底。口沿下有一道弦纹，上腹部有一圆形穿孔。口径5.7、底径5、高3.4厘米（图二五一，1）。

T0905⑦：1，灰褐色胎，表面呈青灰色。敛口，尖唇，扁鼓腹，平底。口沿下饰弦纹。口径7.7、底径6、高4.3厘米（图二五一，2；彩版一〇六，6）。

T0708⑥A：6，灰褐色胎，表面呈灰黑色。敛口，尖唇，扁鼓腹，平底。上腹部设横耳。口径8.2、底径5.6、高4.6厘米（图二五一，3）。

G3A①：3，青灰色胎。敛口，尖唇，鼓腹，平底。口径7.5、底径4.8、高4.1厘米（图二五一，4；彩版一〇六，7）。

T0705③：3，灰褐色胎，表面呈灰黑色。敛口，圆唇，扁鼓腹，平底。口径5.5、底径5.6、高4.3厘米（图二五一，5；彩版一〇六，8）。

T0908②：3，灰色胎。敛口，方唇，折肩，弧腹，平底内凹。上腹部堆贴长方形盲耳。口径9.4、底径8、高5.6厘米（图二五一，6；彩版一〇六，9）。

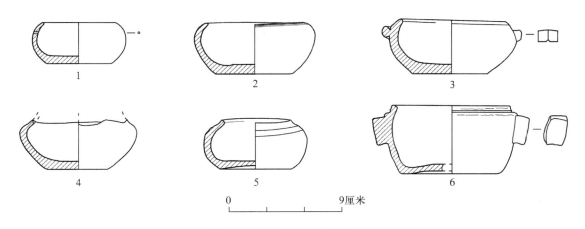

图二五一 周代泥质陶盂

1～6.B型T1009⑫A：4、T0905⑦：1、T0708⑥A：6、G3A①：3、T0705③：3、T0908②：3

C型 6件。侈口，平底。

台50②：3，灰褐色胎，表面呈青灰色。侈口，尖唇，折沿，颈微束，扁鼓腹，平底内凹。口径9.2、底径7、高4.5厘米（图二五二，1；彩版一〇六，10）。

T0705③：12，青灰色胎。侈口，尖唇，卷沿，束颈，沿面有两道凹槽，扁鼓腹，平底内凹。口径10.9、底径7.3、高4.3厘米（图二五二，2；彩版一〇六，11）。

T1106③：2，灰褐色胎，表面局部呈灰黑色。侈口，圆唇，折沿，颈微束，扁鼓腹，平底。表面饰绳纹。口径9.7、底径5.6、高5.8厘米（图二五二，3）。

T0608②：7，青灰色胎。侈口，尖唇，窄折沿，短直颈，扁鼓腹，平底内凹。口径9.2、底径7.9、高4.9厘米（图二五二，4）。

T0705③：6，青灰色胎。侈口，折沿，直颈，沿面有两道凹槽，扁鼓腹，平底内凹。口径

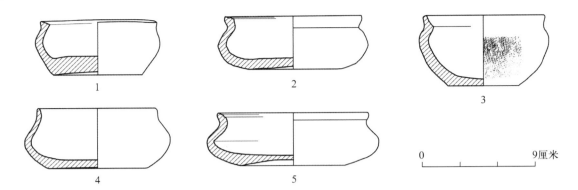

图二五二　周代泥质陶盂

1～5.C型台50②：3、T0705③：12、T1106③：2、T0608②：7、T0705③：6

12、底径 8.4、高 4.3 厘米（图二五二，5；彩版一○六，12）。

14.泥质陶盘

22 件。

A 型　18 件。圈足。

A I 式　3 件。盘壁较直。器形较规整，胎表面呈灰黑色。

T1209⑬：3，灰褐色胎，表面灰黑色。直口，方唇，直腹稍内收，圈足，平底。口沿及盘壁饰宽弦纹。口径 17.3、底径 16、高 4.4 厘米（图二五三，1）。

G4②：14，灰褐色胎，表面灰黑色。直口，方唇，直腹，圈足，平底。盘壁饰宽弦纹。口径 16.4、底径 14、高 5 厘米（图二五三，2；彩版一○七，1）。

T1209⑪：3，灰褐色胎，表面灰黑色。侈口，方唇，卷沿，腹内束，圈足略外撇，平底。盘壁饰宽弦纹。口径 13.6、底径 12.2、高 5.2 厘米（图二五三，3；彩版一○七，2）。

A II 式　10 件。盘壁略斜。

T0806⑦：2，灰色胎。敞口，尖唇，腹稍弧，平底，圈足近直。口径 12.9、底径 9.4、高 5.2 厘米（图二五三，4）。

T1108⑧B：18，青灰色胎，表面呈灰黑色。敞口，方唇，斜直腹，平底，底心残，圈足近直。口、底磨平。口径 15.5、底径 13、高 5 厘米（图二五三，5；彩版一○七，3）。

T1008⑦A：1，青灰色胎，足局部呈红褐色。敞口，方唇，弧腹，平底，圈足近直。口沿饰一道弦纹，口、底磨光。口径 16.7、底径 13、高 5.3 厘米（图二五三，6；彩版一○七，4）。

T1009⑤B：6，青灰色胎。敞口，方唇，折腹，平底，底心残，圈足。口径 18.6、底径 15、高 5 厘米（图二五三，7）。

台9B④：7，青灰色胎。直口，方唇，直腹，平底，圈足。口沿饰弦纹。口径 19、底径 15.5、高 5.6 厘米（图二五三，8；彩版一○七，5）。

T0608④A：13，青灰色胎。敞口，方唇，弧腹，平底，圈足近直。口径 15.3、底径 12、高 5.1 厘米（图二五三，9）。

A III 式　5 件。圈足内收。

台39A①：2，青灰色胎。敞口，方唇，直腹内束，平底，圈足内束。口沿及盘壁饰弦纹。

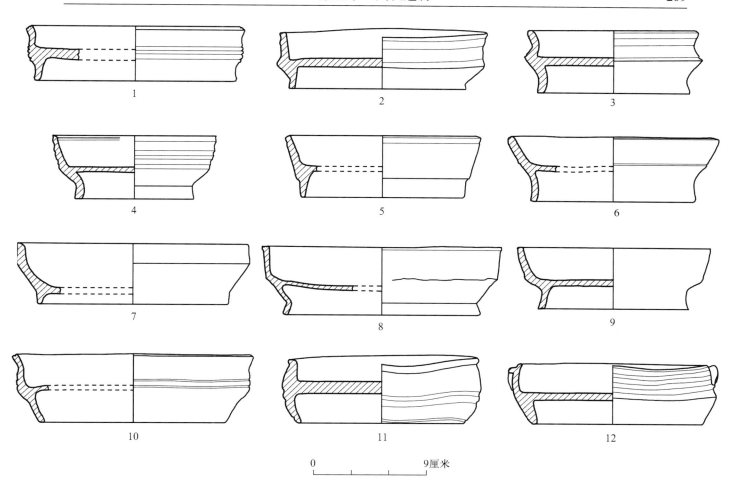

0 9厘米

图二五三 周代泥质陶盘

1～3.AⅠ式T1209⑬：3、G4②：14、T1209⑪：3 4～9.AⅡ式T0806⑦：2、T1108⑧B：18、T1008⑦A：1、T1009⑤B：6、台
9B④：7、T0608④A：13 10～12.AⅢ式台39A①：2、T0809④A：6、T0905③：10

口径 19.3、底径 14.8、高 5.6 厘米（图二五三，10）。

T0809④A：6，青灰色胎，表面呈灰黑色。口内敛，圆唇，弧腹，圈足内收，平底，底心残。腹部饰宽弦纹。口径 15、底径 12.7、高 5 厘米（图二五三，11）。

T0905③：10，青灰色胎。口稍内敛，圆唇，弧腹，圈足内收，平底。上腹部设倒"U"形盲耳，以泥条捏制而成，腹部饰宽弦纹。口径 15、底径 13.8、高 5.1 厘米（图二五三，12；彩版一〇七，6）。

B型 3件。三足。

台 6C：5，灰褐色胎，表面灰黑色。直口，方唇，直腹，平底，扁长方形足。足上部用扁泥条堆贴梯形盲耳，腹部饰弦纹。口径 20.4、高 8.4 厘米（图二五四，1）。

T0806⑩：1，灰褐色胎，表面灰黑色。侈口，尖唇，卷沿，腹内束，平底，下设三足，足尖残。沿面饰弦纹。口径 16.9、残高 5.2 厘米（图二五四，2；彩版一〇七，7）。

C型 1件。平底。

T0805⑱：3，红褐色胎，表面呈灰黑色。口稍内敛，圆唇，弧腹，平底。口、腹部饰宽弦纹。口径 12.8、底径 11.6、高 5.1 厘米（图二五四，3；彩版一〇七，8）。

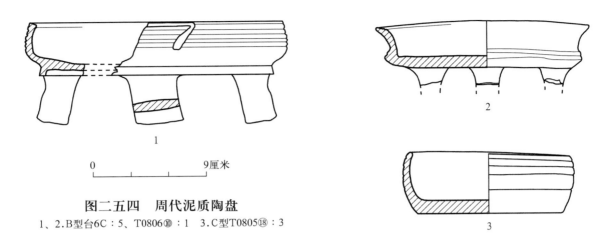

图二五四　周代泥质陶盘

1、2.B型台6C：5、T0806⑩：1　3.C型T0805⑱：3

15.泥质陶器盖

7件。

T1209⑧A：10，顶部平，两侧挖把手，弧壁，敞口，方唇。口径3.4、高1.7厘米（图二五五，1）。

T0610⑤C：1，灰褐色胎，表面呈青灰色，局部呈褐色。纽残，弧顶，浅直腹，敞口，方唇。口径22.8、残高5.9厘米（图二五五，2；彩版一〇七，9）。

T0905③：12，青灰色胎。纽残，顶部平，浅弧腹，敞口。口径15.2、残高2.3厘米（图二五五，3）。

H13②：16，纽残，顶面平，子口。直径10.1、高3.1厘米（图二五五，4；彩版一〇七，10）。

T0708②：7，青灰色胎。纽残，顶部平，浅弧腹，敞口。口径19.5、残高2厘米（图二五五，5；彩版一〇七，11）。

H13①：60，灰褐色胎，表面呈青灰色。顶部平，折腹，敞口，方唇。口径20、残高2.4厘米（图

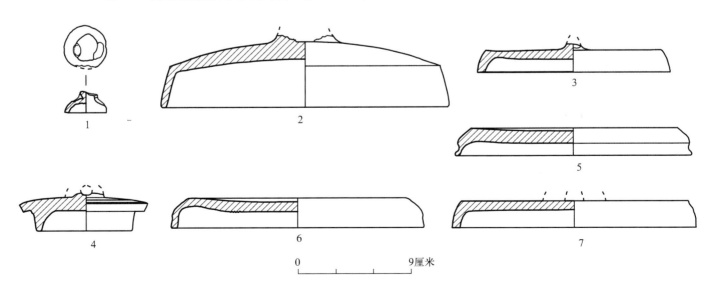

图二五五　周代泥质陶器盖

1～5.T1209⑧A：10、T0610⑤C：1、T0905③：12、H13②：16、T0708②：7、H13①：60、H20②：1

二五五，6）。

　　H20②：1，青灰色胎。纽残，顶部平，浅弧腹，敞口，方唇。口径 19.4、残高 2.2 厘米（图二五五，7；彩版一〇七，12）。

16. 泥质陶饼

6 件。

　　T1109⑯：1，泥质红陶，红褐色胎，烧结程度较弱，凹面及侧面烧结程度稍好，呈灰黑色，风化稍严重。厚圆饼状，截面略呈梯形，宽面平，窄面内凹。直径 6.8～7.1、厚 5.3 厘米（图二五六，1；彩版一〇八，1）。

　　H13②：17，泥质红陶，红褐色胎，烧结程度较弱，风化稍严重。厚圆饼状，截面略呈梯形，宽面平，窄面略弧。直径 6.6、厚 4.2 厘米（图二五六，2；彩版一〇八，2）。

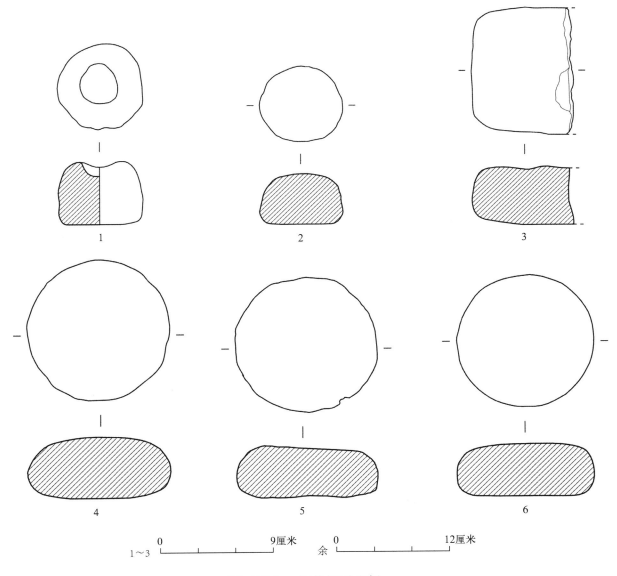

图二五六　周代泥质陶饼

1～6. T1109⑯：1、H13②：17、T0608④A：5、T1009⑦A：5、H28③：5、H28③：4

H28 ③：5，红褐色胎，烧结程度较弱。圆饼状，两面稍向外凸。直径15.2、厚6.8厘米（图二五六，5；彩版一〇八，3）。

T1009 ⑦ A：5，红褐色胎，烧结程度较弱，凹面烧结程度较好，呈青灰色。圆饼状，一面平，另一面略向内凹。直径14.9、厚5.7厘米（图二五六，4）。

T0608 ④ A：5，泥质红陶，红褐色胎。仅存一端，平面呈圆角长方形，扁平。残长8.1、宽10.5、厚4.8厘米（图二五六，3；彩版一〇八，4）。

H28 ③：4，红褐色胎，烧结程度较弱，一面表面呈青灰色。圆饼状，表面较平整。直径14.5、厚5.8厘米（图二五六，6）。

17. 泥质圆陶片

9件。

素面陶片 4件。

T1108 ⑩：12，青灰色胎。大致呈圆形，边缘稍打磨，扁平。用泥质灰陶残片制成，素面。直径4.3～4.6、厚1.1厘米（图二五七，1）。

T1108 ⑧ A：19，青灰色胎。大致呈圆形，边缘不齐，扁平。用泥质灰陶残片制成，素面。直径4.2～4.4、厚约0.9厘米（图二五七，2）。

台43C ①：1，红褐色胎。大致呈圆形，边缘不齐，扁平。用夹砂红陶残片制成，素面。直径3.7、厚约0.6厘米（图二五七，3；彩版一〇八，5）。

T0806 ⑤：2，红褐色胎。大致呈圆形，边缘不齐，扁平。用夹砂红陶残片制成，素面。直径3.9、厚约0.5厘米（图二五七，4）。

几何印纹陶片 5件。

台43C ②：4，红褐色胎。大致呈椭圆形，边缘不齐，扁平，截面略弧。用泥质红陶残片制成，

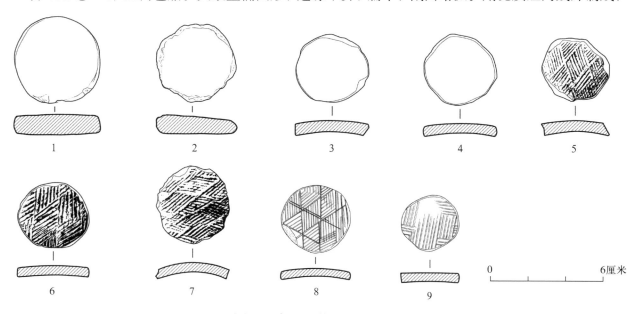

图二五七 周代泥质圆陶片

1～4.素面陶片T1108⑩：12、T1108⑧A：19、台43C①：1、T0806⑤：2 5～9.几何印纹陶片台43C②：4、台3A②：3、台3A②：4、T0707⑦：2、H30①：1

表面印有席纹。直径 3.3 ～ 3.6、厚约 0.6 厘米（图二五七，5；彩版一〇八，6）。

台 3A ②：3，红褐色胎。大致呈圆形，边缘磨制平整，扁平，截面略弧。用泥质红陶残片制成，表面印有席纹。直径约 3.8、厚 0.5 厘米（图二五七，6；彩版一〇八，7）。

台 3A ②：4，红褐色胎。大致呈椭圆形，边缘不齐，扁平，截面呈弧形。用泥质红陶残片制成，表面印有席纹。直径 3.9 ～ 4.3、厚约 0.5 厘米（图二五七，7；彩版一〇八，8）。

T0707 ⑦：2，红褐色胎。大致呈圆形，边缘磨制平整，扁平，截面呈弧形。用泥质红陶残片制成，表面印有席纹。直径约 3.7、厚 0.4 厘米（图二五七，8）。

H30 ①：1，红褐色胎。圆形，两面均磨平，边缘磨制平整，扁平。用泥质红陶残片制成，表面饰席纹。直径约 3.1、厚 0.5 厘米（图二五七，9）。

18.泥质陶球

3 件。

台 35B ②：2，灰褐色胎，表面局部呈灰黑色。球形，截面大致呈椭圆形，表面光滑。直径 2.3 ～ 2.6 厘米（图二五八，1）。

T0807 ②：5，灰黄色胎。球形，表面稍不平。直径 2.1 ～ 2.3 厘米（图二五八，2）。

T1108 ⑨：14，灰褐色胎，表面局部呈灰黑色。球形，截面大致呈椭圆形，形状不规整，表面凹凸不平。直径 2.5 ～ 2.8 厘米（图二五八，3）。

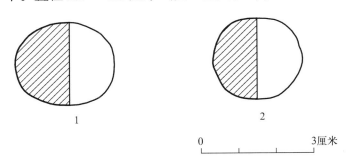

图二五八　周代泥质陶球

1～3.台35B②：2、T0807②：5、T1108⑨：14

19.泥质陶纺轮

100 件。

A 型　7 件。圆饼形，扁平。

A Ⅰ 式　2 件。形状不规则，无明显的轮修痕迹。

T1009 ⑧ A：1，黄褐色胎。圆饼形，扁平，侧壁弧。中有椭圆形穿孔，形状不规则，表面不平整，边角呈弧形。直径约 5、穿孔径 0.5 ～ 0.9、厚 1.9 厘米（图二五九，1；彩版一〇九，1）。

T0905 ⑦：5，灰黄色胎。圆饼形，中有圆形穿孔。直径 3.8、穿孔径 0.8、高 2.1 ～ 2.9 厘米（图二五九，2；彩版一〇九，2）。

A Ⅱ 式　5 件。形状较为规则，轮修痕迹明显。

台 43C ②：3，黄褐色胎。圆饼形，扁平，侧壁弧。中有圆形穿孔，形状较为规则，表面平整。直径 5.5、穿孔径 0.9、厚 1.2 厘米（图二五九，3）。

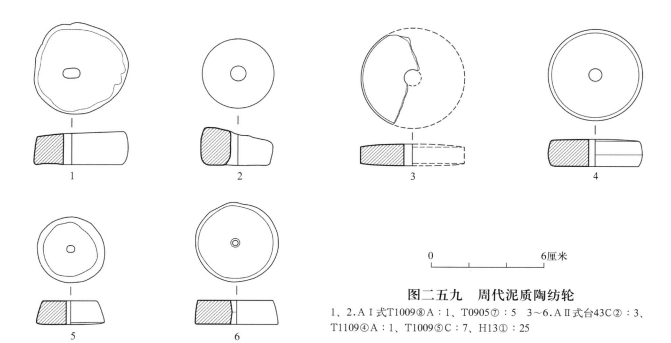

0   6厘米

图二五九　周代泥质陶纺轮

1、2.AⅠ式T1009⑧A：1、T0905⑦：5　3～6.AⅡ式台43C②：3、
T1109④A：1、T1009⑤C：7、H13①：25

T1109④A：1，黄褐色胎。圆饼形，扁平，侧壁略鼓。中有圆形穿孔。表面有磨制痕迹，直径5、穿孔径0.7、厚1.5厘米（图二五九，4；彩版一○九，3）。

T1009⑤C：7，青灰色胎，一面呈灰黑色。圆饼形，扁平，侧壁倾斜。中有圆形穿孔。似用陶片磨制而成，边缘磨平。直径3.6、穿孔径0.4、厚1.3厘米（图二五九，5）。

H13①：25，青灰色胎。圆饼形，扁平，侧壁直。中有圆形穿孔。直径4.4、穿孔径0.5、厚1.3厘米（图二五九，6；彩版一○九，4）。

B型　7件。圆鼓形。

T0810④A：4，红褐色胎，表面呈青灰色。圆鼓形，上、下台面十分平整，侧壁鼓，中部有一道凸棱。中有圆形穿孔。直径4、穿孔径0.6、高1.8厘米（图二六○，1；彩版一○九，5）。

台15A②：3，灰黄色胎，夹细砂粒。圆鼓形，上、下台面十分平整，侧壁鼓，中部有一道凸棱。

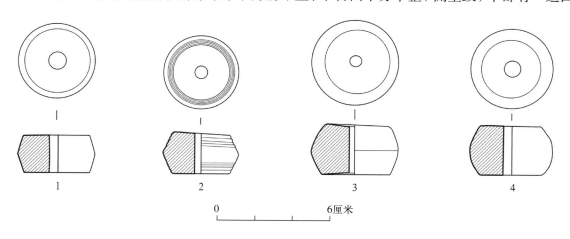

0   6厘米

图二六○　周代泥质陶纺轮

1～4.B型T0810④A：4、台15A②：3、H20②：9、T1005②：2

中有圆形穿孔，侧壁有弦纹。直径3.9、穿孔径0.6、高2.2厘米（图二六〇，2；彩版一〇九，6）。

H20②：9，红褐色胎。圆鼓形，上、下台面稍内凹，侧壁鼓，中部有一道凸棱。中有圆形穿孔。直径4.5、穿孔径0.5、高2.7厘米（图二六〇，3；彩版一〇九，7）。

T1005②：2，灰褐色胎，表面局部呈灰黑色。圆鼓形，上、下台面十分平整，侧壁圆鼓。中有圆形穿孔。直径4.4、穿孔径0.8、高2.7厘米（图二六〇，4；彩版一〇九，8）。

C型　73件。算珠形。

Ca型　23件。上、下各有平台。

CaⅠ式　2件。台面较宽。

T1208⑰：2，红褐色胎。算珠形，上、下各有平台，台面较宽，中有圆形穿孔。壁有弦纹。直径3.7、穿孔径0.5、高2.6厘米（图二六一，1；彩版一〇九，9）。

T1109⑬：4，灰褐色胎，表面呈青灰色。算珠形，上、下各有平台，台面窄、下凹，中有圆形穿孔。直径3.7、穿孔径0.6、高2.4厘米（图二六一，2）。

CaⅡ式　22件。台面较窄。

T1108⑨：28，灰褐色胎，表面呈青灰色。算珠形，上、下各有平台，台面窄、下凹，中有圆形穿孔，棱角尖利。壁有弦纹。直径3.8、穿孔径0.5、高3厘米（图二六一，3）。

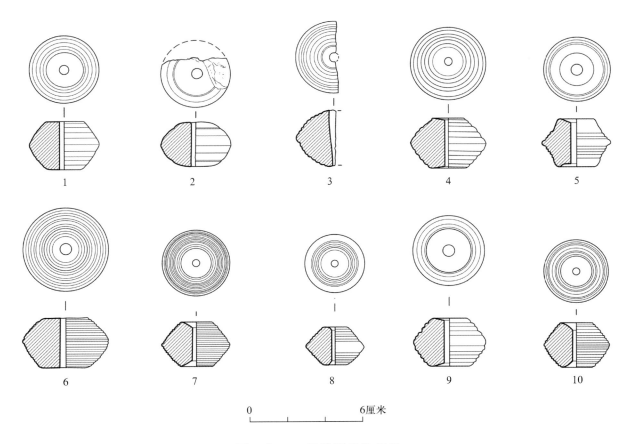

0　　　　　　　　6厘米

图二六一　周代泥质陶纺轮

1、2.CaⅠ式T1208⑰：2、T1109⑬：4　3～10.CaⅡ式T1108⑨：28、G4②：4、T1108⑨：17、T0910⑦A：6、T0908③A：8、T0909③B：7、G7②：1、G7②：3

G4②：4，灰褐色胎，表面呈灰黑色。算珠形，上、下各有平台，台面略下凹，中有圆形穿孔。壁有弦纹。直径4、穿孔径0.4、高2.7厘米（图二六一，4；彩版一〇九，10）。

T1108⑨：17，灰褐色胎，表面呈灰黑色。算珠形，上、下各有平台，台面窄、下凹，中有圆形穿孔，棱角尖利。壁有弦纹。直径3.5、穿孔径0.5、高2.5厘米（图二六一，5）。

T0910⑦A：6，青灰色胎，表面局部呈灰黑色。算珠形，上、下各有平台，台面略下凹，中有圆形穿孔。通体有弦纹。直径4.5、穿孔径0.6、高2.7厘米（图二六一，6；彩版一〇九，11）。

T0908③A：8，灰褐色胎，表面呈灰黑色。算珠形，上、下各有平台，台面窄、下凹，棱角尖利，中有圆形穿孔。壁有细弦纹。直径3.6、穿孔径0.45、高2.4厘米（图二六一，7；彩版一〇九，12）。

T0909③B：7，黄褐色胎。算珠形，上、下各有平台，台面窄、下凹，棱角尖利，中有圆形穿孔。壁有细弦纹。直径3.1、穿孔径0.35、高2.1厘米（图二六一，8）。

G7②：1，青灰色胎。算珠形，上、下各有平台，台面稍窄，中有圆形穿孔。壁有弦纹。直径3.8、穿孔径0.45、高2.6厘米（图二六一，9）。

G7②：3，灰褐色胎，表面呈灰黑色。算珠形，上、下各有平台，台面窄、下凹，棱角尖利，中有圆形穿孔。壁有弦纹。直径3.4、穿孔径0.45、高2.4厘米（图二六一，10）。

Cb型　50件。

Cb Ⅰ式　3件。壁圆鼓，中部无折棱。

T1109⑲A：1，红褐色胎。算珠形，壁圆鼓，中部无折棱。中有圆形穿孔。直径3.4、穿孔径0.5、高2.2厘米（图二六二，1；彩版一一〇，1）。

T1109⑬：5，青灰色胎。算珠形，壁圆鼓，中部无折棱。中有圆形穿孔。直径3.6、穿孔径0.4、高2.2厘米（图二六二，2）。

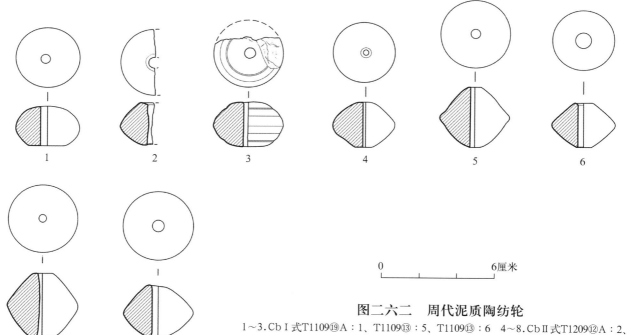

0　　　　　　6厘米

图二六二　周代泥质陶纺轮

1～3.Cb Ⅰ式T1109⑲A：1、T1109⑬：5、T1109⑬：6　4～8.Cb Ⅱ式T1209⑫A：2、
T0910⑦A：5、T0810⑤B：1、T1109⑥A：3、T0708③B：6

T1109⑬：6，深灰色胎，表面有弦痕。算珠形，壁圆鼓，中部无折棱。中有圆形穿孔。直径3.7、穿孔径0.5、高2.3厘米（图二六二，3）。

Cb Ⅱ式 6件。壁圆鼓，素面。

T1209⑫A：2，红褐色胎，表面局部呈灰黑色。算珠形，壁圆鼓，中部折棱不明显。中有圆形穿孔。直径3.3、穿孔径0.3、高2.4厘米（图二六二，4；彩版一一〇，2）。

T0910⑦A：5，灰色胎，表面剥蚀严重。算珠形，中有圆形穿孔。直径3.7、穿孔径0.35、高3.2厘米（图二六二，5；彩版一一〇，3）。

T0810⑤B：1，灰褐色胎。算珠形，中有圆形穿孔。直径3.4、穿孔径0.5、高2.4厘米（图二六二，6；彩版一一〇，4）。

T1109⑥A：3，青灰色胎。算珠形，中有圆形穿孔。直径3.7、穿孔径0.3、高3.4厘米（图二六二，7）。

T0708③B：6，红褐色胎，夹少量砂粒。算珠形，中有圆形穿孔。直径3.7、穿孔径0.6、高2.8厘米（图二六二，8；彩版一一〇，5）。

Cb Ⅲ式 41件。折棱较为明显。

T1109⑪：6，灰褐色胎，表面局部呈灰黑色。算珠形，中有圆形穿孔。壁有弦纹。直径3.9、穿孔径0.6、高2.6厘米（图二六三，1；彩版一一〇，6）。

T0806⑬：2，红褐色胎，表面局部呈灰黑色。算珠形，中有圆形穿孔，棱角尖利。壁有弦纹。直径3.2、穿孔径0.4、高2.2厘米（图二六三，2；彩版一一〇，7）。

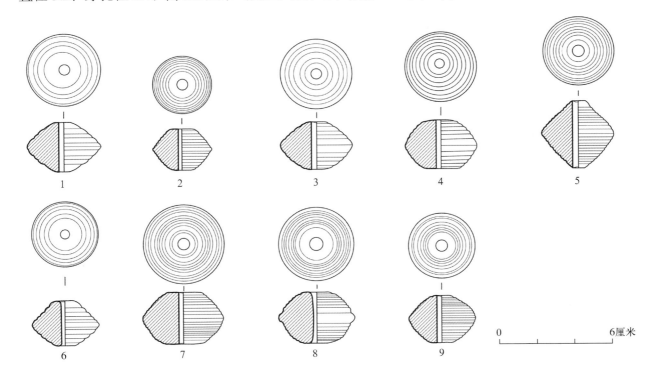

0   6厘米

图二六三 周代泥质陶纺轮

1～9.CbⅢ式T1109⑪：6、T0806⑬：2、台9B④：5、G4①：7、T0910⑦A：7、T0810④B：10、H20②：4、台24：1、T1109③B：2

台9B④：5，灰褐色胎，表面呈青灰色。算珠形，中有圆形穿孔。壁有弦纹。直径3.9、穿孔径0.45、高2.6厘米（图二六三，3；彩版一一〇，8）。

G4①：7，灰褐色胎，表面呈灰黑色。算珠形，中有圆形穿孔。壁有弦纹。直径3.8、穿孔径0.5、高2.7厘米（图二六三，4）。

T0910⑦A：7，紫褐色胎，胎质致密。算珠形，中有圆形穿孔，棱角尖利。壁有弦纹，浅细。直径3.8、穿孔径0.6、高3.5厘米（图二六三，5）。

T0810④B：10，灰褐色胎，表面呈灰黑色。算珠形，中有圆形穿孔。壁有弦纹，略粗疏。直径3.5、穿孔径0.4、高2.5厘米（图二六三，6）。

H20②：4，红褐色胎，表面局部呈青灰色。算珠形，中有圆形穿孔。壁有弦纹，浅细。直径4.3、穿孔径0.5、高2.9厘米（图二六三，7；彩版一一〇，9）。

台24：1，灰褐色胎，表面呈灰黑色。算珠形，中有圆形穿孔。壁有弦纹。直径4、穿孔径0.45、高2.8厘米（图二六三，8）。

T1109③B：2，红褐色胎，表面局部呈灰黑色。算珠形，中有圆形穿孔。壁有弦纹。直径3.6、穿孔径0.5、高2.6厘米（图二六三，9）。

D型　13件。扁平。

T0910⑦B：2，灰褐色胎，表面呈灰黑色。算珠形，略扁平，中有圆形穿孔。壁有浅细弦纹。直径3.8、穿孔径0.6、高2.1厘米（图二六四，1）。

T1209⑦A：2，灰黑色胎。算珠形，中有圆形穿孔。壁有弦痕。直径3.6、穿孔径0.6、高2.2

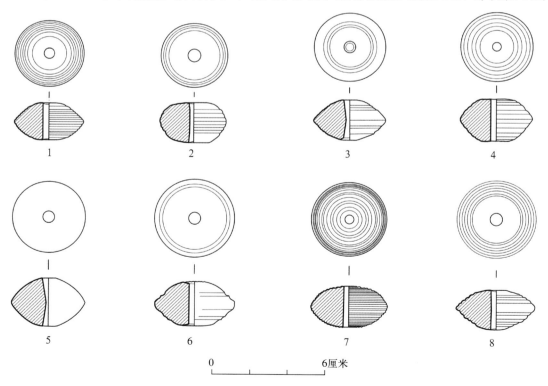

0　　　　　　　6厘米

图二六四　周代泥质陶纺轮

1～8.D型T0910⑦B：2、T1209⑦A：2、T1109⑥A：4、Y1：2、Y1：1、T0810③B：5、T0805③：17、T0608③B：1

厘米（图二六四，2）。

T1109⑥A：4，红褐色胎，表面局部呈灰黑色。算珠形，略扁平，中有圆形穿孔。壁有浅细弦纹。直径3.8、穿孔径0.45、高2.2厘米（图二六四，3；彩版一一○，10）。

Y1：2，灰褐色胎，表面局部呈青灰色。算珠形，扁平，壁圆鼓，中有圆形穿孔。直径3.9、穿孔径0.6、残高2.2厘米（图二六四，4）。

Y1：1，红褐色胎。算珠形，扁平，中有圆形穿孔。直径3.9、穿孔径0.45、残高2.6厘米（图二六四，5；彩版一一○，12）。

T0810③B：5，灰褐色胎，表面呈灰黑色。算珠形，扁平，中有圆形穿孔。壁有弦纹，较浅，仅有一道凹槽较深。直径4.2、穿孔径0.45、高2.4厘米（图二六四，6；彩版一一○，11）。

T0805③：17，红褐色胎，表面灰褐色。扁球形，中有圆形穿孔，壁外圆鼓，无折棱。壁有浅细弦纹。直径4、穿孔径0.4、残高2.2厘米（图二六四，7）。

T0608③B：1，红褐色胎，表面局部呈灰黑色。算珠形，扁平，中有圆形穿孔。壁有弦纹。直径4.2、穿孔径0.6、残高2.1厘米（图二六四，8）。

20. 泥质陶网坠

12组，共37件。

T0910⑦A：1，共20件，完整。泥质红陶，红褐色胎。长椭圆形，两端各有一道横向凹槽，中部有一道纵向凹槽。

T0910⑦A：1-1，长2.7、中部直径1.7～2.1厘米（图二六五，1；彩版一○八，9）。

T0910⑦A：1-12，长2.3、中部直径1.35～1.65厘米（图二六五，2）。

T0910⑦A：1-18，长2.8、中部直径1.3～1.5厘米（图二六五，3）。

T0910⑦A：2，灰黄色胎。长椭圆形，两端各有一道横向凹槽，中部有一道纵向凹槽。长2.8、

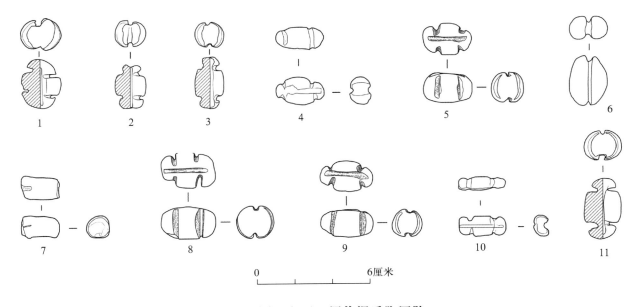

0　　　　　　　　6厘米

图二六五　周代泥质陶网坠

1～11.T0910⑦A：1-1、T0910⑦A：1-12、T0910⑦A：1-18、T0910⑦A：2、T0910⑤A：1-1、T1109④A：2、T1109④A：3、T0910③B：2、T0910③A：5、T1004③：1、T0910②：1-2

中部直径 1.35 ～ 1.6 厘米（图二六五，4）。

T0910 ⑤ A：1，共 2 件。灰黄色胎，表面局部呈灰黑色。长椭圆形，两端各有一道横凹槽，中部有一道纵向凹槽。T0910 ⑤ A：1-1，长 2.6、中部直径 1.6 ～ 1.75 厘米（图二六五，5）。

T1109 ④ A：2，红褐色胎。长椭圆形，中部有一道纵向凹槽。长 2.7、中部直径 1.2 ～ 2 厘米（图二六五，6）。

T1109 ④ A：3，红褐色胎。圆柱形，两端残。长 2、中部直径 1.25 ～ 1.4 厘米（图二六五，7）。

T0910 ③ B：2，红褐色胎。长椭圆形，两端各有一道横凹槽，中部有一道纵向凹槽。长 2.9、中部直径 1.75 ～ 2 厘米（图二六五，8；彩版一〇八，10）。

T0910 ③ A：5，灰褐色胎，表面局部呈灰黑色。长椭圆形，两端各有一道横凹槽，中部有一道纵向凹槽。长 2.8、中部直径 1.5 ～ 1.6 厘米（图二六五，9）。

T1004 ③：1，红褐色胎。长椭圆形，两端各有一道横凹槽，中部有一道纵向凹槽。长 2、中部直径 0.9 ～ 1.2 厘米（图二六五，10；彩版一〇八，11）。

T0910 ②：1，共 5 件，完整。泥质灰陶。长椭圆形，两端 12 各有一道横向凹槽，中部有一道纵向凹槽。T0910 ②：1-2，灰褐色胎，表面局部呈灰黑色。长 2.35、中部直径 1.65 ～ 1.8 厘米（图二六五，11；彩版一〇八，12）。

三　硬陶器

共 75 件，器形有硬陶坛、罐、瓿、豆、碗盂、拍等。

1. 硬陶瓿

16 件。

A 型　13 件。侈口。

A I 式　6 件。短束颈，底宽大。饰折线纹和回纹，粗深。

J1 ②：1，紫褐色胎。侈口，方唇，短束颈，弧肩，扁鼓腹，平底稍内凹。颈部饰弦纹，腹部饰折线纹。口、底分制拼接，底边有拼接的捺窝。口径 13.5、底径 13、高 11.1 厘米（图二六六，1；彩版一一一，1）。

J1 ②：2，紫褐色胎，表面呈灰色。侈口，方唇，唇部有两道凹槽，短束颈，溜肩，扁鼓腹，平底稍内凹。颈部饰弦纹，腹部饰折线纹与简化羽鸟纹组合。口、底分制拼接，底边有拼接的捺窝。口径 12.7、底径 11.2、高 10 厘米（图二六六，2；彩版一一一，2）。

J1 ②：5，紫褐色胎。侈口，方唇，短束颈，扁鼓腹，平底稍内凹。颈部饰弦纹，腹部饰折线纹。口、底分制拼接，底边有拼接的捺窝。口径 12.3、底径 13、高 7.4 厘米（图二六六，3）。

T0805⑮：2，紫褐色胎。侈口，方唇，卷沿，短束颈，弧肩，扁鼓腹，平底稍内凹。腹部堆贴竖向锯齿状扉棱，颈部饰弦纹，上腹部饰折线纹，下腹部饰回纹，纹饰粗深。口径 20、底径 15.8、高 11.2 厘米（图二六六，4；彩版一一一，3）。

G4 ②：2，灰褐色胎，表面呈红褐色、灰色。侈口，唇残，卷沿，短束颈，溜肩，扁鼓腹，平底。颈部饰弦纹，腹部饰折线纹，纹饰粗深。口径 9.4、底径 12.4、高 10.1 厘米（图二六六，5；彩版一一一，4）。

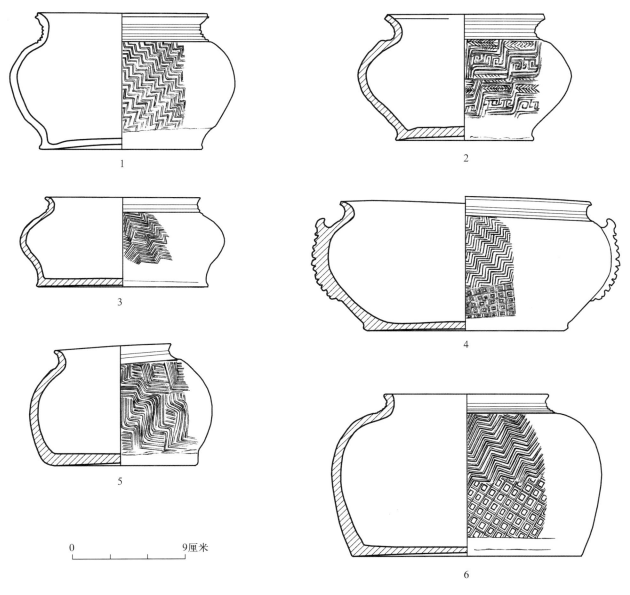

0　　　　　　9厘米

图二六六　周代硬陶瓿

1~6.AⅠ式J1②：1、J1②：2、J1②：5、T0805⑮：2、G4②：2、台1C④：1

台 1C ④：1，灰黑色胎，含杂质多，有多处鼓泡。侈口，尖唇，卷沿，短束颈，弧肩，扁鼓腹，平底。颈部饰弦纹，上腹部饰折线纹，下腹部饰回纹，纹饰粗深。口径 13、底径 18.4、高 13.4 厘米（图二六六，6）。

AⅡ式　4件。束颈。

T1209 ⑨：2，灰色胎。侈口，尖唇，卷沿，束颈，平弧肩，扁鼓腹，平底。底边外凸，有拼接捺窝痕。颈部有旋痕，上腹部饰折线纹，下腹部饰回纹。口径 9.4、底径 11.3、高 8.5 厘米（图二六七，1；彩版一一一，5）。

T0905 ⑦：2，灰色胎，表面呈红褐色。侈口，唇残，卷沿，束颈，平弧肩，扁鼓腹，平底，底边外凸，有拼接捺窝痕。上腹部设竖耳，残，颈部饰弦纹，腹部饰折线纹。口径 14.7、底径

14.7、高 12.6 厘米（图二六七，2；彩版一一一，6）。

台 8B ②：3，灰褐色胎。侈口，唇尖部残，卷沿，束颈，弧肩，扁鼓腹，平底略内凹，底边外凸，有拼接捺窝痕。颈部有旋痕，腹部饰折线纹。口径 13.4、底径 13.9、高 9.5 厘米（图二六七，3；彩版一一二，1）。

T0705 ③：4，紫褐色胎，表面呈灰色。口部残，束颈，平弧肩，平底。肩部设竖耳，耳残，下设长尾，颈部饰弦纹，腹部饰菱形填线纹。口径 12、底径 13、高 13.2 厘米（图二六七，4）。

A Ⅲ式　3 件。束颈较长，弧肩。纹饰浅细。

T1108 ⑦ B：5，紫褐色胎。侈口，尖唇，束颈，弧肩，扁鼓腹，平底稍内凹。上腹部饰竖耳，颈部饰弦纹，腹部饰细密的方格纹。口径 9.8、底径 12.4、高 12 厘米（图二六八，1；彩版一一二，2）。

T0810 ⑤ B：17，紫褐色胎。侈口，尖唇，卷沿，束颈，弧肩，扁鼓腹，平底。颈部饰弦纹，腹部饰方格纹。口径 15、底径 14、高 12.6 厘米（图二六八，2；彩版一一二，3）。

T1107 ②：1，红褐色胎。侈口，唇残，束颈，弧肩，扁鼓腹，平底略内凹。颈部饰弦纹，腹部饰席纹。底径 13.2、高 12.7 厘米（图二六八，3；彩版一一二，4）。

B 型　3 件。直口或敛口。

T0805 ⑯：1，紫褐色胎。敛口，口沿残，弧肩，扁鼓腹，平底稍内凹。颈部饰弦纹，上腹部饰折线纹，纹饰稍曲，下腹部饰回纹，纹饰粗深。口径 11.4、底径 15.2、高 14.2 厘米（图二六九，1；彩版一一二，5）。

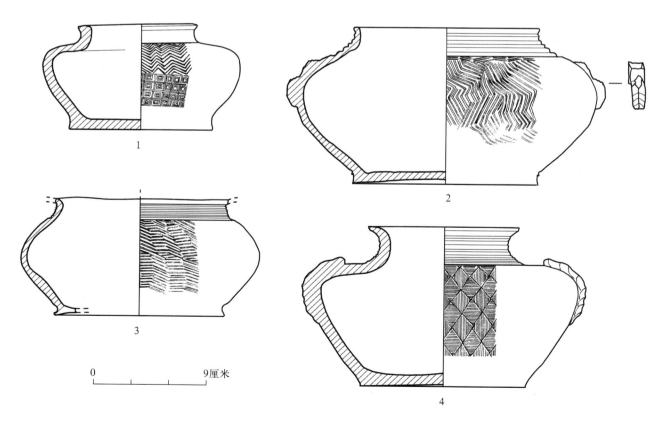

0　　　　　　　9厘米

图二六七　周代硬陶瓿

1～4.AⅡ式T1209⑨：2、T0905⑦：2、台8B②：3、T0705③：4

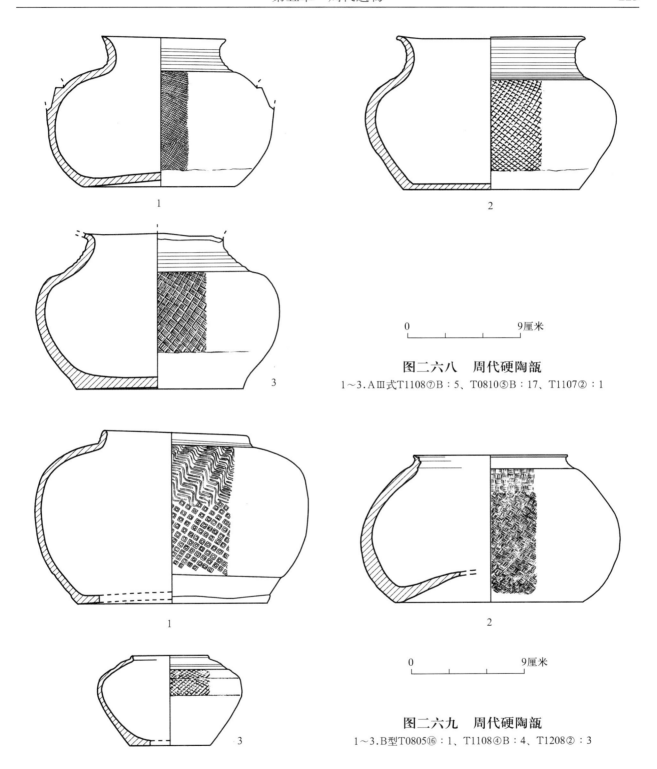

图二六八　周代硬陶瓿

1～3.AⅢ式T1108⑦B：5、T0810⑤B：17、T1107②：1

图二六九　周代硬陶瓿

1～3.B型T0805⑯：1、T1108④B：4、T1208②：3

　　T1108④B：4，紫褐色胎。短直口，窄折沿，短束颈，溜肩，扁鼓腹，底内凹。腹部饰席纹。口径12、底径14.8、高12.5厘米（图二六九，2）。

　　T1208②：3，紫褐色胎。短直口，尖唇，弧肩略折，扁鼓腹，底残。腹部饰方格纹，较浅，多已抹平。口径6.1、底径6.5、高7.3厘米（图二六九，3；彩版一一二，6）。

2.硬陶坛（罐）

8件。

仅部分复原4件；AⅠ式、C型无复原器，选用4件口沿进行介绍。

A型　6件。弧肩。

AⅠ式　3件。颈部短直，肩部略耸。

T0805⑮：7，紫褐色胎。侈口，方唇，卷沿，短直颈，弧肩，肩部以下残。颈部饰弦纹，肩部饰回纹，纹饰粗深。口径18、残高7.5厘米（图二七〇，1）。

T1109⑰：3，紫褐色胎。侈口，方唇，卷沿，短直颈，弧肩，肩部以下残。颈部饰弦纹，肩部饰折线纹与回纹，纹饰粗深。口径20、残高6.1厘米（图二七〇，2）。

T1109⑰：4，灰色胎。侈口，尖唇，卷沿，短直颈，弧肩，肩部以下残。沿面及肩部饰弦纹，下饰戳点纹。口径17、残高3.6厘米（图二七〇，3）。

AⅡ式　2件。颈部长束，弧肩。

台43C①：1，紫褐色胎。侈口，方唇，卷沿，长束颈，弧肩，鼓腹，下腹及底部残。颈部饰弦纹，肩部饰席纹，腹部饰方格纹。口径24.8、残高36.8厘米（图二七一，1）。

台43C①：2，紫褐色胎。侈口，尖唇，卷沿，长束颈，弧肩，深鼓腹，平底略内凹。颈部饰弦纹，肩部饰席纹，腹部饰方格纹。口径18.6、底径17、高41.2厘米（图二七一，2；彩版一一三，1）。

AⅢ式　1件。弧肩略折。

T0803②C：8，紫褐色胎，器上半部表面有爆浆釉。侈口，尖唇，卷沿，沿面有一道凹槽，

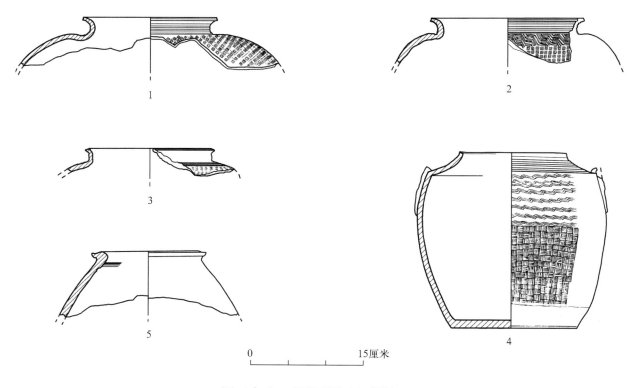

图二七〇　周代硬陶坛（罐）

1～3.AⅠ式T0805⑮：7、T1109⑰：3、T1109⑰：4　4.B型T1009⑦B：6　5.C型T1109⑲A：2

长束颈，弧肩略折，深鼓腹，平底略内凹。颈部饰弦纹，肩及上腹部饰方格纹，腹部饰"米"字形交叉直线纹。口径21.9、底径24.2、高44.6厘米（图二七一，3；彩版一一三，2）。

B型　1件。折肩。

T1009⑦B：6，红褐色胎。口微侈，尖唇，窄卷沿，沿面有一道凹槽，折肩，深鼓腹，平底。肩部一对"n"形耳，残，以单股泥条捏制而成。颈、肩部饰细密的弦纹，腹部饰席纹，上腹部席纹抹平后划水波纹。泥条盘筑，口、底分制拼接，器内留有拼接痕。口径13.3～14、底径16.4、高23.8厘米（图二七〇，4；彩版一一三，3）。

C型　1件。溜肩。

仅见少量口沿。

T1109⑲A：2，紫褐色胎。敛口，尖唇，折沿，束颈，溜肩，肩以下残。口径15、残高8.5厘米（图二七〇，5）。

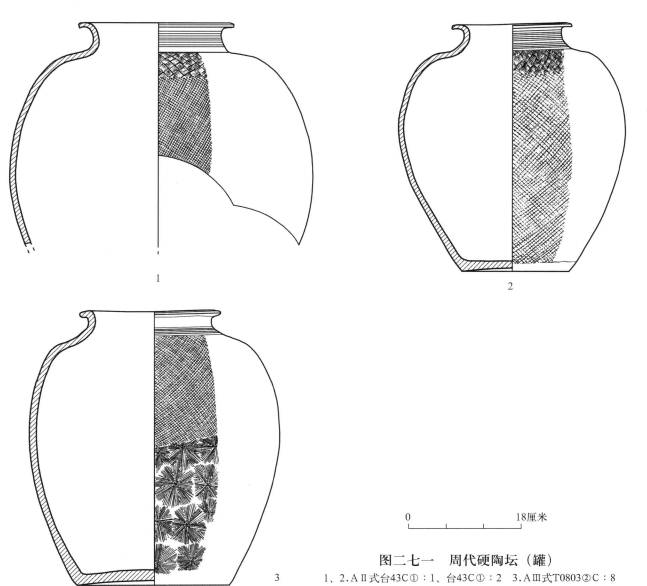

图二七一　周代硬陶坛（罐）

1、2.AⅡ式台43C①：1、台43C①：2　3.AⅢ式T0803②C：8

3.硬陶豆

1件。

台52B①：1，灰色胎。侈口，尖唇，卷沿，折腹，上腹内束，下腹斜收，喇叭状圈足。器内有螺旋纹。口径15.2、底径6.8、高5.8厘米（图二七二；彩版一一三，4）。

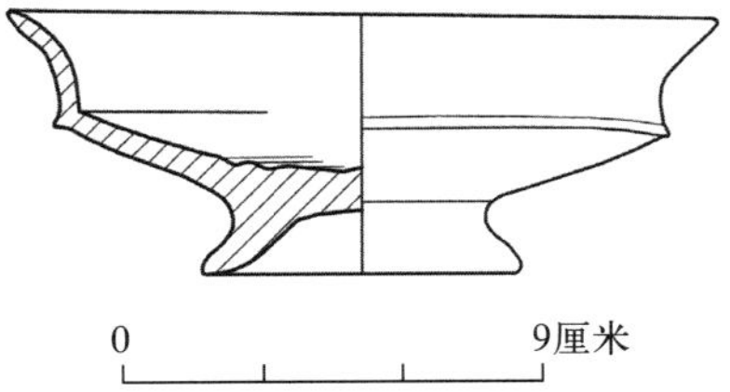

4.硬陶碗

5件。

台43D：1，紫褐色胎。敞口，尖唇，折腹，上腹稍内束，下腹弧收，饼足，平底。器壁有轮旋痕，外底有线切割痕，底边卷曲不平。口径16.9、底径6.2、高5～5.5厘米（图二七三，1；彩版一一四，1）。

T1209⑦A：6，紫褐色胎。敞口，尖唇，折腹，上腹稍内束，下腹斜收，饼足，平底。内底有螺旋纹，外底有线切割痕。口径13、底径5.4、高6厘米（图二七三，2；彩版一一四，2）。

T1009⑤C：12，紫褐色胎。敞口，尖唇，卷沿，折腹，上腹内束，下腹斜收，饼足，平底。内底有螺旋纹，外底有线切割痕，底边卷曲不平。口径15.4、底径5、高4.2厘米（图二七三，3；彩版一一四，3）。

T0708③B：1，红褐色胎。敞口，尖唇，折腹，上腹稍内束，下腹斜收，饼足，平底。口沿有一道弦纹，内底有螺旋纹，外底有线切割痕。口径17.6、底径5.9、高5.6厘米（图二七三，4；彩版一一四，4）。

H34②：1，紫褐色胎，表面呈灰色。口微侈，尖唇，卷沿，折腹，上腹稍内束，下腹斜收，饼足，平底。内底有螺旋纹，外底有线切割痕，底边卷曲不平。口径16.3、底径6.3～6.7、高5.7厘米（图二七三，5；彩版一一四，5）。

5.硬陶盂

40件。

A型　4件。弧腹。

图二七二　周代硬陶豆台52B①：1

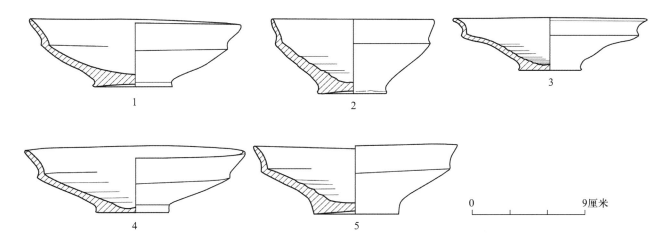

图二七三　周代硬陶碗

1～5.台43D：1、T1209⑦A：6、T1009⑤C：12、T0708③B：1、H34②：1

T1108⑦B：6，灰褐色胎，表面颜色斑驳不均。直口，尖唇，弧腹，饼足，平底。外底有线切割痕。口径13、底径5.2、高3.8厘米（图二七四，1；彩版一一四，6）。

T1008⑥A：3，灰褐色胎。口微敛，尖唇，弧腹，饼足，平底。外底有线切割痕。口径9.2、底径4.5、高3.8厘米（图二七四，2；彩版一一四，7）。

H13①：29，灰褐色胎。口微敛，尖唇，弧腹，饼足，平底。外底有线切割痕。口径11.6、底径6、高4.4厘米（图二七四，3；彩版一一四，8）。

B型　22件。鼓腹。

BⅠ式　10件。敛口，口沿微卷。

T0910⑦A：29，紫褐色胎。敛口，尖唇，口沿微卷，鼓腹，饼足，平底。肩部饰水波纹，外底有线切割痕。口径9、底径4.5、高3.7厘米（图二七五，1）。

H17③：2，紫褐色胎，表面颜色斑驳不均。敛口，尖唇，口沿微卷，肩部略折，鼓腹，饼足，平底。外底有线切割痕。口径8.3、底径4.7、高4.2厘米（图二七五，2；彩版一一五，1）。

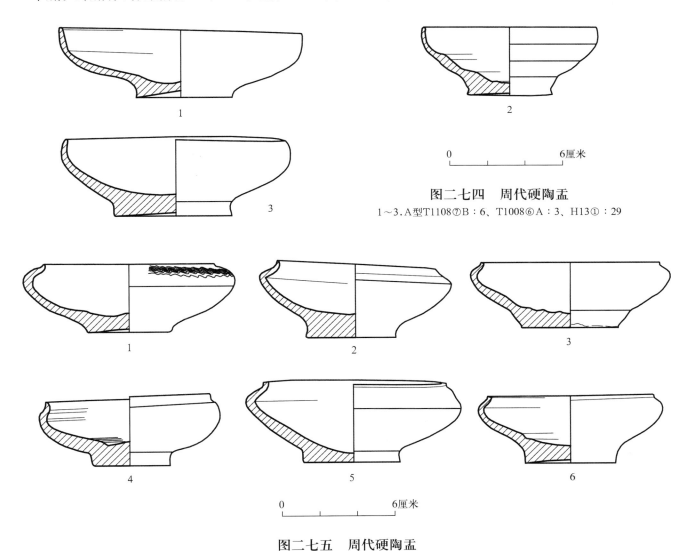

图二七四　周代硬陶盂
1～3.A型T1108⑦B：6、T1008⑥A：3、H13①：29

图二七五　周代硬陶盂
1～6.BⅠ式T0910⑦A：29、H17③：2、T1109⑥A：15、T1208⑥A：1、台3B①：3、G6：5

T1109⑥A：15，紫褐色胎。敛口，唇沿残，鼓腹，饼足，平底。外底有线切割痕。口径9.4、底径5.1、高3.5厘米（图二七五，3）。

T1208⑥A：1，紫褐色胎。敛口，尖唇，口沿微卷，鼓腹，饼足，平底。外底有线切割痕。口径9.1、底径3.7、高3.9厘米（图二七五，4；彩版一一五，2）。

台3B①：3，紫褐色胎。敛口，方唇，口沿微卷，鼓腹，饼足，平底。外底有线切割痕。口径9.7、底径5、高4.5厘米（图二七五，5；彩版一一五，3）。

G6：5，紫褐色胎。敛口，尖唇，口沿微卷，鼓腹，饼足，平底。外底有线切割痕。口径8.5、底径4.8、高3.7厘米（图二七五，6；彩版一一五，4）。

B Ⅱ 式　12件。敛口。

T0905⑦：18，紫褐色胎。敛口，尖唇，鼓腹，圈足。口径9.8、底径4.2、高5.2厘米（图二七六，1）。

T1009⑦A：9，紫褐色胎。敛口，尖唇，弧腹，平底。器内有螺旋纹，外壁有弦痕，外底有线切割痕。口径8.2、底径4.7、高3.9厘米（图二七六，2；彩版一一五，5）。

T0908③A：4，灰褐色胎。敛口，尖唇，鼓腹，平底稍内凹。外底有线切割痕。口径7.8、底径4.7、高4.1厘米（图二七六，3；彩版一一五，6）。

T1005③：13，紫褐色胎。敛口，尖唇，鼓腹，饼足，平底。外底有线切割痕。口径9、底径5.2、高4.1厘米（图二七六，4；彩版一一五，7）。

H13①：12，紫褐色胎。敛口，尖唇，鼓腹，饼足，平底。外底有线切割痕。口径9.4、底径4.8、高3.8厘米（图二七六，5）。

T0805②：2，紫褐色胎。敛口，尖唇，鼓腹，饼足，平底。外底有线切割痕。口径8.8、底径4.5、高3.2～3.4厘米（图二七六，6；彩版一一五，8）。

C 型　14件。折肩，斜弧（直）腹。

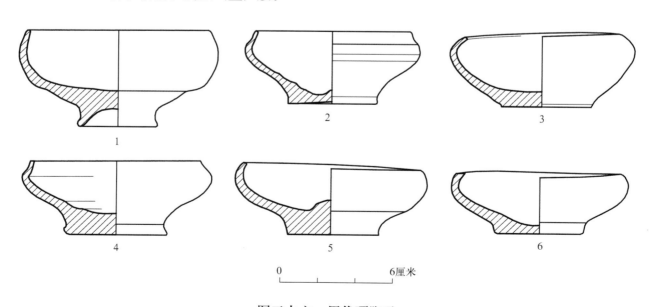

图二七六　周代硬陶盂

1～6.B Ⅱ式T0905⑦：18、T1009⑦A：9、T0908③A：4、T1005③：13、H13①：12、T0805②：2

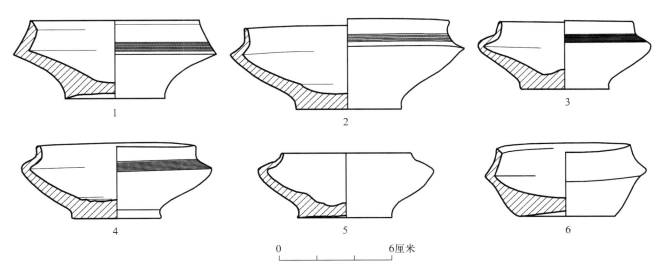

图二七七　周代硬陶盂

1～6.C型T1108⑨：2、T1108⑧A：13、T1009⑧A：2、台43C②：2、T1009⑤A：1、T0809④A：3

T1108⑨：2，灰褐色胎，表面呈灰色。短直口，尖唇，折肩，斜弧腹，平底内凹。肩部饰细弦纹，器内有螺旋纹，外底有线切割痕。口径9、底径5.4、高4.2厘米（图二七七，1；彩版一一六，1）。

T1108⑧A：13，深灰色胎。直口微侈，尖唇，折肩，斜弧腹，平底。肩部饰细弦纹，外底有线切割痕。口径10.7、底径5.4、高5厘米（图二七七，2；彩版一一六，2）。

T1009⑧A：2，紫褐色胎。直口微敛，尖唇，折肩，斜弧腹，平底。肩部饰细弦纹，内底有螺旋纹，外底有线切割痕。口径7.1、底径4.6、高3.8厘米（图二七七，3；彩版一一六，3）。

台43C②：2，灰褐色胎。直口微侈，尖唇，折肩，斜弧腹，平底。肩部饰细弦纹，器内有螺旋纹，外底有线切割痕。口径8.4、底径4.6、高3.9厘米（图二七七，4）。

T1009⑤A：1，灰褐色胎。敛口，尖唇，折肩，斜弧腹，饼足，平底内凹。肩部饰细的水波纹，器内有螺旋纹，外底有线切割痕。口径6.9、底径5、高3.5厘米（图二七七，5；彩版一一六，4）。

T0809④A：3，灰色胎。侈口，尖唇，折肩，斜弧腹，平底内凹。外底有线切割痕。口径7、底径5.4、高4厘米（图二七七，6；彩版一一六，5）。

6. 硬陶拍

5件。

T1209⑥B：2，黄色胎。扁平，平面呈圆角长方形，一角残，背面有把手。素面。长6.1、宽3.3、厚2厘米（图二七八，1；彩版一一六，6）。

H22：2，黄褐色胎。平面近椭圆形，残存一角，棱角呈圆弧形。拍面刻斜方格纹。残长7.7、宽4.1、厚3.1厘米。

T0908②：6，灰黄色胎。扁平，两端平整，两侧残。拍面及两端刻斜方格纹。长6.9、宽4.3、厚1.6厘米（图二七八，2）。

T0910②：2，灰色胎，表面呈黄色。扁平，平面呈梯形，较宽一端残，背面有纽，残。拍面刻划短斜线及竖向刻槽。残长7.6、宽5.8～6.4、厚1厘米（图二七八，3）。

T1005 ②：1，紫褐色胎，表面局部呈青灰色。平面呈圆角长方形，侧截面呈梯形。通体刻方格纹。长 5.6、宽 4.2、厚 1.7 ～ 2.6 厘米（图二七八，4；彩版一一六，7、8）。

四　原始瓷器

共 398 件，器形有原始瓷鼎、簋、罐、盆、钵、豆、碗、盏、盂、碟、器盖等。

1. 原始瓷鼎

1 件。

T1009 ⑥ A：6，灰色胎，表面施青绿色釉，足底无釉处呈红褐色，胎质较粗，有多个鼓泡。仅存底部约 1/3。口部残，弧腹，底内凹，圆锥状短足。腹部饰锥刺纹。残高 8.8 厘米（图二七九，1）。

2. 原始瓷簋

1 件。

T1009 ⑤ C：10，灰褐色胎，施灰绿色釉不及外底。侈口，尖唇，卷沿，鼓腹，圈足。器内有螺旋纹，沿面饰弦纹，腹部贴四条长条形瓣状堆饰，上部贴横向“S”形泥条。口径 16、底径 9.7、高 7.8 厘米（图二七九，2；彩版一一七，1）。

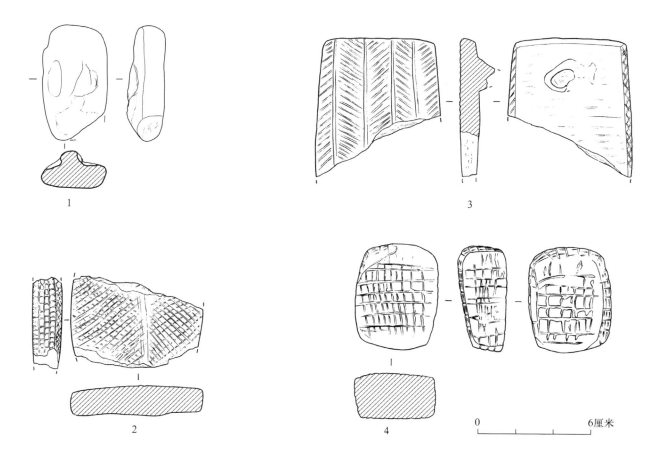

图二七八　周代硬陶拍

1 ～ 4. T1209 ⑥ B：2、T0908 ②：6、T0910 ②：2、T1005 ②：1

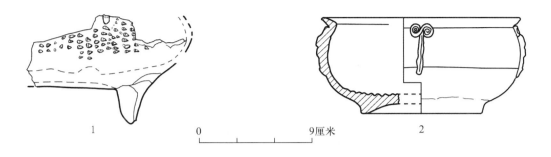

图二七九　周代原始瓷器

1.原始瓷鼎T1009⑥A：6　2.原始瓷簋T1009⑤C：10

3.原始瓷罐

5 件。

台 14A ①：2，灰色胎，施青绿色釉不及外底，器身有多个鼓泡。直口微侈，短直颈，溜肩，鼓腹，平底略内凹。腹部饰变体凤鸟纹。口径 9.8、底径 13.1、高 16.4 厘米（图二八〇，1；彩版一一七，2）。

H13 ①：31，灰色胎，施青绿色釉不及外底，器身有多个鼓泡。子母口，尖唇，折沿，沿面凹，束颈，溜肩，扁鼓腹，底内凹。肩部设一对横耳，残，耳侧面堆贴"S"形泥条，内底有螺旋纹。口径 8.8、底径 8.4、高 8 厘米（图二八〇，2；彩版一一七，3）。

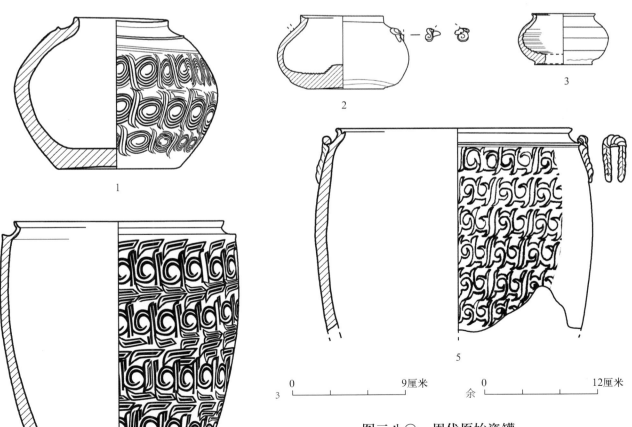

图二八〇　周代原始瓷罐

1～5.台14A①：2、H13①：31、T1008④A：4、T0708③B：3、T1008④B：9

T1008 ④ A：4，灰色胎，施青黄色釉不及外底。侈口，尖唇，卷沿，短束颈，弧肩，扁鼓腹，饼足，平底，底心残。器壁有弦痕，内有螺旋纹。口径 5、底径 4.6、高 4.2 厘米（图二八〇，3）。

T0708 ③ B：3，灰色胎，施青绿色釉不及外底，底部粘有砂粒。子母口，尖唇，折肩，筒形腹，平底略内凹。肩部饰水波纹，腹部饰变体凤鸟纹。口径 22.2、底径 17.9、高 25.1 厘米（图二八〇，4；彩版一一七，4）。

T1008 ④ B：9，灰色胎，施灰绿色釉，脱落严重。残件。子母口，尖唇，折肩，筒形腹，底残。肩部饰"S"形纹，上腹部堆贴"n"形盲耳，腹部饰变体凤鸟纹。口径 24.8、残高 21.6 厘米（图二八〇，5）。

4.原始瓷盆

5 件。

A 型　4 件。圈足。

T0806 ⑦：1，灰色胎，施青绿色釉外不及底，无釉处泛红褐色。敞口，圆唇，折沿，沿面下凹，弧腹，圈足外撇。器壁有轮制形成的旋痕，足有明显的拼接痕迹。口径 23、底径 16、高 7.8～8.7 厘米（图二八一，1）。

T1209 ⑥ A：1，灰色胎，施青绿色釉外不及底，无釉处泛红褐色。敞口，圆唇，折沿，沿面

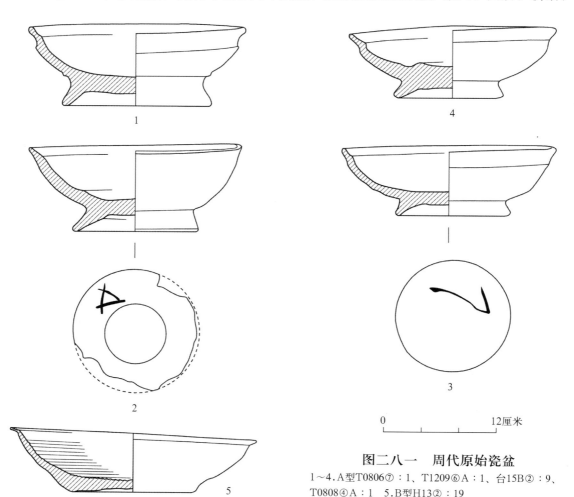

图二八一　周代原始瓷盆

1～4.A型T0806⑦：1、T1209⑥A：1、台15B②：9、
T0808④A：1　5.B型H13②：19

下凹，弧腹，圈足外撇。器壁有轮制形成的旋痕，足底粘有砂粒，划三道交叉直线。口径 22.4、底径 13.2、高 8.4 ～ 9.2 厘米（图二八一，2）。

　　台 15B ② : 9，灰色胎，施青绿色釉外不及底，无釉处泛红褐色。敞口，圆唇，折沿，沿面下凹，弧腹，圈足外撇。器壁有轮制形成的旋痕，底部划一道折线。口径 22.7、底径 12.2、高 7.5 ～ 7.9 厘米（图二八一，3；彩版一一七，5）。

　　T0808 ④ A : 1，灰色胎，施青绿色釉外不及底，无釉处泛红褐色。敞口，圆唇，折沿，沿面下凹，弧腹，圈足外撇。器壁有轮制形成的旋痕，足底粘有砂粒。口径 22、底径 11.4、高 7.8 厘米（图二八一，4）。

　　B 型　1 件。平底。

　　H13 ② : 19，灰黄色胎，釉层已脱落。敞口，平折沿，沿面有三道凹槽，弧腹，平底稍内凹。器内有细密的螺旋纹。口径 26.4、底径 12.3、高 6.7 厘米（图二八一，5；彩版一一七，6）。

　　5. 原始瓷钵

　　12 件。

　　A 型　9 件。子母口。

　　T1009 ⑥ A : 5，灰白色胎，施青绿色釉，器内有一个鼓泡。子母口，尖唇，折肩，深弧腹，平底内凹。肩部设一对竖耳，以细泥条捏制而成，之间堆贴横 "S" 形泥条，内底有螺旋纹。口径 11.3、底径 9.3、高 7.1 厘米（图二八二，1；彩版一一八，1）。

　　T0810 ④ B : 11，灰色胎，施灰绿色釉，釉层较薄，斑驳不匀，器内有一个鼓泡。子母口，尖唇，折肩，深弧腹，平底内凹。肩部堆贴一对倒 "U" 形泥条耳，内底有螺旋纹。口径 11.6、底径 8.8、高 8 厘米（图二八二，2；彩版一一八，2）。

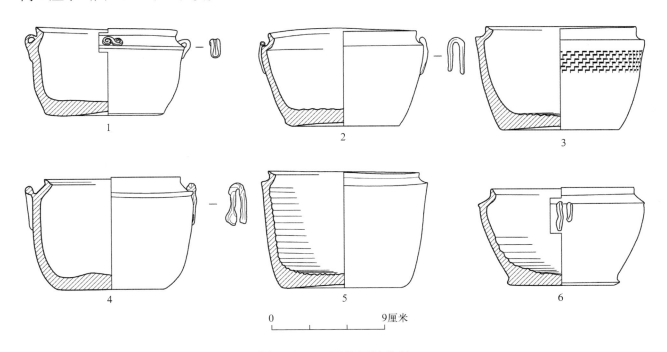

图二八二　周代原始瓷钵

1 ～ 6. A 型 T1009 ⑥ A : 5、T0810 ④ B : 11、T0905 ④ : 5、T0802 ④ A : 4、T1008 ③ B : 4、T1007 ③ : 12

T0905④：5，灰色胎，烧结程度较差，釉层玻化程度较低。子母口，尖唇，折肩，深弧腹，平底内凹。上腹部戳印"Z"形纹，内底有螺旋纹。口径12.8、底径9.1、高8.4厘米（图二八二，3）。

T0802④A：4，灰色胎，施青绿色釉，器内有一个鼓泡。子母口，尖唇，折肩，深弧腹，平底。肩部堆贴倒"U"形绞索状泥条耳，器内有螺旋纹。口径10.7、底径8.4、高9.3厘米（图二八二，4）。

T1008③B：4，灰白色胎，施青黄色釉。子母口，尖唇，折肩，深弧腹，平底内凹。器内有螺旋纹。口径11.8、底径9.3、高9.2厘米（图二八二，5；彩版一一八，3）。

T1007③：12，灰黄色胎，施灰绿色釉，釉层较薄，斑驳不匀，器内有一个鼓泡。子母口，尖唇，折肩，深弧腹，平底内凹。肩部堆贴泥条耳，器内有螺旋纹。口径11.2、底径8.7、高7.8厘米（图二八二，6；彩版一一八，4）。

B型 1件。直口微侈。

T1108⑤B：12，灰色胎，施灰绿色釉不及外底。直口微侈，尖唇，卷沿，腹微鼓，平底稍内凹。器内有螺旋纹，外底有线切割痕。口径13.8、底径10.6、高6.8厘米（图二八三，1；彩版一一八，5）。

C型 2件。敞口。

T0608③：11，灰色胎，施青黄色釉，釉层较薄。敞口，尖唇，窄折沿，深弧腹，平底内凹。器内有螺旋纹。口径13、底径7.6、高6.9厘米（图二八三，2）。

T0708②：2，灰色胎，表面施青黄色釉，釉层脱落严重。敞口，尖唇，深直腹，平底稍内凹。器内有密集螺旋纹。口径11.1、底径7.6、高5.6厘米（图二八三，3；彩版一一八，6）。

6. 原始瓷豆

29件。

A型 1件。敛口。残器1件，无复原器。

T1208⑰：3，灰色胎，夹粗砂粒，施青绿色釉，釉层玻璃相较高。敛口，方唇，弧腹斜收，足残。口沿外侧饰弦纹，堆贴扁平凸点2枚。口径13.6、残高4.8厘米（图二八四，1）。

B型 5件。敞口，喇叭状圈足。豆内底、圈足底粘有粗砂粒，有长条形支钉痕迹。

BⅠ式 复原器1件，残器1件。圈足较高。

T0805⑮：4，灰白色胎，施青绿色釉不及足内壁，釉层玻璃相较高，胎釉结合好。敞口，尖唇，窄折沿，折腹，盘壁较浅，喇叭状圈足。盘外壁饰弦纹，内底饰两组细弦纹，其间饰一周梳篦纹。足部粘有较多窑渣。口径15、底径6.5、高6.4厘米（图二八四，2；彩版一一九，1）。

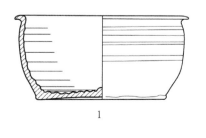 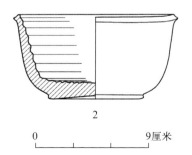 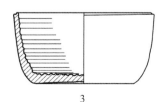

0   9厘米

图二八三 周代原始瓷钵

1. B型T1108⑤B：12   2、3. C型T0608③：11、T0708②：2

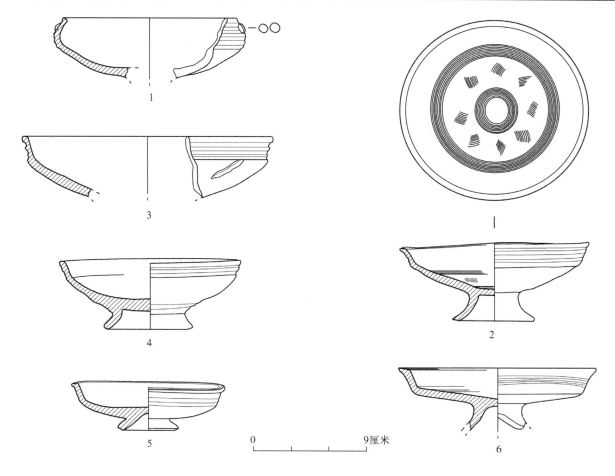

图二八四　周代原始瓷豆

1.A型T1208⑰：3　2、3.B I 式T0805⑮：4、T0805⑰：6　4.B II 式T0806⑮：2　5、6.B III 式T1105⑧：3、G4①：17

T0805⑰：6，灰白色胎，施青绿色釉不及足内壁，釉层玻璃相较高，胎釉结合好。敞口，方唇，折腹，盘壁较浅，足残。盘内有细弦纹，其间饰梳篦纹。盘内粘有较多窑渣。口径20、残高5厘米（图二八四，3）。

B II 式　1件。圈足稍矮，弧腹。

T0806⑮：2，灰色胎，夹粗砂粒，施青灰色釉不及足内壁，釉层较薄，玻璃相较高。敞口，圆唇，弧腹，喇叭状圈足。口沿外侧饰两道凹弦纹，近底部饰螺旋纹，纹饰宽粗。内底粘有少量窑渣。口径14.4、底径7.1、高5.7厘米（图二八四，4）。

B III 式　2件。圈足稍矮，折腹。

T1105⑧：3，浅黄色胎，胎质较粗，略疏松，施青灰色釉不及足内壁，釉层较薄。敞口，圆唇，折沿，折腹，喇叭状圈足。口沿饰一道凹槽，盘外壁饰粗弦纹。内底、足外粘有少量窑渣。口径12.2、底径4.6、高4厘米（图二八四，5）。

G4①：17，灰色胎，胎质致密，火候高，施灰绿色釉不及足内壁，釉失透，豆内釉略剥落。敞口，尖唇，折沿，折腹，喇叭状圈足。口沿、盘外壁、内底饰细密的弦纹。口径15.6、残高5.1厘米（图二八四，6）。

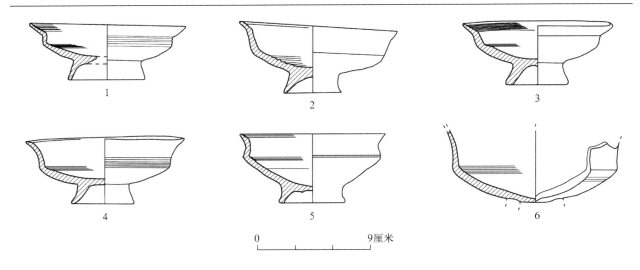

0   9厘米

图二八五　周代原始瓷豆

1～3.ＣⅠ式H87②：1、T1108⑫A：1、T0708⑥A：8　4～6.ＣⅡ式G4②：18、T1108⑨：23、台8B②：5

Ｃ型　23件。敞口或侈口，圈足略外撇。

ＣⅠ式　4件。宽折沿。

H87②：1，灰黄色胎，施青黄色釉不及足内壁，釉稀薄，无釉处泛红褐色。侈口，尖唇，宽折沿，折腹，圈足略外撇。盘外壁、内沿、内底饰细弦纹。口径12.3、底径6.1、高4.6厘米（图二八五，1）。

T1108⑫A：1，灰色胎，施灰绿色釉外不及底，釉稀薄，脱落严重。侈口，尖唇，折沿，折腹，圈足略外撇。内底饰细弦纹。口径12.6、底径4.8、高5.8厘米（图二八五，2；彩版一一九，2）。

T0708⑥A：8，灰黄色胎，施青黄色釉不及足内壁，釉稀薄，无釉处泛红褐色。侈口，圆唇，折沿，折腹，圈足略外撇。内壁饰细弦纹。口径11.9、底径4.9、高4.9～5.2厘米（图二八五，3；彩版一一九，3）。

ＣⅡ式　4件。折沿。

G4②：18，灰黄色胎，施青黄色釉不及足内壁，釉稀薄，无釉处泛红褐色。侈口，尖唇，折沿，折腹，盘壁稍内曲，圈足略外撇。盘外壁、内底饰细弦纹。内底粘有砂粒。口径12.6、底径5.1、高5.5厘米（图二八五，4；彩版一一九，4）。

T1108⑨：23，灰色胎，施灰黄色釉不及足内壁，釉稀薄。侈口，尖唇，折沿，折腹，盘壁内曲，圈足略外撇。口沿、内底饰细弦纹。口径约11.4、底径5.4、高5.7厘米（图二八五，5；彩版一一九，5）。

台8B②：5，灰色胎，表面施青黄色釉，釉层稀薄。口、足均残，仅存盘壁一块。折腹。盘内饰弦纹。残高5.8厘米（图二八五，6）。

ＣⅢ式　10件。敞（侈）口。

T1108⑩：5，青灰色胎，施灰绿色釉外不及底，釉层稀薄。敞口，圆唇，折腹，盘壁浅，内底平坦，圈足略外撇。内底饰细弦纹。内底、足底各粘有3枚支钉痕，内底支钉痕呈长条形。口径13.2、底径4.9、高5.4厘米（图二八六，1；彩版一一九，6）。

T1009⑦B：9，灰色胎，施青黄色釉，釉层薄，脱落几尽，无釉处泛红褐色。口微侈，圆唇，折腹，圈足略外撇。内底饰细弦纹。器形变形较严重，内底粘有砂粒。口径 14.4 ～ 15.2、底径 6.2、高 6.1 厘米（图二八六，2；彩版一二〇，1）。

T1108 ⑧ B：6，青灰色胎，施灰绿色釉外不及底，釉层稀薄，脱落殆尽。敞口，尖圆唇，折腹，圈足。内底饰细弦纹，内壁有轮旋痕。内底、足底粘有砂粒。口径 11.5、底径 4.5、高 5.2 厘米（图二八六，3；彩版一二〇，2）。

T0708 ⑥ A：2，灰黄色胎，施黄色釉外不及底，釉层脱落几尽，无釉处泛红褐色。撇口，尖圆唇，折腹，圈足略外撇。内底饰细弦纹。器形变形较严重。口径 12.5、底径 5.4、高 4.9 厘米（图二八六，4）。

T0905 ④：7，灰色胎，施青黄色釉，釉层薄，脱落几尽，无釉处泛红褐色。口微侈，圆唇，折腹，圈足略外撇。内底饰细弦纹。口径 13.4、底径 5.4、高 5.5 ～ 6.3 厘米（图二八六，5；彩版一二〇，3）。

T0809 ④ A：2，灰色胎，施灰绿色釉外不及底，釉层薄，脱落几尽，无釉处泛红褐色。敞口，圆唇，折腹，圈足略外撇。内底饰细弦纹。器形变形较严重。口径 11.7 ～ 12.2、底径 5.4、高 5.5 厘米（图二八六，6；彩版一二〇，4）。

C Ⅳ式　5 件。敞口，盘壁较深。

T1108 ⑧ A：3，青灰色胎，施灰绿色釉不及外底，釉层稀薄，脱落殆尽。敞口，尖圆唇，折腹，盘壁深，稍内曲，圈足略外撇。内底饰细弦纹。内底、足底粘有少量砂粒。口径 13.5、底径 5.8、高 6.8 厘米（图二八六，7）。

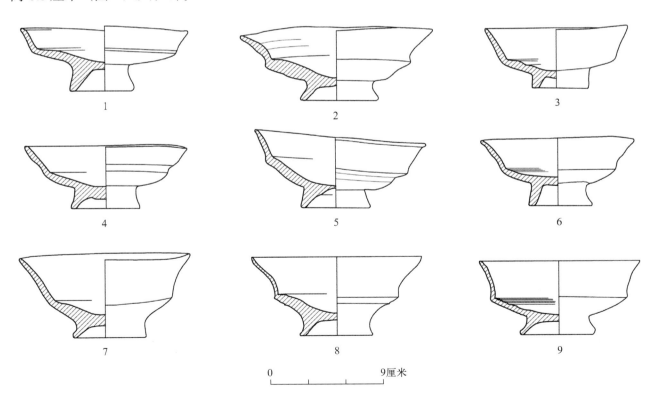

图二八六　周代原始瓷豆

1～6.CⅢ式T1108⑩：5、T1009⑦B：9、T1108⑧B：6、T0708⑥A：2、T0905④：7、T0809④A：2　7～9.CⅣ式T1108⑧A：3、T1108⑧A：21、T1108⑧A：15

　　T1108⑧A：21，青灰色胎，施灰绿色釉不及外底，釉层脱落殆尽。敞口，尖圆唇，折腹，盘壁深，稍内曲，圈足略外撇。内底饰细弦纹。内底粘有少量砂粒。口径13.7、底径5.7、高6.2厘米（图二八六，8；彩版一二〇，5）。

　　T1108⑧A：15，青灰色胎，施灰黄色釉不及外底，釉层脱落殆尽。侈口，尖圆唇，折腹，盘壁深，稍内曲，圈足略外撇。内底饰细弦纹。内底粘有两处砂粒。口径12.8、底径6.2、高5.7厘米（图二八六，9；彩版一二〇，6）。

7. 原始瓷碗

210件。

A型　17件。弧腹，圈足。厚重，制作较粗。

T1209⑧A：5，浅灰褐色胎，通体施青绿色釉。敞口，圆唇，折沿，沿面有一道凹槽，弧腹，圈足外撇。沿面堆贴横向"S"形泥条，内底有螺旋纹，圈足内粘有砂粒。口径15.2、底径9、高6厘米（图二八七，1）。

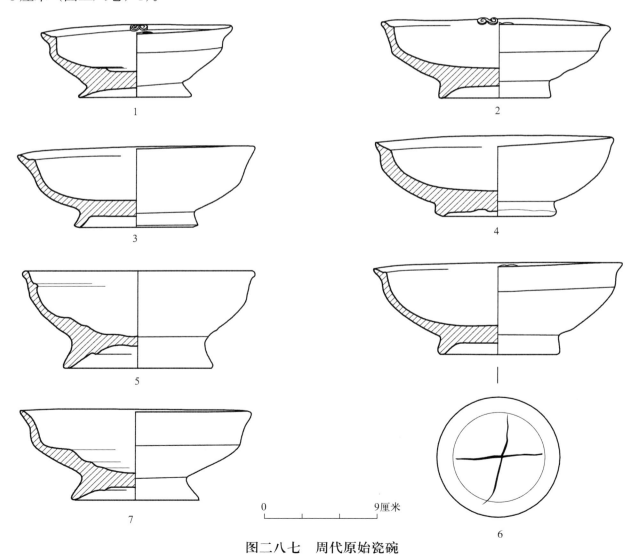

0　　　　　　9厘米

图二八七　周代原始瓷碗

1～7.A型T1209⑧A：5、T1209⑧A：6、T1209⑧A：7、T1209⑧A：8、T0911④A：1、H21①：1、T1108⑦B：1

T1209⑧A：6，浅灰褐色胎，施青绿色釉不及外底，无釉处呈红褐色。敞口，圆唇，折沿，沿面有一道凹槽，微束颈，弧腹，圈足。沿面堆贴横向"S"形泥条，器内有多个鼓泡，内底有螺旋纹，圈足内粘有砂粒。口径18.2、底径8.8、高6.4厘米（图二八七，2；彩版一二一，1）。

T1209⑧A：7，浅灰色胎，通体施青绿色釉，釉失透严重。敞口，圆唇，折沿，沿面有一道凹槽，弧腹，圈足外撇。内底有螺旋纹，圈足拼接处有捺窝，足内粘有砂粒。内底有较多窑渣。口径18.9、底径9.8、高6.8厘米（图二八七，3）。

T1209⑧A：8，灰褐色胎，通体施灰绿色釉不及外底。敞口，圆唇，折沿，沿面下凹，弧腹，圈足，足底残。外壁有刮削痕，圈足内粘有砂粒。口径19、底径9.4、高6.4～6.8厘米（图二八七，4；彩版一二一，3）。

T0911④A：1，灰色胎，通体施灰绿色釉，釉脱落殆尽。敞口，圆唇，折沿，沿面有一道凹槽，弧腹，饼足，底内凹。沿面堆贴横向"S"形泥条。口径18、底径10.1、高6厘米（图二八七，5）。

H21①：1，灰色胎，通体施青绿色釉，釉脱落严重，尤其器内几乎脱落殆尽。敞口，圆唇，折沿，沿面有一道凹槽，弧腹，圈足。沿面堆贴横向"S"形泥条，外底划两条"十"字形交叉直线。口径19.5、底径9.5、高7.4厘米（图二八七，6；彩版一二一，2）。

T1108⑦B：1，灰黄色胎，施青黄色釉外不及底，无釉处泛红褐色。敞口，圆唇，折腹，圈足外撇。器壁密布轮制形成的旋痕，足底划交叉直线纹。口径18.2、底径9.9、高7.3厘米（图二八七，7）。

B型　157件。弧腹，平底。

BⅠ式　116件。折沿。

T1108⑦B：11，灰色胎，施青绿色釉，无釉处表面呈紫褐色。敞口，圆唇，折沿，沿面有一道凹槽，弧腹，饼足，平底。内有螺旋纹，外底边卷曲不平，底部有切割痕。口径15、底径7.4、高4.8厘米（图二八八，1）。

T1208⑦A：8，灰色胎，施青灰色釉不及外底。敞口，圆唇，折沿，沿面有一道凹槽，微束颈，弧腹，饼足，平底稍内凹。器壁有轮旋痕，内有螺旋纹，外底边卷曲不平。底部粘有较多砂粒。口径14.8、底径7.8、高4.8厘米（图二八八，2）。

T1009⑥A：11，灰色胎，施青绿色釉不及外底，无釉处呈红褐色。敞口，尖唇，折沿，沿面有一道凹槽，弧腹，饼足，平底稍内凹。内底有螺旋纹，底边卷曲不平。底边粘有砂粒。口径18.8、底径9.2、高5.4厘米（图二八八，3）。

T1009⑥A：1，灰色胎，施青绿色釉不及外底，无釉处泛红褐色。敞口，圆唇，折沿，沿面有一道凹槽，弧腹，饼足，平底稍内凹。内底有螺旋纹，外底边卷曲不平。口径15.8、底径8.6、高5.6厘米（图二八八，4）。

T1208⑤B：1，灰色胎，施青绿色釉不及外底，釉脱落严重，内底有多个鼓泡。敞口，尖唇，折沿，沿面有一道凹槽，弧腹，饼足，平底稍内凹。外底边卷曲不平。口径14.8、底径7.6、高5.1厘米（图二八八，5）。

T1109⑥A：10，灰色胎，施青黄色釉不及外底，釉层稀薄，脱落殆尽。敞口，圆唇，折沿，沿面有一道凹槽，弧腹，饼足，底内凹。内底有螺旋纹，外底有线切割痕。口径13.5、底径6.9、

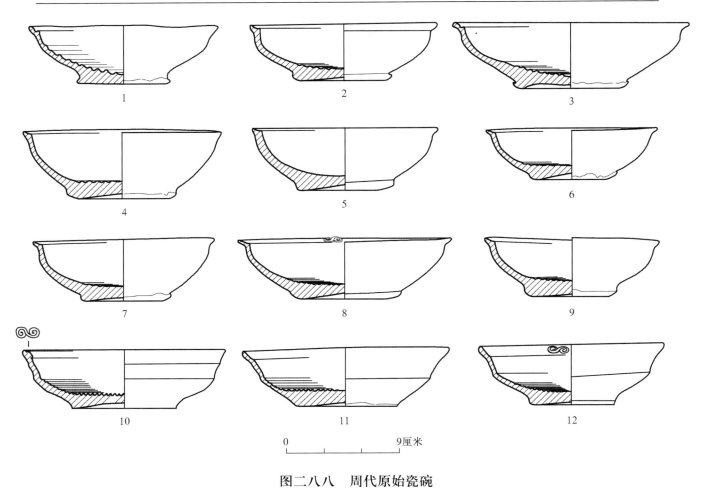

图二八八　周代原始瓷碗

1～12.ＢⅠ式T1108⑦B：11、T1208⑦A：8、T1009⑥A：11、T1009⑥A：1、T1208⑤B：1、T1109⑥A：10、T0810④A：3、T0805③：1、T1007③：11、T1108⑥B：1、H17②：1、T1009⑤C：6

高4厘米（图二八八，6）。

T0810④A：3，灰黄色胎，施青黄色釉，脱落殆尽，无釉处呈红褐色。敞口，圆唇，折沿，沿面有一道凹槽，微束颈，弧腹，平底稍内凹。内底有螺旋纹。口径14.5、底径7.1、高5.2厘米（图二八八，7）。

T0805③：1，灰色胎，通体施青绿色釉，底部有鼓泡。敞口，圆唇，折沿，沿面有一道凹槽，微束颈，弧腹，底内凹。口沿堆贴横向"S"形泥条，内底有螺旋纹。口径17、底径8.5、高4.9厘米（图二八八，8）。

T1007③：11，灰褐色胎，施灰绿色釉外不及底，胎质较粗，类似硬陶，釉脱落殆尽。敞口，尖唇，折沿，沿面有一道凹槽，弧腹，饼足，平底稍内凹。内底有螺旋纹，外底有一条划痕。口径13.9、底径7、高4.6厘米（图二八八，9）。

T1108⑥B：1，灰色胎，施青绿色釉不及外底，外底无釉处呈红褐色。敞口，圆唇，折沿，沿面有一道凹槽，弧腹，中部有一道折棱，饼足，平底内凹。沿面堆横向"S"形泥条，器内有螺旋纹，外底有线切割痕。底边卷曲不平。口径15.8、底径8、高4.8厘米（图二八八，10；彩版一二一，4）。

H17②：1，灰色胎，施青黄色釉外不及底，底部粘有砂粒。敞口，圆唇，折沿，沿面有一道凹槽，弧腹，中部有一道折棱，平底稍内凹。器内有细密的螺旋纹。口径16.4、底径7.8、高4.6厘米（图二八八，11）。

T1009⑤C：6，灰色胎，通体施青绿色釉。敞口，圆唇，折沿，沿面有一道凹槽，弧腹，中部有一道折棱，饼足，平底稍内凹。沿面堆贴横向"S"形泥条，内底有细密的螺旋纹，外底有线切割痕。底部粘有砂粒。口径14.6、底径6.8、高4.8厘米（图二八八，12；彩版一二一，5）。

BⅡ式　25件。平折沿。

T0704⑤：2，褐色胎，釉已脱落。直口，尖唇，平折沿，沿面有两道凹槽，深弧腹，平底内凹。器内底有螺旋纹。口径11.5、底径7.9、高4.9厘米（图二八九，1）。

H20②：5，灰白色胎，施灰绿色釉不及外底。直口，尖唇，平折沿，沿面有两道凹槽，深弧腹，平底内凹。内底有螺旋纹。底部粘有较多砂粒。口径11.6、底径6.8、高5厘米（图二八九，2；彩版一二一，6）。

H32①：1，灰白色胎，施青绿色釉不及外底。直口，圆唇，平折沿，沿面有两道凹槽，深弧腹，平底稍内凹。内底有螺旋纹。口径15.9、底径8.5、高7厘米（图二八九，3）。

T0609③B：1，灰黄色胎，釉基本已脱落。近直口，尖唇，折沿略下垂，沿面有两道凹槽，弧腹，上腹近直，下腹弧收，平底内凹。器内有细密的螺旋纹，底边卷曲不平，外底有线切割痕。口径12.7、底径7.2、高3.6厘米（图二八九，4）。

T1007③：9，灰色胎，施青绿色釉不及外底，内有多个鼓泡。直口，尖唇，平折沿，沿面有两道凹槽，深弧腹，平底内凹。内底有细密的螺旋纹。口径16.5、底径9.8、高5.5厘米（图二八九，5；彩版一二一，7）。

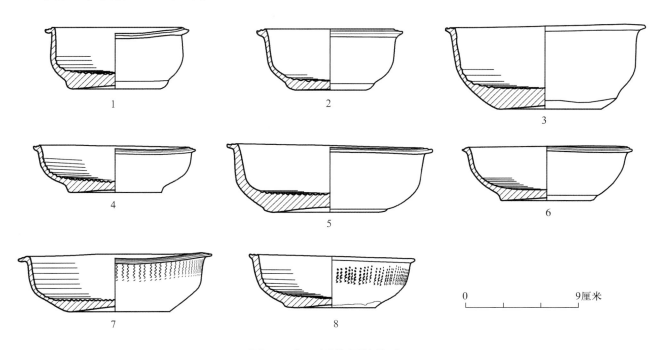

图二八九　周代原始瓷碗

1～8.BⅡ式T0704⑤：2、H20②：5、H32①：1、T0609③B：1、T1007③：9、T1007③：10、T0906③：5、G6：3

T1007③：10，灰褐色胎，釉已脱落。敞口，尖唇，折沿下垂，沿面有两道凹槽，弧腹，平底稍内凹。器内有细密的螺旋纹，外底有细切割痕。口径13.5、底径7.5、高4.3厘米（图二八九，6）。

T0906③：5，灰色胎，施青绿色釉不及外底。直口，尖唇，折沿略下垂，沿面有两道凹槽，弧腹，平底内凹。上腹划一周竖向锯齿纹，器内有细密的螺旋纹。底部粘有较多砂粒。口径15.5、底径8.8、高4.8厘米（图二八九，7；彩版一二一，8）。

G6：3，灰褐色胎，釉已脱落。直口，尖唇，平折沿，沿面有两道凹槽，弧腹，平底内凹。上腹划一周竖向锯齿纹，内底有螺旋纹。口径13.3、底径7.7、高4.3厘米（图二八九，8）。

BⅢ式　16件。窄折沿。

T0708③：7，灰黄色胎，施灰绿色釉内外不及底，无釉处呈红褐色，釉脱落殆尽。敞口，尖唇，窄折沿下垂，沿面有两道凹槽，弧腹，上腹较直，下腹急收，底内凹。器内有螺旋纹。口径13.8、底径7.2、高4.8厘米（图二九○，1）。

T1005③：7，灰褐色胎，釉已脱落。敞口，尖唇，折沿下垂，沿面有两道凹槽，弧腹，平底内凹。器内有螺旋纹，壁有轮旋痕。口径14.3、底径7.4、高4.2厘米（图二九○，2）。

T0905③：3，灰黄色胎，釉已脱落。敞口，尖唇，折沿下垂，沿面有两道凹槽，弧腹，平底内凹。器内有细密的螺旋纹。口径12.6、底径4.8、高4.1厘米（图二九○，3）。

H13②：13，灰色胎，施青黄色釉，脱落殆尽。敞口，尖唇，折沿下垂，弧腹，平底内凹。器内有细密的螺旋纹，外底有线切割痕。口径12.2、底径6.6、高4.1厘米（图二九○，4）。

H13①：51，灰褐色胎，釉已脱落。敞口，尖唇，折沿下垂，沿面有两道凹槽，弧腹，平底内凹。器内有细密的螺旋纹，外底有线切割痕。口径13.9、底径7.4、高4.3厘米（图二九○，5）。

H13①：8，灰色胎，通体施青黄色釉。敞口，尖唇，平折沿，沿面有两道凹槽，弧腹，平底内凹。内底有细密的螺旋纹。底部粘有较多砂粒。口径13.1、底径6.8、高4.2厘米（图二九○，6；彩版一二二，1）。

C型　30件。近直腹。

CⅠ式　4件。深直腹，折沿。

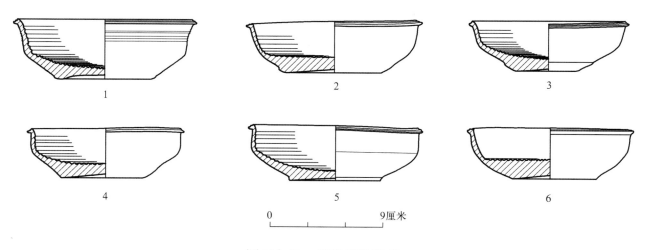

图二九○　周代原始瓷碗

1～6.BⅢ式T0708③：7、T1005③：7、T0905③：3、H13②：13、H13①：51、H13①：8

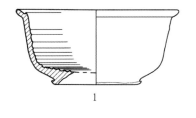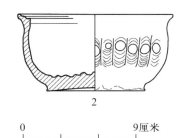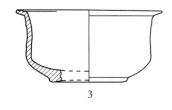

0   9厘米

图二九一 周代原始瓷碗

1～3.C I 式T0910⑤A：6、T1009⑤B：4、T1008④A：5

T0910⑤A：6，灰色胎，施灰黄色釉。直口，尖唇，折沿，沿面有一道凹槽，深直腹弧收，饼足，平底，底心残。内底有螺旋纹，外底边卷曲不平。口径12.9、底径7.1、高6厘米（图二九一，1）。

T1009⑤B：4，灰色胎，施灰绿色釉不及外底，釉失透，无釉呈红褐色。直口，尖唇，折沿，沿面有两道凹槽，腹微鼓，平底稍内凹。器内底有螺旋纹，外腹饰重括弧纹，外底边卷不平。口径12.3、底径7.8、高6.2厘米（图二九一，2；彩版一二二，2）。

T1008④A：5，灰色胎，施灰绿色釉不及外底，无釉呈红褐色。直口，尖唇，平折沿，沿面有两道凹槽，深直腹弧收，平底，底心残。口径11.6、底径6、高5.9厘米（图二九一，3）。

C Ⅱ式 26件。直腹弧收，窄折沿。

T1208④B：6，灰褐色胎，施灰绿色釉，釉层稀薄，脱落殆尽，外底无釉表面呈红褐色。直口，尖唇，窄折沿下垂，直腹斜收，平底内凹，内底平坦。器内有细密的螺旋纹，外底有线切割痕。口径11.9、底径6.8、高3.8厘米（图二九二，1）。

T0909③B：3，灰黄色胎，施青黄色釉不及外底，釉脱落殆尽。直口，尖唇，窄折沿下垂，直腹斜收，底内凹。外壁有轮旋痕，器内有细密的螺旋纹，外底有线切割痕。口径12.3、底径6.4、高4.5厘米（图二九二，2）。

T0909③B：9，灰黄色胎，胎质火候低，较疏松，施青黄色釉不及外底，脱落殆尽。直口，尖唇，窄折沿下垂，沿面有一道凹槽，直腹弧收，饼足，平底内凹。器内有细密的螺旋纹，外底边卷曲不平。口径12.2、底径6.4、高4.4厘米（图二九二，3；彩版一二二，3）。

H13①：45，灰色胎，通体施青灰色釉，釉层稀薄。直口，尖唇，窄折沿，直腹斜收，平底稍内凹，内底平坦。器内有细密的螺旋纹，外底有线切割痕。底部粘有较多砂粒。口径12.2、底径6.2、高3.8厘米（图二九二，4）。

H13①：52，灰黄色胎，釉已脱落。直口，尖唇，窄折沿，沿面有一道凹槽，直腹斜收，平底稍内凹。外壁有轮旋痕，内底有细密的螺旋纹，外底有线切割痕。口径12.4、底径6.8、高4.7厘米（图二九二，5）。

T0905②：3，灰白色胎，施青绿色釉，器外釉层稀薄，脱落殆尽。直口，尖唇，窄折沿，直腹斜收，平底内凹，内底平坦。器内有螺旋纹，外底有线切割痕。口径13.7、底径7.3、高4厘米（图二九二，6）。

T0909③A：9，灰黄色胎，胎质略疏松，釉层已脱落。直口，尖唇，窄折沿，直腹，近底部

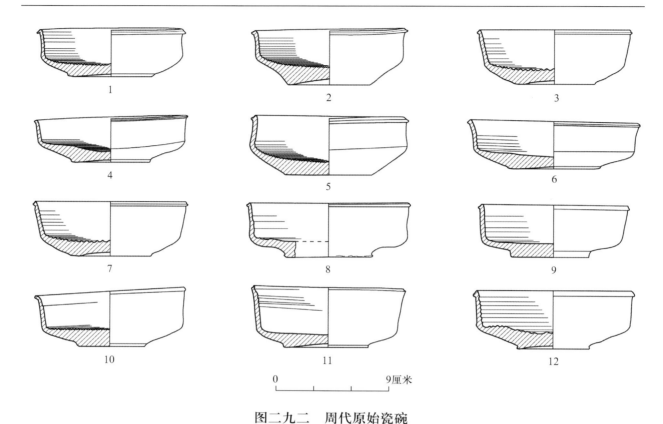

0　　　　　　　　　9厘米

图二九二　周代原始瓷碗

1~12.CⅡ式T1208④B：6、T0909③B：3、T0909③B：9、H13①：45、H13①：52、T0905②：3、T0909③A：9、T1106③：9、
T1005③：5、H13①：18、H13①：41、T1106②：1

急收，平底内凹，内底平坦。器内有细密的螺旋纹，外底有线切割痕。口径 12.3、底径 6、高 4.4
厘米（图二九二，7）。

　　T1106③：9，灰黄色胎，胎质略疏松，施灰黄色釉，釉层脱落殆尽。直口，尖唇，直腹，近
底部急收，饼足，平底，底心残，内底平坦。器内有细密的螺旋纹。口径 13、底径 7、高 4.4 厘米（图
二九二，8）。

　　T1005③：5，灰黄色胎，釉层已脱落。直口，尖唇，窄折沿，直腹，近底部急收，平底内凹，
内底平坦。器壁有轮旋痕，内有细密的螺旋纹，外底有线切割痕。口径 12、底径 6.2、高 4.3 厘米（图
二九二，9；彩版一二二，4）。

　　H13①：18，灰色胎，通体施青绿色釉。直口，尖唇，直腹，近底部急收，平底内凹，内底平坦。
器壁有轮旋痕，内有细密的螺旋纹，外底有线切割痕。变形较严重。口径 11.8、底径 5.5、高 4.2 ~ 4.9
厘米（图二九二，10）。

　　H13①：41，灰色胎，施青黄色釉不及外底，釉层稀薄。直口，尖唇，直腹，近底部急收，
平底内凹，内底平坦。器壁有轮旋痕，内有细密的螺旋纹，外底有线切割痕。底部粘有砂粒。口
径 12.2、底径 6.7、高 4.9 厘米（图二九二，11；彩版一二二，5）。

　　T1106②：1，灰黄色胎，施青黄色釉不及外底。直口，尖唇，窄折沿，直腹，近底部急收，
平底内凹，内底平坦。器壁有轮旋痕，内有细密的螺旋纹，外底有线切割痕。口径 12.8、底径 5.7、
高 4.6 厘米（图二九二，12）。

D 型　6 件。敛口。

T0910 ④ B：7，灰黄色胎，火候低，胎质类似硬陶，釉已脱落。敛口，尖唇，弧腹，平底内凹。器内有螺旋纹，外底有切割痕。口径 14、底径 7.9、高 4.4 厘米（图二九三，1）。

T0910 ④ B：4，灰褐色胎，火候低，胎质类似硬陶，釉已脱落。敛口，尖唇，弧腹，平底内凹。器内有螺旋纹。口径 10.3、底径 7.2、高 3.6 厘米（图二九三，2；彩版一二二，6）。

T0708 ③ B：8，灰色胎，通体施青黄色釉。敛口，尖唇，弧腹，平底内凹。器内有细密的螺旋纹。底部粘有砂粒。口径 9.1、底径 5.2、高 2.7 厘米（图二九三，3；彩版一二二，7）。

T1008 ③ B：9，红褐色胎，胎质疏松，火候低，施灰绿色釉，脱落殆尽。敛口，尖唇，弧腹，平底稍内凹，底心残。器内有螺旋纹。口径 12.6、底径 7.1、高 4.4 厘米（图二九三，4）。

T1008 ③ B：10，灰黄色胎，施青黄色釉不及外底。敛口，尖唇，弧腹，饼足，平底内凹。器内有细密的螺旋纹。口径 13、底径 7.2、高 4.5 厘米（图二九三，5）。

H34 ② ：1，灰色胎，施青黄色釉不及外底。敛口，尖唇，弧腹，平底内凹。器内有细密的螺旋纹。底部粘有砂粒。口径 11.8、底径 7.4、高 4.8 ～ 5.1 厘米（图二九三，6；彩版一二二，8）。

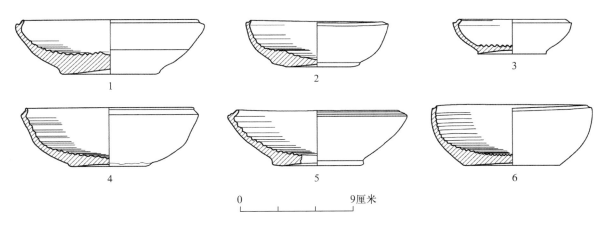

0　　　　　　　　9厘米

图二九三　周代原始瓷碗

1～6.D型T0910④B：7、T0910④B：4、T0708③B：8、T1008③B：9、T1008③B：10、H34②：1

8. 原始瓷盏

53 件。

A 型　23 件。圈足或饼足。

A I 式　1 件。直口，折沿。

台 48C：1，灰黄色胎，胎质较粗，施青黄色釉。直口，尖唇，唇沿残，平折沿，沿面下凹，弧腹，矮圈足。盘壁饰弦纹，弦纹较深。口径 8.6、底径 4.6、高 3.3 厘米（图二九四，1；彩版一二三，1）。

A II 式　22 件。敞口。

器身和器足分制拼接，腹部有一道折棱，上腹一般内束，下腹及底部修削较粗率。足较矮，大多挖足较浅，大致呈饼形。多件外底划直线符号。

T1208 ⑦ B：9，灰色胎，施釉外不及底，釉烧结程度很差，失透状，呈灰黑色，无釉处呈红褐色。敞口，圆唇，折腹，上腹稍内曲，下腹弧收，饼足，底内凹。口径 12.1、底径 5.3、高 4.7 厘米（图

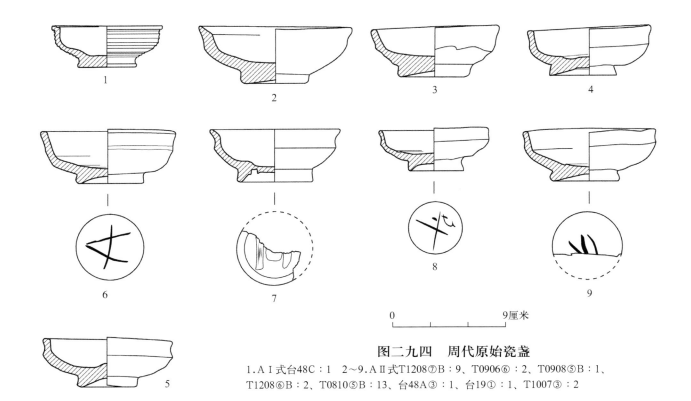

图二九四　周代原始瓷盏

1. A I 式台48C：1　2～9. A II 式T1208⑦B：9、T0906⑥：2、T0908⑤B：1、
T1208⑥B：2、T0810⑤B：13、台48A③：1、台19①：1、T1007③：2

二九四，2；彩版一二三，2）。

T0906⑥：2，灰白色胎，施青黄色釉外不及底，脱落殆尽，无釉处泛红褐色。敞口，圆唇，折腹，上腹稍内曲，下腹弧收，矮圈足。器内、外有轮旋痕，下腹修削较粗率。口径10、底径5.5、高4.1厘米（图二九四，3；彩版一二三，3）。

T0908⑤B：1，灰色胎，施青绿色釉外不及底，釉烧结程度很差。敞口，圆唇，折腹，上腹稍内曲，下腹弧收，饼足，底内凹。下腹修削较粗率。口径9.7、底径5.4、高3.9厘米（图二九四，4；彩版一二三，4）。

T1208⑥B：2，灰色胎，施黄绿色釉外不及底。敞口，圆唇，折腹，上腹内曲，下腹弧收，饼足，底内凹。外底划两条直线，呈三角形，器内、外有轮旋痕，内底有螺旋纹。下腹修削较粗率。口径10.3、底径4.6、高2.9～3.8厘米（图二九四，5；彩版一二三，5）。

T0810⑤B：13，灰黄色胎，施青黄色釉外不及底。敞口，圆唇，折腹，上腹较直，下腹弧收，矮圈足。器内、外有轮旋痕，下腹修削较粗率。外底刻划三条直线，交叉呈"A"形。口径10.7、底径5.2、高4.5厘米（图二九四，6；彩版一二三，7、8）。

台48A③：1，灰色胎，施灰绿色釉外不及底。敞口，圆唇，卷沿，折腹，上腹内束，下腹弧收，矮圈足。下腹修削较粗率，底部刻划两道直线。口径10.3、底径6、高4.2厘米（图二九四，7）。

台19①：1，灰色胎，施青绿色釉不及外底。敞口，圆唇，折腹，上腹稍内曲，下腹弧收，矮圈足。外底划"十"字交叉线，器内、外有轮旋痕，内底有螺旋纹。下腹修削较粗率。口径8.8、底径4.4、高3.6厘米（图二九四，8；彩版一二三，6）。

T1007③：2，灰色胎，施青黄色釉外不及底。敞口，圆唇，折腹，上腹稍内曲，下腹弧收，矮圈足。器身变形较严重，内、外有轮旋痕，下腹修削较粗率。口径 10.6、底径 5.5、高 4.1 厘米（图二九四，9）。

B 型　30 件。平底。

B I 式　3 件。卷沿。

T1005 ⑤：2，灰色胎，施青绿色釉不及外底，胎、釉含较多杂质。侈口，尖圆唇，卷沿，弧腹，平底内凹。口径 11、底径 6.2、高 4.6 厘米（图二九五，1；彩版一二四，1）。

T1009 ⑤ C：13，灰色胎，施灰绿色釉不及外底，胎、釉含较多杂质。侈口，尖唇，卷沿近平，弧腹，饼足，平底内凹。口径 11.2、底径 6、高 4.2 厘米（图二九五，2）。

台 9B ③：1，灰色胎，施灰绿色釉不及外底，胎、釉含较多杂质。侈口，尖唇，卷沿，弧腹，饼足，底残。口径 12.2、底径 6.3、高 4.2 厘米（图二九五，3；彩版一二四，2）。

B II 式　16 件。折沿，沿面有一道凹槽。

T0910 ⑦ A：25，灰黄色胎，通体施青绿色釉。敞口，圆唇，折沿，沿面有一道凹槽，弧腹，底残。内底有螺旋纹。口径 8.6、底径 4.2、残高 3.9 厘米（图二九五，4）。

T1009 ⑥ A：12，灰色胎，通体施青绿色釉。敞口，尖唇，折沿，沿面有一道凹槽，弧腹，平底。内底有螺旋纹，底部粘有砂粒。口径 8.8、底径 5.5、高 3.5 厘米（图二九五，5；彩版一二四，3）。

T1109 ⑥ A：17，灰色胎，通体施青绿色釉。直口微敛，尖唇，折沿，沿面有一道凹槽，颈微束，弧腹，平底内凹。底部粘有砂粒。口径 9.3、底径 5.6、高 4.2 厘米（图二九五，6；彩版一二四，4）。

T0908 ②：11，灰黄色胎，通体施黄色釉。直口，尖唇，折沿，沿面有一道凹槽，颈微束，弧腹，平底。内底有螺旋纹，底边卷曲不平。口径 8.5、底径 6.8、高 4 厘米（图二九五，7；彩版一二四，5）。

T0908 ②：8，灰色胎，通体施灰绿色釉，含杂质较多。直口，尖唇，折沿，沿面有一道凹槽，直腹弧收，平底内凹。口径 9.5、底径 7、高 4.1 厘米（图二九五，8）。

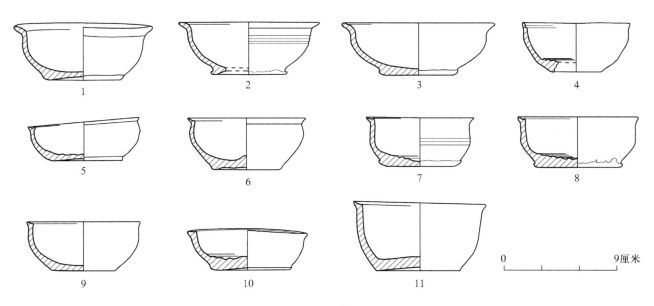

图二九五　周代原始瓷盏

1～3.B I 式 T1005⑤：2、T1009⑤C：13、台9B③：1　4～11.B II 式 T0910⑦A：25、T1009⑥A：12、T1109⑥A：17、T0908②：11、T0908②：8、H13②：28、T0707②：3、T0901②：4

H13②：28，灰褐色胎，通体施青黄色釉，含杂质较多，釉层较薄。敞口，尖唇，折沿，沿面有一道凹槽，弧腹，平底内凹。口径9、底径5、高4厘米（图二九五，9）。

T0707②：3，灰白色胎，施青黄色釉不及外底，釉层较薄。敞口，尖圆唇，折沿，沿面有一道凹槽，弧腹，平底内凹。内底有螺旋纹。底部粘有较多砂粒。口径9.5、底径6.3、高3.3厘米（图二九五，10；彩版一二四，6）。

T0901②：4，灰色胎，施青黄色釉不及外底，釉层稀薄。直口，圆唇，折沿，沿面有一道凹槽，深弧腹，平底内凹。内底有螺旋纹。口径10.2、底径6.6、高5.4厘米（图二九五，11；彩版一二四，7）。

B Ⅲ式　5件。弧腹，窄折沿。

T1005③：12，灰黄色胎，施青黄色釉外不及底，釉层稀薄，无釉处泛红褐色。敞口，尖唇，折沿下垂，沿面有两道凹槽，弧腹，平底内凹。器内有螺旋纹。口径9.5、底径4.8、高3.3厘米（图二九六，1）。

T1009③B：4，灰色胎，施青黄色釉不及外底，釉脱落殆尽，无釉处泛红褐色。敞口，方唇，弧腹，平底。器内有螺旋纹，外底有线切割痕。口径10.7、底径5.5、高4.7厘米（图二九六，2）。

B Ⅳ式　6件。直腹弧收，折沿更窄。

T0909③B：6，灰色胎，通体施青黄色釉，釉层稀薄。侈口，尖唇，窄折沿下垂，直腹弧收，平底内凹，内底平坦。器内有细密的螺旋纹，外底有细切割痕。底部粘有较多砂粒。口径9.7、底径5.6、高3.4厘米（图二九六，3）。

T0910③A：6，灰黄色胎，胎质略疏松，施灰黄色釉不及外底，脱落殆尽。直口，尖唇，窄折沿下垂，沿面有两道弦纹，直腹弧收，饼足，平底，底心残。器内有螺旋纹。口径9.3、底径3.8、高4.4厘米（图二九六，4）。

H13①：40，灰色胎，通体施青黄色釉，釉层稀薄。直口微侈，尖唇，窄折沿下垂，直腹弧收，平底内凹，内底平坦。器内有细密的螺旋纹，外底有细切割痕。口径7.8、底径4.7、高3.5厘米（图二九六，5；彩版一二四，8）。

H13①：55，灰色胎，通体施青黄色釉，釉层稀薄，脱落严重。直口，尖唇，窄折沿下垂，

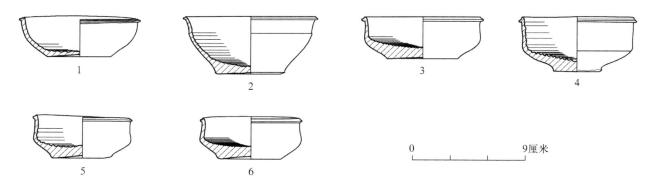

图二九六　周代原始瓷盏

1、2.BⅢ式T1005③：12、T1009③B：4　3～6.BⅣ式T0909③B：6、T0910③A：6、H13①：40、H13①：55

直腹弧收，平底内凹，内底平坦。器内有细密的螺旋纹，外底有细切割痕。口径 8.1、底径 5.1、高 3.3 ～ 3.5 厘米（图二九六，6）。

9. 原始瓷盂

62 件。

A 型　23 件。鼓腹。

Aa 型　5 件。圈足。

T1109 ⑦ A：5，灰色胎，施青绿色釉外不及底。敛口，圆唇，鼓腹，圈足。器壁有轮旋痕，内底有螺旋纹。口径 7.2、底径 5.2、高 3.5 厘米（图二九七，1；彩版一二五，1）。

H13 ②：20，灰黄色胎，施青绿色釉，釉失透，脱落严重。敛口，圆唇，鼓腹，圈足。外沿饰细弦纹。口径 6.8、底径 5、高 3.5 厘米（图二九七，2）。

台 49 ②：1，灰色胎，施青黄色釉外不及底，脱落严重。敛口，圆唇，鼓腹，圈足。器壁有轮旋痕，器底划三条交叉直线。口径 6.8、底径 5.2、高 3.8 厘米（图二九七，3）。

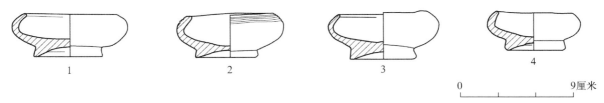

图二九七　周代原始瓷盂

1～4. Aa 型 T1109 ⑦ A：5、H13 ②：20、台 49 ②：1、T0902 ④：1

T0902 ④：1，灰白色胎，施青绿色釉外不及底，脱落殆尽。敛口，圆唇，鼓腹，圈足。外沿饰细弦纹，器壁有轮旋痕，器底划两条交叉直线。口径 5.8、底径 4.7、高 3 厘米（图二九七，4）。

Ab 型　18 件。平底。

Ab Ⅰ 式　4 件。卷沿。

T1109 ⑥ B：1，灰色胎，施青黄色釉不及外底，器外釉脱落严重。侈口，尖唇，卷沿，束颈，鼓腹，平底稍内凹。内底平坦，饰螺旋纹。口径 8.1、底径 5.8、高 3.5 厘米（图二九八，1）。

T1109 ⑥ A：20，灰黄色胎，通体施黄色釉。侈口，尖唇，卷沿，束颈，鼓腹，平底，底心残。内底饰螺旋纹，外底粘有砂粒。口径 10.7、底径 6.2、高 4.2 厘米（图二九八，2；彩版一二五，2）。

T1108 ⑤ C：2，灰色胎，施灰绿色釉不及外底。侈口，尖唇，卷沿，束颈，鼓腹，平底稍内凹。内底平坦，饰螺旋纹，底部有切割痕，粘有砂粒。口径 10、底径 6.4、高 3.5 厘米（图二九八，3）。

T0810 ⑤ B：18，灰黄色胎，施青绿色釉不及外底。侈口，圆唇，卷沿，束颈，鼓腹，平底。内底饰螺旋纹。外底粘有砂粒。口径 9.1、底径 4.7、高 3.8 厘米（图二九八，4）。

Ab Ⅱ 式　8 件。折沿。

T0810 ④ B：9，灰白色胎，施青灰色釉不及外底，无釉处泛红褐色。口微敛，尖圆唇，折沿，沿面有一道凹槽，颈微束，鼓腹，平底内凹。内底有螺旋纹。口径 8.3、底径 6.3、高 4.9 厘米（图二九八，5）。

T1007 ③：13，灰色胎，施青绿色釉不及外底。侈口，尖唇，折沿，沿面有一道凹槽，束颈，鼓腹，

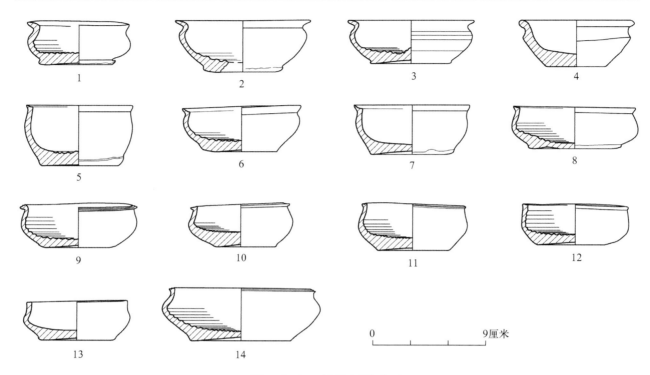

图二九八　周代原始瓷盂

1~4.AbⅠ式T1109⑥B：1、T1109⑥A：20、T1108⑤C：2、T0810⑤B：18　5~8.AbⅡ式T0810④B：9、T1007③：13、
T1005③：16、T1006③：5　9~14.AbⅢ式T0909③A：2、T1007③：4、T1008④A：2、T1108④A：4、T0608③B：8、H13①：4

平底稍内凹。器内饰螺旋纹。口径9.2、底径5.5、高3.7厘米（图二九八，6；彩版一二五，3）。

T1005③：16，灰色胎，施青黄色釉不及外底，釉层稀薄。侈口，尖唇，折沿，沿面有一道凹槽，束颈，鼓腹，平底稍内凹。口径9.1、底径6.3、高4.2厘米（图二九八，7；彩版一二五，4）。

T1006③：5，灰色胎，通体施青灰色釉。侈口，尖唇，折沿，沿面有一道凹槽，束颈，鼓腹，平底稍内凹。器内饰螺旋纹。口径9.8、底径7.4、高3.4厘米（图二九八，8）。

AbⅢ式　6件。窄折沿。

T0909③A：2，灰黄色胎，施青黄色釉不及外底，釉层稀薄。敛口，尖唇，折沿下垂，沿面有两道凹弦纹，鼓腹，平底内凹。器内有螺旋纹。口径9.3、底径5.6、高3.3～3.6厘米（图二九八，9）。

T1007③：4，灰白色胎，通体施青灰色釉，釉层稀薄。敛口，尖唇，折沿稍下垂，沿面有一道凹槽，鼓腹，平底内凹。器内有螺旋纹。底部粘有较多砂粒。口径7.8、底径4.8、高3.3～3.8厘米（图二九八，10；彩版一二五，5）。

T1008④A：2，灰色胎，通体施青绿色釉。敛口，尖唇，窄折沿，沿面有一道凹槽，鼓腹，平底内凹。器内有细密的螺旋纹。底部粘有较多砂粒。口径8.3、底径5.4、高3.9厘米（图二九八，11；彩版一二五，6）。

T1108④A：4，灰色胎，通体施青绿色釉。敛口，尖唇，窄折沿，沿面有一道凹槽，鼓腹，平底内凹，内底平坦。器内有细密的螺旋纹。器内落有窑渣，底边粘有较多砂粒。口径8.1、底径5.8、高3.5厘米（图二九八，12；彩版一二五，7）。

T0608③B：8，灰色胎，通体施青绿色釉。敛口，方唇，沿面有两道凹弦纹，鼓腹，平底内凹。器内有细密的螺旋纹。底部粘有较多砂粒。口径7.8、底径5.8、高3.2厘米（图二九八，13；彩版一二五，8）。

H13①：4，灰黄色胎，施青黄色釉不及外底，釉层稀薄。敛口，尖唇，窄折沿，鼓腹，平底内凹。器内有螺旋纹，外底有线切割痕。口径11.4、底径8.1、高4.2厘米（图二九八，14）。

B型　39件。折肩，弧腹。

Ba型　19件。圈足或饼足。

BaⅠ式　11件。子母口。

T1009⑦B：4，灰黄色胎。子母口，尖唇，折肩，斜弧腹，饼足，底内凹。器内有螺旋纹。口径13.2、底径8.4、高6.1厘米（图二九九，1）。

T0910⑥A：8，灰色胎，通体施青黄色釉。子母口，尖唇，折肩，弧腹，饼足，圈底。肩部堆贴横向"S"形泥条。底部粘有砂粒。口径8.3、底径6、高4.2厘米（图二九九，2）。

H27②：1，灰色胎，通体施灰绿色釉。子母口，尖唇，折肩，弧腹，圈足外撇。肩部设绞索状横耳，两侧堆贴横向"S"形泥条，器内有螺旋纹，外底内粘有砂粒。口径7.3、底径6.4、高3.5厘米（图二九九，3）。

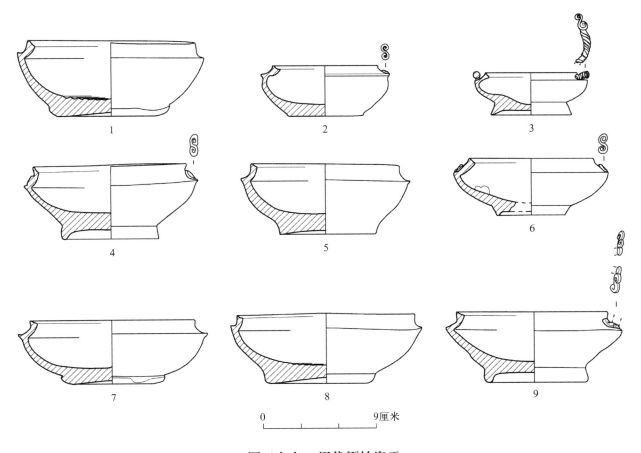

图二九九　周代原始瓷盂

1～9.BaⅠ式T1009⑦B：4、T0910⑥A：8、H27②：1、T1208⑤B：7、T1106③：7、T0708⑥A：13、T0608③B：3、H13①：5、T0908②：1

　　T1208 ⑤ B：7，灰色胎，通体施青绿色釉。子母口，尖唇，折肩，斜弧腹，圈足。肩部堆贴一对横"S"形泥条，器内有螺旋纹。底部粘有少量砂粒。口径 12、底径 7.5、高 5.9 厘米（图二九九，4；彩版一二六，1）。

　　T1106 ③：7，灰色胎，施青绿色釉不及外底。子母口，尖唇，折肩，斜弧腹，饼足，底内凹。器内有螺旋纹。底部粘有砂粒。口径 11.8、底径 7.8、高 5.7 厘米（图二九九，5）。

　　T0708 ⑥ A：13，灰色胎，表面施青绿色釉。子母口，尖唇，折肩，弧腹，饼足，圈底。肩部堆贴横向"S"形泥条。底部粘有砂粒。口径 9.9、底径 5.5、高 4.6 厘米（图二九九，6）。

　　T0608 ③ B：3，灰黄色胎，施青黄色釉。子母口，尖唇，折肩，弧腹，饼足，底内凹。器内有螺旋纹。口径 13、底径 8、高 5.2 厘米（图二九九，7）。

　　H13 ①：5，灰色胎，施青绿色釉不及外底。子母口，尖唇，折肩，斜弧腹，饼足，底内凹。器内有螺旋纹。口径 14.2、底径 8.5、高 5.7 厘米（图二九九，8）。

　　T0908 ②：1，灰白色胎，通体施青绿色釉。子母口，尖唇，折肩，斜弧腹，圈足。肩部划水波纹，堆贴横向"S"形泥条。足、身分制拼接，交接处有一周指捺窝。足底粘有砂粒。口径 12、底径 8.5、高 5.7 厘米（图二九九，9）。

　　Ba Ⅱ式　8件。直口，器形较小。

　　T1108 ⑧ A：18，灰白色胎，施青绿色釉外不及底。直口，圆唇，折肩，斜直腹，圈足外撇。口径 8.7、底径 5.7、高 2.9 厘米（图三〇〇，1）。

　　台44C ②：1，灰色胎，施青绿色釉外不及底。直口，圆唇，折肩，斜弧腹，圈足。肩部饰弦纹，戳印斜直线纹。口径 8.1、底径 5.2、高 4.3 厘米（图三〇〇，2；彩版一二六，2）。

　　T0810 ⑤ B：16，灰黄色胎，施青绿色釉不及外底。直口，圆唇，折肩，斜弧腹，圈足外撇。器内有宽粗的螺旋纹。口径 10.6、底径 5.9、高 3.9 厘米（图三〇〇，3）。

　　T1009 ⑥ A：9，灰色胎，施青绿色釉外不及底。直口，圆唇，折肩，斜弧腹，圈足外撇。口径 6.7、底径 4.5、高 4.1 厘米（图三〇〇，4；彩版一二六，3）。

　　台48B ③：5，灰色胎，施青绿色釉外不及底。直口，圆唇，折肩，斜弧腹，圈足外撇。口径 7.7、底径 5.6、高 4.1 厘米（图三〇〇，5；彩版一二六，4）。

　　H13 ②：32，灰色胎，施青绿色釉外不及底。直口，圆唇，折肩，斜弧腹，圈足。口径 9.6、底径 6.9、高 3.9 厘米（图三〇〇，6）。

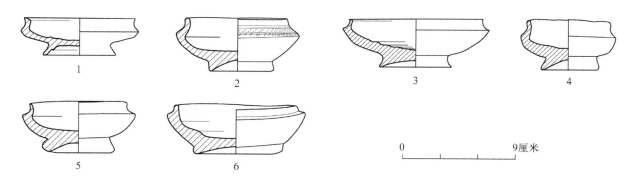

图三〇〇　周代原始瓷盂

1～6.BaⅡ式T1108⑧A：18、台44C②：1、T0810⑤B：16、T1009⑥A：9、台48B③：5、H13②：32

Bb 型　20 件。平底。

T1009④A：4，灰色胎，通体施青绿色釉。子母口，尖唇，折肩，深弧腹，平底稍内凹。器内底有螺旋纹，外底有线切割痕迹。口径 7.5、底径 5.4、高 5 厘米（图三〇一，1）。

台 44D：1，灰白色胎，通体施灰绿色釉。子母口，尖唇，折肩，深弧腹，平底稍内凹。器内有螺旋纹。底部粘有较多砂粒，器体变形较大。口径 5.9 ～ 7.3、底径 5.9、高 4.3 厘米（图三〇一，2；彩版一二六，5）。

T0810⑤C：3，灰白色胎，通体施青绿色釉。子母口，尖唇，折肩，弧腹，平底稍内凹。肩部饰水波纹，堆贴横向"S"形泥条。底部粘有砂粒。口径 8.3、底径 6.3、高 4.6 ～ 5.1 厘米（图三〇一，3）。

T1007③：8，灰色胎，施青绿色釉不及外底。子母口，尖唇，折肩，弧腹，平底稍内凹。肩部设一对横耳，两侧各堆贴一横向"S"形泥条；肩部划水波纹，内底有螺旋纹。底部粘有较多砂粒。口径 9.5、底径 5.2、高 4.7 厘米（图三〇一，4）。

T0810④A：2，灰色胎，通体施青绿色釉，器内有鼓泡。子母口，尖唇，折肩，弧腹，平底稍内凹。肩部堆贴横"S"形泥条，器内底有螺旋纹。口径 7.9、底径 6.2、高 4.3 厘米（图三〇一，5）。

T0804③：2，青灰色胎，施青绿色釉不及外底。子母口，尖唇，折肩，弧腹，平底。肩部设一对横耳，残，耳两侧各堆贴一横"S"形泥条；肩部划短斜线纹，器内底有螺旋纹。口径 7.8、底径 5.8、高 4.1 厘米（图三〇一，6；彩版一二六，6）。

T1108④B：1，黄色胎，胎质疏松，施青黄色釉不及外底。子母口，尖唇，弧腹，平底稍内凹。器内有螺旋纹。底部粘有砂粒。口径 9.8、底径 6.6、高 4.9 厘米（图三〇一，7）。

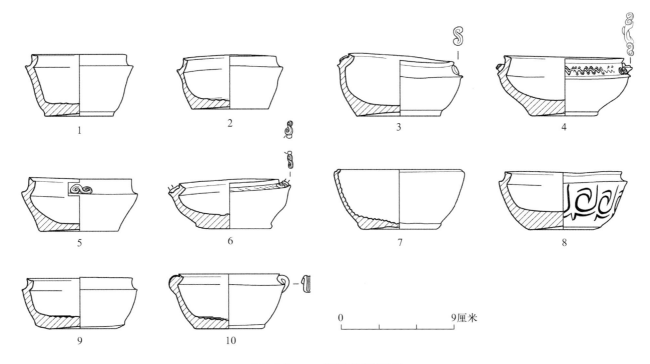

图三〇一　周代原始瓷盂

1～10.Bb 型 T1009④A：4、台 44D：1、T0810⑤C：3、T1007③：8、T0810④A：2、T0804③：2、T1108④B：1、T0806③：1、T0905③：8、H20②：1

T0806③：1，灰色胎，通体施青绿色釉。子母口，尖唇，折肩，弧腹，平底稍内凹。器内底有螺旋纹，外壁刻划凤鸟纹。底部粘有较多砂粒。口径9.1、底径4.8、高4.7厘米（图三○一，8；彩版一二六，7）。

T0905③：8，灰色胎，通体施青绿色釉。子母口，尖唇，折肩，弧腹，平底稍内凹。内底有螺旋纹。底部粘有砂粒。口径8.4、底径7、高4.1厘米（图三○一，9）。

H20②：1，灰色胎，通体施青绿色釉。子母口，尖唇，折肩，弧腹，平底。肩部设一对竖耳，以细泥条捏制而成，器内底有螺旋纹。底部有三个支钉。口径7.8、底径5.5、高4.4厘米（图三○一，10；彩版一二六，8）。

10. 原始瓷碟

9件。

A型　5件。矮圈足。

台2B④：1，灰黄色胎，胎制作较粗率，施青绿色釉外不及底。敞口，圆唇，平折沿，沿面微凹，浅弧腹，底平坦，矮圈足外撇。内底有螺旋纹。口径10.8、底径6、高3.4厘米（图三○二，1；彩版一二七，1）。

H28③：1，灰色胎，施青绿色釉外不及底，内壁釉失透，粘有大量杂质，有较多气孔。敞口，尖圆唇，平折沿，沿面微凹，浅弧腹，底平坦，矮圈足外撇。内底有螺旋纹。口径13.2、底径7.4、高3.5厘米（图三○二，2；彩版一二七，2）。

T0608④A：10，灰白色胎，胎质略疏松，施青绿色釉外不及底，釉层厚薄不匀，积釉处釉色较深。敞口，圆唇，平折沿，沿面微凹，浅弧腹，底平坦，底心突起，矮圈足外撇。沿面饰弦纹，内底有螺旋纹。口径13.3、底径8.5、高3.7厘米（图三○二，3；彩版一二七，3）。

T0608④A：9，浅灰色胎，胎质略疏松，施青绿色釉外不及底，釉层厚薄不匀，积釉处釉色较深。足底残。敞口，尖唇，平折沿，沿面微凹，浅弧腹，底平坦，底心下凹，矮圈足外撇。沿面饰弦纹，

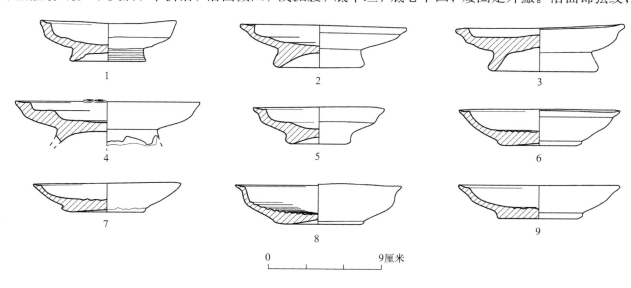

图三○二　周代原始瓷碟

1～5. A型台2B④：1、H28③：1、T0608④A：10、T0608④A：9、T0809③B：1　6～9. B型T0709④A：2、T1005③：1、H13①：39、T0710②：1

堆贴"S"形泥条，内底有螺旋纹。口径14.6、残高3.6厘米（图三〇二，4；彩版一二七，4）。

T0809③B：1，灰黄色胎，胎制作较粗率，施青绿色釉外不及底，釉层厚薄不匀，积釉处釉色较深，无釉处泛红褐色。敞口，圆唇，平折沿，沿面微凹，浅弧腹，底平坦，底心下凹，矮圈足外撇。内底有螺旋纹。口径10.5、底径5.3、高3厘米（图三〇二，5；彩版一二七，5）。

B型　4件。平底。

T0709④A：2，灰黄色胎，施青黄色釉。敞口，尖唇，折沿，沿面下凹，浅弧腹，平底略内凹。内底饰螺旋纹。底部粘有砂粒。口径12.8、底径6.5、高2.9厘米（图三〇二，6；彩版一二七，6）。

T1005③：1，灰黄色胎，施青黄色釉。敞口，尖唇，折沿，沿面下凹，浅弧腹，平底略内凹。内底饰螺旋纹。内底粘有绿色铜渣，底部粘有砂粒。口径11.7、底径6.3、高2.4厘米（图三〇二，7）。

H13①：39，灰色胎，施青黄色釉，缩釉现象严重，厚薄不匀。敞口，尖唇，折沿，沿面下凹，浅弧腹，内底平坦，平底略内凹。内饰螺旋纹。内、外底各有三枚支钉痕。口径13、底径7.1、高3.3厘米（图三〇二，8；彩版一二七，7）。

T0710②：1，灰黄色胎，施青黄色釉外不及底，无釉处泛红褐色。敞口，尖唇，折沿，沿面下凹，浅弧腹，平底略内凹。内底饰螺旋纹。口径12.7、底径6.5、高2.8厘米（图三〇二，9；彩版一二七，8）。

11. 原始瓷器盖

11件。

T0708⑥A：9，灰色胎，通体施灰绿色釉。纽残，两侧面各堆贴一个"S"形泥条，弧顶，敞口，方唇。直径9.5、高2.2厘米（图三〇三，1；彩版一二八，1）。

T0810⑤A：5，灰色胎，顶面施灰绿色釉，底面无釉泛红褐色。环形纽，以两股泥条捏制而成，两侧各堆贴一个"S"形泥条，弧顶，敞口，圆唇。直径6.3、高2.2厘米（图三〇三，2；彩版一二八，2）。

T1005④：3，灰色胎，顶面施青绿色釉。扁平纽，向上分成两个角，弧顶。盖内有螺旋纹。直径7.4、高2厘米（图三〇三，3；彩版一二八，3）。

T0808③B：4，灰白色胎，通体顶面施灰绿色釉。纽以双股绞索状泥条捏制而成，两侧各堆贴一个"S"形泥条，弧顶。直径10.2、高3.1厘米（图三〇三，4）。

T0706③：1，灰色胎，通体施灰绿色釉。纽残，侧面堆贴"S"形泥条，弧顶，子母口，圆唇。直径9.2、高2厘米（图三〇三，5；彩版一二八，4）。

T0608③B：17，灰色胎，通体施灰绿色釉。纽残，侧面堆贴"S"形泥条，弧顶，敞口，圆唇。盖上下有螺旋纹。直径10、高2.4厘米（图三〇三，6）。

T0705③：9，灰色胎，通体施青绿色釉。纽残，两侧面各堆贴一个"S"形泥条，弧顶，敞口，方唇。下部粘有砂粒。直径7.4、高1.4厘米（图三〇三，7；彩版一二八，5）。

T0908②：9，灰色胎，通体施青绿色釉。纽残，一侧堆贴"S"形泥条。弧顶，敞口，圆唇。直径11、高2.4厘米（图三〇三，8；彩版一二八，6）。

T0908②：10，灰色胎，通体施青绿色釉。纽残。弧顶，敞口，方唇。直径8.6、高1.6厘米（图三〇三，9）。

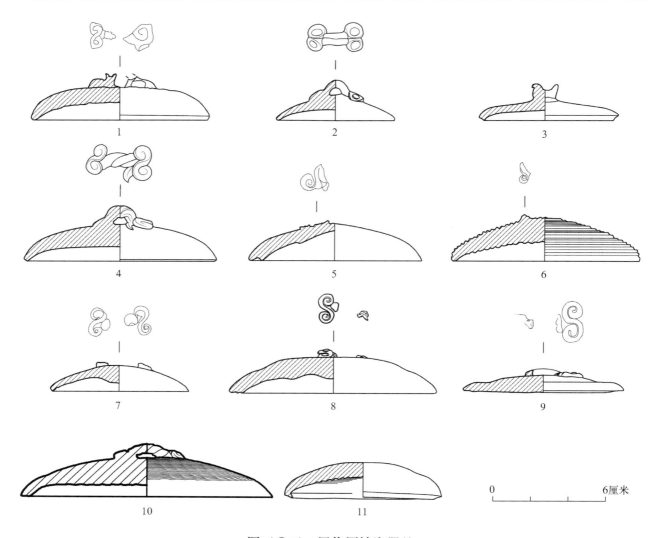

图三〇三　周代原始瓷器盖

1~11.T0708⑥A：9、T0810⑤A：5、T1005④：3、T0808③B：4、T0706③：1、T0608③B：17、T0705③：9、T0908②：9、T0908②：10、H13①：47、H13②：24

　　H13①：47，灰色胎，通体顶面施青黄色釉。纽以双股绞索状泥条捏制而成，两侧各堆贴一个"S"形泥条，弧顶。盖顶面饰水波纹，纹饰较细密，类似弦纹，盖内有螺旋纹。底部粘有较多砂粒。直径13.3、高2.9厘米（图三〇三，10；彩版一二八，7）。

　　H13②：24，灰色胎，顶面施青灰色釉，基本已脱落。纽残，弧顶，内折沿，尖唇。盖内有螺旋纹。直径8.3、高2.1厘米（图三〇三，11；彩版一二八，8）。

五　石器

　　共244件，器形有石钺、斧、锛、刀、镰、铲、镞等。

1.石斧

2件。

　　T1209⑫B：4，刃部崩缺。青灰色，英安岩。"风"字形，双面刃，弧形。通体磨光，棱角圆滑。长 11.9、宽 4.3～6.8、厚 3.3 厘米（图三〇四，1；彩版一二九，1）。

T1009⑤C：4，顶部残。灰黑色，辉长石。正视近长方形，双面刃，刃弧形偏向一侧。通体磨光，棱角圆滑。长 8.9、宽 5.5～6、厚 1.8 厘米（图三〇四，2；彩版一二九，2）。

2.石钺

4 件。

TG1⑲B：2，刃部残。灰黑色，英安岩，表面呈青灰色。正视近长方形，扁平，中部较厚，四周较薄。上部有一个对钻圆形穿孔。通体磨光。残长 12.6、宽 9.8～10.4、厚 0.8、穿孔径 2.6 厘米（图三〇四，3）。

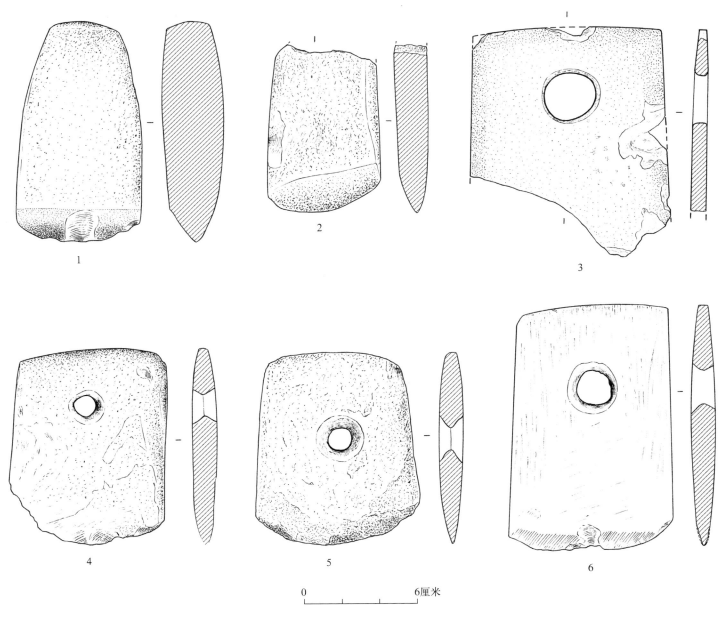

0　　　　　　　6厘米

图三〇四　周代石器

1、2.石斧 T1209⑫B：4、T1009⑤C：4　3～6.石钺 TG1⑲B：2、台47A③：3、台6B：4、T0911①：2

台47A③：3，刃部有崩缺。青灰色，安山岩。正视近长方形，扁平，中部厚、边缘稍薄，顶部、刃部略呈弧形，双面刃。偏上部有一个对钻圆形穿孔。通体磨光。长10.5、宽7.8～8.4、厚1.3、穿孔径1厘米（图三〇四，4）。

台6B：4，青灰色，变质岩，风化较严重，表面凹凸不平。正视呈"风"字形，扁平，上窄、下宽，中部厚、边缘薄，顶部、刃部略呈弧形，双面刃。中部有一个对钻圆形穿孔。长10.4、宽7.1～8.7、厚1.2、穿孔径1.2厘米（图三〇四，5；彩版一二九，3）。

T0911①：2，刃部有崩缺。青灰色，安山岩。正视近长方形，扁平，横截面呈椭圆形，中部厚、边缘薄，顶部、刃部略呈弧形，双面刃。偏上部有一个对钻圆形穿孔。通体磨光，精致。长13.2、宽8～8.7、厚1.3、穿孔径1.7厘米（图三〇四，6；彩版一二九，4）。

3. 石锛

101件。

A型　16件。厚重。加工较粗糙，表面大多未磨光。此型锛加工较为简单，由早及晚，造型变化不大。

AⅠ式　6件。柄部无变化。

T0805⑲：1，刃端残。青灰色，安山岩。长条形，截面近正方形。表面简单磨制，凹凸不平。残长11.9、宽4.1、厚3.5厘米（图三〇五，1）。

T1009⑫A：5，刃略残。青灰色，辉石岩。长条形，截面近正方形，单面平刃。表面简单磨制，保留有打制残留下的凹坑。残长15.9、宽4.5～5.6、厚5.3厘米（图三〇五，2；彩版一三〇，1）。

台3A①：3，刃端残。灰泛绿色，砂岩。正视呈长方形，截面近正方形，单面刃，刃端残。表面简单磨制，较平整。残长13.2、宽4.3、厚4.4厘米（图三〇五，3）。

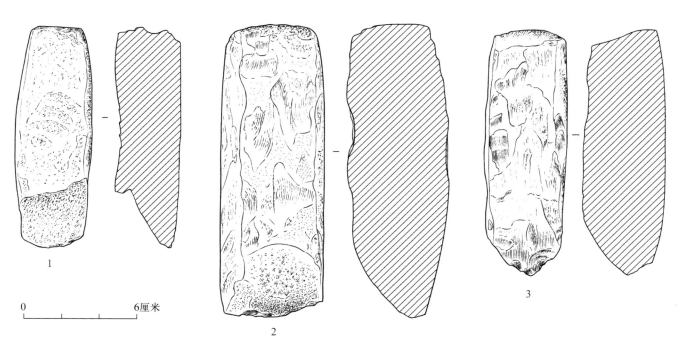

0 ⊢—————⊣ 6厘米

图三〇五　周代石锛

1～3. AⅠ式T0805⑲：1、T1009⑫A：5、台3A①：3

AⅡ式　10件。柄部稍细。

T1209⑫A：10，青灰色，安山岩。正视呈梯形，截面呈梯形，柄部略窄，单面斜刃。刃磨制光滑，其余简单打制。长9.4、宽2.5～4、厚2.7厘米（图三〇六，1；彩版一三〇，2）。

T1209⑪：4，边角略残。青灰色，安山岩。长条形，截面呈长方形，柄部略窄，棱角稍圆，刃部钝平，有砸击使用痕迹。大多数面打制形成，表面凹凸不平，少数面简单磨制。长13.3、宽4.8、厚4.2厘米（图三〇六，2）。

T1109⑧A：2，刃角略残。灰黑色，安山岩。长条形，截面呈长方形，柄部略窄，棱角较圆，

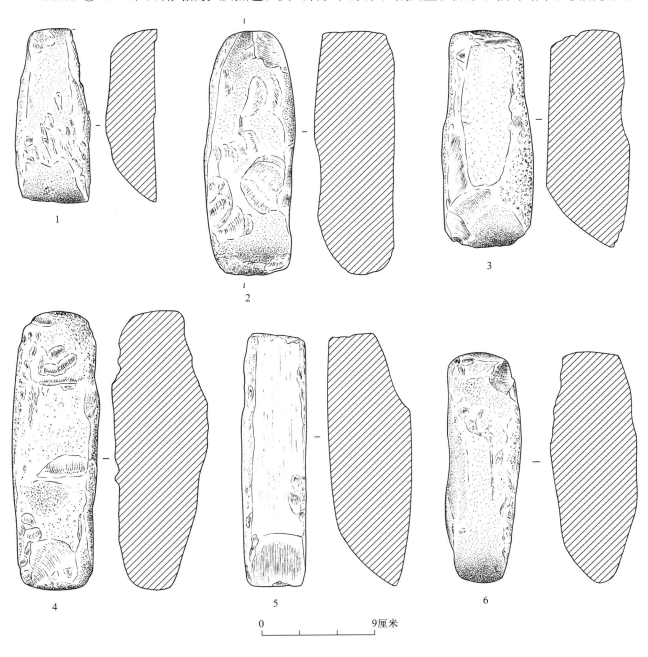

1　　2　　3

4　　5　　6

0　　　　　　9厘米

图三〇六　周代石锛

1～6.AⅡ式T1209⑫A：10、T1209⑪：4、T1109⑧A：2、T1210⑥A：1、台3B①：1、T0906③：2

单面弧刃，刃角残。侧面打制较平滑，未经磨制，其余面磨光。残长 11.8、宽 4.8、厚 4.4 厘米（图三〇六，3；彩版一三〇，3）。

T1210 ⑥ A：1，青灰色，安山岩。长条形，截面呈长方形，柄部略窄，棱角稍圆，刃部钝平，有砸击使用痕迹。大多数面打制形成，表面凹凸不平，少数面简单磨制。长 14.9、宽 4.6、厚 5.1 厘米（图三〇六，4；彩版一三〇，4）。

台 3B ①：1，灰白色，泥岩，质脆，风化、剥蚀严重。长条形，截面呈长方形，柄斜收，单面刃。通体磨光。长 13.7、宽 3.5、厚 4.4 厘米（图三〇六，5；彩版一三〇，5）。

T0906 ③：2，局部有崩缺。青灰色，安山岩。长条形，侧面呈梭形，柄部略收有崩缺，刃由两侧向内收，弧刃，刃角有砸击使用痕迹。打制而成，经简单磨制。长 12.5、宽 3.9、厚 4.6 厘米（图三〇六，6）。

B 型　12 件。器形较厚、短，正面近平，夹角较小。

T1105 ⑨：1，青灰色，安山岩，材质较粗糙。正视呈长方形，上端不齐，平刃，单面刃。通体磨光。长 7.3、宽 4.3、厚 3.8 厘米（图三〇七，1）。

G4 ①：3，青灰色，粉砂岩，材质较粗糙。正视呈长方形，上端不齐，单面平刃。通体磨光。长 6.3、宽 4.4、厚 3.4 厘米（图三〇七，2）。

T1005 ④：5，局部有崩缺。青灰色，砂岩。截面呈正方形，顶部倾斜，正面向下内收，呈弧形，单面斜刃。除顶部外其余各面通体磨平。长 8.5、宽 3.7、厚 3.6 厘米（图三〇七，3；彩版一三〇，6）。

台 3A ②：1，边角略残。灰白色，安山岩，风化较严重。正视呈长方形，顶部稍斜，正面向下稍内收，呈弧形，单面平刃。通体磨平。长 9.9、宽 4.7、厚 4.4 厘米（图三〇七，4；彩版一三〇，7）。

H13 ②：8，边角稍残缺。灰白色，砂岩。正视呈长方形，顶部平，正面向下内收，呈弧形，单面平刃。通体简单磨光，保留有打制残留的疤痕。长 7、宽 3.9、厚 3.6 厘米（图三〇七，5；彩版一三〇，8）。

T1008 ③ B：5，青灰色，安山岩，剥蚀十分严重。正视呈长方形，顶部大致平整，正面向下内收，呈弧形，单面平刃。通体磨平。长 5.5、宽 2.7、厚 2.8 厘米（图三〇七，6）。

H20 ②：7，侧面残缺。青灰色，砂岩。正视呈长方形，顶部平，正面向下内收，呈弧形，单面平刃，正面向下内收，呈弧形。通体磨平，一侧风化剥蚀严重。长 5.3、宽 3.5、厚 3 厘米（图三〇七，7；彩版一三〇，9）。

T1106 ③：6，侧面残缺。青灰色，砂岩。正视呈正方形，顶部平，正面向下内收，呈弧形，单面平刃。通体磨平。长 4.1、宽 3.7、厚 2.4 厘米（图三〇七，8）。

T0906 ②：2，灰白色，硅质岩，表面稍风化。正视呈长方形，单面平刃，刃背面稍呈弧形。正面、刃部磨平，背面凹凸不平。长 7.6、宽 4.8、厚 2.9 厘米（图三〇七，9；彩版一三一，1）。

T1007 ②：2，青灰色，砂岩，表面风化较严重。正视呈长方形，单面平刃，刃背面呈弧形。正面、刃部磨平，背面凹凸不平。长 6.1、宽 3.5、厚 2.6 厘米（图三〇七，10；彩版一三一，2）。

C 型　23 件。器形稍长。

C Ⅰ 式　5 件。正面较平。

图三〇七 周代石锛

1～10.B型T1105⑨：1、G4①：3、T1005④：5、台3A②：1、H13②：8、
T1008③B：5、H20②：7、T1106③：6、T0906②：2、T1007②：2

T1209⑲C：1，刃端残。灰白色，粉砂岩，表面风化严重。正视呈长方形，单面刃，刃端残。刃部磨光。残长6.4、宽4、厚2.6厘米（图三〇八，1）。

T1108⑰：1，略残。青灰色，泥岩。正视呈长方形，单面刃，平刃。通体磨光。长6.5、宽2.8、厚1.8厘米（图三〇八，2；彩版一三一，3）。

G4②：31，一端残。青灰色，粉砂岩。正视呈长方形，刃端残。通体磨光。残长7.8、宽4.1、厚3.3厘米（图三〇八，3）。

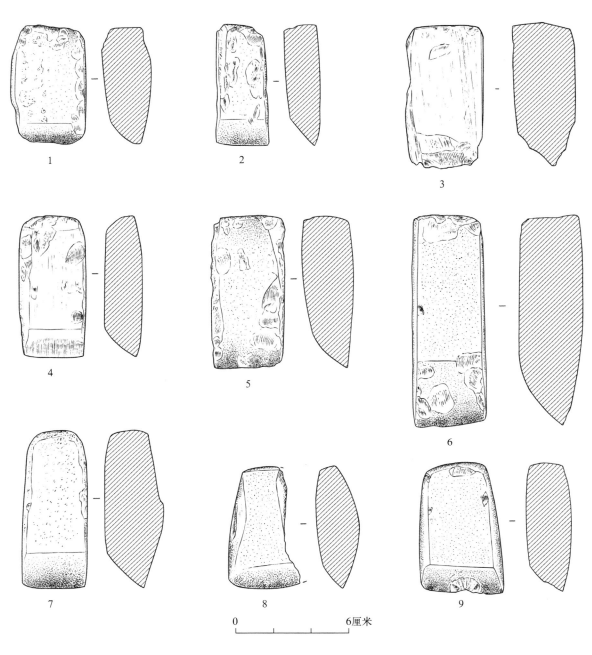

图三〇八　周代石锛

1～3.CⅠ式T1209⑲C：1、T1108⑰：1、G4②：31　4～6.CⅡ式T1009⑦B：5、T1009⑥A：3、T0905⑦：9　7～9.CⅢ式
T1108⑤C：1、H13①：16、T1005④：2

CⅡ式　8件。正面刃部稍内收，夹角较小。

T1009⑦B：5，青灰色，泥岩。正视呈长方形，单面平刃，正面稍内收，但夹角很小。通体
磨光。长7.7、宽3.6、厚2厘米（图三〇八，4；彩版一三一，4）。

T1009⑥A：3，边角略崩缺。青灰色，粉砂岩，表面灰白色。正视呈长方形，单面平刃，正
面稍内收，但夹角很小。通体磨光。长8.2、宽3.9、厚2.7厘米（图三〇八，5；彩版一三一，5）。

T0905⑦：9，青灰色。正视呈长方形，单面刃，刃稍斜，正面稍内收，但夹角较小。正、背

面磨光，其余各面简单磨平。长 11.5、宽 3.8、厚 3.5 厘米（图三〇八，6）。

C Ⅲ式　10 件。正面刃部稍内收，夹角较大。

T1108 ⑤ C：1，青灰色，安山岩。正视略呈梯形，上窄、下宽，顶部角弧，双面平刃，正面夹角较大。通体磨光。长 8.5、宽 3.1 ~ 3.6、厚 3.1 厘米（图三〇八，7；彩版一三一，6）。

H13 ① ：16，一侧残。灰白泛褐色，砂岩。截面呈梭形，双面刃，刃稍弧，正面夹角较大。通体磨光。长 6.7、残宽 1.9 ~ 3.8、厚 2.3 米（图三〇八，8）。

T1005 ④：2，边角略有崩缺。灰黑色，玄武岩。正视呈梯形，上窄、下宽，单面斜刃，正面稍内收，夹角稍大。通体磨光。长 7.3、宽 3.5 ~ 4.4、厚 2.4 厘米（图三〇八，9；彩版一三一，7）。

D 型　14 件。扁平。

D Ⅰ式　8 件。正面较平。

T0910 ⑦ B：3，顶端残。深青灰色，表面灰白色，泥岩。正视呈长方形，扁平，顶部残，单面平刃。通体磨光，棱角锐利。残长 6.8、宽 4.9、厚 1.9 厘米（图三〇九，1；彩版一三一，8）。

T0810 ⑤ B：12，顶端、刃端崩缺严重。青灰泛绿色，泥岩，细腻。正视呈长方形，扁平，单面刃。通体磨光。残长 5.8、宽 3.6、厚 1.3 厘米（图三〇九，2）。

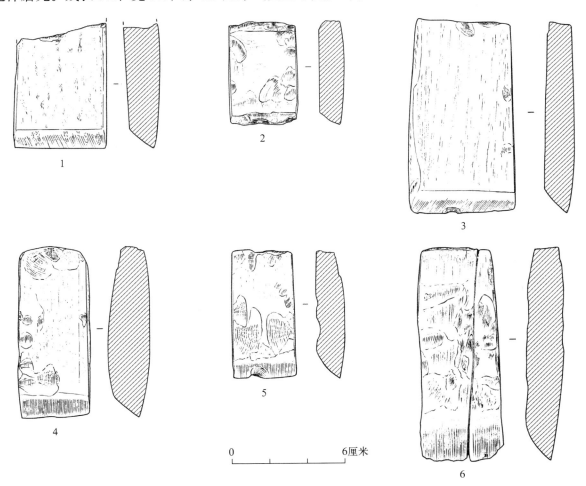

0　　　　　　6厘米

图三〇九　周代石锛

1 ~ 3.D Ⅰ式 T0910 ⑦ B：3、T0810 ⑤ B：12、T0609 ⑤ A：1　4 ~ 6.D Ⅱ式 T0902 ② ：5、T0807 ② ：6、T0707 ② ：1

T0609⑤A：1，边角略有崩缺。深青灰色，硅质灰岩，风化稍严重，表面灰白色。正视呈长方形，扁平，单面平刃。通体磨光。残长 10.7、宽 5.7、厚 1.6 厘米（图三〇九，3）。

DⅡ式　6 件。正面稍弧。

T0902②：5，灰白色，泥岩，细腻。正视呈长方形，扁平，顶部不平，单面平刃，正面刃部稍内收。通体磨光，棱角尖利。残长 9.3、宽 3.8、厚 2.2 厘米（图三〇九，4；彩版一三一，9）。

T0807②：6，背面有崩缺。灰色，泥岩，细腻。正视呈长方形，扁平，顶部不平，单面平刃，正面刃部稍内收。通体磨光，棱角尖利。残长 7、宽 3.2、厚 1.5 厘米（图三〇九，5）。

T0707②：1，沿长轴方向解理面裂开。青灰色，砂岩。正视呈长方形，扁平，单面平刃，正面稍弧。除顶部外通体磨光。残长 11.6、宽 4.4、厚 2.1 厘米（图三〇九，6；彩版一三二，1）。

E 型　11 件。有段。

T0805⑰：1，边角略残。灰白色，硅质灰岩。正视呈长方形，有段，棱角圆弧形，正面下部斜收，单面平刃。刃尖部钝平，有砸击使用痕迹。通体磨光。长 6.4、宽 3.1、厚 2.2 厘米（图三一〇，1）。

H90：1，刃端残。灰色，粉砂岩，剥蚀严重。长条形，有段，单面刃。通体磨光。残长 7、宽 2.7、厚 2.5 厘米（图三一〇，2）。

H29③：2，边角略崩缺。灰白色，泥岩，细腻，风化较严重。正视呈长方形，有段，正面下部斜收，单面平刃。通体磨光。残长 7.5、宽 4.4、厚 2.2 厘米（图三一〇，3）。

T1006①：3，刃端残。黄褐色，粉砂岩。长条形，有段。通体磨光。残长 11、宽 3.6、厚 2.8 厘米（图三一〇，4）。

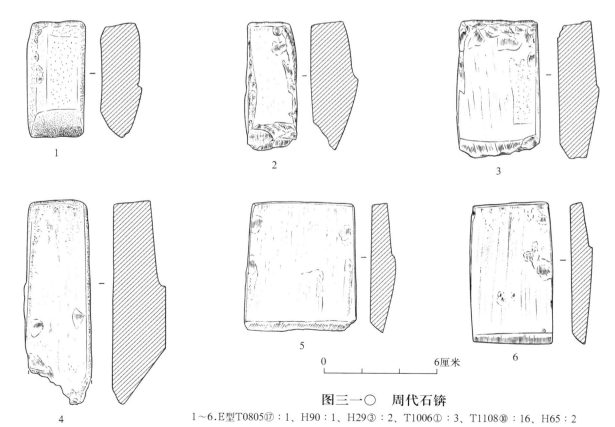

0　　　　　　6厘米

图三一〇　周代石锛

1～6.E型T0805⑰：1、H90：1、H29③：2、T1006①：3、T1108⑩：16、H65：2

T1108⑩：16，边角略残。灰黑色，表面灰白色，硅质灰岩，风化较严重。正视呈长方形，扁平，有段，棱角尖利，正面下部斜收，单面平刃。通体磨光。长 6.9、宽 5.9、厚 1.3 厘米（图三一〇，5）。

H65：2，边角略残。灰色，粉砂岩，风化较严重。正视呈长方形，扁平，有段，棱角尖利，正面下部斜收，单面平刃。通体磨光。长 7.6、宽 4.4、厚 1.1 厘米（图三一〇，6）。

F 型　25 件。器形较小。

Fa 型　7 件。器形稍厚。

Fa Ⅰ 式　2 件。刃背面夹角较大。

T1008⑲A：1，青灰色，粉砂岩，风化严重，表面粗糙。正视呈长方形，正面向下略向内收，单面平刃。长 5.4、宽 2、厚 2 厘米（图三一一，1；彩版一三二，2）。

T1008⑬：2，灰白色，泥岩，细腻。正视呈长方形，正面向下略向内收，单面平刃。多数面磨光。长 5、宽 2、厚 1.4 厘米（图三一一，2；彩版一三二，3）。

Fa Ⅱ 式　5 件。刃背面夹角较小。

T0908①：1，灰白色，泥岩，表面风化严重。正视呈长方形，单面刃，平刃稍弧。通体磨光。长 5.5、宽 2.3、厚 1.5 厘米（图三一一，3）。

T0805③：12，边角略有崩缺。青灰色，粉砂岩，细腻。正视呈梯形，上宽、下窄，单面刃。通体磨光。长 6、宽 1.8～2.4、厚 1.6 厘米（图三一一，4）。

T0705③：8，青灰略泛绿色，细砂岩，风化较严重，表面粗糙。正视呈长方形，单面平刃。长 7、宽 2.8、厚 1.2 厘米（图三一一，5）。

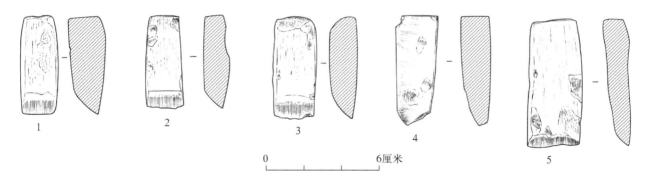

0　　　　　　　6厘米

图三一一　周代石锛

1、2.Fa Ⅰ 式 T1008⑲A：1、T1008⑬：2　3～5.Fa Ⅱ 式 T0908①：1、T0805③：12、T0705③：8

Fb 型　18 件。扁平，磨制十分精细。

Fb Ⅰ 式　2 件。稍宽扁，正面略弧。

T1208⑲A：1，灰白色，泥岩。风化十分严重。正视呈长方形，扁平，单面平刃。通体磨光，光滑、细腻，土沁较严重。长 3.7、宽 2.7、厚 1 厘米。

T0805⑰：3，崩缺严重，一侧沿解理面剥落。深灰色，泥岩，表面呈灰白色，细腻。正视呈长方形，宽扁，较厚，单面平刃。通体磨光，光滑。长 4.3、残宽 4.2、厚 2.1 厘米（图三一二，1）。

Fb Ⅱ 式　3 件。狭长。

T1108⑰：5，一侧残。灰白色，泥岩，风化严重。正视呈长条形，有段，单面刃，略斜。通

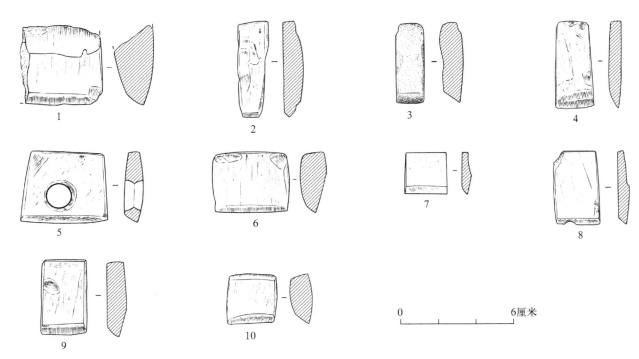

图三一二　周代石锛

1.FbⅠ式T0805⑰：3　2～4.FbⅡ式T1108⑰：5、T1209⑧A：1、T1105⑦：1　5～10.FbⅢ式T1209⑦B：1、台47B：5、H30②：1、T1008③B：7、T0810⑤B：14、H17②：5

体磨光。长5.2、宽1.4～1.8、厚1.1厘米（图三一二，2）。

　　T1209⑧A：1，风化较严重。白色，粉砂岩。正视呈长方形，单面平刃。通体磨光。长4.4、宽1.5、厚1.2厘米（图三一二，3；彩版一三二，4）。

　　T1105⑦：1，白色，泥岩。风化较严重。正视呈梯形，扁平，上窄、下宽，单面平刃。通体磨光。长4.7、宽1.6～2、厚0.7厘米（图三一二，4；彩版一三二，5）。

　　FbⅢ式　13件。宽扁。

　　T1209⑦B：1，边角略有崩缺。灰泛绿色，砂岩。正视呈梯形，上窄、下宽，扁平，单面平刃。偏下部有一个对钻圆形穿孔。通体磨光。长3.8、宽3.9～4.6、厚1厘米（图三一二，5）。

　　台47B：5，灰白色，泥岩，细腻。正视呈长方形，宽扁，正面有脊，单面平刃。通体磨光。长3.3、宽4、厚1.4厘米（图三一二，6；彩版一三二，6）。

　　H30②：1，灰白色，泥岩，细腻。正视呈正方形，扁平，正面有脊，单面平刃。通体磨光，表面极光滑，棱角尖利。长2.2、宽2.2、厚0.5厘米（图三一二，7；彩版一三二，7）。

　　T1008③B：7，边角有崩缺。青灰色，泥岩。正视呈长方形，正面有脊，单面平刃。通体磨光，棱角尖利。长4、宽2.4、厚0.6厘米（图三一二，8；彩版一三二，8）。

　　T0810⑤B：14，青灰色，泥岩。正视呈长方形，正面有脊，脊下向内收，单面平刃。通体磨光，棱角尖利。长4、宽2.4、厚1.1厘米（图三一二，9；彩版一三二，9）。

　　H17②：5，青灰色，泥岩，细腻。正视呈正方形，宽扁，正面向下斜收，单面平刃。通体磨光，棱角尖利。长2.7、宽2.7、厚1.2厘米（图三一二，10）。

4. 残器

9件。

T0806⑰：2，灰色，安山岩，致密。形状不规则，截面呈长方形，两侧面较平整，其余各面凹凸不平。长12、宽3.9、厚2.8～3.9厘米（图三一三，1）。

T0805⑮：3，残存一段。青灰色，安山岩。正视大致呈长方形，扁平，一端残，其余各面凹凸不平。正、反两面简单磨平，其余各面未经磨制。残长6.7、宽5.5、厚1.4厘米（图三一三，2）。

T1008 ④ B：1，风化严重，器形不详。深灰色，砂岩。长条形，截面呈长方形，一端平，另一端尖。一面磨光，其余各面凹凸不平。长11.1、宽2.7、厚1.8厘米（图三一三，3）。

T0608 ④ B：2，灰黑色，硅质胶结砂岩，十分细腻。正视呈长方形，刃端残。通体磨光。残长8.2、宽4.5、厚2.5厘米（图三一三，4）。

T1109 ③ A：1，仅存一端。灰白色，砂岩。正视呈长方形，截面呈长方形。各面磨平，棱角尖利。长7、宽5.3、厚1.4厘米（图三一三，5）。

T0608 ③ B：9，仅存一角。黄褐色，风化剥蚀严重。不规则形，多个面有磨制的痕迹。长7.3、宽3.2、厚0.7～2.8厘米（图三一三，6）。

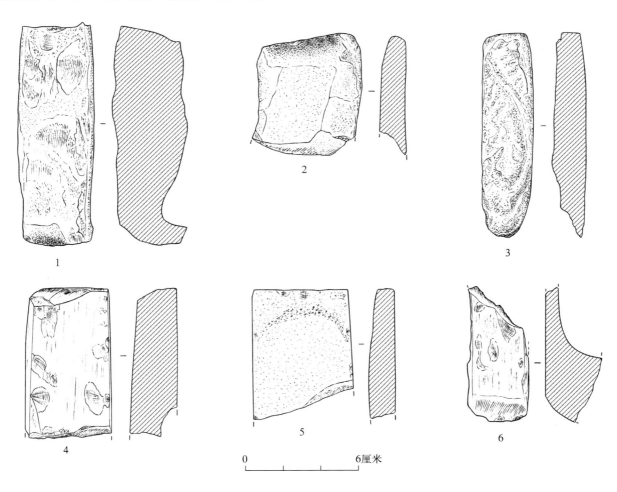

0　　　　　　　　6厘米

图三一三　周代石锛残器

1～6.T0806⑰：2、T0805⑮：3、T1008④B：1、T0608④B：2、T1109③A：1、T0608③B：9

5.石刀（镰）

41 件。

这类器物扁平，形制规律不明显。一般风化严重，难以辨认器形，因此并入一节进行介绍。

A 型　7 件。刃外弧，背内弧。

T1009⑫B：2，两端残。青灰色，砂岩。扁平长条形，刃外弧，单面刃，背内弧。两侧面稍平整，背凹凸不平。残长 8.8、宽 5.2、厚 1.1 厘米。

T1209⑨：3，青灰色，风化严重，岩性不详。扁平长条形，尖端弧形，柄平直，背内弧，刃外弧，双面刃。残长 8.5、宽 3.3、厚 0.6 厘米（图三一四，1；彩版一三三，1）。

T1009⑦A：5，青灰色，安山岩。扁平三角形，尖端弧形，背平直，刃外弧，双面刃。中部有一个对钻圆穿孔。残长 9.2、宽 5.1、厚 0.8、穿孔径 0.6 厘米（图三一四，2）。

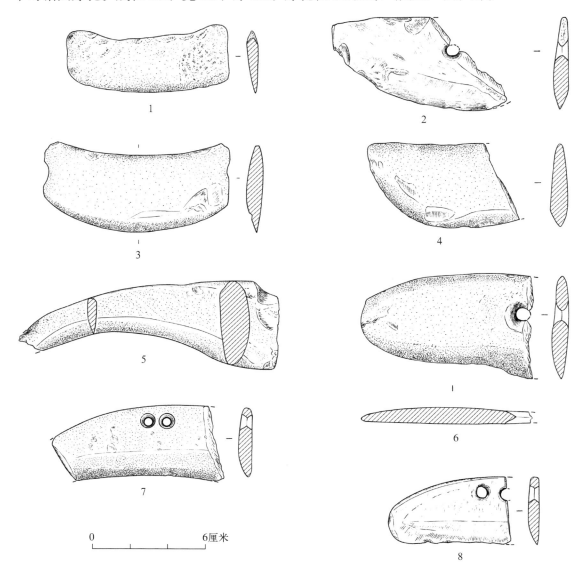

图三一四　周代石刀（镰）

1～4.A型T1209⑨：3、T1009⑦A：5、T1110①：2、台48B③：4　5～8.B型T1007⑤：3、T0906④：2、H12①：1、T0802④B：2

T1110①：2，两端稍崩缺。灰色，安山岩。扁平长条形，刃外弧，单面刃，背内弧。通体磨光。残长 9.8、宽 4.2、厚 0.9 厘米（图三一四，3；彩版一三三，2、3）。

台 48B③：4，仅存一端，刃崩缺较严重。灰泛绿色，泥岩，十分细腻、光滑。扁平长条形，刃外弧，单面刃，背稍内弧。通体磨光。残长 8、宽 4.6、厚 1 厘米（图三一四，4）。

B 型　4 件。刃内弧，背外弧。

T1007⑤：3，柄端、刃尖残。灰黑色，石灰岩。柄部宽、厚，刃部狭长，较薄，刃内弧，单面刃，背外弧。通体磨光。残长 13.6、宽 1.9～4.8、厚 1.6 厘米（图三一四，5；彩版一三三，4）。

T0906④：2，仅存尖部，解理面十分清晰。灰黑色，石灰岩，含杂质较多。扁平长条形，尖部稍弧，刃稍内弧，单面刃，背外弧。残端偏上部有一个对钻圆穿孔。残长 9、宽 2.6～5.6、厚 0.9、穿孔径 0.6 厘米（图三一四，6；彩版一三三，5）。

H12①：1，两端残。灰泛绿色，细砂岩。扁平长条形，刃稍内弧，单面刃，背外弧。偏上部有两个对钻圆穿孔。通体磨光。残长 9.1、宽 2.6～4、厚 0.7、穿孔径 0.4～0.5 厘米（图三一四，7；彩版一三三，6）。

T0802④B：2，仅存一端。青灰色，泥岩。扁平长条形，尖部稍弧，刃稍内弧，单面刃，背外弧。残端有两个对钻圆穿孔。残长 6.4、宽 1.9～3.6、厚 0.55、穿孔径 0.6 厘米（图三一四，8；彩版一三三，7）。

C 型　19 件。刃平直。

C Ⅰ式　2 件。刀首大致呈三角形。

T0805⑱：1，仅存尖部。青灰色，安山岩。扁平，极薄，平面呈梯形，刃斜直，双面刃，十分尖利，背面、端面平直。残端偏上部有圆形穿孔，单面钻。通体磨光。残长 7、宽 2.1～5.3、厚 0.4 厘米（图三一五，1）。

T0806⑩：2，两端残。灰白色，岩性不详，质地较疏松，风化严重。大致呈三角形，尖部残，刃平直，双面刃，背斜直。残端有一个对钻圆穿孔。残长 7.1、宽 5.5、厚 0.8 厘米（图三一五，2；彩版一三三，8）。

C Ⅱ式　2 件。有柄。

T0609⑦A：2，刃端残。灰黑色，表面呈青灰色，砂岩。扁平，刃平直，双面刃，柄上翘，柄端有一个圆形细穿孔。残长 6.5、宽 2.4、厚 0.4、穿孔径 0.14 厘米（图三一五，3；彩版一三四，1）。

T0710⑤A：1，两端残。青灰色，岩性不详。扁平，刃平直，双面刃，柄上翘，残端有一个圆形穿孔。残长 6.2、宽 2.6、厚 0.4、穿孔径 1.1 厘米（图三一五，4）。

C Ⅲ式　9 件。薄，尖利。

T0810⑤B：7，仅存尖部，解理面十分清晰。青灰色，粉砂岩，质地较疏松，风化严重，剥蚀较为严重。扁平，刃平直，稍内弧，单面刃，背外弧。偏上部有两个对钻圆穿孔。通体磨光。残长 7、宽 4.2、厚 0.6、穿孔径 0.65～0.9 厘米（图三一五，5；彩版一三四，2）。

T0807②：7，两端残。灰黑色，质地较疏松，风化严重，表面呈灰色，岩性不详。扁平，背稍外弧，刃平直，双面刃。中部有一个对钻圆穿孔。通体磨光。残长 8.9、宽 4.8、厚 1、穿孔径 0.6 厘米（图三一五，6；彩版一三四，3）。

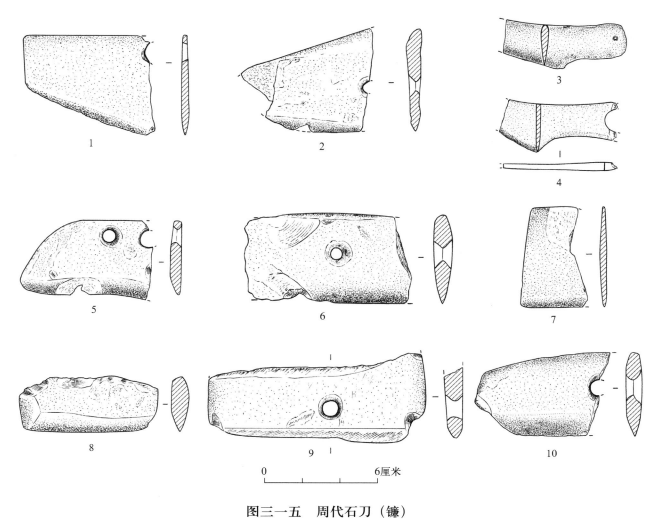

图三一五　周代石刀（镰）

1、2.CⅠ式T0805⑱：1、T0806⑩：2　3、4.CⅡ式T0609⑦A：2、T0710⑤A：1　5~7.CⅢ式T0810⑤B：7、T0807②：7、台35B②：4　8~10.CⅣ式T0608④A：8、T0810③B：11、H13①：34

台35B②：4，仅存一段。青灰色，英安岩。扁平，刃、背平直，双面刃。通体磨光。残长3.4、宽5.3、厚0.3厘米（图三一五，7）。

CⅣ式　6件。较厚，质地致密。

T0608④A：8，仅存一角。青灰色，安山岩。大致呈长条形，刃平直，双面刃，十分尖利，一端弧形，另一端残。偏下部有一个对钻圆穿孔。残长7.4、宽3、厚1厘米（图三一五，8；彩版一三四，4）。

T0810③B：11，仅存一角。黑色，石灰岩。大致呈长条形，刃平直，双面刃，圆钝，背残。偏下部有一个对钻圆穿孔。通体磨光。长11.6、宽3.3~4.8、厚0.95、穿孔径0.8厘米（图三一五，9；彩版一三四，5）。

H13①：34，仅存一端。灰黑色，变质安山岩。大致呈长条形，刃平直，双面刃，弧背。残端偏上部有一个对钻圆穿孔。通体磨光。残长8.1、宽4.6、厚0.85、穿孔径0.8厘米（图三一五，10）。

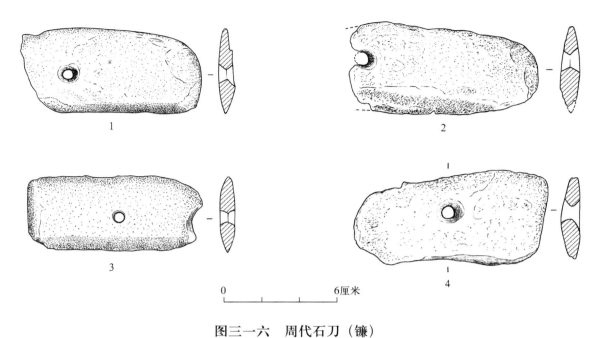

0 ————————— 6厘米

图三一六　周代石刀（镰）
1~4.D型T0910⑦A：4、T0810④B：6、台24：2、T0608③B：6

D 型　11件。器形不规则。灰黑色，表面灰白色。由于风化、剥蚀严重，器形已不太清晰。

T0910 ⑦ A：4，残存一端。青灰色，石灰岩，风化较严重。扁平长条形，尖部弧形，刃平直，双面刃，背略外弧。中部有一个对钻圆形穿孔。通体磨光。残长9.6、宽4.6、厚0.9、穿孔径0.6厘米（图三一六，1；彩版一三四，6）。

T0810 ④ B：6，残存一端。灰黑色，变质英安岩，风化严重，表面灰白色。扁平长条形，尖部舌形，刃较平，背略外弧。残端有一个对钻圆形穿孔。残长9.9、宽5、厚1、穿孔径0.6厘米（图三一六，2）。

台24：2，形状不详，尖部残。灰黑色，风化严重，表面灰白色。扁平长条形，刃平直，双面刃，尖部舌形，柄端平直。中部有一个对钻圆形穿孔。残长9.2、宽4.1、厚0.8、穿孔径0.5厘米（图三一六，3；彩版一三四，7）。

T0608 ③ B：6，灰白色，岩性不详，风化十分严重。扁平长条形，前窄后宽，尖部舌形，柄端斜，刃稍内弧，背稍外弧。中部有一个对钻圆形穿孔。残长10.3、宽4.3～5.2、厚1～1.2、穿孔径0.7厘米（图三一六，4；彩版一三四，8）。

6.石铲

10 件。

A 型　1件。斜向柄，扁平。

T1209⑫A：9，柄残。青灰色，安山岩。扁平，单面平直刃，背弧形，柄端残，斜向，位于一端。刃宽8.6、柄宽1.8、高4.2、厚0.8厘米（图三一七，1；彩版一三五，1）。

B 型　5件。纵向柄。

G4 ①：9，边角略崩缺，解理面十分清晰。青灰色，变质安山岩。扁平，刃略弧，单面刃，斜直柄，

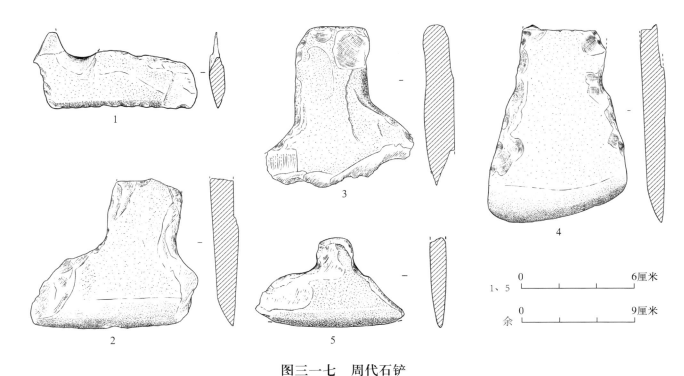

图三一七　周代石铲

1.A型T1209⑫A：9　2～5.B型G4①：9、台49①：1、台3A①：3、T0810⑤B：15

顶部三角形。正面、背面、刃磨光,侧面不整齐,未磨平。刃宽12、柄宽5.5、高12.1、厚1.9厘米(图三一七,2;彩版一三五,2)。

台49①：1,刃残,解理面十分清晰。灰黑色,安山岩。扁平,刃部残缺,斜直柄,顶微弧。正面、背面磨光,侧面不整齐,虽未磨平,但棱角稍圆滑。柄宽5.8、残高13.1、厚2.4厘米(图三一七,3;彩版一三五,3)。

台3A①：3,边角略崩缺,解理面十分清晰。青灰色,安山岩。扁平,平面呈梯形,刃略弧,单面刃,斜顶。正面、背面、刃磨光,侧面不整齐,未磨平。刃宽10.8、高16.2、厚2厘米(图三一七,4;彩版一三五,4)。

T0810⑤B：15,边角略崩缺。青灰色,安山岩,器形较小。扁平,平面大致三角形,刃略弧,双面刃,柄较窄,呈梯形。正面、背面、刃磨光,侧面不整齐,未磨平。刃宽7.8、高4.9、厚0.85厘米(图三一七,5;彩版一三五,5)。

C型　3件。柄部不明显。

T1208⑦B：10,边角略有崩缺。深灰色,安山岩,表面呈青灰色。正视近梯形,扁平,单面刃,斜向。用薄石片打制而成,器形不规整,刃部磨光,其余各面打制而成。长14.1、宽6.4、厚1.6厘米(图三一八,1;彩版一三五,6)。

T0810⑤B：11,边角略有崩缺。青灰色,安山岩。形状不甚规则,上部较窄,扁平,厚薄不均,单面刃,刃部稍弧。刃部及一侧面磨光,其余各面保留有打制痕迹。长17.8、宽5.5～6.7、厚1～1.45厘米(图三一八,2;彩版一三五,7)。

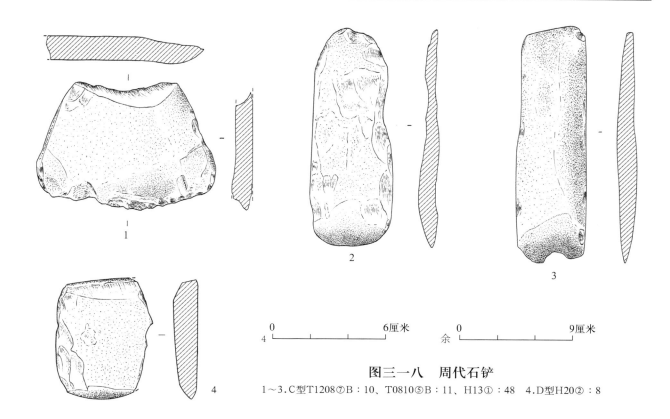

图三一八　周代石铲

1～3.C型T1208⑦B：10、T0810⑤B：11、H13①：48　4.D型H20②：8

　　H13①：48，边角略有崩缺。深灰色，安山岩，表面呈青灰色。正视近长方形，扁平，双面刃，平刃。器形不规整，通体简单磨光。长19.2、宽5.6、厚1.6厘米（图三一八，3；彩版一三五，8）。

　　D型　1件。横向柄。

　　H20②：8，柄残，刃角略崩缺。青灰色，石灰岩。正视近梯形，顶部平，上宽、下窄，柄横向，残，单面刃，弧形。通体磨光。长6.4、宽3.7～5.1、厚1.3厘米（图三一八，4；彩版一三五，9）。

　　7.石犁

　　1件。

　　台6A：3，两端残。灰泛绿色，粉砂岩。扁平，平面大致呈梯形，上宽、下窄，一面平，另一面呈弧形，两侧均有刃，刃平直，单面刃，十分尖利。上、下两端残，残端中部各有一个对钻圆形穿孔。通体磨光。残长5.7、宽5.8～7.8、厚0.8、穿孔径1.1厘米（图三一九，1；彩版一三六，1）。

　　8.石棒

　　5件。

　　西垣⑦A：1，边角略残。青灰色，砂岩。长方形，截面近方形。六个面均磨光，边角尖利。长12.2、宽3、厚2.4厘米（图三一九，2；彩版一三六，2）。

　　T0810③B：6，一端残。灰泛褐色，变质岩，质地较疏松。长条形，截面呈长方形。大多数面磨平，其中的一个面为石材自然解理面劈裂。残长8.8、宽2.8、厚2厘米（图三一九，3；彩版一三六，3）。

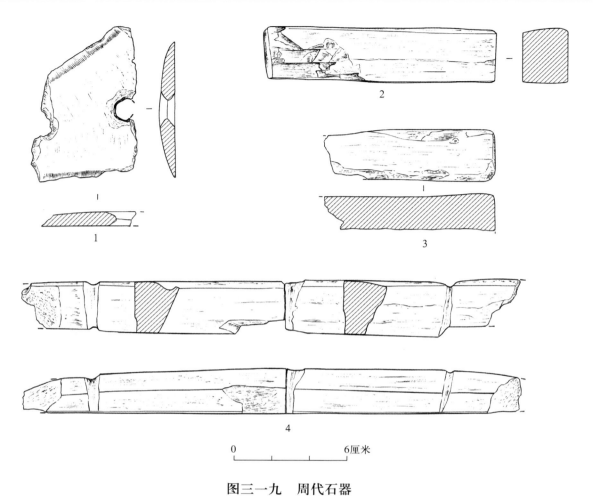

0　　　　　　　　6厘米

图三一九　周代石器
1.石犁台6A：3　2~4.石棒西垣⑦A：1、T0810③B：6、台2A：5

台2A：5，一端残。紫褐色，变质岩，表面呈灰色，材质疏松、易断。长条形，截面呈梯形。两端及中部各刻有一道凹槽。残长26.4、宽3、厚2.4厘米（图三一九，4；彩版一三六，4）。

9.穿孔石器

4件。用途不详。

T0805⑰：2，边角略有崩缺。深青灰色，安山岩，质地坚硬。正视呈圆角长方形，扁平。上部有一个对钻圆形穿孔。通体磨光。长10.9、宽5.6、厚1.2厘米（图三二〇，1；彩版一三六，5）。

T0909⑯：3，边角局部沿解理面断裂。灰黄色，细砂岩，质地疏松。正视呈长方形，侧视呈梯形，上窄、下宽。上部有一个对钻圆形穿孔。通体磨光，各个面均平整。长10.1、宽3.1、厚1.3~2.4厘米（图三二〇，2；彩版一三六，6）。

T1008⑫B：3，青灰色，粉砂岩。梯形，上窄、下宽。上部有一个对钻圆形穿孔。通体磨光，各个面均平整。长5.7、宽1.7~2.7、厚1.4厘米（图三二〇，3；彩版一三六，7）。

T1105⑦：2，下部残。灰色，泥岩。正视呈梯形，上窄、下宽。上部有一个对钻圆形穿孔。通体磨光，各个面均平整。长5.7、宽3.7~4.2、厚1厘米（图三二〇，4）。

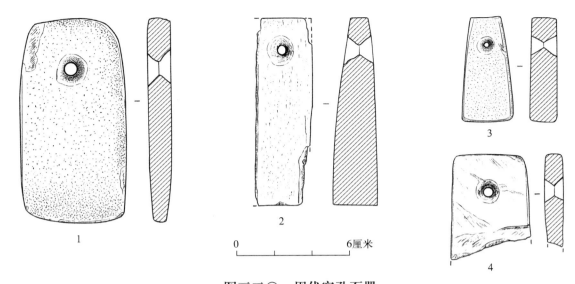

图三二〇　周代穿孔石器

1~4.T0805⑰：2、T0909⑯：3、T1008⑫B：3、T1105⑦：2

10.圭形石器

1件。

F1A②：2，白色，细砂岩，略疏松。片状，扁平，三角形尖首，底部稍弧。通体磨光。长6.6、宽2、厚0.75厘米（图三二一，1；彩版一三六，8）。

11.锥形石器

1件。

H13①：17，青灰色，较细腻。细锥形，柄部刻浅槽，端较尖，尖部稍钝，截面呈圆形。通体磨光，局部有劈裂。长7.6、直径1.3厘米（图三二一，2；彩版一三六，9）。

12.椭圆形石器

4件。

T0609④A：3，残存一端。青灰色，变质岩，风化较严重。椭圆形，扁平，截面呈扁椭圆形。

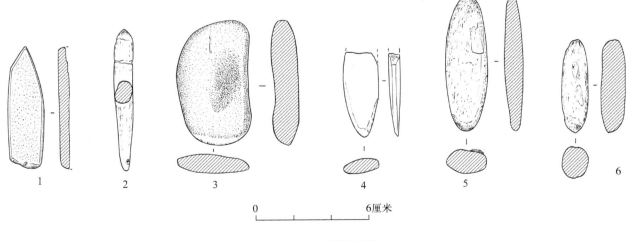

图三二一　周代石器

1.圭形石器F1A②：2　2.锥形石器H13①：17　3~6.椭圆形石器T1008④B：7、T0609④A：3、H21③：2、H11：3

通体磨光。残长 4.6、宽 2、厚 0.8 厘米（图三二一，4；彩版一三七，1）。

H21③：2，青灰色，变质岩，风化较严重。椭圆形，稍扁平，截面呈椭圆形。通体磨光，两端有使用痕迹。长 7.25、宽 2.2、厚 1.3 厘米（图三二一，5；彩版一三七，2）。

H11：3，黄褐色。椭圆形，截面近圆形。通体磨光，两端稍尖，有使用痕迹。长 5、直径 1.4 厘米（图三二一，6；彩版一三七，3）。

T1008④B：7，灰色，安山岩。椭圆形，扁平。用鹅卵石制成，通体光滑，背面有使用痕迹，表面不平整。长 6.8、宽 3.8、厚 1.4 厘米（图三二一，3；彩版一三七，4）。

13. 石研磨器

8 件。

T1209⑧A：3，边角略有崩缺。紫红色，细砂岩。正视呈长方形，狭长，扁平。通体磨光。长 7.9、宽 2.8 ～ 3.4、厚 1.7 厘米（图三二二，1；彩版一三七，5）。

T1108⑧B：10，紫褐色，硅质胶结砂岩。正视呈梯形，横截面呈长方形。通体磨光，底部有磨制使用痕迹。长 7.1、宽 2.9 ～ 3.6、厚 2 ～ 2.8 厘米（图三二二，2；彩版一三七，6）。

T1108⑧A：20，灰黄色，变质岩。扁平，"风"字形，顶部平，中部内束，底面弧形，有磨制使用痕迹。上部有对钻圆形穿孔。长 8.6、宽 4 ～ 5.6、厚 1.2、穿孔径 0.4 厘米（图三二二，3；彩版一三七，7）。

T0810⑤C：2，边角略有崩缺。灰白色，泥岩。正视呈长方形，有段，截面呈正方形，底端钝平，有研磨使用痕迹。通体磨光。长 7.3、宽 2.2、厚 2.3 厘米（图三二二，4；彩版一三七，8）。

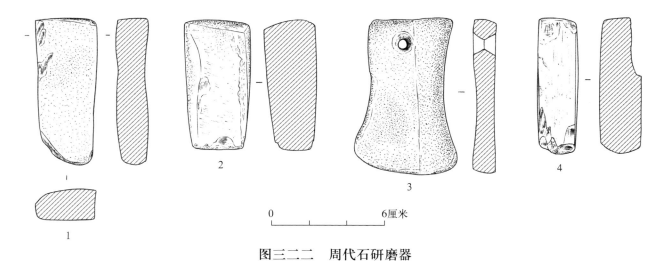

0　　　　　　6厘米

图三二二　周代石研磨器

1～4. T1209⑧A：3、T1108⑧B：10、T1108⑧A：20、T0810⑤C：2

14. 石锤

12 件。

T1210⑮：1，灰白色，花岗岩，局部呈黑色。球形，形状不规整。表面经打制形成，凹凸不平，棱角简单磨制稍圆滑。直径 4.7 ～ 5.6 厘米（图三二三，1；彩版一三八，1）。

T1109⑥A：7，安山岩。灰褐色，质地坚硬。柄部斜收，残。锤身正视近长方形，侧视呈梯形，上宽、下窄，截面呈椭圆形，底部平。通体磨光，底面有使用痕迹，表面粗糙不平。长 7.1、宽 3.8 ～ 5、

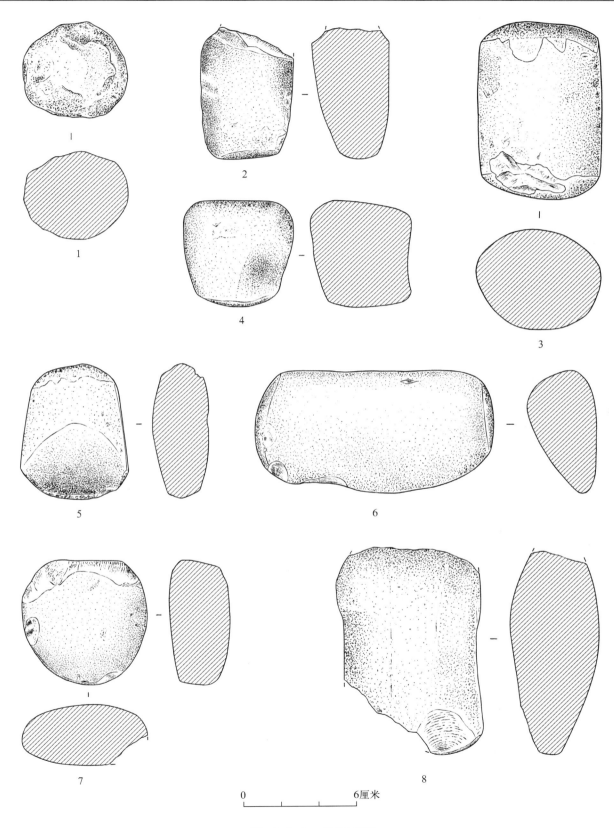

图三二三 周代石锤

1～8.T1210⑮：1、T1109⑥A：7、H13①：36、T1108⑨：29、T1009⑫B：1、T0802③：7、T1008④B：8、T0902②：6

厚 4.1 厘米（图三二三，2；彩版一三八，2）。

H13 ①：36，灰绿色，花岗岩。柱状，截面呈椭圆形。侧面磨光，上、下两端有使用痕迹，表面粗糙不平，边缘有崩疤。长 9.7、直径 4.8～6.5 厘米（图三二三，3；彩版一三八，3）。

T1108 ⑨：29，灰白泛褐色，石英砂岩。正视近梯形，截面呈近椭圆形。用鹅卵石加工而成，表面光滑，棱角弧形，上端面平整，下端弧形，有使用痕迹，表面粗糙不平。长 5.8、直径 5～6 厘米（图三二三，4；彩版一三八，4）。

T1009⑫B：1，紫褐色，花岗岩，表面局部呈灰黑色，质地坚硬。正视呈"风"字形，上窄、下宽，稍扁平，截面呈椭圆形，棱角呈圆弧形，顶部、底部呈弧形。用鹅卵石加工而成，表面光滑，顶面、底面有使用痕迹，表面粗糙不平，局部有崩缺。长 7.3、宽 4.5～5.8、厚 3 厘米（图三二三，5；彩版一三八，5）。

T0802 ③：7，紫红色，细砂岩。长条形，截面近三角形。用鹅卵石加工而成，表面光滑，上、下两端有使用痕迹，表面粗糙不平，边缘有崩疤。长 12.6、宽 6.7、厚 0.8～3.2 厘米（图三二三，6；彩版一三八，6、7）。

T1008 ④B：8，灰白色，石英岩。正视呈椭圆形，顶部稍平，扁平。用鹅卵石加工而成，表面光滑，顶部有打击劈裂面。底部有使用痕迹，表面粗糙不平。长 5.8、宽 6.6、厚 3.2 厘米（图三二三，7；彩版一三八，8）。

T0902 ②：6，一角残。灰白泛褐色，石英岩。正视呈长方形，扁平，面呈弧形。用鹅卵石加工而成，表面稍光滑，上端面有劈裂面，表面凹凸不平，侧面有劈裂、磨制痕迹，下端较薄，有使用痕迹，表面粗糙不平。长 11.2、宽 7.6、厚 4.7 厘米（图三二三，8；彩版一三八，9）。

砺石　30 件。

15.粗砺石

8 件。

T0802 ③：1，紫红色，砂岩。平面呈椭圆形，棱角圆，底部不平。正面磨制光滑。长 13.8、宽 11.4、厚 5 厘米（图三二四，1；彩版一三九，1）。

台 3A ①：3，紫红色，砂岩。不规则形，多个石面均有因磨制下凹迹象，一侧面有磨制形成的深凹槽。长 10.8、宽 3.2～5.3、厚 3.7～6.8 厘米（图三二四，2；彩版一三九，2、3）。

T0908 ③B：1，残。紫红色，砂岩。大致呈不规则的半圆形，扁平，顶面有因磨制下凹迹象，其余面均凹凸不平。底面中部磨制有半球形凹坑。直径约 16.5、厚 2.7～4.7 厘米（图三二四，3；彩版一三九，4）。

16.细砺石

22 件。

台 15B ②：5，仅存一端。灰色，细砂岩，细腻。平面呈梯形，扁平。通体磨光。残长 5.2、宽 4～4.7、厚 1.1 厘米（图三二五，1；彩版一三九，5）。

台 3A ①：8，仅存一端。灰白色，变质岩，细腻。平面大致呈梯形，扁平。残端有一个对钻圆形穿孔。表面磨制光滑，顶面、底面中部经磨制下凹。残长 7.1、宽 3.5～4、厚 1.5 厘米（图三二五，2）。

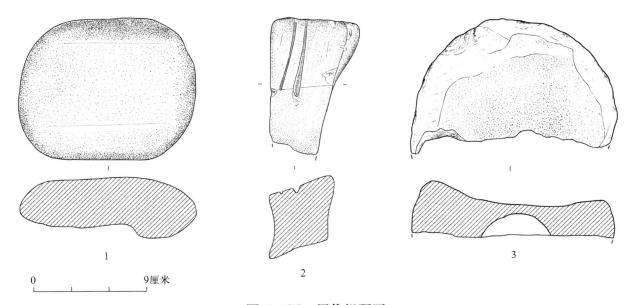

图三二四　周代粗砺石

1～3.T0802③：1、台3A①：3、T0908③B：1

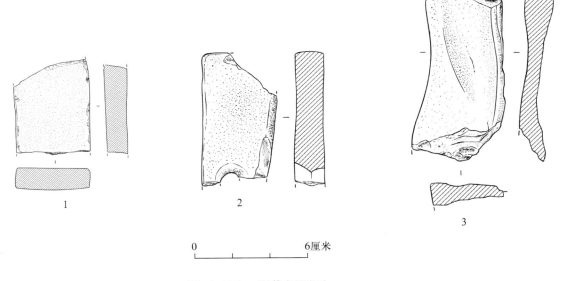

图三二五　周代细砺石

1～3.台15B②：5、台3A①：8、T1005⑤：6

T1005⑤：6，仅存一角。灰白色，细腻。呈不规则形，顶面、侧面磨制下凹，其余各面残断不平。残长9、宽3.9～4.9、厚1.8厘米（图三二五，3；彩版一三九，6）。

17.石镞

9件。

T1209⑫B：5，灰色，石灰岩。狭长叶形，前锋部尖细，钝平，中起脊，柄部钝平，侧面磨制开锋，棱角尖利。通体磨光。长6.9、宽1.5、厚0.7厘米（图三二六，1；彩版一三九，7）。

T0908⑦B：1，仅存尖部。青灰色，泥岩。刃稍弧，中部起脊，锋尖利。通体磨光。残长3.8、

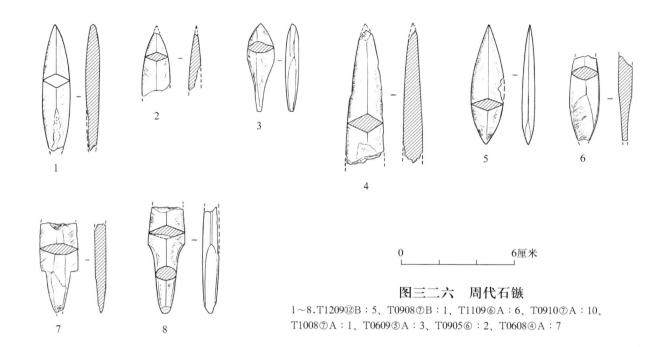

0　　　　　　　　6厘米

图三二六　周代石镞

1～8.T1209⑫B：5、T0908⑦B：1、T1109⑥A：6、T0910⑦A：10、
T1008⑦A：1、T0609⑤A：3、T0905⑥：2、T0608④A：7

宽1.5、厚0.6厘米（图三二六，2）。

T1109⑥A：6，黑色，石灰岩。柳叶形，锋钝平，铤部渐收。通体磨光。长4.8、宽1.4、厚0.7厘米（图三二六，3；彩版一三九，8）。

T0910⑦A：10，青灰色，粉砂岩，片状结构，有些片呈红褐色。狭长叶形，截面呈菱形，尖部残，中起脊，柄部残。通体磨光，侧面磨制开锋。残长7.6、宽2、厚1厘米（图三二六，4）。

T1008⑦A：1，青灰色，石灰岩。狭长叶形，前锋部尖细，中起脊，柄部稍钝。通体磨光，磨制开锋，棱角尖利。长6.5、宽1.7、厚0.7厘米（图三二六，5；彩版一三九，9）。

T0609⑤A：3，青灰色，泥岩。狭长叶形，前锋部残，中起脊，柄部钝平。通体磨光，锋部钝，侧面磨制开锋。残长4.6、宽1.6、厚0.7厘米（图三二六，6）。

T0905⑥：2，黑色，石灰岩。扁平，前锋残，铤部渐收。通体磨光，磨制开锋。残长4.9、宽2.1、厚0.6厘米（图三二六，7；彩版一三九，10）。

T0608④A：7，灰褐色，石灰岩。稍扁平，中部起脊，铤部渐收。通体磨光，磨制开锋。残长5.8、宽2、厚0.8厘米（图三二六，8）。

18.孔雀石玦

1件。

T0905④：6，残存1/2。孔雀石，风化严重呈灰绿色，风化较弱处呈翠绿色。圆扁形，扁平，中有圆形穿孔。直径约3.2、厚0.45、孔径0.9厘米（图三二七，1；彩版一三九，11）。

19.玉璜

1件。

T1109⑤C：1，残存中部一段。乳白色，玉质莹润。弧形，两端残，截面呈椭圆形。上有一个圆穿孔。通体磨光。长4.5、直径1.2～1.7、穿孔径0.24厘米（图三二七，2；彩版一三九，12）。

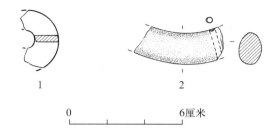

0 　　　　　　　　6厘米

图三二七　周代石器
1.孔雀石玦T0905④：6　2.玉璜T1109⑤C：1

六　铜器

共计247件，器形有斧、锸、锛、镰、戈、剑、刀、镞、管形器、勾、簪等，其余为残器，器形不详。

1.铜斧

2件。

台23：1，锈蚀严重，呈绿色。正视近长方形，中空，刃部略宽，双面刃，弧形。銎截面呈椭圆形。范线位于两侧中部，根部有三道凸棱。长9.8、宽4.5、刃宽4.7厘米（图三二八，1；彩版一四〇，1）。

H13②：5，表面锈蚀，呈绿色。正视呈梯形，上宽下窄，中空，双面刃，刃近平，磨制开锋。銎截面呈椭圆形，内有少量朽木屑。范线位于两侧中部，根部有三道凸棱。长14.2、宽4.4～5.6、厚3.1厘米（图三二八，2；彩版一四〇，2～4）。

2.铜锸

1件。

T1108④A：3，局部略残，锈蚀严重，表面呈绿色。正面弧形，背面平；钝三角形刃，单面刃，刃部、銎部各有两尖翼，銎扁平，有五边形穿孔。范线偏于平面一侧。长13.3、宽15.2厘米；銎宽7.2、深7.8厘米（图三二八，3；彩版一四〇，5）。

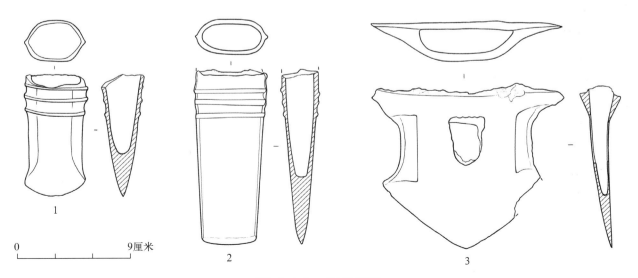

0 　　　　　　　　9厘米

图三二八　周代铜器
1、2.铜斧台23：1、H13②：5　3.铜锸T1108④A：3

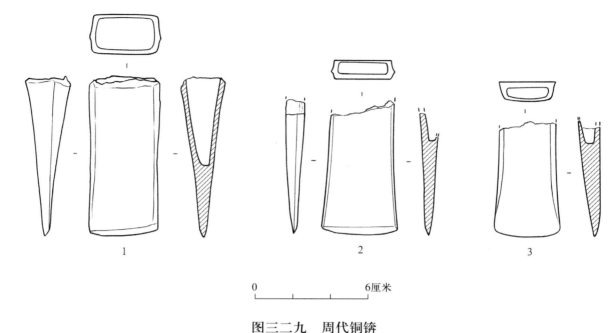

0   6厘米

图三二九　周代铜锛

1~3.H13②：1、H13①：20、T0804②：3

3.铜锛

3件。

H13②：1，略锈蚀，表面呈绿色。正视呈长条形，刃部略弧，略宽，单面刃，刃部磨制开锋。方銎略残。范线位于两侧中部。残长8.7、宽3.5厘米（图三二九，1；彩版一四一，1、2）。

H13①：20，略锈蚀，表面呈绿色。正视呈长条形，刃部略弧，略宽，单面刃，刃部磨制开锋。方銎略残。范线位于两侧中部。残长7.2、宽3.3、刃宽3.9厘米（图三二九，2；彩版一四一，3）。

T0804②：3，略锈蚀，表面呈绿色。正视呈梯形，上窄、下宽，刃部略弧，单面刃，刃部磨制开锋。銎部残，截面呈梯形，范线偏于一侧。残长6.4、宽3、刃宽3.5厘米（图三二九，3；彩版一四一，4）。

4.铜镰

1件。

H13①：19，表面有灰绿色包浆，光亮，局部有绿色铜锈。弧背，锯齿状刃，锋利，柄残。长13.7、宽4.5厘米（图三三〇，1；彩版一四一，5）。

5.铜戈

1件。

T0806②：1，灰绿色，局部锈蚀呈绿色，仅存援前半部。截面菱形，脊线略曲，刃部磨制锋利。残长7.9、宽3.2厘米（图三三〇，2；彩版一四一，7）。

6.铜剑

1件。

T1109⑦B：1，胎呈紫褐色，锈蚀十分严重，绿色。仅存中部一段，截面呈菱形，中部起脊。残长4.3、宽3.9、厚0.9厘米（图三三〇，3；彩版一四一，6）。

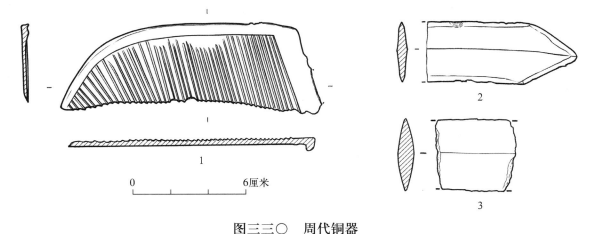

图三三〇 周代铜器

1.铜镰H13①：19 2.铜戈T0806②：1 3.铜剑T1109⑦B：1

7.铜刀

41件。

锈蚀严重，大多呈绿色，残断。范线大多位于背中脊，少数偏于一侧。可分为四型。

A型 13件。刀首略上翘。分为两式。

AⅠ式 1件，弧刃略宽。

T0806⑱：1，锈蚀严重，绿色，铜芯紫褐色。背平直，刀首略上翘，长直柄，弧刃略宽，尾部圆形，中有一圆孔。长23.4、宽2.9、厚0.3～0.45厘米（图三三一，1；彩版一四二，1）。

AⅡ式 12件。狭长刃。平直背至端部上翘，长直柄。

T1209⑪：1，锈蚀严重，绿色，铜芯紫褐色，刃尖、柄端残，断为多截。狭长，背稍内弧，刃外弧，刀首略上翘，柄扁平。残长8.3、宽1.5厘米（图三三一，2；彩版一四二，2）。

台44E②：9，锈蚀十分严重，绿色，铜芯呈紫褐色，稍弯曲，器形不详。狭长，背平直，刀首略上翘，柄宽扁，柄端残。背部见范线，偏于一侧。残长14.4、宽2.2厘米（图三三一，3；彩版一四二，3）。

T1008⑦A：3，锈蚀严重，绿色，铜芯紫褐色，柄残。背、刃平直，刀首上翘。残长8.9、宽2.9厘米（图三三一，4）。

T1008⑦A：4，锈蚀严重，绿色，铜芯紫褐色，刀首残。背平直，刃略弧，刀首上翘，柄扁平，尾圆形。背部见范线，偏于一侧。残长14.6、宽1.9厘米（图三三一，5；彩版一四二，4）。

T0805③：18，锈蚀十分严重，绿色。狭长，背稍平直，刀首上翘，柄残。背部见范线，偏于一侧。残长9.7、宽2.4厘米（图三三一，6；彩版一四二，5）。

T0805③：20，锈蚀十分严重，灰色，表面有绿色铜锈，残断。狭长，背稍平直，刀首上翘，尖部略残，柄扁平，尾部下垂。范线偏于一侧。残长16.5、宽2厘米（图三三一，7；彩版一四二，6）。

T0904④：2，表面锈蚀，呈灰绿色，未锈尽处呈黄铜色。刀首略上翘，尾部圆形。中部残断。残长16.9、宽2厘米（图三三一，8；彩版一四二，7）。

台26②：1，表面锈蚀，呈灰绿色，未锈尽处呈黄铜色。刀首略上翘，上、下均磨制开锋，中起脊，柄残。残长4.6、宽1.5厘米（图三三一，9）。

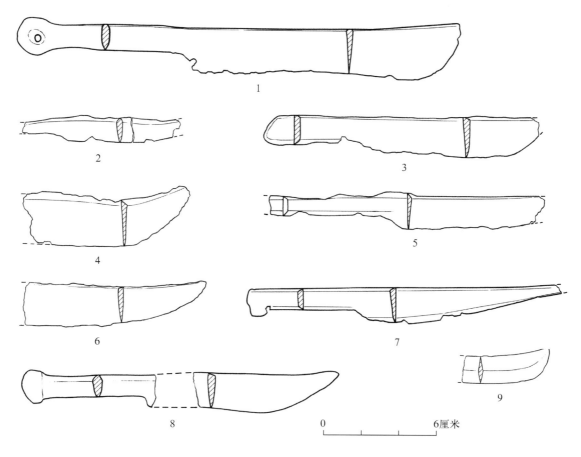

图三三一　周代铜刀

1.AⅠ式T0806⑱：1　2～9.AⅡ式T1209⑪：1、台44E②：9、T1008⑦A：3、T1008⑦A：4、T0805③：18、
T0805③：20、T0904④：2、台26②：1

B 型　20 件。平直背，刃平直。

T1209⑬：2，锈蚀十分严重，绿色，铜芯灰褐色，完整形状已不详。狭长条形，背、刃平直。残长 9.5、宽 1.4 厘米（图三三二，1；彩版一四二，8）。

T1108⑩：9，锈蚀十分严重，绿色，铜芯呈紫褐色。狭长条形，背、刃略弧，柄扁平，尾稍宽。残长 17.5、宽 1.7 厘米（图三三二，2；彩版一四三，1）。

T1109⑦A：10，锈蚀十分严重，绿色，铜芯呈紫褐色，刀身残，形状已不详。背、刃平直，柄扁平，尾稍宽。残长 11.2、宽 1.95 厘米（图三三二，3；彩版一四三，2）。

台9B④：1，锈蚀十分严重，绿色。背、刃平直，扁平柄，尾近圆形。范线偏于一侧。长 17.7、宽 2.4 厘米（图三三二，4；彩版一四三，3）。

台3A②：2，锈蚀严重，绿色，铜芯呈紫褐色，刀身残。背、刃平直，柄扁平，尾稍厚。范线位于中部。残长 9.1、宽 1.7 厘米（图三三二，5）。

T0805③：16，锈蚀十分严重，绿色，铜芯呈紫褐色。背、刃平直，刀首残，柄宽、扁平，尾部较宽，呈长方形。范线偏于一侧。残长 16、宽 2.1 厘米（图三三二，6；彩版一四三，4）。

C 型　4 件。刃平直，刀身狭长。

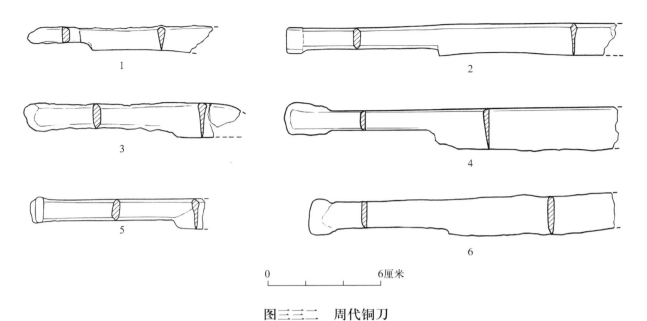

0　　　　　　　　　6厘米

图三三二　周代铜刀

1～6.B型T1209⑬：2、T1108⑩：9、T1109⑦A：10、台9B④：1、台3A②：2、T0805③：16

T0910③A：1，稍锈蚀，灰绿色，刀首略残。背平直，刃稍内弧，柄细长，截面呈椭圆形，柄端尖锐。背中部残留有范线。长14.3、宽1.2厘米（图三三三，1；彩版一四三，5）。

T1106③：1，锈蚀严重，绿色，铜芯呈紫褐色，刀首略残。背、刃平直，柄细长，截面呈椭圆形。背中部见范线。长7.8、宽1.3厘米（图三三三，2；彩版一四三，6）。

Y3①：1，刀首残。表面呈灰黑色，光亮，局部锈蚀处呈灰绿色。刃平直，弧背略下垂，细长。磨制开锋。背中部见范线。残长4.7、宽0.9厘米（图三三三，3）。

T0805②：1，刀首略残。表面灰黑色，光亮，局部锈蚀处呈灰绿色。背、刃平直，柄细长。

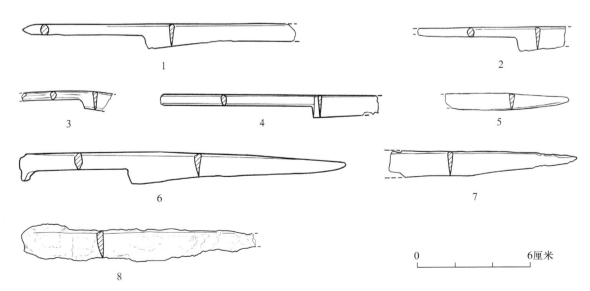

0　　　　　　　　　6厘米

图三三三　周代铜刀

1～4.C型T0910③A：1、T1106③：1、Y3①：1、T0805②：1　5～8.D型T0910⑥A：2、T1005③：2、T0709③B：3、H22②：1

磨制开锋。背中部残留有范线。通长11.4、宽1.1厘米（图三三三，4）。

D型　4件。狭长三角形刃。

T0910⑥A：2，锈蚀严重，绿色，铜芯呈紫褐色。狭长三角形刃，截面三角形，背部厚，至刃部渐薄；柄残。磨制开锋。残长6.6、宽1厘米（图三三三，5）。

T1005③：2，表面有灰绿色包浆，略锈蚀。狭长三角形刃，截面三角形，背部厚，至刃部渐薄；长直柄，尾部略下垂。背面中部见有范线。长17、宽1.7厘米（图三三三，6；彩版一四三，7）。

T0709③B：3，表面有灰绿色包浆，略锈蚀。狭长三角形刃，截面三角形，背部厚，至刃部渐薄；柄残。磨制开锋。背面中部见有范线。残长9.8、宽1.45厘米（图三三三，7）。

H22②：1，锈蚀严重，绿色，铜芯呈紫褐色。狭长三角形刃，截面三角形，背部厚，至刃部渐薄，柄宽扁。残长12.2、宽1.7厘米（图三三三，8；彩版一四三，8）。

8. 铜镞

95件。锈蚀严重，大多呈绿色，翼尖、铤尖大多残断。范线位于镞正中部，铤部尚保留有范线痕迹。形状较完整的81件，可分为六型。

A型　22件。锐三角形刃。脊长、粗壮，翼扁平，尖部略残，短实铤。

AⅠ式　翼稍展，无血槽。5件。

T0806⑬：1，锈蚀严重，呈绿色。锐三角形刃，脊长、粗壮，翼扁平，尖部残，圆实铤，铤尖残。长4.5、宽1.7厘米（图三三四，1；彩版一四四，1）。

T1008⑦B：2，紫褐色胎，表面局部锈蚀呈绿色。锐三角形刃，脊长、粗壮，翼扁平，尖部残，实铤。残长5.4、宽1.7厘米（图三三四，2；彩版一四四，2）。

台1C②：1，表面呈灰绿色。脊长、粗壮，翼扁平，尖部略残，短实铤。长6.1、宽1.7厘米（图三三四，3；彩版一四四，3）。

T1009⑥A：10，锈蚀严重，呈绿色，内芯尚有少量未锈蚀的铜呈紫褐。锐三角形刃，脊长、粗壮，翼扁平，铤残。磨制开锋。残长6.2、宽1.7厘米（图三三四，4；彩版一四四，4）。

T1009⑥A：8，锈蚀严重，呈绿色，形状已不详，内芯尚有少量未锈蚀的铜呈紫褐色。锐三角形刃，脊长、粗壮，翼扁平，尖部残，圆实铤。磨制开锋。长5.4、宽1.6厘米（图三三四，5；彩版一四四，5）。

AⅡ式　8件。有血槽。

T0910⑦A：12，表面呈青灰色，局部有绿色铜锈。锐三角形刃，脊长、粗壮，两侧有血槽，翼扁平，细实铤，扁平，翼尖、铤尖残。棱角尖利，磨制开锋。长5.4、宽1.4厘米（图三三四，6）。

T1109⑤C：3，表面呈灰绿色。锐三角形刃，脊长、粗壮，两侧有血槽，翼扁平，圆实铤，铤尖、翼尖残。磨制开锋。长5.1、宽1.55厘米（图三三四，7；彩版一四四，6）。

台35B②：3，表面呈青灰色，局部有绿色铜锈。锐三角形刃，脊长、粗壮，两侧有血槽，翼扁平，圆实铤，刃尖、翼尖残。棱角尖利，磨制开锋。长5.2、宽1.5厘米（图三三四，8；彩版一四四，7）。

台6B：3，表面呈灰绿色，铜芯呈紫褐色。锐三角形刃，脊长、粗壮，两侧有血槽，翼尖残，细实铤。磨制开锋。残长5.2、宽1.3厘米（图三三四，9；彩版一四四，8）。

T1009③B：1，表面呈灰绿色。锐三角形刃，脊长、粗壮，翼扁平，实铤，铤尖残。棱角尖

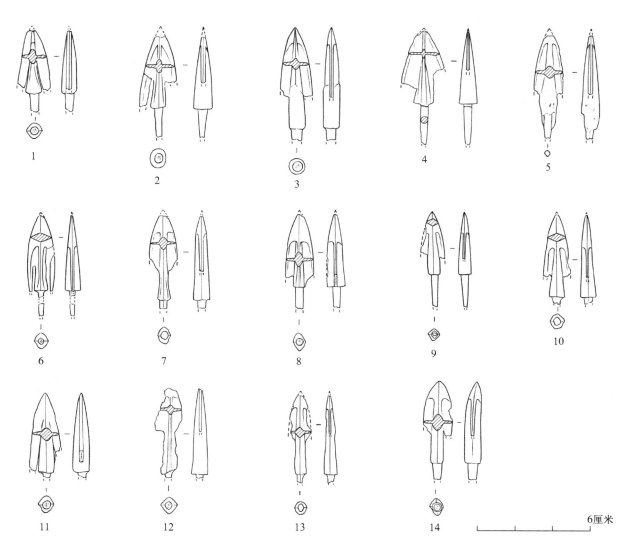

图三三四　周代铜镞

1～5.AⅠ式T0806⑬：1、T1008⑦B：2、台1C②：1、T1009⑥A：10、T1009⑥A：8　6～10.AⅡ式T0910⑦A：12、
T1109⑤C：3、台35B②：3、台6B：3、T1009③B：1　11～14.AⅢ式T1005③：9、T0810③B：8、T0807③：1、T0805③：5

利，磨制开锋。残长5、宽1.3厘米（图三三四，10；彩版一四四，9）。

AⅢ式　9件。无血槽，狭长。

T1005③：9，锈蚀严重，呈绿色，形状已不详。锐三角形刃，脊粗壮，翼扁平，翼尖、铤尖
残，圆实铤。长4.6、宽1.75厘米（图三三四，11；彩版一四四，10）。

T0810③B：8，灰色，锈蚀严重，表面有绿色铜锈。翼扁平，脊粗壮，刃尖、翼尖、铤残。
残长5.2、宽1.4厘米（图三三四，12；彩版一四四，11）。

T0807③：1，锈蚀严重，呈绿色。锐三角形刃，脊粗壮，圆实铤，翼尖、铤尖残。残长4.8、
宽1.1厘米（图三三四，13；彩版一四四，12）。

T0805③：5，锈蚀严重，呈绿色。锐三角形刃，脊粗壮，翼扁平，翼尖残，圆实铤。磨制开
锋。残长5.6、宽1.5厘米（图三三四，14；彩版一四四，13）。

B 型　19 件。三角形刃。

B Ⅰ 式　10 件。翼稍内收，较短。锈蚀严重。

T1209⑮：1，锈蚀十分严重，绿色。三角形刃，前薄、后厚，纵截面呈三角形，翼尖、铤残。残长 2.7、宽 1.4 厘米（图三三五，1；彩版一四四，14）。

T1109⑬：1，锈蚀严重，表面呈灰绿色。三角形刃，前薄、后厚，纵截面呈三角形，翼尖、铤残。磨制开锋。残长 2.4、宽 1.2 厘米（图三三五，2；彩版一四四，15）。

T1109⑬：2，锈蚀十分严重，绿色，形状已不详。三角形刃，前薄、后厚，纵截面呈三角形，刃尖、翼尖、铤残。残长 2.7、宽 1.4 厘米（图三三五，3；彩版一四四，16）。

台 4B ①：1，锈蚀严重，灰绿色，翼尖、铤残。三角形刃，前薄、后厚，纵截面呈三角形。残长 2.6、宽 1.1 厘米（图三三五，4；彩版一四五，1）。

T0609⑤A：6，锈蚀十分严重，表面呈绿色。三角形刃，前薄、后厚，纵截面呈三角形，圆实铤，翼尖残。磨制开锋。长 5、宽 1.3 厘米（图三三五，5；彩版一四五，2）。

B Ⅱ 式　6 件。锈蚀较弱，棱角尖利。

T1008⑫A：3，表面略锈蚀，呈灰绿色。三角形刃，翼后掠，扁实铤，刃尖、翼尖残。磨制开锋，棱角尖利。长 5.1、宽 1.9 厘米（图三三五，6；彩版一四五，3）。

T0609⑦A：1，表面略锈蚀，呈灰绿色。三角形刃，翼后掠，扁实铤。磨制开锋，棱角尖利。长 4.6、宽 1.6 厘米（图三三五，7；彩版一四五，4）。

T0806⑬：1，截面呈菱形，翼后掠，细长铤。残长 4.6、宽 1.6 厘米（图三三五，8）。

台 6C：5，锈蚀严重，表面呈绿色，铜芯呈紫褐色。三角形刃，翼后掠，圆实铤，翼尖、铤尖略残。磨制开锋，棱角尖利。长 3.4、宽 1.4 厘米（图三三五，9；彩版一四五，5）。

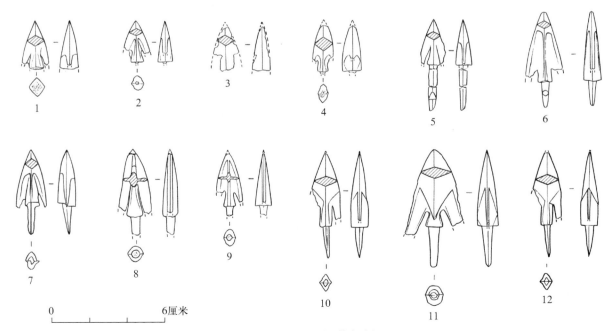

0　　　　　　　6厘米

图三三五　周代铜镞

1～5.BⅠ式T1209⑮：1、T1109⑬：1、T1109⑬：2、台4B①：1、T0609⑤A：6　6～9.BⅡ式T1008⑫A：3、T0609⑦A：1、T0806⑬：1、台6C：5　10～12.BⅢ式台26②：2、T0810④B：8、T1106③：2

B Ⅲ式　3 件。翼稍展。锈蚀严重。

台 26 ②：2，锈蚀严重，表面呈绿色。三角形刃，翼扁平、后掠，扁锥形实铤，翼尖残。长 5.6、宽 1.5 厘米（图三三五，10；彩版一四五，6）。

T0810 ④ B：8，灰黑色，锈蚀严重，表面呈绿色。三角形刃，翼扁平、后掠，圆实铤，翼尖残。磨制开锋。长 6.4、宽 3 厘米（图三三五，11；彩版一四五，7）。

T1106 ③：2，翼扁平后掠，翼尖、铤尖略残，残长 5.6、宽 1.8 厘米（图三三五，12）。

C 型　4 件。扁平三角形刃，薄。

T0609 ⑧ A：5，绿色，锈蚀十分严重。翼宽后掠，尖、翼尖、铤尖均残断。残长 2.8、宽 1.6 厘米（图三三六，1）。

H17 ②：3，绿色，锈蚀十分严重。翼宽后掠，翼尖残。残长 4.4、宽 1.6 厘米（图三三六，2）。

T0710 ⑤ C：1，绿色，锈蚀十分严重。翼宽后掠，扁锥形实铤，翼尖残。长 4.2、残宽 1.7 厘米（图三三六，3；彩版一四五，8）。

T0609 ⑤ A：2，绿色，锈蚀十分严重。翼宽后掠，扁锥形实铤，翼尖残。长 4.3、残宽 1.5 厘米（图三三六，4）。

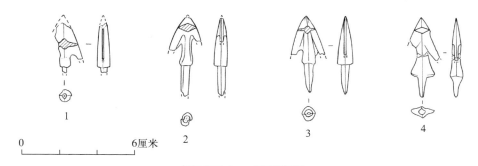

图三三六　周代铜镞

1～4.C 型 T0609 ⑧ A：5、H17 ②：3、T0710 ⑤ C：1、T0609 ⑤ A：2

T0905 ③：6，灰绿色，锈蚀严重。翼宽后掠，翼尖、铤尖残。残长 2.7、宽 1.9 厘米。

D 型　10 件。钝三角形刃。刃宽、钝，截面菱形，翼内收，细实铤。

D Ⅰ式　5 件。两翼稍内收。

T0810 ⑤ B：10，表面呈灰色，光亮。磨制开锋。长 3.9、宽 1.4 厘米（图三三七，1；彩版一四五，9）。

T0906 ④：3，灰绿色，局部有绿色铜锈。铤残。磨制开锋。长 3.3、宽 1.6 厘米（图三三七，2）。

T1108 ⑤ B：5，表面呈灰绿色，残断处显示出黄铜色。翼尖残。残长 3.85、宽 1.4 厘米（图三三七，3）。

D Ⅱ式　5 件。两翼稍展。

台 45B ②：2，锈蚀严重，灰泛绿色。长 4.6、宽 1.4 厘米（图三三七，4；彩版一四五，10）。

T0610 ③ B：2，锈蚀十分严重，灰绿色，铜芯呈紫褐色。刃尖、铤尖残。残长 2.75、宽 1.45 厘米（图三三七，5；彩版一四五，11）。

T1008 ③ B：6，表面呈灰黑色，局部有绿色铜锈。铤残。长 2.8、宽 1.6 厘米（图三三七，6）。

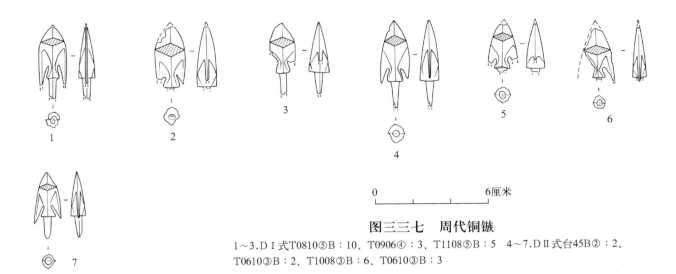

图三三七　周代铜镞

1~3.D Ⅰ 式T0810⑤B：10、T0906④：3、T1108⑤B：5　4~7.D Ⅱ 式台45B②：2、
T0610③B：2、T1008③B：6、T0610③B：3

T0610③B：3，灰色，局部有绿色铜锈。磨制开锋。长3.5、宽1.4厘米（图三三七，7）。

E型　19件。柳叶形。关厚实。

T1108⑧B：1，锈蚀严重，绿色，铜芯呈紫褐色，翼尖、铤尖残。柳叶形，刃弧形，短肥、厚实，圆实铤。残长2.1、宽1.1厘米（图三三八，1）。

T0909⑥A：1，表面呈灰黑色，局部锈蚀严重，呈灰绿色，翼尖、铤尖残。柳叶形，刃弧形，短肥、厚实，圆实铤。磨制光滑。长3.05、宽1.5厘米（图三三八，2）。

T1209⑦B：3，锈蚀严重，绿色，翼尖、铤尖残。柳叶形，刃弧形，短肥、厚实，圆实铤。长2.9、宽1.4厘米（图三三八，3）。

台47A③：5，表面呈灰黑色，局部锈蚀严重，呈灰绿色，刃尖、铤尖残。柳叶形，刃弧形，短肥、厚实，圆实铤。长2.6、宽1.5厘米（图三三八，4）。

台45B②：1，锈蚀严重，表面呈灰绿色，胎呈黄铜色，翼尖、铤尖残。柳叶形，刃稍弧。长3.25、宽1.35厘米（图三三八，5）。

台5A①：1，表面锈蚀，呈灰绿色。柳叶形，刃弧形，圆实铤，翼尖、铤尖残。残长4.1、宽1.5厘米（图三三八，6；彩版一四五，12）。

T0803③A：3，表面呈灰黑色，局部锈蚀泛绿色，铤尖残。柳叶形，刃稍弧。磨制光滑。长3、宽1.3厘米（图三三八，7；彩版一四五，13）。

T0804④：2，表面呈灰绿色，局部锈蚀呈绿色，铤尖残。柳叶形，刃稍弧，铤残。磨制光滑。长2.7、宽1.6厘米（图三三八，8）。

T1208⑦A：4，锈蚀严重，绿色，形状已不详。扁平柳叶形，刃尖弧形，单薄，铤残。残长2.75、宽1.15厘米（图三三八，9）。

T0809③B：2，锈蚀严重，灰绿色。扁平柳叶形，刃尖弧形，单薄，圆实铤。长3.7、宽1.2厘米（图三三八，10；彩版一四五，14）。

T0910⑤A：2，锈蚀严重，灰绿色，形状已不详。扁平柳叶形，刃尖弧形，单薄，圆实铤，铤尖残。残长3、宽1.1厘米（图三三八，11）。

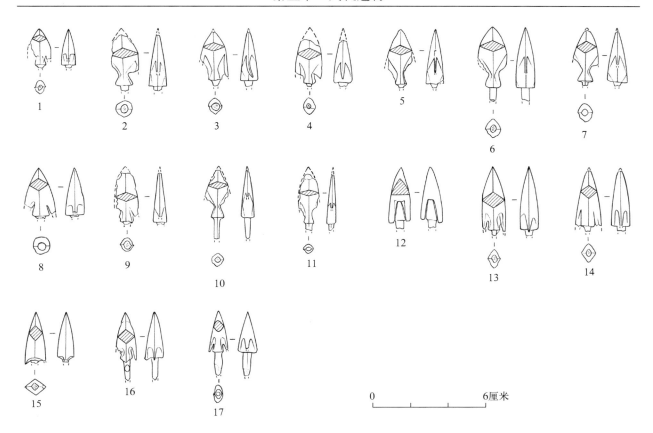

图三三八 周代铜镞

1～11.E型T1108⑧B：1、T0909⑥A：1、T1209⑦B：3、台47A③：5、台45B②：1、台5A①：1、T0803③A：3、T0804④：2、T1208⑦A：4、T0809③B：2、T0910⑤A：2　12～17.F型T0805⑧：1、G11：1、T0709⑤B：3、T0609④A：2、T0911②：2、T0609④A：4

F型　7件。其他形状。

T0805⑧：1，锈蚀严重，表面呈绿色。截面三角形，后有血槽，铤尖残。残长3.3、宽1.1厘米（图三三八，12；彩版一四五，15）。

G11：1，锈蚀严重，翼尖、铤尖残，绿色。四棱锥形，截面呈菱形。残长3.8、宽1.3厘米（图三三八，13）。

T0709⑤B：3，锈蚀严重，翼尖、铤尖残，绿色。四棱锥形，截面呈菱形。残长3.3、宽1.3厘米（图三三八，14）。

T0609④A：2，锈蚀严重，仅存尖部，绿色。四棱锥形，截面呈菱形。残长2.8、宽1.1厘米（图三三八，15）。

T0911②：2，锈蚀严重，翼尖、铤尖残，绿色。四棱锥形，截面呈菱形。残长3.6、宽1.1厘米（图三三八，16）。

T0609④A：4，锈蚀严重，绿色。圆锥形，截面呈圆形，锥形翼，圆实铤。残长3.5、宽1.1厘米（图三三八，17；彩版一四五，16）。

9.铜管形器

4件。

T1209 ⑤ A：1，紫褐色，表面锈蚀严重，呈绿色。尖锥形空管状，根部残。长4.6、直径1.1厘米（图三三九，1；彩版一四六，1）。

T0803 ③：1，灰泛绿色。空管状，锥形尖。磨制光滑，未见范线。长3.5、直径0.9厘米（图三三九，2；彩版一四六，2）。

T0608 ③ B：16，灰色，表面光亮，局部锈蚀严重，呈绿色。空管状，锥形尖。侧面发现纵向对称的范线，表面稍磨平。长4、直径1.1厘米（图三三九，3；彩版一四六，3）。

T0609 ③ B：2，灰色，表面光亮，局部锈蚀严重，呈绿色。空管状，钝弧形尖，尖部稍磨平。侧面发现纵向对称的范线，表面稍磨平。管内塞满黏土，硬结，弱烧状，应为铸造时残留。长2.7、直径1.1厘米（图三三九，4；彩版一四六，4）。

10.铜钩

1件。

T1209 ⑫ A：3，紫褐色，表面锈蚀严重，呈绿色。倒"U"形弯钩状，柄端截面近菱形，棱角分明，钩尖渐细，略向外弯曲。钩高2.6、柄直径0.3厘米（图三三九，5；彩版一四六，5）。

11.铜簪

1件。

T1005 ③：3，锈蚀严重，灰绿色，铜芯呈黄铜色。圆柱形，截面呈圆形，一端残，另一端呈尖锥状。侧面有范线。长8.7、直径0.5厘米（图三三九，6；彩版一四六，6）。

12.残铜器

共96件，锈蚀严重。其中可见局部形状的54件，其余形状不详。

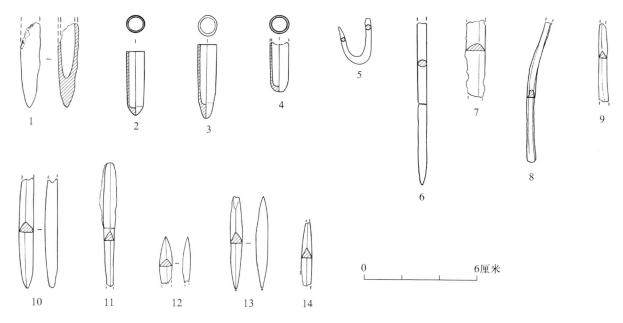

图三三九　周代铜器

1～4.铜管形器T1209⑤A：1、T0803③：1、T0608③B：16、T0609③B：2　5.铜钩T1209⑫A：3　6.铜簪T1005③：3　7～14.条形残器T0709④A：7、台6B：1、台1B②：1、T0803④：1、T1005③：11、G4①：2、T0709④A：5、T0908③A：9

（1）条形残器　数量较多，但因锈蚀严重大多无法提取，共提取 15 件。细长，粗细不均，形状不规则。此类器物应为铸造时浇道或排气中的残留部分，大多未经磨制加工，G4 ①：2、T0908 ③ A：9、T0709 ④ A：5 经磨制加工。

T0709 ④ A：7，锈蚀严重，绿色，铜芯紫褐色，残存一段。长条形，扁平，截面弧形，底面平。底边缘保留有范线，未见磨制迹象。残长 4.2、宽 1 厘米（图三三九，7）。

台 6B：1，锈蚀较严重，灰绿色，铜芯紫褐色。长条形，略弯曲，截面弧形，粗细不均，底边保留有范线。长 7.6、宽 0.4 厘米（图三三九，8）。

台 1B ②：1，表面锈蚀，绿色。三棱形，长条状，略弯曲，截面呈三角形，两端残。残长 4.15、宽 0.4 ～ 0.6 厘米（图三三九，9）。

T0803 ④：1，锈蚀严重，灰绿色，铜芯紫褐色。长条形，截面弧形，底面平，一端残，另一端呈尖锥状。长 6、宽 0.7 厘米（图三三九，10）。

T1005 ③：11，锈蚀十分严重，绿色，铜芯灰褐色。长条形，底面平，一端残，截面呈圆弧形。长 6.7、宽 0.5 ～ 0.7 厘米（图三三九，11；彩版一四六，7）。

G4 ①：2，锈蚀严重，呈绿色。三棱锥状，一端略窄，另一端尖细，截面呈三角形。两侧面磨制光滑，棱角尖利。残长 2.5、宽 0.7 厘米（图三三九，12）。

T0908 ③ A：9，表面有灰色包浆，铜芯呈紫褐色。三棱锥状，截面呈三角形，一端略窄。磨制光滑，棱角尖利，两端略残。残长 3.4、宽 0.5 厘米（图三三九，14；彩版一四六，8）。

T0709 ④ A：5，表面有灰色包浆，局部锈蚀严重，呈绿色。三棱锥状，一端略窄，另一端尖细，截面呈三角形。磨制光滑，棱角尖利。残长 4.9、宽 0.6 厘米（图三三九，12）。

（2）椭圆形残器　4 件。可能为浇口顶部的残余。

H17 ②：4，下部残断，杂质较多，气孔粗；绿色，铜芯呈紫褐色。截面椭圆形，顶部略下凹，有一处凸起，空心；内保留有黏土泥芯，白色；一侧保留有范线。直径 3 ～ 3.3、高 1.8 厘米（图三四〇，1；彩版一四六，9、10）。

台 37B：1，下部残断，杂质较多，气孔粗；绿色，铜芯呈紫褐色。截面椭圆形，顶部不平，空心；内保留有黏土泥芯，灰白色；侧面保留有范线。残长 3.6、直径 2.2 ～ 2.6 厘米（图三四〇，2；彩版一四六，11）。

T1110 ⑥：2，下部残断，杂质较多，气孔粗；绿色，铜芯呈灰褐色。截面椭圆形，顶部不平，空心；内保留有黏土泥芯，灰黄色；侧面保留有范线。直径 2.3 ～ 2.7、高 3.5 厘米（图三四〇，3；彩版一四六，12）。

（3）块状残器　6 件。

T0803 ② C：5，块状，残断。灰白色，烧结较好，材质待考；外粘有灰褐色黏土，局部粘有绿色铜锈；内腔填黄褐色黏土。长方块状，仅存一端；中间为空腔，长方形。长 3.3、宽 2.3 ～ 2.6、厚 1.3 厘米；内腔宽 1.4、高 0.55 厘米。

T1108 ④ A：6，铜器足。锈蚀严重，绿色，铜芯呈黄铜色。扁锥状足，尖部残；两侧有范线。高 3.1 厘米。

T1208 ⑦ A：5，铜残块。锈蚀十分严重，绿色，铜芯呈紫褐色。扁平，稍厚，截面近三角形。

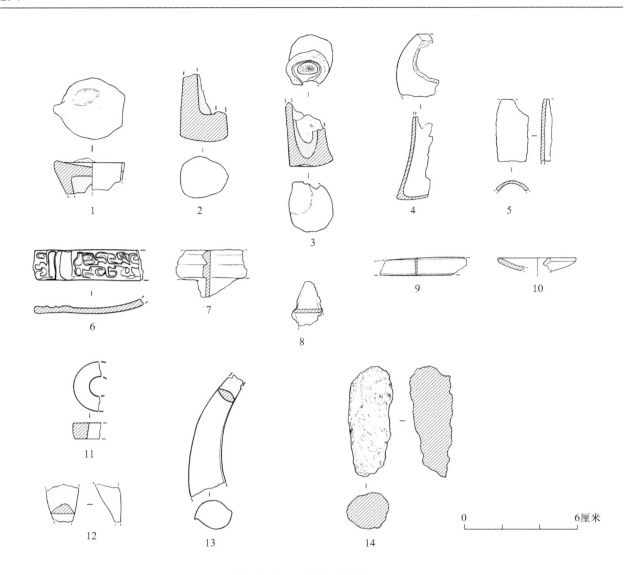

图三四〇　周代残铜器

1～3.椭圆形残器H17②：4、台37B：1、T1110⑥：2　4、5.管状残器H34③：5、T0705③：2　6～9.片状残器H74②：5、
G7②：2、T0810③B：3、T1110①：7　10、11.环状残器T0709④A：1、T0809④A：1　12、13.角状残器T0810⑤B：2、
T0908⑤B：3　14.残铜块T0905⑦：13

长2.4、宽2.7厘米。

　　H65：1，铜残块。锈蚀十分严重，绿色。大致呈三角形，形状不规则。长4.4、宽2.5厘米。

　　T1105⑥：8，铜残块。表面锈蚀，绿色，铜芯呈紫褐色。扁平，稍厚，截面呈椭圆形。长2.6、宽2.9、厚0.95厘米。

　　T0610①：2，铜残块。锈蚀十分严重，绿色，铜芯呈紫褐色。两端残断，平面呈长方形，截面呈三角形。长2.6、宽1.35、厚0.6厘米。

　　（4）管状残器　2件。

　　H34③：5，铜残器，锈蚀严重，绿色。卷曲片状，形状不规则，一侧保留有范线。块径2.5～4.6、厚约0.3厘米（图三四〇，4；彩版一四六，13）。

T0705 ③：2，铜管状器，仅存一片。表面有灰黑色包浆，光亮，局部锈蚀呈绿色，铜芯呈黄铜色。薄片状，截面弧形。残长 3.4、宽 1.7 厘米（图三四〇，5）。

（5）片状残器　23 件。

H74 ②：5，铜残片。锈蚀严重，绿色，铜芯呈紫褐色。长方形，扁平，两端残，略弯曲。正面饰羽鸟纹。长 5.8、宽 1.7、厚 0.45 厘米（图三四〇，6；彩版一四六，14）。

G7 ②：2，铜残器，疑为器物口沿。表面有灰黑色包浆，局部有绿色铜锈。扁，截面略弧，表面有两道宽凸棱。长 3.8、宽 2.6、厚 0.2 ～ 0.6 厘米（图三四〇，7）。

T0810 ③ B：3，铜残片，仅存一小片。表面锈蚀呈灰绿色。薄片状，形状不规则。块径 1.5 ～ 2.2、厚 0.2 厘米（图三四〇，8）。

T1110 ①：7，铜残片。表面锈蚀严重，呈灰绿色。狭长方形片状，扁平，两端残。通体磨光。长 4.6、宽 0.9、厚 0.15 厘米（图三四〇，9）。

T0806 ⑬：3，长 3.1、宽 1.8、厚 0.35 厘米。

T1109 ⑫ A：3，长 2.5、宽 1.8、厚 0.2 厘米。

G4 ②：16，长 2.5、宽 2.1、厚 0.3 厘米。

T0910 ⑦ A：3，长 3.3、宽 2.3、厚 0.35 厘米。

T1109 ⑧ A：3，长 1.9、宽 1.6、厚 0.45 厘米。

T1108 ⑦ B：7，长 4.7、宽 3.2、厚 0.2 厘米。

T0910 ⑦ A：8，卷曲。长 2.35、宽 1.6、厚 0.2 厘米。

T1009 ④ A：1，截面稍弧，正面起脊，轻薄，断为若干块。最大一片长 4.5、宽 2.3、厚 0.3 厘米。

T1109 ⑤ B：4，卷曲。直径 3 ～ 3.5、厚 0.3 厘米。

T0905 ④：8，长 3.3、宽 3、厚 0.4 厘米。

T0709 ③ B：1，长 1.1、宽 1.1、厚 0.35 厘米。

T0804 ④：1，长 2.9、宽 1.7、厚 0.3 厘米。

T1008 ③ B：3，长 2.8、宽 0.9、厚 0.2 厘米。

T0805 ③：11，长 2.8、宽 2、厚 0.2 厘米。

T0708 ②：5，长 3.8、宽 2.2、厚 0.3 厘米。

G6：9，卷曲。长 5.9、厚 2.2 厘米。

H17 ③：11，碎成多片。最大一片块径 1.5 ～ 2.2 厘米。

T1109 ⑥ A：12，碎成 4 片。最大一片块径 1.3 ～ 3.1、厚 0.3 厘米。

T0810 ③ B：7，块径 0.8 ～ 1.8 厘米。

（6）环状残器　2 件。

T0709 ④ A：1，圆铜片。表面有灰色包浆，局部有绿色铜锈。圆形，扁平，面弧形。直径 4.2、厚 0.3 厘米（图三四〇，10；彩版一四六，15）。

T0809 ④ A：1，锈蚀十分严重，绿色。半圆环形。直径 2.7、内孔径 1.2、厚 0.95 厘米（图三四〇，11）。

（7）角状残器　2 件。

T0810 ⑤ B：2，铜残器，表面锈蚀呈灰绿色。一面平，另一面呈弧形，纵截面呈三角形。长 2.2、宽 1.7、厚 1.2 厘米（图三四〇，12）。

T0908 ⑤ B：3，铜残器，疑为器耳。锈蚀严重，表面呈灰绿色，铜芯呈紫褐色。弯角状，由根部渐细，截面呈椭圆形。范线位于两侧中部。残长 6.6 厘米（图三四〇，13；彩版一四六，16）。

（8）残铜块　33 件。

呈灰绿色，锈蚀十分严重，形状不规则，与周边的土胶结在一起，土孔隙粗，夹木灰等杂物。小块的铜块已完全锈蚀，孔隙粗，比重轻。大块的铜块在内芯尚未锈蚀，但形状不详，一般呈紫褐色，比重大。

T1109 ⑲ B：1，块径 0.9 ～ 2.4 厘米。

T1008 ⑬：1，块径 4.6 ～ 6.6、厚约 2.7 厘米。

T1008 ⑫ A：1，长约 4.9、直径 2.4 ～ 3.1 厘米。

T1109 ⑧ A：6，块径 1.2 ～ 1.8 厘米。

T0806 ⑧：1，已锈蚀，块径 0.6 ～ 1.6 厘米。

T1009 ⑦ B：10，块径 3.7 ～ 5.1、厚约 2.1 厘米。

T1109 ⑦ B：3，长 3.4、直径 0.6 ～ 1.6 厘米。

T1209 ⑦ B：4，块径 0.9 ～ 1.6 厘米。

T1109 ⑦ A：4，块径 1.7 ～ 2.4、厚 0.7 厘米。

T1109 ⑦ A：8，块径 1.3 ～ 2.6 厘米。

T1109 ⑦ A：9，长 4.1、宽 1.7、厚 0.4 厘米。

T0905 ⑦：13，长条形，形状不规则，比重稍大。长约 6.1、直径 1.6 ～ 2.6 厘米（图三四〇，14）。

T1105 ⑥：15，块径 4.6 ～ 6、厚约 1 厘米。

T1105 ⑥：5，长约 6.6、直径约 2.6 厘米。

T1109 ⑥ A：11，块径 1.5 ～ 2.1 厘米。

T1109 ⑥ B：3，块径 2.1 ～ 2.4、厚 0.6 厘米。

台 47A ③：4，块径 1.55 ～ 2 厘米。

T1108 ⑤ B：10，块径 1.6 ～ 2.1 厘米。

T0704 ⑤：3，块径约 1.2、厚 2.1 厘米。

T1105 ④：1，块径 3 ～ 4.4、厚 1.6 ～ 2.1 厘米。

T1108 ④ A：5，置于 1 件绳纹夹砂红陶鬲足内。块径 3.1 ～ 3.9、厚 1 厘米。

H13 ②：29，块径 1.9 ～ 2.9、厚 0.8 厘米。

T0905 ④：3，直径约 2.6、厚 0.4 厘米。

T0608 ④ B：1，直径 0.7 ～ 1.6 厘米。

T1108 ④ A：1，直径 1.5 ～ 2.1 厘米。

T0608 ④ B：4，近椭圆形。直径 0.85 ～ 1.5 厘米。

T1008④B：3，与周边的黏土粘在一起。块径1.1～2.1厘米。

T1106④：1，块径2.2～2.9、厚约1.2厘米。

T0608③B：4，块径0.8～1.4厘米。

T0608③B：7，块径1.3～1.8、厚0.6厘米。

T0804②：4，与周边的木屑、黏土粘在一起。块径2～2.7厘米。

T1209②：1，块径3～3.3、厚约1.2厘米。

（9）铜渣　9件。

T1108⑬：3，锈蚀严重，绿色。形状不规则。块径1.9～2.6厘米。

G4①：1，已锈蚀，绿色。块径2.55～3.3、厚约1.6厘米。

H37：1，已锈蚀，绿色。块径0.6～1.1厘米。

T0810⑤C：1，锈蚀严重，绿色。铜渣嵌在红烧土孔隙内，形状不规则。块径1.9～4.2厘米。

T1005③：17，锈蚀严重，绿色，内芯呈紫褐色。铜渣形状不规则。块径1.1～1.7厘米。

T0810④B：5，锈蚀严重，绿色，粘有较多砂粒等杂质。形状不规则。直径1.2～2.3厘米。

T0608④A：3，锈蚀严重，绿色。直径约1.6、厚0.55厘米。

T0909④A：1，灰泛绿色，粘有较多杂质。截面呈半圆形，顶部弧形，底面稍平整。孔隙粗大，疏松，比重极轻。直径3.2～4.1、厚1.9厘米。

T1110③A：4，锈蚀严重，灰黑色。铜芯呈紫褐色，表面局部有绿色铜芯。扁平，形状不规则，表面凹凸不平，似为铜流动不均所致。块径3～6.9、厚约0.9厘米。

七　与铸铜有关的遗物

29件。有陶范、石范、鼓风嘴、坩埚等。

1.陶范

19件。

泥质红陶，胎质纯净，质地疏松，吸水率高，比重较轻，为1.06～1.23。均为拼合范，拼合面平整。

T1105⑥：4，红褐色，胎质疏松。为戈范，仅存内的一端。长条形，至端部渐窄，截面呈长方形，背面较平，圆角。范腔平面长条形，中有长方形孔，内边缘有曲折线纹。范腔有浇铸痕迹，表面灰绿色。残长13、宽6.2～7.4、厚4.5～5.9厘米（图三四一，1；彩版一四七，1）。范腔长6.4、宽3.1～3.3、深0.3厘米。

台47A③：2，浅红褐色，胎质疏松。为戈范，仅存中部一块。不规则形，背部残，侧面有两个狭长的凹窝。拼合面平整，范腔仅存援、胡、内的根部，援截面呈半个菱形，中部起脊，内截面呈长方形。残长13.1、宽6.9～9、厚5.8厘米；范腔深约0.4厘米（图三四一，4；彩版一四七，4）。

T1109⑦A：6，浅黄褐色，胎质疏松；浇口、范腔表面呈红褐色，有浇注使用痕迹。仅存一角。背面呈弧形，拼合面平整。浇口截面呈半圆形，上大下小；范腔残存一小段，近长形，扁平，甚浅，形状类似戈的内部。残长8.8、宽6.4、厚5厘米（图三四一，3；彩版一四七，3）。

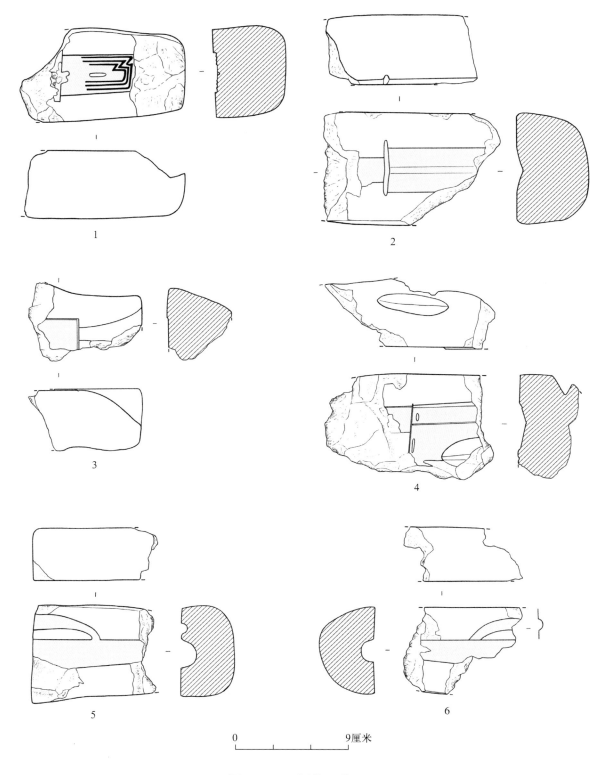

0   9厘米

图三四一　周代陶范

1～6.T1105⑥：4、T1105⑥：1、T1109⑦A：6、台47A③：2、T1208④B：1、T1109⑤B：3

T1105⑥：1，浅红褐色，胎质疏松。为剑范，仅存中部一段。长条形，弧背。范腔分为剑身、格、柄三部分，剑身截面呈三角形，中间起脊，剑格较窄，柄长条形。残长14.2、宽约9、厚5.1～5.7厘米；范腔宽3.3、深0～0.7厘米（图三四一，2；彩版一四七，2）。

T1208④B：1，红褐色，胎质疏松。仅存浇口一端。端面有一道定位线。截面圆角呈长方形，平背，拼合面平整。浇口截面呈半圆形，上大、下小；一侧有排气孔，截面呈弧形。残长9.9、宽7.1～8.3、厚4.3厘米；浇口直径2.1～2.6厘米（图三四一，5；彩版一四七，5、6）。

T1109⑤B：3，红褐色，胎质疏松。仅存浇口一端。截面呈半圆形，拼合面平整。浇口截面呈半圆形，上大、下小；一侧有排气孔，截面呈弧形。残长8.1、宽7.2、厚4.4厘米；浇口窄端直径1.9厘米（图三四一，6；彩版一四七，7）。

T1208⑧B：1，紫褐色，胎质疏松。仅存中部一段。截面近长方形，弧角，拼合面较平，范腔平面呈长方形。残长7.2、宽8.3、厚4.2厘米，范腔宽4.6、深0.6厘米（图三四二，1；彩版一四七，8）。

台12B①：1，仅存中部一段。截面呈半圆形，弧背，侧面有一道定位线；范腔表面呈灰色，有明显浇铸痕迹；平面呈长方形，截面呈梯形，中部有一道凹槽，凹槽一侧有狭长孔隙，可能是排气孔。残长7.6、宽7.5、厚4.5厘米；范腔宽2.9～3.2、深0.5～0.8厘米（图三四二，2；彩版一四八，1、2）。

台12B①：2，红褐色，胎质疏松。仅存中部一段。截面呈半圆形，弧背；范腔平面呈梯形，截面呈半圆形。残长8.9、宽9.2、厚6.4厘米；范腔直径约4厘米（图三四二，3；彩版一四八，3）。

T1208④B：2，浅红褐色，胎质疏松。仅存一段，风化剥蚀严重。长条形，截面近半圆形，拼合面、范腔棱角已平，范腔截面呈弧形，一端为长方形柄，其上有一道凹槽。残长9.5、宽4.2、厚2.7厘米，范腔宽2.3、深0.6厘米（图三四二，4；彩版一四八，4）。

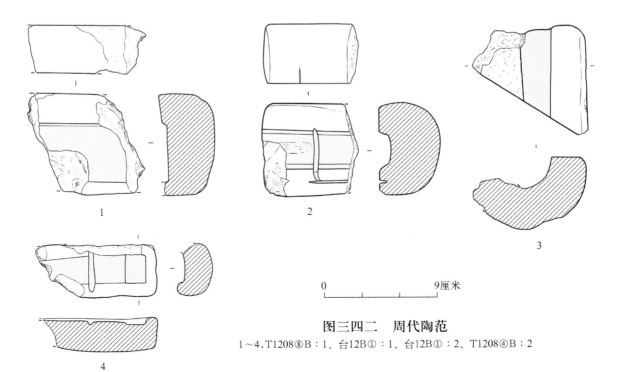

图三四二　周代陶范

1～4.T1208⑧B：1、台12B①：1、台12B①：2、T1208④B：2

T0910 ⑦ B：6，紫褐色，胎质疏松。仅存一小块。长条形，背面呈弧形，范腔截面呈弧形。残长 8.6、宽 4.2、厚 2.8 厘米（图三四三，1；彩版一四八，5）。

台 12B ①：4，红褐色，胎质疏松。仅存一端。长条形，弧背，端面有一道定位线。残长 8.8、宽 6.1 ～ 7、厚 3 厘米（图三四三，2；彩版一四八，7、8）。

台 12B ①：3，仅存一角。红褐色，胎质疏松。扁平，背弧形，拼合面平整，范腔不存。残长 10.4、宽 10.1、厚 5.6 厘米（图三四三，3；彩版一四八，6）。

T1105 ⑥：2，红褐色，胎质疏松。仅存一端，范腔不存，残存浇口，端面有一道定位线。截面呈长方形，弧背，圆角。浇口偏于一侧，外大内小，截面呈半圆形，表面有浇铸痕迹。残长 5.5、

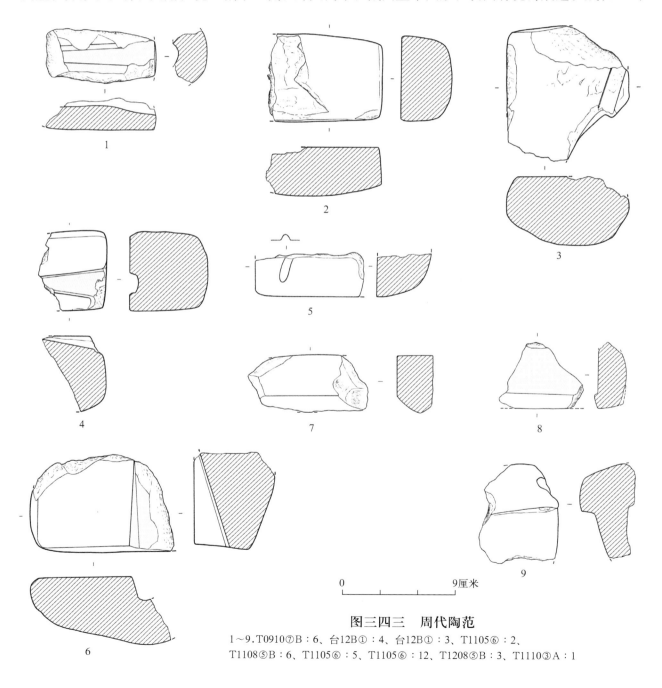

图三四三　周代陶范

1～9.T0910⑦B：6、台12B①：4、台12B①：3、T1105⑥：2、
T1108⑤B：6、T1105⑥：5、T1105⑥：12、T1208⑤B：3、T1110③A：1

宽 6.6、厚 6.2 厘米；浇口宽 1.3 ～ 2.3、深 0.5 ～ 1 厘米（图三四三，4；彩版一四九，1）。

T1108 ⑤ B：6，红褐色，胎质略疏松。仅存一角，范腔不存。背面呈弧形，拼合面平整。残长 8.9、宽 3.4、厚 4.3 厘米（图三四三，5；彩版一四九，2）。

T1105 ⑥：5，红褐色，胎质疏松。仅存一角，范腔不存，仅存浇口。形状不详，弧背。浇口外大内小，表面有浇铸痕迹。残长 11.7、宽 7.1、厚 6.3 厘米；浇口长 6.7、宽 0.5 ～ 2、深 0.5 ～ 2.8 厘米（图三四三，6）。

T1105 ⑥：12，紫褐色，胎质疏松。长条形，扁平，截面近长方形。残长 9.1、宽 4.6、厚 2.9 厘米（图三四三，7；彩版一四九，3）。

T1208 ⑤ B：3，红褐色，胎质略疏松。仅存一块，大致呈三角形。范腔扁平，形状不详。残长 6.6、宽 5.4、厚 2.5 厘米；范腔深约 0.15 厘米（图三四三，8；彩版一四九，4）。

T1110 ③ A：1，红褐色，胎质疏松。仅存一块，扁平，首部形状不规则，似为内范。残长 8、宽 6.3、厚 1.7 ～ 4.3 厘米（图三四三，9；彩版一四九，5）。

2. 石范

4 件。

T0909 ③ B：4，灰褐色砂岩。仅存一角。长条形，拼合面平整，弧背，范腔呈长方形，有两道凹槽。残长 8.5、宽 4、厚 4.2 厘米，范腔残长 8.1、宽 1.6、深 0.95 厘米（图三四四，1；彩版一五〇，1）。

T0608 ②：2，浅黄色砂岩，比重很轻。仅存一角，弧背，侧面有一周卡槽，拼合面平整，呈红褐色。残长 4.1、宽 3.3、厚 4 厘米（图三四四，2；彩版一五〇，2）。

T0707 ②：2，浅黄色砂岩，仅存一端。截面半圆形，拼合面平整，弧背。范腔平面长方形，表面有浇铸痕迹，呈褐色。残长 8.3、宽 6.1 ～ 8.3、厚 3 ～ 5.8 厘米，范腔残长 3.5、宽 3.3、深 0.3 ～ 0.6

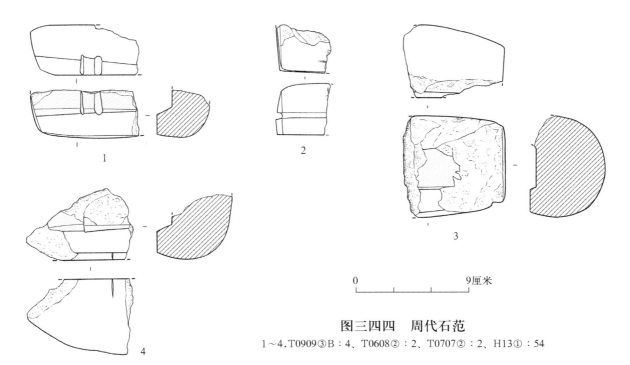

0　　　　　　　　　　9厘米

图三四四　周代石范

1～4.T0909③B：4、T0608②：2、T0707②：2、H13①：54

厘米（图三四四，3；彩版一五〇，3、4）。

H13①：54，浅黄色砂岩，仅存中部一段。拼合面平整，弧背，侧面有一道定位线。范腔表面有浇铸痕迹，呈褐色。残长 8.2、残宽 5.5、厚 6 厘米，范腔深 1 ~ 1.2 厘米（图三四四，4；彩版一五〇，5）。

3. 陶鼓风嘴

4 件。

T1109⑤B：6，泥质红陶，嘴部呈红褐色，手制。筒状，向下渐收缩，嘴部有圆形穿孔。长 6.7、直径 1.5 ~ 3.7 厘米（图三四五，1；彩版一四九，7）。

T1108⑤B：7，泥质红陶，夹细砂粒，嘴部向上表面呈灰黑色，手制。筒状，向下渐收缩，嘴部有圆形穿孔。长 6.1、直径 3 ~ 4.3、孔径约 0.6 厘米（图三四五，2；彩版一四九，8、9）。

T0810④A：9，泥质红陶，嘴部向上表面呈灰黑色，上部残。筒状，向下渐收缩，至嘴部急收，中有圆孔。残长 9.4、直径 1.8 ~ 4.5、孔径约 0.9 厘米（图三四五，3；彩版一四九，10）。

T1007③：14，泥质红陶，嘴部向上表面呈灰黑色，上部残。筒状，向下渐收缩，嘴部有圆形穿孔。残长 5.5、直径 2.2 ~ 3.5、孔径约 0.6 厘米（图三四五，4；彩版一四九，6）。

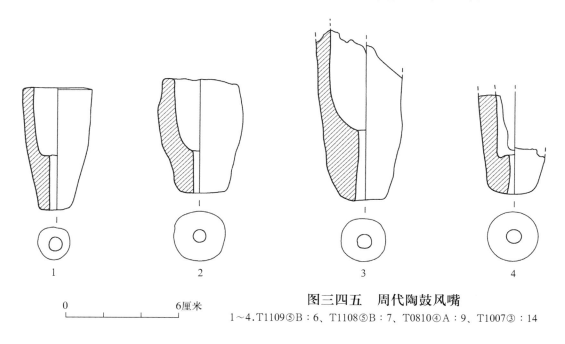

0 ⸺ 6厘米

图三四五　周代陶鼓风嘴
1~4. T1109⑤B：6、T1108⑤B：7、T0810④A：9、T1007③：14

4. 坩埚残片

2 件。

T0806⑫：9，灰白色黏土质，疏松，内壁硬结，呈灰褐色，粘有绿色铜渣。截面弧形。宽 4.2、高 3.7、厚约 1.2 厘米（彩版一五〇，6）。

T0910⑤A：5，红褐色，胎质略疏松。仅存一块，形状不规则，扁平，截面略弧。内壁弱烧结状，粘有灰绿色铜液。块径 3.4 ~ 4.7、厚 1.1 厘米。

第六章　结语

第一节　分期与年代

孙家村遗址的最下部发现有新石器时代遗存，遗存地层堆积较薄，分布较零散。遗址的再次开发使用始于西周时期，首先在遗址东侧较高的两处台地上建筑房屋，一段时间后在台地的外侧挖环壕，边缘堆筑土垣，土垣内侧堆筑土台；在长时间使用过程中，土台经多次加筑，土垣内侧地面逐步加高，总体布局保持至春秋晚期。春秋以后该遗址已废弃，台地顶部虽经耕作但破坏不大，台地外侧逐渐淤积形成了厚约 2 米的淤土，遗址周边仅发现有很少的汉代至明清时期的遗物。

一　新石器时代遗存

孙家村遗址第 ⑳ 层为新石器时代地层，分布于遗址东、西侧局部，地层较薄，发现的遗迹、遗物较少。

新石器时代遗迹仅发现灰坑 3 座，编号为 H9、H78、H80。

出土遗物较少，且十分残碎。陶器有夹砂陶、夹炭陶、泥质红陶、泥质灰陶。多素面，少数泥质红陶、泥质灰陶表面饰较宽的弦纹。可复原器形者仅数件，为陶器盖、豆、轮。残器有甗及器口沿、耳、扉棱、足、底等。出土石器有石斧、凿、锛、刀、砺石、纺轮。

台地东、西部出土的新石器时代遗物不同。

台地东区第 ⑳ 层出土夹砂陶占 32.9%，夹炭陶占 7.4%，泥质红陶占 25.5%，泥质灰陶占 34.2%。出土凿形鼎足 TG1⑳：12 与东山村 [1]M95：13 鼎足基本一致，花瓣形圈足与东山村 M4：17 杯底一致，与崧泽时期器物特征一致。

台地西区 T0805 第 ⑳ 层夹砂陶占 16.0%，夹炭陶占 22.5%，泥质红陶占 3.4%，泥质灰陶占 58.0%。出土陶甗 T0805⑳：1 及 "T" 字形、宽扁的侧装鼎（甗）足与浙江小兜里 [2]M6：30 基本一致，T0805⑳ 层浮选出的炭化物送至 Beta 实验室进行放射性碳测年，经校正后为 4460±30 B.P.，相当于良渚时期。

二　周代遗存

（一）遗迹、遗物分期

孙家村遗址的周代遗存堆筑过程分为七个阶段，根据遗物的特征分为四期（图三四六；表

---

[1]　南京博物院、张家港市文管办、张家港博物馆：《东山村》，文物出版社，2016年。

[2]　浙江省文物考古研究所、海宁市博物馆：《小兜里》，文物出版社，2015年。

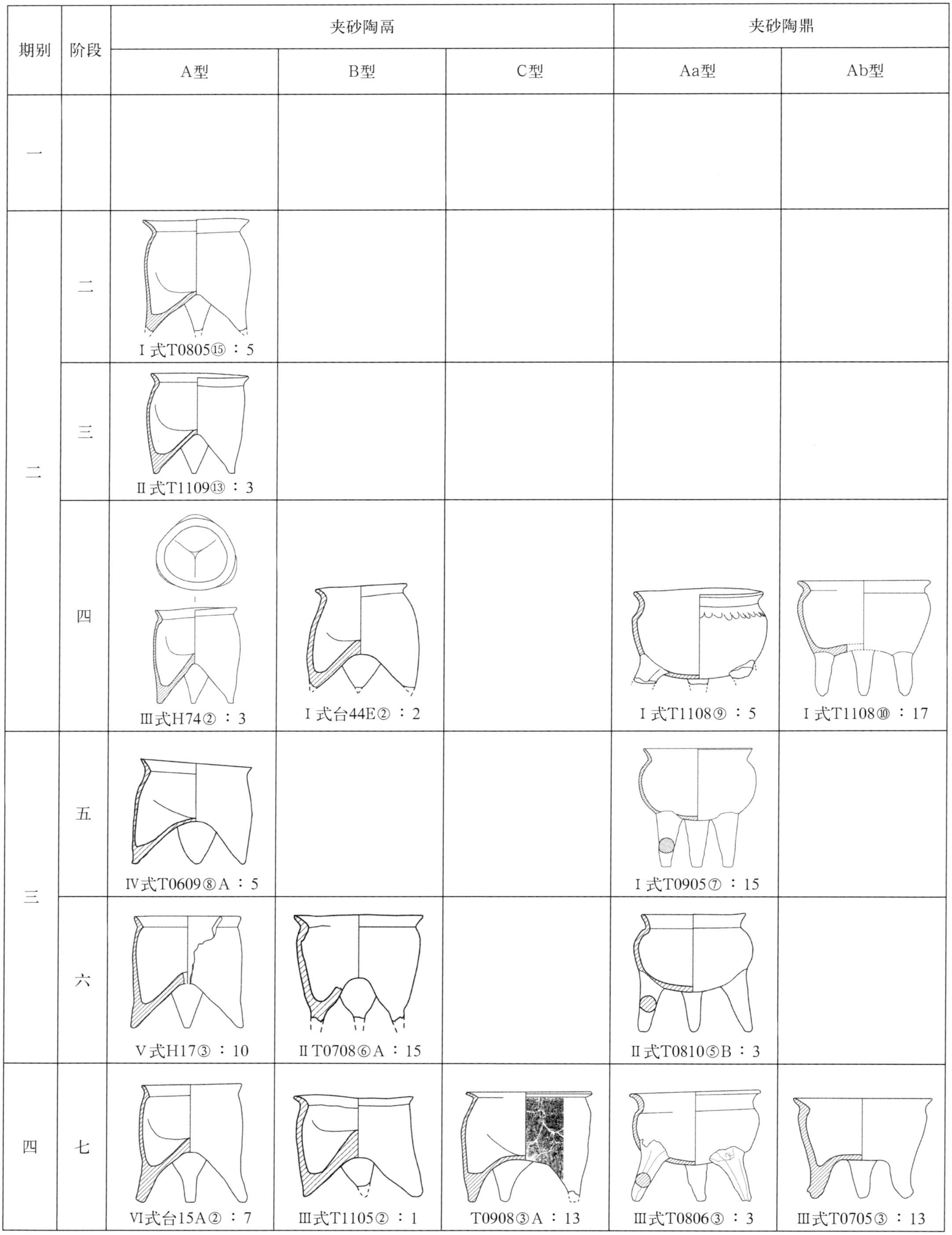

期别	阶段	夹砂陶鬲			夹砂陶鼎	
		A型	B型	C型	Aa型	Ab型
一						
二	二	I式T0805⑮：5				
	三	II式T1109⑬：3				
	四	III式H74②：3	I式台44E②：2		I式T1108⑨：5	I式T1108⑩：17
三	五	IV式T0609⑧A：5			I式T0905⑦：15	
	六	V式H17③：10	II T0708⑥A：15		II式T0810⑤B：3	
四	七	VI式台15A②：7	III式T1105②：1	T0908③A：13	III式T0806③：3	III式T0705③：13

图三四六 孙家村遗址出土典型器物分期图

期别	阶段	夹砂陶鼎		几何纹泥质陶罐			
		B型	C型	A型	B型	C型	D型
一							
二	二			 Ⅰ式T0805⑯：4		 Ⅰ式T0805⑰：4	
二	三			 Ⅱ式T0806⑫：2	 T0806⑫：7		
	四			 Ⅲ式G4①：15	 G4②：33	 Ⅱ式G4②：11	
三	五	 T0910⑦A：28		 Ⅳ式 T1108⑧A：1	 T1105⑧：4	 Ⅲ式H61②：1	 Ⅰ式 T0910⑦A：16
三	六	 T0709⑤A：5	 Ⅰ式 T1108⑤B：9	 Ⅳ式台9B④：9		 Ⅳ式T1009⑤B：3	
四	七	 T0810③：10	 Ⅱ式T1006③：10	 Ⅴ式H30②：2		 Ⅴ式 T0608④A：11	 Ⅱ式T0709③B：9

期别	阶段	泥质陶豆			硬陶坛	硬陶瓿	原始瓷、罐	原始瓷、簋
		A型	Ba型	Ca型	A型	A型		
一						I式J1②：2		
二	二	I式 T0806⑰：1			I式 T0805⑮：7	I式 T0805⑮：2		
二	三	III式 T0808⑬：1		I式 T1209⑫B：2				
	四	V式G4②：15	I式G4①：13	II式 T1108⑨：11		II式 T1209⑨：2		
三	五		II式T0905⑦：3	II式 T0910⑦B：4		III式 T1108⑦B：5		
三	六		III式T0805⑥：2	III式台28B：1	II式台 43C①：2	III式 T0810⑤B：17		T1009⑤C：10
四	七	V式H19：1	III式 T0608④A：1	III式T0905②：1	III式 T0803②C：8	V式 T1107②：1	T0708③B：3、 台14A①：2	

期别	阶段	原始瓷盆	原始瓷豆			原始瓷碗		
			A型	B型	C型	A型	B型	C型
一								
二	二		T1208⑰：3	Ⅱ式 T0806⑮：2				
	三				Ⅰ式H87②：1			
	四				Ⅲ式G4①：17	Ⅱ式G4②：18		
三	五	A型 T0806⑦：1			Ⅲ式 T1009⑦B：9	T1209⑧A：6	Ⅰ式 T1208⑦A：8	
	六	A型 台15B②：9			Ⅲ式 T0708⑥A：2		Ⅱ式 T0704⑤：2	Ⅰ式 T1009⑤B：4
四	七	B型 H13②：19				H21①：1	Ⅲ式 H13①：51	Ⅱ式 T1005③：5

七～一〇）。

二期遗存发掘面积较小，发掘探方有台地东区 T1008、T1009、T1108、T1109、T1208、T1209、T1210、TG1，台地西区 T0804、T0805 及 T0806 局部，发现的遗迹、遗物较少。第三、四期遗存发掘面积较大，分布于整个发掘区域，遗迹、遗物丰富。

1.第一期：包含第一、二两个阶段的堆筑过程

第一阶段：地层堆积为台地东区第 ⑲ 层，分布于台地东北部，夹有大量木灰；东北角地势较高的区域有房址的垫土，垫土范围较小，地势较低的区域多为使用过程中形成的堆积。

遗迹有房址 2 座，为 F1B、F3。灶坑 2 个，编号 Z7、Z10。灰沟 3 条，编号 G12、G14、

表七　孙家村遗址地层分期表

期别	阶段	台地东区	台地西区
	现代层	1	1
	间歇层	2	2
第四期	第七阶段	3A	
		3B	3
		4A、4B	4
第三期	第六阶段	5A、5B、5C、6A、6B	5、6
	第五阶段	7A、7B、8A、8B	7、8
第二期	第四阶段	9	9
		10	10
		11	11
	第三阶段	12	12
		13	13
		14	14
第一期	第二阶段	15	15
		16	16
		17	17
		18	18
	第一阶段	19A、19B、19C	
	间歇层		19
	新石器	20	20

表八　台地西区房址、土台分期表

第四期	第三期		第二期		第一期		位置
第七阶段	第六阶段	第五阶段	第四阶段	第三阶段	第二阶段		
第③层下	第⑤层下	第⑦层下	第⑩层下	第⑫层下	第⑮层下	第⑰层下	
台1A	台1B	台1C					T0805南侧
台2A	台2B	台2C	台31A	台31B	F4A	F4B	T0805东部，T0806西部
台3A	台3B	台3C					T0805北部，T0905南部
	台4A	台4B					T0806内
	台5A	台5B	台32				T0806东南角，T0807西南角
台7	台7	未发掘					T0807北部
台8A	台8B	未发掘					T0905东北角
台9A	台9B	未发掘					T0905西北角
台10A	台10B	未发掘					T0906北部，T1006南部
台11A	台11B	未发掘					T1005东北角，T1006西北角
台12A	台12B	未发掘					T1006、T1007、T1106、T1107间
台14A	台14B	未发掘					T0907南部
台15A	台15B	未发掘					T0905、T0906内
	台16	未发掘					T1005东南角
台17	未发掘						T0706内
台18	未发掘						T0706内
	台19	未发掘					T0906东南部
台20	未发掘						T0705东部
台21A	台21B						T1106西北部
台22	未发掘						T1106东北角，T1107西北角
台23	未发掘						T1107北部
台24	未发掘						T1107南部
	台26						T1106西南部
台28A	台28B						T0908西部
	台29A	台29B	台30A				T0805东南角，T0806西南角
	台33	未发掘					T1007内

表九　台地东区房址、土台分期表

第四期	第三期				第二期		第一期		
第七阶段	第六阶段		第五阶段		第四阶段	第三阶段	第二阶段	第一阶段	
第③B层下	第⑤A层下	第⑥A层下	第⑦A层下	第⑧A层下	第⑩层下	第⑫层下	第⑰层下	第⑲A层下	第⑲B层下
台6A	台6B		台6C	未发掘					
台13A	台13B	台13C							
	台25								
台27A	台27B		台34C	未发掘					
台34A	台34B	台34C	未发掘						
台35A	台35B	台35C	未发掘						
	台36								
台37A	台37B	未发掘							
	台38								
	台39A	台39B							
	台40								
	台41A	台41B							
		台42							
台43A	台43B	台43C	台43D						
	台44A	台44B	台44C	台44D	台44E	台44F	F1A	F1B	
台45A	台45B	台45C	台45D	未发掘					
台46A	台46B	台46C	台46D						
	台47A	台47B	台47C	台47D					
	台48A	台48B	台48C						
		台49							
	台50								
			台51A	台51B	台51C	台51D			
				台52A	台52B	台52C	F2		
		台53							
		台54							
	台55								
	台56								
									F3

表一○　其余遗迹分期表

期别	期别	阶段	层位关系	灰沟	灰坑	水井	灶	墓葬
台地西区	第一期	第二阶段	第⑮层下				Z5	
台地西区	第二期	第四阶段	第⑩层下					M4、M5
台地西区	第二期	第四阶段	第⑨层下	G4				
台地西区	第二期	第四阶段	第⑧层下		H35			
台地西区	第三期	第五阶段	第⑥层下		H29、H33、H37			
台地西区	第三期	第六阶段	第④层下		H36、H17、H27、H28			
台地西区	第四期	第七阶段	第③层下		H15、H18、H23、H32			
台地西区	第四期	第七阶段	第②层下		H11、H12、H13、H16、H19～H22、H24、H38			
台地东区	第一期	第一阶段	第⑲B层下		H95			
台地东区	第一期	第一阶段	第⑲A层下	G12、G14、G15	H91	J1	Z7、Z10	
台地东区	第一期	第一阶段	第⑱层下		H82、H85			
台地东区	第一期	第二阶段	第⑰层下	G11			Z8、Z9	
台地东区	第一期	第二阶段	第⑯层下		H77			
台地东区	第一期	第二阶段	第⑭层下		H84、H85、H88、H89			
台地东区	第二期	第三阶段	第⑫B层下	G9	H75、H76、H83、H87			
台地东区	第二期	第三阶段	第⑪层下		H74			
台地东区	第三期	第五阶段	第⑧A层下				Z4	
台地东区	第三期	第五阶段	第⑦B层下		H46～H52、H65、H66			
台地东区	第三期	第五阶段	第⑦A层下		H69			
台地东区	第三期	第五阶段	第⑥B层下		H61、H70、H72			
台地东区	第三期	第五阶段	第⑥A层下				Z6	
台地东区	第三期	第六阶段	第⑤B、⑤C层下		H45、H53			
台地东区	第三期	第六阶段	第⑤A层下	G7			Z3	
台地东区	第三期	第六阶段	第④B层下		H54、H55、H57、H60、H63、H68			
台地东区	第四期	第七阶段	第③B层下		H30、H44、H59、H64			
台地东区	第四期	第七阶段	第③A层下				Z2	
台地东区	第四期	第七阶段	第②层下		H26、H31、H39、H40、H43、H62		Z1	

G15。灰坑 4 个,编号 H82、H85、H91、H95。水井 1 口,编号 J1。

房址位于地势较高的区域,F1B 内部空间呈长方形,F3 内部空间呈椭圆形,柱洞较小,部分柱洞残存柱芯。灶坑紧邻房址,长方形,较浅,平底。房址周边有灰沟,长条形,通向地势较低的区域,用于排水。J1 是本遗址发现的唯一一口水井,平面呈长方形,发现用作汲水器的瓿。

第二阶段:地层堆积为第 ⑮ ～ ⑱ 层,其中第 ⑯、⑱ 层为垫土层。垫土黄色,纯净,此阶段两次堆土体量较大,层次较厚,分布范围广。

遗迹有环壕、土垣。土垣内发现房址 3 座,编号 F1A、F2、F4(A、B)。灶坑 3 个,编号 Z5、Z8、Z9。灰沟 1 条,编号 G11。灰坑 4 个,编号 H77、H84、H88、H89。

此阶段开始在台地外侧开挖环壕,环壕内侧堆筑土垣,围成近椭圆形的空间,形成了内外两重防御的小型城址布局,此布局延续至遗址废弃。房址位于土垣内侧地势较高的位置,内部空间近椭圆形,周边有圆形小柱洞;F1A 外侧有围沟 G11;灶坑位于房址内部近边缘位置。灰坑大致呈圆形,壁陡直,坑内均为一次性填土。

第一期出土陶瓷遗物中以夹砂陶为主,泥质灰陶、泥质红陶次之,硬陶较少,原始瓷极少。以台地东北角的 T1008 ～ T1210 出土遗物为例,夹砂陶占 73.5%,泥质红陶占 8.8%,泥质灰陶占13.8%,硬陶占 3.9%。原始瓷仅见几件标本。

夹砂陶器有陶鬲、鼎、甗、釜,鬲(甗)足与鼎足比例为 14 : 4。可复原器甚少,有 A 型 I 式鬲、甗腰、算,甗腰部有捺窝,均素面。

泥质红陶器均为凹圜底罐,有 A 型 I 式、C 型 I 式,纹饰以方格纹、云雷纹为主,见少量席纹,纹饰略粗、深。

泥质灰陶器有 Bb 型 I 式、D 型、E 型 I 式罐,A 型 I 式盆,B 型 I 式钵,C 型盘,A 型 I 式、II 式、Bc 型 I 式豆。陶罐、盆、盘多数胎偏褐色,表面较光滑,灰黑色;以素面为主,肩部饰较宽的弦纹;见很少量罐表面饰绳纹、方格纹。陶豆数量较多,方唇,盘壁浅直或稍内敛,圈足较高,外撇呈喇叭状。

硬陶器均为硬陶坛、罐、瓿类,坛 A 型 I 式,较残碎,仅口部可部分复原。瓿为 A 型 I 式、B 型。坛、瓿颈部短直,肩部略耸,饰折线纹、回纹、简化羽鸟纹,纹饰粗、深。罐较残碎,仅存口沿。

原始瓷器有 A 型、B 型 I、II 式原始瓷豆。盘壁浅直或稍内敛,壁外饰较宽的弦纹,喇叭状圈足。釉玻璃相较高,颜色青翠。

2. 第二期:包含两个阶段的堆筑过程

第三阶段:地层堆积为第 12 ～ 14 层,其中第 13、14 层用纯净黄土堆筑而成,堆土体量较大,层次较厚,分布范围广。堆筑层次有厚、薄,形成多个圆形或椭圆形土台形状。第 ⑫ 层为长时间使用形成的堆积,主要分布于地势较低的区域,含大量木灰。

遗迹有土台 4 个,为台 31B、台 44F、台 51D、台 52C。灰沟 1 条,编号 G9。灰坑 5 个,编号 H74 ～ H76、H83、H87。

本阶段开始出现呈圆形或椭圆形土台,应属于房屋建筑的基础。土台用纯净黄土堆筑而成,台 51D、台 52C 顶面中部发现有浅圜底坑,台 44F 顶面有 2 个长方形坑,坑内均有 1 ～ 2 层烧结面,经灼烧而形成,间有较多木灰。此段土台顶面未发现柱坑。灰沟 G9 为土垣内侧与土台之间的凹沟。

第四阶段：地层堆积为第⑨～⑪层，其中第⑪层用纯净黄土堆筑而成，此层堆土体量较大，层次较厚，分布范围广，是本遗址最后一次大范围、大体量的堆土。第⑨、⑩层为使用过程形成的堆积，主要分布于土垣、土台的斜坡面上，土质疏松，含较多木灰。

发现的遗迹有土台6个，台30A、台31A、台32、台44E、台51C、台52B。墓葬2座，编号M4、M5。灰沟1条，编号G4。灰坑1个，编号H35。

本阶段东侧土垣向内侧加宽，堆土与第⑪层相通。主要建筑基础形式仍为圆形或椭圆形土台，顶面较平整，未发现第三阶段常见的凹坑，边缘呈斜坡状。台地东部的台51C、台52B顶面出现圆形柱坑，4个一组，呈正方形分布，中心距约2米；柱坑直壁，平底，直径约0.8米，内填纯净、坚硬的黄土，未见柱芯，应为建筑基础结构。顶面有4个大柱洞的土台。第四阶段尚未普遍，处于肇始阶段，以后各阶段更为普遍，一直沿用至第七阶段。

西侧的台30、台31A边缘各发现1座儿童墓，是本遗址发现的仅有的2座周代墓葬。宁镇地区的周代居住遗址与墓地是分开的，但在一些房屋建筑边缘偶尔也发现儿童墓葬，属于一种特殊的葬俗。

第二期出土陶瓷遗物中以夹砂陶为主，泥质红陶次之，泥质灰陶次之，硬陶、原始瓷数量很少。以台地东北角T1008～T1210出土遗物为例，夹砂陶占56.3%，泥质红陶占30.1%，泥质灰陶占10.3%，硬陶占3.1%，原始瓷占0.2%。

夹砂陶器形有陶鬲、鼎、甗、釜，均素面。鬲有A型Ⅱ式、Ⅲ式、Ⅳ式；鼎有Aa型Ⅰ式、Ab型Ⅰ式、Ⅱ式；夹砂陶甗数量较少，甗腰多素面，部分表面有捺窝。

泥质红陶器均为凹圜底罐，有A型Ⅱ式、Ⅲ式、B、C型Ⅱ式、Ⅲ式；纹饰以方格纹、席纹为主，云雷纹较少，由下向上各层次中所包含的云雷纹渐少，席纹渐多。

泥质灰陶器形有陶罐、盆、钵、豆，绝大多数为素面，少量罐残片表面拍印席纹、方格纹。有罐A型Ⅰ式、Ba型Ⅰ式、Bb型Ⅱ式、C型Ⅰ式；盆A型Ⅱ式、B型Ⅰ式；钵A型Ⅰ式、C型Ⅰ式；盘A型Ⅰ式、B型；豆A型Ⅲ式、Ⅳ式、Ba型Ⅰ式、Bb型Ⅰ式、Bc型Ⅰ式、Ⅱ式、Ca型Ⅰ式、Ⅱ式；另有少量簋。

硬陶器基本为硬陶坛、罐、瓿类，第⑨层开始出现很少量盉。坛、罐大多为残片，无复原器，瓿A型Ⅰ式、Ⅱ式，坛、罐、瓿类器物颈部短直，表面拍印折线纹、回纹及少量套菱形纹，至第四阶段开始出现少量方格纹和菱形填线纹。

原始瓷器仅见原始瓷豆，不见碗、盉类平底器。豆为B型Ⅲ式、C型Ⅰ式、Ⅱ式、Ⅲ式。

3. 第三期：包含两个阶段的堆筑过程

第五阶段：地层堆积为第⑦、⑧层。本阶段的垫土层不同于之前的几个阶段，均属局部堆垫，用于堆筑新的土台或加高土台，各区域的堆积有较大差异。

此阶段发掘面积较大，发现的遗迹现象较多。有土台14个，台1C～台3C、台4B、台5B、台6C、台29B、台43D、台44（C、D）、台45D、台46D、台47（C、D）、台48C、台51A。灶坑1个，编号Z4。灰坑16个，编号H29、H33、H37、H46～H52、H61、H65、H66、H69、H70、H72。

本阶段发现长方形大土台（台6），处于遗址的中心位置，土台东北角有道路L2通向遗址外侧，道路东端被现代坑打破,道路正对环壕缺口,应为进出遗址的通道。台 6 的周边仍为近圆形的土台,但较之前的几个阶段密度明显增大。

第六阶段:地层堆积为第⑤、⑥层,堆积特征大致与第五阶段相同。

遗迹有土台 44 个,台 1B ～台 3B、台 4A、台 5A、台 6B、台 8B ～台 15B、台 13C、台 16、台 19、台 21B、台 25、台 26、台 27B、台 28B、台 29A、台 33、台 34(B、C)、台 35(B、C)、台 36、台 37B、台 38、台 39(A、B)、台 40、台 41(A、B)、台 42、台 43(B、C)、台 44(A、B)、台 45(B、C)、台 46(B、C)、台 47(A、B)、台 48(A、B)、台 49、台 50、台 53 ～台 56。窑 2 座,编号 Y3、Y4。灶坑 2 个,编号 Z3、Z6。灰沟 1 条,编号 G7。灰坑 11 个,编号 H17、H27、H36、H45、H53、H54、H55、H57、H60、H63、H68。

本阶段的遗迹布局大多延续至第五阶段。中心土台台 6 向东侧堆垫,形状不甚规整,土台北侧发现 2 座窑,Y3 有 4 个窑膛;土台东侧有大块的烧结面,台 6 以东和以西各发现 1 个圆形坑,底部有长时间灼烧。局部发现有大量红烧土,多铺垫于各土台斜坡面上。

第三期出土遗物十分丰富,以夹砂陶、泥质红陶为主,泥质灰陶、硬陶、原始瓷数量较少。较第二期夹砂陶、泥质灰陶数量减少,泥质红陶、硬陶、原始瓷数量增多。以台地东北角 T1008 ～ T1210 出土遗物为例,夹砂陶占 42.5%,泥质红陶占 40%,泥质灰陶占 8%,硬陶占 8.4%,原始瓷占 1.1%。本期出土较多青铜器及少量陶范、石范。

夹砂陶器形主要有陶鬲、鼎,另见少量釜、甗、罐、支脚。以素面为主,部分表面拍印绳纹,西区第⑦层及东区第⑦ B 层开始出现,由下向上各层绳纹占比增大,第五阶段占比约 0.5%,第六阶段占比约 8%。鬲 A 型Ⅲ式、Ⅳ式、Ⅴ式、B 型Ⅱ式、鼎 Aa 型Ⅰ式、Ⅱ式、Ab 型Ⅰ式、B 型、C 型Ⅰ式。

泥质红陶器均为圜底罐,有 A 型Ⅳ式、Ⅴ式、B 型、C 型Ⅲ式、Ⅳ式、Ⅴ式、D 型Ⅰ式。表面拍印席纹和方格纹,云雷纹数量已相当少。

泥质灰陶主要器形有陶罐、盆、钵、豆、纺轮、网坠等。多素面,仅有少部分钵肩部饰水波纹,另见很少量表面拍印席纹、绳纹、方格纹罐残片。罐有 Ba 型Ⅰ式、Ⅱ式、Ⅲ式、Bb 型Ⅱ式、Ⅲ式,盆 A 型Ⅲ式、B 型Ⅱ式、C 型、钵 A 型Ⅱ式、Ⅲ式、B 型Ⅱ式、C 型Ⅰ式、Ⅱ式、盘 A 型Ⅱ式、Ⅲ式、豆 Ba 型Ⅰ式、Ⅱ式、Ⅲ式、Bb 型Ⅰ式、Ⅱ式、Bc 型Ⅱ式、Bd 型Ⅱ式、Ca 型Ⅱ式、Ⅲ式、Cb 型Ⅰ式、Ⅱ式。本期泥质陶器胎质较致密,色偏青灰。

硬陶器形以硬陶坛、硬陶瓿类为主,硬陶碗、硬陶盂类很少。坛有 A 型Ⅱ式、B 型、瓿 A 型Ⅰ式、Ⅱ式、Ⅲ式。坛、瓿类器物颈部向长、束发展,表面拍印方格纹、席纹、菱形填线纹,折线纹、回纹数量减少,纹饰向浅细发展。

原始瓷器形有原始瓷簋、盆、钵、豆、碗、盏、盂、碟、器盖等,以豆、碗、盏、盂为主。盆 A 型、钵 A 型、B 型、豆 B 型Ⅲ式、C 型Ⅰ式、Ⅱ式、Ⅲ式、碗 A 型、B 型Ⅰ式、Ⅱ式、C 型Ⅰ式。食器中圈足原始瓷豆、泥质陶豆数量大幅减少,代之以平底的原始瓷碗、盏、盂等。

第四期:即第七阶段遗存

地层堆积为第③、④层,其中第④层为垫土层。发现遗迹有土台 28 个,台 1A ～台 3A、台 6A、台 7、台 8A ～台 15A、台 17、台 18、台 20、台 21A、台 22 ～台 24、台 27A、台 28A、台

34A、台35A、台37A、台43A、台45A、台46A。窑2座，编号Y1、Y2。灶坑2个，编号Z1、Z2。灰坑24个，编号H11～H13、H15、H16、H18～H24、H26、H30～H32、H38～H40、H43、H44、H59、H62、H64。

本期的遗迹布局延续了第三期。中心土台台6周边分布有多个小土台，大土台中部发现2座窑；小土台应属建筑基础，多个土台边坡铺垫红烧土，土台之间的低洼有数个灰坑。台地东区土垣向内侧堆土，将紧邻土垣的11个土台覆盖，形成宽大的平台。

第四期出土遗物较丰富，以陶瓷残片为主。以台地东北角T1008～T1210出土遗物为例，夹砂陶占35.6%，泥质红陶占31.3%，泥质灰陶占10.6%，硬陶占18.7%，原始瓷占3.7%。本期出土较多青铜器。

夹砂陶器形有陶鼎、鬲、甗、釜、支座。以素面为主，绳纹占比增多，约17.8%。鬲有A型V式、Ⅵ式、B型Ⅱ式、Ⅲ式、C型、鼎Aa型Ⅱ式、Ⅲ式、Ab型Ⅲ式、B型、C型。

泥质红陶主要为圜底罐，有A型V式、C型Ⅳ式、V式、D型Ⅱ式。表面拍印席纹、方格纹，云雷纹已非常少。

泥质灰陶器形有陶罐、盆、钵、盘、豆、杯、盂、器盖、纺轮、网坠。罐A型Ⅱ式、Ⅲ式、Ba型Ⅱ式、Ⅲ式、Bb型Ⅲ式、C型Ⅱ式、E型Ⅱ式、盆A型Ⅳ式、B型Ⅱ式、Ⅲ式、C型、钵A型Ⅱ式、Ⅲ式、B型Ⅱ式、C型Ⅱ式、盘A型Ⅱ式、Ⅲ式、豆A型V式、Ba型Ⅲ式、Bc型Ⅱ式、Ca型Ⅲ式、Cb型Ⅰ式、Ⅱ式、D型、盂A型Ⅲ式、B型、C型，出现绳纹泥质陶罐。

硬陶器以硬陶坛、瓿类为主，另有少量硬陶碗、硬陶盂、硬陶拍。坛A型Ⅲ式、瓿A型Ⅱ式、Ⅳ式、B型Ⅱ式。表面拍印各种几何纹饰，以席纹、菱形填线纹、方格纹为主，见少量窗格纹，纹饰浅、细。

原始瓷器数量较多，器形有原始瓷罐、盆、钵、豆、碗、盏、盂、碟、器盖等，以碗、盏、盂为主。

（二）年代推测

孙家村遗址的周代地层堆积分为垫土层和使用过程中逐渐形成的堆积，无间歇层；第一期至第四期器物的特征呈连续、渐进式的变化，因此各期年代是连续的（表一一）。

表一一　孙家村遗址各期年代推断表

年代	孙家村遗址	江苏南部土墩墓	论土墩墓分期	论浙江地区土墩墓分期	句容浮山果园	句容鹅毛岗	萧山柴岭山	其他
西周中期	一	一	二	四	一		三	母子墩
西周晚期	二	二	三	五		一 二	四	四角墩M6
						二	三	四角墩M4
春秋早期	三	三	四	六	三	四 五	五	磨盘墩
春秋中晚期	四	四	五	七	四	六	六	丹徒南岗山
			六	八	五		七	庄连山

　　有关年代判断主要依据以往的分期研究资料及发掘材料，依据的相关分期研究材料有邹厚本《江苏南部土墩墓》[1]、刘建国《论土墩墓分期》[2]及陈元甫《论浙江地区土墩墓分期》陈元甫：《论浙江地区土墩墓分期》[3]，依据的相关发掘材料有《句容浮山果园》[4]、《句容鹅毛岗土墩墓发掘报告》[5]、《萧山柴岭山土墩墓》[6]、《江苏丹徒大港母子墩西周铜器墓发掘简报》[7]、《丹徒镇四脚墩西周土墩墓发掘报告》[8]、《江苏丹徒磨盘墩西周墓发掘简报》[9]、《江苏丹徒南岗山土墩墓》[10]、《江苏镇江大港庄连山春秋墓地发掘简报》[11]。

　　第一期出土的遗物量较少。泥质红陶凹圜底，以方格纹、云雷纹为主，见少量席纹，纹饰略粗、深。硬陶坛、瓿口部较宽大，颈短直，肩部略耸；纹饰有变体羽鸟纹、折线纹、回纹，纹饰粗深，折线略曲，大致与江苏南部土墩墓第一期、论土墩墓分期第二期。出土的A型原始瓷豆与萧山柴岭山土墩墓B型Ⅱ式豆造型基本一致；B型Ⅰ式器形与大港母子墩西周墓出土的原始瓷豆及萧山柴岭山土墩墓A型Ⅱ式豆相近，根据本地区既往分期研究推测年代大致为西周中期。

　　第二期出土遗物数量较多。硬陶坛、瓿颈短直，弧肩；表面拍印折线纹、回纹及少量套菱形纹，晚段开始出现少量方格纹和菱形填线纹。原始瓷以圈足较矮的C型豆为主，年代大致为西周晚期。

　　第三期硬陶坛、瓿颈长、束，弧肩，出现方格纹、席纹、菱形填线纹，纹饰继续向浅细发展。原始瓷器数量明显增多，开始出现原始瓷碗、盏、盂类平底器，年代大致为春秋早期。

　　第四期出土的硬陶坛、瓿颈稍长、束，肩部略折，纹饰以方格纹和席纹为主，十分细密；原始瓷碗、盏腹直或略鼓，沿面窄，但未出现本地区春秋晚期最常见的平折沿盆形腹鼎、深直腹原始瓷盅。本期年代大致为春秋中、晚期，但略早于江南地区土墩墓第五期、浮山果园第六期。

　　孙家村遗址采集土壤样品109份，浮选土壤1056千克，最终获得76份周代有效植物样品，在台地东、西两组各选择从早到晚一组计13个植物种子和炭样品，由Beta实验室进行放射性碳测年，获得12个测年数据。第一期测年数据2个，分别为2710±30 B.P.、2740±30 B.P.，第四期测年数据为2400±30 B.P.。测年结果与分期研究成果总体相符，但具体到每一期年代略有差异，测年结果见表（表一二）。

第二节　　几点发掘认识

　　孙家村遗址发掘的最大收获是凭借考古层位学还原宁镇地区青铜时代一个台形遗址的平面布局及营造过程，为研究宁镇地区的聚落形态、建筑形制、社会面貌提供了新的资料。

[1]　邹厚本：《江苏南部土墩墓》，《文物资料丛刊》第6辑。

[2]　刘建国：《论土墩墓分期》，《东南文化》1989年第4、5期。

[3]　浙江省文物考古研究所：《纪念浙江省文物考古研究所建所二十周年论文集1979～1999》，文物出版社，2021年。

[4]　南京博物院等：《句容浮山果园——土墩墓群发掘报告》，文物出版社，2019年。

[5]　镇江博物馆：《句容鹅毛岗土墩墓发掘报告》，江苏大学出版社，2013年。

[6]　杭州市文物考古研究所、萧山博物馆：《萧山柴岭山土墩墓》，文物出版社，2013年。

[7]　镇江博物馆、丹徒县文管会：《江苏丹徒大港母子墩西周铜器墓发掘简报》，《文物》1984年第5期。

[8]　镇江博物馆：《丹徒镇四脚墩西周土墩墓发掘报告》，《东南文化》1989年第4、5期。

[9]　南京博物院、丹徒县文管会：《江苏丹徒磨盘墩西周墓发掘简报》，《考古》1985年第11期。

[10]　南京博物院：《江苏丹徒南岗山土墩墓》，《考古学报》1993年第2期。

[11]　镇江博物馆：《江苏镇江大港庄连山春秋墓地发掘简报》，《东南文化》2015年第3期。

表一二 孙家村遗址放射性碳测年表

分区	样品类型	样品编号	单元号	常规放射性碳年龄	期别
台地西区	稻	Beta-563076	T0705③	2400±30 B.P.	第四期
	稻	Beta-563078	台2B②	2560±30 B.P.	第三期
	稻	Beta-563079	H29③	2500±30 B.P.	第三期
	稻	Beta-563080	G4①	2700±40 B.P.	第二期
	稻	Beta-563081	T0806⑬	2720±30 B.P.	第二期
	炭	Beta-563082	T0805⑰	2740±30 B.P.	第一期
	炭	Beta-563083	T0805⑳	4460±30 B.P.	新石器
台地东区	炭	Beta-563084	台47A②	2440±30 B.P.	第三期
	稻	Beta-563085	T1108⑧A	2450±30 B.P.	第三期
	稻	Beta-563086	T1108⑩	2440±30 B.P.	第二期
	炭	Beta-563087	T1209⑫A	2560±30 B.P.	第二期
	稻	Beta-563088	T1210⑲A	2710±30 B.P.	第一期

一 孙家村遗址性质分析

宁镇地区发现的周代遗存主要有遗址和墓葬。遗址一般为墩台形，因此形象地称之为台形遗址；已发掘的台形遗址上有房址、灰坑、灰沟等遗迹；出土器物以夹砂陶器、泥质陶器、硬陶器、原始瓷器、石器为主，绝大多数为生活用具和生产工具；陶器大多是使用后遗弃在遗址内，一般较为残碎，由此可见这类台形遗址应为居住聚落遗址。墓葬和遗址是分开的，墓葬的主要形式为土墩墓；遗址上一般没有墓葬，仅个别遗址上发现少量儿童墓，大多在房址边缘。

孙家村遗址自2015年12月开始发掘，发掘显示遗址外侧有环壕，边缘发现有土垣，是小型城址的格局；遗址中部有一个长方形的大土台，其周边有数十个圆形、椭圆形小土台，这些小土台分布无规律，顶部较平坦，土台上有4个一组的大柱坑。这种布局及遗迹形式是宁镇地区台形遗址发掘中首次发现，因此推测该遗址是一座特殊功能的遗址。遗址发掘第②、③层时出土了较多的铜器。2016年5月6日，发掘者邀请了南京博物院李民昌、林留根、盛之瀚等考古专家到工地指导，考察了发掘现场，并对出土的铜器进行了鉴定，认为这些铜器相当一部分未磨制开锋的，属于半成品，该遗址应存在铸铜活动，遗址的这种特殊布局也可能与铸铜活动有关。2016年5月7日，发掘中出土了3件陶范，验证了3位专家的判断。自此以后遗址发掘中陆续发现了一些陶范、石范、坩埚残片、鼓风嘴、铜渣等铸铜有关的遗物，其中残铜器数量特别多，显示遗址上有较大规模的铸铜活动；遗址中心的台6上发现了4座窑，周边有大量红烧土。由于此遗址布局及遗迹形式特殊，并出土较多与铸铜有关的遗物，综合各方因素发掘者自2016年6月开始初步推测孙家村遗址是一处铸铜遗址。

但是，随着孙家村遗址考古发掘进一步开展，结合近年来对宁镇地区其他相近遗址的考古工作及研究进展，发掘者认为孙家村遗址的性质尚需进一步讨论。

首先，自 2018 年以来镇江博物馆考古人员对太平河流域的断山墩遗址、谢家神墩遗址、葛西遗址、南神墩遗址、东庵前遗址、东巨遗址进行了考古勘探，发现这些遗址外都挖有环壕；其中谢家神墩、南神墩、东巨遗址的边缘也发现土垣，由此可见环壕、土垣布局并非孙家村遗址所独有，而是太平河流域周代台形遗址的一种普遍形态。孙家村遗址发现的椭圆形、圆形小土台这种遗迹形式，其上一般有一组 4 个大柱坑，是一种很特别的建筑形式；考察近年来宁镇地区发掘的一些遗址，如新区东神墩遗址、句容岗下村遗址、丹阳凤凰山遗址等也发现类似的遗迹，证明这种建筑形式在本地区是普遍存在的，并非孙家村遗址独有。

其次，孙家村遗址上发现了 6 座窑（Y1～Y6）、两处灼烧坑（H28、H41），可能与铸铜有关；发掘出土半成品铜器多件，兼有残铜渣；发现铸铜所需的工具陶、石范以及坩埚、石锤等，可以说明该遗址存在铸铜活动，遗址上的先民已经具备铸造青铜器的生产能力。但遗址上发现的与铸铜相关的遗迹较少，遗物尤其是铸铜用具数量总体偏少。孙家村遗址附近的断山墩遗址及丹阳管山遗址也发现有铸铜用范，说明这一区域台形遗址上有铸铜活动并非孤例。

再次，孙家村遗址出土遗物以生活用具为主，生产用具次之，与宁镇地区的其他台形遗址基本一致。发掘出土陶瓷遗物数量较多，遗物大多为生活中常用器物，鼎、鬲、甗有明显的烧灼痕，证明遗址上有较多的人居住生活。发掘出土较多的生产工具，其中石斧、石锛、石刀、石镰类石器数量最多，可能用于农业生产；出土纺轮说明部分居民从事纺织；出土网坠可能用于捕鱼。

综上所述，推测孙家村遗址居民从事铸铜、农业种植、纺织、捕鱼等生产活动。

二　遗址布局及建筑形制的演变

1. 遗址位置的选择

孙家村遗址位于长江南岸，北距长江约 10 千米，属于太平河流域。遗址北侧和西北侧各有一条山脉，由从雩山向东沿长江南岸由粮山、青龙山、北山、乔木山、横山至五峰山、圌山；向东南由松林山、马迹山、正干山、水晶山至小黄山，属于宁镇山脉的东端。两条山脉间包夹的三角形区域是典型的丘陵地貌，整体呈西高东低的地势，至捆山河向东属于长江冲积平原，山下的流水汇入太平河通向长江。

水晶山、正干山向东北伸出多条西南至东北走向的黄土岗，孙家村遗址处于其中一条低矮黄土岗的近底部，其下为生黄土，岗地南北两侧为古冲沟。遗址选址时古冲沟已淤平，内为淤积的泥沙，顶部有薄薄一层胶泥，向东渐厚，所在区域地势较平坦，土地肥沃，适合农业生产。

太平河流域的遗址所在区域丘陵顶部海拔一般高约 10～20 米，但遗址并未选择在这些地势较高的区域，而普遍选择在地势稍低的区域。断山墩遗址、谢家神墩遗址、西葛村遗址、东巨遗址钻探显示，其外侧地面海拔均在 7.5 米左右，淤土厚度亦相似，周代地面海拔约 5.5 米。这些遗址上未发现大面积水浸层，可见此阶段无严重水患。

孙家村遗址近水而不临水，向北约 150 米有一条无名小河发源于西侧的正干山下，处于地势最低处，应为自然河流，蜿蜒曲折，逶迤向东汇入太平河。遗址的东北侧地势低洼，现仍存较多的水域，适合捕鱼作业；发掘出土陶网坠，浮选发现有较多鱼骨，证明居民曾进行捕鱼作业。

2.遗址布局

孙家村遗址第一阶段只发现零星的房址建筑，第二阶段开始挖筑环壕，堆筑土垣，框定了遗址的边界，形成了内、外两重防御的格局，所有的建筑遗存分布于土垣内，此布局延续至遗址废弃。

环壕、土垣东侧有一处缺口，位置相对应，应为遗址向外的通道。此区域仅发掘至第五阶段地面，发现一条东西向道路；但至第六阶段后由于遗址内侧垫高与土垣近平，此道路废弃。

遗址第七阶段揭示面积较大，布局较为清晰。遗址近中部有一个大土台，为整个遗址的中心；大土台周边有数十个圆形或椭圆形小土台，分布零乱无规律，土台之间有通道相通，外侧地势高低不平，土台周边地势较低呈坑状，内有倾倒的堆积。

遗址的排水未进行整体规划，近土垣处发现有一条排水沟（G7），内侧为明沟，石砌暗沟穿过土垣通向遗址之外，其余区域未见专门的排水沟。以第七阶段为例：遗址西南、西北侧的水向近中部的 H13 集中，然后向东漫溢过台 27、台 43 之间的土埂向东；而遗址东南侧的水经土垣内侧的凹沟向北汇流。

3.建筑形制的演变规律

孙家村遗址发掘中发现了较多的建筑遗存，是孙家村遗址发掘的重要收获。建筑遗存地面以上的部分已不存在，仅存基础部分，各阶段呈现不同的特点，变化规律清晰，了解各个阶段遗迹分布规律和形制演变规律对于研究宁镇地区建筑遗存有十分重要的意义，为研究宁镇地区周代社会面貌提供了新的资料。

第一、二阶段在遗址的东北侧发现有 4 座房基，房基建于遗址地势较高的位置，平面大致呈长方形或圆形，房址一周有小柱洞，直径约 0.3 米，柱洞内有木柱痕迹，紧邻房址有长方形灶坑。

第三阶段开始出现椭圆形小土台，每个小土台即为一个建筑单元，顶部直径 3.6 ～ 6 米，逐渐形成众多小土台布局，这种布局延续至第七阶段。此阶段的小土台边缘未发现柱洞，台 51D、台 52C 顶面中部为浅圜底凹坑，坑底有长期烧灼痕迹；台 44F 顶部有 2 个长条状凹坑，坑内有烧灼痕迹。本阶段建筑遗迹的周边未再发现灶坑。

第四阶段的部分土台上有 4 个一组的大柱坑，柱坑直径 0.6 ～ 1 米，直壁、平底，内填纯净、密实的黄土。柱坑位于土台的近中心位置，平面呈正方形分布，中心距仅 2 米左右。柱坑应为房屋建筑的基础结构，坑内未发现有柱痕，表面无台面使用过程中形成的使用堆积，填土坚硬，其功能类似晚期建筑中的磉墩基础，是为了增强承重能力而设置。这种柱坑第四阶段开始出现，之后各阶段成为普遍的一种形式；近年来镇江地区发掘的凤凰山遗址、东神墩遗址、丁家村遗址等多个遗址上也发现有这种柱坑，是本地区的一种特殊建筑形式。台地西区的台 30、台 31A 边坡各有一座儿童墓，是遗址上发现的唯有的墓葬。

第五至七阶段椭圆形小土台大多有 4 个一组的大柱坑，数量增加，密度增大，这种建筑形式已基本固定。

第一至四阶段建筑多用纯净黄土堆筑而成，分布于整个遗址内，范围广、堆积厚，属于整个遗址内人员整体行为。第五至七阶段用杂乱的花土堆筑而成，局部堆垫于单个土台周边，属于部分人员的行为。

孙家村遗址建筑遗存的另一个特点是传承性较强，多数建筑使用一段时间后堆土加高，成为新的建筑，但位置基本保持不变。以 T1009 内的一个建筑单元为例，此建筑于第一阶段出现，编号 F1B；第二阶段堆筑后形成新房址，编号 F1A；第三阶段堆筑成圆形小土台，编号台 44F，第四阶段堆筑一次，编号台 44E，第五阶段堆筑两次，编号台 44D、台 44C；第六阶段堆筑两次，编号台 44B、台 44A。此建筑在第一阶段出现，直至第七阶段被土垣内扩的垫土覆压废弃，在长达数百年的时间经多次加筑，建筑地面虽升高了 2 米多，但平面位置基本保持不变，说明此建筑属于某一延续的家族或家庭。

少量建筑使用一段时间后位置有所变化，如台 52 位于 T1208 西南，台 52C、台 52B、台 52A 平面位置基本保持不变，但第五阶段由于土垣向内扩后土台被土垣叠压，在台 52 向西南约 3 米的位置堆筑了新的土台，编号台 48。另有一部分土台仅存在于某一个阶段，使用一段时间后废弃，未再加筑，如台 26、台 49、台 56。

三　周代遗物分析

1. 周代遗物概述

孙家村遗址出土遗物十分丰富，大多是生产、生活中使用的器物遗弃在遗址内。主要为陶瓷器、石器、铜器。陶瓷器数量最多，大多残碎，均为生活中的实用器，有使用痕迹，使用后遗弃在遗址内。第一期至第四期器物特征呈连续、渐进式变化。夹砂陶鬲、鼎、泥质陶罐、豆、硬陶坛、瓿及原始瓷豆、碗等数量较多，从早到晚器形变化规律较为明显。石器大多为生产工具，铜器有兵器和工具两类。

夹砂陶器数量由早至晚占比渐少，主要是各类炊器，部分表面有烧灼痕迹，基本都是手制，轮修痕迹不明显。器形有鬲、鼎、甗、釜、支脚，陶片火候较低，大多无法复原。第一、二期均素面，至第三期开始出现表面饰绳纹的残片，占比逐渐增多。鬲是夹砂陶器中最多的一类器物，各期中数量均最多，第一期口沿较宽，分裆。第二期鬲足大多鼓突，足尖尖细，口沿多见呈三个相连的弧状，表面抹削平整。第四期 A 型鬲实足尖细长，出现弧裆的 C 型鬲。鼎的变化规律不明显，器形不规整，大小不一，第一、二期均为罐形，第三期腹趋浅、口沿趋平。

泥质红陶数量较多，其中绝大多数为凹圜底罐，肩部从耸肩向溜肩发展。表面拍印各类几何纹饰，纹饰深、粗向浅、细发展；第一期以方格纹、云雷纹为主，第二期后云雷纹占比渐少，多见席纹与方格纹组合。

泥质灰陶数量由第一期至第四期占比变化不大，器形有罐、盆、钵、豆、盂纺轮、网坠等。第一期器胎多偏褐色，表面灰黑色，较光滑，火候稍低；以素面为主，饰较宽的弦纹；第三期后胎多青灰色，火候较高，变形较大。豆的数量最多，变化较明显；第一期圈足外撇呈喇叭状，盘较浅，方唇；第二期豆圈足变宽、矮；第三期起口沿多外侈；第四期数量变少，出现高柄喇叭状圈足 D 型豆。纺轮各期基本都有发现，型式变化不大。网坠仅在第三、四期发现，绝大多数在台东侧的 T0910、T1109 两个探方内发现。

硬陶器从第一期到第四期数量逐渐增多。其中以坛、罐、瓿类残片为主，大多无法复原，整体器形演变的规律不明显，但可见颈、肩部变化规律，颈部由短、直向长、束颈发展；肩部由耸肩向弧肩、弧折肩变化。表面饰各类几何纹，大多饰组合纹饰；第一期表面饰折线纹、回纹、简化羽鸟纹,纹饰粗、深;第二期表面饰折线纹、回纹及少量套菱形纹,至第四阶段开始出现少量方格纹和菱形填线纹,纹饰趋浅;第三期表面饰方格纹、席纹、菱形填线纹、折线纹、回纹数量减少,纹饰继续向浅细发展;第四期表面饰席纹、菱形填线纹、方格纹,纹饰单元变小,浅、细。碗、盂类小型器第二期晚段(第四阶段)开始出现,第三、四期略增加,但总体数量较少。

原始瓷数量第一期至第四期数量渐增,第一期数量很少,第二期数量增多,第三、四数量更多。第一、二期仅见豆,第一期数量极少,豆盘壁浅直或稍内敛,饰较宽的弦纹,喇叭状圈足。釉玻璃相较高,颜色青翠。第二期数量增多,豆盘外侈,圈足较矮直。第三期开始出现碗、盏、盂类平底器,口沿按宽折沿—窄折沿下垂—方唇变化,腹部按弧腹—弧腹略鼓—直腹变化。第三期开始出现少量罐,表面饰变体羽鸟纹。

出土的石器各期均有发现,变化规律不明显。器形主要有石钺、斧、锛、刀、镰、铲、锤、镞、砺石等,绝大多数为生产工具,有使用痕迹。质地有砂岩、粉砂岩、细砂岩、硅质胶结砂岩、泥岩、花岗岩、石英岩、安山岩、英安岩、玄武岩、石灰岩、硅质灰岩、辉石岩、变质岩。

遗址出土器物与宁镇地区同时期其他遗址相比,器类、器形、纹饰演变规律一致,与本地区商代及西周早期器物一脉相承,属本地文化因素。与宁镇地区土墩墓相比,器类、器形、纹饰也基本一致,但夹砂陶器、泥质陶器占比相对较多,硬陶器、原始瓷占比相对较少。

夹砂陶素面鼎、鬲、泥质陶罐、盆、豆、硬陶坛、瓿、原始瓷豆、碗等数量较多,从第一期到第四期均有发现,其造型、纹饰的演变规律十分清晰,延续本地区商代及西周早期器物风格。与太湖地区同时期遗址相比,硬陶器、原始瓷器基本一致,但炊器以夹砂陶鬲为主,在太湖地区很少见。与皖南地区同时期遗址相比,夹砂陶绳纹鬲、泥质陶绳纹罐出现较晚,并不是本地区商代绳纹夹砂陶器的延续,而是受到皖南地区的影响;夹砂陶鼓腹罐如 T1208 ⑥:5、台 3A ①:5、台 2A:7 及泥质陶 F 型 II 式罐、D 型豆与马鞍山五担岗绳纹罐、E 型陶盆、Aa 型陶豆[1] 十分接近,是长江中下游地区文化交流互动的结果。

2.出土青铜器及铸铜遗物分析研究

孙家村遗址出土的铜器数量较多。第一期数量很少,器形为刀、镞。第二期晚段(第四阶段)数量开始增多,器形为刀、镞,并发现很少量铜渣、坩埚残片等铸铜有关的遗物。第三期铜器数量明显增多,器形为刀、剑、镞,出现陶范、鼓风嘴、坩埚等铸铜遗物。第四期铜器器形增多,有斧、锸、锛、镰、戈、刀、镞、簪等,新出现铸铜用石范。

北京大学考古文博学院与镇江博物馆合作,对孙家村遗址出土的冶铸遗物进行取样,以分析冶金遗物的材质和矿料来源,在此基础上探讨遗址冶金生产活动的性质及西周至春秋时期铸铜手工业的技术特征。

对孙家村遗址出土的青铜器及铜渣、块进行了成分、金相和铅同位素比值分析,初步判明青铜器可能来自本地的铸铜作坊。青铜器和铜渣块材质多样,西周时期即出现了铅青铜、铅锡青铜、锡青铜和含砷青铜等多种材质,春秋早期铸铜活动规模急剧扩张;春秋中期铸铜遗物减少,青铜渣块及铜器中含锡量明显上升,铅锡青铜成为主流,铅青铜及砷铜基本消失。

[1] 安徽省文物考古研究所等:《马鞍山五担岗》,文物出版社,2016年。

出土的铜渣块与铜器的铅同位素比值基本一致，且随时代同步变化。铅同位素比值指示铸铜作坊所用铅料在西周中晚期至春秋早期来自皖江南岸的铜陵、南陵地区，春秋早期以后则有所差异，可能来自皖江北岸或赣北等地。

出土的陶范疏松多孔，其中掺入大量植物性残料，材质特征独特，与同时期皖江地区陶范相似而不同于中原及汉淮各地。这类制范技术在西周时期最早见于安徽枞阳汤家墩及铜陵师姑墩遗址，体现长江下游地区的共性，并可能在东周时期逐渐影响至海岱等周边地区。

孙家村遗址的青铜器及铸铜遗物，细致地反映了西周至春秋时期吴文化铸铜技术的变迁。西周至春秋早期，孙家村铸铜作坊的铜、铅料资源及制范技术与皖江地区关系密切，但以砷铜及铅青铜比例视之，又存在与皖江地区的东西差异。春秋早期以降，孙家村与皖江南岸的资源关联减弱，青铜器的锡含量迅速升高，最终形成吴越式青铜器高锡的合金技术特色。

3. 印纹硬陶制作工艺及相关问题研究

中国科学技术大学科技史与科技考古系与镇江博物馆合作，通过对孙家村遗址出土印纹硬陶的科技分析，并结合已有该遗址原始瓷的研究成果综合对比，得出以下主要结论。

孙家村遗址出土印纹硬陶胎体呈现"高硅低铝"的特征，以 Fe_2O_3 为主要熔剂，同时也是胎体的主要着色氧化物，应是在氧化气氛中烧成；相对春秋时期而言，西周时期印纹硬陶样品胎体的原料工艺更精细，烧成温度更高，吸水率更低，烧制质量更好，印证了从春秋时期以后该地区印纹硬陶逐渐走向衰落的现象。

与该遗址出土的原始瓷对比，二者胎体化学组成特征差异明显，应采用了不同的高硅型瓷石类原料，印纹硬陶的原料中含铁量更高；其化学组成特征差异反映出两周时期镇江地区原始瓷与印纹硬陶已经完全分化，而这种工艺的分化有助于原始瓷不断发展改进，并导致了该地区印纹硬陶自春秋时期以后的衰落。

从原料和窑址的角度来看，该遗址出土的印纹硬陶和原始瓷可能来自于邻近的宜兴以及浙江萧山，德清等地的主窑址区，产地进一步的确定还有待更深入的研究。

4. 春秋时期原始瓷工艺技术研究

中国科学技术大学科技史与科技考古系与镇江博物馆合作，通过对孙家村遗址出土原始瓷胎体和瓷釉的相关科技分析，综合比较研究得到以下主要结论。

孙家村遗址出土原始瓷胎体整体呈现"高硅低铝"的特征，胎体中着色氧化物以 Fe_2O_3 为主，它也是釉中的主要呈色剂。原始瓷釉是以 CaO 为主要助熔剂的钙釉和钙 - 碱釉，同时釉料配方中含有一定比例的草木灰成分。

原始瓷胎体原料淘洗程度较精细，胎体中石英颗粒较均匀，瓷釉透明度较好，但厚薄不均；烧成温度和吸水率也不一致，有高有低，体现了各样品之间工艺技术存在一定的差异性，但有部分样品烧结程度较好，个别样品吸水率已达到成熟瓷器的水平。

总体上孙家村遗址原始瓷胎料配方较为稳定，原料来源也相对统一；釉料配方在春秋早、中期波动较大，而到春秋中、晚期釉料配方有较为明显改变且更为稳定，工艺更加进步。

5. 周代农业生产的初步考察

孙家村遗址采集土壤样品 109 份，浮选土壤 1056 千克，最终获得 76 份周代有效植物样品，样品由南京博物院专业人员进行分析研究，初步结论如下。

　　孙家村遗址出土了稻、粟、黍、小麦、大麦、大豆等农作物和黍亚科、豆科、藜属、苋属、蘸草属等杂草以及葡萄、芡实、菱角、栎果等可食用的野生植物。量化分析结果表明，孙家村遗址两周时期以农业生产为主。各种谷物在不同时期农业结构中的比重和地位并非一成不变。稻作始终是聚落重要的农业生产内容，特别是在西周中期，稻作农业占据了绝对优势。自西周晚期开始，以粟为代表的旱地作物有大幅度增长，此后三期一直延续这种发展趋势，至春秋中晚期，粟的比重已经超过水稻且二者出土概率相近。稻旱兼作是孙家村遗址两周时期的农业生产模式，期间自西周中期至春秋中晚期经历了以稻作为主到稻旱持平、乃至旱作居上的演变过程。本次孙家村遗址的分析为宁镇地区先秦时期社会经济研究进一步提供了材料。宁镇地区商周时期已经形成稳定的多品种种植制度，有多种旱地作物可供选择，不同聚落或对粟或对小麦有各自的青睐，特别是近年来小麦遗存的发现，表明小麦在这一区域的推广至少可追溯至周代。

附表一　台地西区出土遗物统计表（T0804～T0806）

期别	阶段	层位号	夹砂陶		泥质红陶		泥质灰陶		硬陶		原始瓷		合计
			数量（片）	占比	数量（片）	占比	数量（片）	占比	数量（片）	占比	数量（片）	占比	
第四期	第七阶段	③	896	42.1%	787	36.9%	201	9.4%	220	10.3%	26	1.2%	2130
		④	171	42.6%	144	35.9%	18	4.5%	65	16.2%	3	0.7%	401
第三期	第六阶段	⑤	459	57.6%	242	30.4%	44	5.5%	49	6.1%	3	0.4%	797
		⑥	58	36.3%	74	46.3%	15	9.4%	13	8.1%		0.0%	160
第三期	第五阶段	⑦	306	58.0%	150	28.4%	41	7.8%	22	4.2%	9	1.7%	528
		⑧	82	51.3%	42	26.3%	17	10.6%	16	10.0%	3	1.9%	160
第二期	第四阶段	⑨	184	61.5%	81	27.1%	18	6.0%	14	4.7%	2	0.7%	299
		⑩	104	42.3%	99	40.2%	17	6.9%	26	10.6%			246
		⑪	127	57.2%	55	24.8%	25	11.3%	15	6.8%			222
第二期	第三阶段	⑫	481	72.9%	109	16.5%	47	7.1%	20	3.0%	3	0.5%	660
		⑬	65	57.5%	28	24.8%	7	6.2%	8	7.1%	5	4.4%	113
		⑭	60	70.6%	9	10.6%	7	8.2%	9	10.6%		0.0%	85
第一期	第二阶段	⑮	123	42.6%	68	23.5%	36	12.5%	51	17.6%	11	3.8%	289
		⑯	129	65.5%	27	13.7%	23	11.7%	17	8.6%	1	0.5%	197
		⑰	557	75.8%	76	10.3%	85	11.6%	16	2.2%	1	0.1%	735
		⑱	233	75.6%	20	6.5%	50	16.2%	5	1.6%			308
间歇层		⑲	8	42.1%	4	21.1%	6	31.6%	1	5.3%			19
新石器		⑳	47	16.0%	10	3.4%	170	58.0%	夹炭陶 66	22.5%			293

附表二　台地东区出土遗物统计表（T1008～T1210）

期别	阶段	层位	夹砂陶		泥质红陶		泥质灰陶		硬陶		原始瓷		合计
			数量	占比	数量	占比	数量	占比	数量	占比	数量	占比	
第四期	第七阶段	③A	95	35.8%	83	31.3%	20	7.5%	50	18.9%	17	6.4%	265
		③B	551	32.0%	578	33.5%	203	11.8%	313	18.2%	78	4.5%	1723
		④A	549	38.6%	414	29.1%	190	13.4%	227	16.0%	43	3.0%	1423
		④B	857	36.6%	727	31.1%	196	8.4%	486	20.8%	74	3.2%	2340
第三期	第六阶段	⑤A	755	39.2%	709	36.9%	100	5.2%	326	16.9%	34	1.8%	1924
		⑤B	393	35.1%	462	41.3%	86	7.7%	142	12.7%	36	3.2%	1119
		⑤C	588	41.1%	543	37.9%	95	6.6%	178	12.4%	27	1.9%	1431
		⑥A	1400	41.8%	1497	44.7%	172	5.1%	197	5.9%	85	2.5%	3351
		⑥B	709	46.1%	434	28.2%	136	8.8%	221	14.4%	38	2.5%	1538
	第五阶段	⑦A	1365	39.5%	1386	40.1%	226	6.5%	413	11.9%	69	2.0%	3459
		⑦B	1101	30.7%	1549	43.2%	287	8.0%	630	17.6%	21	0.6%	3588
		⑧A	3525	47.8%	3025	41.0%	510	6.9%	299	4.1%	22	0.3%	7381
		⑧B	3285	46.3%	2756	38.9%	852	12.0%	173	2.4%	22	0.3%	7088
第二期	第四阶段	⑨	2990	50.0%	2152	36.0%	707	11.8%	122	2.0%	10	0.2%	5981
		⑩	1041	54.8%	735	38.7%	77	4.1%	45	2.4%	2	0.1%	1900
		⑪	724	53.7%	398	29.5%	172	12.8%	54	4.0%	1	0.1%	1349
	第三阶段	⑫A	1552	66.4%	425	18.2%	238	10.2%	117	5.0%	7	0.3%	2339
		⑫B	1057	66.2%	344	21.5%	133	8.3%	54	3.4%	9	0.6%	1597
		⑬	361	62.6%	81	14.0%	94	16.3%	41	7.1%			577
第一期	第二阶段	⑮	33	50.0%	4	6.1%	29	43.9%					66
		⑰	117	70.9%	29	17.6%	11	6.7%	7	4.2%	1	0.6%	165
		⑱	40	58.0%	11	15.9%	12	17.4%	6	8.7%			69
	第一阶段	⑲A	75	76.5%	4	4.1%	15	15.3%	4	4.1%			98
		⑲B	58	69.9%	12	14.5%	10	12.0%	3	3.6%			83
新石器		⑳	49	32.9%	38	25.5%	51	34.2%	夹炭陶				149
									11	7.4%			

附表三　夹砂陶器型式分期表

期别	阶段	鬲A Ⅰ	鬲A Ⅱ	鬲A Ⅲ	鬲A Ⅳ	鬲A Ⅴ	鬲A Ⅵ	鬲B Ⅰ	鬲B Ⅱ	鬲B Ⅲ	鬲C型	鬲D型	鼎Aa Ⅰ	鼎Aa Ⅱ	鼎Aa Ⅲ	鼎Ab Ⅰ	鼎Ab Ⅱ	鼎Ab Ⅲ	鼎B	鼎C Ⅰ	鼎C Ⅱ	釜	腰	鬲部Ⅰ	鬲部Ⅱ	甑	罐	钵	箅	支脚
第一期	一																						✓							
	二	✓																				*	✓						*	
第二期	三		✓																				✓							
	四			✓	✓			✓					*			✓	✓					*	✓	*						
第三期	五			✓	*							✓	✓				*			*			✓						*	*
	六				*	✓			✓				*	✓					✓	*		*	✓					*		✓
第四期	七					*	✓	✓	✓	✓			*	✓		✓	*		✓	*	✓	✓	✓			*	*	✓	*	✓

✓数量较多　＊数量很少

附表四　硬陶器型式分期表

期别	阶段	坛(罐)A Ⅰ	坛(罐)A Ⅱ	坛(罐)A Ⅲ	坛(罐)B	坛(罐)C	瓿A Ⅰ	瓿A Ⅱ	瓿A Ⅲ	瓿A Ⅳ	瓿B Ⅰ	瓿B Ⅱ	豆	碗	盂	拍
第一期	一					*	✓									
	二	✓					*				*					
第二期	三															
	四						*	*					*		*	
第三期	五				*		*	*	*					✓	*	
	六		✓					*	*					✓	*	*
第四期	七			✓				*		*				✓	*	✓

附表五　泥质陶陶器型式分期表

左表

器别	几何纹罐												素面罐（含绳纹）																	瓶	盆						钵						
型	A			B	C				D				A		Ba		Bb			C		D	E					A		B	C		A			B		C	A		B		C
式	I	II	III	V	I	II	III	IV	V	I	II	I	II	III	II	III	I	II	III	I	II	I	I	II		I	II	III	IV	I	II	III	II	III	I	II	II	I	III	I	II		I	II
期别	段别																																										
第一期	第一段				*									*				*						*									*										*	
	第二段	*				*					*									*				*		*													*			
第二期	第三段		√				√							√		√						√		√				√					√								√			
	第四段			√					√							√			√					√								√												
第三期	第五段							√	*		√						√			√		*		√	√					*				√			*					√	*	
	第六段		√		*			√							√		√			√			√	√	√						√			√		*		√		√		√	√	
第四期	第七段			√	√			√							√		√			√			√	√	√					*		√		√		*		*		√		√	√	

右表

器别	豆																						盘						杯								盏				器盖		高	圆陶片	鼎	纺轮						网坠
型	A					Ba		Bb		Bc		Ca		Cb		D		A		B		C	A		B		C	A		B		C		D		A		B	C					A		B	Ca		Cb			
式	I	II	III	IV	V	I	II	I	III	II	III	II	III	I	II	I	II	I	II	III	II		I	II	III	I	II	I	II	III	I	II	III	I	II	I	II	III					I	II		I	II	I	II	III		
期别	段别																																																			
第一期	第一段																			*		*				*																			*		*	*					
	第二段	*									*										*					*																											
第二期	第三段			√																√									√								*																
	第四段				√						√		√		√				√									√	√								√		*								*	*	*				
第三期	第五段				√		√		*		√			√	√		√					√		√	*		√			√			*		√			√	*	√	*	*	√			√		*	√			√	√
	第六段						√		√		√			√	√	√	√	√			√	√			*			√		√					√			√	√	√	*	√		√		√	√	√	√	*		√	√
第四期	第七段					√	√	√	√		*				√	√	√	√			√	√	*		*			√			√			√	√			√	√	√	√	√	√		√		√	√	√	√		√	√

附表六 原始瓷器型式分期表

期别	段别	鼎	器盖	碟A	碟B	盂Aa	盂AbⅠ	盂AbⅡ	盂AbⅢ	盂BaⅠ	盂BaⅡ	盂Bb	盏AⅠ	盏AⅡ	盏AⅢ	盏BⅠ	盏BⅡ	盏BⅢ	盏BⅣ	碗A	碗BⅠ	碗BⅡ	碗BⅢ	碗CⅠ	碗CⅡ	碗D	豆A	豆BⅠ	豆BⅡ	豆BⅢ	豆CⅠ	豆CⅡ	豆CⅢ	豆CⅣ	钵A	钵B	钵C	盆A	盆B	簋	罐
第一期	第一段																																								
第一期	第二段																										✕	✕	✕												
第二期	第三段																													✕	✓		✕								
第二期	第四段																															✓									
第三期	第五段					✕				✓	✓	✕	✕	✕	✕	✕	✓			✓	✓									✕			✓	✓				✕			
第三期	第六段	✕	✓	✓		✕	✓			✓	✓	✕		✓	✓	✓	✓				✕			✓							✕	✕	✕		✕	✕		✓		✕	
第四期	第七段		✓	✓	✓	✕			✓	✓	✕	✓		✓				✓	✓	✓	✓	✓	✓	✓	✓	✓						✕	✕	✕	✓		✓	✕	✕		✓

✓数量较多　✕数量很少

附表七　夹砂陶鬲足、鼎足、甗腰统计表（T1008～T1210）

期别	阶段	层位	鬲足	鼎足	甗腰
第四期	七	③A	15	7	2
		③B	29	11	1
		④A	54	29	3
		④B	21	10	
第三期	六	⑤A	97	38	3
		⑤B	64	36	2
		⑤C	58	29	1
		⑥A	117	46	2
		⑥B	37	24	1
	五	⑦A	122	86	3
		⑦B	121	56	3
		⑧A	177	82	7
		⑧B	146	45	4
第二期	四	⑨	101	32	1
		⑩	63	14	5
		⑪	53	15	5
	三	⑫A	207	9	7
		⑫B	95	6	7
		⑬	19	8	1
第一期	二	⑮	49	4	4
		⑰	14	1	
		⑱	2		
	一	⑲A	8	1	
		⑲B	6	3	

附表八　T0804～T0806器物纹饰统计表

期别	层位	夹砂陶		泥质红陶						泥质灰陶					硬陶														
		素面	绳纹	素面	云雷纹	方格纹	席纹	席纹与方格纹	绳纹	素面	绳纹	方格纹	席纹	水波纹	素面	云雷纹	折线纹	回纹	折线纹与回纹	方格纹	席纹	小菱形填线纹	大菱形填线纹	席纹与方格纹	方格纹与菱形填线纹	席纹与菱形填线纹	水波纹	叶脉纹
第四期	③	758	138	31	2	278	369	85	22	155	13	19	14		11		5	28	3	64	46	26	17	2	7	2	7	2
	④	169	2	5	1	35	83	19	1	16			2		2	1	3	17	3	17	15	3		3		1		
第三期二段	⑤	440	19	14	11	122	79	16		41	1		2		6		2	22	7	1	8	1			1	1		
	⑥	56	2	2	1	23	42	6		15							1	8	1	1	2							
第三期一段	⑦	305	1	1	9	57	74	9		30		3	8		7		6	2	1	5				1				
	⑧	82		1		37	4			17					1		2	7	5					1				
第二期二段	⑨	184		2	8	66	4	1		18							1	6	6									
	⑩	104		6	33	53	6	1		16	1						1	1		13	6	4		1				
	⑪	127		1	14	37	1	2		17		8			1		4	6	3					1				
第二期一段	⑫	481		14	23	65	5	2		42	1	4			2	2		12		4								
	⑬	65		3	1	23	1			4		3						2		4	2							
	⑭	60			1	8				4		3								2	7							
第一期二段	⑮	123		3	15	50				29	3	4			2		2	25		8	14							
	⑯	129				3	24			19	3	1					1	13		2								
	⑰	557		3	16	78				76	1	8			1	2	3	2		4	4							
	⑱	233		4	2	14				46		4					1	1		3								
间歇层	⑲	8	3			1				5	1							1										
新石器	⑳	47	8		凸弦纹 2					170					素面 61	凹弦纹 4	刻划纹 1											

注：⑳（新石器）层右段为“夹炭陶”，列名分别为 素面、凹弦纹、刻划纹。

附表九　T1008～T1210器物纹饰统计表

期别	阶段	层位	夹砂陶			泥质红陶							泥质灰陶					硬陶															
			素面	绳纹	凸弦纹	素面	云雷纹	方格纹	席纹	席纹与方格纹	水波纹	绳纹	素面	绳纹	席纹	方格纹	水波纹	素面	云雷纹	套菱形纹	折线纹	回纹	折线纹与回纹	方格纹	席纹	小菱形填线纹	大菱形填线纹	席纹与菱形填线纹	方格纹与菱形填线纹	水波纹	变体鸟纹	重回纹	窗格纹
第四期	七	③A	69	26		9		28	39	2		5	19				1	4			5	1	1	13	8	6	7	1		3	1		
		③B	469	82		23	6	221	245	37		46	162	16	14	11		36			13	46	18	66	44	35	45	4	2	3			1
		④A	426	123		59	10	205	75	12	3	50	168	20	2			47			12	20	6	46	34	46	2	2	2	4	6		
		④B	670	187		41		310	324	36		16	164	12	12	8		33			25	86	13	162	61	72	24			6	4		
第三期	六	⑤A	642	113		53	2	243	330	48		33	84	7	9			14	1		8	62	20	114	34	51	7	1	2	8	2	2	
		⑤B	346	47		28	2	146	213	49		24	77	4	4		1	6			19	19	3	59	24	6		1		2		1	
		⑤C	555	33		32	4	241	215	51			78	5	11	1		31			10	48	2	57	2	19		5			4		
		⑥A	1317	83		66	1	602	681	133		14	145		24	3		6			4	32	11	86	25	11	7			9	6		
		⑥B	657	52		26	2	153	210	43			84	41	4	7		21			15	43	18	75	14	24	2	4	4		1		
	五	⑦A	1344	21		37	3	428	809	106		3	214	6	4	2		36			28	81	16	123	21	83		15	3	1		6	
		⑦B	1071	30		74	6	722	485	262			240	5	38	4		41			29	125	23	213	30	126	13	2	9	9	4	6	
		⑧A	3525			134	16	1035	1569	271			473	32	5			12			21	123	32	54	16	41							
		⑧B	3285			104	15	1113	1392	126		6	802		50			19			21	105	16	9							2		1
第二期	四	⑨	2990			91	36	997	882	146			684		19	4		30			15	51	20	2		4							
		⑩	1041			10	40	473	206	6			71		6			2			3	25	7	3		5							
		⑪	724			19	55	279	42	3			161		8	3		10	3	4	3	1	20	13									
	三	⑫A	1552			18	55	293	48	11			236		2			14	5	5	20	64	9										
		⑫B	1057			20	75	216	33				130		3			4		1	8	27	13									1	
		⑬	361			11	21	44	5				92		2			8	6		3	25	2										
第一期	二	⑮	29		4	3		1					29																				
		⑰	117			2	10	16			1		11								3	4											
		⑱	40			1		9	1				12								2	3											
	一	⑲A	75					3	1				15								1		1	2									
		⑲B	58			4		7	1				10									1	2										
新石器	一	⑳	49				凹弦纹 34	凸弦纹					43		凸弦纹			夹炭陶 素面 11															

附录一　孙家村遗址出土青铜器及铸铜遗物的分析研究

张吉、何汉生、徐征、田建花、陈建立 ★

孙家村遗址位于江苏省镇江市新区丁岗镇，为镇江大港周代遗址群中较为典型的台形遗址。台地面积约 8000 平方米，外侧环绕环壕。2015 ～ 2018 年，南京博物院及镇江博物馆在此发现了丰富的铸铜遗存，出土铜渣块、陶范、鼓风嘴等铸铜遗物及大量青铜残件 [1]。孙家村遗址周代遗存可以分为四期，根据出土陶瓷器及青铜器形制判断，四期绝对年代分别大致对应西周中期、西周晚期、春秋早期和春秋中期。遗址前三期又可细分为前后两段，共包括年代相续的四期七段，历时三百余年，为了解周代长江下游地区铸铜技术提供了难得的材料。

2018 ～ 2020 年，北京大学考古文博学院与镇江博物馆、南京博物院合作，对孙家村遗址出土的青铜器及冶铸遗物进行三次观察及取样，以分析其材质和矿料来源，在此基础上探讨遗址冶金生产活动的性质，并归纳西周至春秋时期吴文化核心地域铸铜业的技术与资源特征。

一　实验分析结果

本文分析样品共 150 件，包括 104 件青铜器、37 件铜渣块、2 件铜器泥芯、3 件陶范、1 件坩埚壁及 4 件炉壁。选择适当的样品进行显微组织形貌观察、元素成分及铅同位素比值进行分析。铜块外观多为块状或棒状，形状多不规则，常粘附厚层铜渣，部分样品表面还粘附木炭或烧土。

（一）实验仪器、条件及结果

青铜器、铜渣块、陶范及炉壁样品经镶嵌、打磨、抛光后，以北京大学考古文博学院科技考古实验室 Hitachi TM3030 超景深电子显微镜观察形貌，并以 SEM-EDS（扫描电镜联用能谱）进行成分分析，信号采集时间为 90 秒，结果见表 1 ～ 4。青铜器及铜渣块样品以北京大学考古文博学院冶金考古实验室的上光 13XF-PC 型金相显微镜拍摄金相组织照片。

青铜器及铜渣块样品以王水溶解，稀释后加入 Tl_2SO_4 溶液作为内标 [2]；利用北京大学地球与空间科学学院造山带与地壳演化教育部重点实验室的 VG Axiom 型 MC-ICP-MS（多通道接收 - 电感耦合等离子体质谱仪）完成铅同位素比值测定，$^{207}Pb/^{206}Pb$ 比值误差不高于 0.05%。结果列于表 5。

★ 张吉，北京科技大学科技史与文化遗产研究院；何汉生，浙大城市学院；徐征，镇江博物馆；田建花，南京博物院；陈建立，北京大学中国考古学研究中心。

[1] 南京博物院、镇江博物馆：江苏镇江市孙家村遗址2015～2016年发掘简报，《考古》2018年第6期。

[2] 崔剑锋、吴小红：《铅同位素考古研究》，文物出版社，2008年，第57页。

表1　孙家村遗址出土青铜器合金成分分析结果

期段	实验室编号	器物号	器物名	元素质量分数/%								
				O	S	Cu	Sn	Pb	As	Si	Fe
一期二段	212108	T0806⑮：1	刀	0.7	0.2	87.5	11.1	0.6			
二期三段	212232	T1109⑬：1	镞	16.1	2.6	33.3	27.9	16.7	2.6	0.6	0.2
	212233	T1109⑬：2	镞	23.5		10.2	62.4	1.4		0.7	1.4
	212295	T1209⑫B：8	镞	23.0	1.6	21.5	46.1	4.3		0.9	2.4
	212264	T1009⑫A：2	铜片	1.7	0.4	73.4	7.9	15.5	0.5	0.5	0.1
	212288	T1009⑫A：3	铜片	1.0	1.2	84.0	6.7	6.4		0.7	
	212287	H74②：5	铜条	0.9	0.5	81.9	13.2	3.2		0.2	
二期四段	212242	T1209⑪：1	刀	3.6	1.5	84.8	2.3	7.8			0.1
	212290	T1108⑩：9	刀	3.7	0.6	78.8	13.9	3.0		0.1	
	212231	T1108⑨：4	镞	6.0	0.4	75.5	13.7	2.7	1.4	0.3	0.1
	212291	T1108⑨：22	刀	14.2	0.9	53.0	16.6	12.3	1.2	0.4	0.6
三期五段	212230	T1108⑧B：1	镞	16.9	0.2	44.7	28.6	8.2		1.5	
	212154	T0609⑧A：1	镞	20.6	1.9	31.0	7.1	35.0	3.2	0.7	
	212155	T0609⑧A：2	镞	17.1		28.8	47.1	2.8	1.4	0.8	
	212228	T1108⑧A：2	镞	11.5	0.4	63.9	18.0	5.0	0.7	0.5	
	212220	T1109⑦B：1	残剑	13.9	1.2	46.0	27.5	10.3		0.7	0.4
	212229	T1008⑦B：2	镞	9.7	1.2	49.4	24.4	12.8	1.4	0.2	
	212254	T1209⑦B：3	镞	1.6	0.6	80.9	9.8	6.7		0.4	0.1
	212221	T1008⑦A：3	刀	8.4	0.2	63.2	25.7	1.6	0.2		0.1
	212223	T1109⑦A：10	刀	11.0	0.2	65.1	13.3	9.6		0.7	
	212253	T1208⑦A：4	镞	16.0	0.5	38.1	41.9	2.3		0.4	0.8
	212255	T0910⑦A：12	镞	0.6	0.5	81.2	12.3	4.9			0.4
	212153	T0609⑦A：1	镞	1.2	0.4	90.0	0.2	5.4	2.6		0.1
	212131	T0609⑦A：3	刀	0.5	0.3	91.9	3.0	4.3			
	212263	T0910⑦A：3	铜器	1.7	0.4	83.8	9.8	4.3			0.1
	212261	T1208⑦A：5	方形铜器	9.6	1.7	65.0	7.0	15.9	0.7		
	212262	T0910⑦A：8	铜片	11.7	2.0	56.2	17.5	12.4		0.2	
	212102	T0707⑦：1	刀	16.0	0.4	43.0	30.4	7.8	1.0	1.0	0.3
	212111	T0905⑦：14	刀	11.0	2.8	67.7	4.8	12.6	1.0	0.1	
	212140	T0905⑦：14	铜片	0.8	0.3	87.4	8.8	1.5	1.1		
	212219	H65：1	铜器	13.8	0.9	52.7	18.9	11.3		0.9	1.0
	212156	台6C：3	镞	16.7	0.7	29.7	42.2	9.3	0.7	0.6	
	212256	台6C：5	镞	0.4	0.4	78.5	18.3	2.3			0.2

	212104	T0609⑥B：2	刀	11.5	1.1	65.9	15.9	5.5		0.1	
	212157	T0609⑥B：4	镞	11.1	0.4	70.2	11.6	4.9	0.7	0.3	0.8
	212252	T0909⑥A：1	镞	9.6	0.5	40.0	34.1	13.8		0.3	1.7
	212246	T0910⑥A：2	锥	0.4	0.1	81.5	15.1	2.9			
	212237	T1109⑥A：8	残铜器	0.2	0.1	86.2	12.3	1.2			0.1
	212166	T1105⑥：8	镞	0.6	0.4	80.6	14.8	3.6			
	212235	T1110⑥：2	铜器	1.1	0.3	76.4	20.3	1.7		0.2	
	212123	T0710⑤C：2	铜器	0.9	0.7	88.9	0.3	8.8		0.3	
	212227	T1109⑤C：2	镞	17.1		32.3	43.3	2.8		1.3	0.5
	212285	T0908⑤B：3	角状器	17.6	0.6	31.1	39.8	8.1	1.0	1.1	0.4
	212222	T1109⑤B：1	刀	17.6	0.1	10.1	49.2	19.2		1.4	0.4
	212152	T0609⑤A：6	镞	16.4	0.6	63.3	11.4	5.3	1.5	0.9	0.6
	212136	T0708⑤A：1	铜饰	0.6	0.4	87.4	8.5	3.0			
三期六段	212251	T0910⑤A：2	镞	0.4	0.5	79.9	12.7	5.7		0.2	0.6
	212245	T1209⑤A：1	锥	16.8	1.1	52.7	24.9	2.0	1.0	1.0	0.5
	212112	H17③：1	刀	21.5	0.5	11.2	50.0	12.0	0.8	1.2	0.9
	212144	H17③：11	残铜器	18.3	1.0	8.6	42.1	24.2		1.4	0.4
	212163	H17②：3	镞	0.7		96.0		1.1	2.2		
	212138−1	H17②：4	残铜器	10.6	1.2	65.2	5.0	16.6			
	212217	T1110⑥：2	鼎足	11.1	1.6	70.4	0.4	16.4		0.2	
	212110	台9B④：1	刀	2.0	1.2	84.4	3.3	6.4	2.7		
	212116	台26②：1	刀	0.9	0.2	81.8	15.6	1.4			
	212167	台26②：2	镞	3.9	0.4	65.9	27.5	0.7		0.4	0.7
	212137−1	台37B：1	器足根	9.9	2.3	71.0	0.1	13.1	2.8		0.9
	212257	台45B②：1	镞	0.9	0.6	82.5	8.9	6.2		0.6	0.3
	212258	台47A③：1	镞	0.3	0.2	85.1	12.6	1.8			
	212267	G7②：2	铜器	22.6	10.5	56.2	0.3			2.7	7.6
四期七段	212165	T1008④B：2	镞	0.9	0.4	73.0	22.3	3.4			
	212241	T1208④B：3	刀	8.5	0.4	90.3				0.7	0.2
	212141	T0709④A：1	环形饰物	21.8	0.3	13.3	53.7	5.4	0.5	1.4	1.8
	212169	T1008④A：1	锥	0.6	0.2	74.7	22.1	2.3		0.1	

期段	实验室编号	器物号	器物名	元素质量分数/%							
				O	S	Cu	Sn	Pb	As	Si	Fe
四期七段	212125	T1009④A：1	铜片	0.5	0.2	79.2	17.9	2.2			
	212292	T1108④A：3	犁	4.0	0.8	67.8	18.7	8.6			0.1
	212218	T1108④A：6	扁足铜器	0.5	0.1	80.2	17.7	1.3			0.2
	212135	T0803④：1	铜条	0.8	0.1	96.0	2.7	0.4			
	212105	T0804④：1	刻刀	0.6	0.3	78.7	19.0	1.1			0.4
	212160	T0804④：1	镞	12.3	1.0	52.6	18.9	14.3		0.5	0.4
	212101	T0608③B：5	刀	0.6	0.2	74.0	23.6	1.4			0.2
	212133	T0609③B：2	铜棒	16.3	0.9	35.0	29.5	15.0		1.4	
	212122	T0709③B：1	铜片	13.9	1.4	7.7	49.2	27.5		0.3	
	212103	T0709③B：1	刀	0.8		85.9	11.7	1.6			
	212164	T1008③B：6	镞	0.8	0.8	80.2	15.2	3.0			
	212225	T1009③B：1	镞	0.5	0.2	83.2	13.6	2.1	0.4		
	212249	T0910③B：1	镞	0.4	0.6	75.3	22.4	1.1			0.2
	212161	T0908③A：5	镞	1.5	0.2	79.6	15.5	2.5	0.8		
	212240	T0910③A：1	刀	1.1	0.2	79.1	16.7	2.9			
	212248	T0910③A：3	镞	12.4	0.9	56.4	7.9	21.4		0.5	0.6
	212121	T0705③：2	铜器	0.6	0.2	78.2	19.9	1.1			
	212107	T0805③：18	刀	15.0	2.2	4.3	46.3	31.6		0.3	0.2
	212132	T1005③：3	簪形铜器	0.4	0.3	85.7	11.9	1.6			0.2
	212124	T1005③：3	铜器	0.8	0.4	76.2	20.8	1.0			
	212162	T1005③：9	镞	15.9	1.4	8.4	43.2	28.9		2.2	0.2
	212168	T1005③：11	铜条	0.7	0.1	93.4	4.9	1.0			
	212114	T1106③：5	刀	8.3	2.2	1.1	22.9	60.0		0.2	
	212115	T1106③：5	刀	11.3	0.5	52.9	30.0	5.3		0.2	
	212159	T0803②C：1	镞	11.4	1.4	61.0	20.0	5.9		0.1	0.1

四期七段	212130-1	T0803②C：5	方形铜器	0.9	3.6	71.0		23.7		0.4	0.4
	212158	T0803②B：3	镞	1.2	0.2	79.5	14.4	4.6			
	212139	T0708②：5	铜片	1.2	0.4	88.4	7.1	2.9			
	212106	T0805②：1	刀	0.8	0.3	75.2	21.8	1.8			
	212128	T0804②：3	锛	1.3	0.6	86.5	3.7	4.5	3.2		0.1
	212127	T0806②：1	戈	14.8	0.2	31.5	47.1	3.4	0.8	0.6	0.1
	212244	H13①：17	斧	8.9	0.5	65.0	21.3	3.6	0.5	0.2	
	212286	H13①：19	锯镰	1.9	0.2	72.5	23.0	2.3		0.2	
	212129	H13②：5	斧	0.8	0.2	78.6	18.5	1.9			
	212109	台3A②：2	刀	0.8	0.2	89.1	9.1	0.9			
	212134	台12A①：2	铜饰	0.4	0.2	89.3	9.0	0.9			0.2
晚期单位	212260	T0610①：2	铜器	1.5	0.1	93.1	2.2	2.0	1.1		
	212236	T1110①：7	铜器	0.1	0.2	77.8	20.5	1.4			
	212243	G6：1	刀	1.8	0.8	88.2	5.2	3.7			0.3
	212117	采集：1	刀	2.9	0.6	69.0	22.0	5.4			

（二）孙家村遗址出土青铜器的合金技术

本次分析了孙家村遗址出土的 104 件青铜器，其中明确出于周代遗迹单位者共 100 件。G7②：2 及 T1208④B：3 两件器物仅余锈蚀，其余 98 件器物的成分测值均可用于定性判断合金材质。孙家村出土青铜器具有较为丰富的材质类别，以铅锡青铜占比最高，并可见铅青铜、铅砷青铜、锡青铜、铅锡砷青铜等多种合金。若以 2% 合金元素测值作为划分材质的阈值，则铅锡青铜共 66 件，占 67%，锡青铜 23 件，占 23%，其余各类合金的样品均不超过 4 件。孙家村遗址自西周至春秋均可见砷铜，但 As 含量均不超过 4%。若以 2% 测值为阈值，则各类含砷样品共 7 件，占 7%（表 6）；若以 1% 为阈值，则各类含 As 样品有 17 件，占 17%（表 7）。

孙家村遗址出土青铜器在春秋早中期发生较为明显的材质转变，各类砷铜趋于消失，锡青铜则逐渐增多。若以 As 含量 1% 为阈值，则西周晚期至春秋初年各类砷铜占比可达三分之一，春秋早期晚段占比约四分之一，春秋中期急剧减少至仅余 3%。锡青铜的比例自两周之际至春秋中晚期则有明显上升。西周晚期至春秋早期，Pb 含量测值低于 2% 者约为 10% ～ 20%，至春秋中期上升至 36%。

表2 孙家村遗址出土熔炼铜合金块成分分析结果

期段	实验室编号	器物号	样品类别	分析区域	O	S	Cu	Sn	Pb	As	Si	Fe	Ca	熔炼产品合金材质
一期一段	212269-2	T1109⑲B：1	粘渣铜块	金属区域	18.3	0.8	26.5	33.6	18.5	0.6	1.0	0.7		铅锡青铜
二期三段	212270	T1008⑬：1	大铜块(附干炉壁)	合金区域	10.3	0.3	3.5		73.7		2.7			铅青铜
	212289	T1108⑬：3	粘渣铜块	玻璃相	30.3	0.3	7.6		18.4		26.1	3.8	1.1	铅青铜
				锈蚀区域	36.4	0.1	20.6			8.0	20.2	8.4	0.7	砷青铜
二期四段	212188-1	G4①：1	铜渣块	金属区域	8.9	0.8	90.4				0.5	0.2		铅青铜
				熔炼渣面扫	31.1	0.6	40.6		6.6		7.4	8.1	0.9	
	212189	G4②：16	粘渣铜块	金属区域	25.9	0.6	42.0	14.9	11.4	1.7	0.9	0.5		铅锡砷青铜
				富砷相	30.5	0.1	12.1		0.6	23.5	3.1	27.6	1.8	
三期五段	212186	H37：1	铜渣块	金属相	1.6	0.4	63.5	32.7	1.2		0.4	0.6		铅锡青铜
				熔炼渣	27.6	0.6	3.0	7.0	15.2		5.6	28.8	5.9	
	212192	T0905⑦：13	铜渣块	金属锈蚀	10.5	0.4	85.4	0.3	1.9	1.0	0.2	0.2		铅砷青铜
				熔炼渣面扫	22.3	0.6	63.4		8.8	4.6	0.2			
	212196	T1009⑦B：10	铜渣块(附干炉壁)	金属区域	1.6	0.6	92.6	0.6	2.2	2.0	1.0			铅锡青铜及铅锡青铜(低锡)
				面扫	5.5	0.3	76.1	2.5	9.3		4.8	0.2		
	212272	T1009⑦B：10	粘渣铜块	熔炼渣面扫	22.9	0.8	4.5	49.5	12.9	0.3	4.8	1.5		铅锡青铜
	212271	T1108⑤A：1	粘渣铜块	熔炼渣面扫	16.8	4.1	23.2		51.7		3.7	0.3	0.9	铅青铜
	212277	T1108⑤B：10	铜渣块	熔炼渣面扫	9.7	0.4	43.9	22.7	19.5		0.2			铅锡青铜
三期六段	212197-1	T1105⑥：3	片状铜渣块	面扫	17.2	0.4	49.7	10.7	10.7	0.9	8.5			铅锡砷青铜
	212197-2	T1105⑥：5	片状铜渣块	面扫	24.6	0.4	5.6	0.5	29.8		23.3	2.2	3.6	铅青铜
	212275	T1109⑥B：2	片状铜渣块	金属区域面扫	9.8	0.4	86.4		2.4		0.7	0.4		铅锡青铜(低锡)
	212199	T1105⑥：15	铜渣块	熔炼渣面扫	22.9	4.1	39.6	8.2	17.0		3.3	5.0		铅锡青铜
	212181	T0608③B：4	铜渣块	金属相	2.7	0.7	84.0	9.0	3.6		9.6	1.0	3.6	铅锡青铜
	212182	T0608④A：3	铜渣块	面扫	26.8	0.5	29.2	17.8	10.2					铅锡青铜
	212187	T0804②：4	铜渣块	面扫	18.6	1.7	29.2	36.6	10.8	1.9	0.4	0.8		铅锡砷青铜
四期七段	212191	台3A②：2	铜渣块	金属锈蚀	10.7	0.1	73.5	14.4	0.9		0.4	0.1		锡青铜
	212280	T1110③A：2	片状铜渣块	面扫	15.9	0.4	39.1		26.3		13.2	1.0	0.7	铅青铜
	212281	T1110③A：1	片状铜渣块	面扫	17.8	1.0	10.3	32.9	21.5		7.9	0.7		铅锡青铜
	212283	T0910④B：3	片状铜渣块	面扫	30.9	1.1	6.8	11.2	12.2		11.3			铅锡青铜

表3 孙家村遗址出土其他合金块成分分析结果

期段	实验室编号	器物号	材质	元素质量分数/%						
				O	S	Cu	Sn	Pb	Si	Fe
一期一段	212269-1	T1109⑲B：1	铅青铜	9.5	0.5	84.2	0.4	5.3		
二期四段	212188-2	G4①：1	铅锡青铜（低锡）[1]	6.1	0.9	80.5	4.6	7.7		0.2
	212294	T1208⑪：1	铅青铜	10.2	1.1	79.0		8.2	0.2	0.9
三期五段	212273	T1209⑦B：4	铅锡青铜	3.8	0.4	78.2	15.3	2.2	0.2	
	212274	T1109⑦A：4	铅锡青铜	11.3	1.2	73.4	6.3	7.2	0.3	0.3
三期六段	212276	T1109⑥A：12	锡青铜	16.5	0.4	46.8	31.6	0.5	0.5	0.8
	212278	T1109⑤B：4	铅锡青铜	11.9	0.2	73.0	8.5	5.6	0.7	
	212184	T0609⑤：3	铅锡青铜	2.5	0.6	87.8	6.6	2.6		
	212193	H17③：1	铅锡青铜（低锡）	10.0	1.0	79.8	3.9	4.6	0.4	0.3
四期七段	212183-1	T0608④B：1	锡青铜（高锡）	0.7	0.2	81.3	17.2	0.7		
	212195	T1008④B：3	锡青铜（高锡）	0.6	0.1	78.2	19.3	1.6		0.2
	212190-1	T0905④：8	铅锡青铜	17.1	2.0	44.8	24.1	10.6	0.8	0.7
	212190-2	T0905④：3	锡青铜（低锡）	1.2	0.5	91.6	4.9	1.8		
	212198	T1105④：1	铅锡青铜	14.6	0.7	42.9	36.9	4.4	0.5	
	212200	T1106④：1	铅锡青铜	12.8		50.6	26.9	8.8	0.5	0.4
	212194	T1005③：17	锡青铜（高锡）	1.0		70.9	26.9	1.3		

表4 孙家村遗址出土陶范、泥芯及炉壁成分分析结果

期别	实验室编号	出土号	样品类别	质量分数/%								
				SiO_2	Al_2O_3	K_2O	CaO	FeO	Na_2O	MgO	P_2O_5	TiO_2
三期五段	212213	T0910⑦B：6	浅红色陶范	76.4	10.0	4.8	1.0	3.9	0.6	1.1	1.3	0.8
三期六段	212212	台12B①：4	浅黄色陶范	73.9	11.4	2.9	1.9	4.2	0.7	1.1	2.9	0.7
	212214	T1105⑥：6	紫红色陶范	76.2	10.6	4.3	1.1	5.0	0.3	0.8	1.2	0.5
三期六段	212137-2	台37B：1	器足泥芯	72.6	11.3	2.2	2.0	2.4	1.5	0.6	6.6	0.8
	212138-2	H17②：4	器足泥芯	77.1	5.9	1.5	3.6	1.4	0.5	0.4	8.4	0.4
二期三段	212126	T0806⑫：5	粘渣坩埚壁	78.1	6.3	5.5	1.4	2.8	0.5	0.9	3.3	0.5
二期三段	212270	T1008⑬：1	粘渣炉壁	73.0	14.4	2.4	1.1	5.6	1.1	1.7		0.8
三期六段	212215	台48A①	炉壁	76.2	15.7	3.2	0.9	5.7	0.6	1.3	1.2	1.0
四期七段	212283	T0910④B：3	粘渣炉壁	66.3	14.0	4.7	1.4	6.8	1.4	2.0	1.6	1.0
	212281	T1110③A：1	粘渣炉壁	64.6	17.3	3.0	1.1	9.3	1.3	2.3		1.0

[1] Sn' 为锡含量的归一化统计量，$Sn' = \dfrac{wSn}{wCu + wSn} \times 100\%$ Sn' 低于7%记作低锡，Sn' 高于17%记为高锡。

表5　孙家村遗址出土铜器及铸铜遗物铅同位素比值

期段	分析编号	器物号	器物名	铅含量/%[1]	材质	206Pb/204Pb	207Pb/204Pb	208Pb/204Pb
一期一段	190978	T1109⑲B：1	铜渣	20.2	铅锡青铜	18.389	15.588	38.451
一期二段	181124	T0806⑮：1	刀	10.2	铅锡青铜	18.392	15.603	38.490
二期三段	190977	T1008⑬：1	大铜块	16.3	铅锡青铜	18.356	15.589	38.468
二期三段	201023	T1009⑫A：3	铜片	15.2	铅锡青铜	18.277	15.573	38.391
二期四段	201021	T1108⑩：9	刀	4.0	铅锡青铜	18.076	15.592	38.411
二期四段	201025	T1208⑪：1	铜块	28.0	铅青铜	18.467	15.617	38.592
二期四段	201022	H74②：5	铜条	27.2	铅锡青铜	18.268	15.571	38.383
二期四段	190167	G4①：1	铜渣块	29.3	铅锡青铜	18.401	15.593	38.420
三期五段	181126	T0609⑧A：1	镞	75.7	铅锡砷青铜	18.467	15.617	38.577
三期五段	190168	T0905⑦：13	铜块	20.5	铅砷青铜	18.397	15.613	38.549
三期五段	181122	T1009⑦B：10	铜块	23.6	铅砷青铜	18.380	15.609	38.549
三期五段	190976	T1109⑦B：1	剑	14.2	铅锡青铜	18.303	15.611	38.508
三期五段	190972	H65：1	容器残片	12.7	铅锡青铜	18.304	15.605	38.466
三期六段	190169	T1105⑥：15	铜块	57.4	铅锡青铜	18.246	15.609	38.491
三期六段	190975	T1109⑥A：8	残铜梗	0.5	锡青铜	18.517	15.674	38.828
三期六段	190973	T1110⑥：2	器足	37.4	铅青铜	18.363	15.612	38.540
三期六段	181121	T0609⑤：3	铜块	6.2	铅锡青铜	18.362	15.614	38.534
三期六段	190970	台37B：1	器足	54.9	铅砷青铜	18.426	15.599	38.494
三期六段	181123	H17③：1	铜块	9.4	铅锡青铜	18.097	15.584	38.341
三期六段	190971	H17②：4	器足	29.3	铅锡青铜	18.133	15.581	38.281
四期七段	190974	T1108④A：6	扁足器	6.2	铅锡青铜	18.167	15.597	38.422
四期七段	201024	T1108④A：3	犁	10.3	铅锡青铜	18.367	15.628	38.616
四期七段	190166	T0608③B：4	铜块	24.8	铅锡青铜	18.230	15.600	38.473
四期七段	181125	T0709③B：1	刀	14.8	铅锡青铜	18.287	15.598	38.473
四期七段	181127	T0804②：3	锛	29.0	铅锡砷青铜	18.279	15.595	38.439

表6　孙家村遗址出土第二～四期青铜器材质类别统计表（2%阈值）

合金材质类别	二期		三期		四期	总计	占比			
	早段	晚段	早段	晚段			二期	三期早	三期晚	四期
Cu-Sn-Pb	4	4	16	15	23	65	67%	82%	62%	59%
Cu-Sn-Pb-As	1		1	1	1	4	17%	4%	4%	3%
Cu-Sn	1		2	5	14	22	17%	9%	19%	36%

[1]　表5铅含量为ICP-AES测定样品溶液浓度后计算所得。由于样品锈蚀等因素，铅含量测值较扫描电镜—能谱法测值偏高。

合金材质类别	二期		三期		四期	总计	占比			
	早段	晚段	早段	晚段			二期	三期早	三期晚	四期
Cu–Pb				2	1	3			8%	3%
Cu–Pb–As			1	1		2		4%	4%	
Cu–As				1		1			4%	
总计	6	4	22	26	39	97				
各类砷铜	1		2	3	1	7	17%	9%	12%	3%

表7　孙家村遗址出土第二～四期青铜器材质类别统计表（1%阈值）

合金材质类别	二期		三期		四期	总计	占比			
	早段	晚段	早段	晚段			二期	三期早	三期晚	四期
Cu–Sn–Pb	5	2	15	17	34	73	83%	68%	62%	87%
Cu–Sn–Pb–As	1	2	6	4	1	14	17%	27%	15%	3%
Cu–Sn				1	3	5			4%	8%
Cu–Pb				2	1	3			8%	3%
Cu–Pb–As			1	2		3		5%	8%	
总计	6	4	22	26	39	97				
各类砷铜	1	2	7	6	1	17	17%	32%	23%	3%

表8　孙家村遗址出土青铜器Sn'统计表（7%及17%阈值）

材质类别	三期		四期	总计	占比		
	早段	晚段			三期早	三期晚	四期
低锡	2	3	3	8	33%	25%	12%
高锡	1	1	13	15	17%	8%	50%
总计	6	12	26	44			

在控制锈蚀程度后，可以针对样品的锡含量进行定量统计。本次测定的101件样品，弃去其中氧元素测值高于2%的锈蚀样品，剩余48件。将Sn'低于7%者记作低锡，Sn'高于17%记为高锡，介于两者之间记为适中，以此标准对各期青铜器进行统计。表8可见，孙家村出土青铜器的锡含量，在西周晚期至春秋早期大致稳定；进入春秋中期后，高锡青铜比例升高至50%，低锡青铜则明显减少。

锡含量的升高与砷含量的降低，在春秋中期的多类器物中皆有体现。以孙家村出土铜刀为例，A、B、D三型皆自西周即出现，材质以铅锡青铜为主（彩版一五一，1），间有低锡青铜，至春秋中期低锡青铜刀已基本不见；C类直身窄刃刀春秋中期始见，其中T0910③A：1（彩版一五一，2）、T0805②：1的Sn'均在17%以上。春秋中期新出现的齿刃锯镰等农具，材质亦为高锡青铜（彩版一五一，3）[1]。

[1] 云翔：《齿刃铜镰初论》，《考古》1985年第3期。

孙家村遗址出土的斧、锛、铜条等工具，在春秋中期仍有一定比例的铅青铜及低锡青铜，部分保留了早期特征，而与高锡青铜共存。T0804②：3 铜锛材质为低锡的铅锡砷青铜；T0803②C：5 器物带有方銎残边，或为斧锛类，材质为铅青铜（彩版一五一，4）。与此相应，H13②：5 斧材质则为高锡青铜（彩版一五一，5）。遗址中出土多件铜条，截面多为三棱形，如T0803④：1、T1005③：11 等实例为低锡青铜。T1005③：3 铜条显微组织受热均匀化明显，并经冷加工（彩版一五一，6），表明此类器物可能有一定使用功能，而非浇铸小件铜器时多余的浇道。

孙家村遗址出土部分铜残件或铜片，可能来自容器，合金材质较为多样。遗址三期五段H65：1 铜片或为流部残片，材质为铅锡青铜。遗址三期六段遗物中包含数件"椭圆形器"，或为鼎、盘等器类的足根（图1，1），其中台 37B：1 为铅砷青铜，H17②：4 为低锡的铅锡青铜，T1110⑥：2 则为高锡青铜。H74②：5 云纹铜器（图1，4）或为匙残柄，类似纹饰亦见于浙江德清火烧山 I T0504⑤：7 铜器[1]，材质为铅锡青铜。

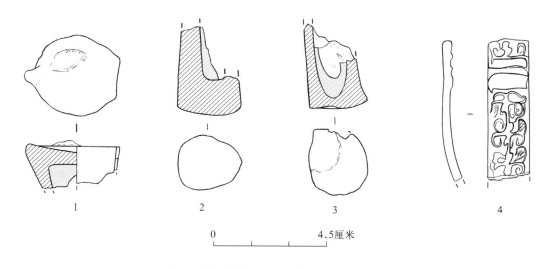

0 　　　　　　　　　4.5厘米

图1　孙家村遗址出土部分青铜器残片

孙家村遗址出土的剑、戈类兵器材质为高锡的铅锡青铜。T1109⑦E：1 剑仅存中部菱形截面残段，T0806②：1 戈存圭形残援；两者据成分测值及显微金相组织骸像均可推定为高锡的铅锡青铜。T0709④A：1 环形铜器或为剑首，据显微组织骸像推断材质与上述两件样品类似。

孙家村遗址青铜器的合金材质变化，与以往西周至春秋吴文化青铜容器的技术演变规律相符。长江下游宁镇地区吴文化青铜器的检测工作开展较早，曾琳以能谱法辅以 ICP 及化学分析法对苏南地区出土 80 件周代青铜器及 7 件铜块样品进行主量及微量元素成分分析，发现早期铅含量较高，晚期材质趋于复杂[2]。商志醰据上述数据指出，吴文化早期铜器以高铅低锡的"铜铅锡型"为主，晚期即春秋中晚期则多高锡低铅的"铜锡铅三元合金"，铜铅合金数量减少，已不占主导地位[3]。田

[1]　浙江省文物考古研究所、故宫博物院、德清县博物馆编著：《德清火烧山：原始瓷窑址发掘报告》，文物出版社，2008年，第66页。
[2]　曾琳、夏锋、肖梦龙等：《苏南地区古代青铜器合金成分的测定》，《文物》1990年第9期。
[3]　商志醰：《苏南地区青铜器合金成分的特色及相关问题》，《文物》1990年第9期。

建花、王金潮利用 SEM-EDX 对苏南出土吴文化青铜器进行了进一步分析统计及显微金相观察，印证了成分的变迁规律[1]。西周中晚期至春秋早期，铅锡青铜是宁镇地区青铜容器最主要的材质类别，并且常见低锡、高铅、含砷的器物。据表9及表10不同的器群中，铅青铜的比例有差异，宁镇东部的丹徒母子墩、丹阳司徒窖藏等器群中，铅青铜仅占少数比例[2]，而宁镇西部的溧水乌山 M1 及 M2 所测器物如提梁卣及附耳圈足盘等，经检测均为铅青铜。

西周中晚期至春秋早中期，皖江沿线及皖南地区，青铜器的合金材质多样，以铅锡青铜为主，并存在砷铜及一定比例的铅青铜，与宁镇地区相似。同属吴文化区的安徽芜湖—南陵地区，青铜器合金技术与宁镇地区最为相近。秦颖以 ICP-AES 分析了铜陵、南陵及繁昌出土东周青铜器的主微量元素成分[3]；贾莹分析了南陵地区出土青铜器的成分及金相组织，其中千峰山、牯牛山等地青铜容器年代稍早，材质包括铅青铜及高锡青铜等多个类别[4]。皖江北岸的枞阳前程出土素面铜尊及官塘出土立耳鼎等青铜容器，均为铅青铜材质[5]。皖南屯溪土墩墓青铜器的多次检测结果表明，器物材质以铅锡青铜为主，M1 ～ M4 各墓皆出有含砷青铜器[6]。砷铜冶炼是铜陵地区周代冶金活动的技术特色，在铜陵师姑墩还发现了砷铜质的容器，如王开检测了师姑墩 T9 ⑥：19 容器残件，年代为西周晚期，材质为砷锡青铜[7]。

表9　江苏宁镇地区西周中晚期至春秋早中期铅锡青铜容器合金成分分析结果

出土地	器物号	器物名	元素含量/%				数据来源
			Sn	Pb	As	Fe	
高淳漆桥		勺	6.5	7.4		0.1	曾琳
		鳞纹卣	5.5	16.2			
高淳东坝		盘形簋	11.7	22.4		2.4	
高淳双塔	3：1329	立耳鼎	7.5	11.9		N.A.	田建花
高淳顾陇	3：880	尊	12.3	17.9			
溧阳上沛	3：1178	鼎	5.4	21.4	5.0		
丹徒申子墩	3：270	盘	10.8	11.5		N.A.	
丹阳司徒	（Ⅱ式）	立耳鼎	5.2	21.4		2.1	曾琳
	（Ⅲ式）	棘刺纹尊1	18.5	16.3		N.A.	田建花
	（Ⅲ式）	棘刺纹尊2	16.6	14.4			

[1]　田建花、王金潮、孙淑云：《吴国青铜容器的合金成分和金相研究》，《江汉考古》2014年第2期。

[2]　类似规律的区域还包括太湖平原地区的钱底巷—亭林类型，如松江广富林铜尊为铅锡青铜，青浦崧泽上层出土鼎足为铅青铜。见上海市文物保管委员会编：《崧泽新石器时代遗址发掘报告》，文物出版社，1987年，第86页。

[3]　秦颖、王昌燧、杨立新等：《皖南沿江地区部分出土青铜器的铜矿料来源初步研究》，《文物保护与考古科学》2004年第1期。

[4]　贾莹、刘平生、黄允兰：《安徽南陵出土部分青铜器研究》，《文物保护与考古科学》2012年第1期。

[5]　郁永彬、梅建军、张爱冰等：《安徽枞阳地区出土先秦青铜器的初步科学分析》，《中原文物》2014年第3期。

[6]　李国梁主编：《屯溪土墩墓发掘报告》，安徽人民出版社，2006年，第79～80页。

[7]　王开、陈建立、朔知：《安徽铜陵县师姑墩遗址出土青铜冶铸遗物的相关问题》，《考古》2013年第7期。

表10　长江下游地区西周至春秋早中期铅青铜容器及铅青铜块合金成分分析结果

出土地	器物号	器物名	元素含量/%				数据来源
			Sn	Pb	As	Fe	
安徽枞阳前程	T00141	瓠形尊	0.9	10.2			郁永彬
	T00140	立耳鼎	1.2	14.8			
安徽枞阳官塘	T00107	立耳鼎	0.7	10.1		0.7	
安徽南陵牯牛山		鼎		20.2		0.9	贾莹
江苏溧水乌山	M1	鼎		10.7		0.4	曾琳
	M2	方鼎		34.3	2.3	0.9	
	M2：2	卣	0.3	38.7			田建花
	M2：3	盘	0.9	38.4	8.9		
江苏丹徒母子墩	丹港：7	鬲	0.5	11.0			
江苏丹阳司徒	（Ⅰ式）	大立耳鼎	1.7	8.9	10.3		
	（Ⅲ式）	垂腹鼎	0.9	21.5	1.2	11.4	
	（Ⅳ式）	簋	1.3	33.4	8.9	4.2	
	（Ⅲ式）	尊	1.8	33.6		0.6	
江苏句容茅山				27.2		0.8	曾琳
江苏金坛鳌墩				37.6		0.6	
江苏金坛东方		铅青铜块		38.1	N.A.	0.1	
江苏昆山盛庄				8.0		0.5	
				43.2		0.2	
上海青浦崧泽	60T2：7	鼎足	—	主量	—	—	报告正文

西周至春秋早期，长江下游容器以外的器类，材质以锡青铜及铅锡青铜为主，也发现有铅青铜及砷铜实例。江苏句容赤山湖及高淳顾陇下大路所出铜矛，锡含量为15%左右；高淳所出几把早期铜剑，大多为高锡材质，个别为低锡的铅锡青铜[1]。秦颍分析了安徽南陵所出西周铜剑及铜刀，均为锡青铜[2]。浙江衢州庙山尖出土青铜车马器及兵器的材质有所差异，管饰及铜泡以锡青铜为主，四通器及铜剑则为铅砷青铜[3]。上海松江广富林遗址出土青铜工具及兵器以铅锡青铜为主，且普遍含砷，偶见锡青铜及红铜器[4]。春秋中晚期，吴国戈、剑等兵器大多以高锡为材质特征，以制作精良闻名于世。此阶段偏早的墓葬如北山顶，其中仍有两件铜环为铅青铜；偏晚的墓葬如王家山等，

[1] 贾莹、苏荣誉：《吴国青铜兵器的金相学考察与研究》，《文物科技研究》第二辑，2004年，第21～51页。
[2] 秦颍、王昌燧、杨立新等：《皖南沿江地区部分出土青铜器的铜矿料来源初步研究》，《文物保护与考古科学》2004年第1期。
[3] 王志雄、姚兰、王海明等：《浙江衢州庙山尖土墩墓出土青铜器初步检测分析》，《河南博物院院刊》2020年第2期。
[4] 顾雯、廉海萍、陈杰等：《广富林遗址出土周代青铜器合金成分与金相分析》，《文物保护与考古科学》2021年第2期。

各类器物中已不见铅青铜及砷铜 [1]。

　　本次孙家村遗址出土青铜器的分析工作，表明典型吴文化青铜容器及兵器在春秋早中期的材质变迁，也发生于吴文化核心地区的一般性聚落，并且能够明确铅、砷与锡含量消长的变化节点为春秋早中期之际至春秋中期早段。

二　孙家村遗址出土金属渣块的成分

　　遗址出土的青铜器可能来自不同的铸铜作坊，但铸铜遗址出土的铜渣、块，则较可能是本地铸铜生产活动的原料或废弃物，其材质能够直接指示遗址的铸铜生产性质和类别。孙家村遗址出土的铜渣、铜块，表面锈蚀普遍较为严重，外观呈大小不等的团、块或棒状，而区别于青铜器。

　　孙家村遗址出土的铜渣块均为青铜熔炼渣或青铜合金块，未见冶铜渣、粗铜精炼渣及铜锭。这些铜渣块可根据宏观及微观形貌分为三类。第一类铜渣块数量较少，表面粘附炉壁或炉衬层，可以确定为合金熔炼生产的废弃物；第二类铜渣块通过显微观察及物相分析，亦能够找到围裹的硅酸盐相及铅玻璃相（彩版一五二，1）或自形较好的锡石相（彩版一五二，2），这些物相形成于氧化气氛中，从而指示了合金熔炼行为。前两类共 21 件，成分分析结果列于表 2。第三类铜块虽具有不规则外形，显微观察时则未见熔炼渣结构，推测为浇铸后的余料。第三类共 16 件，成分分析结果列于表 3。

　　本次分析的 21 件熔炼渣，指示的熔炼产品类别较为多样。通过渣中氧化物相及金属颗粒成分推定的合金产品包括铅锡青铜、锡青铜、铅青铜及多类含砷青铜，与遗址出土青铜器的类别均能对应，但其中铅青铜、含砷青铜的比例明显高于在青铜器中的占比。铅青铜熔炼渣及各类砷铜熔炼渣各占总体的 25%，而遗址出土青铜器中铅青铜及各类砷铜占比皆不足 10%。

　　铅青铜及砷铜熔炼是孙家村较为重要的铸铜生产类别，但对应的产品在出土青铜器的占比却并不高，这一现象值得留意。可能的解释一是上述材质硬度较低，使用时易于损坏，需要频繁重熔废料为新器，导致对应的熔炼渣较多；二是孙家村的铸铜作坊并不能够生产遗址所需的所有青铜器，此处生产的青铜器也不限于遗址内部使用，需要考虑大港遗址群内乃至更大区域内青铜器分配及流通的影响。

表11　孙家村遗址出土熔炼渣块材质类别统计表（2%阈值）

材质类别	二期		三期		四期	总计	占比			
	早段	晚段	早段	晚段			二期	三期早	三期晚	四期
Cu–Sn–Pb			2	3	4	9		50%	60%	57%
Cu–Sn–Pb–As		1	1		1	3	25%	25%		14%
Cu–Pb	1	1		2	1	5	50%		40%	14%
Cu–Pb–As			1			1		25%		

---

[1]　曾琳、夏锋、肖梦龙等：《苏南地区古代青铜器合金成分的测定》，《文物》1990年第9期。

材质类别	二期		三期		四期	总计	占比			
	早段	晚段	早段	晚段			二期	三期早	三期晚	四期
Cu–As	1					1	25%			
Cu–Sn					1	1				14%
总计	2	2	4	5	7	20				
各类砷铜总计	1	1	2	0	1	5	50%	50%	0%	14%

孙家村熔炼青铜的生产规模及类别随时代有序变化，并与遗址所见青铜器的变化规律相似。由表11可见，遗址西周中晚期的熔炼渣很少，并且主要为铅青铜及砷铜。春秋早期铸铜活动变得频繁，铅锡青铜逐渐成为主要的生产类别，各类砷铜则显著减少。至春秋中期，熔炼渣的数量不再增长，铸铜的产品主要是铅锡青铜，并出现了锡青铜。

孙家村遗址出土的第三类铜块，显微结构中未见熔炼产生的高温氧化物相，应非坩埚或熔炉内的合金化渣，而可能是浇铸产生的余料。孙家村T1108④B层出土一件夹砂红陶鬲足，其边缘粘附铜块，铜块表面还有少量炭屑及草茎印痕（彩版一五二，3）。上述出土实例表明，第三类铜块与浇铸或修补青铜器时挹注的少量铜液有关。本次分析的16件此类铜块主要集中于春秋早中期，材质以铅锡青铜为主，少见砷铜，春秋中期后则常见高锡的锡青铜材质。孙家村遗址春秋中期陶范数量锐减，石范成为主要的铸范类型，高锡青铜块与石范的数量同步增长，或反映此类铜块与石范浇铸小件青铜器的生产活动存在关联。

三　孙家村出土陶范芯及炉壁的成分与物相

孙家村遗址出土的铸铜遗物中包括多类技术陶瓷，如陶范、青铜器泥芯、炉壁、坩埚壁衬等，成分分析结果见表4。

孙家村出土陶范的材质较为接近，颜色呈紫红、砖红至浅黄褐色，外观均为疏松多孔状，质地较为均匀，未见明显背范层。本次测定的三件陶范样品具有较高的孔隙率，其中掺杂少量粒径不等的粉砂颗粒，而包含大量多角形的植物碎屑（彩版一五二，4、5）。三件陶范样品平均含磷1%，经植硅体分析可见稻属植物颖壳的特征双峰类型，表明其中掺入稻壳灰以提高陶范中细颗粒硅质的含量。孙家村出土陶范含CaO量在1%左右，也显著低于中原地区西周至春秋时期的陶范[1]。孙家村遗址出土陶范的成分及物料与中原地区同期陶范均有较大差异，而与皖江铜陵师姑墩及枞阳汤家墩遗址出土的陶范十分相似[2]，体现长江下游的高度共性[3]。

孙家村出土的泥芯存在两类不同的材质和显微结构。本次分析的两件泥芯均来自疑似容器残足，时代均为春秋早期。H17②：4泥芯材质与遗址所出陶范接近，基体中掺入较多植物灰（彩

[1] Liu Siran, Wang K., Cai Q., et al., Microscopic study of Chinese bronze casting moulds from the Eastern Zhou period. *Journal of Archaeological Science*. **40**(2013): 2402–2414.

[2] 陈建立：《中国古代金属冶铸文明新探》，科学出版社，2014年，第169~173页。

[3] 郁永彬、王开、陈建立等：《皖南地区早期冶铜技术研究的新收获》，《考古》2015年第2期。

版一五二，6）。台 37B：1 泥芯材质为粉砂及粉质黏土，显微结构中则未见植物灰的多角状结构（彩版一五二，7）。Matthew Chastain 指出，师姑墩与汤家墩出土部分容器范具有背范层，多采用草拌泥材质；范体既有粉砂质，也有掺入大量植物性材料的特殊材质，而后者结构相当复杂，各层掺杂比例不等，浇铸面还涂覆有细腻的粉砂质薄层[1]。以上表明长江下游地区青铜器的陶范、芯可能存在不同的材料选择，背范选择较粗的草拌泥增加结构强度，范体既有粉质黏土或粉砂材质，也有加入大量植物灰的特殊材质，后者能够有效提高材料的硅含量和孔隙率，以改善高温下的浇铸性能。皖江地区部分陶范表面还施有粉质涂层，但在孙家村遗址样品中未见。

孙家村遗址出土的炉壁为黏土质，而坩埚壁残片中的泥质部分，材质与陶范样品接近，质地细腻易碎，可能是坩埚内涂抹的高硅内衬层。T0806⑫：5 坩埚表面粘附多层铜渣，其衬层具有较高的孔隙率，可见多角状的植物残体骸像（彩版一五二，8）。坩埚衬具有高硅低铝、高磷低铁的材质特征，也与陶范相近。本次分析了四件炉壁残片均为黏土质，成分彼此相近，Al_2O_3 含量均在 14% 以上，具有高铝低硅的特征，从微观形貌到成分都有别于陶范（彩版一五二，9）。

综上，孙家村遗址出土技术陶瓷可根据材质及显微结构大致分为三类。陶范、部分泥芯及坩埚衬中都掺入大量植物性材料，以取得高孔隙率；部分泥芯为粉砂或粉质黏土质地，与中原地区陶范及泥芯相似，但粒径分布不均；炉壁采用黏土制成，未见掺入植物灰。孙家村遗址陶范、芯与皖江沿线的师姑墩、汤家墩遗址出土同类材料质地相近，时代亦基本相当，具有密切的技术关联。

四 孙家村遗址出土铜器及铸铜遗物的铅同位素比值

孙家村遗址出土的青铜器中，大部分皆具有较高的铅含量，适于铅同位素比值研究。本次共分析 25 件样品的铅同位素比值，其中铜器 15 件，铜渣块 10 件，结果见表5。遗址铅同位素比值样品可分为三类，主次分明，数据总体较为集中。为便于讨论，选取 $^{208}Pb/^{206}Pb$ 对 $^{207}Pb/^{206}Pb$ 作图，将 $^{207}Pb/^{206}Pb$ 在 0.860 ~ 0.875 间记作 A 类区间，0.840 ~ 0.860 的记作 B 类，0.875 ~ 0.900 间记作 C 类；处于参考直线 l_0：附近的记作 0 类，在直线下方者记作 1 类。据上述标准，孙家村遗址铅同位素比值数据绝大多数属 B_1 类，B_0 及 A 类各有 1 件，分别为 T1109⑥A：8 梗状铜器及 T1108⑩：9 铜刀，且均为锡青铜。

孙家村铸铜业的主要金属资源类型总体保持了稳定，但在春秋早期前后存在一定差异。孙家村遗址指示铸铜生产的铜渣块，在西周中晚期至春秋初年有相近的铅同位素比值，而春秋早期晚段至春秋中期，则可见其比值从 B_1 区域向 A 区域偏移（图2）。孙家村遗址出土青铜器与铸铜遗物的比值相近但并非精确对应。西周中晚期至春秋早期，青铜器中有部分比值落在铜渣块 B_1 类比值范围内，$^{207}Pb/^{206}Pb$ 在 0.85 以下，这些器物包括 T0806⑪：1 铜刀、T0609⑧A：1 铜镞及台 37B：1 残铜器足，其余大部分器物则有自身的分布区域。进入春秋中期后，$^{207}Pb/^{206}Pb$ 在 0.85 以下的青铜器消失，$^{207}Pb/^{206}Pb$ 集中于 0.85 ~ 0.86。

---

[1] Matthew Chastain认为多角锯齿状物相是硅藻的硅质骨架，掺入的物相为硅藻土，亦可作为参考。见Matthew Chastain. The Ceramic Technology of Bronze-Casting Molds in Ancient China: Production Practices at Three Western Zhou Foundry Sites in the Zhouyuan Area. Doctoral Dissertations, Massachusetts Institute of Technology, 2019:545-562.

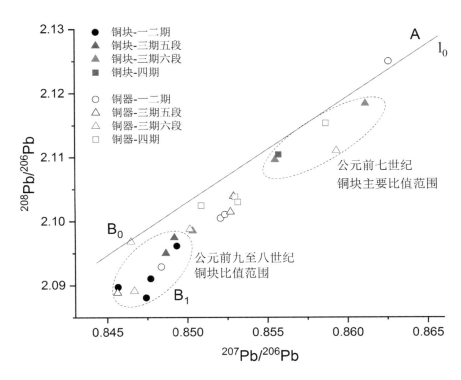

图2　孙家村遗址青铜器及铸铜遗物铅同位素比值

　　孙家村遗址青铜器及铸铜遗物的铅同位素比值分析结果，表明西周至春秋前期宁镇地区铸铜业的金属资源主要来自皖江地区。距孙家村遗址最近的铜矿区位于宁镇山地，但在先秦时期开采强度低，目前缺乏早期矿冶遗物的发现[1]，如南京周边的溧水晶桥、汤山九华山及伏牛山等重要铜矿皆迟至六朝至唐宋才得到大规模开采[2]，且宁镇铜铅金属矿的铅同位素亦与孙家村遗址冶金遗物相异（图3）。与此相对，皖江地区的南陵、铜陵及枞阳地区，不仅铜资源丰富，也已发现大量西周至春秋时期冶铜遗址[3]。皖南铜业具有冶铸一体的区域特征，铅单质及各类砷矿石被广泛用于配制铅、砷青铜合金[4]。在南陵江木冲、铜陵师姑墩都发现了西周晚期至春秋的铅块[5]，崔春鹏在邻近师姑墩的夏家墩、神墩及大墩子等周代遗址中都采集到了铅矿石，大墩子遗址还发现了高铁含量的冶铅渣[6]。如图3，铜陵师姑墩及夏家墩遗址的铜、铅冶金遗物的铅同位素比值，正与镇江孙家村遗址含砷青铜器及含砷铜渣块高度相合[7]；铜陵凤凰山、狮子山等矿区现代矿石的文献数据亦可

　　[1]　宁镇地区商周遗址的铜渣多为熔炼渣或铜器锈块，明确的冶铜渣则尚未见报道。近年距安基山铜矿约1.5千米的句容竹叶山遗址发现了少量铜矿石及铜炼渣，或为线索，惜报告未介绍具体层位。参见南京博物院编著：《穿越长三角：京沪、沪宁高铁江苏段考古发掘报告》，科学出版社，2013年，第63页。

　　[2]　南京市地方志编纂委员会、南京文物志编纂委员会编：《南京文物志》，方志出版社，第326页。南京市博物馆、南京博物院、南京九华山铜矿：《南京九华山古代铜矿遗址调查报告》，《文物》1991年第5期。李延祥：《九华山唐代铜矿遗址冶炼技术研究》，《有色金属》2000年第4期。伏牛山铜矿调查小组：《南京伏牛山古铜矿遗址》，《东南文化》1988年第6期。

　　[3]　安徽省文物考古研究所、铜陵市文物管理所：《安徽铜陵市古代铜矿遗址调查》，《考古》1993年第6期。王淡春、陈向茹、魏国锋等：《安徽枞阳县古代矿冶遗址调查》，《遗产与保护研究》2018年第11期。

　　[4]　崔春鹏：《长江中下游早期矿冶遗址考察研究》，北京科技大学2016年博士学位论文，第172～173页。

　　[5]　刘平生：《安徽南陵大工山古代铜矿遗址发现和研究》，《东南文化》1988年第6期。

　　[6]　崔春鹏、李延祥、陈建立：《安徽铜陵夏家墩遗址出土青铜冶金遗物科学研究》，《考古》2020年第11期。

　　[7]　王开：《铜陵师姑墩遗址出土青铜冶铸遗物的初步研究》，北京大学2014年硕士学位论文，第67页。

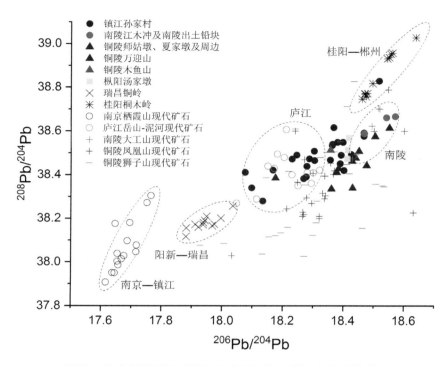

图3 孙家村遗址与皖江中段地区铅同位素比值比较

基本覆盖孙家村遗址各类样品的比值分布范围[1]。

　　孙家村遗址铜、铅、砷金属资源的产地主要以铜陵为中心，西周至春秋初年的资源较依赖南陵及铜陵东部，春秋早中期则主要来自铜陵及以北的庐江、枞阳地区。南陵漳河流域冶铜遗址的上限为西周中晚期，还有牯牛山城及大量土墩墓等同期遗存；进入春秋后，大工山地区还发现江木冲等重要冶铜遗址[2]。图3中显示南陵江木冲炼铜渣及南陵县文管所藏的两件铅青铜料的铅同位素比值[3]，与铜陵东部黄浒河流域的师姑墩、夏家墩、神墩等地出土遗物范围相近，$^{207}Pb/^{206}Pb$ 多在 0.85 以下。铜陵凤凰山、狮子山、铜官山等矿区铜矿石的铅同位素比值分布范围各有差异，难以精确辨识，但万迎山、木鱼山等春秋遗址出土的炼渣，$^{207}Pb/^{206}Pb$ 在 0.85 ～ 0.86 间[4]。此类比值在铜陵及庐江地区现代矿山较为常见[5]。为便于讨论，将 $^{207}Pb/^{206}Pb$ 低于 0.85、$^{207}Pb/^{206}Pb$ 高于 18.4 的比值记作"南陵型"，包括南陵江木冲、铜陵师姑墩、枞阳汤家墩等矿冶遗址；将 $^{207}Pb/^{206}Pb$ 高于 0.85、$^{207}Pb/^{206}Pb$ 低于 18.4 者记作"庐江型"，包括铜陵万迎山等矿冶遗址。宁镇及皖南地区缺乏锡资源，一般认为此区域的锡来自江西或湖南地区。孙家村 T1109 ⑥ A ：1 锡青铜残梗比值属

　　[1]　常印佛、刘湘培、吴言昌：《长江中下游铜铁成矿带》，地质出版社，1991年。陆三明：《安徽铜陵狮子山铜金矿田岩浆作用与流体成矿》，合肥工业大学2007年博士学位论文，第133～134页。刘忠法、邵拥军、周鑫等：《安徽铜陵冬瓜山铜（金）矿床H－O－S－Pb同位素组成及其示踪成矿物质来源》，《岩石学报》2014年第1期。

　　[2]　安徽省文物考古研究所、南陵县文物管理所：《安徽南陵县古铜矿采冶遗址调查与试掘》，《考古》2002年第2期。

　　[3]　孙淑云、韩汝玢、陈铁梅等：《盘龙城出土青铜器的铅同位素比测定报告》，湖北省文物考古研究所编著《盘龙城——1963～1994年考古发掘报告》（下），文物出版社，2001年，第546页。

　　[4]　Wang Yanjie, et al., Provenance of Zhou Dynasty bronze vessels unearthed from Zongyang County, Anhui Province, China: determined by lead isotopes and trace elements, *Heritage Science*, (2021) 9:97.

　　[5]　葛宁洁、李平、黄宪安：《安徽庐江岳山银铅锌矿的成矿物质来源及物理化学条件探讨》，《中国科学技术大学学报》1989年第3期。张舒、吴明安、赵文广等：《安徽庐江泥河铁矿矿床地球化学特征及其对成因的制约》，《岩石学报》2014年第5期。

于 B$_0$ 类，与湖南南部桂阳桐木岭遗址铅冶金遗物数据密合，或指示金属资源来自湖南[1]。

西周中晚期至春秋早中期，长江下游地区多利用皖江地区所产的 B$_1$ 类金属，中原及汉淮海岱地区大多数青铜器利用 A 类及 B$_0$ 类金属，江淮间地区兼用以上三类资源，从而形成资源分野。如图4，春秋早期，无论是中原的虢国墓地[2]、海岱的长清仙人台及枣庄东江墓地，还是江汉地区的枣阳郭家庙墓地[3]，应用的铅料都是 A 类，具体产地或在鄂赣交界地区。如图5，江淮西部地区自西周至春秋前期，一直多见"庐江型"B$_1$ 比值，如枞阳前程铜尊及杨市四足匜；江淮东部地区则兼有 A、B$_1$ 等多类比值，如滁州何郢遗址出土铜器以"南陵型"B$_1$ 比值占比最高[4]。江淮青铜器目前尚少系统的科学分析，其金属资源初步呈现较为复杂的面貌，暗示可能存在多条金属资源流通路径。

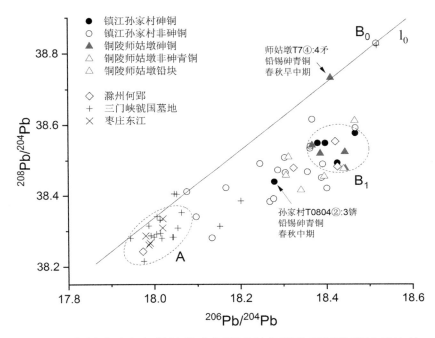

图4　孙家村遗址与相关遗址青铜器及铸铜遗物铅同位素比值比较

西周中晚期至春秋初年，关中[5]、洛阳[6]及晋南部分铜器具有 B$_1$ 类比值。由于金属可以分配转移，作器活动由中原铸铜作坊完成，这些器物与长江下游的关联仅限于资源物料，而不涉及制作技术及器物风格。晋南 B$_1$ 类比值青铜器的实例包括西周中期的绛县横水 M1011 "倗叔"盘（含

[1] 张吉、王丹、贾汉清等：《钟祥黄土坡墓地出土春秋青铜器的检测分析及相关问题研究》，《南方文物》2019年第3期。

[2] 魏强兵、王鑫光、李秀辉等：《三门峡虢国墓地出土青铜器的材质与矿料来源分析》，《有色金属（冶炼部分）》，2019年第1期。

[3] 张吉：《东周青铜器的资源与技术研究以汉淮地区为中心》，北京大学2020年博士学位论文，第142~144页。

[4] Wang Yanjie, et al., Provenance of Zhou Dynasty bronze vessels unearthed from Zongyang County, Anhui Province, China: determined by lead isotopes and trace elements, *Heritage Science*, (2021) 9:97.

[5] 汪海港测定了陕西周原部分青铜器的铅同位素比值，其中庄白一号窖藏中"兴"盨（补铸部分）及"伯先父"鬲、段家大同的"宰兽"方座簋等器，比值均可归入B$_1$类；"伯先父"鬲为锡青铜，"宰兽"簋含Pb 1.4%。见汪海港：《宝鸡地区西周铜器生产和资源流通研究——以周原和强国为例》，中国科学技术大学硕士学位论文，第30、47~49页。

[6] 袁晓红测定洛阳西周晚期墓银河花园M1629出土青铜器比值相对分散，但与孙家村遗址基本重合，此批青铜器材质均为锡青铜。见袁晓红：《西周中央王朝的金属控制策略》，《考古学集刊》第22集，社会科学文献出版社，2019年。

Pb 1.2%）[1]、西周晚期的曲沃北赵晋侯墓地 M31 方壶（含 Pb 5.2%）[2] 和簋（含 Pb 4.4%）[3]、春秋初年的北赵 M93 簋 [4] 以及春秋早期的曲沃曲村 M5189 和羊舌 M4 部分青铜器 [5]。由图 5 可见，晋南地区测出的 B_1 类比值，同样存在由西周中晚期"南陵型"向春秋早期"庐江型"的过渡，也与孙家村遗址所见历时变化规律相吻合。

长江下游的其他周邻地区，西周至春秋亦发现 B_1 类比值青铜器，反映其与皖江沿线也存在金属物料交流。己国铜器多见于胶东地区，平尾良光分析了日本泉屋博古馆所藏三件西周晚期"己侯"甬钟的铅同位素比值，均属 B_1 类（图 5）[6]，沂水纪王崮 M1 所出春秋中期莒国青铜器中，亦有较高比例的"庐江型"B_1 类比值 [7]。西周中晚期至春秋早期，闽浙赣皖交界地域的铜器墓较多，福建浦城管九出土青铜器以 B_0 类为主，也发现少量 B_1 及 A 类比值 [8]。

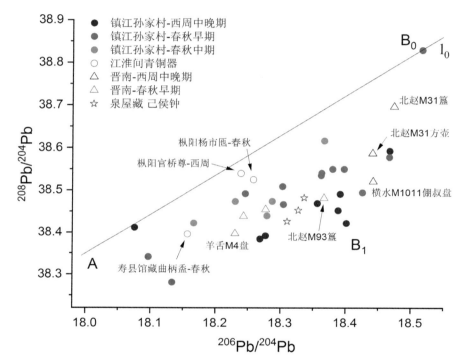

图5　孙家村遗址与江淮、中原及海岱地区部分青铜器铅同位素比值比较

[1] 山西省考古研究所：《绛县横水西周墓地青铜器科技研究》，科学出版社，2012年，第10、99页。

[2] 杨颖亮：《晋侯墓地出土青铜器的合金成分、显微结构和铅同位素比值研究》，北京大学2005年硕士学位论文，第45页。

[3] 黎海超：《资源与社会：以商周时期铜器流通为中心》，中国社会科学出版社，2020年，第370页。

[4] 晋侯墓地M93组墓中出现与长江下游的资源联系，与传世"晋姜"鼎及"戎生"编钟等有铭铜器能够对应。两组器的铭文均涉及春秋初年晋国"征繁阳""取吉金"的史事。繁阳地望可能在今河南新蔡，李学勤指出，繁阳向东、向南可通向长江中下游大冶、瑞昌及铜陵等重要铜矿，是"南方铜锡北运的会聚地点"。北赵M93簋使用B₁类铅而器群其他器物主要使用A类铅的差异，暗示"繁阳"集散的金属原料中，很可能包括来自皖江铜陵、南陵等地的B₁类铅，但仅占较小比例。

[5] 北京大学考古学系商周组、山西省考古研究所编著：《天马－曲村 1980—1989》（第三册），科学出版社，2000年，第1174～1177页。南普恒：《春秋时期晋国青铜器制作技术研究》，北京科技大学2017年博士学位论文，第254页。

[6] 平尾良光、铃木浩子：《泉屋博古馆が所藏する中国古代青铜器の铅同位体比》，《泉屋博古馆纪要》第十五卷拔刷，1999年，第30页。

[7] 张吉、郝导华、胡钢等：《沂水纪王崮春秋墓出土金属器科学分析研究》，《文物》2022年待刊。

[8] 器物见于洋山D5M1及麻地尾D10M1等墓，见Liu Siran, Wang K., Cai Q., et al., Microscopic study of Chinese bronze casting moulds from the Eastern Zhou period. *Journal of Archaeological Science*. **40**(2013): 2402-2414. 及马仁杰：《湖北宜昌万福垴遗址出土铜器的科学分析——兼论西周甬钟起源问题》，北京大学2018年硕士学位论文，第73～74页。

综上所述，西周中晚期至春秋早中期，B₁ 类比值金属资源在长江下游及周邻地区多有发现。无论是矿冶遗存的规模，还是冶金遗物的比值特征，皖江铜陵地区都是 B₁ 类资源最可能的产源。在其周边，近邻的宁镇及江淮地区多 B₁ 类砷铜、铅青铜及铅锡青铜，与皖江沿线的青铜生产类别相近，表明这些地区获得铜料的同时，也接受质地较差的铅、砷青铜料。而在远离皖江的中原等地区，类似比值的器物则主要是锡青铜，暗示中原选择性地获取质地较好的铜料，从其他地域获得锡料并配制合金，而较少接受皖江地区的铅料。

五　吴文化冶金区铸铜技术、资源及影响

宁镇地区明确的铸铜生产始于点将台文化至湖熟文化早期 [1]，在南京及镇江西部丘陵地区，已有多个湖熟文化遗址出土熔炼渣及小件铜器 [2]。南京北阴阳营遗址出土过粘附铜渣的小型熔铜坩埚 [3]，但铸铜遗物尚缺乏系统的科技检测与研究。湖熟文化三期及吴文化早期的铸铜遗物发现不多，镇江以西船山河流域的赵家窑团山遗址提供了较为重要的线索。赵家窑团山遗址自⑩层以上，各层均有熔铜渣发现，表明铸铜生产具有较长的延续性 [4]；赵家窑团山遗址出土青铜器的类别及铜块形制也与孙家村遗址较为相似。句容城头山遗址出土西周时期小型圜底坩埚残片 [5]，可将北阴阳营湖熟文化坩埚与孙家村西周晚期坩埚联系起来。故而大港遗址群西周中晚期的铸铜技术，较可能承袭自宁镇西部的湖熟文化。

西周中晚期至春秋早期，大港遗址群铸铜规模逐渐增长，并在金属资源、合金配制及铸范制作等方面与皖江沿线存在高度关联，形成区域性的冶金共同体。本阶段，皖江宁镇地区青铜容器的材质多样，以铅锡青铜及铅青铜为主，罕见西周王畿地区流行的锡青铜，部分容器具有较高的砷含量。由铅同位素比值知，区域内部的铅资源彼此相近，皆来自皖江沿线以铜陵为中心的矿冶地带。孙家村遗址出土陶范与师姑墩、汤家墩等地所见陶范材质高度相似，亦不同于中原及汉淮各地。这一时期，吴文化势力逐渐向西扩展 [6]，在当涂、芜湖以至繁昌、南陵等地区均有较高密度的遗址发现 [7]。其中高等级聚邑如芜湖楚王城遗址（或为《左传》所载的吴邑鸠兹）[8]、高等级墓葬如繁昌汤家山西周墓、漳河流域大量西周土墩墓，或皆与南陵大工山冶铜遗址具有内在联系 [9]。大工山地区的铜料可通过漳水，沿青弋江—长江及丹阳湖—中江水路分别与大港及茅山地区连接起来，成为维系吴文化铸铜业的主要资源通路。

在这一冶金共同体的内部，因资源分布的差异，形成了合金技术的东西差异。西区以铜陵、

[1] 张敏：《宁镇地区青铜文化研究》，高崇文、安田喜宪主编：《长江流域青铜文化研究》，科学出版社，2002年，第262～263页。

[2] 曾昭燏、尹焕章：《试论湖熟文化》，《考古学报》1959年第4期。

[3] 南京博物院编著：《北阴阳营——新石器时代及商周时期遗址发掘报告》，文物出版社，1993年，第142～143页。

[4] 团山考古队：《江苏丹徒赵家窑团山遗址》，《东南文化》1989年第1期。

[5] 镇江市博物馆：《江苏句容城头山遗址试掘简报》，《考古》1985年第4期。

[6] 付琳：《江南地区周代墓葬的分期分区及相关问题》，《考古学报》2019年第3期。

[7] 中国国家博物馆、安徽省文物考古研究所编著：《姑溪河石臼湖流域先秦时期聚落考古调查与研究》，科学出版社，2019年。

[8] 张敏：《鸠兹新证——兼论西周春秋时期吴国都城的性质》，《东南文化》2014年第5期。

[9] 宫希成：《皖南地区土墩墓初步研究》，高崇文、安田喜宪主编：《长江流域青铜文化研究》，科学出版社，2002年，第207～215页。

南陵为中心，已发现砷青铜质的铜块及熔炼各类含砷青铜的炉壁，是砷铜原料的产地，青铜器中亦多见各类砷铜。东区则自繁昌、芜湖以东，直至镇江、常州，砷铜比例及铜器砷含量都明显低于西区。孙家村遗址以外，苏南还多次发现青铜块，如金坛鳌墩及东方村所出均为铅青铜材质[1]。

皖江中东部与宁镇地区构成的冶金共同体，建立在区域内部铜、铅、砷资源自给的基础之上。但非锡的各类青铜使用性能不及锡青铜，仅仅是锡料不足时的权宜材料。曾琳及田建花都指出早期吴文化青铜容器材质很少为锡青铜，可能与金属资源多铅少锡有关。为了获取区域外部的锡，仍需与较远的赣江流域进行交流[2]。此外，通过江淮地区也可获得金属料及铸成的青铜器[3]。在春秋早中期之际，中原地区青铜器的锡含量发生剧烈变化，低锡合金配比的容器显著减少，汉淮地区更一度出现高锡材质的容器[4]，可与传世"曾伯桼"簠铭"克逖淮夷，金道锡行"内容相对应。伴随楚文化的强力东扩，江汉与淮水上中游铜锡金属通路变得畅通。春秋中期吴文化各类别青铜器锡含量的普遍提升，也应在此时代背景下观察。

进入春秋中晚期，吴文化中心东移，镇江地区大港遗址群逐渐衰落。孙家村遗址春秋中期遗存中，熔炼渣及炉壁块减少，而铸余青铜块增多；需要精细制作的陶范减少，而形制简易的石范增多；铸铜产品中，剑、戈类兵器减少，而农具类别明显增多，出现了齿刃锯镰及铜犁等器类。凡此皆反映孙家村铸铜规模缩减，铸造功能有所转变。类似孙家村四期的铸铜业形态，在吴越地区常见于春秋晚期至战国，实例如江苏昆山盛庄[5]、浙江绍兴西施山[6]、上虞银山等[7]。在这些地点中，残损青铜农具、工具往往与尺寸不等的大量铜块共出，有的共置于罐瓮内，李学勤认为是待重熔的铸铜原料[8]。较多的金属废料与较少的铸范，显示与中原不同的铸铜业形态，能够适应人口密度较低、改造自然压力较大的东南地区的客观条件，此种铸铜业形态在战国晚期至汉初，进一步扩展至浙东南沿海[9]。这种大分散、小集约的铸造业生产管理方式，也与《考工记》中所载"粤之无镈也，非无镈也，夫人而能为镈也"内容相对应。

吴文化末期的金属资源开始受到中原地区的影响。湖北随州文峰塔M21出土的"吴王子光"戟，$^{207}Pb/^{206}Pb$ 为 0.879，属 C 类比值[10]。此类铅在中原及海岱地区不早于公元前 570 年，而主要流行于春秋晚期至春战之际，是寿梦通于中原后吴晋交流的资源实证。孙家村四期遗物中未见此类比值，或与其年代下限较早有关。

吴文化铸铜业的合金配制及陶范制作等技术，在越灭吴后仍然得以延续，并伴随越的扩张，影响至海岱等地区。战国早中期，虽然苏南及浙江地区罕有发现青铜礼器，在江苏淮阴高庄、山

[1]　镇江市博物馆、金坛县文化馆：《江苏金坛鳌墩西周墓》，《考古》1978年第3期。

[2]　一般认为吴文化区出土的护耳甗形器受到赣北地区的影响，实例如南陵千峰山土墩墓出土陶甗、粮山及程桥墓葬出土铜甗。

[3]　春秋早期前后，溧水白马上洋、高淳顾陇下大路及丹阳司徒等地出土的立耳半球腹鼎，即与江淮地区关系密切。丹阳司徒窖藏中的立耳半球腹鼎（简报中称为Ⅱ式鼎）为低锡高铅材质，曾琳据此判断为本地仿制器物。但江淮地区的立耳半球腹鼎亦多低锡高铅材质，而如司徒窖藏的两件棘刺纹尊，锡含量均较高，可见锡含量高低并非区分吴文化与江淮、群舒文化器物的准确判据。

[4]　张吉：《东周青铜器的资源与技术研究以汉淮地区为中心》，北京大学2020年博士学位论文，第142~144页。

[5]　陈兆弘：《昆山盛庄青铜熔铸遗址考察》，苏州地区文化局、苏州市文物管理委员会、苏州博物馆编：《苏州文物资料选编》，1980年，昆山新光印刷厂，第60~65页。

[6]　刘侃：《绍兴西施山遗址出土文物研究》，《东方博物》2009年第2期（总第三十一辑）。

[7]　章金焕：《浙江上虞市银山冶炼遗址调查》，《考古》1993年第3期。

[8]　李学勤：《从新出青铜器看长江下游文化的发展》，《文物》1980年第8期。

[9]　实例如临海上山冯、仙居淰山及永嘉西岸等。

[10]　张吉：《东周青铜器的资源与技术研究以汉淮地区为中心》，北京大学2020年博士学位论文，第233页。

东滕州大韩及湖北黄梅刘岳均发现了高锡材质的越式礼器[1]。孙家村所见掺入大量植物性材料的陶范制作技术,在战国早中期亦于高庄及大韩等淮泗地区的越式鼎[2]。山东临淄齐故城出土的西汉镜范,也主要为此类材质[3]。从时空分布上看,大量掺杂植物灰的陶范主要集中于中国东部,或与湖沼相广泛分布的自然环境相关联,并可能存在自南向北的技术传播过程。

六　总结

孙家村遗址出土的青铜器及铜渣块具有较为多样的材质特征。自西周中晚期,孙家村即开始有铸铜活动,生产产品包括铅青铜、铅锡青铜、锡青铜和各类含砷青铜等多种材质,进入春秋早期后,铸铜活动规模增长,铅锡青铜稳定为基本合金类别,砷铜逐渐减少。春秋中期,遗址铸铜遗物减少,铸范由陶质转为石质,青铜渣块及铜器中含锡量明显上升,铅青铜及砷铜基本消失。

孙家村遗址铜渣块与青铜器的铅同位素比值指示金属资源来自皖江铜陵等地,且随时代同步变化。西周中晚期金属资源尤其是各类砷铜及铅青铜,多来自皖江南岸的铜陵、南陵地区,简记为"南陵型"资源;春秋早中期则有所差异,可能来自皖江两岸铜陵、庐江、枞阳等地,简记为"庐江型"资源。前者主要见于西周,进入春秋后式微;后者则历时较长,在春秋早中期占比较高。

孙家村遗址出土的陶范质地轻脆,其中掺入大量植物性材料,材质特征独特,与同时期皖江地区枞阳汤家墩及铜陵师姑墩等遗址出土陶范相似,而不同于中原及汉淮各地。这类制范技术体现长江下游沿岸的共性。遗址出土的泥芯及坩埚内衬亦见此类材料,以实现高硅含量、高孔隙率的技术需求。

表12　孙家村遗址青铜器及铸铜遗物反映的技术与资源演变

时代	特殊青铜器材质		熔炼合金		铅料类型	铸范材质	铸铜遗物数量	铸铜业阶段
	砷铜	锡青铜	砷铜	铅青铜				
西周中期		有		有	南陵型	陶	极少	Ⅰ
西周晚期	有	少	有	有			少	
春早偏早	较多	少	有	有	庐江型		多	Ⅱ
春早偏晚	较多	较多	少	有			多	
春秋中期	少	大量	少	少		石+陶	较多	Ⅲ

以上述铸铜遗物类别及技术、资源特征,可将孙家村周代铸铜作坊分为三个阶段(表12)。第一阶段为西周中晚期,仅有零星铸铜遗物而未见陶范,熔炼的合金材质已出现多样的特征;第二阶段为春秋早期,铸铜生产规模较大,能够铸造戈、剑等兵器,铅锡青铜以外的合金材质逐渐

[1] 孙淑云、王金潮、田建花等:《淮阴高庄战国墓出土铜器的分析研究》,《考古》2009年第2期。代全龙、张吉、刘延常等:《山东滕州大韩东周墓地第一次发掘出土青铜的科学分析研究》,《南方文物》2021年第3期。张吉、凡国栋、蔺诗芮:《湖北黄梅刘岳墓地M1出土青铜器的科学分析研究》,《江汉考古》2021年第4期。

[2] 罗武干、秦颍、田建花等:《淮阴高庄战国墓出土青铜器产地初步研究》,《土壤》2009年第4期。

[3] 刘煜、赵志军、白云翔等:《山东临淄齐国故城汉代镜范的科学分析》,《考古》2005年第12期。

减少；第三阶段为春秋中期，铸铜活动减退，各类器物中锡青铜尤其是高锡青铜明显增多。

　　孙家村铸铜生产规模的变化与大港吴国遗址群的兴衰大致同步，是吴文化乃至长江下游地区周代铸铜业的缩影。通过铜、铅、砷金属资源的稳定流通，皖江与宁镇地区吴文化在西周中晚期至春秋初年形成了相对闭合的冶金共同体，但伴随春秋中期长江中游锡资源在汉淮及中原各地的流通，长江下游的闭塞面貌也逐渐改变，各类青铜器的锡含量迅速升高，最终形成具有吴越特色的高锡合金技术。

　　孙家村遗址最晚阶段可能变为一般性聚落，但仍保有一定的铸铜功能。此类仅制作及修治小件工农具、少见铸范的铸铜地点，在春秋中晚期之后的东南沿海较为普遍，而与中原都邑功能集约、工序分化的大型铸铜作坊形成反差，反映长江下游地区铸铜业乃至社会组织方式的鲜明特色。

　　附记：本文为国家社科基金项目：江苏镇江孙家村吴国铸铜遗址发掘资料整理与研究（17BKG016）及 2020 年度江苏省第五期"333 工程"科研项目：江苏镇江孙家村吴国铸铜遗址出土冶铸遗物的检测分析及相关研究（BRA2020163）阶段性成果，并得到中国博士后科学基金：春秋时期汉淮诸国青铜器的合金技术与金属资源研究（2021M700218）资助。

　　本文铅同位素比值分析工作由北京大学地球与空间科学学院黄宝玲副教授完成，陶范植硅体鉴定由北京大学考古文博学院邓振华副教授完成，谨致谢忱！

附录二　镇江孙家村遗址周代农业生产的初步考察

吴文婉、何汉生、王克飞、刘敏 ★

孙家村遗址位于镇江市新区丁岗镇，西北距镇江市区约 25 千米，北距长江约 10 千米，中心地理坐标北纬 32° 06′ 42″、东经 119° 41′ 05″（图 1）。遗址为顶部近平的台形遗址，高约 4.5 米，平面近椭圆形，面积约 8000 平方米。2015 ～ 2017 年经考古发掘发现窑、灰坑、土台、土垣、环壕等遗迹和一批陶器、铜器等遗物，依据出土遗物判断为一处铸铜遗址，可能为吴国青铜器的生产地之一，年代为西周中期至春秋晚期 [1]。孙家村遗址所在的宁镇地区自史前便具有独特的文化面貌，至商周更以数量众多的土墩墓和城址为区域遗存代表，但也由于此类遗存的特殊性质，导致以往对该地区周代文化的研究多集中于对出土实物（如青铜器）的辨析 [2]。两周时期是我国奴隶社会集大成者和封建社会的开端，其政治、经济、文化等各方面的发展在《诗经》《尚书》《左传》等先秦文献有确切记载，但这些记载都需要实证来校验和补充，其中就包括农业生产的情况。宁镇地区周代社会经济最直接的考古发现目前仅有镇江丁家村遗址的植物考古研究 [3]，显然，要进一步了解宁镇地区先秦社会经济还需要更多数据。由此，孙家村遗址的发掘提供了一个重要机会，本文将报道该遗址的相关遗存发现和分析结果。

图1　相关遗址位置示意图

★ 吴文婉：南京博物院；何汉生：浙大城市学院；王克飞、刘敏：镇江博物馆。
[1] 南京博物院、镇江博物馆：《江苏镇江市孙家村遗址2015～2016年发掘简报》，《考古》2018年第6期。
[2] 邹厚本主编：《江苏考古五十年》，南京出版社，2000年，第166～196页。
[3] 吴文婉、司红伟、王书敏等：《江苏镇江丁家村遗址炭化植物遗存的初步分析》，《东南文化》2017年第5期。

一　材料与方法

本次采取针对采样法对不同遗迹单位进行采样。2 个发掘年度共采土样 109 份, 合计 1056kg, 平均单个样品量为 9.69kg。合并相同单位后最终获得 82 份样品, 其中 6 份年代为新石器时代、汉代、唐宋和六朝, 样本体量单一且不具代表性, 在此不予讨论。其余 76 份年代为西周至春秋时期, 依据出土遗物可分四期, 具体取样情况见表 1。

76 份样本总采样量为 947kg, 平均每份为 12.46kg, 采用小水桶法浮选以获得炭化植物遗存, 经阴干后送至南京博物院江南考古工作站植物考古实验室进行鉴定。鉴定主要依据实验室收集积累的古代标本、现代标本及相关图谱[1]。

表1　孙家村遗址采样概况（单位：个）

		灰坑	灰沟	灶	房址	地层	土台	土垣	合计
第一期	西周中期		2	1	2	14		2	21
第二期	西周晚期	3	1			5			9
第三期	春秋早期	9	1			15	9		34
第四期	春秋中晚期	7	1	1		2	1		12
合计		19	5	2	2	36	10	2	76

二　浮选结果

本次获得的植物大遗存可分为炭屑和植物种子／硬果核壳和其他, 其他类包括块茎、果皮等。

炭屑包括未燃尽的燃料或遭到焚烧的建筑木材等[1]和其他草本、藤本植物的炭化枝干。本次发现的炭屑比较细碎, 但大多保留了可供鉴定的细胞结构, 将交由专业人员进行进一步坚定。所有 > 1mm 的炭屑总重为 225.79g, 平均密度为 0.238g/kg。

依据不同利用方式, 可将所有植物遗存分为农作物和非农作物两大类。可鉴定的种子和果核来自 17 个科, 部分可鉴定到属和种。农作物遗存共 1166 粒, 有禾本科的稻、粟、黍、小麦、大麦和豆科的大豆; 非农作物遗存共 205 粒／块, 来自豆科、禾本科、蓼科、苋科、藜科、马齿苋科、莎草科、大戟科、茄科、唇形科、桑科、酢浆草科、茜草科、葡萄科、壳斗科、睡莲科、菱科、蔷薇科, 以及少量块茎、果皮残片和未知种子。二者合计 1371 粒／块, 各植物种属数量百分比和出土概率的统计结果见表 2、3。需要说明的是, 稻遗存有完整稻米 224、稻谷 6、稻米碎块 432 和穗轴／基盘 292 粒 (图 4, 1 ～ 4), 稻米碎块的体积绝大多数大于完整个体的 1/2, 穗轴则集中出土于 4 个遗迹单位且基本无稻米同出, 在此将穗轴和其他稻米（谷）的数量百分比分别统计。

---

[1]　刘长江、靳桂云、孔昭宸:《植物考古: 种子和果实研究》, 科学出版社, 2008年。郭琼霞:《杂草种子鉴定图鉴》, 中国农业出版社, 1998年。关广清、张玉茹、孙国友等:《杂草种子图鉴》, 科学出版社, 2000年。

表2　农作物遗存一览表

类别			绝对数量	数量百分比% (n=1166)		数量百分比% (n=1371)		占有样品量	出土概率% (n=76)
禾本科	稻 Oryza sativa	稻米/谷	662	56.78	81.82	48.29	69.58	50	65.79
		穗轴	292	25.03		21.29			
	粟 Setaria italica		167	14.32		12.18		35	46.05
	黍 Panicum miliaceum		5	0.43		0.36		4	5.26
	小麦 Triticum aestivum		18	1.54		1.31		10	13.16
	大麦 Hordeum vulgare		15	1.29		1.09		2	2.63
豆科	大豆 Glycine max		7	0.60		0.51		3	3.95
合计			1166	/		/		/	/

表3　非农作物遗存一览表

植物类别	统计内容	绝对数量	数量百分比% (n=205)	数量百分比% (n=1371)	占有样品量	出土概率% (n=76)
豆科	豆科 Leguminosae	3	1.47	0.22	3	3.95
禾本科	早熟禾亚科 Pooideae	20	9.80	1.46	1	1.32
	黍亚科 Panicoideae	40	19.61	2.92	15	19.74
	马唐属 Digitaria	1	0.49	0.07	1	1.32
	黍属 Panicum	2	0.98	0.15	2	2.63
	狗尾草属 Setaria	3	1.47	0.22	2	2.63
	牛筋草 Eleusine indica	11	5.39	0.80	7	9.21
蓼科	酸模属 Rumex	1	0.49	0.07	1	1.32
	蓼属 Polygonum	8	3.92	0.58	4	5.26
苋科	苋属 Amaranthus	13	6.37	0.95	6	7.89
藜科	藜属 Chenopodium	32	15.69	2.34	9	11.84
马齿苋科	马齿苋属 Portulaca	13	6.37	0.95	8	10.53
莎草科	飘拂草属 Fimbristylis	1	0.49	0.07	1	1.32
	藨草属 Scirpus	2	0.98	0.15	1	1.32
	水毛花 Scirpus triangulatus	1	0.49	0.07	1	1.32
	荆三棱 Scirpus yagara	1	0.49	0.07	1	1.32
	其他	3	1.47	0.22	1	1.32
大戟科	铁苋菜 Acalypha australis	1	0.49	0.07	1	1.32
	其他	3	1.47	0.22	2	2.63

植物类别　　　　　统计内容		绝对数量	数量百分比% （n=205）	数量百分比% （n=1371）	占有样品量	出土概率% （n=76）
茄科	茄科 Solanaceae	1	0.49	0.07	1	1.32
唇形科	唇形科 Labiatae	4	1.96	0.29	3	3.95
桑科	葎草 Humulus scandens	2	0.98	0.15	1	1.32
酢浆草科	酢浆草 Oxalis corniculata	3	1.47	0.22	1	1.32
茜草科	猪殃殃 Galium aparine var. tenerum	1	0.49	0.07	1	1.32
葡萄科	葡萄属 Vitis sp.	4	1.96	0.29	3	3.95
壳斗科	栎属（碎块） Quercus	2	0.98	0.15	1	1.32
睡莲科	芡实（碎块） Euryale ferox	4	1.96	0.29	2	2.63
菱科	菱（碎块） Trapa bispinosa	2	0.98	0.15	1	1.32
蔷薇科	未知果核 Unknown Rosaceae	2	0.98	0.15	2	2.63
块茎		2	0.98	0.15	2	2.63
果皮		2	0.98	0.15	2	2.63
未知		17	8.33	1.24	7	9.21
合计		205	/	/	/	/

1. 农作物遗存

水稻的数量最多且普遍性最高（表2）。完整的炭化稻米绝大多数为成熟饱满的籽粒，141粒完整炭化稻米平均粒长、粒宽、粒厚为4.662、2.239、1.770mm。现代籼稻的长宽比值一般在2.3以上，粳稻为1.6～2.3[1]，孙家村遗址完整稻米平均长宽比为2.08，落在粳稻范围内。各期稻米粒型较饱满，大小相近（图2）。保存较好的穗轴／基盘基本为驯化型，少数为未成熟型[2]。

粟共167粒，数量百分比远低于水稻，出土概率为46.05%。64粒完整粟胚区清晰可见，呈"U"形（图4，5），平均粒长、粒宽、粒厚为1.384、1.168、0.998mm。粒型方面，一～三期的粒长和粒宽无太大变化，四期粒长和粒宽都有一定幅度增长，粒厚则从一期至四期有变小的趋势（图3）。黍仅5粒，2粒保存完整的籽粒胚区爆裂呈"V"形（图4，8），平均粒长、粒宽、粒厚为1.592、1.387、1.088mm。

麦类遗存有18粒小麦和15粒大麦，小麦普遍性更高，出土概率为13.16%。多数炭化小麦可观察到清晰的胚区和腹沟（图4，6），整体呈椭圆形，5粒完整小麦平均粒长、粒宽、粒厚为3.262、2.379、2.058mm。炭化大麦两端略尖（图4，7），7粒完整大麦平均粒长、粒宽、粒厚为3.916、2.443和2.104mm。

---

[1]　游修龄：《从河姆渡遗址出土稻谷试论我国栽培稻的起源、分化与传播》，《作物学报》1979年第5卷第3期。

[2]　Dorian Q Fuller, Ling Qin, Yunfei Zheng, et al.,(2009) The Domestication Process and Domestication Rate in Rice: Spikelet Bases from the Lower Yangtze, Science 323.

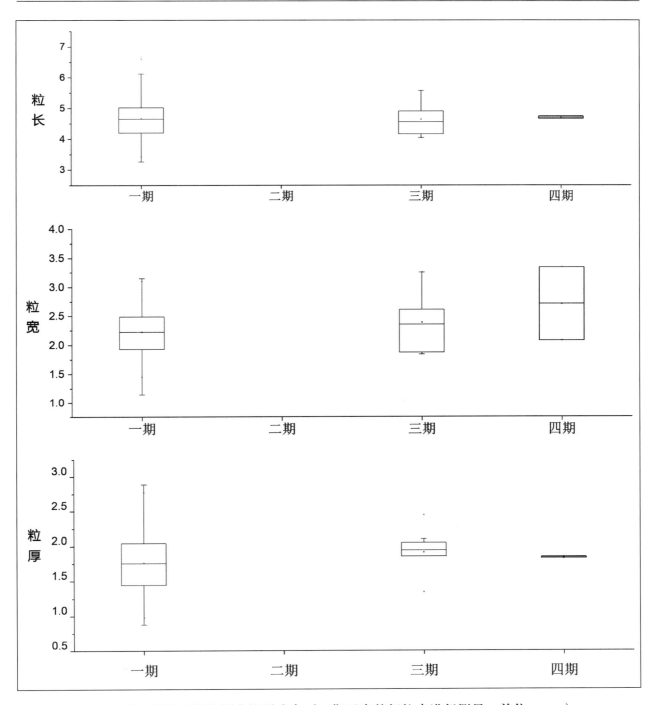

图2　孙家村遗址炭化稻米粒型分布（二期无完整籽粒未进行测量，单位：mm）

大豆仅7粒，形态特征较一致，整体长椭圆形，因炭化油脂析出而满布孔隙，部分籽粒的腹部偏上位置还保留有窄长形的豆脐（图4，9）。

2.非农作物遗存

非农作物遗存有陆生的草本、藤本、小乔木和木本植物的种子或果实，也有水生的芡实和菱。草本植物中以禾本科最多，都是遗址中最常见的黍亚科（图4，12）、早熟禾亚科等。黍亚科数量

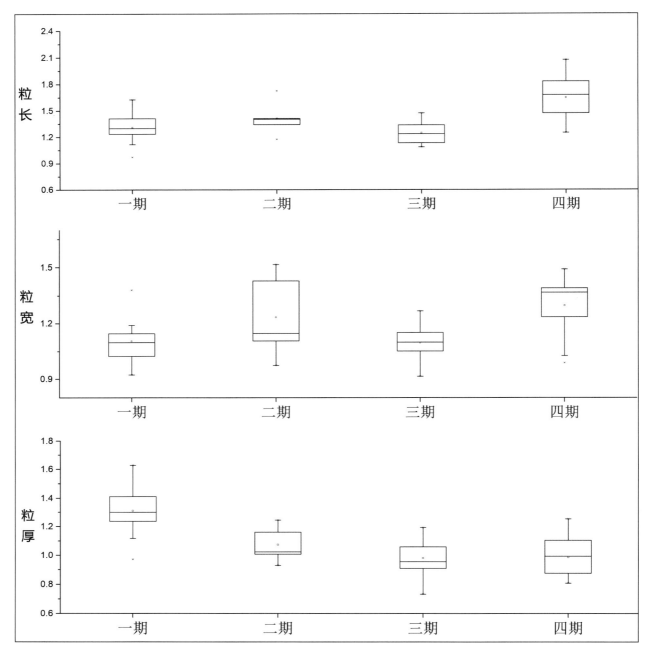

图3　孙家村遗址炭化粟粒型分布（单位：mm）

百分比和出土概率最突出，其中可进一步鉴定到马唐属、黍属、狗尾草属和牛筋草（图4，16），
都是现代农田周边的附生杂草种类。其他草本如酸模属、苋属（图4，18）、藜属（图4，17）、
马齿苋属（图4，15）、铁苋菜（图4，14）、葎草、猪殃殃（图4，13）等也多见于现代农村和城
郊的房前屋后，多反映一种干爽的环境。以往研究中藜属植物多被视为杂草类遗存，但实际上这
类植物的嫩叶可被食用，植株也可作为动物饲料。苋属的部分种同样具有经济价值，可作为野菜
或家畜饲料。蔗草属（图4，19）、飘拂草属、水毛花等莎草科相对体现了一种较湿润的氛围，芡
实（图4，22）和菱（图4，11）的出现表明遗址附近有水源环境。

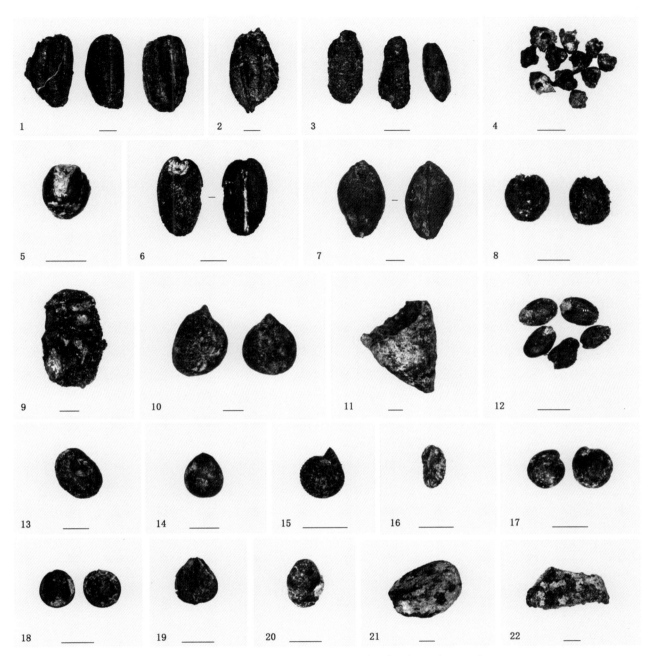

图4 孙家村遗址部分炭化植物遗存（比例尺为1mm）

1~3.稻米 4.穗轴/基盘 5.粟 6.小麦 7.大麦 8.黍 9.大豆 10.葡萄属 11.菱角 12.黍亚科 13.茜草科 14.大戟科 15.马齿苋属 16.牛筋草 17.藜属 18.苋属 19.薹草属 20.豆科 21.蔷薇科 22.芡实

　　本次还发现栎属、葡萄属（图4，10）、蔷薇科（图4，21）等少量果实类遗存。壳斗科的栎属与青冈属、柯属、栲属等在内的坚果植物果实通常被统称为橡子，是我国先民最早开发利用的木本植物资源，长江下游地区河姆渡文化时期先民就挖坑储存橡子作为储备粮食[1]。葡萄属植物是

　　[1] 傅稻镰、秦岭、赵志军等：《田螺山遗址的植物考古分析——野生植物资源采集与水稻栽培、驯化的形态学观察》，北京大学中国考古学研究中心等编著《田螺山自然遗存综合研究》，文物出版社，2011年，第47~96页。

我国先民利用最广的浆果之一，可直接食用，也可用于酿酒[1]。与谷物或坚果不同的是，人们可能在采集地就食用部分甚至全部葡萄果实，或食用时连籽一并吞下，因此葡萄籽被带入遗址并且留下实物证据的几率会小很多。近年来长江下游地区多个遗址都发现了葡萄籽[2]，进一步表明这类植物很早便与人类关系密切。

在长江下游距今7000年的河姆渡文化时期，芡实和菱是当时田螺山遗址先民重要的植食资源，量化分析显示大量菱角遗存表现出基于更大尺寸、更饱满果肉方向的驯化特点，是该聚落早期生业中的非谷物类作物[3]。孙家村遗址的菱角等遗存数量非常少且细碎，无法进一步观察和量化分析，暂归为非农作物。但历史上周代已具备一定高度的农业生产体系，先民有相当多的生产经验，亦不排除对某些特定水生植物进行驯化培育的可能。

三 分析与讨论

不同遗迹类型植物遗存的丰富程度（表4）可大致反映它们本身的性质或功能。房址作为生活场所，其中出土的植物遗存理论上代表了先民日常接触频繁、关系最密切的种类。灶是处理食物的场所，但其高温环境容易造成植物灰化而无法保存下来。灰坑和灰沟一般被视为处理和丢弃、填埋废弃物的场所，其内含物多为生活垃圾。地层是先民经年累月活动形成的堆积，与其他生活类遗迹相比，地层更多反映的是较长时间段的堆积。结合"短时效"的生活类遗迹和"长时效"的地层出土的植物遗存，可以较好地考察先民对植物资源的利用和聚落农业的发展。

表4　各遗迹类型出土遗存密度概况

	灰坑 $N=19$	灰沟 $N=5$	灶 $N=2$	房址 $N=2$	地层 $N=36$	土台 $N=10$	土垣 $N=2$
>1mm炭屑密度（g/kg）	0.182	0.003	0.013	0.647	0.306	0.218	0.005
种子密度（个/kg）	0.679	1.609	0.419	5.326	1.787	0.482	0.075

1.聚落生业经济模式

本次浮选获得的植物遗存包括农作物与非农作物两大类，前者是农业生产活动的代表，后者部分种类是采集活动的收获，二者共同构成聚落生业经济的最主要内容。在此从两个方面来分析孙家村聚落的生业模式：

一、聚落整体的生业经济模式。农作物遗存占全部植物遗存总数的85.05%，远超非农作物遗存，农业生产无疑是孙家村聚落最主要的生计方式。农业种植对象有稻、粟、黍、小麦、大麦和大豆，与《诗经》等记录的两周时期主要谷物种类一致[4]，其中水稻是最重要的谷物生产对象，

[1] McGovern P.E., Zhang J.Z., Tang J.G., et al.,(2004) Fermented Beverages of Pre-and Proto-Historic China. PNAS, 101 (51): 17593-17598.

[2] 郑云飞、游修龄：《新石器时代遗址出土葡萄种子引起的思考》，《农业考古》2006年第1期。

[3] Guo Y., Wu RB., Sun GP., et al., (2017) chestnuts (Trapa L.) at Tianluoshan (700-6300 cal BP), Zhejiang Province, China. Scientific Reports 7:1620.

[4] 马永超、吴文婉、杨晓燕等：《两周时期的植物利用——来自〈诗经〉与植物考古的证据》，《农业考古》2015年第6期。

其次是粟。量化分析显示,农业在聚落植物性食物中的比重自西周到春秋出现了较明显的下降(图5)。非农作物中黍亚科、牛筋草、马齿苋等都是现代常见的田间杂草,尤其是黍亚科中的马唐属、狗尾草属等都是粟、黍农田的伴生杂草,它们在植物遗存组合中的偶现应是伴随农作物的收获而进入到遗址。葡萄属、栎属和蔷薇科等浆果、坚果、核果类植物与水生的芡实、菱角指示了孙家村先民还进行一些采集活动,作为日常食物的补充和调剂。与农业相较,采集经济的比重自始至终都非常低。整体而言,孙家村遗址两周时期是以农业生产为主导、兼采集为补充的生业模式。

二、聚落延续发展过程中,农业生产的演变情况。本次采样单位依据地层和类型学研究可划分为四期,一~四期分别为西周中期、西周晚期、春秋早期和春秋中晚期。每一期都发现了农作物和非农作物遗存,并且始终以农作物遗存占绝对优势,但农作物的数量百分比自一期的95.32%渐次下降到四期的55.05%(图6),各期具体的农作物组合和具体表现也有较大差异(表5)。

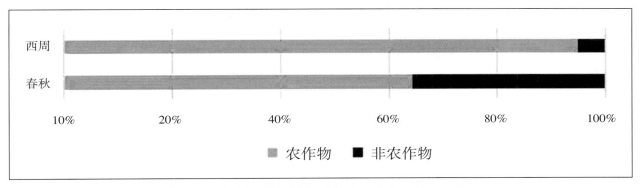

图5 孙家村遗址西周和春秋时期农业比重示意图

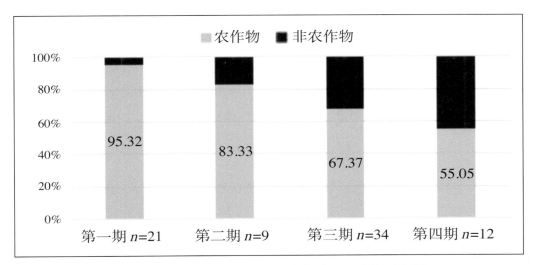

图6 各期农作物与非农作物遗存数量百分比示意图

一期(西周中期)农作物组合为稻、粟、黍、小麦和大豆。水稻是一期最重要的谷物,其数量百分比和出土概率都明显领先于其他。粟、黍和小麦数量非常少,但粟的出土概率仅次于水稻,达57.14%,小麦出土概率也近20%。粟和小麦应是此时期稳定的农作物构成,但重要性远不及水稻。稻作农业是孙家村遗址西周中期最重要的农业生产内容。

表5　各期农作物数量百分比和出土概率统计表（单位：%）

农作物	统计类别	第一期 $n=21$	第二期 $n=9$	第三期 $n=34$	第四期 $n=12$
稻	数量百分比（米谷/穗轴）	66.47/26.40	52/0	30.22/26.67	20/10
	出土概率	66.67	77.78	67.65	50
粟	数量百分比	5.37	48	31.33	65
	出土概率	57.14	22.22	47.06	41.67
黍	数量百分比	0.23	0	0.44	3.33
	出土概率	4.76	0	2.94	16.17
小麦	数量百分比	0.93	0	4	1.67
	出土概率	19.05	0	14.71	8.33
大麦	数量百分比	0	0	6.67	0
	出土概率	0	0	5.88	0
大豆	数量百分比	0.58	0	0.89	0
	出土概率	4.76	0	5.88	0

　　二期（西周晚期）样品数量较少，农作物只发现了水稻和粟。水稻的数量百分比骤降至52%，但出土概率上升至77.78%；相反，粟的数量百分比从5.37%攀升至48%，涨幅达近8倍，出土概率却从57.14%下降至22.22%。这两项指标的统计结果无法很明确此时期水稻和粟的关系以及它们在聚落农业中所占比重的变化。水稻的数量百分比和出土概率均较粟高，反映了稻作农业生产的持续性，水稻依然是此时期最重要的谷物。粟的比重几乎与水稻持平，但普遍性大幅下降，在农业中的地位或不及水稻稳固。孙家村遗址二期是以水稻为主、粟为辅的稻旱兼作农业模式。

　　三期（春秋早期）农作物除见于前两期的五种外新增了大麦，且大麦只在三期有发现。本期最大的变化是麦类遗存，其中小麦在谷物中保持第三的位置，大麦的绝对数量较小麦稍多，但普遍性不及小麦。水稻较粟在数量百分比和出土概率上都有一定优势。黍与大豆都是零星发现。整体而言，第三期的农业延续了二期的稻旱兼作模式，旱地作物除了粟、黍外还有小麦和大麦；在几种谷物中水稻的比重略高于粟和麦类，开始出现稻旱持平的趋势。

　　四期（春秋中晚期）农作物有稻、粟、黍和小麦，仍是稻旱兼作模式。本期水稻已不占绝对优势，农业中旱作成分明显提高，如粟的数量百分比较上一期出现了翻倍；黍的数量尽管不多，但出土概率仍有16.17%，是四期以来的最高值。其他旱地作物只发现小麦，其在农作物组合中的占比较三期略有下降。

　　2.区域农作物结构与农业格局

　　孙家村遗址所在的宁镇地区素来具有独特的文化面貌，至商周以湖熟文化为代表[1]。这一地区商周考古发现与研究的关注点多在考古学文化面貌的辨析上[2]，关于其社会经济的实证目前来自丁

　　[1]　邹厚本主编：《江苏考古五十年》，南京出版社，2000年，第52～86、149～158页。

　　[2]　张敏：《试论点将台文化》，《东南文化》1989年第3期。肖梦龙：《江淮地区与江南古文化的交融》，《南方文物》1996年第2期。

家村遗址[1]。丁家村遗址东距孙家村遗址约30千米，是一处典型的湖熟文化台地遗址，文化堆积时代涵盖西周早、中期和春秋早期，年代约为距今3000～2850年。将丁家村与孙家村遗址的农作物遗存进行比较，可在一定程度上考察宁镇地区周代区域农作物结构和农业格局。基于两个遗址的材料，我们目前可以观察到：

一、农业生产是宁镇地区周代最重要的生计方式，丁家村遗址中农作物遗存的比重为62.05%，孙家村的同类数据达到85.05%（图7）。两处遗址种植的农作物都包括传统认识中的"五谷"，即稻、粟、黍、小麦和大豆，孙家村遗址还发现有大麦，多品种种植制度在宁镇地区已经得到稳固发展，区域内为稻旱兼作的模式。

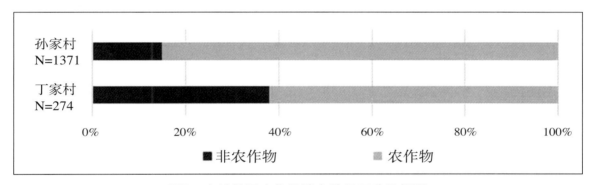

图7　宁镇地区农作物遗存数量百分比概况

二、稻旱兼作农业的具体内容有差异，不同聚落对各种农作物各有青睐（图8）。在孙家村遗址，尽管粟和黍在农业中的比重自一期至四期呈逐渐增长的趋势，但旱作的比重在四期之前始终居于稻作之下，至第四期以粟为主体的旱作农业才大有超过稻作之势。丁家村遗址旱地作物有粟、黍和小麦，它们在农作物组合中自始至终都具有明显的优势，相较之下稻作的比重略显逊色。

稻旱兼作模式早在8～7ka BP已于淮河流域展露苗头[2]，尽管史前时期多个地点已发现粟类遗存[3]，但长江中下游的旱作农业直至西周时期才出现明显的增长[4]。孙家村遗址和丁家村遗址的植物考古数据进一步丰富了长江下游周代稻旱兼作农业的内涵。整体而言，在经历了良渚文化式微后的生业转型之后，环太湖地区青铜时代的农业生产表现出较明显的衰退，稻作农业处于低谷[5]。而在个别地势较高的山地区域，受气候演变[6]和区域间文化交流的推动[7]，旱地作物和驯化的牛和马[8]进一步渗透到南方。宁镇地区这两处遗址即是重要代表，粟类和麦类组成的旱地作物生产逐渐得到发展，尤

[1] 吴文婉、司红伟、王书敏等：《江苏镇江丁家村遗址炭化植物遗存的初步分析》，《东南文化》2017年第5期。

[2] Yang YZ, Cheng ZJ, Li WY, et al., (2016) The emergence, developmeng and regional differences of mixed farming of rice and millet in the upper and middle Huai River Valley, China. Science China Earth Sciences 59 (9):1779-1790.

[3] 赵志军、蒋乐平：《浙江浦江上山遗址浮选出土植物遗存分析》，《南方文物》2016年第3期。

[4] 唐丽雅：《江汉地区新石器时代晚期至青铜时代农业生产东台的植物考古学观察》，中国社会科学院研究生院2014年博士学位论文。

[5] 袁靖主编：《中国新石器时代至青铜时代生业研究》，复旦大学出版社，2019年，第232～233页。

[6] 陈莎、刘倩、贾玉连等：《气候环境驱动下的中国北方早期社会历史时空演进及其机制》，《地理学报》2017年第9期。

[7] 许鹏飞、何汉生：《试论宁镇地区商时期考古学文化的结构》，《东南文化》2018年第5期。

[8] 刘羽阳、袁靖：《绰墩遗址出土动物遗存研究报告》，苏州市考古研究所编著《昆山绰墩遗址》，文物出版社，2011年，第372～380页。

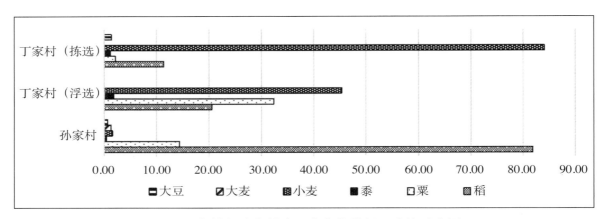

图8　丁家村与孙家村遗址农作物数量百分比示意图

其是小麦的发现十分重要。距今4000年前开始的"南稻北麦"生产格局[1]在夏商时期已经出现了强化，在商王朝统治的王畿范围内形成了局部的种植规模[2]。到春秋战国时期，北方地区已经广泛种植小麦了[3]，孙家村和丁家村遗址的考古发现表明小麦在南方、至少在宁镇地区的推广也不晚于周代，小麦作为这一地区先民重要粮食作物地位的确立也远早于传统认识的汉代[4]。

四　总结

孙家村遗址出土了稻、粟、黍、小麦、大麦、大豆等农作物和黍亚科、豆科、藜属、苋属、蓼草属等杂草以及葡萄、芡实、菱角、栎果等可食用的野生植物。量化分析结果表明，孙家村遗址周代以农业生产为主。稻作始终是重要的农业生产内容，在西周中期更占据了绝对优势。自西周晚期开始，以粟为代表的旱地作物大幅度增长，此后三期一直延续此发展趋势，至春秋中晚期，粟的比重超过水稻且二者出土概率相近。孙家村遗址周代的农业生产模式是稻旱兼作，期间自西周中期至春秋中晚期经历了以稻作为主到稻旱持平、乃至旱作居上的演变过程。宁镇地区商周时期已经形成稳定的多品种种植制度，有多种旱地作物可供选择，不同聚落或对粟或对小麦有各自的青睐，近年来小麦遗存的发现表明小麦在这一区域的推广至少可追溯至周代。

本文为国家社会科学基金项目"江苏镇江孙家村吴国铸铜遗址发掘资料整理与研究"（17BKG016）。

　　[1]　赵志军：《中华文明形成时期的农业经济发展特点》，《国家博物馆馆刊》2011年第1期。Zhao Zhijun. (2009) Eastward spread of wheat into China—New data and new issues. Chinese Archaeology 9.

　　[2]　陈雪香：《中国青铜时代小麦种植规模的考古学观察》，《中国农史》2016年第3期。

　　[3]　赵志军：《小麦传入中国的研究——植物考古资料》，《南方文物》2015年第3期。

　　[4]　Nicole Boivin, Dorian Q Fuller, Alison Crowther. (2012) Old World globalization and the Columbian exchange: comparison and contrast. World Archaeology 44(3).

后　记

孙家村是江苏省镇江新区一个已经消逝的村庄，这个村名却因这一处重要的考古遗址而闻名遐迩。

孙家村遗址位于镇江新区丁岗镇原孙家村的东边，村子因万顷良田的建设而拆迁，村民们搬进了集中居住的高楼。孙家村遗址在2009年万顷良田建设之前的考古调查中由镇江博物馆王书敏、霍强发现，本应与周边土地一样全部拉平形成良田，由于这一区域濒临长江，吴文化遗址、高等级墓葬众多，考古人员据理力争，得到了新区文物、建设部门的支持，遗址才幸免被铲平的命运。然而，2011年镇丹高速公路规划设计还是要穿过该遗址，考古人员又苦口婆心地与设计师沟通，最终将设计线路西移，紧贴遗址西侧边缘通过，遗址主体得以保存下来。

2015年，为了配合高速公路的建设，在遗址西侧布方发掘，发现了环壕等遗迹。2016年，在台地上发现了环绕遗址周边的土垣，土垣内有土台、房址、道路、蓄水坑、窑等遗迹，发现了陶范、石范、吹火筒、坩埚、石锤、砺石等铸铜工具以及铜镞、戈、剑等兵器和铜镰、铜斧等农具，说明了该遗址具有小型城址的格局，且具有铸铜功能，其重要性不言而喻。我们也据此提出了孙家村为吴国铸铜遗址的性质，考古项目进入了2016年度全国十大考古新发现的终评环节。2017、2018年，向国家文物局申报主动发掘，获得批准，遗址总发掘面积达到4600平方米，进一步搞清了该遗址的功能布局。2019年，在江苏省文物局的支持下，我们对遗址周边80平方千米的区域进行了调查和勘探，提出了大港吴国遗址群的学术观点。2021年4月，完成了孙家村遗址发掘资料的整理和报告编写工作。

2019年，孙家村遗址被列为第八批江苏省文物保护单位。寒来暑往，几度春秋，考古工作虽然艰辛，但是想想孙家村遗址本是一个默默无闻的土包子，现已得到了妥善的保护；孙家村遗址的发掘，从抢救性起步，到带着课题意识的主动性发掘，最后扩展到一个区域的整体调查与研究，如今学术成果也得到了学界的重视和认可，因此我们心中充满了欣慰。

报告正文中已写明，孙家村遗址的发掘工作得到了多位专家学者的指导，我们在此表示诚挚的谢意。发掘工作还得到了多位领导的关心，江苏省文物局原局长吴晓林、原副局长殷连生、处长李虎仁、副处长陈朋光、四级调研员吕春华、镇江市文广旅局原局长周文娟、原副局长张志耕、副局长周连锁、文物处处长张小军、镇江博物馆原馆长杨正宏、馆长周明磊、原副馆长王书敏等领导都给予了大力支持。特别是周文娟局长每年都到工地慰问考古队员，让大家十分感动。

孙家村遗址发掘、大港吴国遗址群的勘探和本报告的编写出版是集体劳动的成果。在此，感谢诸位同仁的辛勤付出。感谢中央民族大学黄义军教授翻译了英文提要。最后，感谢文物出版社和责编为本报告出版给予的大力支持。

鉴于我们的发掘、研究水平有限，本报告中存在的错误、不足肯定在所难免，恳请各位学界同仁批评指正。

编　者

2022 年 10 月

1. 发掘前远眺（西—东）

2. 发掘后远眺（南—北）

彩版一　孙家村遗址

1. 孙家村遗址俯瞰

2. 考古勘探现场

彩版二　孙家村遗址

1. 环壕发掘区俯瞰

2. 2016年度发掘区俯瞰

彩版三　孙家村遗址发掘现场

1. 2017年度发掘区俯瞰

2. 2017年度发掘区（北—南）

彩版四　孙家村遗址发掘现场

1. 2018、2019年度发掘区俯瞰

2. 发掘现场

彩版五　孙家村遗址发掘现场

1. 发掘现场

2. 发掘现场

彩版六　孙家村遗址发掘现场

1. 陈星灿研究员视察考古现场

2. 北京大学赵辉、刘绪教授率领队高级研修班老师、学员考察工地

彩版七　专家、学者到发掘现场视察

1. 南京博物院考古专家视察考古工地

2. 镇江市文化广电和旅游局领导视察考古工地

彩版八　专家、领导到发掘现场视察

1.国家文物局考古工作评估组检查考古工地

2.江苏省文物局组织专家研讨发掘工作

彩版九 专家、学者到发掘现场视察

1. 接待学生参观，开展公众考古活动

2. 江苏卫视对考古工作进行直播

彩版一○　公共考古与宣传报道

1. 环壕区域地层剖面（T0801～T0802南壁）

2. 台地西区地层剖面（T0804～T0805北壁）

彩版一一　发掘地层剖面

1. 台地东区地层剖面（T1109南壁）

2. 台地东区地层剖面（T1209～T1210北壁）

彩版一二　台地东区地层剖面

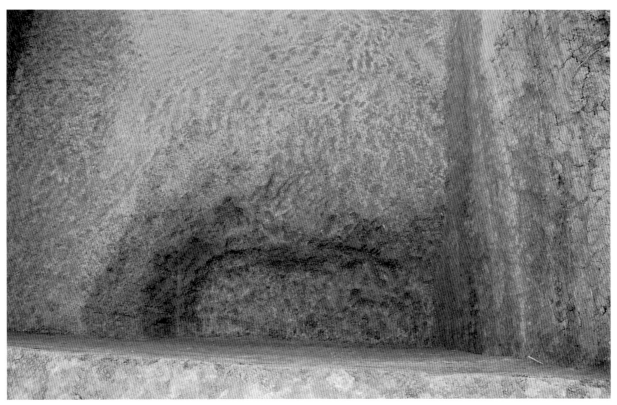

1. H9（俯视）

2. H80（南—北）

彩版一三　新石器时代灰坑

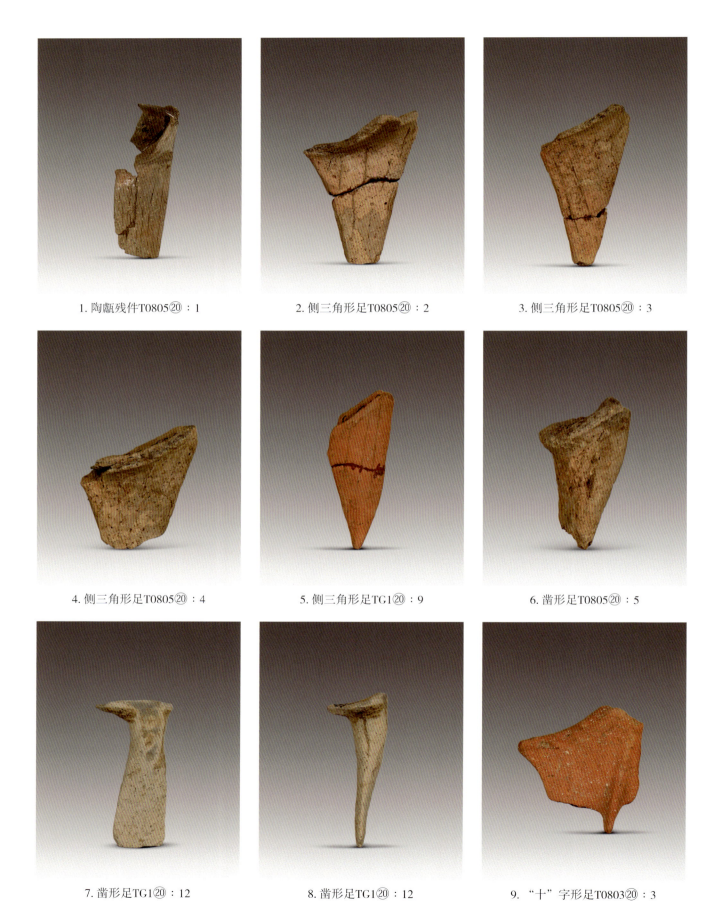

1. 陶鬶残件T0805⑳：1

2. 侧三角形足T0805⑳：2

3. 侧三角形足T0805⑳：3

4. 侧三角形足T0805⑳：4

5. 侧三角形足TG1⑳：9

6. 凿形足T0805⑳：5

7. 凿形足TG1⑳：12

8. 凿形足TG1⑳：12

9. "十"字形足T0803⑳：3

彩版一四　新石器时代陶器

1. 陶豆TG1⑳：2

2. 陶器盖H9①：1

3. 陶器盖T0805⑳：7

4. 陶纺轮TG1⑳：6

5. 鸡冠形耳T0803⑲：4

6. 陶器底TG1⑳：10

彩版一五　新石器时代陶器

1. 石斧TG1⑳：5

2. 石凿TG1⑳：4

3. 石锛T1210⑳：1

4. 石锛T1210⑳：2

5. 石锛T1009⑳：1

6. 石锛T1209⑳：2

7. 石锛T1009⑳：2

8. 石锛TG1⑳：3

9. 石锛T0803⑳：2

彩版一六　新石器时代石器

1. 石锛T0803⑳：1

4. 石锛T1009⑳：1

2. 石锛T1209⑳：1

5. 石刀T0803⑲：1

3. 石锛T1209⑳：1

6. 砺石T1108⑳：1

7. 石纺轮TG1⑳：1

彩版一七　新石器时代石器

1. F1B（北—南）

2. F3（南—北）

彩版一八　周代房址

1. A组柱洞ZD4剖面

2. B组柱洞ZD6剖面

3. A、B组柱洞剖面（左为A组ZD10，右为B组ZD5）

彩版一九　周代房址

1. Z7（北—南）

2. G12剖面（东—西）

3. G14剖面

彩版二〇　周代第一阶段灶坑与灰沟

1. G15

2. H82（南—北）

3. H91（俯视）

4. H95发掘后

彩版二一　周代第一阶段灰沟与灰坑

1. J1（俯视）

2. J1坑壁

3. J1内竹子残骸

彩版二二　周代第一阶段水井J1

1. 环壕俯视

2. 土垣剖面（南—北）

彩版二三　周代第二阶段环壕

1. 东垣顶面（南—北）

2. 西垣顶面（北—南）

彩版二四　周代第二阶段环壕土垣

1. 西垣、北垣转角处

2. 西垣内侧的坡状堆积（T1105解剖沟）

彩版二五　周代第二阶段环壕土垣

1. F1A顶面（南—北）

2. F1A柱洞ZD3

3. F1A柱洞ZD6剖面

4. F1A柱洞ZD10下的石块

彩版二六　周代第二阶段房址

1. F1A②层顶面（南—北）

2. F4剖面

3. F4柱洞剖面

彩版二七　周代第二阶段房址

1. Z5

2. Z8

3. H89

彩版二八　周代第二阶段灶坑与灰坑

1. 台44F及H93、H94（北—南）

2. 台51D及H73

彩版二九　周代第三阶段土台

1. 台52C（东—西）

2. 台52C及H79（西—东）

3. G9（南—北）

彩版三〇　周代第三阶段土台与灰沟

1. H74（北—南）

2. H76（东—西）

彩版三一　周代第三阶段灰坑

1. 台44E（西—东）

2. 台51C（东—西）

3. 台51C柱坑（ZD6）

彩版三二　周代第四阶段灰坑土台

1. 台52B（东—西）

2. 台52B柱坑（ZD8）

3. M4（西—东）

彩版三三　周代第四阶段土台与墓葬

1. G4（南—北）

2. G4剖面（北—南）

3. G4内的鹿角

4. G4内出土的鱼骨

彩版三四　周代第四阶段灰沟

彩版三五　周代第五～七阶段台地两区遗迹

彩版三六　周代第五～七阶段台地东区遗迹

1. 台地东北角周代第五阶段土台（T1008～T1209）

2. 台1A（南—北）

3. 台1A上的柱坑ZD4

彩版三七　周代第五～七阶段土台

1. 台1B（北—南）

2. 台1C柱坑剖面

3. 台1南北向剖面（东—西）

彩版三八　周代第五～七阶段土台

1. 台3A（西—东）

2. 台3、台8堆积关系

彩版三九　周代第五～七阶段土台

1. 台6、台7俯视

2. 台6A与东垣之间的沟槽

彩版四〇　周代第五～七阶段土台

1. 台6C东侧顶部烧结面

2. 台6C东南角顶部的烧结面

3. 台6C东侧沟槽

彩版四一　周代第五～七阶段土台

1. 台9A（东—西）

2. 台9B下的红烧土块

彩版四二　周代第五～七阶段土台

台21B② 台12B① 台12A① 台12AZD2
台21B③ 台12A②
台21C① 台12B① 台12BZD1
台12B②
台12B③

1. 台12剖面（M3东壁）

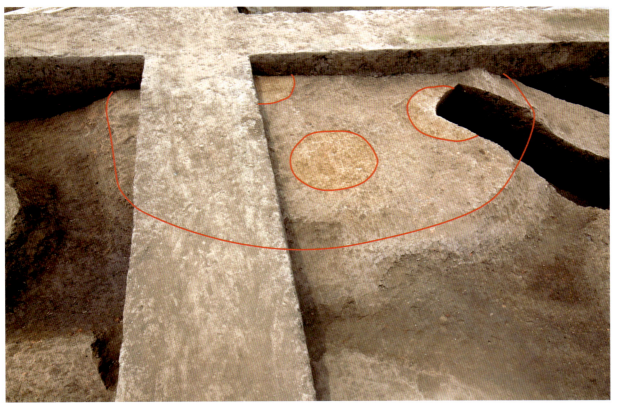

2. 台12A（北—南）

彩版四三　周代第五～七阶段土台

1. 台12B（东—西）

2. 台12B边坡下部出土的陶范

彩版四四　周代第五～七阶段土台

1. 台14B（东—西）

2. 台14边坡上的烧结面

彩版四五　周代第五～七阶段土台

1. 台15B（东—西）

2. 台10、台15堆积关系

彩版四六　周代第五～七阶段土台

1. 台16（俯视）

2. 台17、台18（西—东）

彩版四七　周代第五～七阶段土台

1. 台20、H19（东—西）

2. 台21A（东南—西北）

彩版四八　周代第五～七阶段土台

1. 台26（俯视）

2. 台26顶面黄土坑发掘后

彩版四九　周代第五～七阶段土台

1. 台35A（西南—东北）

2. 台35B（西—东）

彩版五〇　周代第五～七阶段土台

1. 台35C（西—东）

2. 台38（东—西）

彩版五一　周代第五～七阶段土台

1. 台43A（东—西）

2. 台43C北侧坡面（北—南）

4. 台43北侧坡底部的竹编

3. 台43C北侧坡面上出土的植物种子

彩版五二　周代第五～七阶段土台

1. 台44A（南—北）

2. 台44B（西—东）

彩版五三　周代第五～七阶段土台

1. 台44C（东—西）

2. 台44剖面（南—北）

彩版五四　周代第五～七阶段土台

1. 台44D（南—北）

2. 台47剖面（东—西）

彩版五五　周代第五～七阶段土台

1. 台47C（西—东）

2. 台47D（南—北）

彩版五六　周代第五～七阶段土台

1. 台55A（西—东）

2. 台55柱坑ZD3打破ZD7

彩版五七　周代第五～七阶段土台

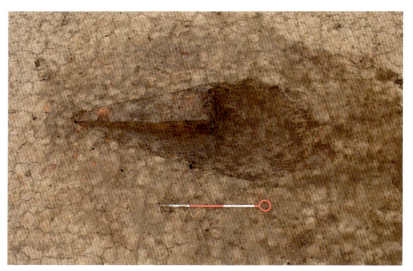

1. Z1（俯视）

2. Z3（南—北）

3. Y1（西—东）

彩版五八　周代第五～七阶段灶坑与窑炉

1. Y2～Y4俯视

2. Y2（西南—东北）

3. Y2内小平台

彩版五九　周代第五～七阶段窑炉

1. Y3（北—南）　　　　　　　　　　　2. Y3（南—北）

3. Y3西壁土坯壁　　　　　　　　　　　4. Y3窑底木炭

彩版六○　　周代第五～七阶段窑炉

1. Y4内倒塌的窑壁

2. Y4窑门口木炭

4. Y5边缘木炭

3. Y5（东—西）

彩版六一　周代第五～七阶段窑炉

1. Y6发掘前

2. Y6发掘后

彩版六二　周代第五～七阶段窑炉

1. L1（北—南）

2. L2（西—东）

3. L4及台47A（东南—西北）

彩版六三　周代第五～七阶段道路

1. G7（俯视）

2. G7（东—西）

3. G7（西—东）

彩版六四　周代第五～七阶段灰沟

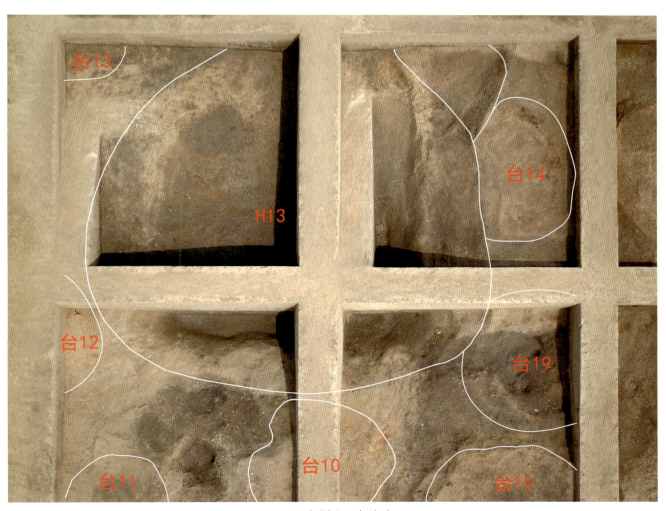

1. H13与周边土台关系

2. H15内动物骨骼

彩版六五　周代第五～七阶段灰坑

1. H17（北—南）

2. H19发掘前

3. H19发掘后

彩版六六　周代第五～七阶段灰坑

1. H21剖面（东—西）

2. H21、H23（南—北）

3. H22（南—北）

彩版六七　周代第五～七阶段灰坑

1. H23（北—南）

2. H24（北—南）

3. H28（俯视）

4. H28剖面（北—南）

彩版六八　周代第五～七阶段灰坑

1. H29发掘前

2. H29（南—北）

3. H32（东—西）

彩版六九　周代第五～七阶段灰坑

1. H30（北—南）

2. H31（北—南）

彩版七〇　周代第五～七阶段灰坑

1. H41③层表烧结面

2. H41发掘后

彩版七一　周代第五～七阶段灰坑

1. H43发掘前（东—西）

2. H43发掘后（东—西）

彩版七二　周代第五～七阶段灰坑

1. H47～H51发掘前

2. H47～H51发掘后

彩版七三　周代第五～七阶段灰坑

1. H48发掘前（西—东）

2. H48发掘后（西—东）

彩版七四　周代第五～七阶段灰坑

1. H65发掘前

2. H65（俯视）

彩版七五　周代第五～七阶段灰坑

1. Aa I 式T1108⑨：5

2. Aa I 式T1109⑦B：2

3. Aa I 式H17③：15

4. Aa I 式T0910⑦A：14

5. Aa II 式T0810⑤B：3

6. Aa II 式T1005⑤：4

彩版七六　周代夹砂陶鼎

1. Aa Ⅲ式T0806③：3

2. Ab Ⅰ式T1108⑩：17

3. Ab Ⅰ式G4②：26

4. Ab Ⅱ式台44E②：5

5. Ab Ⅱ式台44E②：7

6. Ab Ⅲ式T0705③：13

彩版七七　周代夹砂陶鼎

1. B型台6C：7

2. B型H17③：16

3. B型T1109⑤B：6

4. B型T0909③B：1

5. CⅠ式H18：1

6. CⅡ式T1006③：10

彩版七八　周代夹砂陶鼎

1. AⅠ式T0805⑮：5

2. AⅡ式T1009⑫A：1

3. AⅡ式T0806⑫：6

4. AⅢ式H74②：3

5. AⅢ式H74②：3

6. AⅢ式T1108⑩：4

彩版七九　周代夹砂陶鬲

1. AⅣ式T1108⑩：7

2. AⅣ式G4②：9

3. AⅣ式G4②：1

4. AⅣ式台15B①：3

5. AⅣ式台30：1

6. AⅣ式台30：1

彩版八〇　周代夹砂陶鬲

1. AⅤ式H13①：49

2. AⅥ式台15A②：7

3. AⅥ式T1007③：5

4. BⅠ式T1108⑩：8

5. BⅡ式T1007③：1

6. BⅢ式T1105②：1

彩版八一　周代夹砂陶鬲

1. C型T1108④A：2

2. C型T1005④：1

3. C型H13①：38

4. C型T0908③A：13

5. C型T1208④B：9

6. D型T0609⑧A：3

彩版八二　周代夹砂陶鬲

1. 夹砂陶甗甑部G4②：29

2. 夹砂陶釜T0905⑥：4

3. 夹砂陶釜T1110③A：3

4. 夹砂陶算T0909⑯：2

5. 夹砂陶算T1109⑦A：1

6. 夹砂陶饼T0805⑯：2

彩版八三　周代夹砂陶甗、陶釜、陶算、陶饼

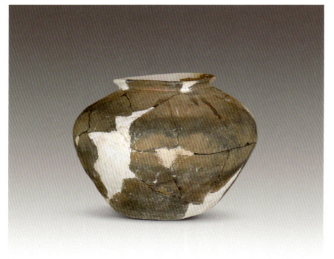

1. 夹砂陶罐台3A①：5

2. 夹砂陶罐台2A：7

3. 夹砂陶罐台2A：4

4. 夹砂陶钵T1106③：3

5. A型夹砂陶支脚H13①：2

6. A型夹砂陶支脚T0906③：4

7. B型夹砂陶支脚T0805③：21

彩版八四　周代夹砂陶罐、陶钵、陶支脚

1. A型泥质陶簋T1108⑲A：1

2. B型泥质陶簋T0909⑯：4

3. B型泥质陶簋G6：4

4. C型泥质陶簋T1008⑫A：1

5. 泥质陶瓿G4②：27

6. 泥质陶瓿G4②：32

彩版八五　周代泥质陶簋、陶瓿

1. AⅠ式泥质素面陶罐T1008⑫B：1

2. AⅠ式泥质素面陶罐T1108⑫B：2

3. AⅡ式泥质素面陶罐T0608④：4

4. AⅢ式泥质素面陶罐T0805③：25

5. BaⅠ式泥质素面陶罐T1108⑩：6

6. BaⅠ式泥质素面陶罐T1108⑨：3

彩版八六　周代泥质素面陶罐

1. Ba I 式泥质素面陶罐G4②：13

2. Ba I 式泥质素面陶罐T1108⑧A：10

3. Ba II 式泥质素面陶罐T1009⑦B：2

4. Ba II 式泥质素面陶罐T0905⑦：10

5. Ba II 式泥质素面陶罐T1009⑤C：3

6. Ba II 式泥质素面陶罐T1109⑤C：5

彩版八七　周代泥质素面陶罐

1. BaⅢ式泥质素面陶罐台47B：1

2. BaⅢ式泥质素面陶罐台43C②：2

3. BaⅢ式泥质素面陶罐T0708③B：5

4. BbⅡ式泥质素面陶罐T1108⑧A：12

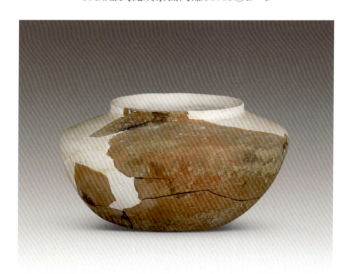

5. BbⅡ式泥质素面陶罐台44E②：6

6. BbⅢ式泥质素面陶罐台2B①：1

彩版八八　周代泥质素面陶罐

1. Bb Ⅲ式泥质素面陶罐T0910⑥A：6

2. Bb Ⅲ式泥质素面陶罐T0910⑥A：5

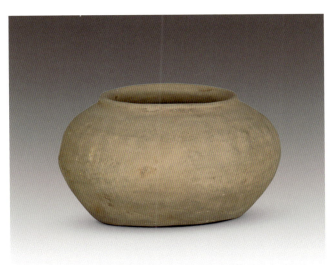

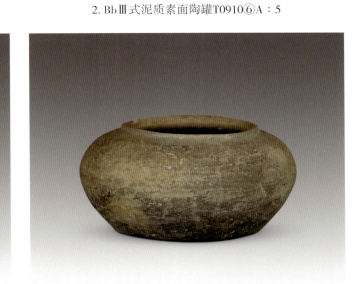

3. Bb Ⅲ式泥质素面陶罐T1008③B：8

4. Bb Ⅲ式泥质素面陶罐T0905④：4

5. Bb Ⅲ式泥质素面陶罐H13①：30

6. Bb Ⅲ式泥质素面陶罐H13①：37

彩版八九　周代泥质素面陶罐

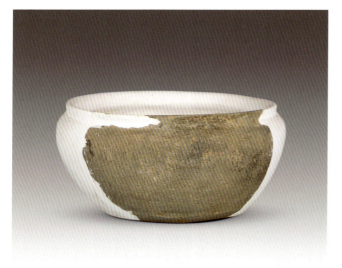

1. CⅠ式泥质绳纹陶罐T1109⑪：1

2. CⅡ式泥质素面陶罐台4B①：2

3. CⅡ式泥质素面陶罐台9B④：2

4. CⅡ式泥质素面陶罐H28③：6

5. CⅡ式泥质素面陶罐T0805③：9

6. D型泥质素面陶罐J1②：3

彩版九〇　周代泥质素面及绳纹陶罐

1. E型泥质素面陶罐T1009⑥A：7

2. E型泥质素面陶罐H17③：9

3. FⅡ式泥质绳纹陶罐T0910⑦A：17

4. FⅡ式泥质绳纹陶罐T0910⑦A：27

5. FⅡ式泥质绳纹陶罐H13①：57

6. FⅡ式泥质绳纹陶罐H11：2

彩版九一　周代泥质素面及绳纹陶罐

1. AⅠ式泥质几何纹陶罐T0805⑯：4

2. AⅡ式泥质几何纹陶罐T0806⑫：2

3. AⅡ式泥质几何纹陶罐T1208⑫A：2

4. AⅢ式泥质几何纹陶罐G4①：15

5. AⅢ式泥质几何纹陶罐T1108⑨：19

6. AⅣ式泥质几何纹陶罐T1108⑧A：1

彩版九二　周代泥质几何纹陶罐

1. AⅣ式泥质几何纹陶罐T0910⑦A：13

2. AⅣ式泥质几何纹陶罐台9B④：9

3. AⅤ式泥质几何纹陶罐T0909④A：2

4. AⅤ式泥质几何纹陶罐H30②：2

5. AⅤ式泥质几何纹陶罐H28③：2

6. B型泥质几何纹陶罐G4②：33

彩版九三　周代泥质几何纹陶罐

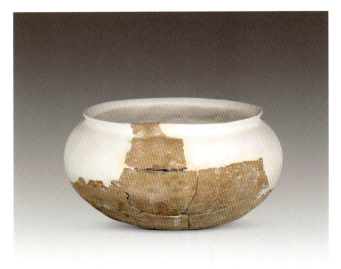

1. CⅠ式泥质几何纹陶罐T0805⑰：4

2. CⅡ式泥质几何纹陶罐G4①：14

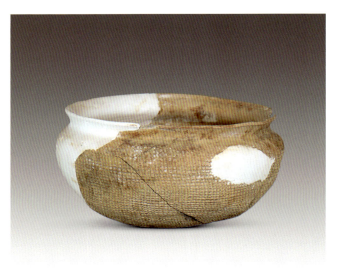

3. CⅡ式泥质几何纹陶罐G4②：11

4. CⅢ式泥质几何纹陶罐T1009⑦B：7

5. CⅢ式泥质几何纹陶罐H61②：1

6. CⅢ式泥质几何纹陶罐T1209⑧A：9

彩版九四　周代泥质几何纹陶罐

1. CⅣ式泥质几何纹陶罐T0709④A：3

2. CⅣ式泥质几何纹陶罐T0608④A：11

3. CⅣ式泥质几何纹陶罐T1009⑤B：3

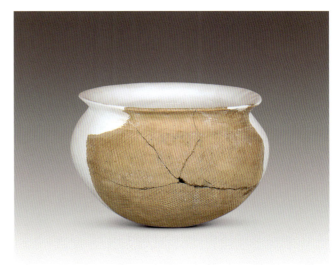

4. CⅣ式泥质几何纹陶罐H13②：3

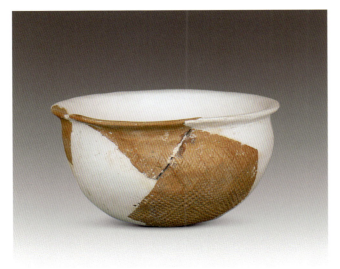

5. DⅠ式泥质几何纹陶罐T0910⑦A：19

6. DⅡ式泥质几何纹陶罐T0709③B：9

彩版九五　周代泥质陶罐

1. AⅠ式泥质陶盆T1010⑲A：1

2. AⅡ式泥质陶盆T0806⑫：3

3. AⅡ式泥质陶盆H74②：4

4. AⅡ式泥质陶盆G4②：10

5. AⅢ式泥质陶盆T0908⑥A：1

6. AⅣ式泥质陶盆T0905③：5

彩版九六　周代泥质陶盆

1. BⅠ式泥质陶盆T1108⑫B：3

2. BⅠ式泥质陶盆T1108⑨：18

3. BⅠ式泥质陶盆G4①：8

4. BⅡ式泥质陶盆T0905⑦：17

5. BⅡ式泥质陶盆H44：1

6. BⅡ式泥质陶盆T0910③A：7

彩版九七　周代泥质陶盆

1. BⅢ式泥质陶盆H34③：6

2. BⅢ式泥质陶盆H16：1

3. BⅢ式泥质陶盆H13①：3

4. BⅢ式泥质陶盆H13①：1

5. C型泥质陶盆T0906④：4

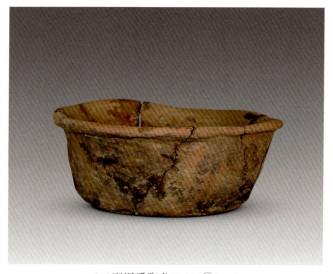

6. C型泥质陶盆T1108⑤B：3

彩版九八　周代泥质陶钵

1. AⅠ式泥质陶钵G4②：19

2. AⅠ式泥质陶钵T1208⑨：1

3. AⅠ式泥质陶钵H74②：1

4. AⅡ式泥质陶钵T1208⑦A：6

5. AⅢ式泥质陶钵H46：1

6. AⅢ式泥质陶钵T1109⑥A：13

彩版九九　周代泥质陶钵

1. AⅢ式泥质陶钵T0803②C：3

2. AⅢ式泥质陶钵H13①：32

3. CⅠ式泥质陶钵T1108⑩：10

4. CⅠ式泥质陶钵T1009⑦B：8

5. CⅡ式泥质陶钵H33①：1

6. CⅡ式泥质陶钵H34③：4

1. AⅠ式泥质陶豆T0806⑰：1　　2. AⅡ式泥质陶豆T1109⑰：1　　3. AⅡ式泥质陶豆T0909⑯：3

4. AⅢ式泥质陶豆T0808⑬：1　　5. AⅢ式泥质陶豆台44E②：1　　6. AⅣ式泥质陶豆T1209⑫B：3

7. AⅣ式泥质陶豆T1209⑫B：6　　8. AⅣ式泥质陶豆T0808⑫A：1　　9. AⅣ式泥质陶豆G4②：15

10. AⅣ式泥质陶豆G4①：5　　11. AⅤ式泥质陶豆T0810④B：3　　12. AⅤ式泥质陶豆T0807②：1

1. Ba I 式泥质陶豆G4①：13

2. Ba I 式泥质陶豆T1208⑧A：1

3. Ba I 式泥质陶豆T0905⑦：8

4. Ba II 式泥质陶豆台39A②：2

5. Ba II 式泥质陶豆T1007⑤：5

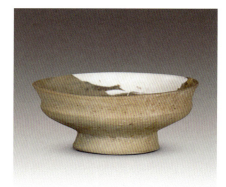

6. Ba III 式泥质陶豆台39A①：1

7. Ba III 式泥质陶豆H13②：18

8. Ba III 式泥质陶豆G6：4

9. Bb I 式泥质陶豆T1108⑨：13

10. Bb I 式泥质陶豆G4②：17

11. Bb II 式泥质陶豆T0704⑤：1

12. Bb II 式泥质陶豆台9B④：3

1. BcⅠ式泥质陶豆T1108⑫B：4

2. BcⅠ式泥质陶豆T1009⑫A：3

3. BcⅠ式泥质陶豆G4②：25

4. BcⅡ式泥质陶豆T1108⑧B：23

5. BcⅡ式泥质陶豆T0709⑧A：1

6. BcⅡ式泥质陶豆T1108⑧A：6

7. CaⅠ式泥质陶豆T1209⑫B：2

8. CaⅡ式泥质陶豆T1108⑧A：7

9. CaⅡ式泥质陶豆T0910⑦B：4

10. CaⅡ式泥质陶豆T1009⑦B：3

11. CaⅢ式泥质陶豆台28B：1

12. CaⅢ式泥质陶豆T0803③：4

彩版一〇三　周代泥质陶豆

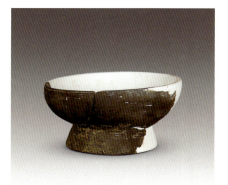

1. CbⅠ式泥质陶豆T0704⑦：1

2. CbⅠ式泥质陶豆T1108⑦B：8

3. CbⅠ式泥质陶豆H29③：1

4. CbⅠ式泥质陶豆T1007⑤：1

5. CbⅠ式泥质陶豆T0708⑥A：4

6. CbⅠ式泥质陶豆T0810⑤B：8

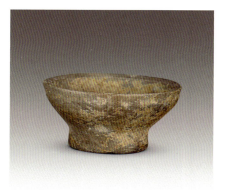

7. CbⅡ式泥质陶豆T1005⑤：1

8. CbⅡ式泥质陶豆T0805③：10

9. CbⅡ式泥质陶豆H34③：1

10. D型泥质陶豆T0610③B：1

11. 泥质陶碗T1008④A：3

12. 泥质陶碗台12A①：3

彩版一〇四　周代泥质陶豆、陶碗

1. A I 式泥质陶杯T1108⑬：4　　2. A I 式泥质陶杯T1208⑫A：1　　3. A II 式泥质陶杯T1108⑬：1

4. A II 式泥质陶杯T0806⑫：4　　5. A II 式泥质陶杯G4①：4　　6. A III 式泥质陶杯H13①：6

7. A III 式泥质陶杯H20②：2　　8. B型泥质陶杯T1108⑩：18　　9. B型泥质陶杯T1108⑧B：4

10. B型泥质陶杯T0910⑦B：8　　11. B型泥质陶杯T1108⑧A：11　　12. C型泥质陶杯H13①：10

1. AⅠ式泥质陶盂台44E②：4

2. AⅡ式泥质陶盂T1108⑧B：8

3. AⅢ式泥质陶盂T0709⑧A：2

4. AⅢ式泥质陶盂T1007⑤：2

5. AⅢ式泥质陶盂T0908③A：1

6. B型泥质陶盂T0905⑦：1

7. B型泥质陶盂G3A①：3

8. B型泥质陶盂T0705③：3

9. B型泥质陶盂T0908②：3

10. C型泥质陶盂台50②：3

11. C型泥质陶盂T0705③：12

12. C型泥质陶盂T0705③：6

1. AⅠ式泥质陶盘G4②：14

2. AⅠ式泥质陶盘T1209⑪：3

3. AⅡ式泥质陶盘T1108⑧B：18

4. AⅡ式泥质陶盘T1008⑦A：1

5. AⅡ式泥质陶盘台9B④：7

6. AⅢ式泥质陶盘T0905③：10

7. B型泥质陶盘T0806⑩：1

8. C型泥质陶盘T0805⑱：3

9. 泥质陶器盖T0610⑤C：1

10. 泥质陶器盖H13②：16

11. 泥质陶器盖T0708②：7

12. 泥质陶器盖H20②：1

彩版一〇七　周代泥质陶盘、陶器盖

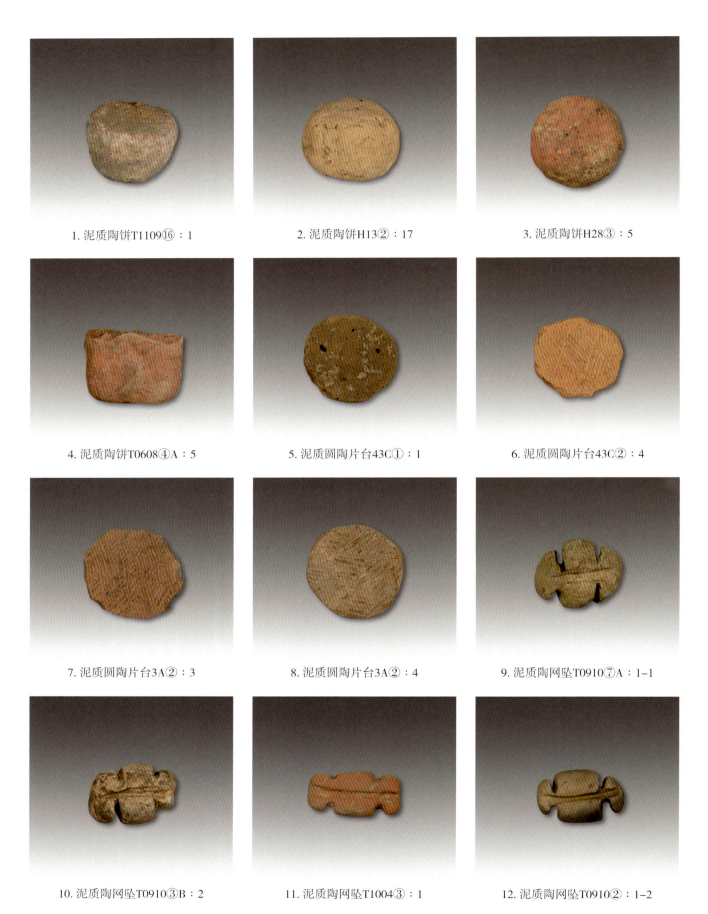

1. 泥质陶饼T1109⑯：1

2. 泥质陶饼H13②：17

3. 泥质陶饼H28③：5

4. 泥质陶饼T0608④A：5

5. 泥质圆陶片台43C①：1

6. 泥质圆陶片台43C②：4

7. 泥质圆陶片台3A②：3

8. 泥质圆陶片台3A②：4

9. 泥质陶网坠T0910⑦A：1-1

10. 泥质陶网坠T0910③B：2

11. 泥质陶网坠T1004③：1

12. 泥质陶网坠T0910②：1-2

彩版一〇八　周代泥质陶饼、圆陶片、陶网坠

1. AⅠ式泥质陶纺轮T1009⑧A：1

2. AⅠ式泥质陶纺轮T0905⑦：5

3. AⅡ式泥质陶纺轮T1109④A：1

4. AⅡ式泥质陶纺轮H13①：25

5. B型泥质陶纺轮T0810④A：4

6. B型泥质陶纺轮台15A②：3

7. B型泥质陶纺轮H20②：9

8. B型泥质陶纺轮T1005②：2

9. CaⅠ式泥质陶纺轮T1208⑰：2

10. CaⅡ式泥质陶纺轮G4②：4

11. CaⅡ式泥质陶纺轮T0910⑦A：6

12. CaⅡ式泥质陶纺轮T0908③A：8

彩版一〇九　周代泥质陶纺轮

1. CbⅠ式泥质陶纺轮T1109⑲A：1

2. CbⅡ式泥质陶纺轮T1209⑫A：2

3. CbⅡ式泥质陶纺轮T0910⑦A：5

4. CbⅡ式泥质陶纺轮T0810⑤B：1

5. CbⅡ式泥质陶纺轮T0708③B：6

6. CbⅢ式泥质陶纺轮T1109⑪：6

7. CbⅢ式泥质陶纺轮T0806⑬：2

8. CbⅢ式泥质陶陶片台9B④：5

9. CbⅢ式泥质陶纺轮H20②：4

10. D型泥质陶纺轮T1109⑥A：4

11. D型泥质陶纺轮T0810③B：5

12. D型泥质陶纺轮Y1：1

彩版一一〇　周代泥质陶纺轮

1. AⅠ式硬陶瓿J1②：1

2. AⅠ式硬陶瓿J1②：2

3. AⅠ式硬陶瓿T0805⑮：2

4. AⅠ式硬陶瓿G4②：2

5. AⅡ式硬陶瓿T1209⑨：2

6. AⅡ式硬陶瓿T0905⑦：2

彩版一一一　周代硬陶瓿

1. AⅡ式硬陶瓿台8B②：3

2. AⅢ式硬陶瓿T1108⑦B：5

3. AⅢ式硬陶瓿T0810⑤B：17

4. AⅢ式硬陶瓿T1107②：1

5. B型硬陶瓿T0805⑯：1

6. B型硬陶瓿T1208②：3

彩版一一二　周代硬陶瓿

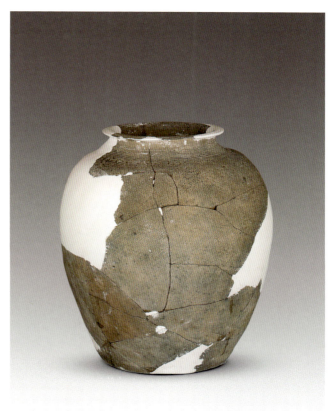

1. AⅡ式硬陶坛（罐）台43C①：2

2. AⅢ式硬陶坛（罐）T0803②C：8

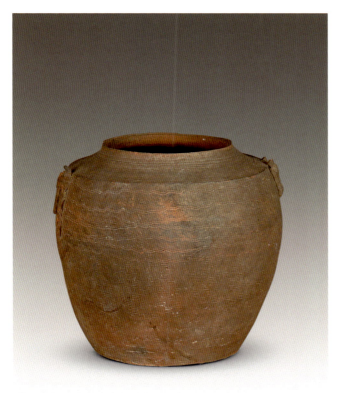

3. B型硬陶坛（罐）T1009⑦B：6

4. 硬陶豆台52B①：1

彩版一一三　周代硬陶坛（罐）、硬陶豆

1. 硬陶碗台43D：1

2. 硬陶碗T1209⑦A：6

3. 硬陶碗T1009⑤C：12

4. 硬陶碗T0708③B：1

5. 硬陶碗H34②：1

6. A型硬陶盂T1108⑦B：6

7. A型硬陶盂T1008⑥A：3

8. A型硬陶盂H13①：29

彩版一一四　周代硬陶碗、硬陶盂

1. BⅠ式硬陶盂H17③：2

2. BⅠ式硬陶盂T1208⑥A：1

3. BⅠ式硬陶盂台3B①：3

4. BⅠ式硬陶盂G6：5

5. BⅡ式硬陶盂T1009⑦A：9

6. BⅡ式硬陶盂T0908③A：4

7. BⅡ式硬陶盂T1005③：13

8. BⅡ式硬陶盂T0805②：2

彩版一一五　周代硬陶盂

1. C型硬陶盂T1108⑨：2

2. C型硬陶盂T1108⑧A：13

3. C型硬陶盂T1009⑧A：2

4. C型硬陶盂T1009⑤A：1

5. C型硬陶盂T0809④A：3

6. 硬陶拍T1209⑥B：2

7. 硬陶拍T1005②：1

8. 硬陶拍T1005②：1

彩版一一六　周代硬陶盂、硬陶拍

1. 原始瓷簋T1009⑤C：10

2. 原始瓷罐台14A①：2

3. 原始瓷罐H13①：31

4. 原始瓷罐T0708③B：3

5. A型原始瓷盆台15B②：9

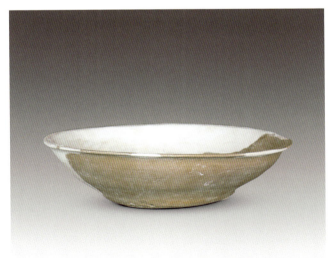

6. B型原始瓷盆H13②：19

彩版一一七　周代原始瓷簋、原始瓷罐、原始瓷盆

1. A型原始瓷钵T1009⑥A：5

2. A型原始瓷钵T0810④B：11

3. A型原始瓷钵T1008③B：4

4. A型原始瓷钵T1007③：12

5. B型原始瓷钵T1108⑤B：12

6. C型原始瓷钵T0708②：2

彩版一一八 周代原始瓷钵

1. BⅠ式原始瓷豆T0805⑮：4

2. CⅠ式原始瓷豆T1108⑫A：1

3. CⅠ式原始瓷豆T0708⑥A：8

4. CⅡ式原始瓷豆G4②：18

5. CⅡ式原始瓷豆T1108⑨：23

6. CⅢ式原始瓷豆T1108⑩：5

彩版一一九　周代原始瓷豆

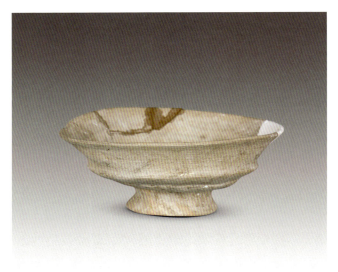

1. CⅢ式原始瓷豆T1009⑦B：9

2. CⅢ式原始瓷豆T1108⑧B：6

3. CⅢ式原始瓷豆T0905④：7

4. CⅢ式原始瓷豆T0809④A：2

5. CⅣ式原始瓷豆T1108⑧A：21

6. CⅣ式原始瓷豆T1108⑧A：15

彩版一二〇　周代原始瓷豆

1. A型原始瓷碗T1209⑧A：6

2. A型原始瓷碗H21①：1

3. A型原始瓷碗T1209⑧A：8

4. BⅠ式原始瓷碗T1108⑥B：1

5. BⅠ式原始瓷碗T1009⑤C：6

6. BⅡ式原始瓷碗H20②：5

7. BⅡ式原始瓷碗T1007③：9

8. BⅡ式原始瓷碗T0906③：5

彩版一二一　周代原始瓷碗

1. BⅢ式原始瓷碗H13①：8

2. CⅠ式原始瓷碗T1009⑤B：4

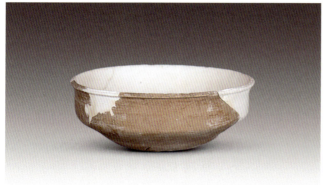

3. CⅡ式原始瓷碗T0909③B：9

4. CⅡ式原始瓷碗T1005③：5

5. CⅡ式原始瓷碗H13①：41

6. D型原始瓷碗T0910④B：4

7. D型原始瓷碗T0708③B：8

8. D型原始瓷碗H34②：1

彩版一二二　周代原始瓷碗

1. AⅠ式原始瓷盏台48C：1

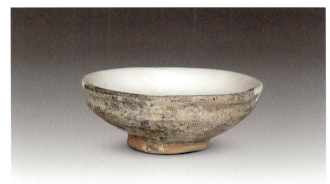

2. AⅡ式原始瓷盏T1208⑦B：9

3. AⅡ式原始瓷盏T0906⑥：2

4. AⅡ式原始瓷盏T0908⑤B：1

5. AⅡ式原始瓷盏T1208⑥B：2

6. AⅡ式原始瓷盏台19①：1

7. AⅡ式原始瓷盏T0810⑤B：13

8. AⅡ式原始瓷盏T0810⑤B：13

彩版一二三　周代原始瓷盏

1. BⅠ式原始瓷盏T1005⑤：2

2. BⅠ式原始瓷盏台9B③：1

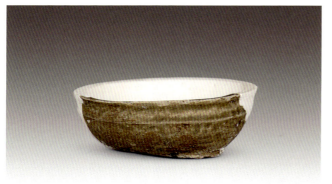

3. BⅡ式原始瓷盏T1009⑥A：12

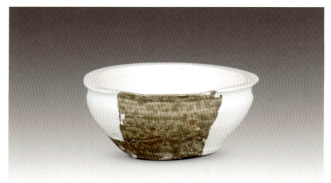

4. BⅡ式原始瓷盏T1109⑥A：17

5. BⅡ式原始瓷盏T0908②：11

6. BⅡ式原始瓷盏T0707②：3

7. BⅡ式原始瓷盏T0901②：4

8. BⅣ式原始瓷盏H13①：40

彩版一二四　周代原始瓷盏

1. Aa型原始瓷盂T1109⑦A：5

2. AbⅠ式原始瓷盂T1109⑥A：20

3. AbⅡ式原始瓷盂T1007③：13

4. AbⅡ式原始瓷盂T1005③：16

5. AbⅢ式原始瓷盂T1007③：4

6. AbⅢ式原始瓷盂T1008④A：2

7. AbⅢ式原始瓷盂T1108④A：4

8. AbⅢ式原始瓷盂T0608③B：8

彩版一二五　周代原始瓷盂

1. BaⅠ式原始瓷盂T1208⑤B：7

2. BaⅡ式原始瓷盂台44C②：1

3. BaⅡ式原始瓷盂T1009⑥A：9

4. BaⅡ式原始瓷盂台48B③：5

5. Bb型原始瓷盂台44D：1

6. Bb型原始瓷盂T0804③：2

7. Bb型原始瓷盂T0806③：1

8. Bb型原始瓷盂H20②：1

彩版一二六　周代原始瓷盂

1. A型原始瓷碟台2B④：1

2. A型原始瓷碟H28③：1

3. A型原始瓷碟T0608④A：10

4. A型原始瓷碟T0608④A：9

5. A型原始瓷碟T0809③B：1

6. B型原始瓷碟T0709④A：2

7. B型原始瓷碟H13①：39

8. B型原始瓷碟T0710②：1

彩版一二七　周代原始瓷碟

1. 原始瓷器盖T0708⑥A：9

2. 原始瓷器盖T0810⑤A：5

3. 原始瓷器盖T1005④：3

4. 原始瓷器盖T0706③：1

5. 原始瓷器盖T0705③：9

6. 原始瓷器盖T0908②：9

7. 原始瓷器盖H13①：47

8. 原始瓷器盖H13②：24

彩版一二八　周代原始瓷器盖

1. 石斧T1209⑫B：4

2. 石斧T1009⑤C：4

3. 石钺台6B：4

4. 石钺T0911①：2

彩版一二九　周代石斧、石钺

1. AⅠ式石锛T1009⑫A：5

2. AⅡ式石锛T1209⑫A：10

3. AⅡ式石锛T1109⑧A：2

4. AⅡ式石锛T1210⑥A：1

5. AⅡ式石锛台3B①：1

6. B型石锛T1005④：5

7. B型石锛台3A②：1

8. B型石锛H13②：8

9. B型石锛H20②：7

彩版一三〇　周代石锛

1. B型石锛T0906②：2　　　　2. B型石锛T1007②：2　　　　3. CⅠ式石锛T1108⑰：1

4. CⅡ式石锛T1009⑦B：5　　5. CⅡ式石锛T1009⑥A：3　　6. CⅢ式石锛T1108⑤C：1

7. CⅢ式石锛T1005④：2　　　8. DⅠ式石锛T0910⑦B：3　　9. DⅡ式石锛T0902②：5

彩版一三一　周代石锛

1. DⅡ式石锛T0707②：1　　　2. FaⅠ式石锛T1008⑲A：1　　　3. FaⅠ式石锛T1008⑬：2

4. FbⅡ式石锛T1209⑧A：1　　　5. FbⅡ式石锛T1105⑦：1　　　6. FbⅢ式石锛台47B：5

7. FbⅢ式石锛H30②：1　　　8. FbⅢ式石锛T1008③B：7　　　9. FbⅢ式石锛T0810⑤B：14

1. A型石刀（镰）T1209⑨：3

2. A型石刀（镰）T1110①：2

3. A型石刀（镰）T1110①：2

4. B型石刀（镰）T1007⑤：3

5. B型石刀（镰）T0906④：2

6. B型石刀（镰）H12①：1

7. B型石刀（镰）T0802④B：2

8. CⅠ式石刀（镰）T0806⑩：2

彩版一三三　周代石刀（镰）

1. CⅡ式石刀（镰）T0609⑦A：2

2. CⅢ式石刀（镰）T0810⑤B：7

3. CⅢ式石刀（镰）T0807②：7

4. CⅣ式石刀（镰）T0608④A：8

5. CⅣ式石刀（镰）T0810③B：11

6. D型石刀（镰）T0910⑦A：4

7. D型石刀（镰）台24：2

8. D型石刀（镰）T0608③B：6

彩版一三四　周代石刀（镰）

1. A型石铲T1209⑫A：9　　　　2. B型石铲G4①：9　　　　3. B型石铲台49①：1

4. B型石铲台3A①：3　　　　5. B型石铲T0810⑤B：15　　　　6. C型石铲T1208⑦B：10

7. C型石铲T0810⑤B：11　　　　8. C型石铲H13①：48　　　　9. D型石铲H20②：8

彩版一三五　　周代石铲

1. 石犁台6A：3　　　　　　　2. 石棒西垣⑦A：1　　　　　　3. 石棒T0810③B：6

4. 石棒台2A：5　　　　　　5. 穿孔石器T0805⑰：2　　　　　6. 穿孔石器T0909⑯：3

7. 穿孔石器T1008⑫B：3　　　　8. 圭形石器F1A②：2　　　　9. 锥形石器H13①：17

彩版一三六　周代石器

1. 椭圆形石器T0609④A：3

2. 椭圆形石器H21③：2

3. 椭圆形石器H11：3

4. 椭圆形石器T1008④B：7

5. 石研磨器T1209⑧A：3

6. 石研磨器T1108⑧B：10

7. 石研磨器T1108⑧A：20

8. 石研磨器T0810⑤C：2

彩版一三七　周代椭圆形石器、石研磨器

1. 石锤T1210⑮：1　　　　　2. 石锤T1109⑥A：7　　　　　3. 石锤H13①：36

4. 石锤T1108⑨：29　　　　　5. 石锤T1009⑫B：1　　　　　6. 石锤T0802③：7

7. 石锤T0802③：7　　　　　8. 石锤T1008④B：8　　　　　9. 石锤T0902②：6

彩版一三八　周代石锤

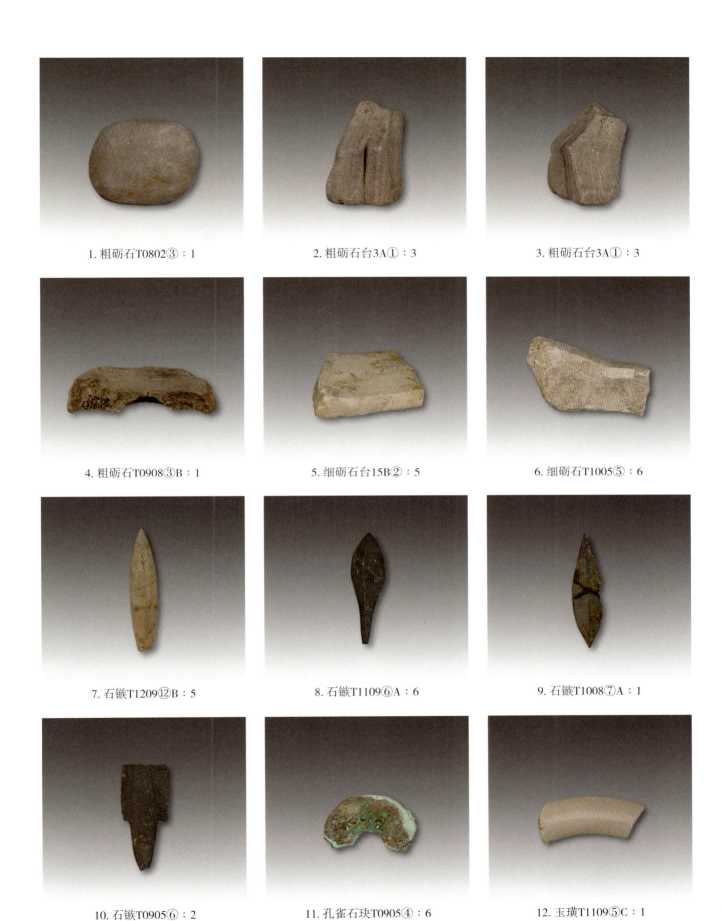

1. 粗砺石T0802③：1

2. 粗砺石台3A①：3

3. 粗砺石台3A①：3

4. 粗砺石T0908③B：1

5. 细砺石台15B②：5

6. 细砺石T1005⑤：6

7. 石镞T1209⑫B：5

8. 石镞T1109⑥A：6

9. 石镞T1008⑦A：1

10. 石镞T0905⑥：2

11. 孔雀石玦T0905④：6

12. 玉璜T1109⑤C：1

彩版一三九　周代石器

1. 铜斧台23：1

2. 铜斧H13②：5

4. 铜斧H13②：5

3. 铜斧H13②：5

5. 铜锸T1108④A：3

彩版一四〇　周代铜斧、铜锸

1. 铜锛H13②：1　　　　　2. 铜锛H13②：1　　　　　3. 铜锛H13①：20

4. 铜锛T0804②：3　　　　　　　　　5. 铜镰H13①：19

6. 铜剑T1109⑦B：1　　　　　　　　7. 铜戈T0806②：1

彩版一四一　周代铜锛、铜镰、铜戈、铜剑

1. A I 式铜刀T0806⑱：1

2. A II 式铜刀T1209⑪：1

3. A II 式铜刀台44E②：9

4. A II 式铜刀T1008⑦A：4

5. A II 式铜刀T0805③：18

6. A II 式铜刀T0805③：20

7. A II 式铜刀T0904④：2

8. B型铜刀T1209⑬：2

彩版一四二　周代铜刀

1. B型铜刀T1108⑩：9

2. B型铜刀T1109⑦A：10

3. B型铜刀台9B④：1

4. B型铜刀T0805③：16

5. C型铜刀T0910③A：1

6. C型铜刀T1106③：1

7. D型铜刀T1005③：2

8. D型铜刀H22②：1

彩版一四三　周代铜刀

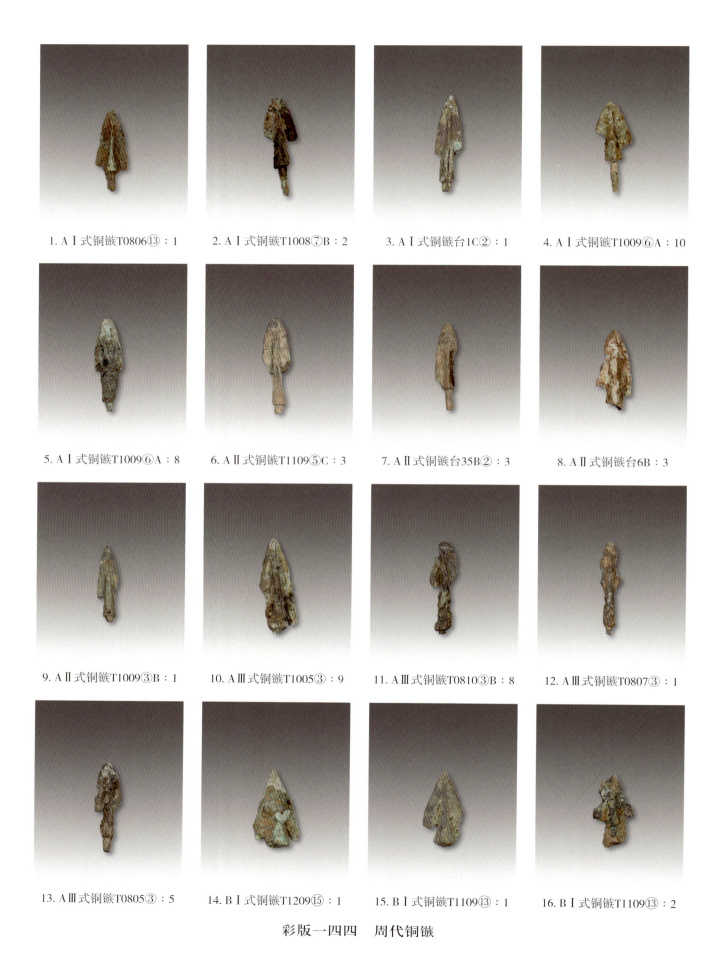

1. A I 式铜镞T0806⑬：1　　　2. A I 式铜镞T1008⑦B：2　　　3. A I 式铜镞台1C②：1　　　4. A I 式铜镞T1009⑥A：10

5. A I 式铜镞T1009⑥A：8　　　6. A II 式铜镞T1109⑤C：3　　　7. A II 式铜镞台35B②：3　　　8. A II 式铜镞台6B：3

9. A II 式铜镞T1009③B：1　　　10. A III 式铜镞T1005③：9　　　11. A III 式铜镞T0810③B：8　　　12. A III 式铜镞T0807③：1

13. A III 式铜镞T0805③：5　　　14. B I 式铜镞T1209⑮：1　　　15. B I 式铜镞T1109⑬：1　　　16. B I 式铜镞T1109⑬：2

1. BⅠ式铜镞台4B①：1　　2. BⅠ式铜镞T0609⑤A：6　　3. BⅡ式铜镞T1008⑫A：3　　4. BⅡ式铜镞T0609⑦A：1

5. BⅡ式铜镞台6C：5　　6. BⅢ式铜镞台26②：2　　7. BⅢ式铜镞T0810④B：8　　8. C型铜镞T0710⑤C：1

9. DⅠ式铜镞T0810⑤B：10　　10. DⅡ式铜镞台45B②：2　　11. DⅡ式铜镞T0610③B：2　　12. E型铜镞台5A①：1

13. E型铜镞T0803③A：3　　14. E型铜镞T0809③B：2　　15. F型铜镞T0805⑧：1　　16. F型铜镞T0609④A：4

彩版一四五　周代铜镞

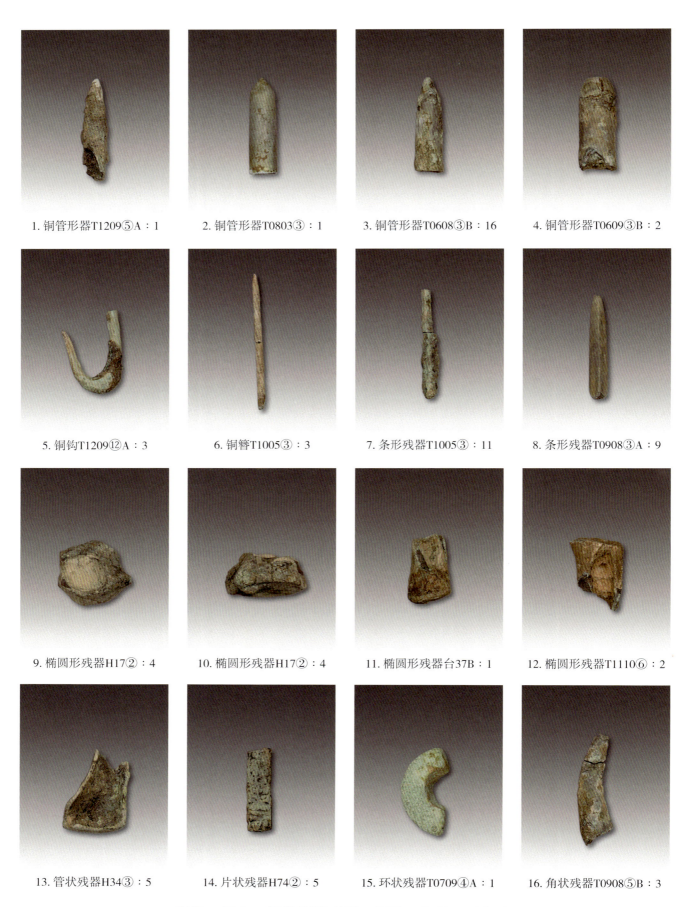

1. 铜管形器T1209⑤A：1　　2. 铜管形器T0803③：1　　3. 铜管形器T0608③B：16　　4. 铜管形器T0609③B：2

5. 铜钩T1209⑫A：3　　6. 铜簪T1005③：3　　7. 条形残器T1005③：11　　8. 条形残器T0908③A：9

9. 椭圆形残器H17②：4　　10. 椭圆形残器H17②：4　　11. 椭圆形残器台37B：1　　12. 椭圆形残器T1110⑥：2

13. 管状残器H34③：5　　14. 片状残器H74②：5　　15. 环状残器T0709④A：1　　16. 角状残器T0908⑤B：3

彩版一四六　周代铜管形器、铜钩、铜簪、残铜器

1. 陶范T1105⑥：4

2. 陶范T1105⑥：1

3. 陶范T1109⑦A：6

4. 陶范台47A③：2

5. 陶范T1208④B：1

6. 陶范T1208④B：1

7. 陶范T1109⑤B：3

8. 陶范T1208⑧B：1

彩版一四七　周代陶范

1. 陶范台12B①：1

2. 陶范台12B①：1

3. 陶范台12B①：2

4. 陶范T1208④B：2

5. 陶范T0910⑦B：6

6. 陶范台12B①：3

7. 陶范台12B①：4

8. 陶范台12B①：4

彩版一四八　周代陶范

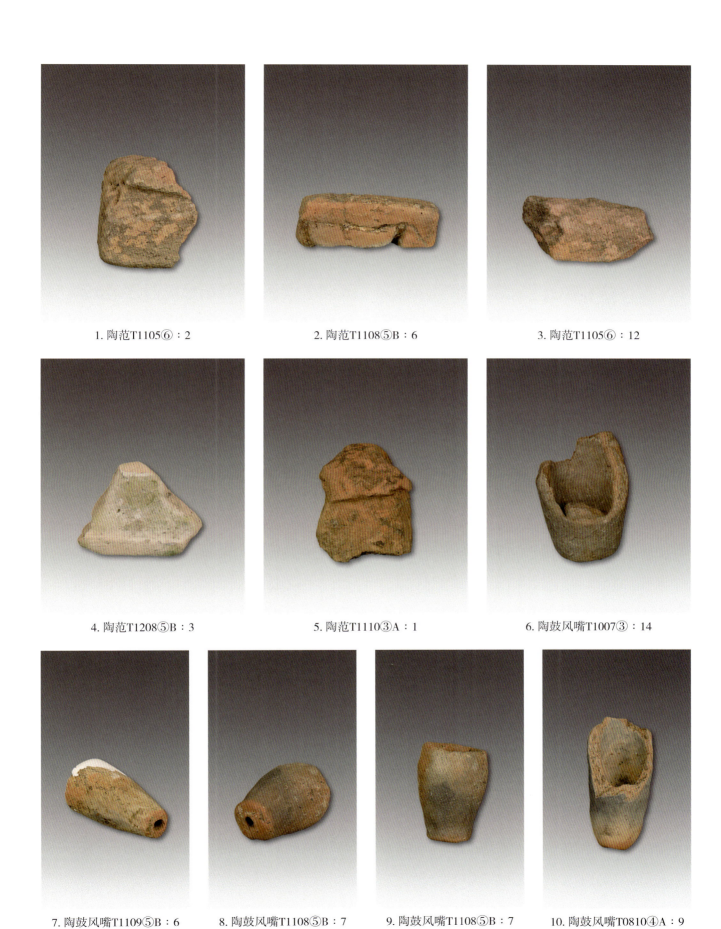

1. 陶范T1105⑥：2　　　　2. 陶范T1108⑤B：6　　　　3. 陶范T1105⑥：12

4. 陶范T1208⑤B：3　　　　5. 陶范T1110③A：1　　　　6. 陶鼓风嘴T1007③：14

7. 陶鼓风嘴T1109⑤B：6　　8. 陶鼓风嘴T1108⑤B：7　　9. 陶鼓风嘴T1108⑤B：7　　10. 陶鼓风嘴T0810④A：9

彩版一四九　周代陶范、陶鼓风嘴

1. 石范T0909③B：4

2. 石范T0608②：2

3. 石范T0707②：2

4. 石范T0707②：2

5. 石范H13①：54

6. 坩埚残片T0806⑫：9

彩版一五〇　周代石范、坩埚残片

1. 铜刀T1108⑩：9显微金相照片（200×）

2. 铜刀T0910③A：1显微金相照片（200×）

3. 锯镰H13①：19显微金相照片（200×）

4. 方形铜器T0803②C：5显微金相照片（100×）

5. 铜斧H13②：5显微金相照片（200×）

6. 铜条T1005③：3显微金相照片（200×）

彩版一五一　孙家村遗址出土青铜器显微金相照片

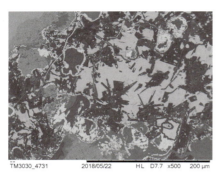

1. 铜渣块T1009⑦B：10（212196）富铅相背散射电子像（500×）

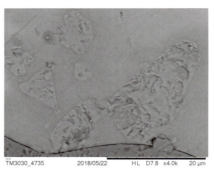

2. 铜渣块T1009⑦B：10（212196）锡石颗粒背散射电子像（4000×）

3. 鬲足T1108④B：5内粘附铜块

4. 陶范台12B①：4（212212）背散射电子像（200×）

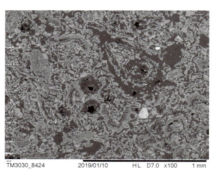

5. 陶范12T1105⑥：6（212214）背散射电子像（100×）

6. 铜器泥芯H17②：4（212138-2）背散射电子像（300×）

7. 铜器泥芯台37B：1（212137-2）背散射电子像（300×）

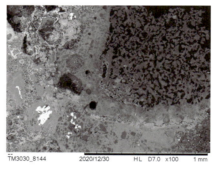

8. 坩埚壁T0806⑫：5（212126）背散射电子像（100×）

9. 炉壁台48A①（212215）背散射电子像（400×）

彩版一五二　孙家村遗址出土铜渣样品及技术陶瓷样品背散射电子像